Mission indigo
MATHS CYCLE 4 4e

Le manuel numérique enrichi pour l'élève

Pour apprendre, s'entraîner et réviser de façon efficace !

W0324816

Exercices interactifs
Pour s'entraîner

QCM interactifs
Pour s'auto-évaluer

Fichiers logiciels
Pour résoudre des exercices

Le manuel en intégralité
Pour consulter son manuel en classe ou à la maison

Vidéos de cours
Pour bien comprendre une notion

Exercices supplémentaires
Pour s'entraîner
2 pages par chapitre

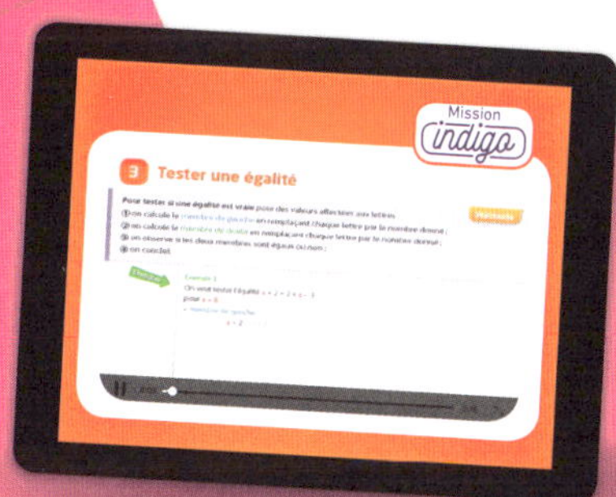

En vente sur
www.kiosque-edu.com

Mission indigo

MATHS

CYCLE 4

4e

Sous la direction de Christophe BARNET

Helena BERGER
Nadine BILLA
Patricia DEMOULIN
Amaïa FLOUS
Benoît LAFARGUE
Marion LARRIEU
Aurélie LAULHERE
Marie-Christine LAYAN
Sandrine POLLET
Marion ROBERTOU
Florian RUDELLE
Agnès VILLATTES

hachette
ÉDUCATION
vous accompagne

Sommaire

Présentation du manuel 4
Progression de Mission indigo sur le cycle 4 6
Proposition de progressions 4e 8
Objectifs des activités 10
Programme officiel du cycle 4 12

Nombres et calculs

1 Nombres relatifs : opérations **17**
1. Additionner et soustraire des nombres relatifs
2. Multiplier des nombres relatifs
3. Diviser deux nombres relatifs

2 Fractions : addition, soustraction et comparaison **35**
1. Reconnaitre des fractions égales
2. Comparer des fractions
3. Additionner et soustraire des fractions

3 Fractions : multiplication et division **53**
1. Multiplier des fractions
2. Calculer une fraction d'un nombre
3. Connaitre l'inverse d'un nombre
4. Diviser par une fraction

4 Puissances **69**
1. Calculer une puissance d'exposant positif
2. Calculer une puissance d'exposant négatif
3. Déterminer l'écriture scientifique d'un nombre

5 Calcul littéral **85**
1. Simplifier une expression littérale
2. Développer un produit
3. Factoriser une somme ou une différence

6 Équations et inéquations **101**
1. Connaitre la notion d'équation
2. Résoudre une équation
3. Modéliser une situation
4. Connaitre la notion d'inéquation

Organisation et gestion de données, fonctions

7 Proportionnalité **119**
1. Reconnaitre une situation de proportionnalité
2. Calculer une quatrième proportionnelle
3. Exploiter une représentation graphique
4. Utiliser des pourcentages

8 Calcul et représentation de grandeurs **135**
1. Utiliser des grandeurs quotients et des grandeurs produits
2. Exploiter la représentation graphique d'une grandeur
3. Représenter une grandeur en fonction d'une autre

9 **Représentation et traitement de données** 151
1. Calculer et interpréter une moyenne
2. Calculer et interpréter une médiane, une étendue
3. Représenter graphiquement des données

10 **Probabilités** 169
1. Modéliser une expérience aléatoire
2. Déterminer la probabilité d'un évènement
3. Utiliser des évènements incompatibles ou contraires

Espace et géométrie

11 **Construction et transformation de figures** 187
1. Transformer une figure par symétrie
2. Transformer une figure par translation
3. Transformer une figure par rotation
4. Analyser et construire des frises, des pavages et des rosaces

12 **Triangles égaux, triangles semblables** 205
1. Utiliser les propriétés des angles et des triangles
2. Reconnaitre des triangles égaux
3. Reconnaitre des triangles semblables

13 **Quadrilatères** 223
1. Construire un parallélogramme
2. Reconnaitre un parallélogramme
3. Reconnaitre un parallélogramme particulier

14 **Théorème de Pythagore** 239
1. Calculer la longueur d'un côté d'un triangle rectangle
2. Calculer une racine carrée
3. Reconnaitre si un triangle est rectangle

15 **Solides de l'espace** 255
1. Représenter des solides et calculer des volumes
2. Se repérer dans un parallélépipède rectangle
3. Reconnaitre et représenter une sphère
4. Se repérer sur une sphère

Algorithmique et programmation

16 **Algorithmique et programmation** 271
Activité 1 L'environnement de Scratch
Activité 2 Des programmes de calcul
Activité 3 Construction de figures
Activité 4 Répétition générale
Activité 5 Expériences aléatoires
Projet 1 Attrape-moi si tu peux !
Projet 2 Course de voiture

EPI 286

Problèmes transversaux 292

Corrigés des exercices 296
Index 301
Tableur 302
Logiciel de géométrie dynamique 304
Calculatrices TI et CASIO en fin de manuel

Présentation du manuel

Une ouverture ludique pour présenter les notions mathématiques du chapitre

Une mascotte, le **robot**, donne l'objectif du chapitre

Un **jeu** pour se mettre « en appétit » et une information pour les curieux

Des **questions flash**, à faire à l'oral pour réactiver et évaluer les prérequis

Des **situations concrètes** pour remobiliser ou découvrir les notions

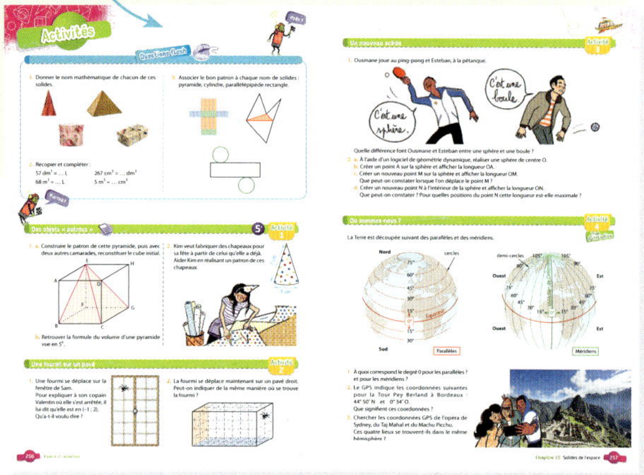

Un cours facile à comprendre et à utiliser, qui fait la synthèse depuis le début du cycle

Vidéo de cours pour pratiquer la classe inversée

Des **exercices résolus** pour travailler en autonomie ou en remédiation

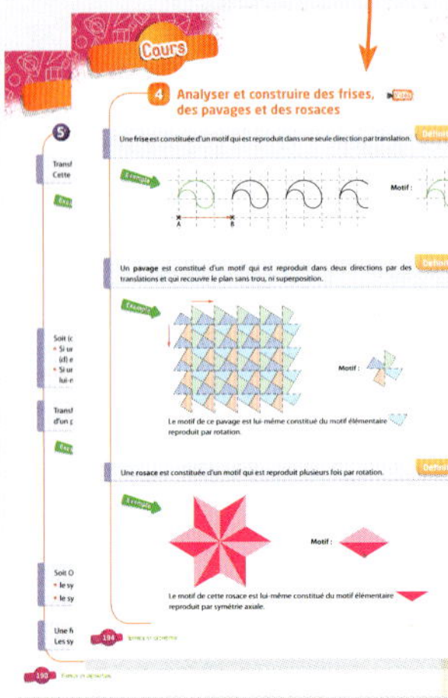

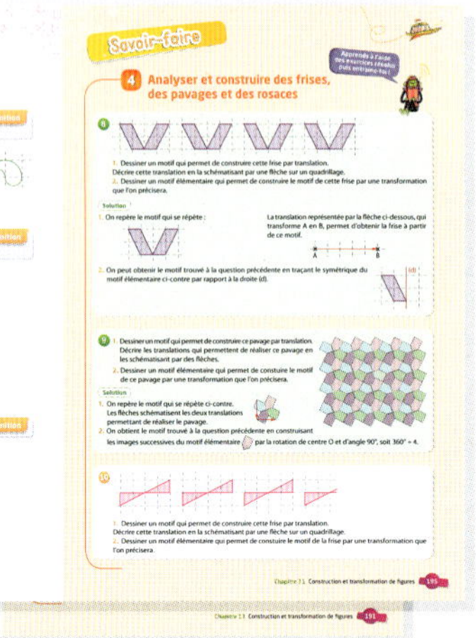

Une **double page d'exercices** pour acquérir les savoir-faire

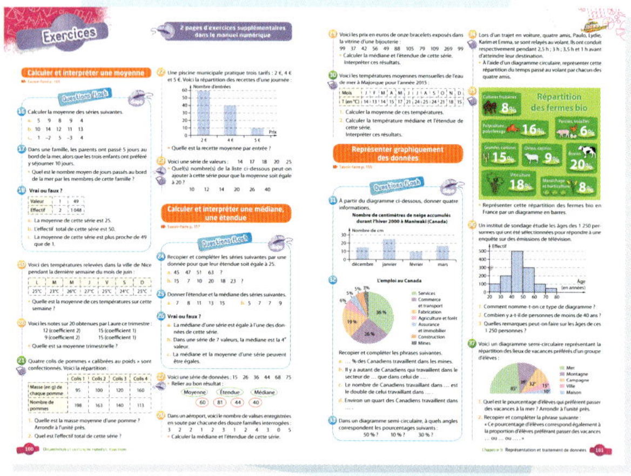

Une page **Faire le point** pour valider les acquis, avec un **QCM** et une **carte mentale** pour mémoriser le cours autrement

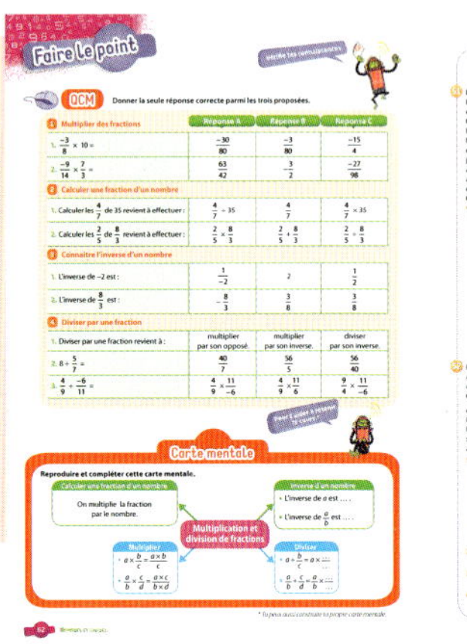

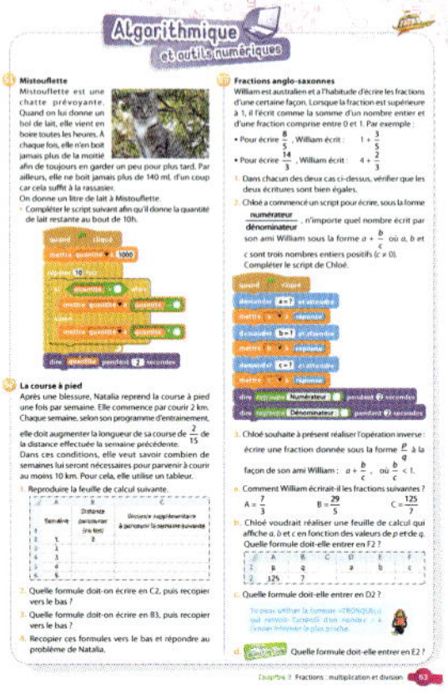

Une page **Algorithmique et outils numériques** avec :

- des exercices d'algorithmique et de programmation avec le logiciel Scratch
- des activités utilisant un tableur ou un logiciel de géométrie dynamique

4 pages de **problèmes** très variés et de difficulté graduée

4 pages de **problèmes transversaux** en fin d'ouvrage, faisant appel aux capacités de plusieurs chapitres

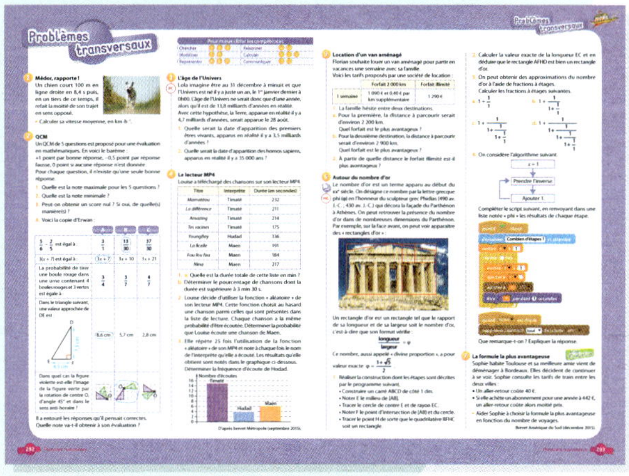

Un page pour **travailler autrement** et permettant la différenciation

6 pages de propositions d'**EPI** sur des connaissances et des thématiques variées

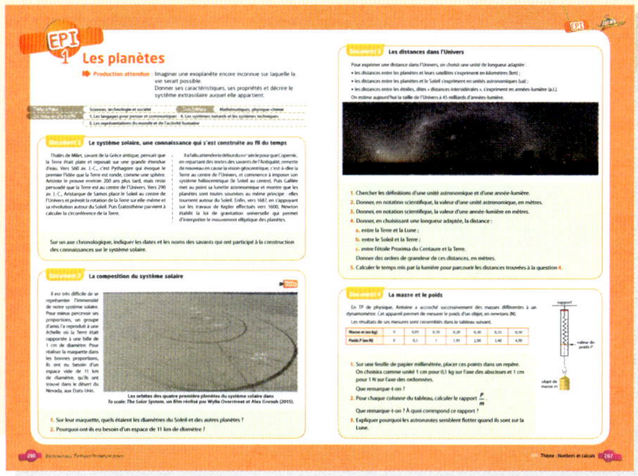

Les logos du manuel

5e Activités qui mobilisent des notions étudiées l'année précédente

Exercices interactifs

Travail avec un logiciel

Travail avec une calculatrice

Vidéo Vidéos de cours dans le manuel numérique

Travail en groupe

Utilisable en AP — Utilisable en accompagnement personnalisé

Prise d'initiative — Problèmes qui demandent de la prise d'initiative

Pour aller plus loin — Problèmes qui font découvrir des notions qui vont au-delà des attendus de fin de cycle

Problèmes en lien avec d'autres disciplines :

- PEAC Parcours d'éducation artistique et culturelle
- CIT Parcours citoyen
- AV Parcours avenir
- EPS Éducation physique et sportive
- FR Français
- HG Histoire et géographie
- LV Langues vivantes
- PC Physique-Chimie
- SVT Sciences de la vie et de la Terre
- TECH Technologie

Progression de Mission indigo sur le cycle 4

5e		
Partie I – Nombres et calculs		
Nombres entiers	1. Déterminer les diviseurs d'un nombre entier 2. Utiliser des critères de divisibilité 3. Reconnaitre un nombre premier	Nombres relatifs : opérations
Enchainement d'opérations	1. Calculer sans parenthèses 2. Calculer avec des parenthèses 3. Calculer avec un quotient 4. Utiliser le bon vocabulaire	Fractions : addition, soustraction et comparaison
Fractions	1. Connaitre la notion de fraction 2. Reconnaitre des fractions égales 3. Comparer des fractions 4. Exprimer une proportion	Fractions : multiplication et division
Nombres relatifs : définition	1. Connaitre les nombres relatifs 2. Repérer un point sur une droite graduée 3. Comparer des nombres relatifs 4. Repérer un point dans le plan	Puissances
Nombres relatifs : opérations	1. Additionner des nombres relatifs 2. Reconnaitre deux nombres opposés 3. Soustraire deux nombres relatifs 4. Enchainer des additions et des soustractions de nombres relatifs	Calcul littéral
Calcul littéral	1. Écrire une expression littérale 2. Utiliser une expression littérale 3. Tester une égalité	Équations et inéquations
Partie II – Organisation et gestion de données, fonctions		
Proportionnalité	1. Reconnaitre une situation de proportionnalité 2. Calculer une quatrième proportionnelle 3. Appliquer et calculer un pourcentage 4. Utiliser une échelle	Proportionnalité
Calcul et représentation de grandeurs	1. Calculer des durées, des horaires 2. Exploiter la représentation graphique d'une grandeur	Calcul et représentation de grandeurs
Représentation et traitement de données	1. Calculer des effectifs et des fréquences 2. Calculer une moyenne 3. Représenter graphiquement des données numériques 4. Représenter graphiquement des données non numériques	Représentation et traitement de données
Probabilités	1. Décrire une expérience aléatoire 2. Exprimer la probabilité d'un évènement	Probabilités
Partie III – Espace et géométrie		
Construction et transformation de figures	1. Reconnaitre et utiliser la symétrie axiale 2. Reconnaitre et utiliser la symétrie centrale 3. Utiliser les propriétés de la symétrie centrale 4. Reconnaitre un axe ou un centre de symétrie	Construction et transformation de figures
Angles	1. Reconnaitre des angles alternes-internes 2. Déterminer un angle à l'aide de deux droites parallèles 3. Déterminer un angle dans un triangle 4. Reconnaitre des droites parallèles	Triangles égaux, triangles semblables
Triangles et cercles	1. Construire et utiliser des cercles et des médiatrices 2. Utiliser l'inégalité triangulaire 3. Connaitre les triangles particuliers	Quadrilatères
Quadrilatères	1. Construire un parallélogramme 2. Reconnaitre un parallélogramme	Théorème de Pythagore
Solides de l'espace	1. Reconnaitre et représenter un parallélépipède rectangle 2. Reconnaitre et représenter un cylindre de révolution 3. Reconnaitre et représenter une pyramide 4. Reconnaitre et représenter un cône de révolution	Solides de l'espace

4e		3e
		Partie I – Nombres et calculs
1. Additionner et soustraire des nombres relatifs 2. Multiplier des nombres relatifs 3. Diviser deux nombres relatifs	**Nombres entiers**	1. Déterminer les diviseurs d'un nombre entier 2. Reconnaitre un nombre premier 3. Décomposer un entier en produit de facteurs premiers
1. Reconnaitre des fractions égales 2. Comparer des fractions 3. Additionner et soustraire des fractions	**Nombres relatifs**	1. Additionner et soustraire des nombres relatifs 2. Multiplier et diviser des nombres relatifs 3. Calculer la puissance d'un nombre
1. Multiplier des fractions 2. Calculer une fraction d'un nombre 3. Connaitre l'inverse d'un nombre 4. Diviser par une fraction	**Fractions**	1. Déterminer la forme irréductible d'une fraction 2. Additionner et soustraire des fractions 3. Multiplier des fractions 4. Diviser par une fraction
1. Calculer une puissance d'exposant positif 2. Calculer une puissance d'exposant négatif 3. Déterminer l'écriture scientifique d'un nombre		
1. Simplifier une expression littérale 2. Développer un produit 3. Factoriser une somme ou une différence	**Calcul littéral**	1. Simplifier une expression 2. Développer un produit avec la simple distributivité 3. Développer un produit avec la double distributivité 4. Factoriser une somme ou une différence
1. Connaitre la notion d'équation 2. Résoudre une équation 3. Modéliser une situation 4. Connaitre la notion d'inéquation	**Équations et inéquations**	1. Résoudre une équation 2. Résoudre une inéquation 3. Modéliser une situation
		Partie II – Organisation et gestion de données, fonctions
1. Reconnaitre une situation de proportionnalité 2. Calculer une quatrième proportionnelle 3. Exploiter une représentation graphique 4. Utiliser des pourcentages	**Proportionnalité**	1. Reconnaitre une situation de proportionnalité 2. Calculer une quatrième proportionnelle 3. Utiliser des pourcentages
	Fonctions	1. Déterminer des images et des antécédents 2. Tracer la représentation graphique d'une fonction 3. Exploiter la représentation graphique d'une fonction
1. Utiliser des grandeurs quotients et des grandeurs produits 2. Exploiter la représentation graphique d'une grandeur 3. Représenter une grandeur en fonction d'une autre	**Fonctions affines**	1. Reconnaitre et utiliser une fonction affine 2. Déterminer les coefficients d'une fonction affine 3. Reconnaitre et utiliser une fonction linéaire 4. Modéliser une situation de proportionnalité par une fonction linéaire
1. Calculer et interpréter une moyenne 2. Calculer et interpréter une médiane, une étendue 3. Représenter graphiquement des données	**Représentation et traitement de données**	1. Calculer et interpréter une moyenne 2. Calculer et interpréter une médiane, une étendue 3. Représenter graphiquement des données
1. Modéliser une expérience aléatoire 2. Déterminer la probabilité d'un évènement 3. Utiliser des évènements incompatibles ou contraires	**Probabilités**	1. Modéliser une expérience aléatoire 2. Déterminer la probabilité d'un évènement 3. Construire et utiliser un arbre de probabilités
		Partie III – Espace et géométrie
1. Transformer une figure par symétrie 2. Transformer une figure par translation 3. Transformer une figure par rotation 4. Analyser et construire des frises, des pavages et des rosaces	**Construction et transformation de figures**	1. Transformer une figure par symétrie, translation ou rotation 2. Transformer une figure par homothétie 3. Analyser et construire des frises, des pavages et des rosaces
1. Utiliser les propriétés des angles et des triangles 2. Reconnaitre des triangles égaux 3. Reconnaitre des triangles semblables	**Triangles et quadrilatères**	1. Utiliser les propriétés des angles et des triangles 2. Reconnaitre des triangles égaux et des triangles semblables 3. Reconnaitre un parallélogramme 4. Reconnaitre un parallélogramme particulier
1. Construire un parallélogramme 2. Reconnaitre un parallélogramme 3. Reconnaitre un parallalélogramme particulier	**Triangles rectangles : trigonométrie**	1. Utiliser l'égalité de Pythagore 2. Calculer des rapports trigonométriques 3. Utiliser des rapports trigonométriques
1. Calculer la longueur d'un côté dans un triangle rectangle 2. Calculer une racine carrée 3. Reconnaitre si un triangle est rectangle	**Théorème de Thalès**	1. Calculer des longueurs avec le théorème de Thalès 2. Reconnaitre des droites parallèles
1. Représenter des solides et calculer des volumes 2. Se repérer dans un parallélépipède rectangle 3. Reconnaitre et représenter une sphère 4. Se repérer sur une sphère	**Solides de l'espace**	1. Représenter des solides et calculer des volumes 2. Se repérer dans l'espace 3. Construire des sections planes de solides

Proposition de progressions 4e

PROGRESSION PAR CHAPITRE

Chapitre	Titre	16 Algorithmique et programmation
1	Nombres relatifs : opérations	**Activité 1 :** L'environnement de Scratch
11	Construction et transformation de figures	**Activité 2 :** Des programmes de calcul
7	Proportionnalité	
2	Fractions : addition, soustraction et comparaison	**Activité 3 :** Construction de figures
12	Triangles égaux, triangles semblables	**Activité 4 :** Répétition générale
8	Calcul et représentation de grandeurs	**Projet 1 :** Attrape-moi si tu peux !
3	Fractions : multiplication et division	
13	Quadrilatères	
9	Représentation et traitement de données	
4	Puissances	**Projet 2 :** Course de voiture
14	Théorème de Pythagore	
5	Calcul littéral	
10	Probabilités	
6	Équations et inéquations	**Activité 5 :** Expériences aléatoires
15	Solides de l'espace	

PROGRESSION SPIRALÉE

Séquence	Chapitres	Capacités étudiées	16 Algorithmique et programmation
1	7	Reconnaitre une situation de proportionnalité Calculer une quatrième proportionnelle	**Activité 1 :** L'environnement de Scratch
2	1	Additionner et soustraire des nombres relatifs	
	5	Simplifier une expression	
3	11	Transformer une figure par symétrie	**Activité 2 :** Des programmes de calcul
	12	Utiliser les propriétés des angles et des triangles	
4	7	Exploiter une représentation graphique	
	12	Reconnaitre des triangles égaux	
5	1	Multiplier des nombres relatifs Diviser deux nombres relatifs	**Activité 3 :** Construction de figures

PROGRESSION SPIRALÉE			
Séquence	Chapitres	Capacités étudiées	16 Algorithmique et programmation
6	15	Représenter des solides et calculer des volumes	
	8	Utiliser des grandeurs quotients et des grandeurs produits Exploiter la représentation graphique d'une grandeur	
7	2	Reconnaitre des fractions égales Comparer des fractions Additionner et soustraire des fractions	**Activité 4 :** Répétition générale
8	13	Construire un parallélogramme Reconnaitre un parallélogramme	
9	3	Multiplier des fractions Calculer une fraction d'un nombre	**Projet 1 :** Attrape-moi si tu peux !
	7	Utiliser des pourcentages	
10	5	Développer un produit Factoriser une somme ou une différence	
11	14	Calculer la longueur d'un côté d'un triangle rectangle Calculer une racine carrée	
12	13	Reconnaitre un parallélogramme particulier	
13	3	Connaitre l'inverse d'un nombre Diviser par une fraction	
14	11	Transformer une figure par translation Transformer une figure par rotation Analyser et construire des frises, des pavages et des rosaces	
15	6	Connaitre la notion d'équation Résoudre une équation Modéliser une situation	
16	9	Calculer et interpréter une moyenne Calculer et interpréter une médiane, une étendue Représenter graphiquement des données	**Projet 2 :** Course de voiture
17	6	Connaitre la notion d'inéquation	
	8	Représenter une grandeur en fonction d'une autre	
18	15	Se repérer dans un parallélépipède rectangle	
	14	Reconnaitre si un triangle est rectangle	
	12	Reconnaitre des triangles semblables	
19	4	Calculer une puissance d'exposant positif Calculer une puissance d'exposant négatif Déterminer l'écriture scientifique d'un nombre	
20	10	Modéliser une expérience aléatoire Déterminer la probabilité d'un évènement Utiliser des évènements incompatibles ou contraires	
21	15	Reconnaitre et représenter une sphère Se repérer sur une sphère	**Activité 5 :** Expériences aléatoires

Thèmes

Nombres et calculs	Organisation et gestion de données, fonctions	Espace et géométrie	Algorithmique et programmation

Objectifs des activités

Nombres et calculs

1 Nombres relatifs : opérations

Activité 1 Réactiver l'addition et la soustraction de nombres relatifs
Activité 2 Découvrir la multiplication de nombres relatifs
Activité 3 Découvrir la règle des signes d'un produit de plusieurs facteurs
Activité 4 Découvrir la règle des signes du quotient de deux nombres relatifs

2 Fractions : addition, soustraction et comparaison

Activité 1 Définir une écriture fractionnaire ; comparer des écritures fractionnaires
Activité 2 Établir la propriété du produit en croix
Activité 3 Utiliser la propriété du produit en croix
Activité 4 Additionner et soustraire des fractions
Activité 5 Illustrer géométriquement l'addition et la soustraction de fractions

3 Fractions : multiplication et division

Activité 1 Multiplier un entier par une fraction
Activité 2 Multiplier deux fractions
Activité 3 Calculer une fraction d'une quantité
Activité 4 Découvrir la notion d'inverse d'un nombre
Activité 5 Diviser par une fraction

4 Puissances

Activité 1 Découvrir la notation de puissance pour la multiplication répétée
Activité 2 Découvrir les puissances d'exposant négatif
Activité 3 Utiliser les ordres de grandeur pour comparer
Activité 4 Découvrir l'écriture scientifique d'un nombre

5 Calcul littéral

Activité 1 Produire et transformer des expressions littérales
Activité 2 Découvrir la distributivité
Activité 3 Comprendre la notion « développer », « factoriser »
Activité 4 Simplifier des écritures

6 Équations et inéquations

Activité 1 Découvrir la nécessité de modéliser un problème
Activité 2 Utiliser le tableur pour trouver une solution d'une équation
Activité 3 Conjecturer les propriétés de l'égalité vis-à-vis des opérations
Activité 4 Modéliser une situation avec une équation
Activité 5 Introduire la notion d'inéquation

Organisation et gestion de données, fonctions

7 Proportionnalité

Activité 1 Reconnaitre et traiter les situations de proportionnalité et de non proportionnalité
Activité 2 Appliquer un pourcentage ; tracer une représentation graphique et reconnaitre graphiquement une situation de proportionnalité
Activité 3 Calculer une quatrième proportionnelle ; faire le lien entre l'égalité des rapports, la règle de trois et l'égalité des produits en croix

8 Calcul et représentation de grandeurs

Activité 1 Travailler sur le sens d'une grandeur quotient
Activité 2 Introduire la notion de vitesse moyenne
Activité 3 Exploiter la représentation graphique d'une grandeur en fonction d'une autre, utiliser la notion de vitesse moyenne
Activité 4 Tracer et utiliser la représentation graphique d'une grandeur en fonction d'une autre

9 Représentation et traitement de données

Activité 1 Calculer et interpréter une moyenne pondérée
Activité 2 Comprendre la signification et l'utilité de l'étendue et la médiane
Activité 3 Calculer la médiane d'une série comportant de nombreuses données, avec ou sans calculatrice
Activité 4 Choisir une représentation graphique adaptée

10 Probabilités

Activité 1 Remobiliser la notion de probabilité
Activité 2 Relier fréquence et probabilité
Activité 3 Calculer la probabilité d'un évènement dans le cadre d'une situation d'équiprobabilité
Activité 4 Découvrir la notion d'évènements incompatibles A et B et calculer la probabilité de « A ou B »
Découvrir la notion d'évènements contraires

Espace et géométrie

11 Construction et transformation de figures

Activité 1 Introduire la translation et la notion de frise
Activité 2 Découvrir et caractériser les translations à travers un pavage
Activité 3 Découvrir et caractériser les rotations
Activité 4 Utiliser un logiciel de géométrie dynamique pour transformer une figure par rotation et en observer les effets
Activité 5 Analyser un pavage, reconnaitre et caractériser des symétries, des translations et des rotations

12 Triangles égaux, triangles semblables

Activité 1 Définir des triangles égaux
Activité 2 Démontrer que la somme des mesures des angles d'un triangle est égale à 180°
Activité 3 Caractériser des triangles égaux
Activité 4 Définir des triangles semblables

13 Quadrilatères

Activité 1 Reconnaitre un parallélogramme, un rectangle et un losange
Activité 2 Découvrir les propriétés relatives aux diagonales d'un parallélogramme particulier
Activité 3 Reconnaitre un parallélogramme particulier par ses diagonales

14 Théorème de Pythagore

Activité 1 Découvrir l'égalité de Pythagore
Activité 2 Utiliser l'égalité de Pythagore pour calculer une longueur
Activité 3 Découvrir la racine carrée
Activité 4 Utiliser l'égalité de Pythagore pour résoudre un problème
Activité 5 Caractériser un triangle qui vérifie l'égalité de Pythagore
Activité 6 Utiliser l'égalité de Pythagore pour reconnaitre un triangle rectangle

15 Solides de l'espace

Activité 1 Reconnaitre et utiliser une pyramide et un cône de révolution
Activité 2 Se repérer sur un parallélépipède rectangle
Activité 3 Reconnaitre une sphère et une boule
Activité 4 Se repérer sur une sphère

Programme officiel du cycle 4

B.O. spécial n° 11, 26 novembre 2015.

Le **programme de mathématiques** est rédigé pour l'ensemble du cycle. Les connaissances et compétences visées sont des attendus de la fin du cycle. Pour y parvenir, elles devront être travaillées de manière progressive et réinvesties sur toute la durée du cycle. [...] La mise en œuvre du programme doit permettre de développer les six compétences majeures de l'activité mathématique qui sont détaillées dans le tableau ci-après. Pour ce faire, une place importante doit être accordée à la résolution de problèmes, qu'ils soient internes aux mathématiques, ou liés à des situations issues de la vie quotidienne ou d'autres disciplines. [...]

Compétences travaillées
Chercher (domaines du socle : 2, 4) • Extraire d'un document les informations utiles, les reformuler, les organiser, les confronter à ses connaissances. • S'engager dans une démarche scientifique, observer, questionner, manipuler, expérimenter (sur une feuille de papier, avec des objets, à l'aide de logiciels), émettre des hypothèses, chercher des exemples ou des contre-exemples, simplifier ou particulariser une situation, émettre une conjecture. • Tester, essayer plusieurs pistes de résolution. • Décomposer un problème en sous-problèmes.
Modéliser (domaines du socle : 1, 2, 4) • Reconnaitre des situations de proportionnalité et résoudre les problèmes correspondants. • Traduire en langage mathématique une situation réelle (par exemple, à l'aide d'équations, de fonctions, de configurations géométriques, d'outils statistiques). • Comprendre et utiliser une simulation numérique ou géométrique. • Valider ou invalider un modèle, comparer une situation à un modèle connu (par exemple un modèle aléatoire).
Représenter (domaines du socle : 1, 5) • Choisir et mettre en relation des cadres (numérique, algébrique, géométrique) adaptés pour traiter un problème ou pour étudier un objet mathématique. • Produire et utiliser plusieurs représentations des nombres. • Représenter des données sous forme d'une série statistique. • Utiliser, produire et mettre en relation des représentations de solides (par exemple, perspective ou vue de dessus/de dessous) et de situations spatiales (schémas, croquis, maquettes, patrons, figures géométriques, photographies, plans, cartes, courbes de niveau).
Raisonner (domaines du socle : 2, 3, 4) • Résoudre des problèmes impliquant des grandeurs variées (géométriques, physiques, économiques) : mobiliser les connaissances nécessaires, analyser et exploiter ses erreurs, mettre à l'essai plusieurs solutions. • Mener collectivement une investigation en sachant prendre en compte le point de vue d'autrui. • Démontrer : utiliser un raisonnement logique et des règles établies (propriétés, théorèmes, formules) pour parvenir à une conclusion. • Fonder et défendre ses jugements en s'appuyant sur des résultats établis et sur sa maitrise de l'argumentation.
Calculer (domaine du socle : 4) • Calculer avec des nombres rationnels, de manière exacte ou approchée, en combinant de façon appropriée le calcul mental, le calcul posé et le calcul instrumenté (calculatrice ou logiciel). • Contrôler la vraisemblance de ses résultats, notamment en estimant des ordres de grandeur ou en utilisant des encadrements. • Calculer en utilisant le langage algébrique (lettres, symboles, etc.).
Communiquer (domaines du socle : 1, 3) • Faire le lien entre le langage naturel et le langage algébrique. Distinguer des spécificités du langage mathématique par rapport à la langue française. • Expliquer à l'oral ou à l'écrit (sa démarche, son raisonnement, un calcul, un protocole de construction géométrique, un algorithme), comprendre les explications d'un autre et argumenter dans l'échange. • Vérifier la validité d'une information et distinguer ce qui est objectif et ce qui est subjectif ; lire, interpréter, commenter, produire des tableaux, des graphiques, des diagrammes.

Thème A - Nombres et calculs

Attendus de fin de cycle

- Utiliser les nombres pour comparer, calculer et résoudre des problèmes.
- Comprendre et utiliser les notions de divisibilité et de nombres premiers.
- Utiliser le calcul littéral.

Connaissances et compétences associées	Exemples de situations, d'activités et de ressources pour l'élève
Utiliser les nombres pour comparer, calculer et résoudre des problèmes	
Utiliser diverses représentations d'un même nombre (écriture décimale ou fractionnaire, notation scientifique, repérage sur une droite graduée) ; passer d'une représentation à une autre. • Nombres décimaux. • Nombres rationnels (positifs ou négatifs), notion d'opposé. • Fractions, fractions irréductibles, cas particulier des fractions décimales. • Définition de la racine carrée ; les carrés parfaits entre 1 et 144. • Les préfixes de nano à giga.	Rencontrer diverses écritures dans des situations variées (par exemple nombres décimaux dans des situations de vie quotidienne, notation scientifique en physique, nombres relatifs pour mesurer des températures ou des altitudes). Relier fractions, proportions et pourcentages. Associer à des objets des ordres de grandeurs (par exemple, la taille d'un atome, d'une bactérie, d'une alvéole pulmonaire, la longueur de l'intestin, la capacité de stockage d'un disque dur, la vitesse du son et de la lumière, la population française et mondiale, la distance de la Terre à la Lune et au Soleil, la distance du Soleil à l'étoile la plus proche). Prendre conscience que certains nombres ne sont pas rationnels.

Connaissances et compétences associées	Exemples de situations, d'activités et de ressources pour l'élève
Comparer, ranger, encadrer des nombres rationnels. Repérer et placer un nombre rationnel sur une droite graduée. • Ordre sur les nombres rationnels en écriture décimale ou fractionnaire. • Égalité de fractions.	Montrer qu'il est toujours possible d'intercaler des rationnels entre deux rationnels donnés, contrairement au cas des entiers.
Pratiquer le calcul exact ou approché, mental, à la main ou instrumenté. Calculer avec des nombres relatifs, des fractions ou des nombres décimaux (somme, différence, produit, quotient). Vérifier la vraisemblance d'un résultat, notamment en estimant son ordre de grandeur. Effectuer des calculs numériques simples impliquant des puissances, notamment en utilisant la notation scientifique. • Définition des puissances d'un nombre (exposants entiers, positifs ou négatifs).	Pratiquer régulièrement le calcul mental ou à la main, et utiliser à bon escient la calculatrice ou un logiciel. Effectuer des calculs et des comparaisons pour traiter des problèmes (par exemple, comparer des consommations d'eau ou d'électricité, calculer un indice de masse corporelle pour évaluer un risque éventuel sur la santé, déterminer le nombre d'images pouvant être stockées sur une clé USB, calculer et comparer des taux de croissance démographique).
Comprendre et utiliser les notions de divisibilité et de nombres premiers	
Déterminer si un entier est ou n'est pas multiple ou diviseur d'un autre entier. Simplifier une fraction donnée pour la rendre irréductible. • Division euclidienne (quotient, reste). • Multiples et diviseurs. • Notion de nombres premiers.	Recourir à une décomposition en facteurs premiers dans des cas simples. Exploiter tableurs, calculatrices et logiciels, par exemple pour chercher les diviseurs d'un nombre ou déterminer si un nombre est premier. Démontrer des critères de divisibilité (par exemple par 2, 3, 5 ou 10, ou la preuve par 9. Étudier des problèmes d'engrenages (par exemple braquets d'un vélo, rapports de transmission d'une boite de vitesses, horloge), de conjonction de phénomènes périodiques (par exemple éclipses ou alignements de planètes).
Utiliser le calcul littéral	
Mettre un problème en équation en vue de sa résolution. Développer et factoriser des expressions algébriques dans des cas très simples. Résoudre des équations ou des inéquations du premier degré. • Notions de variable, d'inconnue. Utiliser le calcul littéral pour prouver un résultat général, pour valider ou réfuter une conjecture.	Comprendre l'intérêt d'une écriture littérale en produisant et employant des formules liées aux grandeurs mesurables (en mathématiques ou dans d'autres disciplines). Tester sur des valeurs numériques une égalité littérale pour appréhender la notion d'équation. Étudier des problèmes qui se ramènent au premier degré (par exemple, en factorisant des équations produits simples à l'aide d'identités remarquables). Montrer des résultats généraux, par exemple que la somme de trois nombres consécutifs est divisible par 3.

Repères de progressivité

La maitrise des techniques opératoires et l'acquisition du sens des nombres et des opérations appréhendés au cycle 3 sont consolidées tout au long du cycle 4.

Les élèves rencontrent dès le début du cycle 4 le nombre relatif qui rend possible toutes les soustractions. Ils généralisent l'addition et la soustraction dans ce nouveau cadre et rencontrent la notion d'opposé. Puis ils passent au produit et au quotient, et, quand ces notions ont été bien installées, ils font le lien avec le calcul littéral.

Au cycle 3, les élèves ont rencontré des fractions simples sans leur donner le statut de nombre. Dès le début du cycle 4, les élèves construisent et mobilisent la fraction comme nombre qui rend toutes les divisions possibles. En 5e, les élèves calculent et comparent proportions et fréquences, justifient par un raisonnement l'égalité de deux quotients, reconnaissent un nombre rationnel. À partir de la 4e, ils sont conduits à additionner, soustraire, multiplier et diviser des quotients, à passer d'une représentation à une autre d'un nombre, à justifier qu'un nombre est ou non l'inverse d'un autre. Ils n'abordent la notion de fraction irréductible qu'en 3e.

La notion de racine carrée est introduite en lien avec le théorème de Pythagore ou l'agrandissement des surfaces.

Les élèves connaissent quelques carrés parfaits, les utilisent pour encadrer des racines par des entiers et utilisent la calculatrice pour donner une valeur exacte ou approchée de la racine carrée d'un nombre positif.

Les puissances de 10 d'exposant entier positif sont manipulées dès la 4e, en lien avec les problèmes scientifiques ou technologiques. Les exposants négatifs sont introduits progressivement. Les puissances positives de base quelconque sont envisagées comme raccourci d'un produit.

Dès le début du cycle 4, les élèves comprennent l'intérêt d'utiliser une écriture littérale. Ils apprennent à tester une égalité en attribuant des valeurs numériques au nombre désigné par une lettre qui y figure. À partir de la 4e, ils rencontrent les notions de variables et d'inconnues, la factorisation, le développement et la réduction d'expressions algébriques. Ils commencent à résoudre, de façon exacte ou approchée, des problèmes du 1er degré à une inconnue et apprennent à modéliser une situation à l'aide d'une formule, d'une équation ou d'une inéquation. En 3e, ils résolvent algébriquement équations et inéquations du 1er degré, et mobilisent le calcul littéral pour démontrer. Ils font le lien entre forme algébrique et représentation graphique.

Programme officiel du cycle 4

Thème B - Organisation et gestion de données, fonctions

Attendus de fin de cycle

- Interpréter, représenter et traiter des données.
- Comprendre et utiliser des notions élémentaires de probabilités.
- Résoudre des problèmes de proportionnalité.
- Comprendre et utiliser la notion de fonction.

Connaissances et compétences associées	Exemples de situations, d'activités et de ressources pour l'élève
Interpréter, représenter et traiter des données	
Recueillir des données, les organiser. Lire des données sous forme de données brutes, de tableau, de graphique. Calculer des effectifs, des fréquences. • Tableaux, représentations graphiques (diagrammes en bâtons, diagrammes circulaires, histogrammes). Calculer et interpréter des caractéristiques de position ou de dispersion d'une série statistique. • Indicateurs : moyenne, médiane, étendue.	Utiliser un tableur, un grapheur pour calculer des indicateurs et représenter graphiquement les données. Porter un regard critique sur des informations chiffrées, recueillies, par exemple, dans des articles de journaux ou sur des sites web. Organiser et traiter des résultats issus de mesures ou de calculs (par exemple, des données mises sur l'environnement numérique de travail par les élèves dans d'autres disciplines) ; questionner la pertinence de la façon dont les données sont collectées. Lire, interpréter ou construire un diagramme dans un contexte économique, social ou politique : résultats d'élections, données de veille sanitaire (par exemple consultations, hospitalisations, mortalité pour la grippe), données financières relatives aux ménages (par exemple impôts, salaires et revenus), données issues de l'étude d'un jeu, d'une œuvre d'art...
Comprendre et utiliser des notions élémentaires de probabilités	
Aborder les questions relatives au hasard à partir de problèmes simples. Calculer des probabilités dans des cas simples. • Notion de probabilité. • Quelques propriétés : la probabilité d'un événement est comprise entre 0 et 1 ; probabilité d'événements certains, impossibles, incompatibles, contraires.	Faire le lien entre fréquence et probabilité, en constatant matériellement le phénomène de stabilisation des fréquences ou en utilisant un tableur pour simuler une expérience aléatoire (à une ou à deux épreuves). Exprimer des probabilités sous diverses formes (décimale, fractionnaire, pourcentage). Calculer des probabilités dans un contexte simple (par exemple, évaluation des chances de gain dans un jeu et choix d'une stratégie).
Résoudre des problèmes de proportionnalité	
Reconnaitre une situation de proportionnalité ou de non-proportionnalité.	Étudier des relations entre deux grandeurs mesurables pour identifier si elles sont proportionnelles ou non ; ces relations peuvent être exprimées par : • des formules (par exemple la longueur d'un cercle ou l'aire d'un disque comme fonction du rayon, la loi d'Ohm exprimant la tension comme fonction de l'intensité) ; • des représentations graphiques (par exemple des nuages de points ou des courbes) ; • un tableau (dont des lignes ou des colonnes peuvent être proportionnelles ou non).
Résoudre des problèmes de recherche de quatrième proportionnelle. Résoudre des problèmes de pourcentage. • Coefficient de proportionnalité.	Compléter un tableau de proportionnalité en utilisant, par exemple, le produit en croix. Calculer et interpréter des proportions (notamment sous forme de pourcentages) sur des données économiques ou sociales ; appliquer des pourcentages (par exemple, taux de croissance, remise, solde, taux d'intérêt) à de telles données. Établir le fait que, par exemple, augmenter de 5 % c'est multiplier par 1,05 et diminuer de 5 % c'est multiplier par 0,95 ; proposer quelques applications (par exemple que l'on n'additionne pas les remises).
Comprendre et utiliser la notion de fonction	
Modéliser des phénomènes continus par une fonction. Résoudre des problèmes modélisés par des fonctions (équations, inéquations). • Dépendance d'une grandeur mesurable en fonction d'une autre. • Notion de variable mathématique. • Notion de fonction, d'antécédent et d'image. • Notations $f(x)$ et $x \mapsto f(x)$. • Cas particulier d'une fonction linéaire, d'une fonction affine.	Utiliser différents modes de représentation et passer de l'un à l'autre, par exemple en utilisant un tableur ou un grapheur. Lire et interpréter graphiquement les coefficients d'une fonction affine représentée par une droite. Étudier et commenter des exemples (fonction reliant la tension et l'intensité dans un circuit électrique, fonction reliant puissance et énergie, courbes de croissance dans un carnet de santé, tests d'effort, consommation de carburant d'un véhicule en fonction de la vitesse, production de céréales en fonction des surfaces ensemencées, liens entre unités anglo-saxonnes et françaises, impôts et fonctions affines par morceaux...). Faire le lien entre fonction linéaire et proportionnalité.

Repères de progressivité

Les caractéristiques de position d'une série statistique sont introduites dès le début du cycle. Les élèves rencontrent des caractéristiques de dispersion à partir de la 4e.

Les activités autour de la proportionnalité prolongent celles du cycle 3. Au fur et à mesure de l'avancement du cycle, les élèves diversifient les points de vue en utilisant les représentations graphiques et le calcul littéral. En 3e, les élèves sont en mesure de faire le lien entre proportionnalité, fonctions linéaires, théorème de Thalès et homothéties et peuvent choisir le mode de représentation le mieux adapté à la résolution d'un problème.

En 5e, la rencontre de relations de dépendance entre grandeurs mesurables, ainsi que leurs représentations graphiques, permet d'introduire la notion de fonction qui est stabilisée en 3e, avec le vocabulaire et les notations correspondantes.

Dès le début et tout au long du cycle 4 sont abordées des questions relatives au hasard, afin d'interroger les représentations initiales des élèves, en partant de situations issues de la vie quotidienne (jeux, achats, structures familiales, informations apportées par les médias, etc.), en suscitant des débats. On introduit et consolide ainsi petit à petit le vocabulaire lié aux notions élémentaires de probabilités (expérience aléatoire, issue, probabilité). Les élèves calculent des probabilités en s'appuyant sur des conditions de symétrie ou de régularité qui fondent le modèle équiprobable. Une fois ce vocabulaire consolidé, le lien avec les statistiques est mis en œuvre en simulant une expérience aléatoire, par exemple sur un tableur. À partir de la 4e, l'interprétation fréquentiste permet d'approcher une probabilité inconnue et de dépasser ainsi le modèle d'équiprobabilité mis en œuvre en 5e.

Thème C - Grandeurs et mesures

Attendus de fin de cycle

- Calculer avec des grandeurs mesurables ; exprimer les résultats dans les unités adaptées.
- Comprendre l'effet de quelques transformations sur des grandeurs géométriques.

Connaissances et compétences associées	Exemples de situations, d'activités et de ressources pour l'élève
Calculer avec des grandeurs mesurables ; exprimer les résultats dans les unités adaptées	
Mener des calculs impliquant des grandeurs mesurables, notamment des grandeurs composées, en conservant les unités. Vérifier la cohérence des résultats du point de vue des unités. • Notion de grandeur produit et de grandeur quotient. • Formule donnant le volume d'une pyramide, d'un cylindre, d'un cône ou d'une boule.	Identifier des grandeurs composées rencontrées en mathématiques ou dans d'autres disciplines (par exemple, aire, volume, vitesse, allure, débit, masse volumique, concentration, quantité d'information, densité de population, rendement d'un terrain). Commenter des documents authentiques (par exemple, factures d'eau ou d'électricité, bilan sanguin).
Comprendre l'effet de quelques transformations sur des grandeurs géométriques	
Comprendre l'effet d'un déplacement, d'un agrandissement ou d'une réduction sur les longueurs, les aires, les volumes ou les angles. • Notion de dimension et rapport avec les unités de mesure (m, m^2, m^3).	Utiliser un rapport de réduction ou d'agrandissement (architecture, maquettes), l'échelle d'une carte. Utiliser un système d'information géographique (cadastre, géoportail, etc.) pour déterminer une mesure de longueur ou d'aire ; comparer à une mesure faite directement à l'écran.

Repères de progressivité

Le travail sur les grandeurs mesurables et les unités de mesure, déjà entamé au cycle 3, est poursuivi tout au long du cycle 4, en prenant appui sur des contextes issus d'autres disciplines ou de la vie quotidienne. Les grandeurs produits et les grandeurs quotients sont introduites dès la 4e. L'effet d'un déplacement, d'un agrandissement ou d'une réduction sur les grandeurs géométriques est travaillé en 3e, en lien avec la proportionnalité, les fonctions linéaires et le théorème de Thalès.

Thème D - Espace et géométrie

Attendus de fin de cycle

- Représenter l'espace.
- Utiliser les notions de géométrie plane pour démontrer.

Connaissances et compétences associées	Exemples de situations, d'activités et de ressources pour l'élève
Représenter l'espace	
(Se) repérer sur une droite graduée, dans le plan muni d'un repère orthogonal, dans un parallélépipède rectangle ou sur une sphère. • Abscisse, ordonnée, altitude. • Latitude, longitude. Utiliser, produire et mettre en relation des représentations de solides et de situations spatiales. Développer sa vision de l'espace.	Repérer une position sur carte à partir de ses coordonnées géographiques. Mettre en relation diverses représentations de solides (par exemple, vue en perspective, vue de face, vue de dessus, vue en coupe) ou de situations spatiales (par exemple schémas, croquis, maquettes, patrons, figures géométriques). Utiliser des solides concrets (en carton par exemple) pour illustrer certaines propriétés. Utiliser un logiciel de géométrie pour visualiser des solides et leurs sections planes afin de développer la vision dans l'espace. Faire le lien avec les courbes de niveau sur une carte.

Connaissances et compétences associées	Exemples de situations, d'activités et de ressources pour l'élève
Utiliser les notions de géométrie plane pour démontrer	
Mettre en œuvre ou écrire un protocole de construction d'une figure géométrique. Coder une figure. Comprendre l'effet d'une translation, d'une symétrie (axiale et centrale), d'une rotation, d'une homothétie sur une figure.	Construire des frises, des pavages, des rosaces. Utiliser un logiciel de géométrie dynamique, notamment pour transformer une figure par translation, symétrie, rotation, homothétie. Faire le lien entre parallélisme et translation, cercle et rotation.
Résoudre des problèmes de géométrie plane, prouver un résultat général, valider ou réfuter une conjecture. • Position relative de deux droites dans le plan. • Caractérisation angulaire du parallélisme, angles alternes / internes. • Médiatrice d'un segment. • Triangle : somme des angles, inégalité triangulaire, cas d'égalité des triangles, triangles semblables, hauteurs, rapports trigonométriques dans le triangle rectangle (sinus, cosinus, tangente). • Parallélogramme : propriétés relatives aux côtés et aux diagonales. • Théorème de Thalès et réciproque. • Théorème de Pythagore et réciproque.	Distinguer un résultat de portée générale d'un cas particulier observé sur une figure. Faire le lien entre théorème de Thalès, homothétie et proportionnalité. Utiliser la trigonométrie du triangle rectangle pour calculer des longueurs ou des angles. Démontrer, par exemple, que des droites sont parallèles ou perpendiculaires, qu'un point est le milieu d'un segment, qu'une droite est la médiatrice d'un segment, qu'un quadrilatère est un parallélogramme, un rectangle, un losange ou un carré. Étudier comment les notions de la géométrie plane ont permis de déterminer des distances astronomiques (estimation du rayon de la Terre par Eratosthène, distance de la Terre à la Lune par Lalande et La Caille, etc.).

Repères de progressivité

Les problèmes de construction constituent un champ privilégié de l'activité géométrique tout au long du cycle 4. Ces problèmes, diversifiés dans leur nature et la connexion qu'ils entretiennent avec différents champs mathématiques, scientifiques, technologiques ou artistiques, sont abordés avec les instruments de tracé et de mesure. Dans la continuité du cycle 3, les élèves se familiarisent avec les fonctionnalités d'un logiciel de géométrie dynamique ou de programmation pour construire des figures.

La pratique des figures usuelles et de leurs propriétés, entamée au cycle 3, est poursuivie et enrichie dès le début et tout au long du cycle 4, permettant aux élèves de s'entrainer au raisonnement et de s'initier petit à petit à la démonstration.

Le théorème de Pythagore est introduit dès la 4e, et est réinvesti tout au long du cycle dans des situations variées du plan et de l'espace. Le théorème de Thalès est introduit en 3e, en liaison étroite avec la proportionnalité et l'homothétie, mais aussi les agrandissements et réductions.

La symétrie axiale a été introduite au cycle 3. La symétrie centrale est travaillée dès le début du cycle 4, en liaison avec le parallélogramme. Les translations, puis les rotations sont introduites en milieu de cycle, en liaison avec l'analyse ou la construction des frises, pavages et rosaces, mais sans définition formalisée en tant qu'applications ponctuelles. Une fois ces notions consolidées, les homothéties sont amenées en 3e, en lien avec les configurations de Thalès, la proportionnalité, les fonctions linéaires, les rapports d'agrandissement ou de réduction des grandeurs géométriques.

Thème E - Algorithmique et programmation

Attendus de fin de cycle

- Écrire, mettre au point et exécuter un programme simple.

Connaissances et compétences associées	Exemples de situations, d'activités et de ressources pour l'élève
Décomposer un problème en sous-problèmes afin de structurer un programme ; reconnaitre des schémas. Écrire, mettre au point (tester, corriger) et exécuter un programme en réponse à un problème donné. Écrire un programme dans lequel des actions sont déclenchées par des événements extérieurs. Programmer des scripts se déroulant en parallèle. • Notions d'algorithme et de programme. • Notion de variable informatique. • Déclenchement d'une action par un événement, séquences d'instructions, boucles, instructions conditionnelles.	Jeux dans un labyrinthe, jeu de Pong, bataille navale, jeu de nim, tic tac toe. Réalisation de figure à l'aide d'un logiciel de programmation pour consolider les notions de longueur et d'angle. Initiation au chiffrement (Morse, chiffre de César, code ASCII...). Construction de tables de conjugaison, de pluriels, jeu du cadavre exquis... Calculs simples de calendrier. Calculs de répertoire (recherche, recherche inversée...). Calculs de fréquences d'apparition de chaque lettre dans un texte pour distinguer sa langue d'origine : français, anglais, italien, etc.

Repères de progressivité

En 5e, les élèves s'initient à la programmation événementielle. Progressivement, ils développent de nouvelles compétences, en programmant des actions en parallèle, en utilisant la notion de variable informatique, en découvrant les boucles et les instructions conditionnelles qui complètent les structures de contrôle liées aux événements.

CHAPITRE 1

Ta mission

Découvrir la multiplication et la division de deux nombres relatifs.

Nombres relatifs : opérations

Jeux

Dans le royaume magique de Merlin, d'étranges créatures cohabitent. On y trouve deux clans d'elfes : les **Elfes d'Or** et les **Elfes Noirs**. Ils vivent dans deux territoires distincts du royaume car lorsqu'un **Elfe d'Or** rencontre un **Elfe Noir**, un puissant sortilège les fait disparaitre tous les deux à jamais. Lors de la fête de la Lune, les familles d'un même clan se rencontrent dans différents endroits du royaume. Malheureusement, certains se sont trompés de chemin et des **Elfes d'Or** ont croisé des **Elfes Noirs**.

- Dans la partie Nord-Est du royaume : **13 Elfes d'Or** ont rencontré **16 Elfes Noirs**.
- Dans la partie Nord-Ouest : **24 Elfes d'Or** ont rencontré **15 Elfes Noirs**.
- Dans la partie Est : **10 Elfes d'Or** ont rencontré **10 Elfes Noirs**.
- Dans la partie Ouest : **12 Elfes d'Or** ont rencontré **20 Elfes Noirs**
- Dans la partie Sud : **25 Elfes d'Or** ont rencontré **15 Elfes Noirs**.

Parmi ceux qui se sont rencontrés, combien reste-t-il d'**Elfes d'Or** et d'**Elfes Noirs** ?

INFOS

Une ville aux portes des abysses

Une entreprise japonaise a imaginé une immense structure permettant de vivre sous l'océan. Elle prendrait la forme d'une torsade ancrée entre –1 500 m et –4 000 m et pourrait devenir envisageable à partir de 2030.

Source : *Science et Vie Junior* (mars 2015).

Le projet Ocean Spiral.

Activités

Questions flash

1. Classer les températures suivantes dans l'ordre croissant.
   −17 °C   22 °C   5,3 °C   −5 °C   0 °C
2. Donner l'opposé de chacun des nombres suivants.
   3   −3   5,8   −12,5
3. Calculer les sommes suivantes.
   a. 12,6 + 2,4 b. −12,6 + 2,4 c. −12,6 + (−2,4)
   d. 12,6 + (−2,4) e. 12,6 + (−12,6)
4. Calculer les différences suivantes.
   a. 15 − 2 b. −15 − 2 c. −15 − (−2)
5. Lucien a choisi un nombre et lui a ajouté son opposé. Qu'a-t-il obtenu ?
6. Calculer mentalement :
   a. 62 × 21 b. 62 × 19
   c. 62 × 12 + 62 × 88 d. 3,8 × 997 + 3,8 × 3

Prêt ? Partez !

Activité 1 — Les devinettes d'Ousmane, Esteban, Léila, Lucas et Kim (5e)

- Donner la réponse à chacune de leur devinette en justifiant.

Activité 2 — Plongée

Valentin vient de déménager à Bali, en Indonésie. Il décide de réaliser un de ses rêves : la plongée sous-marine avec bouteilles. Lors de son baptême de plongée, il a pu descendre, accompagné d'un moniteur, à une profondeur de −6 m.

1. Il décide de passer un diplôme qui lui permettra de descendre 5 fois plus bas en autonomie.
   a. À la suite de cette formation, quelle profondeur pourra-t-il atteindre ?
   b. Donner deux écritures possibles du calcul permettant d'aboutir au résultat précédent.
   c. Quelle règle pourrait-on énoncer pour le produit de deux nombres relatifs de signes contraires ?
2. À la suite de sa plongée, il retrouve ses camarades pour son cours de mathématiques. Son professeur a déjà écrit des nombres en vert sur le tableau. Il a également noté en rouge l'opposé de chacun de ces nombres. Mais ils se sont malheureusement glissés parmi d'autres résultats non effacés du tableau.

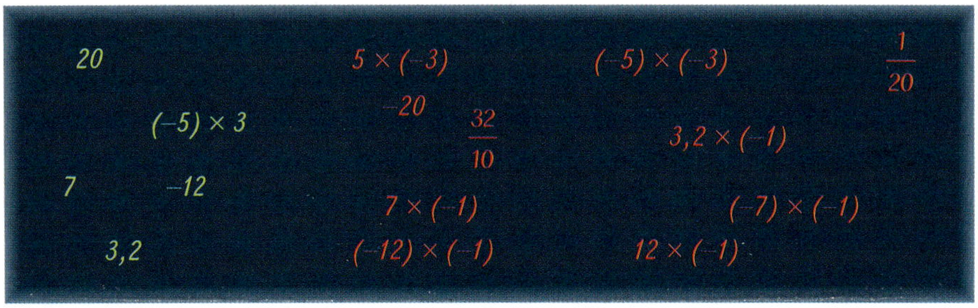

a. Aider Valentin à retrouver l'opposé de chacun des nombres notés en vert, en expliquant chaque choix.
b. Quelle est la valeur du produit $(-5) \times (-3)$?
c. Quelle règle pourrait-on énoncer pour le produit de deux nombres relatifs de même signe ?
d. Que remarque-t-on quand on multiplie un nombre par -1 ?

Les labyrinthes — Activité 3

Labyrinthe 1

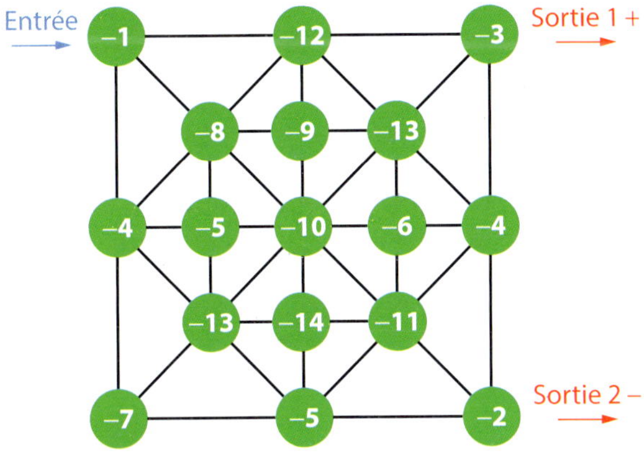

Labyrinthe 2

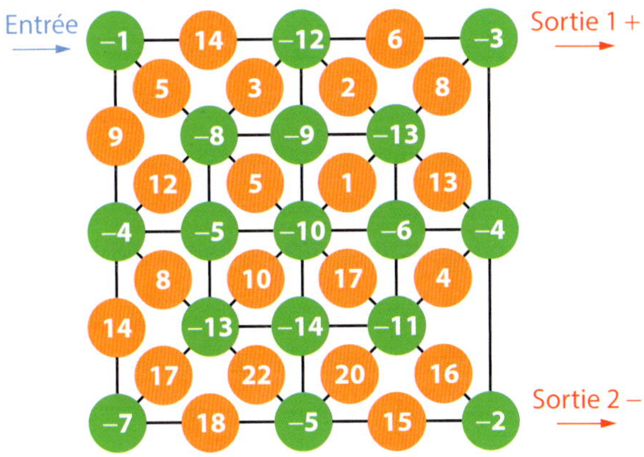

Règle du labyrinthe

On entre par la case –1 ; chaque fois qu'on passe par une case, on multiplie par le nombre rencontré. On ne peut pas passer deux fois par la même case.
La sortie 1 est accessible seulement avec un nombre positif.
La sortie 2 est accessible seulement avec un nombre négatif.

1. Noter quatre chemins différents permettant d'emprunter la sortie 1 du **labyrinthe 1** et écrire les calculs correspondants.

2. Noter quatre chemins différents permettant d'emprunter la sortie 2 du **labyrinthe 1** et écrire les calculs correspondants.

3. Elsa se trouve sur la case -4, entre la sortie 1 et la sortie 2 du **labyrinthe 1**. Elle est arrivée jusque-là en passant par onze cases et souhaite sortir le plus rapidement possible.
Quelle sortie doit-elle prendre ?

4. Les chemins du labyrinthe 1 sont-il toujours valables pour sortir du **labyrinthe 2** ?

5. Proposer une méthode pour connaitre rapidement le signe d'un produit de plusieurs nombres relatifs.

Tickets à gratter — Activité 4

Au supermarché, la caissière propose à Émile de choisir entre deux tickets à gratter.
Après réflexion, il prend le bleu en précisant qu'avec celui-ci, il aura au moins une chance de gagner.

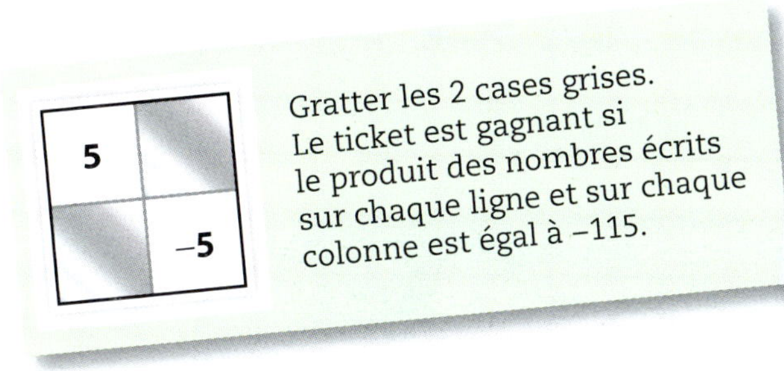

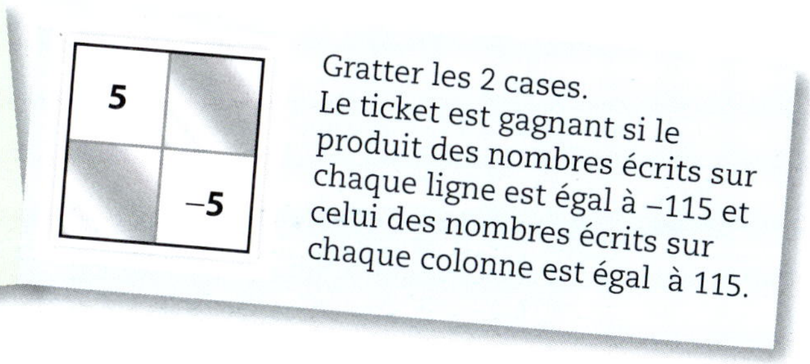

1. Expliquer le raisonnement d'Émile.

2. Quels nombres doit-il obtenir pour que son ticket soit gagnant ?
Donner deux écritures possibles pour chaque calcul.

3. Proposer une méthode pour calculer le quotient de deux nombres relatifs.

Cours

5e

1 Additionner et soustraire des nombres relatifs

Vidéo

Règle

Si deux nombres relatifs ont le même signe, alors leur somme a :
- le même signe que les deux nombres ;
- pour distance à zéro, la somme de leurs distances à zéro.

Exemples

On veut calculer $2{,}3 + 5{,}6$.
2,3 et 5,6 sont deux nombres **positifs** :
- leur somme est **positive** ;
- on **ajoute** leurs distances à zéro.

$2{,}3 + 5{,}6 = 7{,}9$

On veut calculer $-3 + (-5)$.
-3 et -5 sont deux nombres **négatifs** :
- leur somme est **négative** ;
- on **ajoute** leurs distances à zéro.

$-3 + (-5) = -(3 + 5) = -8$

Pour éviter que deux signes ne se suivent, on utilise des parenthèses.

Règle

Si deux nombres relatifs sont de signes contraires, alors leur somme a :
- le signe du nombre qui a la plus grande distance à zéro ;
- pour distance à zéro, la différence de leurs distances à zéro.

Exemples

On veut calculer $7 + (-4)$.
7 et -4 sont de signes contraires :
- leur somme est **positive** car le nombre qui a la plus grande distance à zéro est 7 ;
- on **soustrait** leurs distances à zéro.

$7 + (-4) = 7 - 4 = 3$

On veut calculer $-5{,}6 + 3{,}4$.
$-5{,}6$ et $3{,}4$ sont de signes contraires :
- leur somme est **négative** car le nombre qui a la plus grande distance à zéro est $-5{,}6$;
- on **soustrait** leurs distances à zéro.

$-5{,}6 + 3{,}4 = -(5{,}6 - 3{,}4) = -2{,}2$

Règle

Pour soustraire un nombre relatif, on ajoute son opposé.

Exemples

On veut calculer $A = -5 - 2$.
Pour soustraire 2, on ajoute son opposé : -2

$A = -5 - 2$
$A = -5 + (-2)$
$A = -(5 + 2)$
$A = -7$

On veut calculer $B = 3 - (-6{,}2)$.
Pour soustraire $-6{,}2$, on ajoute son opposé : 6,2.

$B = 3 - (-6{,}2)$
$B = 3 + 6{,}2$
$B = 9{,}2$

Méthode

Pour effectuer des additions et des soustractions de nombres relatifs, on peut :
- transformer les soustractions en additions ;
- regrouper les nombres positifs entre eux et les nombres négatifs entre eux.

Exemple

On veut calculer $C = (-1) + 3 - (-7) + (-2) - (+5) - 4$.
- On transforme les **soustractions en additions** :

$C = (-1) + 3 - (-7) + (-2) - (+5) - 4$
$C = (-1) + 3 + 7 + (-2) + (-5) + (-4)$

- On regroupe les **positifs** et les **négatifs** :

$C = 3 + 7 + (-1) + (-2) + (-5) + (-4)$
$C = 10 + (-12)$
$C = -2$

Savoir-faire

Apprends à l'aide des exercices résolus puis entraine-toi !

1 Additionner et soustraire des nombres relatifs

1 Calculer les sommes suivantes.

$A = -3 + (-8)$ $\qquad$ $B = 5{,}2 + (-8{,}4)$

Solution

- -3 et -8 sont **négatifs**. Leur somme est **négative**, on **ajoute** leurs distances à zéro.

$A = -3 + (-8)$
$A = -(3 + 8)$
$A = -11$

- $5{,}2$ et $-8{,}4$ sont de signes contraires. Leur somme est **négative** (car $8{,}4 > 5{,}2$), on **soustrait** leurs distances à zéros.

$B = 5{,}2 + (-8{,}4)$
$B = -(8{,}4 - 5{,}2)$
$B = -3{,}2$

On commence par regarder le signe des deux termes à additionner.

2 Calculer les différences suivantes.

$C = -12 - 3$ $\qquad$ $D = -15 - (-8)$

Solution

- Pour soustraire 3, on ajoute son opposé : -3

$C = -12 - 3$
$C = -12 + (-3)$
$C = -15$

- Pour soustraire -8, on ajoute son opposé : 8

$D = -15 - (-8)$
$D = -15 + 8$
$D = -7$

Soustraire un nombre, c'est additionner son opposé.

3 Calculer l'expression :

$E = -3 + 8 - (-5) - 7 + (-8) + 10 + (-4)$

Solution

- On commence par transformer les **soustractions** en **additions**.

$E = -3 + 8 - (-5) - 7 + (-8) + 10 + (-4)$
$E = -3 + 8 + 5 + (-7) + (-8) + 10 + (-4)$

Pour simplifier les calculs, on peut aussi chercher si certains nombres sont opposés : leur somme est égale zéro.

- On élimine les opposés : $8 + (-8) = 0$.

$E = -3 + 5 + (-7) + 10 + (-4)$

- On regroupe les nombres positifs et les nombres négatifs.

$E = 5 + 10 + (-3) + (-7) + (-4)$
$E = 15 + (-14)$
$E = 1$

4 Calculer l'expression :

$F = -5{,}7 - 10 + 1{,}8 + 2{,}7 - 21{,}8 - 0{,}3 + 6{,}2$

Solution

- On commence par transformer les **soustractions** en **additions**.

$F = -5{,}7 - 10 + 1{,}8 + 2{,}7 - 21{,}8 - 0{,}3 + 6{,}2$
$F = -5{,}7 + (-10) + 1{,}8 + 2{,}7 + (-21{,}8) + (-0{,}3) + 6{,}2$

- On regroupe les nombres positifs et les nombres négatifs.

$F = 1{,}8 + 2{,}7 + 6{,}2 + (-5{,}7) + (-10) + (-21{,}8) + (-0{,}3)$
$F = 10{,}7 + (-37{,}8)$
$F = -27{,}1$

5 Calculer les sommes suivantes.

$G = -5 + (-12)$ $\qquad$ $H = 9 + (-13)$
$I = 7{,}4 + (-0{,}4)$ $\qquad$ $J = 13 + (-13)$

6 Calculer les différences suivantes.

$K = 4 - (-10)$ $\qquad$ $L = 2{,}5 - 6$
$M = -11{,}5 - 1{,}5$

7 Calculer chaque expression.

$N = 6 - (-14)$ $\qquad$ $P = 7 + (-20)$ $\qquad$ $Q = 5 - 7 + 14 - (-9) + 3$
$R = 14 - 17 - (-3) - 14 + 3$ $\qquad$ $S = -2{,}5 + 4{,}8 + 3{,}2 - 2{,}7$ $\qquad$ $T = -7 - (-8{,}4) + 4 - 0{,}4 + 7 + (-4)$

2 Multiplier des nombres relatifs ▶Vidéo

Règle

Règle des signes

- Le produit de deux nombres relatifs de même signe est positif.
- Le produit de deux nombres relatifs de signes contraires est négatif.

Règle

Pour **calculer un produit**, on détermine son signe, puis on multiplie les distances à zéro.

Exemples

$3 \times 6 = 18$

$(-2) \times (-5) = 10$

Ici, les deux facteurs ont le même signe : le produit est **positif**.

$3 \times (-4) = -12$

$(-2{,}5) \times 2 = -5$

Ici, les deux facteurs sont de signes contraires : le produit est **négatif**.

! Dans un produit de deux nombres relatifs, on peut changer l'ordre des facteurs :

$$(-4) \times (-8) = (-8) \times (-4) = 32$$

Cas particuliers

a désigne un nombre relatif.

- Le produit d'un nombre relatif par 0 est égal à zéro : $a \times 0 = 0$
- Le produit d'un nombre relatif par –1 est égal à son opposé : $a \times (-1) = -a$

Exemples

$(-5) \times 0 = 0$

$3 \times (-1) = -3$: -3 est l'opposé de 3.

$(-5) \times (-1) = -(-5) = 5$: 5 est l'opposé de -5.

Attention, le nombre $-a$ n'est pas forcément négatif : si a est **négatif**, $-a$ est **positif** !

Méthode

Pour **déterminer le signe d'un produit** de plusieurs facteurs, on compte le nombre de facteurs négatifs.

- S'il y en a un nombre pair, alors le produit est positif.
- S'il y en a un nombre impair, alors le produit est négatif.

Exemples

$A = (-2) \times 3 \times (-1) \times 6$

Il y a deux facteurs négatifs et 2 est un nombre pair, donc le produit est positif :

$A = 36$

$B = 2 \times (-3) \times (-1) \times (-6)$

Il y a trois facteurs négatifs et 3 est un nombre impair, donc le produit est négatif :

$B = -36$

Savoir-faire

Apprends à l'aide des exercices résolus puis entraine-toi !

2 Multiplier des nombres relatifs

8 Calculer les produits suivants.

$A = -6 \times 9$ $\quad$ $B = -4 \times (-2{,}5)$

Solution

- $A = -6 \times 9$
  -6 et 9 sont de signes contraires, donc le produit est **négatif**.
  On multiplie les distances à zéro : $6 \times 9 = 54$
  Donc $A = -54$.
- $B = -4 \times (-2{,}5)$
  -4 et $-2{,}5$ sont de même signe, donc le produit est **positif**.
  On multiplie les distances à zéro : $4 \times 2{,}5 = 10$.
  Donc $B = 10$.

On regarde le signe des facteurs et on applique la règle des signes.

9 Calculer les produits suivants.

$C = 7 \times (-1)$ $\quad$ $D = (-1) \times (-8)$

$E = -18 \times 0$

Solution

- $C = 7 \times (-1)$
  $C = -7$

Le produit de n'importe quel nombre relatif par (-1) donne son opposé.

- $D = (-8) \times (-1)$
  $D = 8$
- $E = -18 \times 0$
  $E = 0$

Le produit de n'importe quel nombre relatif par 0 donne 0.

10 Calculer les produits suivants.

$F = (-8) \times 9$ $\quad$ $G = -6 \times (-11)$ $\quad$ $H = 0{,}5 \times (-12)$ $\quad$ $I = 4 \times 25$

$J = 13 \times (-1)$ $\quad$ $K = (-6) \times (-1)$ $\quad$ $L = 0 \times (-16)$

11 Quel est le signe du produit suivant ?

$M = -3 \times (-5) \times (-2) \times 6 \times (-8) \times (-19)$

Solution

Il y a 5 facteurs négatifs et 5 est un nombre impair.
Donc M est **négatif**.

12 Calculer le produit suivant.

$N = 4 \times 19 \times (-0{,}5) \times 0 \times 6 \times (-18) \times (-9)$

Solution

Dans un produit, si l'un des facteurs est égal à zéro, alors le produit est égal à zéro.
Donc $N = 0$.

13 Calculer le produit suivant.

$P = (-4) \times 0{,}06 \times (-25) \times (-3) \times (-2)$

Solution

- On détermine le signe du produit :
  Il y a 4 facteurs négatifs et 4 est un nombre pair.
  Donc P est **positif**.
- On multiplie les distances à zéro :

$P = 4 \times 0{,}06 \times 25 \times 3 \times 2$
$P = (4 \times 25) \times 0{,}06 \times 3 \times 2$
$P = 100 \times 0{,}06 \times 3 \times 2$
$P = 6 \times 3 \times 2$
$P = 36$

Dans un produit, on peut changer l'ordre des facteurs et les associer comme l'on veut.

14 Quel est le signe des produits suivants ?

$Q = 5 \times (-5) \times (-5) \times 5 \times (-5) \times (-5) \times 5 \times (-5) \times (-5)$

$R = \underbrace{(-3) \times \ldots\ldots\ldots\ldots \times (-3)}_{97\ \text{facteurs}}$

15 Calculer les produits suivants.

$S = (-3) \times 4 \times (-5) \times (-1)$

$T = (-2) \times (-2) \times (-2) \times (-2) \times (-2)$

16 Calculer astucieusement :

$U = (-0{,}2) \times 0{,}7 \times (-3) \times (-5) \times (-3)$

$V = 14 \times 0 \times 19 \times (-0{,}5) \times 6 \times (-18)$

$W = (-4) \times 0{,}13 \times (-7) \times (-25)$

Cours

3 Diviser deux nombres relatifs ▶ Vidéo

Définition

a et b désignent des nombres relatifs ($b \neq 0$).

Le **quotient** de a par b est le nombre qui, multiplié par b, donne a :

$$\frac{a}{b} \times b = a$$

Exemples

$\frac{-2}{3} \times 3 = -2$

$\frac{3}{-7} \times (-7) = 3$

Règle

Règle des signes

- Le quotient de deux nombres relatifs de même signe est positif.
- Le quotient de deux nombres relatifs de signes contraires est négatif.

Attention, le quotient de deux nombres **négatifs** est **positif** !

Règle

Pour **calculer un quotient**, on détermine son signe, puis on divise les distances à zéro.

Exemples

On veut calculer $6 \div (-3)$.
Le numérateur et le dénominateur sont de signes contraires, donc le quotient est négatif.
On divise les distances à zéro : $6 \div 3 = 2$
Donc $\frac{6}{-3} = -2$.

On veut calculer $\frac{-18}{-6}$.
Le numérateur et le dénominateur sont de même signe, donc le quotient est positif.
On divise les distances à zéro : $\frac{18}{6} = 3$
Donc $\frac{-18}{-6} = 3$.

Attention, on ne peut jamais diviser par 0 !

Règle

a et b désignent des nombres relatifs ($b \neq 0$).

$$\frac{-a}{-b} = \frac{a}{b} \qquad \frac{-a}{b} = \frac{a}{-b} = -\frac{a}{b}$$

Exemples

$\frac{-3}{7} = \frac{3}{-7} = -\frac{3}{7}$: les trois quotients sont négatifs.

$\frac{-9}{-5} = \frac{9}{5}$: les deux quotients sont positifs.

Savoir-faire

Apprends à l'aide des exercices résolus puis entraine-toi !

3 Diviser deux nombres relatifs

17 Quel est le signe des quotients suivants ?

$\frac{13}{4}$ $\frac{-2}{5}$ $\frac{3}{-8}$ $\frac{-35}{-17}$

Solution

Dans chacun des cas, on regarde si le numérateur et le dénominateur ont le même signe ou s'ils sont de signes contraires.

- 13 et 4 sont tous les deux **positifs**, donc $\frac{13}{4}$ est **positif**.
- −2 et 5 sont de signes contraires, donc $\frac{-2}{5}$ est **négatif**.
- 3 et −8 sont de signes contraires, donc $\frac{3}{-8}$ est **négatif**.
- −35 et −17 sont tous les deux **négatifs**, donc $\frac{-35}{-17}$ est **positif**.

18 Calculer les quotients suivants.

A = 42 ÷ (−7) B = (−45) ÷ (−9)

Solution

- A = 42 ÷ (−7)
  42 et −7 sont de signes contraires, donc le quotient est **négatif**.
  On divise les distances à zéro : 42 ÷ 7 = 6
  Donc A = −6.
- B = (−45) ÷ (−9)
  −45 et −9 sont de même signe, donc le quotient est **positif**.
  On divise les distances à zéro : 45 ÷ 9 = 5
  Donc B = 5.

On regarde le signe des deux nombres, puis on applique la règle des signes.

19 Donner l'écriture décimale des quotients suivants.

$C = \frac{-12}{-5}$ $D = \frac{31}{-5}$ $E = \frac{-27}{9}$

Solution

- $C = \frac{-12}{-5}$
  −12 et −5 sont deux nombres **négatifs**, donc le quotient est **positif**.
  Donc $C = \frac{12}{5}$ soit C = 2,4.
- $D = \frac{31}{-5}$
  31 et −5 sont de signes contraires, donc le quotient est **négatif**.
  Donc $D = -\frac{31}{5}$ soit D = −6,2.
- $E = \frac{-27}{9}$
  −27 et 9 sont de signes contraires, donc le quotient est **négatif**.
  Donc $E = -\frac{27}{9}$ soit E = −3.

20 Quel est le signe des quotients suivants ?

$F = \frac{-5}{-3}$ $G = \frac{-21}{8}$

$H = \frac{235}{-9}$ $I = -\frac{-54}{-8}$

21 Calculer les quotients suivants.

J = 63 ÷ (−9)

K = (−120) ÷ (−10)

L = (−10) ÷ 2,5

22 Donner l'écriture décimale des quotients suivants.

$M = \frac{-35}{-7}$ $N = \frac{14}{-4}$

$P = \frac{-24}{8}$ $Q = -\frac{-15}{-10}$

$R = -\frac{-66}{12}$ $S = -\frac{-54}{-6}$

Exercices

2 pages d'exercices supplémentaires dans le manuel numérique

Additionner et soustraire des nombres relatifs

Savoir-faire p. 21

Questions flash

diapo

23 Calculer :

$A = 35 + 15$ $B = -7 + 4$ $C = -13 + 13$

$D = 15 + (-25)$ $E = -8 + (-9)$ $F = -4 + 9$

24 Calculer :

$A = 38 - 21$ $B = 20 - 36$ $C = -14 - 14$

$D = -8 - (-10)$ $E = 9 - (-4)$ $F = 7 - 7$

25 Calculer :

$A = 9 + (-6)$ $B = 10 - 12$

$C = -5 + (-6)$ $D = 3 - (-4)$

26 Calculer :

$A = (-5) + 8 + (-3) + (-7) + (-8)$

$B = -2 - (-3) + 7 - 12$

27 Calculer les sommes suivantes.

$A = -2 + 8{,}2$ $B = -6{,}5 + (-3)$ $C = -12 + 7$

$D = (-7{,}5) + (-3{,}6)$ $E = 13 + (-12)$ $F = 4 + (-19)$

28 Transformer les soustractions suivantes en additions, puis effectuer les calculs.

$A = -3 - 10{,}2$ $B = -7 - (-13)$ $C = 12 - 17$

$D = 0 - 26$ $E = -14 - 14$ $F = 5{,}8 - (-4{,}2)$

29 Effectuer les calculs suivants.

$A = (-7) - (-10)$ $B = 7 + (-9{,}4)$ $C = (-12) + (-7)$

$D = -13 - 3$ $E = (-19) + 8$ $F = 6 - 9$

30 Calculer :

a. la différence entre 35 et (–13) ;

b. la somme de (–39) et 41 ;

c. la somme de (–12,3) et (–4,7) ;

d. la différence entre 7 et 15.

31 La petite sœur de Léa a gribouillé une partie de son travail.

- Aider Léa à retrouver les termes manquants.

a. $5 +$ [redacted] $= -4$

b. $(-9) +$ [redacted] $= -2$

c. $(-12) +$ [redacted] $= -5$

d. $8 +$ [redacted] $= 3$

32 Recopier et compléter avec les signes opératoires + et –.

a. –11 … (–6) = –17 **b.** 7 … 8 = –1

c. 26 … (–26) = 0 **d.** –18 … 17 = –35

33 Andréa, Jade et Louis ont voulu calculer $A = 10 - (-4) + (-1) + 5 - 9$. Voici leur travail :

Andréa

$A = 10 - (-4) + (-1) + 5 - 9$

$A = 10 + (-4) + (-1) + 5 + 9$

$A = 24 + (-5)$

$A = 19$

Jade

$A = 10 - (-4) + (-1) + 5 - 9$

$A = -10 + 4 + (-1) + (-5) + (-9)$

$A = (-25) + 4$

$A = -19$

Louis

$A = 10 - (-4) + (-1) + 5 - 9$

$A = 10 + 4 + (-1) + 5 + (-9)$

$A = 19 + (-10)$

$A = 9$

- En utilisant la calculatrice, donner le prénom de celui qui a raison. Expliquer les erreurs des deux autres.

34 Calculer :

$A = 2 + (-8) + 7 + (-12) + (-5) + 4 + (-2)$

$B = (-5) + (-4) - 15 - (-6) + 7$

$C = (-14) - 14 + 30 + (-15) - (-20)$

$D = (-4) + (-3) - 5 - 3 + (-2)$

$E = 3 - 12 + 15 - 17 - 23$

35 Calculer astucieusement :

$A = (-25) - 18 + (-3) + 25 + 3$

$B = (-3{,}5) + (-4{,}8) + 5 + (-0{,}2) + 13{,}5$

Multiplier des nombres relatifs

Savoir-faire p. 23

Questions flash

diapo

36 Calculer :

$A = 12 \times 5$ $B = -1 \times 5$ $C = (-3) \times (-3)$

$D = 3{,}5 \times (-10)$ $E = -168 \times 0$ $F = -56 \times (-0{,}1)$

37 Sans les calculer, donner le signe des produits suivants.

$A = (-13) \times (-7)$ $B = (-0{,}36) \times 3{,}7$

$C = 65 \times (-1{,}4)$ $D = (-3) \times (-5) \times (-12) \times 6$

$E = (-13) \times 5 \times (-12) \times (-6) \times 11 \times (-5) \times (-12) \times (-6)$

38 Calculer les produits suivants.

$A = (-3) \times 5$ $B = (-6) \times (-6)$ $C = (-12) \times 0{,}3$

$D = 0{,}4 \times (-3)$ $E = (-21) \times (-5)$ $F = (-56) \times (-0{,}5)$

$G = 4{,}5 \times (-1)$ $H = -1{,}48 \times 0$ $I = 3{,}5 \times (-0{,}01)$

39 Recopier et compléter les « nids d'abeilles » suivants en sachant que le nombre contenu dans un hexagone est le produit des deux nombres contenus dans les deux hexagones situés au-dessus de lui.

a.

b.

40 Relier chaque calcul à son résultat.

- $1 \times (-3)$
- $(-1) \times (-5)$
- $(-3) \times (-1)$
- $(-1) \times 3$
- $(-5) \times (-1)$
- $1 \times (-5)$

- 3
- −3
- 5
- −5

41 En utilisant l'égalité $27 \times 34 = 918$, donner les résultats des produits suivants.

a. $(-27) \times 34$ **b.** $(-27) \times (-34)$ **c.** $27 \times (-340)$

d. $(-270) \times (-340)$ **e.** $27 \times (-0{,}34)$ **f.** $-2{,}7 \times (-3{,}4)$

42 Donner le signe des produits suivants sans les calculer.

$A = (-1) \times 2 \times (-3) \times 4 \times (-5) \times 6 \times (-7) \times 8 \times (-9) \times 10$

$B = \underbrace{(-7) \times (-7) \times \ldots\ldots \times (-7)}_{56 \text{ facteurs}}$

43 Calculer les produits suivants.

$A = 10 \times (-3) \times 2 \times (-5) \times (-6)$

$B = (-4{,}3) \times (-10) \times 2 \times (-1) \times (-1)$

$C = -0{,}8 \times 4 \times (-0{,}3) \times 2 \times (-1)$

44 Cécile a taché une partie de ses calculs, mais elle avait déjà noté le signe du produit.

- Aider Cécile à retrouver le signe des facteurs manquants.

a. $(-12) \times \ldots \times (-34)$ *est positif.*

b. $5 \times (-13) \times \ldots \times (-0{,}4) \times (-4)$ *est négatif.*

c. $(-48) \times (-3) \times \ldots \times (-34) \times \ldots \times 4$ *est négatif.*

45 Calculer astucieusement :

$A = (-3) \times (-3) \times (-3) \times (-3)$

$B = (-2) \times 0{,}25 \times 75 \times (-4) \times 4$

$C = -3{,}02 \times (-20) \times 3 \times 5 \times (-1)$

$D = -4{,}53 \times 2 \times (-0{,}001) \times 5$

Diviser deux nombres relatifs

Savoir-faire p. 25

Questions flash — diapo

46 Donner le signe des quotients suivants.

$A = 28{,}2 \div (-12)$ $B = (-86) \div 3{,}4$ $C = (-13) \div (-39)$

$D = \dfrac{-5}{4}$ $E = \dfrac{-13}{-4}$ $F = \dfrac{1}{-3}$

47 Calculer les quotients suivants.

$A = (-48) \div 6$ $B = (-35) \div (-7)$ $C = 55 \div (-11)$

$D = 0 \div (-3)$ $E = -15 \div (-0{,}1)$ $F = -24 \div 100$

48 Donner une écriture décimale des quotients suivants.

$A = \dfrac{-9}{-2}$ $B = \dfrac{24}{-6}$ $C = \dfrac{-12}{5}$ $D = -\dfrac{-21}{-7}$

49 Calculer les quotients suivants.

$A = 40 \div (-5)$ $B = (-32) \div (-8)$ $C = 46 \div (-1)$

$D = (-25) \div 25$ $E = (-54) \div (-6)$ $F = (-42) \div (-7)$

50 Calculer les quotients suivants.

$A = 34 \div (-5)$ $B = (-21) \div 6$ $C = (-60) \div (-12)$

$D = (-22) \div 4$ $E = (-7) \div (-0{,}2)$ $F = (-105) \div (-3)$

51 Par quel nombre faut-il :

a. multiplier (−5) pour obtenir 40 ?

b. multiplier 7 pour obtenir (−42) ?

c. multiplier (−3) pour obtenir (−39) ?

d. multiplier (−5) pour obtenir 23 ?

52 Aider Louisa à retrouver les nombres positifs parmi les nombres de la liste ci-dessous.

$\dfrac{-23}{7}$ $\dfrac{-34}{-16}$ $-\dfrac{-19}{6}$ $-\dfrac{-4}{-7}$ $\dfrac{1}{-3}$ $\dfrac{4}{3}$

53 Voici la copie que le professeur vient de rendre à Vanessa.

- Aider Vanessa à améliorer son travail.

a. $-\dfrac{-1}{-5}$ — *Bien, mais tu peux écrire ce quotient plus simplement.*

b. $-\dfrac{2}{3}$ — *Très bien.*

c. $\dfrac{-2}{-9}$ — *À écrire plus simplement.*

d. $-\dfrac{-1}{7}$ — *À écrire plus simplement.*

54 Recopier et compléter par le nombre qui convient, écrit le plus simplement possible.

a. $(-3) \times \ldots = -36$ **b.** $\ldots \times 5 = -16$

c. $(-10) \times \ldots = 3$ **d.** $3 \times \ldots = -4$

e. $(-6) \times \ldots = 11$ **f.** $(-9) \times \ldots = -8$

Faire le point

Vérifie tes connaissances.

QCM

Donner la seule réponse correcte parmi les trois proposées.

1 Additionner et soustraire des nombres relatifs	Réponse A	Réponse B	Réponse C
1. La somme –11 + (–7) est égale à :	–4	4	–18
2. La différence 3 – 8 est égale à :	11	–24	–5
3. 12 + (–7) + 4 + (–5) – (–10) est égal à :	14	4	24

2 Multiplier des nombres relatifs	Réponse A	Réponse B	Réponse C
1. Le produit (–2,5) × (–3) est égal à :	7,5	–7,5	–5,5
2. Le produit 7 × (–4) est égal à :	3	28	–28
3. (–5) × 3,2 × (–12) × (–24) × (–3,4) est :	nul.	positif.	négatif.

3 Diviser deux nombres relatifs	Réponse A	Réponse B	Réponse C
1. Le quotient (–25) ÷ (–2) est égal à :	12,5	–12,5	$-\frac{25}{2}$
2. Le quotient $\frac{54}{-9}$ est égal à :	6	$-\frac{54}{9}$	$\frac{54}{9}$
3. Le nombre qui, multiplié par (–8), donne –75 est :	$-\frac{75}{8}$	$\frac{8}{75}$	$\frac{75}{8}$

Pour t'aider à retenir le cours.*

Carte mentale

Calculer avec des nombres relatifs

Additionner

(+ …) + (+ …) = (+ …)
(– …) + (– …) = (– …)
} On additionne les distances à zéro.

(+ …) + (– …) = ? → On soustrait les distances à zéro.

Multiplier

Règle des signes

Deux facteurs

(+ …) × (+ …) = (+ …)
(– …) × (– …) = (+ …)
(+ …) × (– …) = (– …)

Plusieurs facteurs

Nombre de facteurs négatifs
- Pair → Produit positif
- Impair → Produit négatif

Soustraire

C'est additionner l'opposé.

☆ – (+ …) = ☆ + (– …)
☆ – (– …) = ☆ + (+ …)

Diviser

Règle des signes

(+ …) ÷ (+ …) = (+ …)
(– …) ÷ (– …) = (+ …)
(+ …) ÷ (– …) = (– …)
(– …) ÷ (+ …) = (– …)

** Tu peux aussi construire ta propre carte mentale.*

55 Programme de calcul (1)

Voici un programme de calcul :

> Choisir un nombre.
> Multiplier par (–2).
> Ajouter 27.
> Multiplier par (–6).
> Soustraire le triple du nombre choisi.

1. Ouvrir un tableur et reproduire la feuille de calcul ci-dessous.

	A	B
1	Choisir un nombre	-4
2	Multiplier ce nombre par (-2)	
3	Ajouter 27	
4	Multiplier ce nombre par (-6)	
5	Soustraire le triple du nombre de départ	

2. a. Quelles formules doit-on entrer dans les cellules B2, B3, B4 et B5 ?
   b. Que représente le nombre affiché en B5 ?
3. Quel nombre donne le programme de calcul si l'on choisit :
   a. le nombre –5,8 ?
   b. le nombre –12 ?
   c. le nombre –3 ?
   d. le nombre 25 ?
4. En appliquant ce programme à un certain nombre, Valentin a obtenu 0.
   Déterminer par essais successifs le nombre que Valentin a choisi.
5. À l'aide des instructions suivantes, écrire un script correspondant à ce programme de calcul.

```
mettre [nombre choisi ▼] à (réponse)
ajouter à [résultat ▼] ( )
mettre [résultat ▼] ( )
ajouter à [résultat ▼] ( )
demander [nombre de départ ?] et attendre
(nombre choisi * -2)
dire (résultat) pendant (2) secondes
(résultat * -6)
(nombre choisi * -3)
mettre [résultat ▼] à ( )
quand [drapeau] cliqué
```

56 Programme de calcul (2)

Voici un script correspondant à un programme de calcul :

```
quand [drapeau] cliqué
demander [nombre de départ ?] et attendre
mettre [nombre choisi ▼] à (réponse)
mettre [résultat ▼] à (nombre choisi + -12)
mettre [résultat ▼] à (résultat * -2)
ajouter à [résultat ▼] (nombre choisi * -1)
dire (résultat) pendant (2) secondes
```

1. Décrire les étapes successives de ce programme de calcul par des phrases.
2. Déterminer mentalement le nombre donné par le programme de calcul si l'on choisit comme nombre de départ :
   a. le nombre 0 ;
   b. le nombre 1 ;
   c. le nombre –1.
3. Vérifier les réponses en exécutant le script.

57 Programme de calcul (3)

Voici un script correspondant à un programme de calcul :

```
quand [drapeau] cliqué
demander [nombre de départ ?] et attendre
mettre [nombre ▼] à (réponse)
ajouter à [nombre ▼] (-3)
mettre [nombre ▼] à (1 / nombre)
ajouter à [nombre ▼] (-2)
dire (nombre) pendant (2) secondes
```

1. Décrire les étapes successives de ce programme de calcul par des phrases.
2. Déterminer le nombre donné par le programme de calcul si l'on choisit 4 comme nombre de départ.
3. Pour quel nombre de départ ce programme de calcul ne pourra-t-il pas donner de résultat ? Pourquoi ?

58 À toi de jouer

Voici un programme de calcul :

> Choisir un nombre.
> Prendre l'opposé de ce nombre.
> Ajouter 5.
> Prendre la moitié de cette somme.
> Ajouter le double du nombre de départ.

- Écrire un script correspondant à ce programme de calcul.

Pour mieux cibler les compétences			
Chercher	67 69 71 75	Raisonner	68 72 73
Modéliser	59 63 71	Calculer	60 61 62 65 69
Représenter	65	Communiquer	74 76

59 L'ascenseur

Bertrand monte dans l'ascenseur d'un grand hôtel de New York. Il oublie d'appuyer sur le bouton de l'étage désiré et se laisse porter selon les appels des clients de l'hôtel. Il monte de 28 étages, descend de 5 étages, descend à nouveau de 24 étages, remonte de 3 étages, redescend de 14 étages et finit par remonter de 1 étage.

- De combien d'étages Bertrand est-il monté ou descendu ?

60 Un cocktail de calculs

1. Effectuer les calculs suivants en détaillant les étapes.

$A = (-3) + (-4) \times (-5)$ $B = -30 \div (-4 + 6)$

$C = 5 - (-4) \times (-4)$ $D = 5 - 4 \times (-4)$

$E = (-8) - [8 - (-2)] + (-3)$ $F = 3 - 4 \times (-5) \times (-5)$

$G = 12 - 6^2$ $H = (-5)^2 + 13$

$I = -4^2 + 21$ $J = (-2) \times (-5) - (-5)^2$

$K = (-5) \times (-3) - 4 \times (-6) - 1$

$L = 6 \times (-2) - 3 \times (-3) \times (-1) \times (-2)$

2. Vérifier les résultats en utilisant la calculatrice.

61 La calculatrice

Pour calculer la valeur du nombre $A = \dfrac{8 + 3 \times (-4)}{1 + 2 \times (-1{,}5)}$,

Marianne a tapé sur sa calculatrice la succession de touches ci-dessous.

8 + 3 × ((−) 4) ÷

1 + 2 × ((−) 1 , 5)

1. Va-t-elle obtenir le bon résultat ?
2. Si oui, préciser ce résultat. Sinon, préciser son erreur et donner le bon résultat.

62 Une foule de quotients

1. Effectuer les calculs suivants en détaillant les étapes.

$A = \dfrac{17}{3 - 10}$ $B = \dfrac{-2 - (-17)}{5 - 8}$ $C = \dfrac{-4 - 5}{5 - 6}$

$D = \dfrac{6 - 6 \times 4}{6 \times 2 - 2}$ $E = 2 - \dfrac{-18}{-3} + 6$

$F = \dfrac{(-21) + 7 \times 3}{(-13) + 17 \times (-4)}$ $G = \dfrac{-2 \times (-4) \times 3 \times (-3)}{(-4{,}5) \times 2}$

$H = \dfrac{-5 \times (-3) \times (-4)}{(-1) \times (-1) \times (-1)}$ $I = \dfrac{-9 \times (-3) - (-3) \times (-5)}{15 \div (-3) - 2}$

2. Vérifier les résultats en utilisant la calculatrice.
3. Classer ces nombres dans l'ordre croissant.

63 Jeu télévisé

Lors d'un jeu télévisé, les candidats doivent répondre à 20 questions. Une bonne réponse fait gagner 4 points, une mauvaise fait perdre 5 points et une absence de réponse fait perdre 2 points.

Le score peut être négatif.

Lucas, peu inspiré, ne répond qu'à 10 questions dont 3 sont fausses.

Juliette a répondu à toutes les questions mais 13 seulement sont justes.

Léila, qui joue la prudence, ne répond qu'à celles dont elle est sûre. Ses 9 réponses sont justes.

Quant à Esteban, il a répondu à seulement 4 questions et elles sont toutes fausses.

- Donner le classement de ces candidats en précisant le score de chacun.

64 Programme de calcul

1. Eva teste ce programme avec 12 et −12. Quels résultats va-t-elle obtenir ?

Nombre de départ

↓ Ajouter −7

[ ]

↓ Multiplier par −5

Résultat

2. Chloé a obtenu 20. Quel nombre avait-elle choisi au départ ?

65 Le jeu des bulles

Règle du jeu

- On donne 6 nombres répartis dans 6 bulles.
- Il faut trouver les étapes de calculs permettant d'obtenir le résultat affiché au centre.
- On peut utiliser les 4 opérations autant de fois qu'on le veut.
- On ne peut pas utiliser deux fois le même nombre.
- On n'est pas obligé d'utiliser tous les nombres.

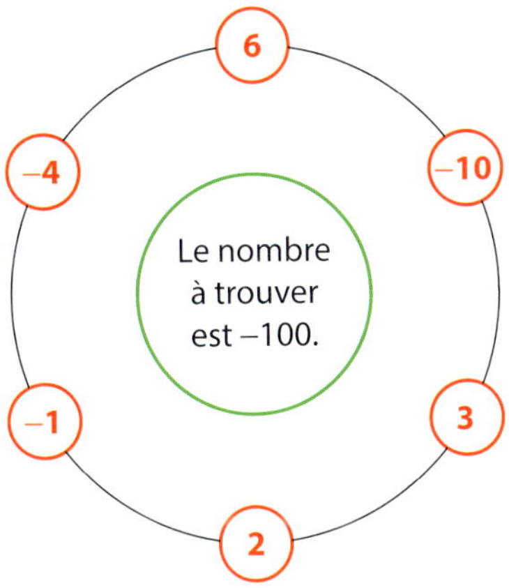

1. Estelle propose l'expression suivante :
$[-4 \times 2 - (3 - 1)] \times (-10)$
   a. Sa solution est-elle correcte ?
   b. Si la solution d'Estelle est correcte, expliquer pourquoi. Sinon, proposer un minimum de modifications rendant son expression correcte.
2. Proposer deux autres solutions à ce jeu.
Écrire chacune d'elles à l'aide d'une seule expression.

66 L'Alaska

HG

Dans l'État de l'Alaska, aux États-Unis, le climat est de type polaire.
Le tableau ci-dessous est un relevé météorologique de Fairbanks qui est la deuxième ville de cet État.

Mois	jan.	fév.	mars	avril	mai	juin	juil.	aout	sep.	oct.	nov.	déc.	année
Température minimale moyenne (en °C)	–28,1	–25,8	–18,7	–6,4	3,3	9,7	11,4	8,4	2,3	–7,7	–20,9	–26	[illegible]
Température moyenne (en °C)	–23,4	–19,8	–11,7	–0,7	9,2	15,4	16,9	13,8	7,5	[illegible]	–16,3	–21,4	–2,8
Température maximale moyenne (en °C)	–18,7	–13,8	–4,6	5	15,2	21,2	22,4	19,1	12,7	0	–11,7	–16,8	2,5
Précipitations (en mm)	11,9	10,2	9,4	8,1	15,5	34,8	[illegible]	49,8	24,1	22,9	20,3	21,6	276,1

Source : World Climate.

1. Quels sont les mois de l'année où la température minimale moyenne est inférieure à –15 °C ?
2. Certaines données ont été tachées.
Retrouver ces données manquantes, en donnant des valeurs approchées, si besoin.
3. a. Comment peut-on définir un climat de type polaire ?
   b. Citer trois autres pays ayant ce même type de climat.

67 Temperature in Chicago

LV

Some countries, like the USA, use Fahrenheit degrees to express temperatures.
When Paul leaves Paris, the temperature is –2 °C.
At his arrival in Chicago, the temperature is 14 °F.

1. Using the conversion formula below:
T° Fahrenheit = 1,8 × T° Celsius + 32
   a. express the temperature in Paris in °F ;
   b. express the temperature in Chicago in °C.
2. Which city is the coldest?

68 Carré magique (1)

PEAC

Les carrés magiques semblent avoir été inventés par des mathématiciens chinois en –650. Ils ont ensuite traversé les siècles et les continents et ont même été utilisés dans l'art. *La Melencolia* (1514) est une gravure d'Albrecht Dürer (1471-1528) dans laquelle l'artiste allemand a représenté un carré magique.
À son époque, les carrés magiques sont des objets mystérieux et certains sont associés aux planètes.
Les sommes des nombres écrits sur chaque ligne, chaque colonne, chaque diagonale ont la même valeur, appelée « constante du carré magique ».

1. À partir du carré magique d'Albrecht Dürer, construire un autre carré magique dont la constante est égale à –34.
2. On peut également construire des carrés magiques pour la multiplication : les produits des nombres écrits sur chaque ligne, chaque colonne, chaque diagonale ont la même valeur. Recopier et compléter ces carrés magiques multiplicatifs.

a. Constante = 1 000

	1	
		25
		–2

b.

–18	–1	
	6	
		–2

c.

1		–24	
–12			–5
–21	6		4
20		7	–18

69 Carré magique (2)

a, *b*, *c* et *d* étant trois nombres relatifs tels que $a \times b = c \times d$, on admet que le carré ci-contre est toujours un carré magique multiplicatif.

$(-b) \times c$	a^2	$(-b) \times d$
d^2	$a \times b$	c^2
$a \times (-c)$	b^2	$-a \times d$

1. Peut-on choisir :
   a. $a = -2$ $b = 10$ $c = -4$ et $d = -5$?
   b. $a = -4$ $b = 3$ $c = 2$ et $d = -6$?
2. Si oui, construire le carré magique associé.
3. Construire un nouveau carré magique multiplicatif en choisissant d'autres valeurs pour *a*, *b*, *c* et *d*.

Problèmes

70 La bonne réponse

Le professeur a demandé à Paolo, ainsi qu'à quatre de ses camarades, d'effectuer le produit de –112,9 par –47,2. Il note au tableau les cinq réponses obtenues :

–5 318,88   518,88   4 318,96   5 328,88   –5 328,88

Il annonce que l'une d'entre elles est la bonne réponse.

• Sans poser de calcul, donner la bonne réponse. Justifier.

71 Températures dans l'espace

Prise d'initiative

PC SVT

Doc. 1 Notes

• Le kelvin est une unité de mesure de la température. Elle est très utilisée par les physiciens. Dans la vie quotidienne, on utilise plutôt le degré Celsius.
• On passe des degrés Celsius (°C) aux kelvins (K) en ajoutant 273,15.
• L'amplitude thermique est l'écart entre la température minimale et la température maximale, en un même lieu, sur une période donnée.

Doc. 2 Influence de l'atmosphère

• L'atmosphère de la **Lune** est très fine. Cette absence d'atmosphère est responsable d'une très grande amplitude thermique entre les deux faces de la Lune : la température peut descendre jusqu'à –170 °C sur la face nocturne et peut atteindre 120 °C sur la face exposée au Soleil.
• L'atmosphère de **Vénus** est extrêmement dense. C'est la planète du système solaire sur laquelle l'effet de serre est le plus fort. La température moyenne à la surface est d'environ 460 °C.
• La faible densité de l'atmosphère de **Mars** produit un effet de serre très limité, ce qui explique que la température moyenne sur Mars est environ 210 K.

Doc. 3 Températures de surface

Vénus	Mars
• Max. : 763 K (490 °C)	• Max. : 270 K (–3 °C)
• Min. : 719 K (446 °C)	• Min. : 140 K (–133 °C)

En utilisant les documents ci-dessus :

1. Calculer l'amplitude thermique en degrés Celsius sur la Lune, sur Vénus et sur Mars.
2. Donner la température moyenne sur Vénus en kelvins.
3. Donner la température moyenne sur Mars en degrés Celsius.

72 Géovision

Prise d'initiative

Emily, une jeune physicienne, décolle de San Jose en Californie en direction de Maui dans l'archipel d'Hawaii. À différents moments du vol, elle observe sur son écran, le géovision de l'avion qui indique les différentes données des conditions extérieures. Mais après le décollage, le système n'affiche plus toutes les données.

En utilisant les notes d'Emily (doc. 1) et les captures d'écran du géovision (doc. 2), répondre à ces questions.

1. À quelle altitude se trouve San Jose ?
2. Aider Emily à retrouver les données manquantes en donnant des valeurs approchées, si besoin.

Doc. 1 Notes d'Emily

• **Phase de croisière :** période de vol se situant entre la fin de la montée et le début de la descente, durant laquelle l'avion se déplace à une altitude et une vitesse constantes.
• Lorsque l'on grimpe en altitude, l'atmosphère perd environ 2 °C tous les 300 m. On considère que la température au sol reste constante pendant ce vol.

Doc. 2 Géovision

Roulage

Vitesse sol .... 0 km/h
Altitude .... 26 m
Température extérieure .... 20°C
Distance parcourue .... 0 km
Temps de vol .... 0 min

Le roulage est la phase précédant le décollage ou suivant l'atterrissage, et pendant laquelle l'avion roule sur la piste.

En cours de montée (1)

Vitesse sol .... 400 km/h
Altitude .... 1 526 m
Température extérieure ....
Distance parcourue .... 50 km
Temps de vol .... 6 min

En cours de montée (2)

Vitesse sol .... 850 km/h
Altitude .... 6 000 m
Température extérieure ....
Distance parcourue .... 90 km
Temps de vol .... 10 min

Fin de montée

Vitesse sol .... 870 km/h
Altitude ....
Température extérieure .... –50°C
Distance parcourue .... 300 km
Temps de vol .... 20 min

Début de descente

Vitesse sol .... 870 km/h
Altitude ....
Température extérieure .... –50°C
Distance parcourue ....
Temps de vol .... 5h20 min

73 Jeu des jetons

Prise d'initiative

Un sac contient plusieurs jetons dont certains sont identiques. Chaque jeton porte, sur une face, une lettre en rouge et sur l'autre face, un nombre relatif en bleu. À une lettre est associé un seul nombre relatif. Le jeu consiste à tirer un nombre prédéfini de jetons et à multiplier les nombres notés sur ces jetons. Le gagnant est celui qui obtient le plus grand nombre. Les tirages de Lili, Mattéo, Loane, Antoine et Nina sont notés ci-dessous.

Lili (a) (b) (c)
Mattéo (a) (2) (b) (-5) (c)
Loane (-1) (b) (c) (a)
Antoine (a) (c) (a) (b) (a) (c) (b)
Nina (a) (-3) (c) (-3) (b) (-3) (a)

• Sachant que Lili a obtenu un score de –100 et sans retourner de jetons, peut-on déterminer les scores de chacun des quatre autres joueurs ?
Si oui, donner le score. Sinon, justifier pourquoi.

74 Le nid d'abeille

Prise d'initiative

Ces alvéoles se complètent suivant la règle donnée.

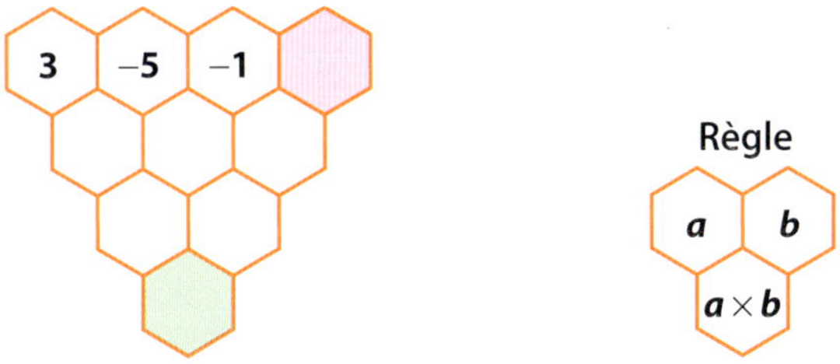

Voici ce qu'affirment 5 élèves :

Esteban : Si je note 4 dans l'hexagone rose, j'obtiens 60 dans le vert.

Léila : Moi, j'ai mis −2 dans l'hexagone rose et j'ai obtenu −750 dans le vert.

Juliette : J'ai noté 0 dans l'alvéole rose, j'ai obtenu −75 dans la verte.

Kim : Si je choisis de mettre un nombre négatif dans l'hexagone rose, j'obtiendrai toujours un nombre négatif dans le vert.

Lucas : Pour n'importe quel nombre choisi dans l'hexagone rose, le résultat final est égal au produit de ce nombre choisi par −750.

- Pour chaque élève, expliquer s'il a raison ou tort.

75 L'Iliade

Prise d'initiative

HG FR

Doc. 1 L'Iliade

L'*Iliade* est un célèbre récit, chef-d'œuvre de la littérature grecque. Il est composé de 24 poèmes qui racontent l'histoire d'êtres surhumains lors d'une prétendue guerre qui aurait eu lieu à Troie, il y a environ 3 250 ans.

Selon la tradition, ce texte a été écrit ou véhiculé oralement par Homère, dont on ne sait presque rien.

Doc. 2 Hérodote

Hérodote, né vers l'an −484, mort vers l'an −420, est un historien grec souvent considéré comme le premier historien.

Il insistait sur le fait qu'Homère le précédait de 400 ans.

Doc. 3 Les traductions de l'Iliade

Les scientifiques et historiens s'accordent à dire que l'*Iliade* a été rédigée en l'an −800, à plus ou moins cinquante ans près. La première traduction française de l'*Iliade* a été réalisée en 1530 par Jehan Samxon.

De nombreuses traductions suivirent au cours des siècles. 480 ans après la première traduction française, Philippe Brunet en édite une nouvelle.

Première traduction française de l'*Iliade* en 1530.

Utiliser les documents pour répondre aux questions suivantes.

1. À quelle date se serait déroulée la guerre de Troie ?
2. Proposer une date de naissance pour Homère. À quel siècle aurait-il appartenu ?
3. À quel âge Hérodote est-il mort ?
4. Donner l'intervalle de temps correspondant à l'écriture plausible de l'*Iliade*.
5. Combien d'années se sont écoulées entre la rédaction de l'*Iliade* en grec et la traduction française de Philippe Brunet ?

76 Débats

Prise d'initiative

Lors d'une réflexion en groupe, cinq élèves affirment :

Kim : L'opposé du produit de deux nombres est égal au produit des opposés.

Juliette : Si *a* est un nombre relatif, −*a* est toujours un nombre négatif.

Esteban : Le carré de n'importe quel nombre relatif est positif.

Lucas : Le produit de 100 nombres relatifs, dont le quart est positif, est positif.

Léila : Le cube de n'importe quel nombre relatif est positif.

- Ces affirmations sont-elles correctes ? Justifier.

Travailler autrement

Utilisable en AP

Deux énoncés pour un exercice

Exercice 1

On considère ces deux programmes de calcul :

Programme A	Programme B
Choisir un nombre. Soustraire 0,5. Multiplier le résultat par le double du nombre choisi au départ.	Choisir un nombre. Calculer son carré. Multiplier le résultat par 2. Soustraire le nombre choisi au départ.

1. a. Montrer que si on applique le programme A au nombre 5, le résultat obtenu est 45.
   b. Quel résultat donne le programme B avec 5 pour nombre de départ ?
2. On a utilisé un tableur pour calculer les résultats de ces deux programmes. Voici ce qu'on a obtenu :

B2 | f_x =(A2-0,5)*2*A2

	A	B	C
1	nombre choisi	programme A	programme B
2	-12	300	300
3	-9	171	171
4	-8,5	153	153

Parmi ces trois formules, deux ont pu être saisies en C2, puis recopiées vers le bas. Lesquelles ?

=A2*A2*2-A2 =(-12)^2*2-(-12) =2*A2^2-A2

Exercice 2

Pour chaque triangle, Liam a complété les cases bleues à partir des cases roses en suivant toujours la même règle et en utilisant seulement des entiers relatifs.

Triangle 1 Triangle 2 Triangle 3

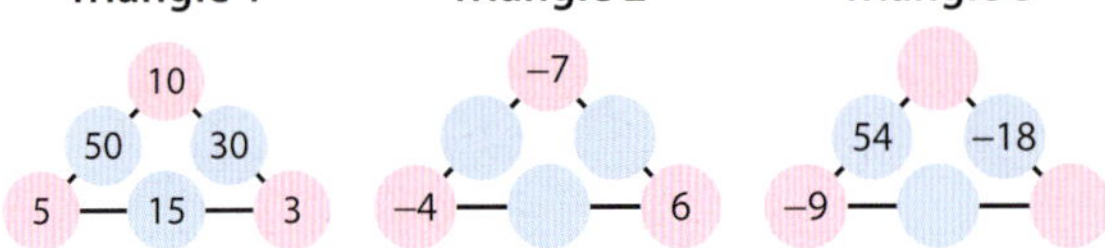

1. Quelle règle Liam a-t-il utilisée pour le triangle 1 ?
2. Certaines cases des triangles 2 et 3 ont été effacées. Retrouver les entiers relatifs manquants.

Exercice 1

On considère ces deux programmes de calcul :

Programme A	Programme B
Choisir un nombre. Soustraire 0,5. Multiplier le résultat par le double du nombre choisi au départ.	Choisir un nombre. Calculer son carré. Multiplier le résultat par 2. Soustraire le nombre choisi au départ.

1. Quels résultats obtient-on lorsque l'on applique ces deux programmes au nombre −10 ?
2. On a utilisé un tableur pour calculer les résultats de ces deux programmes. Voici ce qu'on a obtenu :

	A	B	C
1	nombre choisi	programme A	programme B
2	-12	300	300
3	-9	171	171
4	-8,5	153	153

   a. Quelle formule a-t-on saisie dans la cellule B2, puis recopiée vers le bas ?
   Même question pour la cellule C2.
   b. Quelle conjecture peut-on faire à la lecture de ce tableau ? Démontrer cette conjecture.

Exercice 2

Pour chaque triangle, Liam a complété les cases bleues à partir des cases roses en suivant toujours la même règle et en utilisant seulement des entiers relatifs. Certaines cases des triangles 2 et 3 ont été effacées.

Triangle 1 Triangle 2 Triangle 3

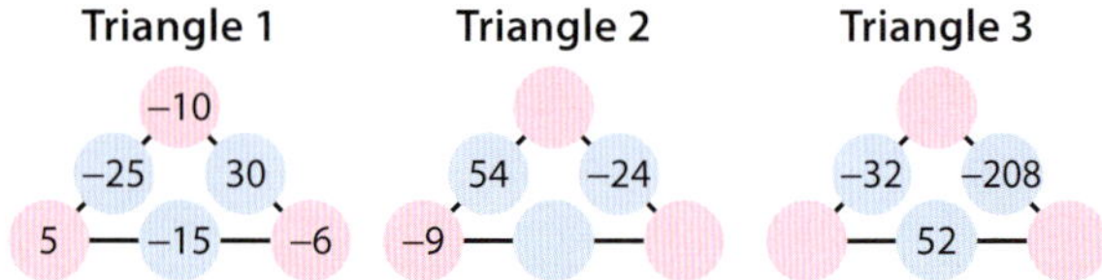

- Retrouver les entiers relatifs manquants.

Écriture d'un énoncé

1. Recopier et remplir la grille de nombres croisés ci-contre.

Verticalement

1. Somme de 8 et du produit de 4 par (−5) ; Opposé du quotient de (−15) par 3.
2. (−0,25) × (−1,3) × 5 × (−4) × (−2) ; Produit de 117 facteurs égaux à (−1).
3. Différence de −18 et du produit de 6 par (−3) ; Somme du produit de 6 par 100 et du produit de (−9) par (−6).
4. Tiers de (−9) ; Opposé du quart de (−16).
5. Produit de (−99) par 4 ; 5 − 7 + 18 − 4 − 5 − 15.

Horizontalement

A. -10^2 ; Quotient de la différence de 15 et 27 par 4.
B. Différence de 5^2 et $(-2)^2$; Opposé du triple de 13.
C. Différence de 30 et du produit de (−2) par 3 ; Quotient de la somme de (−50) et (−4) par la somme de 4 et (−13).
D. −(−5) ; Produit de (−1) par la somme de (−60) et 6.
E. Produit de (−7) par la différence de 1 et (−1) ; Double de la somme de 3 et (−7).

	1	2	3	4	5
A				■	
B			■		
C	■			■	
D		■			■
E	■			■	

2. Créer en groupe une autre grille et ses indices.
Faire passer la grille non remplie à un autre groupe, ainsi que ses indices afin qu'il puisse la compléter.

Ta mission
Additionner, soustraire et comparer des fractions.

2

Fractions : addition, soustraction et comparaison

Jeux

Sherlock Holmes Junior doit décrypter le message suivant :

1/11	2/4	2/6	3/1	3/28	4/5
5/22	7/2	7/7	8/27	9/3	10/4

Il a deviné que **le premier chiffre** correspond au **numéro de la ligne** du texte de Marcel Pagnol ci-dessous et que **le nombre qui suit** indique la **position de la lettre** dans la ligne : 1/11 signifie donc qu'il faut retenir, sur la 1re ligne, la 11e lettre, c'est-à-dire la lettre « l ». Quel est ce message ?

CÉSAR 1 Eh bien, pour la dixième fois, je vais te l'expliquer, le Picon-citron-curaçao. Approche-toi !
2 Tu mets d'abord un tiers de curaçao.
3 Fais attention : un tout petit tiers.
4 Bon. Maintenant, un tiers de citron. Un peu plus gros. Bon.
5 Ensuite, un BON tiers de Picon. Regarde la couleur. Regarde comme c'est joli.
6 Et à la fin, un GRAND tiers d'eau. Voilà.
MARIUS 7 Et ça fait quatre tiers.
CÉSAR 8 Exactement. J'espère que cette fois, tu as compris.
MARIUS 9 Dans un verre, il n'y a que trois tiers.
CÉSAR 10 Mais, imbécile, ça dépend de la grosseur des tiers !

Extrait de *Marius* (1929), Marcel Pagnol.

INFOS

Győző Vásárhelyi, dit **Victor Vasarely**, né le 9 avril 1906 à Pécs (Hongrie) et mort le 15 mars 1997 à Paris, est un plasticien reconnu dans le domaine de l'art optique. Certains de ses tableaux donnent une impression de mouvement par un jeu sur la proportion des formes et des couleurs.

Majus (1967), Victor Vasarely.

Activités

Questions flash

diapo

1. Les fractions suivantes sont-elles des nombres décimaux ?
 a. $\frac{9}{3}$ b. $\frac{8}{5}$ c. $\frac{7}{11}$ d. $\frac{15}{12}$
2. Les fractions suivantes sont-elles égales ?
 a. $\frac{5}{7}$ et $\frac{15}{21}$ b. $\frac{24}{64}$ et $\frac{3}{8}$ c. $\frac{49}{63}$ et $\frac{7}{8}$ d. $\frac{2}{5}$ et $\frac{40}{100}$
3. Les nombres suivants sont-ils divisibles par 2 ? Par 3 ? Par 4 ? Par 5 ? Par 9 ?
 a. 132 b. 245 c. 642 d. 450 e. 855
4. Simplifier les fractions suivantes si cela est possible.
 a. $\frac{15}{45}$ b. $\frac{44}{15}$ c. $\frac{27}{36}$ d. $\frac{140}{210}$

Observation des oiseaux — 5e — Activité 1

Dans un parc naturel, douze ornithologues se sont relayés pour observer les oiseaux durant vingt heures.
Les trois femmes se sont réparti équitablement les cinq premières heures d'observation et les neuf hommes se sont partagé équitablement les quinze heures suivantes.

1. Quelle a été la durée exacte, en heures, de l'observation pour chaque femme ? Pour chaque homme ? Comparer ces résultats.
2. Citer trois écritures possibles pour le nombre manquant dans l'égalité $3 \times \ldots = 5$.
3. Quel est le signe du nombre manquant dans l'égalité suivante ?
$$45 \times \ldots = -75$$
 Trouver deux écritures possibles pour ce nombre manquant.

Fabrication de liquide à bulles — Activité 2

Arnaud veut fabriquer du liquide à bulles à partir de liquide vaisselle. Voici un tableau présentant la quantité de liquide vaisselle nécessaire à la fabrication de liquide à bulles :

Quantité de liquide à bulles (en dL)	7	14
Quantité de liquide vaisselle (en dL)	5	10

1. Écrire une égalité de fractions mettant en évidence la proportionnalité.
2. Pour fabriquer 7 dL de liquide à bulles, on emploie donc 5 dL de liquide vaisselle.
 a. Combien faut-il de liquide vaisselle pour fabriquer 1 dL de liquide à bulles ?
 b. Même question pour 14 dL de liquide à bulles.
 c. Écrire un enchainement d'opérations permettant d'obtenir la réponse à cette dernière question.
 d. À partir de cet enchainement d'opérations et de son résultat, établir une égalité de deux produits.
3. Quelle propriété peut-on conjecturer à partir des résultats obtenus aux questions 1. et 2. d. ?

Chasse au trésor — Activité 3 — Prise d'initiative

Myriam et Mathis se retrouvent pour évoquer les énigmes rencontrées durant leurs différentes chasses au trésor. Ils veulent comparer leur proportion de bonnes réponses. Mais les morceaux de papier sur lesquels ils avaient inscrit leur performance ont pris l'eau et certains chiffres ont été effacés.

Voici ce qu'ils peuvent lire : $\frac{\ldots 1}{\ldots 5}$ et $\frac{\ldots 6}{\ldots 2}$.

- Pourquoi peut-on affirmer que ces proportions ne sont pas égales ?

Couvre-chefs

Activité 4
Prise d'initiative

1. Parmi les personnages de ce dessin, quelle est la proportion d'hommes à tête couverte ? D'hommes à tête nue ? Exprimer ces résultats sous la forme d'une fraction simplifiée.
2. Que représente $\frac{1}{3} + \frac{3}{7}$? Quel est le résultat sous forme de fraction ?
3. Sarah, Enzo et Milo se répartissent ces personnages pour les dessiner à leur tour. Sarah en choisit $\frac{1}{3}$ et Enzo en prend $\frac{1}{7}$. Écrire sous forme de fraction la différence entre la part d'Enzo et celle de Sarah.
4. Quelle méthode a-t-on utilisée pour additionner ou soustraire des fractions ?

Diagrammes circulaires

Activité 5

1. Traduire avec des nombres les deux égalités suivantes.

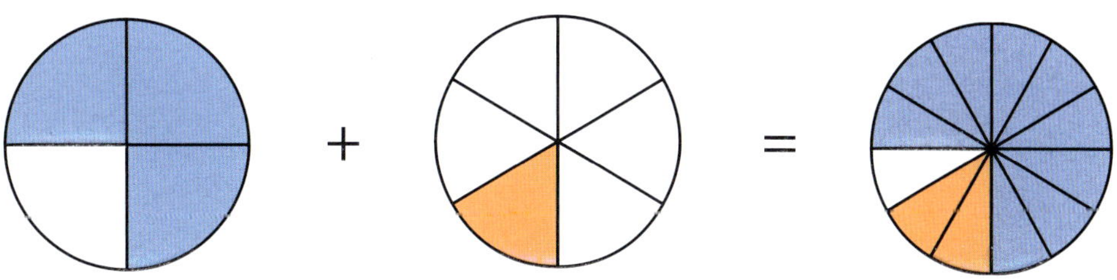

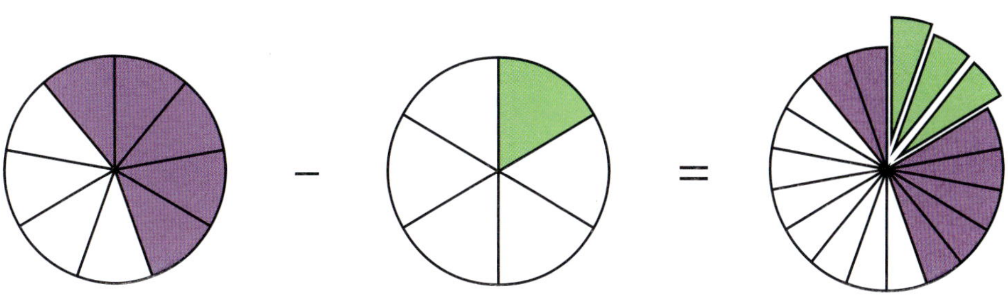

2. Utiliser trois autres diagrammes circulaires pour traduire avec précision l'égalité de son choix.

Cours

1 Reconnaitre des fractions égales ▶ Vidéo

Définitions 5e

a et b désignent deux nombres relatifs ($b \neq 0$).

- Le **quotient** de a par b est le nombre qui, multiplié par b, donne a.
  On le note $a \div b$ ou $\dfrac{a}{b}$.
- Si a et b sont des nombres entiers, on dit que $\dfrac{a}{b}$ est une **fraction**.

$$a \div b = \frac{a}{b}$$

dividende → a ; diviseur → b (dans $a \div b$) ; numérateur → a ; dénominateur → b (dans $\frac{a}{b}$)

Exemples

Le quotient de -5 par 4 est $\dfrac{-5}{4}$.
C'est le nombre qui, multiplié par 4, donne -5 : $\dfrac{-5}{4} \times 4 = -5$

Le quotient de 2 par -3 est $\dfrac{2}{-3}$.
C'est le nombre qui, multiplié par -3, donne 2 : $\dfrac{2}{-3} \times (-3) = 2$

Propriété 5e

Un quotient ne change pas si on multiplie ou divise son numérateur et son dénominateur par un même nombre non nul.
a, b et k désignent trois nombres relatifs ($b \neq 0$ et $k \neq 0$).

$$\frac{a}{b} = \frac{a \times k}{b \times k} \quad \text{et} \quad \frac{a}{b} = \frac{a \div k}{b \div k}$$

Exemples

$$\frac{2,5}{3} = \frac{2,5 \times 2}{3 \times 2} = \frac{5}{6} \qquad \frac{-56}{64} = \frac{-56 \div 8}{64 \div 8} = \frac{-7}{8}$$

Méthode 5e

- **Simplifier une fraction**, c'est écrire une fraction qui lui est égale avec un numérateur et un dénominateur plus petits.
- Pour simplifier une fraction, on peut utiliser des critères de divisibilité.

Exemple

On veut simplifier la fraction $\dfrac{63}{75}$.
63 est divisible par 3, car la somme de ses chiffres est égale à 9 et que 9 est divisible par 3.
75 est divisible par 3, car la somme de ses chiffres est égale à 12 et que 12 est divisible par 3.
On peut donc écrire $\dfrac{63}{75} = \dfrac{63 \div 3}{75 \div 3} = \dfrac{21}{25}$.

Propriété

Égalité des produits en croix

a, b, c et d désignent des nombres relatifs ($b \neq 0$ et $d \neq 0$).

Si $\dfrac{a}{b} = \dfrac{c}{d}$, alors $ad = bc$. Si $ad = bc$, alors $\dfrac{a}{b} = \dfrac{c}{d}$.

Exemple

On veut savoir si les fractions $\dfrac{20}{35}$ et $\dfrac{24}{42}$ sont égales.
On calcule les « produits en croix » : $20 \times 42 = 840$ et $24 \times 35 = 840$.
Les produits en croix sont égaux, donc les fractions sont égales : $\dfrac{20}{35} = \dfrac{24}{42}$

Savoir-faire

Apprends à l'aide des exercices résolus puis entraine-toi !

1 Reconnaitre des fractions égales

1 Recopier et compléter les égalités suivantes.

a. $7 \times \ldots = 3$ b. $\ldots \times 9 = -5$

c. $\ldots \times (-8) = 11$

Solution

a. Le nombre qui manque est le quotient de 3 par 7 donc $7 \times \dfrac{3}{7} = 3$.

b. Le nombre qui manque est le quotient de −5 par 9 donc $\dfrac{-5}{9} \times 9 = -5$.

c. Le nombre qui manque est le quotient de 11 par −8 donc $\dfrac{11}{-8} \times (-8) = 11$.

2 Recopier et compléter les égalités suivantes.

a. $11 \times \ldots = 4$

b. $\ldots \times 13 = -8$

c. $-3 \times \ldots = 1$

5 Simplifier les fractions suivantes.

a. $\dfrac{40}{15}$ b. $-\dfrac{36}{45}$ c. $\dfrac{-24}{48}$

Solution

Pour simplifier une fraction, on cherche un diviseur commun au numérateur et au dénominateur.

a. 40 et 15 sont divisibles par 5, car leur chiffre des unités est 0 ou 5. Donc $\dfrac{40}{15} = \dfrac{5 \times 8}{5 \times 3} = \dfrac{8}{3}$.

b. 36 et 45 sont divisibles par 9, car la somme de leurs chiffres est divisible par 9.

Donc $-\dfrac{36}{45} = -\dfrac{9 \times 4}{9 \times 5} = -\dfrac{4}{5}$.

c. 24 et 48 sont divisibles par 4.

Donc $\dfrac{-24}{48} = \dfrac{-4 \times 6}{4 \times 12} = \dfrac{-6}{12} = \dfrac{6 \times (-1)}{6 \times 2} = \dfrac{-1}{2}$.

Dans cet exemple, on aurait pu simplifier plus rapidement : $\dfrac{-24}{48} = \dfrac{24 \times (-1)}{24 \times 2} = \dfrac{-1}{2}$

6 Simplifier les fractions suivantes.

a. $\dfrac{54}{45}$ b. $\dfrac{-27}{24}$ c. $-\dfrac{36}{48}$ d. $\dfrac{-36}{-90}$

3 Recopier et compléter par les signes = ou ≠.

a. $\dfrac{4}{3} \ldots \dfrac{8}{6}$ b. $\dfrac{5}{7} \ldots \dfrac{15}{28}$ c. $\dfrac{-81}{36} \ldots \dfrac{9}{-4}$

Solution

a. $\dfrac{4}{3} = \dfrac{8}{6}$ car le numérateur et le dénominateur sont multipliés par le même nombre : 2

b. $\dfrac{5}{7} \neq \dfrac{15}{28}$ car le numérateur est multiplié par 3, alors que le dénominateur est multiplié par 4.

c. $\dfrac{-81}{36} = \dfrac{9}{-4}$ car le numérateur et le dénominateur sont divisés par le même nombre : −9

4 Recopier et compléter par les signes = ou ≠.

a. $\dfrac{5}{6} \ldots \dfrac{20}{30}$ b. $\dfrac{-4}{7} \ldots \dfrac{12}{-21}$

c. $\dfrac{63}{-36} \ldots \dfrac{-7}{4}$ d. $\dfrac{-45}{55} \ldots \dfrac{9}{11}$

7 Les quotients suivants sont-ils égaux ?

a. $\dfrac{132}{21}$ et $\dfrac{308}{49}$ b. $\dfrac{-41}{23{,}8}$ et $\dfrac{-97}{56{,}6}$

c. $\dfrac{37}{-42}$ et $\dfrac{-21}{26}$

Solution

On calcule les produits en croix pour savoir s'ils sont égaux :

a. $132 \times 49 = 6\,468$ et $308 \times 21 = 6\,468$

Les produits sont égaux. Donc $\dfrac{132}{21} = \dfrac{308}{49}$.

b. $-41 \times 56{,}6 = -2\,320{,}6$ et $-97 \times 23{,}8 = -2\,308{,}6$.

Les produits ne sont pas égaux.

Donc $\dfrac{-41}{23{,}8} \neq \dfrac{-97}{56{,}6}$.

c. $37 \times 26 = 962$ et $-21 \times (-42) = 882$.

Les produits ne sont pas égaux.

Donc $\dfrac{37}{-42} \neq \dfrac{-21}{26}$.

8 Les quotients suivants sont-ils égaux ?

a. $\dfrac{3{,}4}{14}$ et $\dfrac{5{,}1}{21}$ b. $\dfrac{-9{,}45}{2{,}6}$ et $\dfrac{11{,}6}{-3{,}2}$

Cours

2 Comparer des fractions

Vidéo

Règles

- Un nombre positif est toujours supérieur à un nombre négatif.
- Si deux nombres sont positifs, le plus **grand** est celui qui a la plus **grande** distance à zéro.
- Si deux nombres sont négatifs, le plus **grand** est celui qui a la plus **petite** distance à zéro.

Exemples

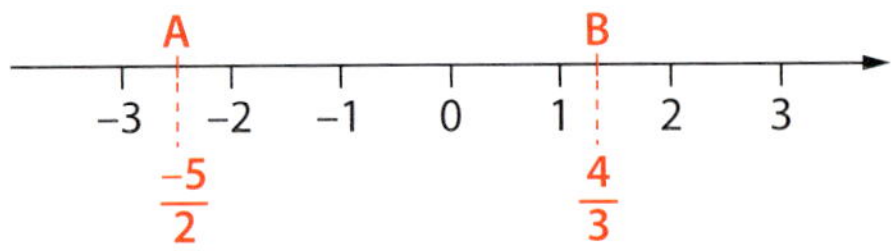

$\dfrac{-5}{2} < \dfrac{4}{3}$

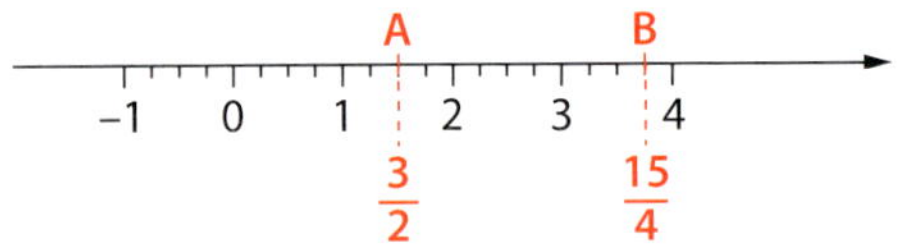

$\dfrac{3}{2} < \dfrac{15}{4}$

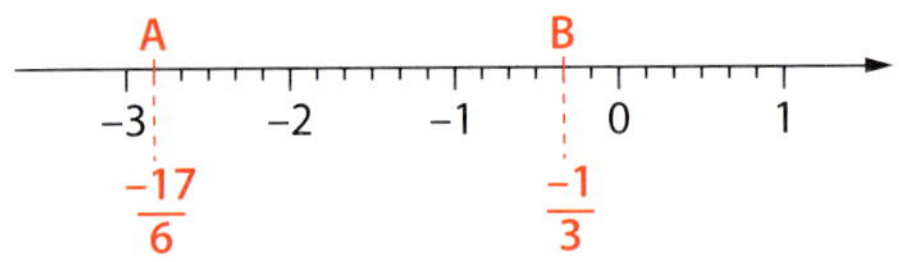

$\dfrac{-17}{6} < \dfrac{-1}{3}$

Propriété

a, b et c désignent trois nombres positifs ($c \neq 0$).

Si $a < b$, alors $\dfrac{a}{c} < \dfrac{b}{c}$.

Exemples

On veut comparer $\dfrac{16}{9}$ et $\dfrac{110}{63}$. On écrit ces fractions avec un même dénominateur.

$\dfrac{16}{9} = \dfrac{16 \times 7}{9 \times 7} = \dfrac{112}{63}$

$112 > 110$

donc $\dfrac{112}{63} > \dfrac{110}{63}$ et $\dfrac{16}{9} > \dfrac{110}{63}$.

On veut comparer $\dfrac{17}{8}$ et $\dfrac{7}{3}$.

$\dfrac{17}{8} = \dfrac{17 \times 3}{8 \times 3} = \dfrac{51}{24}$

$\dfrac{7}{3} = \dfrac{7 \times 8}{3 \times 8} = \dfrac{56}{24}$

$51 < 56$ donc $\dfrac{51}{24} < \dfrac{56}{24}$ donc $\dfrac{17}{8} < \dfrac{7}{3}$.

Propriété

a et b désignent deux nombres relatifs.

Si $a < b$, alors $-a > -b$.

Exemple

On a vu que $\dfrac{17}{8} < \dfrac{7}{3}$. On peut donc affirmer que $\dfrac{-17}{8} > \dfrac{-7}{3}$.

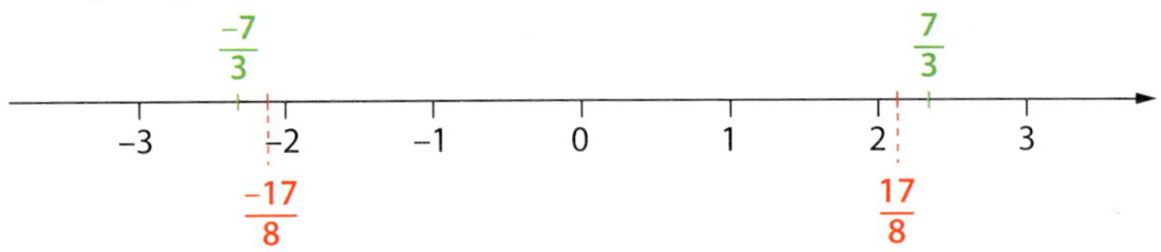

Savoir-faire

Apprends à l'aide des exercices résolus puis entraine-toi !

2 Comparer des fractions

9 Placer les nombres suivants sur une droite graduée, puis les comparer.

a. $\frac{4}{9}$ et $-\frac{5}{3}$ **b.** $\frac{7}{4}$ et $\frac{10}{3}$

c. $\frac{-5}{8}$ et $\frac{-11}{4}$

Solution

a. $\frac{4}{9}$ est positif et $\frac{-5}{3}$ est négatif donc $\frac{4}{9} > \frac{-5}{3}$.

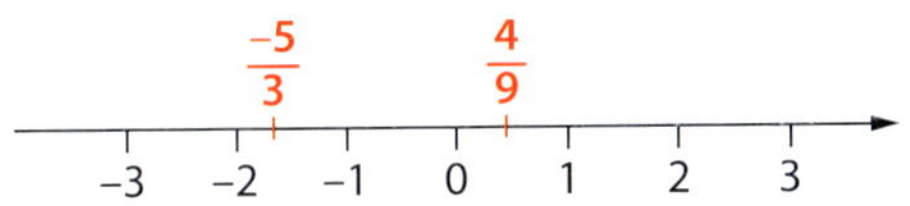

b. $\frac{7}{4}$ et $\frac{10}{3}$ sont tous les deux positifs : on compare donc leurs distances à zéro. La distance de $\frac{7}{4}$ à zéro est inférieure à celle de $\frac{10}{3}$ à zéro.

Donc $\frac{7}{4} < \frac{10}{3}$.

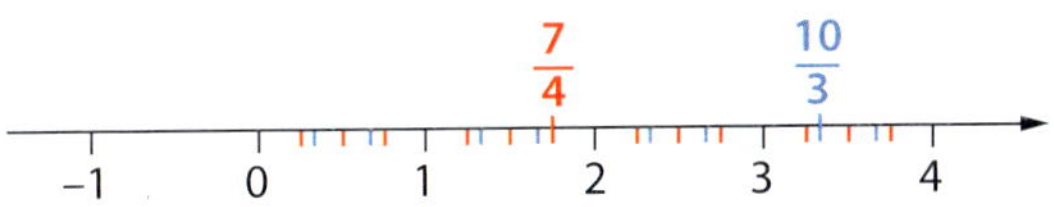

c. $\frac{-5}{8}$ et $\frac{-11}{4}$ sont tous les deux négatifs : on compare donc leurs distances à zéro. La distance de $\frac{-5}{8}$ à zéro est inférieure à celle de $\frac{-11}{4}$ à zéro.

Donc $\frac{-11}{4} < \frac{-5}{8}$.

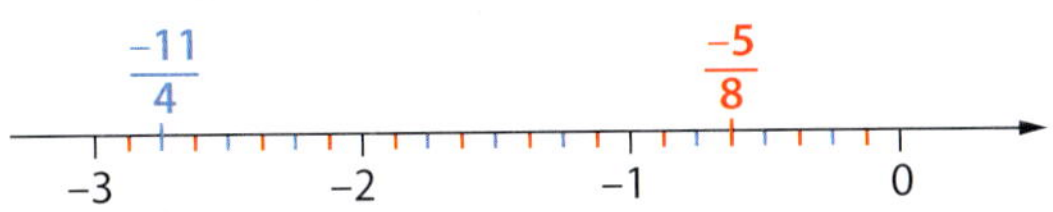

11 Réduire les quotients suivants au même dénominateur, puis les comparer.

a. $-\frac{4}{5}$ et $-\frac{8}{15}$ **b.** $\frac{7}{12}$ et $\frac{1}{3}$

c. $\frac{-5}{7}$ et $\frac{-3}{4}$

Solution

a. Comme $15 = 3 \times 5$, on peut écrire les deux fractions avec 15 pour dénominateur :

$$-\frac{4}{5} = -\frac{4 \times 3}{5 \times 3} = -\frac{12}{15}$$

On compare donc $-\frac{12}{15}$ et $-\frac{8}{15}$ en comparant leurs numérateurs :

$-12 < -8$ donc $-\frac{12}{15} < -\frac{8}{15}$ donc $-\frac{4}{5} < -\frac{8}{15}$.

b. Comme $12 = 3 \times 4$, on peut écrire les deux fractions avec 12 pour dénominateur : $\frac{1}{3} = \frac{1 \times 4}{3 \times 4} = \frac{4}{12}$

On compare donc $\frac{7}{12}$ et $\frac{4}{12}$ en comparant leurs numérateurs :

$$7 > 4 \text{ donc } \frac{7}{12} > \frac{4}{12} \text{ donc } \frac{7}{12} > \frac{1}{3}.$$

c. Comme $28 = 4 \times 7$, on peut écrire les deux fractions avec 28 pour dénominateur :

$$\frac{-5}{7} = \frac{-5 \times 4}{7 \times 4} = \frac{-20}{28} \qquad \frac{-3}{4} = \frac{-3 \times 7}{4 \times 7} = \frac{-21}{28}$$

On compare donc $\frac{-20}{28}$ et $\frac{-21}{28}$ en comparant leurs numérateurs :

$-20 > -21$ donc $\frac{-20}{28} > \frac{-21}{28}$ donc $\frac{-5}{7} > \frac{-3}{4}$.

10 Comparer les quotients suivants en utilisant une droite graduée.

a. $\frac{-9}{7}$ et $\frac{13}{2}$

b. $\frac{-9}{4}$ et $\frac{-11}{3}$

c. $\frac{4}{3}$ et $\frac{5}{4}$

12 Comparer les quotients suivants.

a. $\frac{22}{5}$ et $\frac{9}{2}$

b. $\frac{-9}{7}$ et $\frac{-13}{2}$

c. $\frac{-8}{5}$ et $\frac{-11}{3}$

3 Additionner et soustraire des fractions

Vidéo

Règle

Pour additionner (ou soustraire) deux fractions qui ont le même dénominateur :

- on additionne (ou on soustrait) les numérateurs ;
- on garde le dénominateur commun.

a, *b* et *c* désignent trois nombres relatifs ($c \neq 0$).

$$\frac{a}{c} + \frac{b}{c} = \frac{a+b}{c} \qquad \frac{a}{c} - \frac{b}{c} = \frac{a-b}{c}$$

Exemples

$A = \frac{2}{5} + \frac{4}{5}$

$A = \frac{2+4}{5}$

$A = \frac{6}{5}$

2 cinquièmes plus 4 cinquièmes est égal à 6 cinquièmes.

$B = \frac{7}{3} - \frac{5}{3}$

$B = \frac{7-5}{3}$

$B = \frac{2}{3}$

7 tiers moins 5 tiers est égal à 2 tiers.

Règle

Pour additionner (ou soustraire) deux fractions qui n'ont pas le même dénominateur, on doit d'abord les écrire avec le même dénominateur.

Exemples

On veut calculer $C = \frac{5}{2} + \frac{2}{3}$.

On écrit les deux fractions avec pour même dénominateur $2 \times 3 = 6$:

$C = \frac{5}{2} + \frac{2}{3}$

$C = \frac{5 \times 3}{2 \times 3} + \frac{2 \times 2}{3 \times 2}$

$C = \frac{15}{6} + \frac{4}{6}$

$C = \frac{19}{6}$

On veut calculer $D = \frac{3}{4} - \frac{11}{6}$.

On écrit les deux fractions avec pour même dénominateur 12 :

$D = \frac{3 \times 3}{4 \times 3} - \frac{11 \times 2}{6 \times 2}$

$D = \frac{9}{12} - \frac{22}{12}$

$D = \frac{9-22}{12}$

$D = \frac{-13}{12}$

! Pour trouver un dénominateur commun à deux fractions, il faut chercher un multiple commun aux deux dénominateurs.

Pour ne pas compliquer les calculs, on cherche le multiple le plus petit possible.

Savoir-faire

Apprends à l'aide des exercices résolus puis entraine-toi !

3 Additionner et soustraire des fractions

13 Calculer les nombres suivants.

$A = \frac{9}{8} + \frac{5}{8}$ $\quad B = \frac{-6}{5} + \frac{-3}{5}$ $\quad C = \frac{4}{7} - \frac{5}{7}$ $\quad D = \frac{7}{9} - \frac{-4}{9}$

Solution

Dans chaque expression, les fractions ont le même dénominateur.
On garde donc ce dénominateur et on ajoute ou on soustrait les numérateurs.

$A = \frac{9}{8} + \frac{5}{8} = \frac{9+5}{8} = \frac{14}{8}$ $\quad B = \frac{-6}{5} + \frac{-3}{5} = \frac{-6+(-3)}{5} = \frac{-9}{5}$

$C = \frac{4}{7} - \frac{5}{7} = \frac{4-5}{7} = \frac{-1}{7}$ $\quad D = \frac{7}{9} - \frac{-4}{9} = \frac{7-(-4)}{9} = \frac{11}{9}$

14 Calculer :

$E = \frac{6}{11} + \frac{4}{11}$ $\quad F = \frac{8}{9} - \frac{13}{9}$ $\quad G = \frac{-3}{10} + \frac{7}{10}$ $\quad H = \frac{-1}{12} - \frac{7}{12}$

15 Calculer les nombres suivants.

a. $I = \frac{5}{4} + \frac{7}{12}$ $\quad$ **b.** $J = \frac{7}{10} - \frac{3}{4} + \frac{2}{5}$

c. $K = \frac{-2}{15} - \frac{1}{6}$ $\quad$ **d.** $L = \left(\frac{12}{5} - \frac{13}{10}\right) - \left(\frac{8}{3} - \frac{4}{9}\right)$

Solution

a. On commence par écrire les fractions avec le même dénominateur : comme 12 est un multiple de 4, il suffit d'écrire la première fraction avec 12 au dénominateur.

$$I = \frac{5}{4} + \frac{7}{12} = \frac{5 \times 3}{4 \times 3} + \frac{7}{12} = \frac{15}{12} + \frac{7}{12} = \frac{22}{12}$$

b. On cherche un multiple commun (le plus petit possible) aux trois dénominateurs 10 ; 4 et 5. Le plus petit multiple de ces trois nombres est 20. On peut donc écrire les trois fractions avec 20 pour dénominateur.

$$J = \frac{7}{10} - \frac{3}{4} + \frac{2}{5} = \frac{7 \times 2}{10 \times 2} - \frac{3 \times 5}{4 \times 5} + \frac{2 \times 4}{5 \times 4}$$

$$J = \frac{14}{20} - \frac{15}{20} + \frac{8}{20} = \frac{7}{20}$$

Il n'y a que des additions et des soustractions : le calcul s'effectue de gauche à droite.

c. 15 n'est pas un multiple de 6. On cherche donc un multiple commun à 15 et 6. Le plus petit de ces multiples étant 30, on écrit les deux fractions avec 30 pour dénominateur.

$$K = \frac{-2}{15} - \frac{1}{6} = \frac{-2 \times 2}{15 \times 2} - \frac{1 \times 5}{6 \times 5} = \frac{-4-5}{30} = \frac{-9}{30}$$

$$K = \frac{-3}{10}$$

d. On commence par effectuer les calculs dans chaque parenthèse, puis on écrit les fractions avec le même dénominateur.

$$L = \left(\frac{12}{5} - \frac{13}{10}\right) - \left(\frac{8}{3} - \frac{4}{9}\right)$$

$$L = \left(\frac{12 \times 2}{5 \times 2} - \frac{13}{10}\right) - \left(\frac{8 \times 3}{3 \times 3} - \frac{4}{9}\right)$$

$$L = \left(\frac{24}{10} - \frac{13}{10}\right) - \left(\frac{24}{9} - \frac{4}{9}\right)$$

$$L = \frac{11}{10} - \frac{20}{9}$$

$$L = \frac{11 \times 9}{10 \times 9} - \frac{20 \times 10}{9 \times 10} = \frac{99}{90} - \frac{200}{90} = \frac{-101}{90}$$

16 Calculer :

$M = \frac{7}{8} - \frac{1}{12}$ $\quad N = \frac{-4}{9} + \frac{5}{12}$ $\quad P = \frac{-7}{6} - \frac{5}{3} + \frac{2}{9}$ $\quad Q = \left(\frac{4}{3} + \frac{2}{15}\right) - \left(\frac{3}{4} - \frac{1}{8}\right)$

Exercices

2 pages d'exercices supplémentaires dans le manuel numérique

Reconnaitre des fractions égales

Savoir-faire p. 39

Questions flash

diapo

17 Les fractions suivantes sont-elles égales ?

a. $\frac{4}{7}$ et $\frac{12}{28}$ b. $\frac{-6}{8}$ et $\frac{-3}{4}$ c. $\frac{-7}{-3}$ et $\frac{7}{3}$

d. $\frac{45}{35}$ et $\frac{-9}{7}$ e. $-\frac{18}{24}$ et $\frac{3}{-4}$

18 Quel est l'intrus ?

$\frac{4}{3}$ $\frac{-4}{-3}$ $\frac{28}{21}$ $\frac{8}{-6}$ $\frac{-20}{-15}$ $\frac{-40}{-30}$

19 Calculer le nombre manquant.

a. $\frac{3}{2} = \frac{\dots}{5}$ b. $\frac{10}{7} = \frac{8}{\dots}$

c. $\frac{-5{,}2}{\dots} = \frac{13}{-5}$ d. $\frac{\dots}{-0{,}4} = \frac{9}{0{,}6}$

20 PC L'air est un mélange de gaz. On considère qu'il contient essentiellement des molécules de dioxygène et de diazote dans les proportions suivantes :
20 % de dioxygène et 80 % de diazote.

• Parmi ces situations, laquelle représente de l'air ?

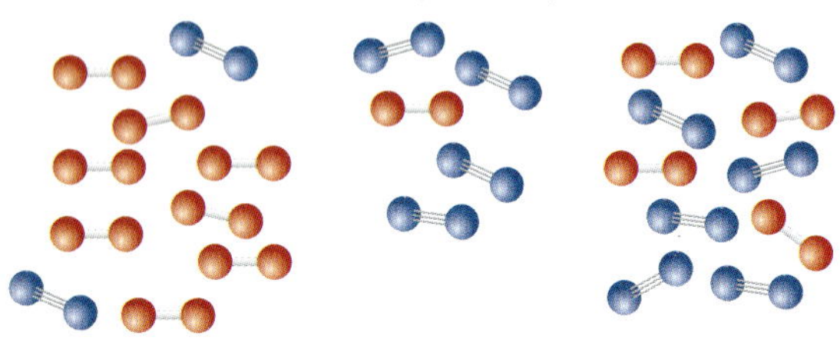

Situation 1 Situation 2 Situation 3

21 Simplifier les fractions suivantes.

$\frac{45}{25}$ $\frac{24}{16}$ $\frac{-28}{49}$ $-\frac{81}{54}$

22 Recopier et compléter les égalités suivantes.

$$\frac{-5}{3} = \frac{\dots}{6} = \frac{20}{\dots} = \frac{\dots}{-36} = \frac{-45}{\dots}$$

23 Écrire un quotient :

a. égal à $\frac{8}{7}$ ayant 56 comme dénominateur ;

b. égal à $\frac{-5}{6}$ ayant 40 comme numérateur ;

c. égal à –3,5 ayant 8 comme dénominateur.

24 Associer les fractions égales entre les pièces rouges et les pièces bleues.

Pièces rouges : $\frac{8}{15}$ $-\frac{7}{42}$ $\frac{-54}{-63}$ $-\frac{-32}{64}$

Pièces bleues : $\frac{6}{7}$ $\frac{-32}{-60}$ $\frac{1}{2}$ $\frac{1}{-6}$

25 Dire si les quotients suivants sont égaux en calculant les produits en croix.

$\frac{47}{21}$ et $\frac{16}{7}$ $-\frac{89}{123}$ et $\frac{-115}{159}$ $\frac{-3{,}7}{48{,}1}$ et $\frac{1{,}2}{-15{,}6}$

26 Calculer dans chaque cas le nombre manquant.

$\frac{\dots}{25} = \frac{13}{2}$ $\frac{6}{5} = \frac{\dots}{-4}$ $\frac{-125}{\dots} = \frac{75}{-57}$

27 À partir de l'égalité $7 \times (-4) = 2 \times (-14)$ et sans utiliser d'autres nombres, écrire toutes les égalités possibles de quotients.

Comparer des fractions

Savoir-faire p. 41

Questions flash

diapo

28 Voici trois fractions représentant la part de la surface du disque lunaire éclairée par le Soleil.

• Comparer ces fractions et les associer à la photo correspondante :

$\frac{4}{5}$ $\frac{1}{2}$ $\frac{19}{30}$

Image 1 Image 2 Image 3

29 Donner les signes des quotients suivants.

$\frac{-3}{-4}$ $\frac{-2}{7}$ $\frac{5}{-8}$ $-\frac{1}{4}$ $-\frac{-6}{11}$

30 **Vrai ou faux ?**

a. $\frac{5}{7} = \frac{8}{11}$ b. $\frac{-5{,}4}{6} = \frac{-9}{10}$ c. $\frac{-3{,}5}{10} = \frac{0{,}7}{2}$

31 On sait que $\frac{12}{7} < \frac{16}{9}$ et que $\frac{-4}{11} > \frac{-7}{12}$.

Compléter : $\frac{-12}{7} \dots \frac{-16}{9}$ $\frac{4}{11} \dots \frac{7}{12}$

32 Sur une droite graduée, placer les quotients suivants, puis les ranger par ordre croissant.

$\frac{1}{2}$ $\quad -\frac{3}{4}$ $\quad \frac{-7}{6}$ $\quad \frac{-1}{-3}$

Tu peux choisir 6 cm comme unité sur la droite graduée.

33 Écrire tous les quotients suivants avec le même dénominateur, puis les ranger par ordre décroissant.

$\frac{7}{4}$ $\quad -\frac{8}{6}$ $\quad \frac{-2}{3}$ $\quad \frac{-7}{12}$ $\quad -2$ $\quad \frac{9}{2}$

34 Comparer les deux nombres $A = \frac{5+x}{8}$ et $B = \frac{5}{x+3}$ dans chacun des cas suivants.

a. $x = 5$ **b.** $x = 3$ **c.** $x = 0$
d. $x = -2$ **e.** $x = -11$ **f.** $x = -9$

Additionner et soustraire des fractions

Savoir-faire p. 43

Questions flash

diapo

35 Effectuer les calculs suivants.

a. $\frac{4}{3} + \frac{7}{3}$ **b.** $\frac{2}{7} + \frac{8}{7}$ **c.** $\frac{9}{5} - \frac{7}{5}$
d. $\frac{4}{6} + \frac{11}{6} - \frac{5}{6}$ **e.** $\frac{5}{2} - \frac{3}{2} - \frac{7}{2}$

36 Effectuer les calculs suivants.

a. $\frac{-5}{9} + \frac{4}{9} = \dots$ **b.** $\frac{-5}{11} - \frac{8}{11} = \dots$
c. $\frac{2}{5} - \frac{-7}{5} = \dots$ **d.** $-\frac{4}{7} - \frac{-5}{7} = \dots$

37 Calculer :

$A = \frac{5}{6} + \frac{2}{3}$ $\quad B = \frac{3}{4} + \frac{-3}{16}$ $\quad C = \frac{8}{35} + \frac{-4}{5}$

38 Calculer :

$A = \frac{13}{25} - \frac{2}{5}$ $\quad B = -\frac{31}{18} - \frac{1}{3}$ $\quad C = 1 - \frac{5}{42}$

39 Calculer :

$A = \frac{5}{2} + \frac{3}{4} + \frac{-7}{8}$ $\quad B = \frac{4}{15} + \frac{2}{5} - \frac{7}{30}$

40 Recopier et compléter les égalités suivantes.

a. $\frac{5}{8} + \frac{11}{6} = \frac{\dots}{24} + \frac{\dots}{24} = \frac{\dots}{\dots}$

b. $\frac{7}{30} + \frac{2}{12} = \frac{\dots}{60} + \frac{\dots}{60} = \frac{\dots}{\dots}$

41 Calculer :

$A = \frac{5}{4} + \frac{1}{6}$ $\quad B = \frac{7}{15} - \frac{3}{10}$ $\quad C = -\frac{5}{8} + \frac{5}{12}$

42 Recopier et compléter par les signes + ou –.

a. $\frac{4}{5} \dots \frac{3}{20} = \frac{19}{20}$ **b.** $\frac{8}{9} \dots \frac{-2}{3} = \frac{2}{9}$
c. $\frac{7}{6} \dots \frac{5}{9} = \frac{11}{18}$ **d.** $-\frac{3}{4} \dots \frac{1}{6} = \frac{-7}{12}$

43 Calculer :

$A = \frac{5}{7} - \left(\frac{3}{2} - \frac{5}{4}\right)$ $\quad B = \left(\frac{5}{8} + \frac{-7}{4}\right) - \left(\frac{-1}{3} - \frac{4}{3}\right)$

44 Maya prépare un cocktail pour son anniversaire : dans une carafe ayant une contenance d'un litre, elle verse $\frac{1}{3}$ L de jus d'orange, $\frac{1}{4}$ L de jus de mangue et pour finir décide d'ajouter encore $\frac{5}{12}$ L de jus d'orange quand son copain Achille lui crie : « Stop, ça va déborder ! »

- A-t-il raison ?

45 Reproduire et compléter la pyramide ci-dessous en écrivant dans chaque case la somme des deux cases qui se trouvent en dessous d'elle.

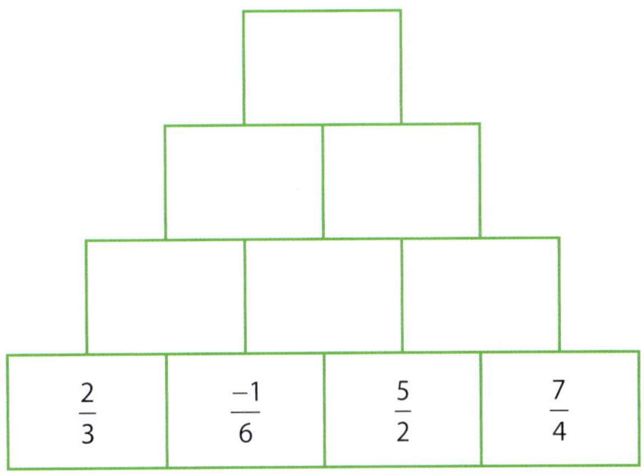

46 Traduire chaque phrase par une expression numérique, puis effectuer les calculs.

a. La somme de deux neuvièmes et de quatre tiers.
b. La différence de trois cinquièmes et de quatre dixièmes.
c. La somme de trois demis et de la différence de onze quarts et cinq demis.
d. La différence de la somme de quatre tiers et de cinq demis et de la somme de trois demis et sept quarts.

47 On donne $x = \frac{5}{6}$, $y = \frac{-1}{24}$ et $z = \frac{-7}{12}$.

- Calculer les expressions suivantes.

$A = x + y + z$ $\quad B = x - y + z$ $\quad C = x - (y + z)$

Faire le point

Vérifie tes connaissances.

QCM Donner la seule réponse correcte parmi les trois proposées.

	Réponse A	Réponse B	Réponse C
1 Reconnaitre des fractions égales			
1. $\frac{-72}{40}$ est égal à :	$\frac{9}{5}$	$\frac{-74}{42}$	$\frac{-9}{5}$
2. $\frac{-27}{-9}$ est égal à :	$\frac{1}{3}$	3	-3
3. Si $\frac{108}{60} = \frac{378}{n}$, alors :	$108 \times 60 = n \times 378$	$108 \times n = 378 \times 60$	$n \times 60 = 378 \times 108$
2 Comparer des fractions			
1. Quelle est la fraction supérieure à $\frac{41}{36}$?	$\frac{7}{6}$	$\frac{41}{37}$	$\frac{3}{4}$
2. Quelle est la fraction inférieure à $\frac{-5}{8}$?	$\frac{-7}{8}$	$\frac{-1}{2}$	$\frac{-3}{8}$
3 Additionner et soustraire des fractions			
1. $\frac{-3}{7} + \frac{2}{7}$ est égal à :	$\frac{-5}{7}$	$\frac{1}{14}$	$\frac{-1}{7}$
2. $\frac{7}{3} - \frac{11}{9}$ est égal à :	$\frac{-4}{-6}$	$\frac{10}{9}$	$\frac{-30}{27}$
3. $\frac{-5}{6} - \frac{2}{5}$ est égal à :	$\frac{3}{1}$	$\frac{-37}{30}$	$\frac{-3}{30}$

Pour t'aider à retenir le cours.*

Carte mentale

LES FRACTIONS

Comparaisons

=

$\frac{a}{b} = \frac{a \times k}{b \times k}$ ($\times k$)

$\frac{a}{b} = \frac{a \div k}{b \div k}$ ($\div k$)

Produit en croix

$\frac{a}{b} = \frac{c}{d}$

$a \times d = c \times b$

> ou <

Mettre au même dénominateur

$\frac{7}{3} = \frac{28}{12}$ et $\frac{9}{4} = \frac{27}{12}$ donc $\frac{9}{4} < \frac{7}{3}$

⚠ $-\frac{9}{4} > \frac{-7}{3}$

Placer sur une droite graduée

Opérations

Addition

⚠ Avoir le même dénominateur

$\frac{2}{7} + \frac{-1}{2} = \frac{2 \times 2}{7 \times 2} + \frac{-1 \times 7}{2 \times 7}$

$= \frac{4}{14} + \frac{-7}{14} = -\frac{3}{14}$ conservé

Soustraction

⚠ Avoir le même dénominateur

$2 - \frac{16}{5} = \frac{2 \times 5}{1 \times 5} - \frac{16}{5}$

$= \frac{10}{5} - \frac{16}{5} = -\frac{6}{5}$ conservé

* *Tu peux aussi construire ta propre carte mentale.*

Algorithmique et outils numériques

48 Fractions égyptiennes

On appelle **fraction égyptienne** une somme de fractions qui ont des numérateurs égaux à 1 et des dénominateurs entiers positifs tous différents les uns des autres.

Par exemple : $\frac{5}{6} = \frac{1}{2} + \frac{1}{3}$

1. n étant un nombre entier positif non nul, on veut comparer, à l'aide d'un tableur, les nombres $\frac{1}{n}$ et $\frac{1}{n+1} + \frac{1}{n \times (n+1)}$.

a. Reproduire la feuille de calcul ci-dessous.

	A	B	C	D	E
1	n	1/n	1/(n+1)	1/(n*(n+1))	1/(n+1) + 1/(n*(n+1))
2	1	1	1/2	1/2	
3	2	1/2	1/3	1/6	
4	3	1/3	1/4	1/12	

b. Quelles formules faut-il inscrire dans les cellules B2, C2, D2 et E2 ?

c. Recopier ces formules vers le bas.
Que remarque-t-on ?

d. Démontrer ce résultat.

2. Louis voudrait réaliser un script pour décomposer une fraction de numérateur 1. Aider Louis à créer son script à l'aide des commandes suivantes.

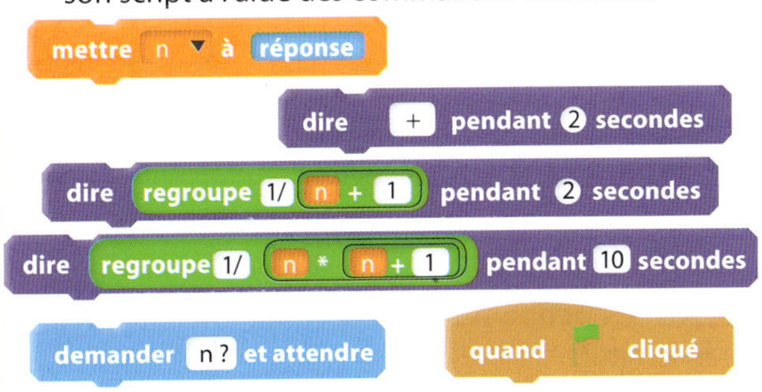

3. En utilisant le script de Louis, écrire les nombres suivants sous la forme d'une fraction égyptienne.

$A = \frac{2}{5}$ $\quad B = \frac{3}{5}$ $\quad C = \frac{4}{5}$

Le célèbre mathématicien du Moyen Âge, Leonardo Fibonacci, connaissait déjà cette méthode de décomposition des fractions.

49 Formule de Leibniz

De nombreux mathématiciens ont trouvé, au fil des siècles, différentes façons de déterminer une approximation du nombre π. En 1682, le mathématicien Leibniz a mis au point la formule suivante :

$$\pi = \frac{4}{1} - \frac{4}{3} + \frac{4}{5} - \frac{4}{7} + \frac{4}{9} - \frac{4}{11} + \ldots$$

1. Dans une feuille de calcul d'un tableur, reproduire la première ligne du tableau ci-dessous.

	A	B	C	D	E
1	n	4/n	p	4/p	approximation de π
2	1	4	3	1,333	2,667
3	5	0,800	7	0,571	2,895
4	9	0,444	11	0,364	2,976
5	13	0,308	15	0,267	3,017

2. Dans la colonne A, on écrit les dénominateurs des première, troisième, cinquième fractions… de la formule de Leibniz.
Dans la colonne C, on écrit les dénominateurs des deuxième, quatrième, sixième fractions…
Quelles formules doit-on entrer dans les cellules A3 et C3 ?

3. Dans la colonne B, calculer les quotients de 4 par les nombres de la colonne A ; dans la colonne D, ceux de 4 par les nombres de la colonne C.

4. Dans la cellule E2, saisir une formule correspondant à la première différence de la formule de Leibniz :

$$\frac{4}{1} - \frac{4}{3} \approx 2{,}667$$

5. Dans la cellule E3, quelle formule faut-il entrer pour ajouter à la différence précédente la différence des deux fractions suivantes ?

$$\frac{4}{1} - \frac{4}{3} + \frac{4}{5} - \frac{4}{7} \approx 2{,}895$$

6. Recopier ces formules vers le bas.
Quelle est la dixième approximation de π ?

7. À partir de quelle ligne l'approximation de π dépasse-t-elle 3,12 ? Et 3,14 ?
Jusqu'à quelle ligne faut-il aller pour obtenir une approximation de π au millième près ?

8. Pour aller encore plus loin, Siam a réalisé ce script :

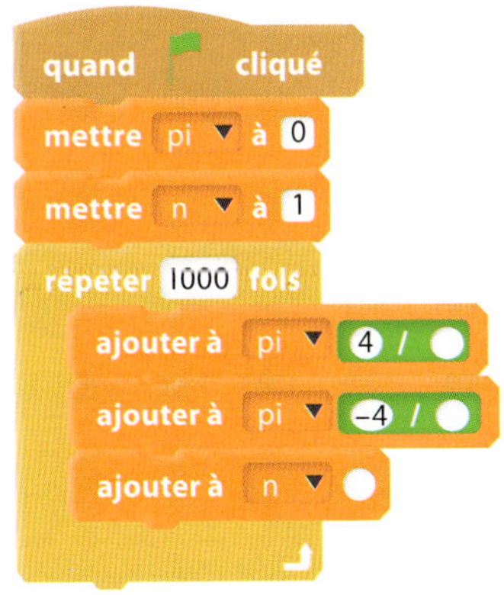

a. Expliquer le rôle joué par les variables n et pi.

b. Compléter ce script.

c. Par essais successifs, modifier ce script afin d'obtenir les 6 premières décimales de π.

Problèmes

Pour mieux cibler les compétences			
Chercher	72 75	Raisonner	58 79
Modéliser	54 57	Calculer	61 65
Représenter	51 70	Communiquer	67 78

50 Gaz à effet de serre

CIT

En 2014, en France, l'émission des gaz à effet de serre se répartissait selon le diagramme ci-dessous.

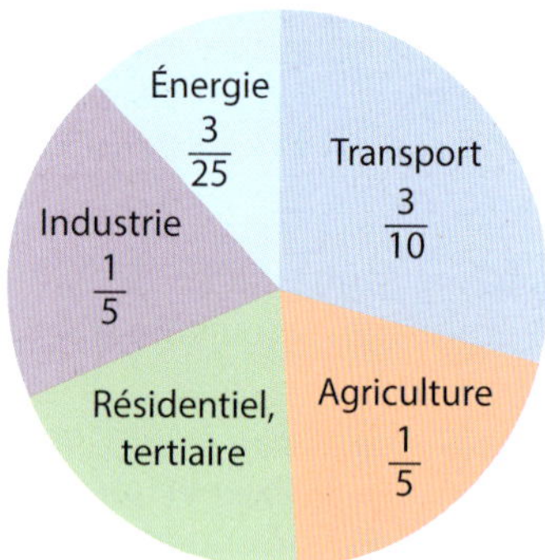

- Quelle fraction de ces gaz est rejetée par le résidentiel et le tertiaire ?

51 Jardin

À l'automne, Martine décide de planter des bulbes de tulipes sur les deux cinquièmes de son jardin et, un peu plus loin, des iris sur le sixième de son jardin.

- Lui reste-t-il plus de la moitié de son jardin vide pour faire un jardin potager ?

52 Tapisserie

Maxime refait la tapisserie de son salon. Il pose $\frac{4}{15}$ du papier peint le premier jour, $\frac{2}{5}$ le deuxième jour et $\frac{1}{6}$ le troisième jour.

- A-t-il fini ?

53 TGV

Un TGV vient de quitter Paris en direction de Bordeaux. Il est sans arrêt jusqu'à Poitiers.

Les $\frac{2}{3}$ des places de la voiture n°16 sont libres. Lors de son arrêt à Poitiers, aucun passager ne descend mais des personnes montent à bord. Les $\frac{5}{7}$ des places de la voiture n°16 sont alors occupées.

- Quelle fraction du nombre de places de la voiture n°16 représentent les places prises par les passagers montés à Poitiers dans cette voiture ?

54 Élections

HG CIT

Dans une commune du Sud-Ouest de la France, au premier tour des élections municipales, le candidat X a obtenu $\frac{3}{11}$ des suffrages exprimés, le candidat Y les $\frac{2}{9}$ et le candidat Z a obtenu le reste des voix.

- Un second tour aura-t-il lieu ?

55 Football

LV

1. Give the accurate value in yards of the perimeter of the football field below.

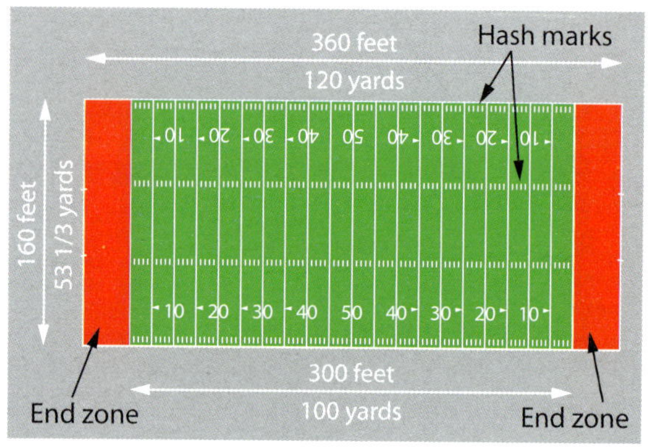

2. A yard equals 0.9144 meter. Give the perimeter of the field in meters.

56 Triathlon

EPS

Rémi, 8 ans, participe à un triathlon : il parcourt un tiers de la distance totale en courant, les $\frac{20}{31}$ du parcours total à vélo et le reste en nageant.

- Quelle fraction du parcours total effectue-t-il en nageant ?

57 Cantine

Aujourd'hui, les élèves qui ont pris un dessert avaient trois choix possibles. 40 % des élèves ont choisi un yaourt, un tiers a choisi un fruit.

- Quelle fraction des élèves a choisi le fromage ?

58 Voyage en Espagne

Deux classes de 4e partent en voyage en Espagne. Pour financer ce voyage, les élèves d'une classe décident de vendre des cartes de vœux. Ils récoltent ainsi les trois cinquièmes de la somme nécessaire. Les élèves de l'autre classe décident de vendre des tickets de tombola, ce qui leur permet d'obtenir les trois huitièmes de la somme totale.

- Les élèves ont-ils suffisamment d'argent pour payer la totalité du voyage ?

59 Logement

Sofien veut acheter un logement dont la surface du séjour représente au moins les trois septièmes de la surface totale du logement. Un agent immobilier lui propose de visiter un appartement de 105 m^2 avec un séjour rectangulaire de 7 m sur 6 m.

- Ce logement correspond-il au critère de Sofien ?

60 Énigme

Sachant que $\frac{1111}{101} = 11$, combien vaut $\frac{3\,333}{101} + \frac{8\,888}{202}$?

D'après concours Kangourou (2013).

61 Carré magique

Recopier et compléter le carré magique ci-contre de façon que les sommes des quotients de chaque ligne, de chaque colonne et de chaque diagonale soient égales.

$-\frac{1}{4}$		$-\frac{1}{6}$
$-\frac{5}{6}$		
$-\frac{5}{3}$		

62 Différentes méthodes

On veut savoir si les fractions $\frac{276\,552\,273}{25\,000\,000}$ et $\frac{615\,185}{55\,612}$ sont égales.

1. Le calcul de ces quotients à l'aide de la calculatrice permet-il de répondre précisément ?
2. Donner une méthode permettant mentalement d'affirmer si ces quotients sont égaux ou non.

On peut s'intéresser aux chiffres des unités…

63 AJR (Apport journalier recommandé)

SVT

Voici ce que l'on peut lire sur l'étiquette de certains aliments, concernant le calcium :

100 g de fromage à pâte molle		$\frac{1}{4}$ de l'AJR
1 yaourt nature		$\frac{1}{5}$ de l'AJR
40 g de céréales		$\frac{1}{3}$ de l'AJR
200 mL de lait		$\frac{3}{10}$ de l'AJR

1. Classer ces fractions par ordre décroissant.
2. Ces quatre aliments couvrent-ils les besoins quotidiens de calcium selon les recommandations françaises ?

64 Défi

Avec deux des quatre nombres suivants :

$$\frac{2}{5} \qquad \frac{-3}{5} \qquad -\frac{7}{10} \qquad \frac{11}{20}$$

a. calculer la plus grande somme possible ;
b. calculer la plus petite somme possible ;
c. calculer la plus grande différence possible ;
d. calculer la plus petite différence possible.

65 Grands fleuves

HG

Mathis a lu dans un livre de records que la longueur totale des cinq plus grands fleuves du monde représentait environ les trois quarts du tour de la Terre. Il pense que c'est impossible.

- A-t-il raison ?

Données

Les cinq plus grands fleuves du monde :
Nil (6 696 km) — Amazone (6 450 km)
Yangzi Jiang (6 380 km) — Mississippi (5 971 km)
Ienissei (5 550 km)
Rayon de la Terre : 6 371 km

66 Devoirs d'anglais

Mathilde a fait trois devoirs d'anglais depuis la rentrée. Elle a obtenu 10/15 puis 9/12 et enfin 7/10.

- Sans utiliser la calculatrice, déterminer la meilleure des trois notes et la plus mauvaise des trois.

67 Écart

Trois points A, B et C d'une droite graduée ont respectivement pour abscisse $\frac{7}{15}$, $\frac{1}{3}$ et $\frac{2}{5}$.

- Sont-ils régulièrement espacés sur la droite graduée ? Justifier.

68 Plongée sous-marine

À Hawaï, deux plongeurs en apnée se trouvent à la verticale l'un de l'autre. Steven est à une profondeur de $-\frac{6\,250}{381}$ pieds et Miri à une profondeur de $-\frac{100}{3}$ pieds.

1. Comparer les nombres : $-\frac{6\,250}{381}$ et $-\frac{100}{3}$.
2. Quelle distance, en pieds, sépare les deux plongeurs ?

69 Froid glacial en altitude

Les écrans d'un avion affichent la température en degrés Fahrenheit (°F) et en degrés Celsius (°C). Au décollage, la température extérieure est de 72 °F, soit $\frac{200}{9}$ °C. Quelques minutes plus tard, en altitude, la température n'est plus que de 2 °F, soit $\frac{-50}{3}$ °C.

- Quelle a été, en degrés Celsius, la diminution de température ?

70 À vélo

Coraline part du collège à vélo pour rentrer chez elle. Elle parcourt les deux cinquièmes de son trajet quand elle s'aperçoit que son cartable est tombé de son porte-bagage. Elle fait donc demi-tour et roule en sens inverse sur un sixième du parcours total, ramasse son cartable et remonte sur son vélo pour parcourir les 2,3 km qui la sépare de son domicile.

- Quelle est la distance entre le collège et son domicile ?

Problèmes

71 Égalité

Recopier et compléter avec les signes + ou – pour que cette égalité soit vraie :

$$\frac{1}{5} \ldots \frac{3}{10} \ldots \frac{1}{2} \ldots \frac{1}{3} = \frac{2}{3}$$

72 Le temps de sommeil

SVT **Les phases du sommeil**

Notre nuit de sommeil se divise en quatre phases :
- le temps d'endormissement,
- le sommeil léger,
- le sommeil lent profond,
- le sommeil paradoxal.

L'alternance entre ces trois dernières phases forme un cycle de sommeil. Une nuit complète comprend 4, 5 ou 6 cycles.

Dans un hôpital, on a enregistré les durées des différents types de sommeil d'un patient.
Voici, pour chacun d'eux, leur part de la durée totale de sommeil :

- Temps d'endormissement : $\frac{1}{48}$
- Sommeil profond : $\frac{7}{24}$
- La phase de sommeil léger est plus longue que celle de sommeil profond.
- La différence entre la phase de sommeil léger et celle de sommeil profond représente $\frac{1}{8}$ de la durée totale de sommeil.

- Quelle est la part de la phase de sommeil paradoxal ?

73 Demi-cercles

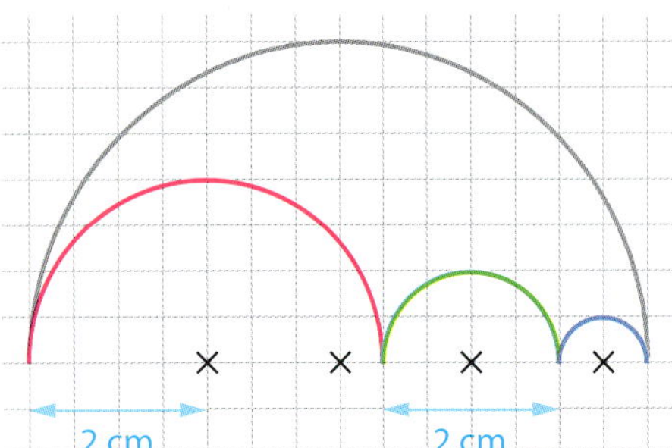

- Quelle fraction du périmètre total de la figure représente la partie rose ? La partie verte ? La partie bleue ? Et les trois réunies ?

74 Les risques volcaniques

SVT **Nuées ardentes et lahars**

Une **nuée ardente** est « un nuage brûlant » constitué de gaz, de cendres et de blocs, dévalant les pentes d'un volcan.

Une nuée ardente (Mayon, Philippines).

Un **lahar** est une coulée boueuse d'origine volcanique.
Il est principalement formé d'eau et de cendres volcaniques.

Un lahar (Mont Saint Helens, État de Washington).

Les coulées de lave sont beaucoup moins meurtrières que les deux phénomènes cités précédemment.
Entre 1900 et 1995, $\frac{2}{5}$ des décès induits par une éruption volcanique ont été causés par des lahars et $\frac{6}{13}$ par des nuées ardentes. (D'après Smithsonian Institution, Washington)

1. Lequel de ces deux phénomènes a été le plus meurtrier ?
2. Quelle fraction des décès représente l'ensemble des victimes des lahars et des nuées ardentes ?
Traduire ce résultat sous la forme d'un pourcentage.

75 Clé USB

Sur sa clé USB d'une capacité de 32 Go, qui contenait déjà des films, Samuel a téléchargé des photos de ses vacances. Il voudrait également qu'elle contienne ses morceaux de musique préférés en format MP3.

- Combien de morceaux pourra-t-il sauvegarder sur sa clé sachant que la taille moyenne d'un fichier MP3 est d'environ 4 Mo ?

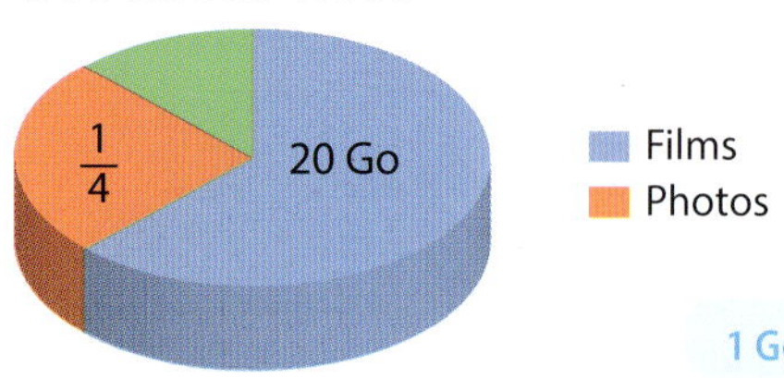

1 Go = 1 000 Mo

76 Frise historique

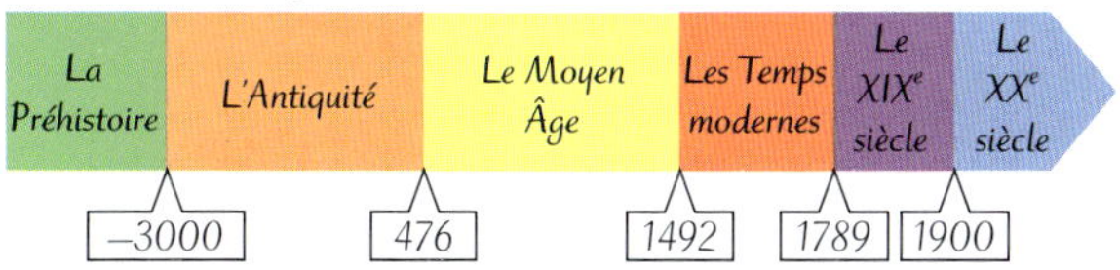

Fabien étudie le premier tiers de l'Antiquité et Steven le premier quart du Moyen Âge.

1. Quelle est la durée de chacune des périodes étudiées ? Et des deux périodes étudiées réunies ? Donner le résultat sous forme de fraction.
2. Combien de temps sépare la fin de la période étudiée par Fabien et le début du Moyen Âge ? Écrire le résultat sous forme de fraction, puis arrondir à l'unité près.

77 La Marseillaise

Prise d'initiative

Voici le début de La Marseillaise écrite par Rouget de Lisle en 1792 :

Placer les barres de mesure (barres verticales) tous les quatre temps et ajouter les soupirs nécessaires pour compléter la dernière mesure.

Symbole	𝅝	𝅗𝅥	♩	♪	𝅘𝅥𝅯
Nom	Ronde	Blanche	Noire	Croche	Double croche
Valeur	4 temps	2 temps	1 temps	$\frac{1}{2}$ temps	$\frac{1}{4}$ temps

Symbole	𝄽 ou 𝄽	𝄾	𝄿
Nom	Soupir	Demi soupir	Quart de soupir
Valeur	1 temps	$\frac{1}{2}$ temps	$\frac{1}{4}$ temps

- Le point placé après une note augmente la valeur de la note de la moitié de sa valeur.
- La croche pointée suivie d'une double croche se note 

78 Collection de verres

Prise d'initiative

Un barman a rempli les trois verres coniques ci-dessous. (Les longueurs sont en cm.)

Il verse ensuite le contenu de ces trois verres dans le verre cylindrique ci-contre (les longueurs sont en cm) et constate que le liquide arrive au bord du verre.

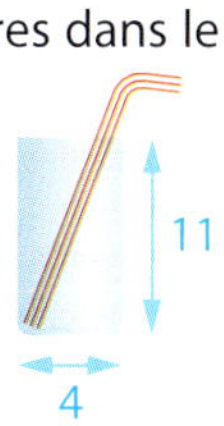

1. Comment expliquer cela ?
2. Peut-il répartir une canette de 33 cL entre ces quatre verres ? Justifier la réponse.

79 La piscine

Prise d'initiative

Marc, Jérémy, Vanessa et Medhi sont quatre carreleurs chargés de carreler les piscines (toutes identiques) d'un lotissement.

Leurs expériences professionnelles sont très différentes et jusqu'à présent, chacun posait seul les carreaux d'une piscine.

Ils décident aujourd'hui de travailler ensemble sur une même piscine.

- D'après les documents fournis ci-dessous, pourront-ils carreler entièrement une piscine durant une journée de travail ?

Doc. 1 Rythme régulier de travail

Marc et Vanessa : une piscine en 3 jours chacun
Medhi : une piscine en 5 jours
Jérémy : une piscine en 7 jours

Doc. 2 Caractéristiques de la piscine

Parallélépipède rectangle :
- 2 m de large
- 4 m de long
- 1,5 m de profondeur

Doc. 3 Conditionnement des carreaux

- 4 cartons pleins de carrelage : 26 m²
- Quantité de carrelage disponible pour la journée :

Plein | Plein | Plein

$\frac{2}{3}$ vide

Le carrelage restant occupe $\frac{4}{7}$ du carton.

Travailler autrement

Utilisable en AP

À chacun sa méthode !

Deux énoncés pour un exercice

Exercice 1

Lors des jeux paralympiques de 2014, les États-Unis ont obtenu $\frac{1}{36}$ du nombre total de médailles d'or et la France, les $\frac{5}{72}$.

- Quelle part du nombre total de médailles d'or la France et les États-Unis réunis ont-ils obtenue ?

Exercice 1

Lors des jeux paralympiques de 2014, l'Allemagne a obtenu $\frac{1}{8}$ du nombre total de médailles d'or et la Russie les $\frac{5}{12}$.

- Quelle part du nombre total de médailles d'or l'Allemagne et la Russie réunies ont-elles obtenue ?

D'après Météo France, le 6 septembre 2005, $\frac{1}{6}$ des départements métropolitains étaient en vigilance orange ou rouge et $\frac{5}{96}$ étaient sans vigilance particulière.

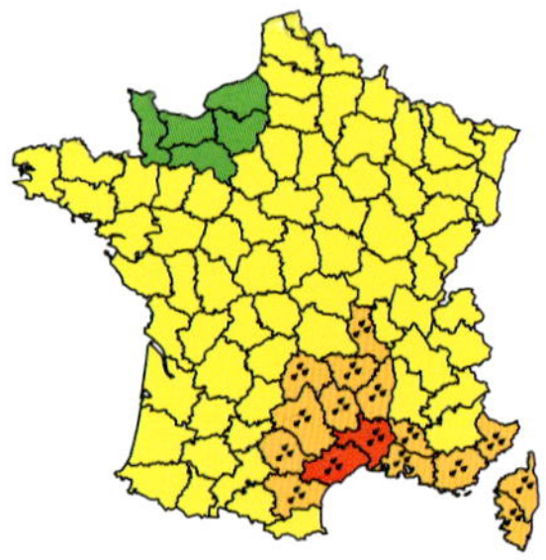

Exercice 2

- Quelle était la proportion des départements français métropolitains en vigilance jaune ?

Exercice 2

Le lendemain, il n'y avait plus de vigilance rouge, il restait $\frac{1}{8}$ des départements métropolitains en vigilance orange et $\frac{5}{6}$ en vigilance jaune.

- Combien de départements étaient sans vigilance particulière le 7 septembre 2005 ?

Écriture d'un énoncé

1. Écrire un énoncé comportant ces trois proportions : $\frac{2}{15}$; 11 % ; $\frac{3}{20}$ et au moins une soustraction.
2. Échanger l'énoncé avec son voisin et résoudre le problème.

Analyse d'une production

Selon la légende, Seth, dieu de la violence, ôta par jalousie l'œil d'Horus et le découpa en plusieurs morceaux. Thot, dieu lunaire, en retrouva six morceaux qui représentaient six fractions. Thot y ajouta alors « le liant magique » permettant à l'œil de recouvrer son unité et de fonctionner. Un professeur demande à sa classe : « Quelle est la fraction qui manquait ? ». Mathias et Raphaël ont répondu à cette question.

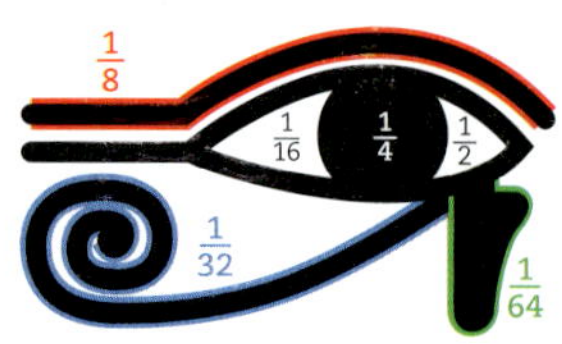

Mathias

$\frac{1}{8} + \frac{1}{16} + \frac{1}{4} + \frac{1}{2} + \frac{1}{32} + \frac{1}{64}$

$= \frac{8}{64} + \frac{4}{64} + \frac{16}{64} + \frac{32}{64} + \frac{2}{64} + \frac{1}{64} = \frac{63}{64}$

La fraction qui manquait était donc $\frac{63}{64}$.

Raphaël

$8 + 16 + 4 + 2 + 32 + 64 = 126$

La fraction qui manquait était donc $\frac{1}{126}$.

- Quelles erreurs ont-ils commises ? Rédiger une réponse correcte.

CHAPITRE 3

Ta mission

Multiplier et diviser des fractions.

Fractions : multiplication et division

Jeux

La combinaison est gagnante si la somme des trois cases est égale à 1. Trouve la dernière case pour gagner le jackpot !

INFOS

Pour renforcer l'effet de perspective, on peut dupliquer des objets en multipliant toutes leurs dimensions par une même fraction. On peut ainsi rendre le ressenti de l'espace construit encore plus grand.

Activités

Questions flash

1. Pour Noël, Zoé a reçu 50 €. Elle dépense le cinquième de cette somme pour s'acheter un pull, puis la moitié du reste pour un foulard.
   a. Quel est le prix du pull ?
   b. Quel est le prix du foulard ?
   c. Combien lui reste-t-il d'argent ?

2. Pour son anniversaire, Hugo réalise un cocktail dans une bouteille d'un litre : il mélange $\frac{1}{2}$ L de jus de goyave, $\frac{1}{10}$ L de sirop de grenadine et $\frac{1}{5}$ L de jus d'orange. Il finit de remplir la bouteille avec du jus d'ananas.
   • À quelle proportion du contenu de la bouteille cette dernière étape correspond-elle ? Donner le résultat sous forme simplifiée.

Des molécules — Activité 1 — Prise d'initiative

Les molécules présentées dans le tableau ci-dessous sont composées de différents atomes :
oxygène (O = ●) azote (N = ●) carbone (C = ●) hydrogène (H = ●)

Dioxygène : O_2	Diazote : N_2	Eau : H_2O	Dioxyde de carbone : CO_2	Eau oxygénée : H_2O_2	Ammoniaque : NH_3
		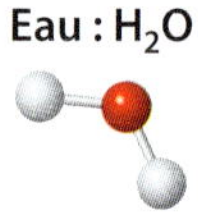	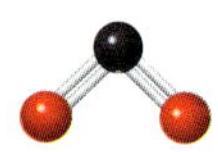	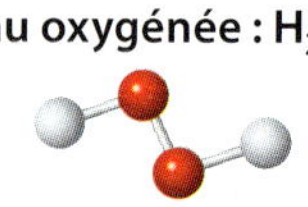	
Benzène : C_6H_6	Glucose : $C_6H_{12}O_6$	Propane : C_3H_8	Trioxyde d'azote : N_2O_3	Pentaoxyde d'azote : N_2O_5	
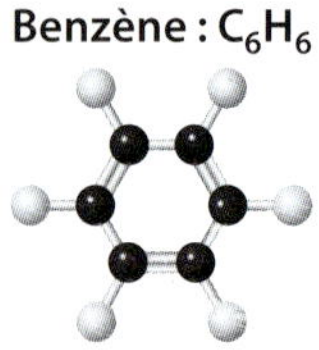	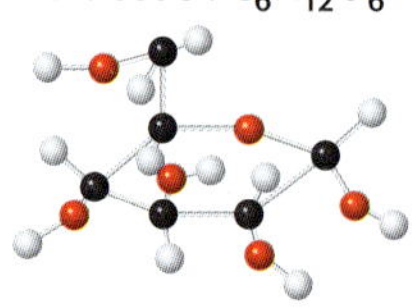	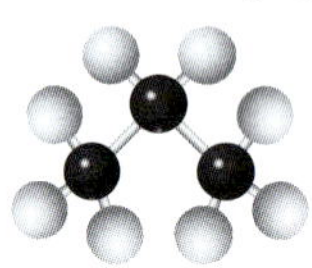	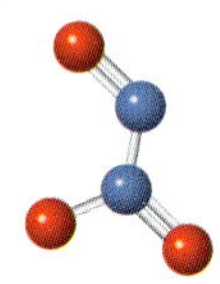	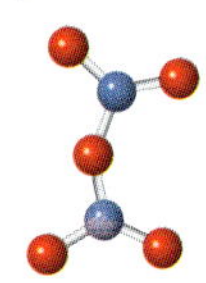	

1. a. Dans le tableau ci-dessus, quelle est la proportion de molécules constituées exactement de deux atomes ? De trois atomes ? De quatre atomes ?
   b. Quelle est la proportion de molécules représentée par ces trois catégories réunies ?
   c. En déduire le résultat de $3 \times \frac{2}{11}$.
2. Voici ce qu'a écrit Éric pour calculer la proportion de molécules contenant de l'azote (●) ou du carbone (●). A-t-il raison ? Pourquoi ?

$2 \times \frac{4}{11} = \frac{8}{22}$

Drapeau américain — Activité 2

Le drapeau des États-Unis est surnommé Stars and Stripes (littéralement : « étoiles et bandes »). Il est composé de treize bandes horizontales rouges et blanches de largeurs égales, représentant les 13 États fondateurs, et d'un canton de couleur bleue parsemé de cinquante petites étoiles blanches représentant les 50 États membres de l'Union.

La largeur du rectangle bleu représente les sept treizièmes de la largeur du drapeau ; sa longueur représente les deux cinquièmes de la longueur du drapeau.

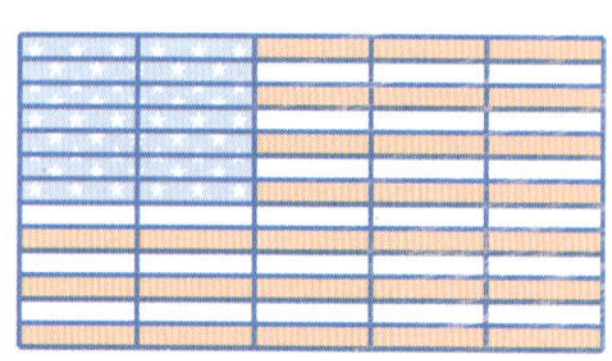

1. Recopier et compléter la phrase suivante :
   « L'aire du rectangle bleu représente les $\frac{\dots}{\dots}$ de l'aire du drapeau. »
2. Quel calcul permet de retrouver ce résultat ?

Du mauve

Activité 3

1. Sonia et Kévin ont chacun confectionné une serviette de table de 12 dm^2 dont les $\frac{3}{4}$ doivent être mauves.

a. Comment Sonia et Kévin ont-ils fait leur partage ? Vérifier qu'ils ont bien respecté la règle de couleur.
b. Quelle est, en dm^2, l'aire de la partie mauve d'une serviette ?
c. Déduire du partage de Kévin une expression mathématique permettant de calculer les $\frac{3}{4}$ de 12.

Sonia

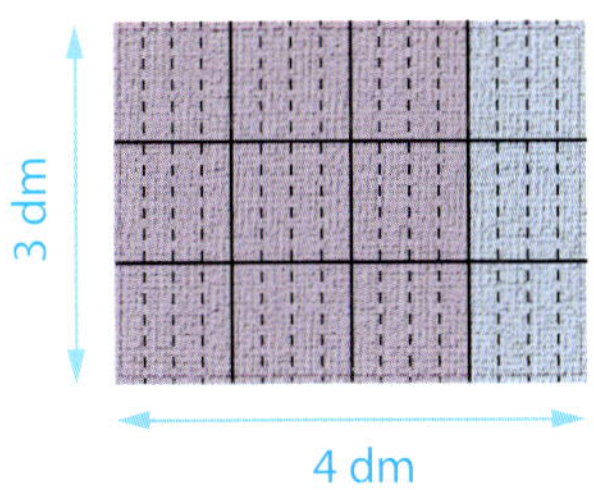

Kévin

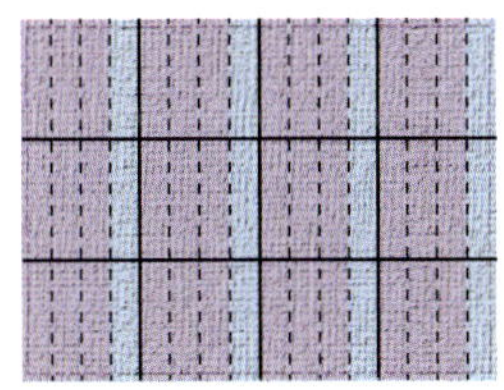

2. Sonia décide de mettre des paillettes dorées sur une partie de la zone mauve.
a. Quelle fraction de tissu mauve est pailletée ?
b. Quelle proportion de la serviette est pailletée ?
Recopier et compléter la phrase suivante :
« Cela correspond à une fraction qui se traduit par le calcul : $\frac{\dots}{\dots}$? $\frac{3}{4} = \frac{\dots}{12}$. »

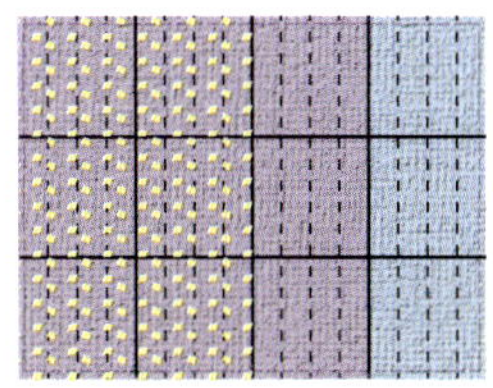

Patchwork

Activité 4

Oihana veut fabriquer une grande tenture en patchwork pour recouvrir une partie du mur de sa chambre : elle a trouvé dans l'atelier de couture de sa grand-mère des rectangles de tissu de même aire. Elle voudrait connaitre les dimensions exactes de chaque rectangle pour savoir quelle longueur de fil est nécessaire pour réaliser son patchwork.

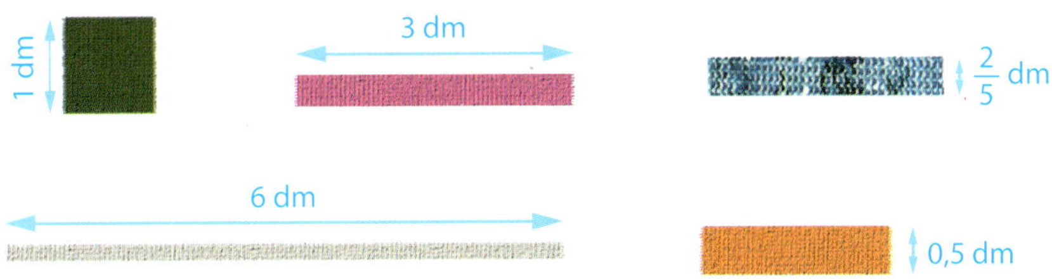

- Sachant que l'aire de chaque rectangle est égale à 1 dm^2, trouver les dimensions de chaque rectangle, puis recopier et compléter les égalités suivantes.

a. $1 \times \dots = 1$ **b.** $3 \times \dots = 1$ **c.** $\frac{2}{5} \times \dots = 1$ **d.** $6 \times \dots = 1$ **e.** $0{,}5 \times \dots = 1$

Console de jeux

Activité 5

Violette et Thomas veulent acheter ensemble une console de jeux qui coute 380 €.
Violette propose d'en payer 285 € à condition que son temps d'utilisation soit dans la même proportion.

1. Quelle proportion de la console Violette a-t-elle payée ?

2. Reproduire et compléter le tableau ci-contre.

Durée totale d'utilisation (en heures)	1	2	3	$\frac{2}{3}$			
Temps de jeu de Violette (en heures)					3	$\frac{1}{4}$	6

$\times \frac{\dots}{\dots}$ (de la première ligne vers la seconde) ; $\div \frac{\dots}{\dots}$ (de la seconde ligne vers la première)

3. Recopier et compléter les égalités suivantes en utilisant l'avant-dernière colonne du tableau.

$$\frac{\dots}{\dots} \times \frac{\dots}{\dots} = \frac{1}{4} \quad \text{et} \quad \frac{1}{4} \div \frac{\dots}{\dots} = \frac{\dots}{\dots}$$

4. Énoncer une règle permettant d'effectuer la division de deux fractions.

Cours

1 Multiplier des fractions ▶ Vidéo

Règle

Produit d'un entier par une fraction

a, b et k désignent trois nombres ($b \neq 0$).

$$k \times \frac{a}{b} = \frac{k \times a}{b}$$

Exemple

$$-3 \times \frac{2}{7} = \frac{-3 \times 2}{7} = \frac{-6}{7}$$

Règle

Produit de deux fractions

Pour multiplier deux fractions :

- on multiplie les numérateurs entre eux ;
- on multiplie les dénominateurs entre eux.

a, b, c et d désignent quatre nombres ($b \neq 0$ et $d \neq 0$).

$$\frac{a}{b} \times \frac{c}{d} = \frac{a \times c}{b \times d}$$

Exemples

$A = \frac{3}{8} \times \frac{-1}{4}$

$A = \frac{3 \times (-1)}{8 \times 4}$

$A = \frac{-3}{32}$

$B = \frac{-4}{3} \times \frac{-5}{7}$

$B = \frac{(-4) \times (-5)}{3 \times 7}$

$B = \frac{20}{21}$

! Pour faciliter les calculs, il est parfois astucieux de décomposer les facteurs au numérateur et au dénominateur pour simplifier avant d'effectuer les multiplications.

Exemple

$$\frac{32}{75} \times \frac{55}{24} = \frac{32 \times 55}{75 \times 24} = \frac{8 \times 4 \times 5 \times 11}{5 \times 15 \times 8 \times 3} = \frac{4 \times 11}{15 \times 3} = \frac{44}{45}$$

2 Calculer une fraction d'un nombre ▶ Vidéo

Règle

Pour calculer une fraction d'un nombre (ou d'une quantité), on multiplie la fraction par ce nombre (ou par cette quantité).

Exemples

Florian boit les deux tiers d'une canette de soda de 33 centilitres. Quelle quantité de soda a-t-il bue ?

$\frac{2}{3} \times 33 = \frac{2 \times 33}{3} = \frac{66}{3} = 22$

Il a bu 22 centilitres.

Alice a mangé les $\frac{3}{7}$ des $\frac{2}{5}$ d'une tarte aux pommes. Quelle fraction de la tarte a-t-elle mangée ?

$\frac{3}{7} \times \frac{2}{5} = \frac{3 \times 2}{7 \times 5} = \frac{6}{35}$

Elle a mangé les $\frac{6}{35}$ de la tarte aux pommes.

Savoir-faire

Apprends à l'aide des exercices résolus puis entraine-toi !

1 Multiplier des fractions

1 Calculer $A = \frac{8}{7} \times 5$.

Solution

On multiplie le numérateur de la fraction par 5 et on garde le dénominateur.

$$A = \frac{8}{7} \times 5 = \frac{8 \times 5}{7} = \frac{40}{7}$$

Le dénominateur ne change pas car $5 = \frac{5}{1}$.

2 Calculer $B = \frac{-5}{3} \times \frac{7}{4}$.

Solution

On multiplie les numérateurs entre eux et les dénominateurs entre eux.

$$B = \frac{-5}{3} \times \frac{7}{4} = \frac{-35}{12}$$

$\frac{-35}{12} = \frac{35}{-12} = -\frac{35}{12}$

3 Calculer $C = \frac{28}{45} \times \frac{-50}{21}$.

Solution

On décompose chaque facteur pour simplifier avant de calculer les produits.

$$C = \frac{-28}{45} \times \frac{50}{21} = \frac{-28 \times 50}{45 \times 21} = \frac{-4 \times 7 \times 5 \times 10}{9 \times 5 \times 3 \times 7}$$

On peut simplifier le numérateur et le dénominateur par 5 et 7 :

$$C = \frac{-4 \times 10}{9 \times 3} = \frac{-40}{27}$$

4 Calculer $D = \frac{49}{-27} \times \frac{-8}{21} \times \frac{63}{35}$.

Solution

On commence par chercher le signe du résultat, qui est ici positif.
Ensuite, on décompose chaque facteur positif.

$$D = \frac{49}{27} \times \frac{8}{21} \times \frac{63}{35} = \frac{7 \times 7 \times 2 \times 4 \times 9 \times 7}{9 \times 3 \times 3 \times 7 \times 5 \times 7}$$

On simplifie par 7, par 9 et encore par 7 :

$$D = \frac{2 \times 4 \times 7}{3 \times 3 \times 5} = \frac{56}{45}$$

5 Calculer : $E = \frac{-4}{9} \times 8$ $\quad F = \frac{8}{9} \times \frac{-2}{3}$ $\quad G = \frac{-15}{16} \times \frac{12}{35}$ $\quad H = \frac{-4}{21} \times \frac{9}{-12} \times \frac{28}{27}$

2 Calculer une fraction d'un nombre

6 Émeline dépense les trois cinquièmes de ses 24 € pour acheter un cadeau à son amie.
- Quelle somme dépense-t-elle ?

Solution

On calcule les $\frac{3}{5}$ de 24 € :

$$\frac{3}{5} \times 24 = \frac{3 \times 24}{5} = \frac{72}{5} = 14{,}4$$

Elle dépense 14,40 € pour le cadeau.

7 Victor boit les $\frac{2}{7}$ de la bouteille de jus d'orange au petit-déjeuner, puis un quart du reste au gouter.
- Quelle fraction du contenu de la bouteille boit-il au gouter ?

Solution

Victor boit d'abord les $\frac{2}{7}$ de la bouteille, donc il en reste les $\frac{5}{7}$.

Au gouter, Victor boit $\frac{1}{4}$ des $\frac{5}{7}$ de la bouteille.

$\frac{1}{4} \times \frac{5}{7} = \frac{5}{28}$, donc Victor boit les $\frac{5}{28}$ de la bouteille au gouter.

8 Quentin colorie en vert les $\frac{4}{7}$ de sa figure, puis en rouge le tiers de la surface restante non coloriée.

1. Quelle fraction de la figure colorie-t-il en rouge ?
2. Sachant que sa figure a une aire totale de 28 cm^2, quelle surface est coloriée en vert ? En rouge ?

3 Connaitre l'inverse d'un nombre ▶ Vidéo

Définition

Deux nombres relatifs sont **inverses** l'un de l'autre si leur produit est égal à 1.

Exemples

2 et 0,5 sont inverses car $2 \times 0{,}5 = 1$.

$-0{,}1$ et -10 sont inverses car $-0{,}1 \times (-10) = 1$.

Propriétés

a et b désignent des nombres relatifs non nuls.

- **L'inverse** du nombre a est le nombre $\frac{1}{a}$.
- **L'inverse** du nombre $\frac{a}{b}$ est le nombre $\frac{b}{a}$.

Exemples

L'inverse de -2 est $\frac{1}{-2}$, soit $\frac{-1}{2}$ ou $-\frac{1}{2}$.

L'inverse de $\frac{2}{3}$ est $\frac{3}{2}$.

0 n'a pas d'inverse !

! Il ne faut pas confondre l'inverse d'un nombre a, qui est $\frac{1}{a}$, et l'opposé de a, qui est $-a$.

Par exemple :

- l'inverse de 5 est $\frac{1}{5}$ mais l'opposé de 5 est -5.
- l'inverse de $\frac{4}{7}$ est $\frac{7}{4}$ mais l'opposé de $\frac{4}{7}$ est $-\frac{4}{7}$.

4 Diviser par une fraction ▶ Vidéo

Propriété

Diviser par un nombre relatif non nul revient à multiplier par son inverse.

a, b, c et d désignent des nombres relatifs ($b \neq 0$; $c \neq 0$; $d \neq 0$).

$$a \div b = a \times \frac{1}{b} \qquad \frac{a}{b} \div \frac{c}{d} = \frac{a}{b} \times \frac{d}{c}$$

Exemples

$$6 \div 0{,}5 = 6 \div \frac{1}{2} = 6 \times \frac{2}{1} = 6 \times 2 = 12$$

$$-\frac{8}{5} \div (-3) = -\frac{8}{5} \times \frac{1}{-3} = \frac{8}{15}$$

$$\frac{2}{3} \div \frac{-5}{7} = \frac{2}{3} \times \frac{7}{-5} = \frac{2 \times 7}{3 \times (-5)} = \frac{14}{-15}$$

$$\frac{2}{3} \div \frac{7}{-5} = \frac{2}{3} \times \frac{-5}{7} = \frac{-10}{21}$$

Attention, il faut multiplier par l'inverse de la fraction par laquelle on divise !

Savoir-faire

Apprends à l'aide des exercices résolus puis entraine-toi !

3 Connaitre l'inverse d'un nombre

9 Déterminer les inverses des nombres suivants.

$-0{,}2 \qquad 6 \qquad \dfrac{-5}{8}$

Solution

Le produit d'un nombre par son inverse est égal à 1, donc :

- l'inverse de $-0{,}2$ est -5 car $-0{,}2 \times (-5) = 1$;
- l'inverse de 6 est $\dfrac{1}{6}$ car $6 \times \dfrac{1}{6} = 1$;
- l'inverse de $\dfrac{-5}{8}$ est $\dfrac{8}{-5}$ car $\dfrac{-5}{8} \times \dfrac{8}{-5} = \dfrac{-40}{-40} = 1$.

10 Parmi les nombres suivants, lesquels sont opposés ? Lesquels sont inverses ?

$4 \qquad \dfrac{1}{4} \qquad -4 \qquad \dfrac{-1}{4}$

Solution

- Les nombres 4 et -4 sont opposés car leur somme est égale à 0.
- De même, les nombres $\dfrac{-1}{4}$ et $\dfrac{1}{4}$ sont opposés.
- Les nombres 4 et $\dfrac{1}{4}$ sont inverses l'un de l'autre, car leur produit est égal à 1.
- De même, $\dfrac{-1}{4}$ et -4 sont inverses l'un de l'autre.

11 **1.** Déterminer les inverses des nombres suivants : $0{,}04 \qquad -2{,}5 \qquad -8 \qquad \dfrac{11}{3}$

2. Parmi les nombres -8 ; 8 ; $0{,}125$ et $-\dfrac{1}{8}$, lesquels sont opposés ? Lesquels sont inverses ?

4 Diviser par une fraction

12 Calculer $A = 5 \div \dfrac{-4}{7}$.

Solution

On remplace la division par une multiplication et on prend l'inverse de la deuxième fraction.

$$A = 5 \div \frac{-4}{7} = 5 \times \frac{7}{-4} = \frac{5 \times 7}{-4} = -\frac{35}{4}$$

13 Calculer $B = \dfrac{8}{9} \div \dfrac{-11}{5}$.

Solution

On remplace la division par une multiplication et on prend l'inverse de la deuxième fraction.

$$B = \frac{8}{9} \div \frac{-11}{5} = \frac{8}{9} \times \frac{5}{-11} = \frac{8 \times 5}{9 \times (-11)} = -\frac{40}{99}$$

14 Calculer $W = \dfrac{4}{-15} \div \dfrac{5}{3} \times \dfrac{2}{7}$.

Solution

- On effectue les calculs de la gauche vers la droite.
- On remplace la division par une multiplication et on prend l'inverse de la fraction par laquelle on divise.

$$W = \frac{4}{-15} \div \frac{5}{3} \times \frac{2}{7} = \frac{4}{-15} \times \frac{3}{5} \times \frac{2}{7}$$

$$W = -\frac{4 \times 3 \times 2}{3 \times 5 \times 5 \times 7} = -\frac{8}{175}$$

15 Calculer $X = \dfrac{-5}{9} - \dfrac{4}{15} \div \dfrac{3}{20}$.

Solution

- On effectue d'abord la division, qui est prioritaire sur la soustraction.
- On remplace la division par une multiplication et on prend l'inverse de la fraction par laquelle on divise.

$$X = \frac{-5}{9} - \frac{4}{15} \div \frac{3}{20} = \frac{-5}{9} - \frac{4}{15} \times \frac{20}{3}$$

$$X = \frac{-5}{9} - \frac{4 \times 5 \times 4}{3 \times 5 \times 3} = \frac{-5}{9} - \frac{16}{9} = \frac{-21}{9} = \frac{-7}{3}$$

16 Calculer : $C = -3 \div \dfrac{4}{5} \qquad D = -\dfrac{25}{6} \div \dfrac{5}{4} \qquad E = \dfrac{-8}{7} \times \dfrac{-3}{4} \div \dfrac{9}{16} \qquad F = \dfrac{12}{5} + \dfrac{-24}{5} \div \dfrac{16}{-15}$

Exercices

2 pages d'exercices supplémentaires dans le manuel numérique

Multiplier des fractions

Savoir-faire p. 57

Questions flash

diapo

17 Calculer :

$A = 5 \times \dfrac{2}{3}$ $\quad B = -\dfrac{7}{5} \times 4$

$C = \dfrac{5}{6} \times \dfrac{-11}{4}$ $\quad D = -\dfrac{8}{9} \times \dfrac{-10}{9}$

18 Compléter :

$A = \dfrac{8}{7} \times \ldots = \dfrac{16}{63}$ $\quad B = -5 \times \dfrac{4}{\ldots} = \dfrac{\ldots}{9}$

19 Donner le signe des produits suivants.

$A = \dfrac{-5}{9} \times \dfrac{-2}{17}$ $\quad B = \dfrac{3}{-9} \times \dfrac{-2}{-5}$

$C = -\dfrac{-4}{5} \times \dfrac{-3}{25}$ $\quad D = \dfrac{-1}{-7} \times \dfrac{-2}{-5}$

20 Calculer :

$A = \dfrac{5}{8} \times \dfrac{-3}{2}$ $\quad B = \dfrac{7}{8} \times \dfrac{-3}{8}$

$C = -3 \times \dfrac{4}{5}$ $\quad D = \dfrac{-2}{11} \times \dfrac{-10}{3}$

21 Calculer :

$A = \dfrac{-7}{3} \times \dfrac{5}{4} \times \dfrac{-1}{3}$ $\quad B = \dfrac{4}{3} \times \dfrac{-5}{7} \times \dfrac{-1}{3} \times (-5)$

22 a. Recopier et compléter :

$$\dfrac{-55}{63} \times \dfrac{35}{66} = -\dfrac{55 \times \ldots}{\ldots \times 66} = -\dfrac{5 \times \ldots \times 7 \times \ldots}{9 \times \ldots \times 6 \times \ldots} = -\dfrac{25}{\ldots}$$

b. Calculer les produits suivants en décomposant chacun des facteurs si cela est possible.

$A = \dfrac{49}{15} \times \dfrac{10}{21}$ $\quad B = \dfrac{-28}{27} \times \dfrac{36}{7}$ $\quad C = \dfrac{-17}{52} \times \dfrac{-39}{34}$

23 Calculer les expressions suivantes.

$A = \dfrac{-2}{21} \times \dfrac{14}{5} - \dfrac{8}{5}$ $\quad B = \dfrac{1}{4} + \dfrac{5}{3} \times \dfrac{-1}{8}$

$C = \dfrac{4}{-3} + \dfrac{-7}{6} \times \dfrac{-2}{5}$ $\quad D = \left(\dfrac{8}{15} - \dfrac{7}{5}\right) \times \left(\dfrac{-1}{6} + \dfrac{2}{9}\right)$

24 Recopier et compléter par les signes + ; − ou ×.

a. $\dfrac{8}{9} \ldots \dfrac{2}{3} = \dfrac{2}{9}$ $\quad$ b. $\dfrac{7}{2} \ldots \dfrac{-5}{4} = \dfrac{-35}{8}$

c. $\dfrac{-5}{6} \ldots \dfrac{9}{4} = \dfrac{-15}{8}$ $\quad$ d. $\dfrac{2}{5} \ldots \dfrac{4}{15} = \dfrac{2}{15}$

25 Calculer les expressions suivantes sachant que :

$a = \dfrac{7}{5}$ $\quad b = \dfrac{-3}{10}$ $\quad c = -4$

1. $R = ab + c$ $\quad$ 2. $S = ab - bc$ $\quad$ 3. $T = (a + b)(a + c)$

Calculer une fraction d'un nombre

Savoir-faire p. 57

Questions flash

diapo

26 **Vrai ou faux ?**

Pour calculer les trois quarts d'une quantité :

a. on multiplie cette quantité par $\dfrac{3}{4}$.

b. on multiplie cette quantité par 3, puis on la divise par 4.

c. on multiplie cette quantité par 4, puis on la divise par 3.

27 Baptiste a mangé un cinquième d'un paquet de 40 bonbons. Cela représente :

a. 8 bonbons. $\quad$ b. 200 bonbons. $\quad$ c. 35 bonbons.

28 Ève a dépensé les $\dfrac{4}{7}$ de son argent de poche pour acheter un cadeau à sa sœur. Elle avait 21 €.

- Combien coute le cadeau ?

29 1 500 personnes ont participé à un sondage. Les sept vingt-cinquièmes d'entre elles ont moins de 18 ans.

- Combien de mineurs ont été interrogés ?

30 Calculer les durées suivantes en minutes.

a. $\dfrac{7}{10}$ d'une heure $\quad$ b. $\dfrac{2}{5}$ d'une heure

c. $\dfrac{5}{6}$ d'une heure $\quad$ d. $\dfrac{4}{15}$ d'une heure

31 Un morceau de fromage de 150 g est composé de treize vingtièmes d'eau.

- Calculer la masse d'eau contenue dans ce morceau.

32 Dans une boite de chocolats de Noël, les $\dfrac{3}{4}$ sont au chocolat noir.

Parmi ces chocolats noirs, les $\dfrac{2}{7}$ sont fourrés au praliné.

Que représentent les calculs suivants ?

a. $\dfrac{4}{4} - \dfrac{3}{4}$ $\quad$ b. $\dfrac{2}{7} \times \dfrac{3}{4}$ $\quad$ c. $\dfrac{5}{7} \times \dfrac{3}{4}$

33 Pour le petit-déjeuner, Théo prend une bouteille de jus d'orange et en boit les deux quinzièmes. Sa sœur Morgane boit ensuite les trois dixièmes du reste.
- Quelle fraction de la bouteille pleine boit-elle ?

Connaitre l'inverse d'un nombre

Savoir-faire p. 59

Questions flash

diapo

34 Relier chaque nombre à son inverse.

2 ; $\frac{-5}{24}$; $\frac{-1}{2}$; $\frac{24}{5}$

$\frac{5}{24}$; -2 ; $-\frac{24}{5}$; $\frac{1}{2}$

35 Compléter les égalités suivantes.

a. $\frac{7}{8} \times \frac{\dots}{\dots} = 1$ b. $\frac{-3}{13} \times \frac{\dots}{\dots} = 1$

c. $5 \times \frac{\dots}{\dots} = 1$ d. $-4 \times \frac{\dots}{\dots} = 1$

36 **Vrai ou faux ?**

a. L'inverse de -5 est 5. b. L'opposé de -4 est 4.

c. L'inverse de $\frac{-3}{7}$ est $\frac{7}{3}$.

d. L'inverse de l'inverse de $\frac{7}{3}$ est $\frac{7}{3}$.

e. L'opposé de l'inverse de 8 est -8.

f. Le produit d'un nombre par son inverse est égal à 0.

37 Écrire les inverses des nombres suivants sous forme décimale.

a. $\frac{2}{5}$ b. $\frac{-1}{3}$ c. $\frac{-8}{6}$ d. $\frac{-5}{-4}$ e. $\frac{10}{-1{,}2}$

38 Donner l'inverse des nombres suivants sous forme fractionnaire.

a. $\frac{3}{7}$ b. -8 c. $-\frac{11}{18}$ d. $\frac{-14}{9}$ e. $\frac{-16}{-35}$

39 Parmi les nombres suivants, quels sont ceux dont $\frac{4}{3}$ est l'inverse ?

$A = -\frac{4}{3}$ $B = \frac{3}{4}$ $C = \frac{-3}{4}$

$D = 0{,}75$ $E = \frac{15}{20}$

40 Recopier et compléter le tableau suivant.

Nombre x	$\frac{4}{3}$	$\frac{-7}{5}$			
Inverse de x			6	-7	
Opposé de x					$\frac{8}{9}$

41 Calculer l'inverse du nombre $A = \frac{2}{3} + \frac{5}{4}$.

Diviser par une fraction

Savoir-faire p. 59

Questions flash

diapo

42 Parmi les expressions ci-dessous, laquelle est égale au quotient de $\frac{-7}{5}$ par $\frac{4}{9}$?

$A = \frac{-7}{5} \times \frac{4}{9}$ $B = \frac{5}{-7} \times \frac{4}{9}$

$C = \frac{-7}{5} \times \frac{9}{4}$ $D = \frac{-7}{5} \times \frac{-4}{9}$

43 Calculer mentalement :

$A = \frac{1}{5} \div 5$ $B = \frac{2}{3} \div \frac{1}{3}$

$C = \frac{3}{-7} \div \frac{-1}{7}$ $D = -8 \div \frac{1}{8}$

44 Calculer :

$A = \frac{11}{5} \div (-3)$ $B = (-3) \div \frac{11}{5}$

$C = \frac{5}{6} \div \frac{6}{5}$ $D = \frac{2}{-3} \div \frac{-5}{7}$

45 Quel est le calcul dont le résultat n'est pas un nombre entier relatif ?

a. $\frac{-3}{8} \div \frac{6}{16}$ b. $\frac{15}{2} \div \frac{-5}{-12}$

c. $\frac{-14}{25} \div \frac{-7}{15}$ d. $\frac{5}{11} \div \frac{15}{66}$

46 Relier les écritures correspondantes.

$\frac{4}{3} \div (-5)$; $\frac{4}{-5} \div \frac{1}{3}$; $\frac{4}{-5} \div (-3)$; $4 \div \frac{3}{-5}$

$4 \times \frac{-5}{3}$; $\frac{4}{-5} \times \frac{1}{3}$; $\frac{4}{3} \times \frac{1}{5}$; $\frac{4}{-5} \times 3$

47 Traduire chaque phrase par une expression mathématique, puis calculer le résultat.

a. Le quotient de quinze huitièmes par trois cinquièmes.

b. Le quotient de quinze par trois quarts.

c. Le quotient de quinze quarts par trois.

48 Quel est le nombre qui, divisé par $\frac{-3}{7}$, donne :

a. 1 ? b. -1 ? c. 3 ? d. -7 ?

49 Calculer les expressions suivantes.

$A = \frac{7}{3} - \frac{4}{3} \div \frac{8}{5}$ $B = \frac{-4}{9} \times \frac{1}{5} \div \frac{3}{7}$

$C = -\frac{8}{3} \div \frac{-5}{6} + \frac{7}{4}$

50 Calculer les expressions suivantes.

$L = \frac{-7}{5} \div \left(\frac{2}{9} - \frac{7}{18}\right)$ $M = \left(\frac{4}{5} + \frac{-3}{2}\right) \div \left(\frac{-9}{4} - \frac{1}{6}\right)$

Faire le point

Vérifie tes connaissances.

QCM Donner la seule réponse correcte parmi les trois proposées.

	Réponse A	Réponse B	Réponse C
1 Multiplier des fractions			
1. $\frac{-3}{8} \times 10 =$	$\frac{-30}{80}$	$\frac{-3}{80}$	$\frac{-15}{4}$
2. $\frac{-9}{14} \times \frac{7}{3} =$	$\frac{63}{42}$	$-\frac{3}{2}$	$\frac{-27}{98}$
2 Calculer une fraction d'un nombre			
1. Calculer les $\frac{4}{7}$ de 35 revient à effectuer :	$\frac{4}{7} \div 35$	$\frac{4}{7}$	$\frac{4}{7} \times 35$
2. Calculer les $\frac{2}{5}$ de $\frac{8}{3}$ revient à effectuer :	$\frac{2}{5} \times \frac{8}{3}$	$\frac{2}{5} + \frac{8}{3}$	$\frac{2}{5} \div \frac{8}{3}$
3 Connaitre l'inverse d'un nombre			
1. L'inverse de -2 est :	$\frac{1}{-2}$	2	$\frac{1}{2}$
2. L'inverse de $\frac{8}{3}$ est :	$-\frac{8}{3}$	$-\frac{3}{8}$	$\frac{3}{8}$
4 Diviser par une fraction			
1. Diviser par une fraction revient à :	multiplier par son opposé.	multiplier par son inverse.	diviser par son inverse.
2. $8 \div \frac{5}{7} =$	$\frac{40}{7}$	$\frac{56}{5}$	$\frac{56}{40}$
3. $\frac{4}{9} \div \frac{-6}{11} =$	$\frac{4}{9} \times \frac{11}{-6}$	$\frac{4}{9} \times \frac{11}{6}$	$\frac{9}{4} \times \frac{11}{-6}$

Pour t'aider à retenir le cours.*

Carte mentale

Reproduire et compléter cette carte mentale.

Multiplication et division de fractions

Calculer une fraction d'un nombre

On multiplie la fraction par le nombre.

Inverse d'un nombre

- L'inverse de a est …
- L'inverse de $\frac{a}{b}$ est …

Multiplier

- $a \times \frac{b}{c} = \frac{a \times b}{c}$
- $\frac{a}{b} \times \frac{c}{d} = \frac{a \times c}{b \times d}$

Diviser

- $a \div \frac{b}{c} = a \times \frac{\dots}{\dots}$
- $\frac{a}{b} \div \frac{c}{d} = \frac{a}{b} \times \frac{\dots}{\dots}$

** Tu peux aussi construire ta propre carte mentale.*

Algorithmique et outils numériques

51 Mistouflette

Mistouflette est une chatte prévoyante. Quand on lui donne un bol de lait, elle vient en boire toutes les heures. À chaque fois, elle n'en boit jamais plus de la moitié afin de toujours en garder un peu pour plus tard. Par ailleurs, elle ne boit jamais plus de 140 mL d'un coup car cela suffit à la rassasier.

On donne un litre de lait à Mistouflette.

- Compléter le script suivant afin qu'il donne la quantité de lait restante au bout de 10h.

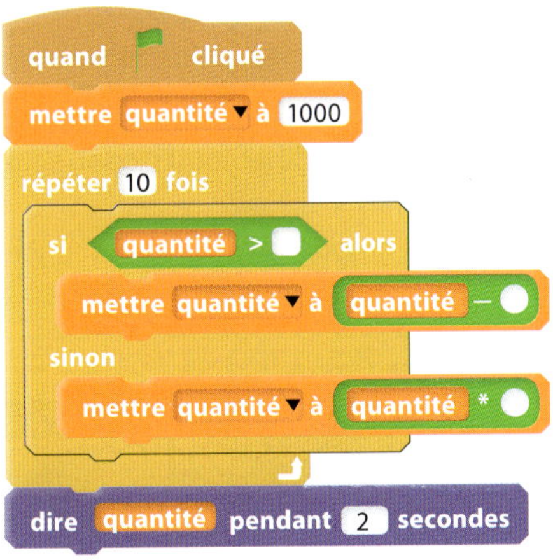

52 La course à pied

Après une blessure, Natalia reprend la course à pied une fois par semaine. Elle commence par courir 2 km. Chaque semaine, selon son programme d'entrainement, elle doit augmenter la longueur de sa course de $\frac{2}{15}$ de la distance effectuée la semaine précédente.

Dans ces conditions, elle veut savoir combien de semaines lui seront nécessaires pour parvenir à courir au moins 10 km. Pour cela, elle utilise un tableur.

1. Reproduire la feuille de calcul suivante.

	A	B	C
1	Semaine	Distance parcourue (en km)	Distance supplémentaire à parcourir la semaine suivante
2	1	2	
3	2		
4	3		
5	4		
6	5		

2. Quelle formule doit-on écrire en C2, puis recopier vers le bas ?
3. Quelle formule doit-on écrire en B3, puis recopier vers le bas ?
4. Recopier ces formules vers le bas et répondre au problème de Natalia.

53 Fractions anglo-saxonnes

William est australien et a l'habitude d'écrire les fractions d'une certaine façon. Lorsque la fraction est supérieure à 1, il l'écrit comme la somme d'un nombre entier et d'une fraction comprise entre 0 et 1. Par exemple :

- Pour écrire $\frac{8}{5}$, William écrit : $1 + \frac{3}{5}$
- Pour écrire $\frac{14}{3}$, William écrit : $4 + \frac{2}{3}$

1. Dans chacun des deux cas ci-dessus, vérifier que les deux écritures sont bien égales.
2. Chloé a commencé un script pour écrire, sous la forme $\frac{\text{numérateur}}{\text{dénominateur}}$, n'importe quel nombre écrit par son ami William sous la forme $a + \frac{b}{c}$ où a, b et c sont trois nombres entiers positifs ($c \neq 0$).
Compléter le script de Chloé.

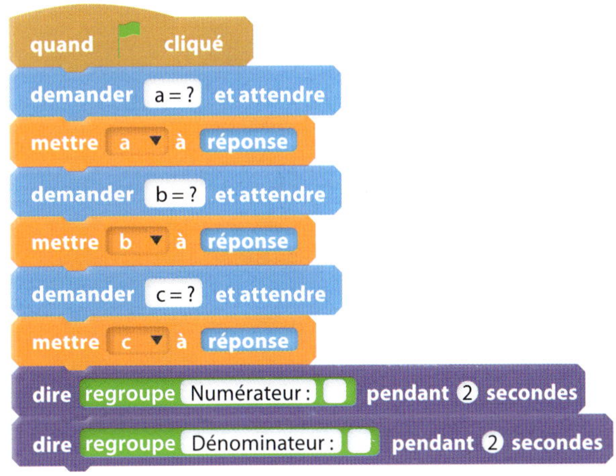

3. Chloé souhaite à présent réaliser l'opération inverse : écrire une fraction donnée sous la forme $\frac{p}{q}$ à la façon de son ami William : $a + \frac{b}{c}$, où $\frac{b}{c} < 1$.

a. Comment William écrirait-il les fractions suivantes ?

$A = \frac{7}{3}$ $B = \frac{29}{5}$ $C = \frac{125}{7}$

b. Chloé voudrait réaliser une feuille de calcul qui affiche a, b et c en fonction des valeurs de p et de q.
Quelle formule doit-elle entrer en F2 ?

	A	B	C	D	E	F
1	p	q		a	b	c
2	125	7				

c. Quelle formule doit-elle entrer en D2 ?

Tu peux utiliser la formule =TRONQUE(x) qui renvoie l'arrondi d'un nombre x à l'entier inférieur le plus proche.

d. Prise d'initiative Quelle formule doit-elle entrer en E2 ?

Problèmes

Pour mieux cibler les compétences

Chercher	80 82	Raisonner	71 73 78
Modéliser	54 55 69	Calculer	63 70 72
Représenter	78 81	Communiquer	59 65 75

54 **Écrans**

Certains écrans de télévision sont au format $\frac{16}{9}$.

Cela signifie que la largeur de l'écran est égale aux $\frac{16}{9}$ de sa hauteur.

1. Quelle est la largeur d'un écran de 30 cm de hauteur ?
2. Quelle est la hauteur d'un écran de 52 cm de largeur ?

55 **Cours de guitare**

Un professeur de guitare donne des cours d'une durée de $\frac{4}{5}$ h.

Il a travaillé pendant 3 h + $\frac{1}{5}$ h.

- Combien de cours a-t-il donnés ?

56 **Verres d'eau**

Virginie verse $\frac{2}{3}$ L d'eau dans des verres qui peuvent contenir $\frac{1}{9}$ L chacun.

- Combien de verres peut-elle remplir entièrement ?

57 **Grille croisée**

Recopier et compléter la grille ci-dessous.

	×	$\frac{4}{5}$	=	$\frac{8}{15}$
×		×		×
$\frac{5}{4}$	×		=	
=		=		=
	×		=	$\frac{4}{9}$

58 **Résistances**

PC

En électricité, quand on veut remplacer deux résistances R_1 et R_2, montées en dérivation, par une seule résistance R, on utilise la formule suivante :

$$\frac{1}{R} = \frac{1}{R_1} + \frac{1}{R_2}$$

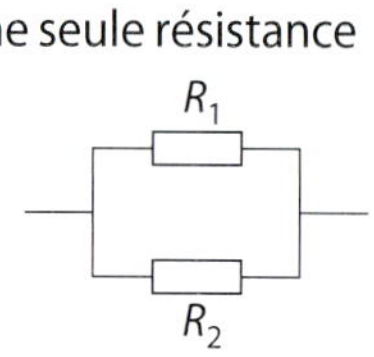

- Si $R_1 = 6\ \Omega$ et $R_2 = 5\ \Omega$, quelle est la valeur de R ?

59 **Connexion Internet**

HG

Doc. 1 Quelques populations en 2014

Islande : 323 000 habitants
Chine : 1,357 milliard d'habitants
France : 66,03 millions d'habitants

Doc. 2 Populations connectées

En 2014, l'Islande arrivait en tête des pays les plus connectés à Internet dans le monde avec les $\frac{24}{25}$ de sa population connectés. La Chine arrive en tête du nombre d'habitants connectés mais avec seulement $\frac{19}{50}$ de sa population connectés. Quant à la France, $\frac{19}{25}$ de sa population sont connectés.

1. Calculer le nombre d'habitants connectés dans chacun de ces pays.
2. Est-il vrai que la proportion d'habitants connectés en France est deux fois plus importante qu'en Chine ?

60 **Impressionnistes**

PEAC

Les raboteurs de parquet **(1875), Gustave Caillebotte.**

Marion s'est connectée sur Internet. Elle a consacré les $\frac{5}{7}$ du temps de connexion à une recherche sur les peintres français dont les $\frac{2}{3}$ de ce temps sur les impressionnistes.

- Quelle fraction du temps de connexion a-t-elle consacrée à sa recherche sur les impressionnistes français ?

61 **Le hérisson**

Un hérisson avance dans la nuit à une vitesse moyenne de $\frac{1}{3}$ de kilomètre par heure. Il se trouve à $\frac{4}{5}$ km d'une cabane.

- En conservant le même rythme de déplacement, combien de temps lui faudra-t-il pour parvenir à la cabane ? Donner ce résultat en heures, sous la forme d'une fraction, puis convertir en heures et minutes.

62 **Gâteaux au chocolat**

Dans une pâtisserie qui vend des gâteaux au chocolat tous identiques, il reste cinq gâteaux entiers et trois quarts d'un gâteau. La pâtissière décide de découper ces invendus en parts égales. Chaque part ainsi obtenue représente $\frac{1}{8}$ d'un gâteau entier.

- Combien de parts de gâteaux au chocolat sont alors mises en vente ?

63 **Opérations**

Voici une liste de fractions :

$$\frac{-5}{3} \qquad \frac{4}{7} \qquad \frac{3}{4} \qquad \frac{11}{6} \qquad \frac{-7}{2}$$

Parmi elles, trouver deux fractions :

a. dont le produit est égal à -2 ;

b. dont la différence est égale à $\frac{7}{2}$;

c. dont la somme est égale à $\frac{-11}{4}$;

d. dont le quotient est égal à $\frac{-14}{3}$.

64 **Mesures électriques**

PC

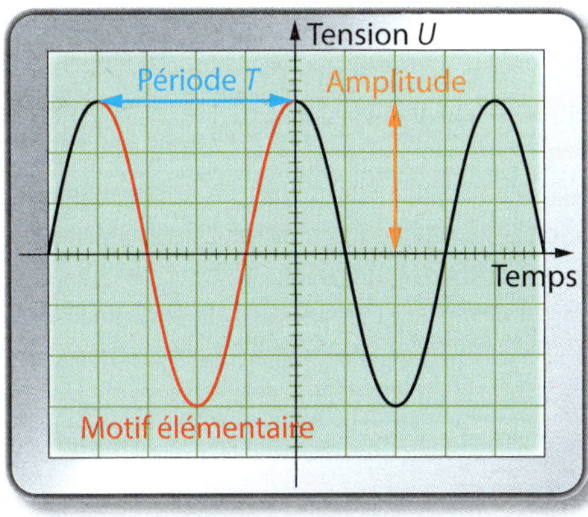

La fréquence F en Hertz (Hz) d'une tension périodique est l'inverse de la période T en secondes (s).

1. Calculer la fréquence d'une tension dont la période est 15 ms.
2. Calculer la période d'une tension de fréquence 50 Hz (tension disponible aux bornes des prises de courant en France).

65 **Achats**

Lucie a 30 €. Elle en dépense le tiers pour l'achat d'un disque, puis les trois quarts de ce qui lui reste pour l'achat d'un roman policier.

1. À quelles questions les calculs suivants permettent-ils de répondre ? *(On ne demande pas d'effectuer les calculs mais de rédiger des phrases.)*

a. $\frac{1}{3} \times 30$ b. $1 - \frac{1}{3}$ c. $\frac{2}{3} \times 30$

d. $\frac{3}{4} \times \left(1 - \frac{1}{3}\right)$ e. $\frac{1}{4} \times \frac{2}{3}$

2. Calculer la somme qu'il reste à Lucie une fois ses achats effectués.

66 **Le tire-bouchon**

Un tire-bouchon s'enfonce de $\frac{2}{5}$ de la hauteur du bouchon en 1 tour et $\frac{1}{3}$ de tour.

- Combien de tours faudra-t-il faire pour que le tire-bouchon transperce le bouchon ? Donner le résultat sous la forme d'une somme d'un entier et d'une fraction comprise entre 0 et 1.

67 **Chromosomes**

SVT

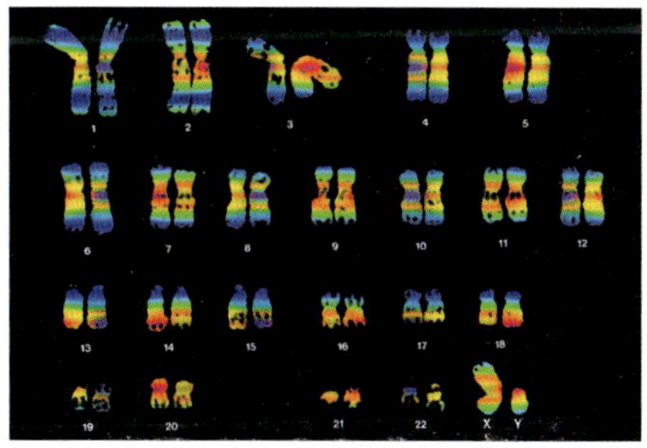

Les 46 chromosomes d'un homme.

Le nombre de chromosomes du lion est égal aux $\frac{19}{23}$ du nombre de chromosomes humains, et celui de la girafe aux $\frac{15}{19}$ du nombre de chromosomes du lion.

Chaque être humain possède 46 chromosomes.

- Quel est le nombre de chromosomes de la girafe ?

68 **Activité portuaire**

HG

L'activité du port de Marseille était de 88 millions de tonnes de marchandises en 2011. (Source : OCDE.)

Les conteneurs représentaient 9 % de cette activité, et le vrac (marchandises non emballées) $\frac{22}{25}$ de cette activité. Les $\frac{4}{5}$ du vrac étaient du vrac liquide (pétrole).

1. Combien de tonnes représentent les conteneurs qui ont transité par le port de Marseille en 2011 ?
2. Combien de tonnes de vrac liquide ont été traitées dans le port de Marseille en 2011 ?

69 **Pain d'épice**

Quatre enfants découpent un pain d'épice pour leur gouter. Alice en prend le tiers, Benoît les $\frac{3}{5}$ de ce qu'a laissé Alice, puis Cécile et Lucas, les jumeaux, se partagent le reste de manière égale.

- Choisir, parmi les trois calculs suivants, celui qui permet d'obtenir la fraction de pain d'épice reçue par chacun des jumeaux, puis effectuer ce calcul.

$$X = \left(1 - \frac{1}{3} - \frac{3}{5}\right) \div 2 \qquad Y = \left(\frac{2}{3} - \frac{3}{5} \times \frac{2}{3}\right) \times 2$$

$$Z = \left(1 - \frac{1}{3} - \frac{3}{5} \times \frac{2}{3}\right) \times \frac{1}{2}$$

D'après brevet (1999).

Problèmes

70 Défi

Calculer sans calculatrice :

$$A = \frac{-1}{2} \times \frac{-2}{3} \times \frac{-3}{4} \times \dots\dots\dots \times \frac{-18}{19} \times \frac{-19}{20}$$

71 Décomposition de la lumière

Chaque couleur du spectre visible de la lumière possède une longueur d'onde qui la caractérise.
La longueur d'onde du rouge orangé est de 615 nanomètres.
La longueur d'onde du vert est égale aux $\frac{35}{41}$ de cette longueur d'onde.
En prenant les $\frac{89}{105}$ de la longueur d'onde du vert, on obtient du violet.

- Quelle est la longueur d'onde du violet ?

72 En vacances

En 2011, une étude sur les modes d'hébergement touristique en France indique que, sur un total de 1,16 milliard de nuitées, $\frac{19}{40}$ étaient des hébergements marchands et, parmi ces hébergements marchands, $\frac{17}{50}$ étaient des locations. Source : DGCIS ; Insee.

1. Combien y a-t-il eu de nuitées en hébergements non marchands (résidences secondaires, hébergement chez la famille…) en France en 2011 ?
2. Quel a été le nombre de nuitées en location en France en 2011 ?

73 Électricité

Un générateur de tension alternative (ou « alternateur ») délivre une tension variable au cours du temps.
On branche le générateur et on enregistre les valeurs en volts (V), au cours du temps, de la tension délivrée.
On observe que :
- au bout de 35 s, la tension mesurée est de 2,2 V ;
- 5 s plus tard, elle a diminué de $\frac{3}{11}$ de sa valeur.

- Quelle est la tension (en V) mesurée au bout de 40 s ?

74 Géographie française

Les 265 000 habitants de la Corse en 2005 représentaient les $\frac{53}{142}$ des habitants du Limousin.

- Déterminer la population du Limousin en 2005.

75 Programme de calcul

Choisir un nombre.
Prendre les $\frac{2}{3}$ des $\frac{3}{5}$ de ce nombre.
Soustraire les $\frac{3}{5}$ de l'opposé du nombre de départ.

- Quel est le résultat ? Que remarque-t-on ? Comment peut-on l'expliquer ?

76 Pancakes

For breakfast, Mrs Smallwood has made some pancakes.
She eats $\frac{1}{8}$ and puts the others on the table.
Mike takes the $\frac{2}{7}$ of the rest and pours maple syrup on them. Steve takes the $\frac{2}{5}$ of what is left and covers them with chocolate syrup. There are 12 left.

- How many pancakes had Mrs Smallwood made?

77 Différentes pointures

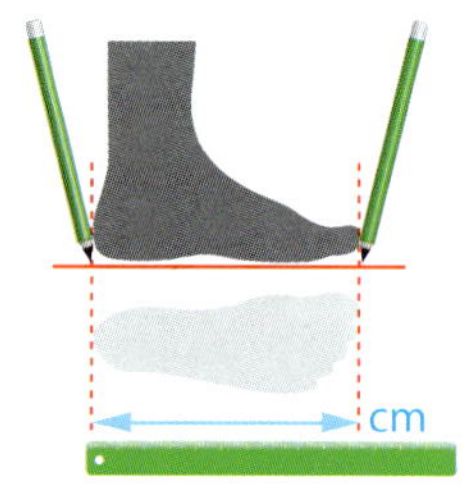

1. Pour calculer sa pointure française, une technique consiste à mesurer la longueur de son pied en centimètres, lui ajouter 1, puis diviser cette somme par $\frac{2}{3}$.
   Pour obtenir sa pointure américaine, il faut soustraire 33 à la pointure française.
   a. Victor a mesuré la longueur de son pied : il a trouvé 25 cm. Quelle est sa pointure française ?
   b. Quelle est sa pointure américaine ?
2. En Angleterre, le calcul de la pointure fait intervenir des mesures en pouces (un pouce = 25,4 mm).
   À la longueur du pied en millimètres, on soustrait l'équivalent de quatre pouces, en mm, puis on divise cette différence par l'équivalent d'un tiers de pouce, en mm. Si le nombre trouvé est supérieur à 13, alors c'est une pointure d'adulte et on soustrait 13.
   Quelle est la pointure anglaise de Victor ?

78 Figures géométriques

ABCD est un carré.

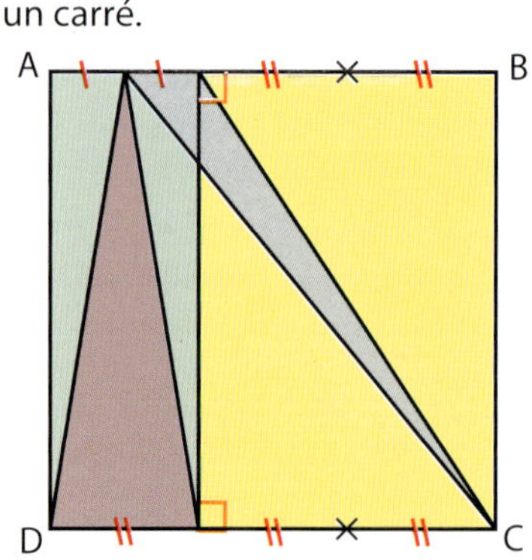

- Quelle est la fraction de l'aire du carré ABCD représentée par l'aire du triangle gris ?

79 **GPS**

Un fabricant de GPS décide de modifier les dimensions de l'écran rectangulaire d'un de ses appareils : il augmente la longueur de 25 % et diminue la largeur de 20 %.

- Quelle est la variation de l'aire de l'écran ?

D'après concours Kangourou (2015).

80 **Le jardinier** Prise d'initiative

Éric le jardinier décide d'installer un potager en bois dans son jardin (doc. 1). Il le partage en deux carrés de même aire et les aménage (doc. 2).

1. Combien de sacs de terreau potager devra-t-il acheter s'il remplit son bac aux deux tiers de sa hauteur ? Quelle somme dépensera-t-il ?
2. Quelle quantité de terreau sera nécessaire pour les plants de carottes ?

Doc. 1 Dimensions du potager

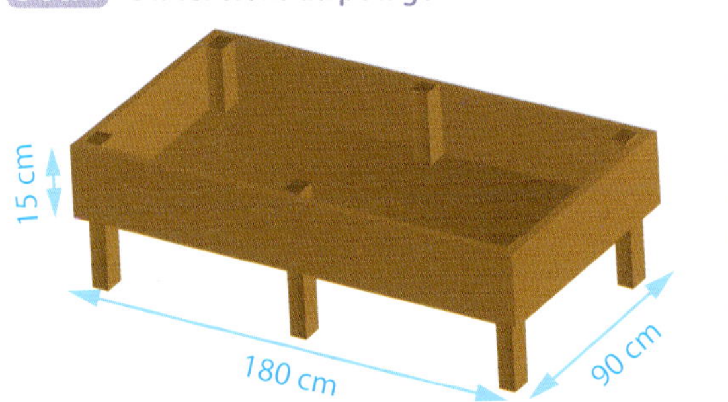

Doc. 2 Composition du potager

Doc. 3 Conditionnement du terreau

81 **Les temps géologiques** Prise d'initiative

HG SVT

Une ère est une grande division du temps géologique. L'ère primaire a débuté en –540 000 000. Sont venues ensuite les ères secondaires et tertiaires.

La durée de l'ère secondaire et celle de l'ère tertiaire sont respectivement égales aux $\frac{37}{58}$ et $\frac{156}{725}$ de l'ère primaire.

L'ère tertiaire s'est étendue sur 62,4 millions d'années.

1. À l'aide d'une échelle adaptée, représenter ces trois ères sur une frise chronologique.
2. Placer sur cette frise l'apparition des premiers humains, qui a eu lieu il y a 6 millions d'années.

82 **Plongée sous-marine** Prise d'initiative

PC

Marc et Sofia ont jeté l'ancre de leur voilier à quelques centaines de mètres de la côte. Marc observe les fonds marins à travers son masque, depuis la surface, à l'arrière de son bateau. Il aperçoit alors, sous lui, à la verticale, son amie Sofia. Elle plonge en bouteille et se tient près de l'ancre au fond de l'eau.

Le sondeur du voilier envoie un signal sonore verticalement vers le fond. L'écho lui revient au bout de $\frac{4}{225}$ s.

Doc. 1 Propagation du son

La vitesse du son dans l'air est de 330 m/s.
Le son se propage plus rapidement dans les milieux liquides.
Sa vitesse de propagation dans l'eau de mer est égale aux $\frac{50}{11}$ de sa vitesse dans l'air.

Doc. 2 Distance apparente

À travers un masque de plongée, les objets semblent plus proches.
On a la formule : distance réelle = distance apparente × $\frac{4}{3}$

- À travers le masque, quelle est la distance apparente entre Marc et Sofia ? Donner une valeur exacte en mètres.

Travailler autrement

Utilisable en AP

À chacun sa méthode !

Deux énoncés pour un exercice

Exercice 1

Tom lance une balle sur le sol ; elle rebondit aux $\frac{4}{5}$ de sa hauteur.
S'il la lance d'une hauteur de 75 cm, à quelle hauteur rebondit-elle après :

a. le 1er rebond ?
b. le 2e rebond ?
c. le 3e rebond ?
d. le 5e rebond ?

Exercice 1

Tom lance une balle sur le sol ; elle rebondit aux $\frac{4}{5}$ de sa hauteur.

- S'il la lance d'une hauteur de 1,20 m, au bout de combien de rebonds la hauteur atteinte par la balle sera-t-elle inférieure à 20 cm ?

Exercice 2

Un rectangle et un carré ont la même aire : 64 cm^2.
La largeur du rectangle est égale aux deux cinquièmes de la longueur du côté du carré.

1. Quelle est la longueur du côté du carré ?
2. Calculer les dimensions du rectangle.
3. Les deux figures ont-elles le même périmètre ?

Exercice 2

Un rectangle et un carré ont la même aire : 49 cm^2.
La largeur du rectangle est égale aux deux tiers de la longueur du côté du carré.

- Les deux figures ont-elles le même périmètre ?

Exercice 3

1. Avant le début de l'hiver, un écureuil a constitué une provision de noisettes. Il en a mangé les $\frac{2}{7}$ pendant le 1er mois d'hiver, puis un quart du reste le 2e mois.
Quelle fraction de sa réserve de départ lui reste-t-il pour finir l'hiver ?
2. Le 3e mois, il mange les $\frac{4}{5}$ de ce qu'il lui reste.
Lui reste-t-il des noisettes à la fin de l'hiver ?

Exercice 3

Avant le début de l'hiver, un écureuil a constitué une provision de noisettes.
Il en a mangé les $\frac{2}{7}$ pendant le 1er mois d'hiver, puis un quart du reste le 2e mois et enfin les quatre cinquièmes de ce qu'il restait après les deux premiers mois. Il lui reste 3 noisettes à la fin de l'hiver.

- Calculer le nombre de noisettes de sa provision initiale.

Écriture d'un énoncé

1. Écrire un énoncé de problème dont la solution correspond au calcul suivant :

$$\frac{3}{5} \times 9 + \frac{7}{15}$$

2. Écrire un énoncé de problème dont la solution correspond au calcul suivant :

$$\frac{1}{3} \times \frac{4}{5} + \frac{3}{10} \times 6$$

3. Donner ces deux énoncés à son voisin et lui demander de résoudre les problèmes.

Analyse d'une production

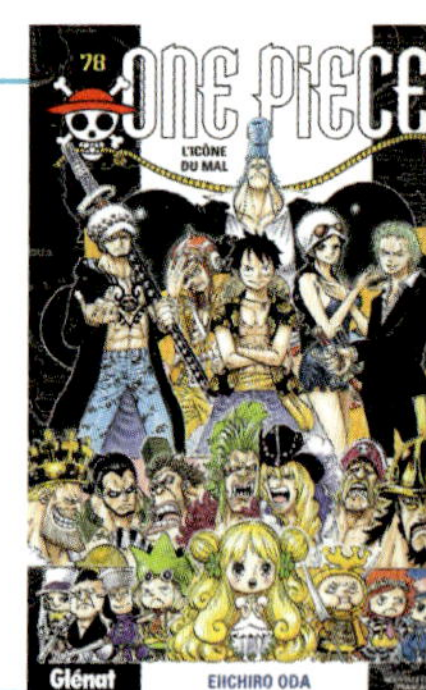

Un professeur pose le problème suivant à sa classe : « Dimitri collectionne les mangas et les bandes dessinées. Les mangas représentent les $\frac{2}{5}$ de cette collection ; il en a deux types différents : les trois quarts sont des Nekketsu et le reste des Pantsu. Calculer la proportion de Pantsu dans sa bibliothèque. »
Voici deux réponses d'élèves :

Clément

$\frac{3}{4} \times \frac{2}{5} = \frac{6}{20}$

donc les Pantsu représentent les $\frac{6}{20}$ de sa collection totale.

Fanny

$1 - \frac{3}{4} = \frac{4}{4} - \frac{3}{4} = \frac{1}{4}$

donc les Pantsu représentent un quart des livres de sa bibliothèque.

- Analyser les réponses de ces deux élèves et corriger les erreurs, s'il y en a.

CHAPITRE 4

Ta mission

Découvrir de nouvelles écritures pour des nombres très petits ou très grands.

Puissances

Jeux

Saut de haies
Le gagnant de la course de haies est celui qui obtient le plus grand résultat à l'arrivée, en partant du nombre inscrit sur le dossard. Qui est le gagnant ?

INFOS

On estime que le nombre approximatif d'atomes contenu dans l'univers s'écrit avec un 1 suivi de 80 zéros. Mais il existe des nombres bien plus grands. Un « gogol » est un nombre qui s'écrit avec un 1 suivi de 100 zéros : il a donné son nom à Google. Un « gogolplex » est un 1 suivi d'un gogol de zéros : ce nombre a plus de chiffres qu'il n'existe d'atomes dans l'univers !

La Nébuleuse de l'Aigle.

Activités

Questions flash

diapo

1. a. Quelle est l'aire d'un carré de côté 5 km ?
   b. Quelle est l'aire d'un carré de côté 6 mm ?
   c. Quel est le volume d'un cube d'arête 3 cm ?
   d. Quel est le volume d'un cube d'arête 7 dm ?
2. Calculer :
   a. $63{,}8 \times 10$ b. $7{,}821 \times 1\,000$
   c. $5{,}9 \times 100$ d. $0{,}74 \times 10$
3. Calculer :
   a. $7{,}8 \div 10$ b. $824 \div 100$
   c. $5\,999 \div 1\,000$ d. $42{,}6 \times 0{,}1$
   e. $49{,}23 \times 0{,}01$ f. $9\,485{,}7 \times 0{,}001$
4. a. Quel est l'inverse de 2 ? De 7 ? De 20 ?
   b. Quel est l'inverse de 1 ? De –1 ?
   c. Quel est l'inverse de –3 ?

La rumeur — Activité 1 — Prise d'initiative

Léila habite à Bordeaux. Cette nuit, elle a rêvé qu'elle prenait son petit déjeuner avec Johnny Depp, son acteur préféré. Elle rejoint ses trois amies à 9 h, mais en racontant l'anecdote, elle oublie de leur dire qu'il s'agit simplement d'un rêve. Les trois amies veulent faire les intéressantes, alors chacune d'entre elles annonce ce qu'elle vient d'apprendre à trois nouvelles personnes. Évidemment, chacune de ces nouvelles personnes raconte cette histoire à trois autres personnes, et ainsi de suite.

- Sachant que Bordeaux compte 1 200 000 habitants et que l'information est répétée à des groupes de trois nouvelles personnes toutes les 10 min, à quelle heure la ville entière croira savoir que Johnny Depp a pris son petit déjeuner avec Léila ?

Puissances d'exposant négatif — Activité 2

1. Sachant que $7^6 = 117\,649$, comment calculer 7^5 ?
2. À l'aide de la calculatrice, recopier et compléter le tableau suivant avec les valeurs exactes.

$7^{\cdots}$	$7^{\cdots}$	$7^{\cdots}$	$7^{\cdots}$	$7^{\cdots}$	7^2	7^3	7^4	7^5	7^6
									117 649

÷ … ÷ … ÷ … ÷ … ÷ … ÷ … ÷ … ÷ … ÷ …

3. a désigne un nombre relatif différent de 0, et n désigne un nombre entier supérieur ou égal à 1.
   Écrire une égalité qui traduit la phrase suivante : a^{-n} est l'inverse de a^n.

Ordre de grandeur

Activité 3

Voici huit objets de l'Univers :

 La Terre	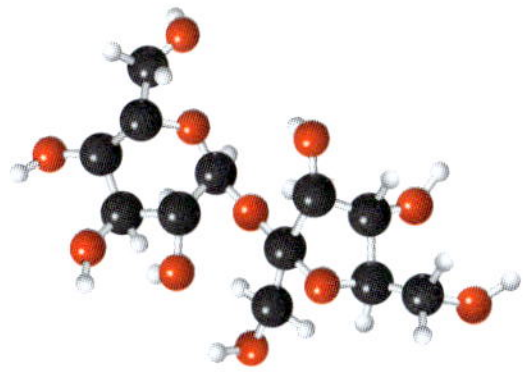 Une molécule	 Une galaxie	 Un smartphone
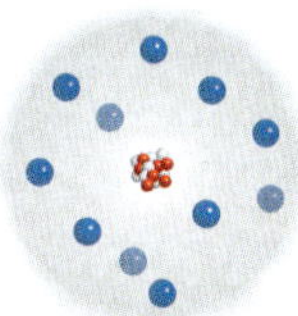 Un atome	 La plus haute tour du monde	 Une bactérie	 Le système solaire

Voici les dimensions approximatives de ces huit objets :

12 750 km	10^{-10} m	14 cm	12 milliards de km
828 m	2 µm	1 nm	10^{21} m

1. Associer à chaque objet sa dimension.
2. Pour les physiciens, l'ordre de grandeur d'un résultat numérique est la puissance de dix la plus proche de ce résultat. Donner l'ordre de grandeur, en mètres, de la dimension de chaque objet.
3. Classer les dimensions de ces objets dans l'ordre croissant.

1 micromètre (µm) est un millionième de mètre.
1 nanomètre (nm) est un milliardième de mètre.

L'écriture scientifique

Activité 4

1. Écrire sous forme décimale les nombres suivants.
   $0{,}042\,8 \times 10^5$ $\quad$ $42\,800 \times 10^{-1}$
   $4{,}28 \times 10^3$ $\quad$ $0{,}428 \times 10^4$
   Que constate-t-on ?
2. Une seule des quatre écritures précédentes est le produit d'un nombre décimal, à un seul chiffre non nul avant la virgule, par une puissance de dix. Laquelle ?

On appelle cette écriture l'écriture scientifique de ce nombre.

3. La masse de la Lune est d'environ :
   73 600 000 000 000 000 000 000 kg
   La masse d'un atome de fer est d'environ :
   0,000 000 000 000 000 000 000 000 093 5 kg
   Donner l'écriture scientifique de la masse de la Lune, puis celle d'un atome de fer.

Cours

1 Calculer une puissance d'exposant positif

▶ Vidéo

Définition

a désigne un nombre relatif et *n* désigne un nombre entier supérieur ou égal à 2.

Le produit de *n* facteurs égaux à *a* se note a^n et se lit « ***a* exposant *n*** » :

$$a^n = \underbrace{a \times a \times \ldots \times a}_{n \text{ facteurs}}$$

On dit que ce produit est **une puissance de *a*.**

Exemples

$2^5 = 2 \times 2 \times 2 \times 2 \times 2 = 32$

L'écriture décimale de 2^5 est 32.

$(-3)^4 = (-3) \times (-3) \times (-3) \times (-3) = 81$

L'écriture décimale de $(-3)^4$ est 81.

❗ $(-2)^4 = 16$ mais $-2^4 = -16$!

Cas particuliers

On convient que $a^1 = a$ et que, si $a \neq 0$, $a^0 = 1$.

Exemples

$4^1 = 4$

$(-5)^0 = 1$

Règle

Dans une expression sans parenthèses comportant des puissances, on effectue d'abord les puissances, puis les multiplications et les divisions et enfin les additions et les soustractions.

Exemples

$A = 1 + 3 \times 2^3$

$A = 1 + 3 \times 8$

$A = 1 + 24$

$A = 25$

$B = 4^3 + 5 \times 3^2 - 10$

$B = 64 + 5 \times 9 - 10$

$B = 64 + 45 - 10$

$B = 99$

Propriété

n désigne un nombre entier strictement positif.

$$10^n = \underbrace{10 \times 10 \times \ldots \times 10}_{n \text{ facteurs}} = 1\underbrace{00 \ldots 0}_{n \text{ zéros}}$$

Exemples

Nombre	Écriture décimale	Écriture à l'aide d'une puissance de 10
1 milliard	$1\,\underbrace{000\,000\,000}_{9 \text{ zéros}}$	10^9
mille	$1\,\underbrace{000}_{3 \text{ zéros}}$	10^3
238 millions	$238\,\underbrace{000\,000}_{6 \text{ zéros}}$	238×10^6

Savoir-faire

Apprends à l'aide des exercices résolus puis entraine-toi !

1 Calculer une puissance d'exposant positif

1 Donner l'écriture décimale de $A = 3^5$.

Solution

$A = 3^5$

$A = \underbrace{3 \times 3 \times 3 \times 3 \times 3}_{5 \text{ facteurs}}$

$A = 243$

L'écriture décimale de A est 243.

2 Donner l'écriture décimale de $B = (-4)^3$.

Solution

$B = (-4)^3$

$B = \underbrace{(-4) \times (-4) \times (-4)}_{3 \text{ facteurs}}$

$B = -64$

L'écriture décimale de B est −64.

3 Donner l'écriture décimale des nombres suivants.

$C = 5^4$ $\qquad D = (-2)^7$ $\qquad E = (-10)^3$

4 Donner l'écriture décimale de :

$$F = (-2)^4 + 150 \times 3^2 - 6$$

Solution

On commence par calculer les puissances, qui sont prioritaires.

$F = (-2)^4 + 150 \times 3^2 - 6$

$F = 16 + 150 \times 9 - 6$

$F = 16 + 1\,350 - 6$

$F = 1\,360$

L'écriture décimale de F est 1 360.

5 Donner l'écriture décimale de :

$$G = 5^3 - 12 \times (-4)^2 + 7$$

Solution

On commence par calculer les puissances, qui sont prioritaires.

$G = 5^3 - 12 \times (-4)^2 + 7$

$G = 125 - 12 \times 16 + 7$

$G = 125 - 192 + 7$

$G = -60$

L'écriture décimale de G est −60.

6 Donner l'écriture décimale des nombres suivants.

$H = 2 + 6 \times 7^3$ $\qquad I = 6 - 5^4 \times 4 + 100$ $\qquad J = (-3)^3 \times 6 + 2 \times 5^2$

7 Donner l'écriture décimale de $K = 10^5$.

Solution

$K = 10^5$

$K = 10 \times 10 \times 10 \times 10 \times 10$

$K = 1\underbrace{00\,000}_{5 \text{ zéros}}$

L'écriture décimale de K est 100 000.

8 Donner l'écriture décimale de $L = 102{,}56 \times 10^3$.

Solution

$L = 102{,}56 \times 10^3$

$L = 102{,}56 \times 1\,000$

$L = 102\,560$

L'écriture décimale de L est 102 560.

9 Donner l'écriture décimale des nombres suivants.

$M = 10^6$ $\qquad N = 10^{12}$ $\qquad P = 42{,}1 \times 10^4$ $\qquad Q = 0{,}678 \times 10^9$ $\qquad R = 523 \times 10^4$ $\qquad S = 7 \times 10^0$

2 Calculer une puissance d'exposant négatif ▶ Vidéo

Définition

a désigne un nombre relatif non nul et *n* désigne un nombre entier strictement positif.
Le **nombre a^{-n}** désigne l'inverse du nombre a^n :

$$a^{-n} = \frac{1}{a^n}$$

Exemples

$2^{-3} = \frac{1}{2^3} = \frac{1}{2 \times 2 \times 2} = \frac{1}{8}$

L'écriture fractionnaire de 2^{-3} est $\frac{1}{8}$.

$7^{-1} = \frac{1}{7}$

L'écriture fractionnaire de 7^{-1} est $\frac{1}{7}$.

Propriété

n désigne un nombre entier strictement positif.

$$10^{-n} = \frac{1}{10^n} = \underbrace{0,0\ldots0}_{n \text{ zéros}}1$$

Exemples

Nombre	Écriture décimale	Écriture à l'aide d'une puissance de 10
1 millionième	$\underbrace{0,00000}_{6 \text{ zéros}}1$ (0,000 001)	10^{-6}
1 millième	$\underbrace{0,00}_{3 \text{ zéros}}1$ (0,001)	10^{-3}
257 dix millièmes	0,025 7	257×10^{-4}

! Pour calculer des puissances entières d'un nombre relatif à la calculatrice, on utilise les touches $x^{\blacksquare}$ ou x^n. Dans un tableur, on utilise la touche ∧ du clavier.

3 Déterminer l'écriture scientifique d'un nombre ▶ Vidéo

Définition

L'**écriture scientifique** d'un nombre décimal positif est l'écriture de la forme $a \times 10^n$ où :
- *a* est un nombre décimal tel que $1 \leqslant a < 10$;
- *n* est un nombre entier relatif.

Le nombre *a* comporte un seul chiffre non nul avant la virgule.

Exemples

L'écriture scientifique de 1 785 000 000 (1 milliard 785 millions) est $1{,}785 \times 10^9$.
L'écriture scientifique de 0,000 028 est $2{,}8 \times 10^{-5}$.

Savoir-faire

Apprends à l'aide des exercices résolus puis entraine-toi !

2 Calculer une puissance d'exposant négatif

10 Donner l'écriture fractionnaire de $A = 3^{-5}$.

Solution

On utilise la définition :

$A = 3^{-5}$

$A = \dfrac{1}{3^5}$

$A = \dfrac{1}{3 \times 3 \times 3 \times 3 \times 3}$

$A = \dfrac{1}{243}$

L'écriture fractionnaire de A est $\dfrac{1}{243}$.

11 Donner l'écriture fractionnaire de $B = (-7)^{-3}$.

Solution

On utilise la définition :

$B = (-7)^{-3}$

$B = \dfrac{1}{(-7)^3} = \dfrac{1}{(-7) \times (-7) \times (-7)}$

$B = \dfrac{1}{-343}$

$B = -\dfrac{1}{343}$

L'écriture fractionnaire de B est $-\dfrac{1}{343}$.

12 Donner l'écriture décimale de $C = 10^{-5}$.

Solution

On utilise la définition :

$C = 10^{-5}$

$C = \dfrac{1}{10^5} = \dfrac{1}{100\ 000}$

$C = \underbrace{0{,}000\ 01}_{5 \text{ zéros}}$

L'écriture décimale de C est 0,000 01.

13 Donner l'écriture décimale de $D = 5\ 798 \times 10^{-4}$.

Solution

On écrit la puissance de 10 sous forme décimale :

$D = 5\ 798 \times 10^{-4}$

$D = 5\ 798 \times 0{,}000\ 1$

$D = 0{,}579\ 8$

L'écriture décimale de D est 0,579 8.

14 **1.** Donner l'écriture fractionnaire des nombres suivants : $E = 5^{-4}$ $F = (-3)^{-2}$ $G = (-10)^{-6}$

2. Donner l'écriture décimale des nombres suivants.

$H = 10^{-4}$ $I = 10^{-11}$ $J = 456 \times 10^{-4}$ $K = 67{,}8 \times 10^{-2}$ $L = 0{,}523 \times 10^{-3}$

3 Déterminer l'écriture scientifique d'un nombre

15 Donner l'écriture scientifique de $M = 7\ 569$.

Solution

On déplace la virgule pour obtenir un nombre compris entre 1 et 10, puis on compense avec une puissance de 10 pour conserver l'égalité.

$M = 7{,}569 \times 10^3$

16 Donner l'écriture scientifique de $N = 23{,}6 \times 10^4$.

Solution

On déplace la virgule pour obtenir un nombre compris entre 1 et 10, puis on compense avec une puissance de 10 pour conserver l'égalité.

$N = 236\ 000$

$N = 2{,}36 \times 10^5$

17 Donner l'écriture scientifique des nombres suivants.

$P = 17\ 680$ $Q = 0{,}012$ $R = 45{,}6 \times 10^3$ $S = 0{,}34 \times 10^{-5}$

Exercices

2 pages d'exercices supplémentaires dans le manuel numérique

Calculer une puissance d'exposant positif

Savoir-faire p. 73

Questions flash

diapo

18 Compléter les phrases suivantes avec les mots : exposant, puissance, facteurs, produit.

a. 4^5 se lit « 4 … 5 ».   b. 6^8 est une … de 6.

c. 7^4 est le … de quatre … tous égaux à 7.

d. 9 est l'… de 10^9.

19 **Vrai ou faux ?**
Dans chacun des cas suivants, dire si l'égalité est vraie ou fausse.

a. $3^4 = 3 \times 4$ b. $2^4 = 2 \times 2 \times 2 \times 2$

c. $5^0 = 0$ d. $10^1 = 10$

e. $(-4)^2 = 4^2$

20 Dans chacun des cas suivants, dire si le nombre est positif ou négatif.

a. $(-7)^3$ b. -3^5 c. $1{,}5^4$

d. $(-1)^{15}$ e. $-(-9)^7$ f. $(-2{,}3)^{250}$

21 Écrire les nombres suivants sous la forme d'une puissance d'un nombre.

$A = 4 \times 4 \times 4 \times 4 \times 4 \times 4 \times 4 \times 4$

$B = (-7) \times (-7) \times (-7) \times (-7)$

$C = -0{,}8 \times 0{,}8 \times 0{,}8 \times 0{,}8 \times 0{,}8 \times 0{,}8 \times 0{,}8$

$D = 1$

22 Donner l'écriture décimale des nombres suivants.

a. 2^5 b. 8^2 c. 10^7 d. $0{,}1^3$

e. $2{,}5^2$ f. $(-3)^4$ g. -3^4 h. $(-5)^3$

23 Associer chaque nombre des pièces rouges à son écriture décomposée d'une pièce bleue.

Pièces rouges	Pièces bleues
$2^4 \times 3^2$	$(-4) \times (-4) \times 6 \times 6 \times 6 \times 6$
$(-4)^2 \times 6^4$	$2 \times 2 \times 2 \times 2 \times 3 \times 3$
$\dfrac{3^2}{2^3}$	$9 \times 9 \times 9 \times 5 \times 5$
$9^3 \times 5^2$	$\dfrac{3 \times 3}{2 \times 2 \times 2}$

24 Donner l'écriture décimale ou fractionnaire des nombres suivants.

$A = 3^4 \times 5^3$ $B = (-2)^3 \times 6^2$ $C = \dfrac{4^3}{7^2}$ $D = \dfrac{(-1)^8}{5^3}$

25 Pour déterminer l'écriture décimale de $A = 3 - 7 \times 2^5$, il faut commencer par effectuer :

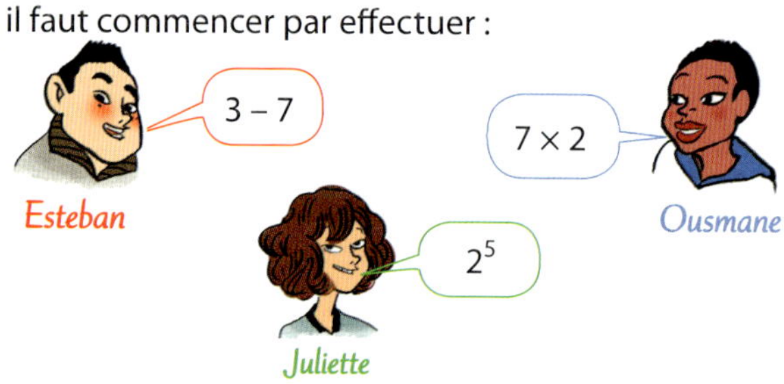

• Qui a raison ?

26 Donner l'écriture décimale des nombres suivants.

$A = 6 + 11^2 \times 3$ $B = 3 \times (-2)^3 + 16$

$C = 10 + 5^2 \times (-3)^3$ $D = (-2)^6 - 7 \times (-1)^{10} + 15$

27 Voici une expression littérale : $A = 2x^2 - 5x^3$
Calculer A pour :

a. $x = 1$ b. $x = -1$

c. $x = 0$ d. $x = -3$

28 Donner l'écriture décimale des nombres suivants.

a. 10^5 b. 10^{10} c. 10^0 d. -10^1

e. $(-10)^3$ f. $(-10)^8$ g. 10^6 h. -10^4

29 Écrire les nombres suivants à l'aide d'une puissance de 10.

a. 10 000   b. 10 000 000   c. 1

d. cent   e. cent mille   f. mille milliards

30 Associer chaque nombre des pièces rouges à son écriture décimale d'une pièce bleue.

Pièces rouges	Pièces bleues
45×10^5	45
$4{,}5 \times 10^3$	4 500
$0{,}045 \times 10^9$	4 500 000
45×10^0	45 000 000

31 Voici quatre copies d'écrans de calculatrices :

DEG $8{,}76 \times 10^6$	DEG $-1{,}2 \times 10^4$
DEG $-3{,}6 \times 10^1$	DEG 6000×10^0

• Donner l'écriture décimale correspondant à chaque affichage.

Calculer une puissance d'exposant négatif

Savoir-faire p. 75

Questions flash diapo

32 Compléter les phrases suivantes avec les mots : exposant, puissance, inverse.

a. 2^{-3} se lit « 2 … –3 ». b. 9^{-2} est une … de 9.

c. 5^{-8} est l'… du nombre 5^8.

d. –6 est l'… de 10^{-6}.

33 **Vrai ou faux ?**
Dans chacun des cas suivants, dire si l'égalité est vraie ou fausse.

a. $5^{-2} = 5 \times (-2)$ b. $3^{-5} = \frac{1}{3^5}$ c. $7^{-7} = 0$

d. $10^{-1} = 0{,}1$ e. $(-2)^{-4} = 2^4$ f. $10^5 = 10\,000$

34 Recopier et compléter avec le nombre qui convient.

a. $12^{-5} = \frac{1}{12^{\cdots}}$

b. $\frac{1}{8 \times 8 \times 8 \times 8 \times 8 \times 8} = 8^{\cdots}$

c. $\frac{1}{5 \times 5 \times 5 \times 5} = \ldots^{-4}$

d. $\frac{1}{\ldots \times \ldots \times \ldots} = (-2)^{\cdots}$

e. $0{,}8^{\cdots} = \frac{1}{\ldots^7}$ f. $\ldots^{-3} = \frac{1}{1{,}3^{\cdots}}$

35 Donner l'écriture fractionnaire des nombres suivants.

a. 2^{-4} b. 5^{-2} c. 10^{-3} d. $0{,}1^{-2}$

e. $(-3)^{-3}$ f. $(-11)^{-2}$ g. -4^{-3} h. 16^{-1}

36 Ces quatre copies d'écrans de calculatrices affichent les résultats des quatre calculs ci-dessous.

$\frac{1250}{251}$	$\frac{274632}{125}$	43218	$\frac{81}{16}$

$A = 13^3 + 7 \times 5^{-3}$ $B = \left(\frac{-4}{9}\right)^{-2}$

$C = \frac{10}{2 + 5^{-3}}$ $D = \frac{2 \times 7^4}{3^{-2}}$

• Associer chaque affichage à chaque calcul.

37 Donner l'écriture décimale des nombres suivants.

a. 10^{-4} b. 10^{-1} c. -10^{-5} d. $(-10)^{-2}$

38 Écrire ces nombres à l'aide d'une puissance de 10 :

a. 0,01 b. 0,000 000 001

c. 0,000 01 d. un millième

e. un millionième f. $\frac{1}{10\,000}$ g. $\frac{1}{100\,000}$

39 Associer chaque nombre des pièces rouges à son écriture décimale d'une pièce bleue.

Pièces rouges	Pièces bleues
32×10^{-4}	3,2
$3\,200 \times 10^{-3}$	0,000 032
$0{,}32 \times 10^{-1}$	0,032
$3{,}2 \times 10^{-5}$	0,003 2

40 Voici quatre copies d'écrans de calculatrices :

8,2×10⁻³ → $8{,}2 \times 10^{-3}$	1256×10^{-6}
$-23{,}5 \times 10^{-2}$	-890×10^{-1}

• Donner l'écriture décimale correspondant à chaque affichage.

Déterminer l'écriture scientifique d'un nombre

Savoir-faire p. 75

Questions flash diapo

41 **Vrai ou faux ?**
Dans chaque cas, dire si l'égalité est vraie ou fausse.

a. $10^4 = 10\,000$ b. $10^{-3} = 0{,}000\,1$

c. $10^0 = 0$ d. $10^{-7} = -10^7$

42 Parmi les nombres suivants, quels sont ceux qui sont écrits à l'aide de l'écriture scientifique ?
Expliquer la réponse.

a. $1{,}3 \times 10^7$ b. $7{,}6 \times 10^{-2}$ c. 2×10^0

d. $0{,}000\,9 \times 10^5$ e. 360 f. 89×10^{-15}

43 Écrire les nombres suivants à l'aide de l'écriture scientifique.

a. 7 654 b. 17 000 000 c. 34,7

d. 0,007 6 e. 0,000 872 f. 9

44 Associer chaque nombre des pièces rouges à son écriture scientifique d'une pièce bleue.

Pièces rouges	Pièces bleues
$0{,}37 \times 10^3$	$3{,}7 \times 10^{-6}$
37×10^{-6}	$3{,}7 \times 10^2$
$0{,}000\,37 \times 10^{-2}$	$3{,}7 \times 10^{-5}$

45 Écrire les nombres suivants à l'aide de l'écriture scientifique.

a. 789×10^4 b. $0{,}67 \times 10^{-3}$

c. $0{,}003 \times 10^6$ d. $12{,}8 \times 10^{-1}$

Faire le point

Vérifie tes connaissances.

QCM

Donner la seule réponse correcte parmi les trois proposées.

1 Calculer une puissance d'exposant positif

	Réponse A	Réponse B	Réponse C
1. $2 \times 2 \times 2 \times 2 \times 2$ est égal à :	2×5	5^2	2^5
2. $0{,}5^2$ est égal à :	1	0,25	2,5
3. $(-2)^4$ est égal à :	16	−8	−16

2 Calculer une puissance d'exposant négatif

	Réponse A	Réponse B	Réponse C
1. 10^{-4} est égal à :	−40	0,000 01	0,000 1
2. 2^{-3} est égal à :	$\frac{1}{8}$	$-\frac{1}{8}$	$\frac{1}{6}$
3. Un nombre compris entre 10^{-5} et 10^{-4} est :	0,000 45	578×10^{-5}	$0{,}803 \times 10^{-4}$

3 Déterminer l'écriture scientifique d'un nombre

	Réponse A	Réponse B	Réponse C
1. $5{,}81 \times 10^{-5}$ est la notation scientifique de :	0,005 81	0,000 581	0,000 058 1
2. La notation scientifique de 9 500 000 est :	95×10^5	$9{,}5 \times 10^6$	$9\,500 \times 10^3$
3. La notation scientifique de $624{,}3 \times 10^5$ est :	$6{,}243 \times 10^5$	$6{,}243 \times 10^3$	$6{,}243 \times 10^7$

Pour t'aider à retenir le cours.*

Carte mentale

Reproduire et compléter la carte mentale.

Puissances

Priorités de calcul
1. Puissances
2. Multiplications et divisions
3. Additions et soustractions

Puissance d'exposant négatif
Définition : …

Propriété : …

Écriture scientifique
…

Puissance d'exposant positif
Définition : $a^n = \underbrace{a \times a \times \ldots \times a}_{n \text{ facteurs}}$

Propriété : $10^n = \underbrace{10 \times \ldots \times 10}_{n \text{ facteurs}} = 1\underbrace{00\ldots0}_{n \text{ zéros}}$

* *Tu peux aussi construire ta propre carte mentale.*

Algorithmique et outils numériques

46 Le bon script

Associer chacun des scripts ci-dessous au calcul qu'il permet d'effectuer.

2^3 2^6 3^2 3^6 6^2 6^3

Script A

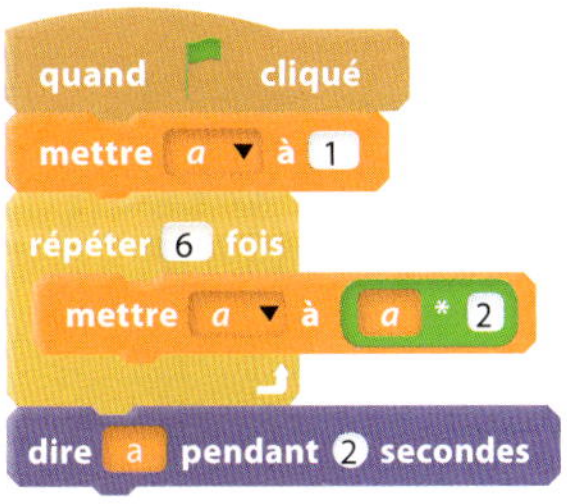

Script B

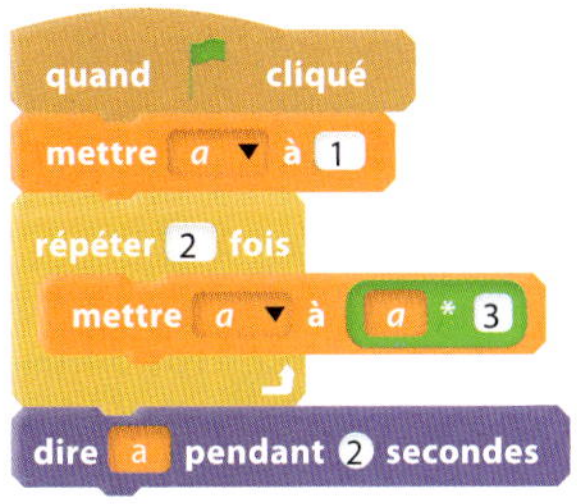

Script C

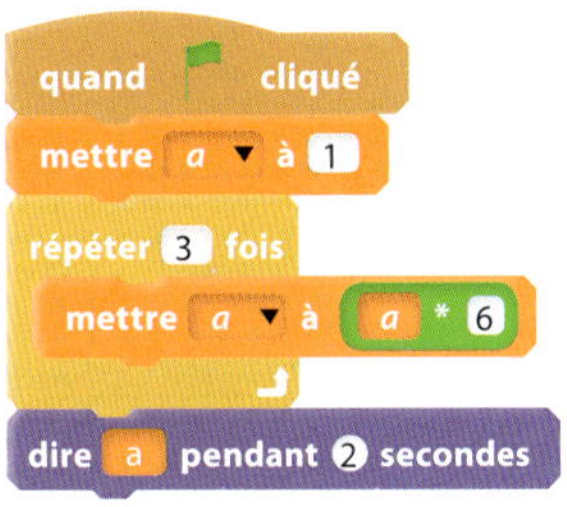

Script D

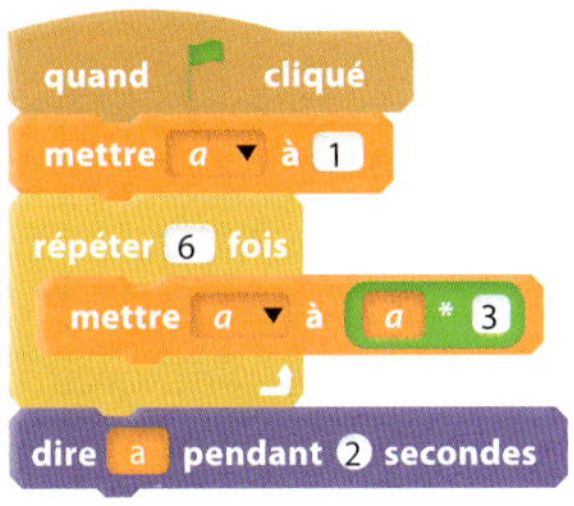

Script E

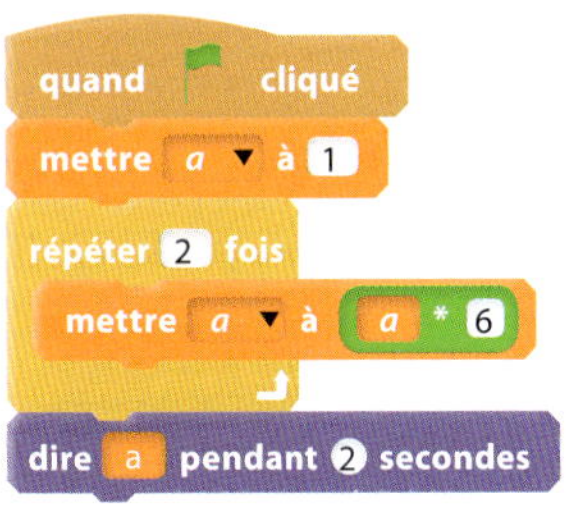

Script F

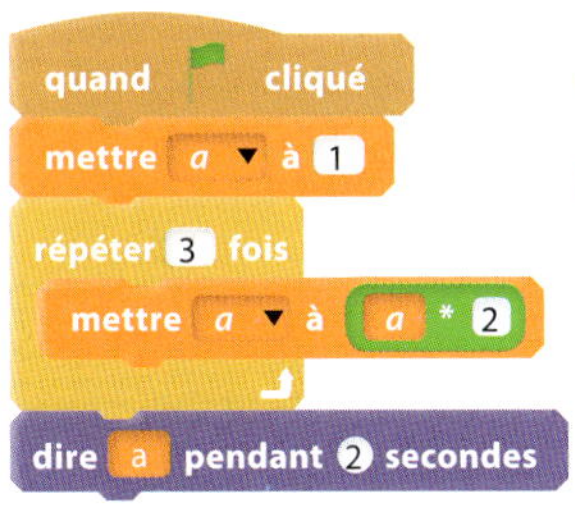

47 Calcul de puissance

1. Écrire un script qui permet de calculer 5^7.
2. À l'aide des instructions ci-dessous, écrire un script qui permet de calculer 5^n où la valeur de n peut être choisie par l'utilisateur.

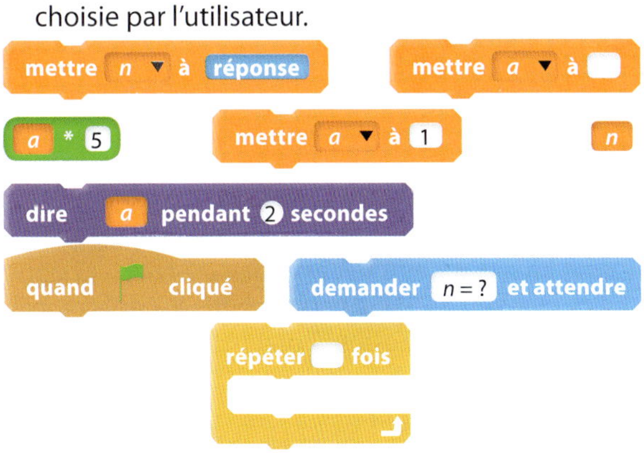

3. Modifier le script précédent pour qu'il puisse calculer la valeur de a^n, où a et n peuvent être choisis par l'utilisateur.

48 Propagation d'un virus informatique

TECH

Un ordinateur est infecté par un virus nouveau contre lequel les antivirus sont impuissants pour le moment. Le virus accède au carnet d'adresses et s'envoie automatiquement à vingt nouvelles adresses pour ainsi infecter vingt nouveaux ordinateurs. Cela prend 1 seconde.

1. Combien de nouveaux ordinateurs sont infectés au bout de 3 secondes ? Et combien au total ?
2. On veut déterminer le nombre de nouveaux ordinateurs infectés chaque seconde.
   a. Reproduire la feuille de calcul ci-dessous.

	A	B	C
1	Temps (en s)	Nombre de nouvaux ordinateurs infectés	Nombre total d'ordinateurs infectés
2	1	20	21
3	2		
4	3		
5	4		

   b. Quelle formule faut-il écrire en B3 et recopier vers le bas ? Et en C3 ?
3. a. Combien y a-t-il d'ordinateurs infectés au bout de 10 secondes ?
   b. Combien de secondes au minimum faut-il pour infecter un milliard d'ordinateurs au total ?

49 Loi de Titius-Bode

PC

La loi de Titius-Bode, énoncée en 1766, permettrait de connaitre approximativement la distance d au Soleil d'une planète (en unités astronomiques) en fonction de son rang n dans le système solaire :

$$d = 0{,}4 + 0{,}3 \times 2^{n-2}$$

On souhaite contrôler la validité de cette loi.

1. À l'aide d'un tableur, reproduire cette feuille de calcul :

	A	B	C	D
1	n	Planète	Distance réelle (en UA)	Distance donnée par la loi de Titius-Bode (en UA)
2	1	Mercure	0,38	0,55
3	2	Vénus	0,72	
4	3	Terre	1	
5	4	Mars	1,52	
6	5	?		2,8
7	6	Jupiter	5,21	
8	7	Saturne	9,54	
9	8	Uranus	19,18	
10	9	Neptune	30,11	

2. Quelle formule doit-on écrire en cellule D2, puis recopier vers le bas ?

La « planète manquante » est Cérès. Elle a été observée pour la première fois en 1801 à la distance prévue par la loi de Titius-Bode. Elle a perdu son statut de planète en 1850 pour ne devenir que le plus gros corps sphérique de la ceinture d'astéroïdes.

3. Conclure quant à la validité de la loi de Titius-Bode.

Problèmes

Pour mieux cibler les compétences			
Chercher	62 69	Raisonner	57 67
Modéliser	59 67	Calculer	56 58 61
Représenter	51 52 54	Communiquer	56 68

50 Si grand, si petit
SVT PC

Exprimer à l'aide d'une écriture scientifique les grandeurs suivantes.

a. L'âge de la Terre : 4,5 milliards d'années.
b. La largeur d'une bactérie : 1,5 µm.
c. Le nombre d'habitants sur Terre : 7,3 milliards.
d. La vitesse de la lumière : 300 000 000 m/s.
e. L'extinction des dinosaures : –65 millions d'années.
f. L'épaisseur d'une feuille d'aluminium : 0,002 cm.
g. La longueur d'une molécule d'eau : 0,000 000 000 1 m.

51 Ça butine !
SVT

Sur une durée de 1 ou 2 mois, une ruche peut produire jusqu'à 50 kg de miel.

- Sachant que pour produire 1 kg de miel, 6 000 abeilles butinent 5 500 000 fleurs, déterminer le nombre moyen de fleurs butinées pour fabriquer le miel d'une ruche.
  Donner le résultat en écriture scientifique.

52 Du cœur
SVT

Le cœur humain effectue environ 75 battements par minute.

- Sachant que la durée de vie moyenne est de 80 ans, combien de fois le cœur d'une personne bat-il durant sa vie ?
  Donner le résultat à l'aide de l'écriture scientifique.

53 Le nombre d'étoiles dans l'univers
PC

On estime à 100 milliards le nombre total de galaxies observables dans l'Univers visible.

- En admettant qu'une galaxie contient une centaine de milliards d'étoiles, donner le nombre d'étoiles dans l'Univers visible, sous la forme d'une puissance de 10.

Galaxies photographiées par le télescope spatial Hubble.

54 Clin d'œil

Dans une journée, une personne cligne environ 30 000 fois des yeux.

- Sachant que la durée moyenne de vie est de 80 ans, combien de fois dans sa vie une personne aura-t-elle cligné des yeux ?
  Donner le résultat en écriture scientifique.

55 Record du monde

Shridhar Chillal, originaire de la ville de Puna en Inde, n'a pas coupé les ongles de sa main gauche depuis soixante ans. Avec une longueur totale de 9 m, il est inscrit au *Guinness World Record* en 2015 pour avoir les ongles les plus longs du monde.

- Sachant que l'ongle du pouce de Chillal est le plus long avec 2 m, déterminer la vitesse moyenne de croissance des ongles, en mètres par jour. Donner le résultat en écriture scientifique.

56 La Terre, planète bleue
PC

L'aire du globe terrestre est d'environ 5×10^8 km^2.
L'aire des océans est d'environ 35×10^7 km^2.
L'aire des terres émergées est d'environ 150×10^6 km^2.

1. Quel pourcentage de l'aire du globe représentent les océans ? Et les terres émergées ?
2. Expliquer pourquoi la planète Terre est surnommée « planète bleue ».

57 Le Papyrus de Rhind
HG

Le Papyrus de Rhind

Le Papyrus de Rhind aurait été écrit par le scribe Ahmès, vers 1650 av. J.-C. Il aurait été découvert sur le site de la ville de Thèbes. Actuellement conservé au British Museum de Londres, il contient 87 problèmes résolus d'arithmétique, d'algèbre, de géométrie et d'arpentage, sur plus de 5 m de longueur et 32 cm de large.

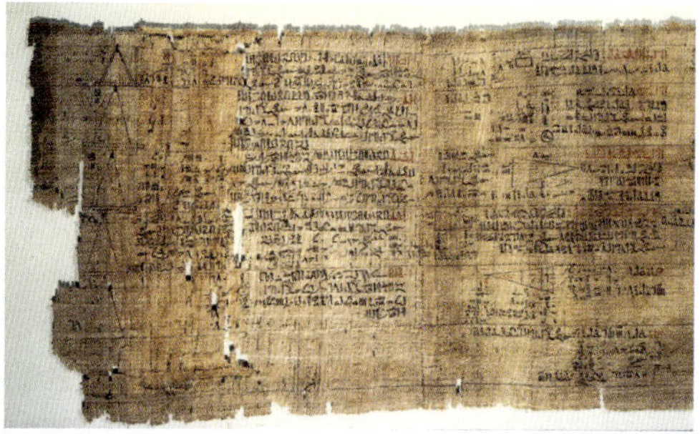

Voici un des problèmes que l'on trouve sur ce papyrus : « Dans chacune des 7 cabanes, il y a 7 chats. Chaque chat surveille 7 souris. Chaque souris a 7 épis de blé. Chaque épi est composé de 7 grains. Combien de grains de blé y a-t-il en tout ? »

- Résoudre ce problème.

Dans le chapitre 13 « Quadrilatères » (exercice 64 p. 237), tu peux essayer de résoudre une autre énigme mathématique contenue dans le Papyrus de Rhind !

58 Les nombres de Fermat

1. Pierre de Fermat, magistrat et mathématicien français du XVIIe siècle, pensait que tous les nombres de la forme $2^{2^n} + 1$, pour n entier positif, étaient des nombres premiers.
Vérifier la conjecture de Fermat pour $n = 0$, $n = 1$ et $n = 2$.
2. En 1732, le mathématicien suisse Leonhard Euler indique que $2^{2^5} + 1$ est divisible par 641.
Vérifier l'affirmation d'Euler. Que peut-on en conclure quant à la conjecture de Fermat ?

On ne sait pas aujourd'hui s'il y a d'autres nombres premiers de Fermat, en dehors des cas $n = 0$, $n = 1$, $n = 2$, $n = 3$ et $n = 4$.

59 Le langage binaire

- Dans notre **système décimal**, on utilise 10 chiffres pour écrire les nombres. On peut décomposer chaque nombre en puissances de 10.
Par exemple, pour le nombre 185 :
$$185 = 1 \times 10^2 + 8 \times 10^1 + 5 \times 10^0$$
On dit que l'on compte en base 10.
- Dans le **système binaire**, on n'utilise que 2 chiffres, 0 et 1, pour écrire les nombres. On peut décomposer chaque nombre en puissances de 2.
Par exemple, pour le nombre 19 :
$$19 = 1 \times 2^4 + 0 \times 2^3 + 0 \times 2^2 + 1 \times 2^1 + 1 \times 2^0$$
Donc, dans le système binaire, 19 s'écrit 1 0 0 1 1.
On dit que l'on compte en base 2.

1. Écrire le nombre 11 111 000 en base 10.
2. Écrire le nombre 13 en langage binaire.
Faire de même avec les nombres 87 et 106.

Commence par trouver la puissance de 2 la plus grande « contenue » dans 13.

3. Chaque chiffre 0 ou 1 est appelé un bit. Un groupe de 8 bits est appelé un octet. Écrire un nombre de deux octets, puis donner son écriture en base 10.

60 Les images numériques

TECH

Une image numérique est constituée de pixels. La couleur de l'image dépend du nombre de bits utilisés pour chaque pixel. Un bit est codé soit par 0, soit par 1.

- Une **image à un bit** (0, 1) a deux couleurs : ceci donne une image en noir et blanc, sans nuance de gris.
- Une **image à deux bits** (00, 01, 10 ou 11) aura quatre couleurs.
- Une **image à trois bits** (000, 001, 010, 100, 011, 110, 101, 111) aura 8 couleurs.

Ainsi, plus le nombre de bits augmente, plus le nombre de couleurs augmente.

Pixels codés sur 1 bit

Pixels codés sur 2 bits

Pixels codés sur 8 bits

1. Combien y a-t-il de couleurs dans une image à 8 bits ?
2. Les écrans d'ordinateurs d'aujourd'hui ont la capacité de montrer plus de 16 millions de couleurs.
De combien de bits est constituée une telle image ?
3. Les télévisions Haute Définition peuvent produire des images qui contiennent plus de 4 billions (4 000 milliards) de couleurs.
Combien de bits sont nécessaires ?

61 Dans notre cerveau

SVT

À la naissance, notre cerveau est constitué d'environ cent milliards de neurones, chacun d'eux étant connecté à dix mille de ses semblables.

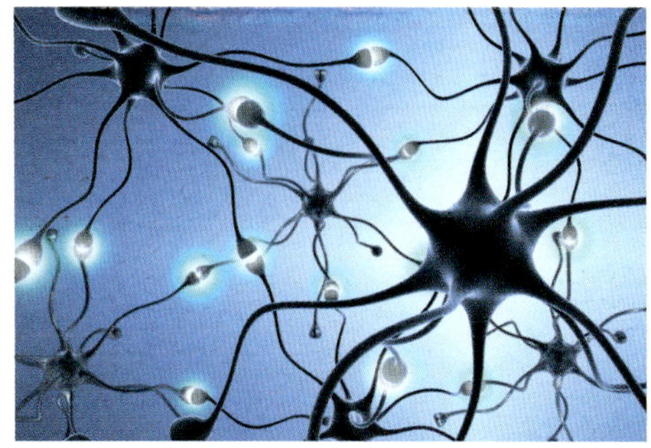

1. À l'aide de puissances de dix :
   a. exprimer le nombre de neurones présents dans notre cerveau à la naissance ;
   b. exprimer le nombre de connexions dans ce même cerveau.
2. En vieillissant, le nombre de neurones diminue d'environ cinquante mille par jour. Après combien d'années le stock de neurones sera-t-il épuisé ?

62 Le triangle de Sierpinski

- On part d'un triangle équilatéral dont la mesure du côté est 1 cm.
- On le partage en 4 triangles en joignant les milieux des côtés et on supprime le triangle central. Il reste alors trois triangles.
- Dans chacun d'eux, on réitère l'opération : on le partage en 4 triangles en joignant les milieux des côtés et on supprime le triangle central.
- Et ainsi de suite.

Voici les premières étapes de construction :

Départ — Étape 1 — Étape 2

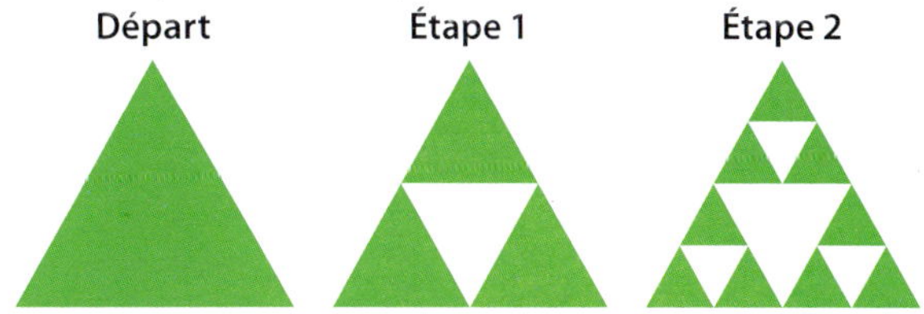

1. Combien de triangles verts obtient-on :
   a. à l'étape 4 ? b. à l'étape 20 ?
2. Quel est le périmètre de la figure verte :
   a. à l'étape 2 ? b. à l'étape 6 ?
3. À quelle étape le périmètre de la figure verte dépassera-t-il 1 000 km ?

Tu peux t'aider d'un tableur.

Problèmes

63 Histoire de globules

SVT

Le sang est un liquide qui permet d'approvisionner les organes et les tissus de l'organisme en oxygène et différents nutriments essentiels, tout en le protégeant contre les agressions d'organismes extérieurs.
Il est composé de quatre éléments : les globules blancs, les globules rouges, les plaquettes et le plasma.
Dans le corps d'un homme adulte circulent environ 5,5 litres de sang.

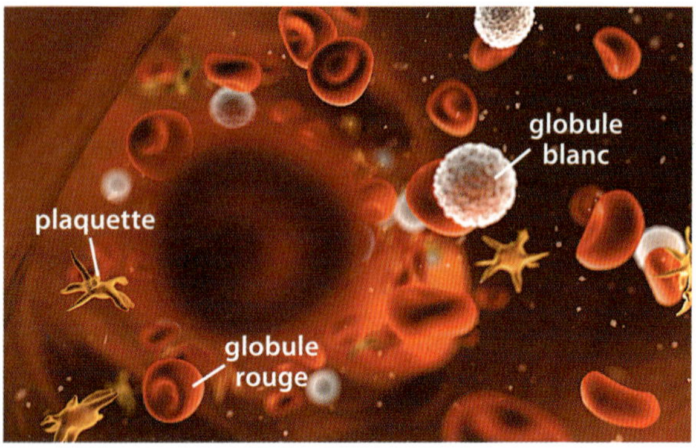

1. 5,5 litres de sang contiennent environ $2{,}025 \times 10^{13}$ globules rouges.
Combien y a-t-il de globules rouges dans 200 mL de sang prélevés chez un donneur au cours d'un don de sang ?
2. Dans 10 mL de sang, il y a environ 70 000 globules blancs et 2 500 000 plaquettes.
Calculer le nombre de globules blancs dans le corps humain et donner le résultat en écriture scientifique.
3. Calculer le nombre de plaquettes dans le corps humain et donner le résultat en écriture scientifique.

64 La molécule d'eau

PC

La molécule d'eau H_2O est constituée de deux atomes d'hydrogène et d'un atome d'oxygène.

On sait que :
- un litre d'eau pèse 1 kg ;
- la masse d'un atome d'hydrogène est $1{,}67 \times 10^{-27}$ kg ;
- la masse d'un atome d'oxygène est $2{,}679 \times 10^{-26}$ kg.

- Déterminer le nombre de molécules d'eau contenues dans 1 L d'eau.

65 Powerful zeros

LV

When the number $3^4 \times 4^5 \times 5^6$ is written out in full, how many zeros are there at the end of the number ?
Don't use your calculator.

Tu peux réordonner tes facteurs.

66 Le nombre de parties d'échecs

Prise d'initiative

Dans son livre *La mathématique des jeux ou Récréations mathématiques*, le mathématicien belge Maurice Kraitchik a essayé de dénombrer le nombre de parties d'échecs différentes qui peuvent être jouées sur un échiquier.

En attribuant en moyenne 20 variantes à chacun des adversaires pour les cinq premiers coups et 30 variantes pour les coups suivants, il a estimé le nombre de parties réglementaires (40 coups) à :

$$N = (20 \times 20)^5 \times (30 \times 30)^{35}$$

1. Avec la calculatrice, peut-on calculer cette valeur ?
2. Sans la calculatrice, déterminer l'écriture scientifique de $(20 \times 20)^5$.
3. Sans la calculatrice, déterminer l'écriture scientifique de 30×30.
4. À l'aide de la calculatrice, peut-on donner une écriture scientifique approchée de $(30 \times 30)^{35}$?
Si oui, écrire le résultat.
Sinon, s'inspirer de la démarche utilisée à la question précédente pour y arriver.
5. Donner un ordre de grandeur du nombre N.

67 Objectif Lune

Prise d'initiative

PC

L'épaisseur d'une feuille de papier est de 0,01 cm.
Flore affirme :
« Si l'on pouvait la plier en deux indéfiniment, l'épaisseur de la feuille de papier dépasserait rapidement la distance Terre-Lune. »

La Terre photographiée depuis la Lune au cours de la mission Apollo 8 (1968).

Données

Distance Terre-Lune : 384 400 km
Rayon de la Lune : 1 737 km
Gravité : 1,622 m/s^2
Période orbitale : 27 jours
Âge : 4,527 milliards d'années
Densité : 3,34 g/cm^3

- Que penser de l'affirmation de Flore ?

68 ***Le Visage de la guerre*** Prise d'initiative

PEAC

Le Visage de la guerre est une huile sur toile peinte en 1940 par l'artiste surréaliste Salvador Dali, après la guerre civile espagnole.

Cette peinture utilise un procédé artistique, la « mise en abyme » : dans les yeux et la bouche de la tête de mort, on peut voir trois têtes de mort, qui portent elles aussi une tête de mort dans chacun de ces trois orifices, et ainsi de suite… À la troisième étape du procédé, on distingue 13 têtes de mort au total.

1. Qu'en serait-il si l'on pouvait visualiser la toile en « zoomant » jusqu'à la 10e étape ? Jusqu'à la 20e étape ?
2. Que veut montrer Salvador Dali en utilisant ce procédé ?

69 **Cent mille milliards de poèmes** Prise d'initiative

FR

Cent mille milliards de poèmes est un livre de poésie de Raymond Queneau, publié en 1961.
Le livre est composé de dix feuilles, chacune découpée en quatorze bandes horizontales, chaque bande portant un vers sur son recto. Le lecteur peut donc, en tournant les bandes horizontales comme des pages, choisir, pour chaque vers, une des dix versions proposées par Queneau. Les dix versions de chaque vers ont la même rime.
Queneau disait : « C'est somme toute une sorte de machine à fabriquer des poèmes, mais en nombre limité ; il est vrai que ce nombre, quoique limité, fournit de la lecture pour près de deux cents millions d'années (en lisant vingt-quatre heures sur vingt-quatre). »

1. Le titre du livre correspond-il au nombre de poèmes que l'on peut fabriquer avec le livre ? Justifier la réponse.
2. L'estimation du temps de lecture de Queneau est-elle correcte ?

70 **Énergie libérée lors d'un séisme**

PC

Le 10 octobre 1980, en Algérie, un séisme dévastateur à El Asnam (aujourd'hui Chlef) a causé la mort d'environ 3 000 personnes.

Doc. 1 Image satellite de la faille activée par le séisme d'El Asnam

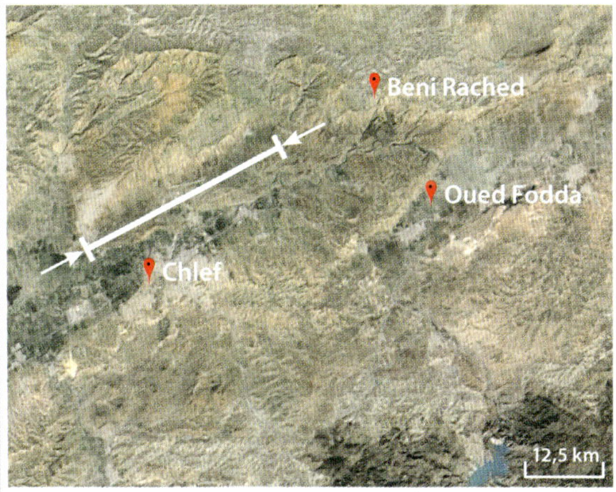

Les flèches indiquent les extrémités de la faille active.
Un déplacement vertical moyen de 5 m est mesuré le long de la faille.

Doc. 2 Magnitude selon les caractéristiques de la faille

Longueur de la faille activée (en km)	Déplacement vertical (en m)	Magnitude
1 000	10	9
100	7	8
30	4	7
10	0,2	6
1	0,02	4
0,1	0,002	Microséisme imperceptible

Doc. 3 Fréquence des séismes selon leur magnitude et l'énergie libérée

Magnitude	Énergie libérée (en joules)	Fréquences des séismes
3	$1{,}99 \times 10^{9}$	49 000 par an
4	$6{,}31 \times 10^{11}$	6 000 par an
5	$1{,}99 \times 10^{12}$	800 par an
6	$6{,}31 \times 10^{13}$	120 par an
7	$1{,}99 \times 10^{15}$	18 par an
8	$6{,}31 \times 10^{16}$	1 par an
9	$1{,}99 \times 10^{18}$	1 tous les 20 ans

1. Déterminer l'énergie libérée par le séisme d'El Asnam.
2. Comparer cette quantité avec l'énergie totale consommée annuellement en France (10^{18} à 10^{19} joules).
3. Calculer l'énergie totale libérée par année par les séismes de magnitude 3.

Travailler autrement

Utilisable en AP

À chacun sa méthode !

Deux énoncés pour un exercice

Exercice 1

Juliette : L'écriture scientifique de 524 milliards est 524×10^9.

Lucas : Non ! Tu te trompes...

1. Quelle est l'erreur de Juliette ?
2. Donner l'écriture scientifique de 524 milliards.

Exercice 2

Pour un sondage, on utilise un questionnaire comportant dix questions.
À chaque question, on peut répondre par « oui » , « non » ou « sans opinion ».

- Combien y a-t-il de façons différentes de répondre à ce sondage ?

Exercice 3

Dans l'eau, le son se propage à environ $1{,}5 \times 10^3$ m par seconde.
Le sondeur d'un navire envoie une onde sonore.
Il reçoit son écho 0,5 seconde plus tard (c'est le temps nécessaire à l'onde pour aller se réfléchir sur le fond de la mer et revenir au navire).

- Quelle est la profondeur de l'eau sous le navire ?

Exercice 1

Juliette : L'écriture scientifique de 625×10^{-7} est $6{,}25 \times 10^{-9}$.

Lucas : Non ! Tu te trompes...

1. Quelle est l'erreur de Juliette ?
2. Donner l'écriture scientifique de 625×10^{-7}.

Exercice 2

Pour un sondage, on utilise un questionnaire.
À chaque question, on peut répondre par « oui », « non » ou « sans opinion ».

- Déterminer le nombre de façons différentes de répondre à ce sondage en fonction du nombre de questions.

Exercice 3

Dans l'eau, le son se propage à environ $1{,}5 \times 10^3$ m par seconde.
La profondeur maximale des océans se situe dans la fosse des Mariannes, dans l'océan Pacifique Nord. Elle descend jusqu'à $1{,}1 \times 10^4$ m.

- Déterminer le temps de réception de l'écho d'une onde sonore envoyée par un sondeur au-dessus de cette fosse.

Recherche d'informations

Prise d'initiative

La dune du Pilat est une particularité du littoral Aquitain. Elle est située à l'entrée du bassin d'Arcachon, sur la commune de La Teste-de-Buch, en Gironde.

1. En recherchant la taille approximative de la dune et celle d'un grain de sable, déterminer le nombre approximatif de grains de sable qui forment la dune du Pilat. Donner le résultat en écriture scientifique.
2. Comparer au nombre d'étoiles dans l'Univers.

Analyse d'une production

Un professeur demande à ses élèves d'écrire le nombre $852{,}34 \times 10^9$ en écriture scientifique.
Voici les réponses de trois élèves :

Iban : $852{,}34 \times 10^9 = 8{,}5234 \times 10^7$

Enzo : $852{,}34 \times 10^9 = 8{,}5234 \times 10^{11}$

Vester : $852{,}34 \times 10^9 = 0{,}85234 \times 10^{12}$

- Analyser ces réponses et corriger les erreurs, s'il y en a.

CHAPITRE 5

Ta mission
Apprendre à créer, simplifier et transformer des expressions littérales.

Calcul littéral

Jeux

Étourdie !
Zabou a mélangé tous les éléments de son égalité !
Après l'avoir reconstituée, peux-tu dire à Zabou si l'égalité est vraie pour $x = 3$? Pour $x = 4$?

Des mathématiques avec des lettres : c'est pas nouveau !
Diophante d'Alexandrie est l'un des premiers à avoir utilisé des lettres pour faire des mathématiques. Il l'explique dans son livre *Arithmetica*, qui aurait été écrit, selon les historiens, au IIIe siècle de notre ère.

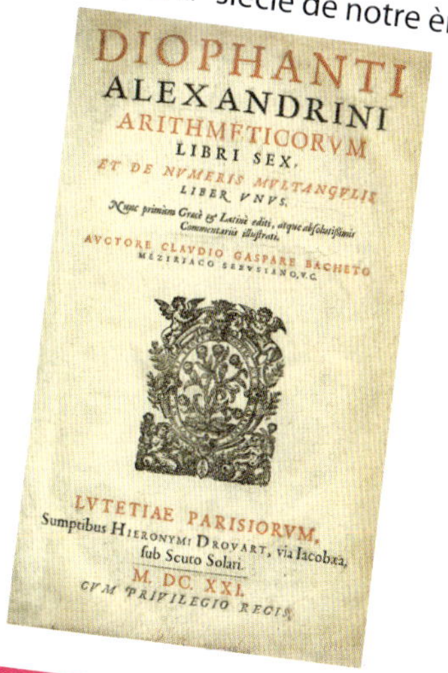
DIOPHANTI
ALEXANDRINI
ARITHMETICORVM
LIBRI SEX,
ET DE NVMERIS MVLTANGVLIS
LIBER VNVS.
Nunc primùm Græcè & Latinè editi, atque absolutissimis Commentariis illustrati.
AVCTORE CLAVDIO GASPARE BACHETO MEZIRIACO SEBVSIANO, V.C.
LVTETIAE PARISIORVM,
Sumptibus HIERONYMI DROVART, via Iacobæa, sub Scuto Solari.
M. DC. XXI.
CVM PRIVILEGIO REGIS.

Activités

Questions flash

diapo

1. Pour chacune des expressions ci-dessous, indiquer si c'est une somme ou un produit.
A = $3 \times x + 6$
B = $7 \times (2 + y)$
C = $t + 5 + 9 \times z$

2. a est un nombre quelconque.
Écrire une expression donnant :
a. son double ; **b.** son triple ;
c. son carré ; **d.** son tiers.

3. Exprimer en fonction de ℓ le périmètre et l'aire du rectangle.

4. x désigne un nombre quelconque.
Exprimer en fonction de x :
a. la somme de x et de 12 ;
b. le produit de x par 5.

Les carreaux

5e Activité 1 Prise d'initiative

Louis joue avec des carreaux gris.
Il dispose ses carreaux pour obtenir des « carrés ».
En voici trois :

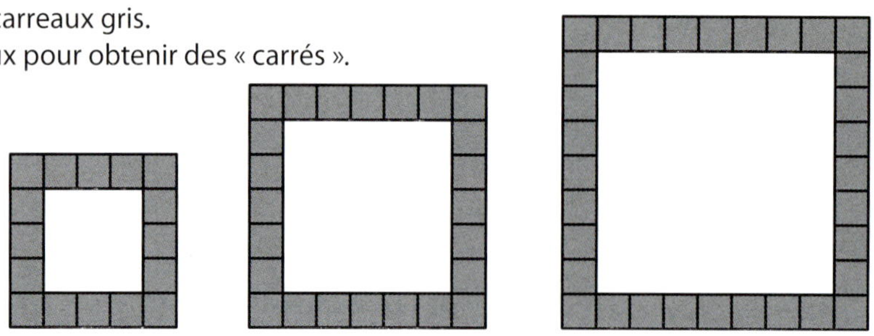

1. Si l'on double le côté du carré, double-t-on le nombre de carreaux de la bordure ?

2. Louis se demande s'il peut savoir à l'avance combien de carreaux de mosaïque sont nécessaires pour fabriquer n'importe quel carré. Aider Louis à trouver une méthode pour calculer le nombre de carreaux gris pour n'importe quel carré construit sur le même modèle.

3. Peut-on obtenir une bordure de 100 carreaux ? De 150 ? De 200 ? De 250 ?

4. Comment savoir tout de suite, si on donne un nombre de carreaux, s'il correspond au nombre exact de carreaux d'une bordure ?

Chacun son calcul

Activité 2

On a posé trois problèmes différents à cinq élèves. Pour y répondre, voici les calculs qu'ils ont proposés :

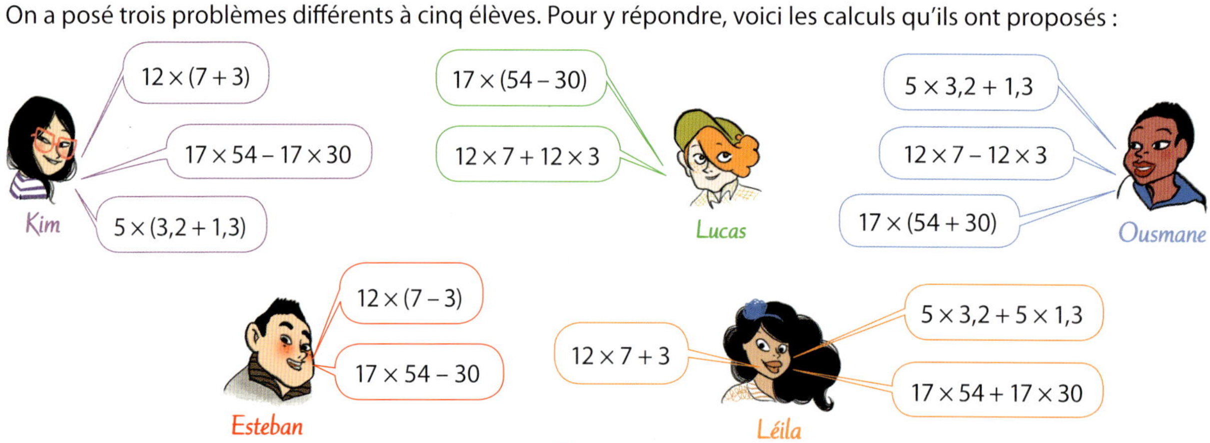

1. À l'aide d'une calculatrice, calculer les expressions données par les élèves.
2. En utilisant les résultats obtenus, écrire des égalités entre les expressions proposées.
3. Créer de nouvelles expressions et écrire d'autres égalités sur le même modèle que celles obtenues dans la question 2.
4. Quelle(s) conjecture(s) peut-on écrire ? Comment formuler ces conjectures en utilisant des lettres ?

Comme en français — Activité 3

1. En lisant son cours de mathématiques dans le chapitre « Calcul littéral », Justine se rend compte qu'il existe, dans certaines phrases, des règles similaires entre les mathématiques et la langue française.
   En effet, on peut dire : « Lucie nage et court » ou bien « Lucie nage et Lucie court ». On a ***développé*** le sujet.
   De la même façon, développer les phrases suivantes :
   a. « Léonard dessine et peint des portraits. »
   b. « Les vampires, les loups garous et les sorcières hantent ses rêves. »
2. Justine se rend compte que cela fonctionne également dans l'autre sens.
   On peut dire : « Jennifer chante et Mika chante » ou bien « Jennifer et Mika chantent ». On a ***factorisé*** le sujet.

   De la même façon, factoriser les phrases suivantes :
   a. « Les serpents sont des reptiles, les serpents sont recouverts d'écailles, les serpents peuvent être de toutes les couleurs. »
   b. « Au feu rouge, la voiture s'arrête, la moto s'arrête, le vélo s'arrête. »

Avec ou sans — Activité 4

Voici des copies d'écran du vérificateur d'une calculatrice :

$3\times(x+7)=3(x+7)$ — Vrai	$5\times x=5x$ — Vrai	$5+x=5x$ — Faux
$5(8+9)=5\times(8+9)$ — Vrai	$5\times 6=56$ — Faux	$x\times y\times 3=3xy$ — Vrai
$6-x=6x$ — Faux	$8+3x=11x$ — Faux	

1. Quel(s) signe(s) opératoire(s) peut-on parfois supprimer dans une expression ?
2. À partir de ces exemples, énoncer des règles de simplification d'écriture.

Cours

1 Simplifier une expression littérale

Vidéo

Définition 5e

Une **expression littérale** est une expression mathématique qui comporte une ou plusieurs lettres.
Ces lettres désignent des nombres.

Exemple

Le périmètre $\mathcal{P}$ d'un rectangle de longueur L et de largeur ℓ est donné par l'expression littérale :

$$\mathcal{P} = 2 \times (L + \ell)$$

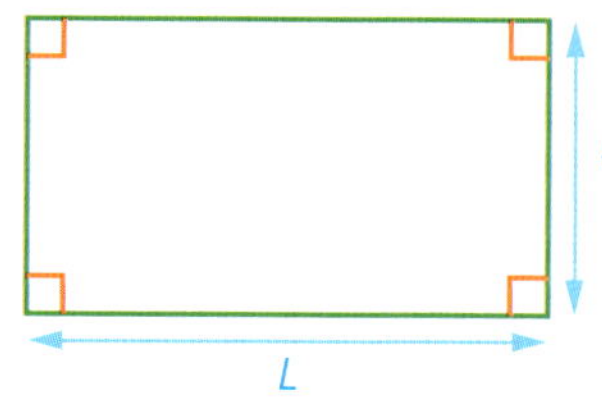

Règle

Dans une expression littérale, on peut **supprimer le signe** × lorsqu'il est placé :
- devant ou derrière une lettre ;
- devant ou derrière une parenthèse.

Exemples

- $4 \times a = 4a$
- $a \times 4 = 4a$ et non $a4$.
- $b \times c = bc$
- $5 \times (x + 4) = 5(x + 4)$

Cela se lit « 5 facteur de $x + 4$ ».

❗ On ne peut pas supprimer le signe × entre deux nombres : $4 \times 5 \neq 45$

Cas particuliers

- $1 \times a = a$ plutôt que $1a$.
- $0 \times a = 0$ plutôt que $0a$.
- $a \times a = a^2$ Cela se lit « a au carré ».
- $a \times a \times a = a^3$ Cela se lit « a au cube ».

Exemples

- $5 \times 5 = 5^2$
- $(-6) \times (-6) = (-6)^2$
- $7 \times 7 \times 7 = 7^3$
- $(-2) \times (-2) \times (-2) = (-2)^3$

❗ Pour simplifier un produit de plusieurs facteurs, on peut modifier l'ordre de ces facteurs.

Exemple

$H = 2 \times b \times 7$
$H = 2 \times 7 \times b$
$H = 14 \times b$
$H = 14b$

On dit que l'on a **réduit** l'expression littérale.

Savoir-faire

Apprends à l'aide des exercices résolus puis entraine-toi !

1 Simplifier une expression littérale

1 Donner l'aire d'un rectangle de longueur $3 \times L$ et de largeur $2 \times \ell$ à l'aide d'une expression littérale la plus simple possible.

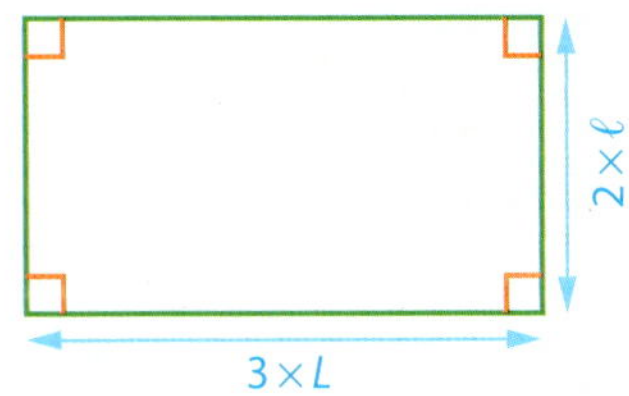

Solution

Pour obtenir l'aire d'un rectangle, on multiplie la longueur par la largeur.
On obtient donc l'expression littérale $\mathcal{A} = 3 \times L \times 2 \times \ell$.
Dans un produit, on peut changer l'ordre des facteurs et supprimer le signe $\times$ devant une lettre.
On obtient donc : $\mathcal{A} = 3 \times 2 \times L \times \ell = 6\,L\,\ell$

2 Quel résultat donne chacun de ces programmes de calcul lorsque l'on prend a comme nombre de départ ?
Exprimer ce résultat à l'aide d'une expression littérale la plus simple possible.

Programme 1
- Choisir un nombre.
- Multiplier par 4.
- Ajouter 7.

Programme 2
- Choisir un nombre.
- Ajouter 6.
- Multiplier par 8.

Solution

Programme 1 :
On note a le nombre que l'on choisit au départ.

$a \xrightarrow{\times 4} a \times 4 \xrightarrow{+7} a \times 4 + 7$

On obtient l'expression littérale $a \times 4 + 7$.
Le signe $\times$ étant placé après une lettre, on peut le supprimer, en faisant attention à replacer le 4 devant la lettre.
Ainsi, le programme de calcul 1 peut être traduit par l'expression littérale $4a + 7$.

Programme 2 :
On note a le nombre que l'on choisit au départ.

$a \xrightarrow{+6} a + 6 \xrightarrow{\times 8} (a + 6) \times 8$

C'est $a + 6$ qui est multiplié par 8.
Il ne faut donc pas oublier d'introduire des parenthèses.

On obtient l'expression littérale $(a + 6) \times 8$.
Le signe $\times$ étant placé après une parenthèse, on peut le supprimer, en faisant attention à replacer le 8 devant la parenthèse.
Ainsi, le programme de calcul 2 peut être traduit par l'expression littérale $8(a + 6)$.

3 Donner l'aire d'un carré de côté $2 \times a$.

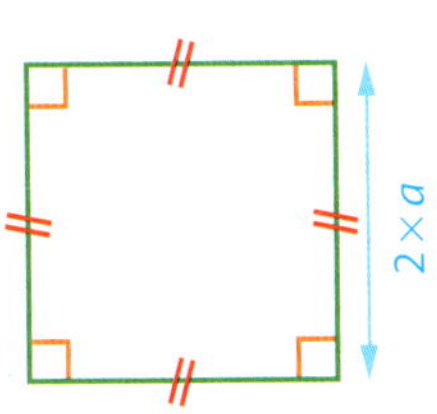

4 Quel résultat donne chacun des programmes de calcul ci-dessous lorsque l'on prend b comme nombre de départ ?
Exprimer ce résultat à l'aide d'une expression littérale la plus simple possible.

Programme 1
- Choisir un nombre.
- Multiplier par 6.
- Ajouter 9.

Programme 2
- Choisir un nombre.
- Multiplier par 2,5.
- Soustraire 3.

Programme 3
- Choisir un nombre.
- Ajouter 13.
- Multiplier par 2.

2 Développer un produit

Vidéo

Définition

Développer, c'est transformer un produit en somme ou en différence.

Règle

k, a et b désignent des nombres.

$\underbrace{k(a+b)}_{\text{produit}} = \underbrace{ka + kb}_{\text{somme}}$ — produit → somme : **développer**

$\underbrace{k(a-b)}_{\text{produit}} = \underbrace{ka - kb}_{\text{différence}}$ — produit → différence : **développer**

Exemples

On veut développer $A = 7(4 + x)$:

$A = 7(4 + x)$

$A = 7 \times (4 + x)$

$A = 7 \times 4 + 7 \times x$

$A = 28 + 7x$

On distribue le 7 à chacun des termes de la parenthèse, puis on réduit l'expression pour qu'elle soit la plus simple possible.

! $28 + 7x \neq 35x$

On veut développer $B = 3(x - 4)$:

$B = 3(x - 4)$

$B = 3 \times (x - 4)$

$B = 3 \times x - 3 \times 4$

$B = 3x - 12$

3 Factoriser une somme ou une différence

Vidéo

Définition

Factoriser, c'est transformer une somme ou une différence en produit.

Règle

k, a et b désignent des nombres.

$\underbrace{ka + kb}_{\text{somme}} = \underbrace{k(a+b)}_{\text{produit}}$ — somme → produit : **factoriser**

$\underbrace{ka - kb}_{\text{différence}} = \underbrace{k(a-b)}_{\text{produit}}$ — différence → produit : **factoriser**

Exemples

On veut factoriser $C = 3x + 6$:

$C = 3x + 6$

$C = 3 \times x + 3 \times 2$

$C = 3 \times (x + 2)$

$C = 3(x + 2)$

En remarquant que $6 = 3 \times 2$, on constate que 3 est un facteur commun à $3 \times x$ et 3×2.

On veut factoriser $D = 7x - 2x$:

$D = 7x - 2x$

$D = 7 \times x - 2 \times x$

$D = (7 - 2) \times x$

$D = 5 \times x$

$D = 5x$

x est un facteur commun à $7 \times x$ et $2 \times x$.

En factorisant $7x - 2x$, on a réduit cette expression littérale :

$7x - 2x = 5x$

Savoir-faire

Apprends à l'aide des exercices résolus puis entraine-toi !

2 Développer un produit

5 Développer $E = 3(y + 5)$.

Solution

- On réintroduit le signe × supprimé :

$$E = 3 \times (y + 5)$$

- On distribue le **3** à chaque terme de la parenthèse, ici y et 5 :

$$E = \mathbf{3} \times y + \mathbf{3} \times 5$$

- On réduit l'expression littérale pour qu'elle soit la plus simple possible :

$$E = 3y + 15$$

6 Développer $F = 6(2 - z)$.

Solution

- On réintroduit le signe × supprimé :

$$F = 6 \times (2 - z)$$

- On distribue le **6** à chaque terme de la parenthèse, ici 2 et z :

$$F = \mathbf{6} \times 2 - \mathbf{6} \times z$$

- On réduit l'expression littérale pour qu'elle soit la plus simple possible :

$$F = 12 - 6z$$

7 Développer $G = 2(5r + 1)$.

Solution

- On réintroduit les signes × supprimés :

$$G = 2 \times (5 \times r + 1)$$

- On distribue le **2** à chaque terme de la parenthèse, ici $5 \times r$ et 1 :

$$G = \mathbf{2} \times 5 \times r + \mathbf{2} \times 1$$

- On réduit l'expression littérale pour qu'elle soit la plus simple possible :

$$G = 10r + 2$$

8 Développer $H = x(x - 4)$.

Solution

- On réintroduit le signe × supprimé :

$$H = x \times (x - 4)$$

- On distribue le $\boldsymbol{x}$ à chaque terme de la parenthèse, ici u et 4 :

$$H = \boldsymbol{x} \times x - \boldsymbol{x} \times 4$$

- On réduit l'expression littérale pour qu'elle soit la plus simple possible :

$$H = x^2 - 4x$$

9 Développer chaque expression littérale.

$I = 5(x + 2)$ $J = 11(t - 3)$ $K = 3(2z + 10)$ $L = a(a + 7)$

3 Factoriser une somme ou une différence

10 Factoriser $M = 5x + 5$.

Solution

- On remarque que $5 = 5 \times 1$ et on réintroduit le signe × supprimé :

$$M = 5 \times x + 5 \times 1$$

- En constatant que **5** est un facteur commun aux deux termes $\mathbf{5} \times x$ et $\mathbf{5} \times 1$, on factorise :

$$M = \mathbf{5} \times (x + 1)$$

- On réduit l'expression littérale pour qu'elle soit la plus simple possible :

$$M = 5(x + 1)$$

11 Factoriser $N = 11t - 6tv$.

Solution

- On réintroduit les signes × supprimés :

$$N = 11 \times t - 6 \times t \times v$$

- En constatant que $\boldsymbol{t}$ est un facteur commun aux deux termes $11 \times \boldsymbol{t}$ et $6 \times \boldsymbol{t} \times v$, on factorise :

$$N = (11 - 6 \times v) \times \boldsymbol{t}$$

- On réduit l'expression littérale pour qu'elle soit la plus simple possible :

$$N = (11 - 6v)t$$

12 Factoriser chaque expression littérale.

$P = 4x + 8$ $Q = 17d - 13d$ $R = 21v + 9vt$ $S = 12s - 6$

Exercices

2 pages d'exercices supplémentaires dans le manuel numérique

Simplifier une expression littérale

Savoir-faire p. 89

Questions flash

diapo

13 **Vrai ou faux ?**
Dans chacun des cas suivants, dire si l'égalité est correcte.

a. $6 \times x = 6x$
b. $a \times b \times 5 = ab5$
c. $x^2 = 2x$
d. $2 \times 10 \times x = 20x$
e. $2 + 10x = 12x$
f. $2 \times x \times x = 2 \times x^2$

14 t désigne un nombre quelconque.
Exprimer à l'aide d'une expression littérale la plus simple possible :
a. le double de t ;
b. le triple de t ;
c. le produit de t par 11 ;
d. la somme du produit de t par 5 et du triple de t.

15 Dans chacun des cas suivants, proposer une écriture plus simple.

$A = x \times 3$ | $B = 8 \times y$
$C = 2 \times z \times 5$ | $D = 0 \times a$
$E = 1 \times b$ | $F = c \times 4 \times c$
$G = x \times 2 \times y \times 9$ | $H = 3 \times u + 11 \times v$

16 Dans chacun des cas suivants, proposer une écriture plus simple.

$A = 4x \times 3$ | $B = 2 \times y + 6$
$C = n + 5 \times n \times n$ | $D = z \times 1 \times z$
$E = 2s \times 7t$ | $F = 3 \times x \times 4 \times x \times x$

17 Associer chaque expression des pièces rouges à son écriture simplifiée d'une pièce bleue.

Pièces rouges	Pièces bleues
$y \times 5 - 9$	$15y$
$y \times 4$	$4y$
$11 + 4 \times y$	$11 + 4y$
$3 \times y \times 5$	$5y - 9$

18 Dans chacun des cas suivants, réintroduire le (ou les) signe(s) $\times$ qui ont été supprimés.

$A = 6x$ | $B = y^2$
$C = 5t + 9$ | $D = 1z^3$
$E = 7abc$ | $F = 3x + 4y$

19 Dans chacun des cas suivants, dire si l'égalité est vraie ou fausse.
a. $29x + 35 = 2 \times 9 \times x + 3 \times 5$
b. $12a + 13 = 12 \times a + 13$
c. $5^2x = 5 \times 2 \times x$
d. $6b^3 + 7 = 6 \times b \times b \times b + 7$

20 Associer à chaque énoncé l'expression littérale qui lui correspond.

Le double de la somme de y et 3.	$3y - 2$
La somme du double de y et de 3.	$2y + 3$
La différence entre le triple de y et 2.	$2(y + 3)$
Le triple de la différence entre y et 2.	$3(y - 2)$

21 Dans chacun des cas suivants, réintroduire le (ou les) signe(s) $\times$ qui ont été supprimés.

$A = 4(x + 3)$ | $B = y^2(x + 2)$
$C = y(2t + 6)$ | $D = (r + 7)(r - 5)$
$E = 5z(3u + 1)$ | $F = 3x^2(7x - 2y)$

Développer un produit

Savoir-faire p. 91

Questions flash

diapo

22 Parmi les expressions suivantes, identifier celles qui sont des produits.

$A = 6x$ | $B = 3 \times x + 2$ | $C = x^2$
$D = 6 + x$ | $E = 3(x + 2)$ | $F = x + y$
$G = 6 - x$ | $H = 3 \times (x + 2)$ | $I = x \times y$

23 Compléter les égalités suivantes.
a. $2 \times (x + 3) = 2 \times \ldots + 2 \times \ldots$
b. $5 \times (7 - y) = 5 \times \ldots - 5 \times \ldots$
c. $6(x + 11) = 6 \times \ldots + \ldots \times \ldots$
d. $3(2y + 1) = 3 \times \ldots + \ldots \times 1$

24 Développer les expressions suivantes.

$A = 3(x + 5)$ | $B = 5(6 - x)$
$C = 10(3 + x)$ | $D = 7(x - 3)$
$E = 4(2x + 3)$ | $F = 2(5x - 9)$

25 Dans chacun des cas suivants, choisir l'étiquette correspondant à la bonne expression développée.
a. $5(12 - y) = \ldots$

$5 \times 12 - 5 \times y$ | $5 \times 12 + 5 \times y$

b. $-4(y+3) = \ldots$

$-4 \times y + 4 \times 3$	$-4 \times y + (-4) \times 3$

c. $-2(y-6) = \ldots$

$-2 \times y - (-2) \times 6$	$-2 \times y - 2 \times 6$

26 Associer chaque expression des pièces rouges à son écriture développée d'une pièce bleue.

Pièces rouges	Pièces bleues
$-4(y+5)$	$-4y^2 + 20y$
$-4(5-y)$	$-20y^2 - 20y$
$-4y(y-5)$	$-4y - 20$
$-4y(5y+5)$	$-20 + 4y$

27 Développer, puis simplifier les expressions suivantes.

$A = -5(x+2)$ $B = -3(x-2)$

$C = x(x+3)$ $D = x(4-x)$

$E = -3x(x+4)$ $F = 2x(x-7)$

$G = 6x(2x+1)$ $H = -4x(5x-10)$

28 On a simplifié ci-dessous l'écriture d'une expression R dans laquelle a, b et c désignent des nombres relatifs.

$R = a + (b + c)$

$R = a + 1 \times (b + c)$

$R = a + 1 \times b + 1 \times c$

$R = a + b + c$

On obtient donc l'égalité : $\boldsymbol{a + (b + c) = a + b + c}$

1. En utilisant cette égalité, exprimer, à l'aide d'une phrase, une règle de simplification d'une écriture littérale.
2. Appliquer cette règle aux expressions suivantes.

$A = 3 + (x+2)$ $B = 4 + (x-2)$

$C = 7 + (x+4)$ $D = 10 + (2x-7)$

29 On a simplifié ci-dessous l'écriture d'une expression E dans laquelle a, b et c désignent des nombres relatifs.

$E = a - (b + c)$

$E = a + (-1) \times (b + c)$

$E = a + (-1) \times b + (-1) \times c$

$E = a - b - c$

On obtient donc l'égalité : $\boldsymbol{a - (b + c) = a - b - c}$

1. En utilisant cette égalité, exprimer, à l'aide d'une phrase, une règle de simplification d'une écriture littérale.
2. Appliquer cette règle aux expressions suivantes.

$A = 8 - (x+3)$ $B = 5 - (x-1)$

$C = 13 - (x+6)$ $D = 10 - (3x-5)$

30 En utilisant les égalités montrées aux deux exercices précédents, simplifier les expressions suivantes.

$A = 9 + (x-2)$ $B = 7 - (3-2x)$

$C = 3 - (x+1)$ $D = 3 - (-x+1)$

$E = 2 + (5-3x)$ $F = 5 - (-1-x)$

Factoriser une somme ou une différence

Savoir-faire p. 91

Questions flash

diapo

31 Parmi les expressions suivantes, identifier les sommes et les différences.

a. $7x$ **b.** $7 + x$ **c.** $7 - x$

d. $5 \times x + 11$ **e.** $5(x + 11)$ **f.** $5 \times (x + 11)$

g. x^2 **h.** $x + y$ **i.** $x \times y$

32 Compléter les égalités suivantes.

a. $3 \times x + 3 \times 4 = 3 \times (\ldots + \ldots)$

b. $7 \times 2 - 7 \times x = 7 \times (\ldots - \ldots)$

c. $4x - 8 = 4 \times (\ldots - \ldots)$

d. $15x + 20 = 5 \times (\ldots + \ldots)$

e. $7x^2 + 9x = x \times (\ldots + \ldots)$

f. $31x + 31y = 31 \times (\ldots + \ldots)$

33 Dans chaque expression, identifier un facteur commun à chaque terme.

a. $4 \times x + 4 \times 7$ **b.** $x^2 + 2x$ **c.** $7x - 7$

d. $3x - 9$ **e.** $10x + 20$ **f.** $9x^2 - 6x$

34 Factoriser les expressions suivantes.

a. $9y - 63$ **b.** $12y - 42$ **c.** $5y + 5$

d. $7y - 7z$ **e.** $xy + yz$ **f.** $x^2 + 3x$

35 Dans chaque cas, choisir l'étiquette correspondant à la bonne expression factorisée.

a. $7 \times 11 - 7 \times y = \ldots$	$7(11-y)$	$7(11+y)$
b. $-5 \times y + (-5) \times 3 = \ldots$	$-5(y+3)$	$-5(y-3)$
c. $-3 \times y - (-3) \times 8 = \ldots$	$-3(y-8)$	$-3(y+8)$
d. $-4 \times 9y + 4 \times 1 = \ldots$	$-4(9y+1)$	$-4(9y-1)$

36 Associer chaque expression des pièces rouges à son écriture factorisée d'une pièce bleue.

Pièces rouges	Pièces bleues
$-2x^2 - 2x$	$-2(x+3)$
$-6 + 3x$	$-2x(x+1)$
$-x^2 - 2x$	$-x(x+2)$
$-2x - 6$	$-3(2-x)$

37 Factoriser les expressions suivantes.

a. $-2x - 8$ **b.** $x^2 + 5x$ **c.** $-6x^2 - 12x$

d. $-3x + 6$ **e.** $3x - x^2$ **f.** $-2x^2 + 4x$

38 Je suis un rectangle.

Mon aire est $10 + 5x$. Une de mes dimensions est 5.

• Que vaut mon autre dimension ?

Faire le point

Vérifie tes connaissances.

QCM

Donner la seule réponse correcte parmi les trois proposées.

1 Simplifier une expression littérale

	Réponse A	Réponse B	Réponse C
1. L'expression $u \times 9 \times v \times 7$ peut s'écrire :	$16uv$	$63uv$	$63(u+v)$
2. L'expression $8 \times a + a \times a$ peut s'écrire :	$8a + a^2$	$10a$	$8a^3$
3. L'expression $3 \times b \times b \times b - 2 \times b \times b$ peut s'écrire :	b^2	$3b^3 - 2b^2$	$9b - 4b$

2 Développer un produit

	Réponse A	Réponse B	Réponse C
1. L'expression développée et réduite de $7(3y - 8)$ est :	$21y + 56$	$73y - 78$	$21y - 56$
2. $2(x + 5)$ est égal à :	$2x + 5$	$2x + 10$	$2x + 7$
3. $(5 - b) \times b$ est égal à :	$5b - 2b$	$5 - b^2$	$5b - b^2$

3 Factoriser une somme ou une différence

	Réponse A	Réponse B	Réponse C
1. L'expression $17a - 4a + 11a$ peut s'écrire :	$2a$	$24a$	$24a^3$
2. Une expression factorisée de $18x + 6$ est :	$6(3x + 1)$	$6(3x \times 1)$	$3(6x - 2)$
3. Une expression factorisée de $4x^2 - 3xy$ est :	$x - y$	$x^2(4 - 3y)$	$x(4x - 3y)$

Pour t'aider à retenir le cours.*

Carte mentale

Reproduire et compléter la carte mentale.

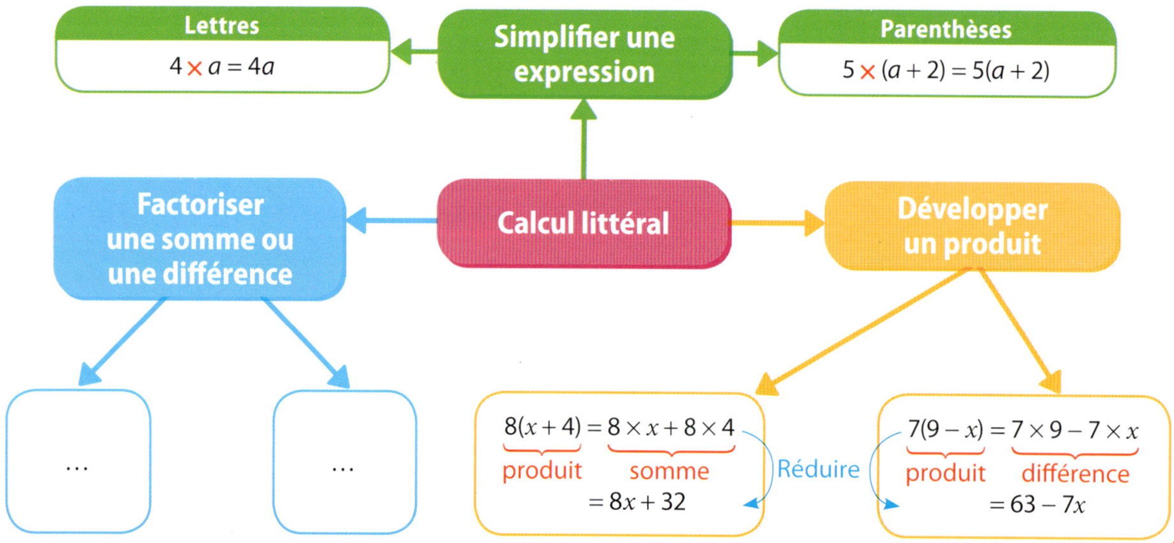

Tu peux aussi construire ta propre carte mentale.

Algorithmique et outils numériques

39 Polygones réguliers

Un polygone est régulier lorsque tous ses côtés ont la même longueur et tous ses angles ont la même mesure.

1. Pour chacun des scripts suivants, préciser la nature des figures tracées.

Script 1

Script 2

2. À partir des scripts de la question 1., écrire un script qui trace un pentagone régulier de côté 100.
3. On souhaite à présent écrire un script pour tracer n'importe quel polygone régulier.
   a. Si la variable n désigne le nombre de côtés du polygone régulier, de quel angle devra tourner le lutin ?
   b. Écrire un script qui permet de tracer un polygone régulier à n côtés.
   c. Utiliser le script précédent pour tracer :
   - un hexagone régulier ;
   - un heptagone régulier ;
   - un décagone régulier.

40 Programme de calcul (1)

Alexis doit exécuter un programme de calcul avec plusieurs valeurs. Pour gagner du temps, il a écrit le script suivant.

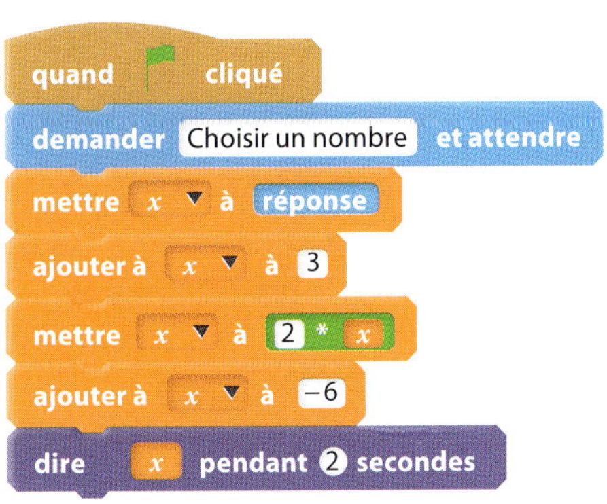

1. Décrire, par des phrases, les étapes du programme de calcul d'Alexis.
2. Écrire une expression algébrique donnant le résultat de ce programme de calcul.
3. Simplifier cette expression algébrique. Que constate-t-on ?
4. À l'aide de la question 3., simplifier le script écrit par Alexis.

41 Programme de calcul (2)

Voici un programme de calcul :

> Choisir un nombre.
> Retrancher 5 à ce nombre.
> Multiplier le résultat par 7.
> Ajouter 4 au résultat.

- Écrire un script permettant d'appliquer ce programme de calcul avec n'importe quel nombre et le tester avec quelques valeurs.

42 Perles de rocaille

Lisa fabrique des bracelets en perles de rocaille en suivant le modèle ci-dessous.

1re étape **2e étape** **3e étape**

1. Combien faut-il de perles pour faire 4 étapes ? 5 étapes ?
2. On note n le nombre d'étapes pour fabriquer un bracelet. Exprimer en fonction de n le nombre de perles nécessaire à la fabrication d'un bracelet.
3. Avec un tableur :

	A	B
1	Nombre d'étapes	Nombres de perles
2	1	
3	2	
4	3	
5	4	
6	5	

Pense à utiliser la poignée de recopie de ton tableur…

Quelle formule doit-on écrire dans la cellule B2 ?

4. Lisa possède un pot contenant 350 perles de rocailles.
   a. En combien d'étapes fera-t-elle son bracelet ?
   b. Pourra-t-elle utiliser toutes les perles ?

Problèmes

Pour mieux cibler les compétences			
Chercher	50 51	Raisonner	48 59 60
Modéliser	56 58 62	Calculer	45 46
Représenter	58 61	Communiquer	53 54 60

43 Noël

Pour Noël, Lucas souhaite acheter deux pulls à 23,90 € pour sa sœur et son père, et deux écharpes pour son frère et sa mère.

On note p le prix de l'écharpe.

1. Écrire le montant D de la dépense de Lucas sous la forme d'une somme, puis d'un produit.
2. Calculer D pour $p = 16{,}10$ €.

44 Sans calculatrice (1)

Pour calculer 35×12 sans calculatrice, j'effectue la somme de 35×10 et de 35×2.

1. Expliquer la méthode de Juliette.
2. De la même manière, calculer :

$A = 27 \times 101$ $\quad$ $C = 57 \times 99$

$B = 17 \times 13$ $\quad$ $D = 45 \times 19$

45 Sans calculatrice (2)

Pour calculer $37 \times 8 + 37 \times 2$ sans calculatrice, j'effectue le produit de 37 par 10.

1. Expliquer la méthode d'Ousmane.
2. De la même manière, calculer :

$A = 58 \times 3 + 58 \times 7$ $\quad$ $C = 74 \times 1\,003 - 74 \times 3$

$B = 23 \times 17 + 23 \times 3$ $\quad$ $D = 57 \times 107 - 57 \times 7$

46 Périmètres égaux ?

Les figures ci-dessous ont-elles le même périmètre ?

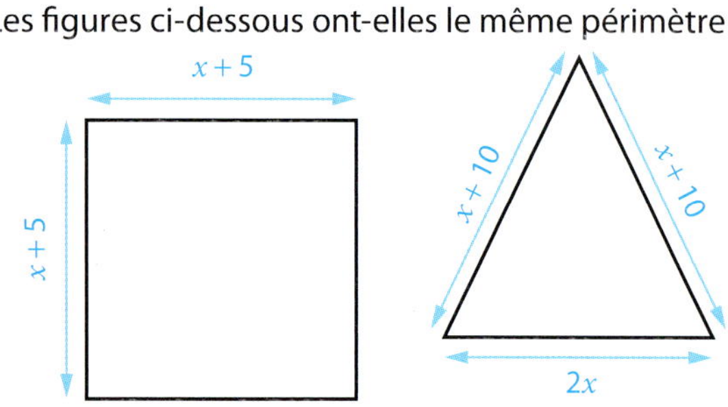

47 À chacun sa longueur

Quelle est la longueur d'un rectangle de largeur x sachant que son aire est égale à :

a. $x^2 + 7x$?

b. $5x^2 + \frac{2}{3}x$?

c. $11x^2 + x$?

48 Sales!

To sell its stock of exercise books, a publishing house decides to batch them.

LV Initially, each exercise book costs £ 3.10. But, when sold in batches of 5, the publisher sells it at a reduced price.

1. By noting r the reduction, express with two different calculations the price P of the batch of 5 exercise books.
2. Calculate P for a reduction of 35 pence.

49 Deux programmes de calcul

Voici deux programmes de calcul :

Programme 1	Programme 2
Choisir un nombre.	Choisir un nombre.
Ajouter 7.	Multiplier par 8.
Multiplier par 8.	Ajouter 56.

1. Comparer ces deux programmes, après les avoir appliqués à plusieurs nombres.
2. Que remarque-t-on ?
3. Cette remarque est-elle vraie pour tous les nombres ? Justifier.

50 Toujours pareil !

1. Effectuer le programme de calcul suivant avec plusieurs nombres.

> Choisir un nombre.
> Ajouter 9.
> Multiplier par 3.
> Enlever 27.
> Enlever le double du nombre de départ.

2. Quelle conjecture peut-on écrire ?
3. Démontrer cette conjecture.

51 Démonstration

1. Calculer l'aire du rectangle ACDF de deux façons différentes.
2. En déduire que, quels que soient les nombres positifs a, b et k, on a bien l'égalité :

$$k \times (a + b) = k \times a + k \times b$$

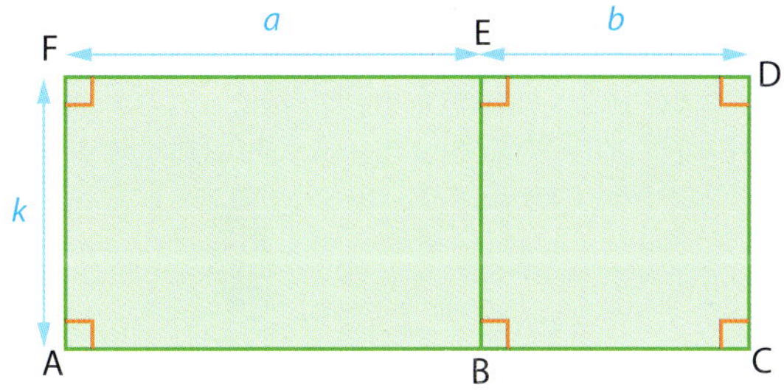

52 Qui a raison ?

Qui de Lucas ou Léila a raison ? Justifier la réponse.

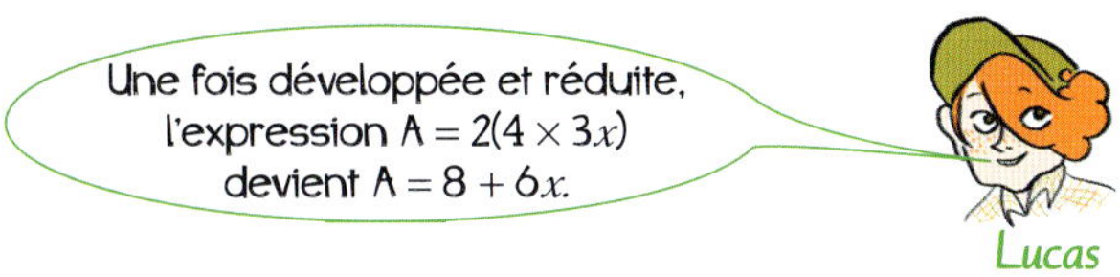

53 Nombres entiers

Vrai ou faux ? Justifier.

a.

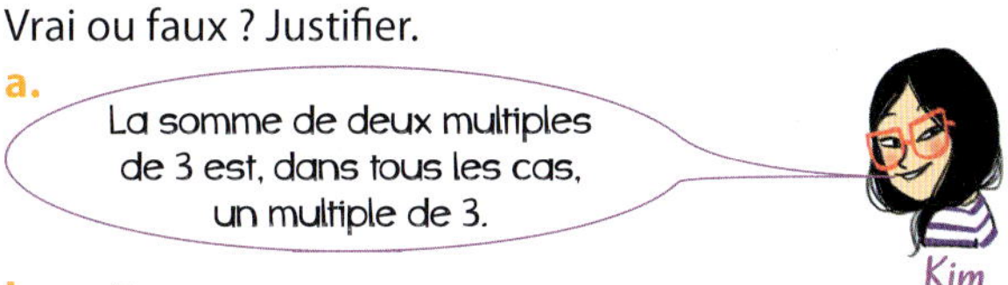

b.

c. Voici un programme de calcul :

> Choisir un nombre entier.
> Ajouter son suivant.

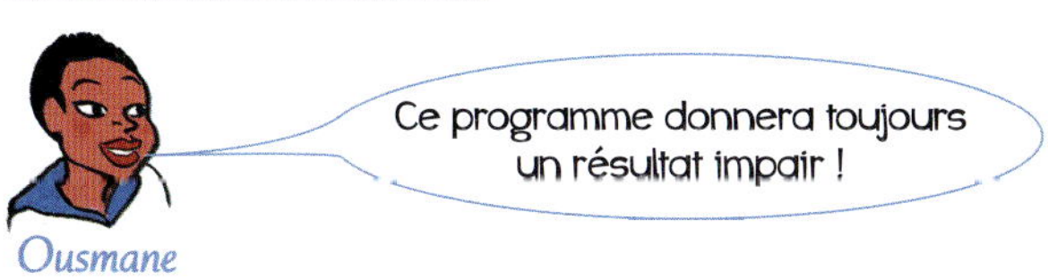

d.

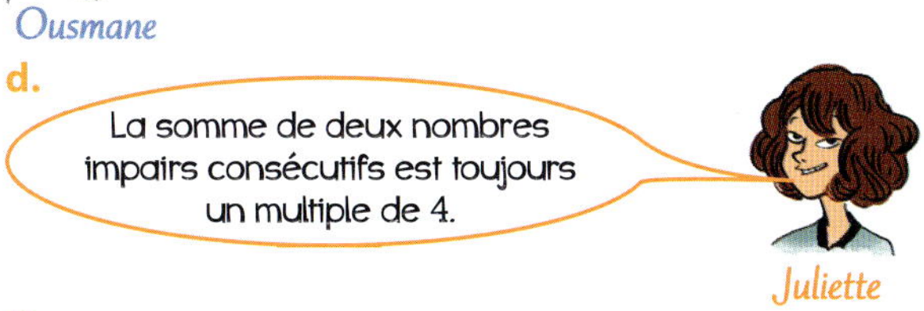

e.

54 Aires et périmètres

1. Déterminer l'expression développée et réduite de l'aire de la figure ci-contre.

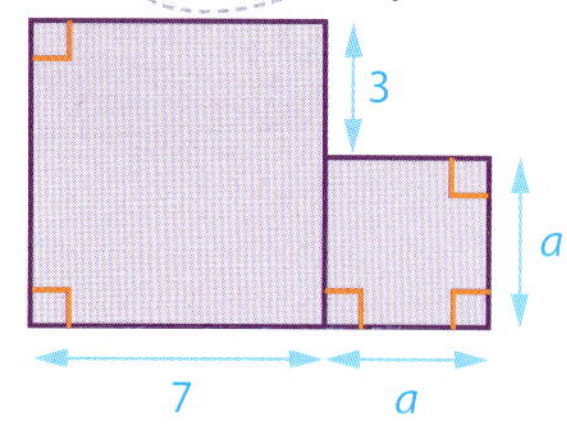

2. Dessiner une figure dont l'aire est exprimée par la formule $2b(b + 1)$.
3. Écrire les expressions réduites du périmètre et de l'aire de chacune des trois figures ci-dessous.

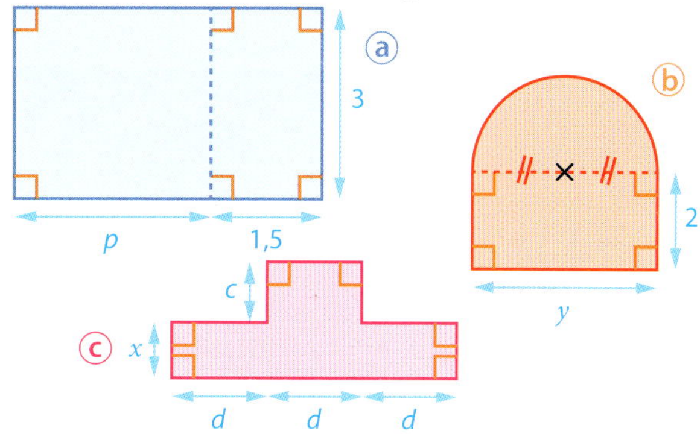

55 Jardin

Antoine souhaite construire une maison.
Voici le plan d'occupation de sa maison sur son terrain :
- ℓ représente la largeur de sa future maison ;
- les dimensions sont données en mètres.

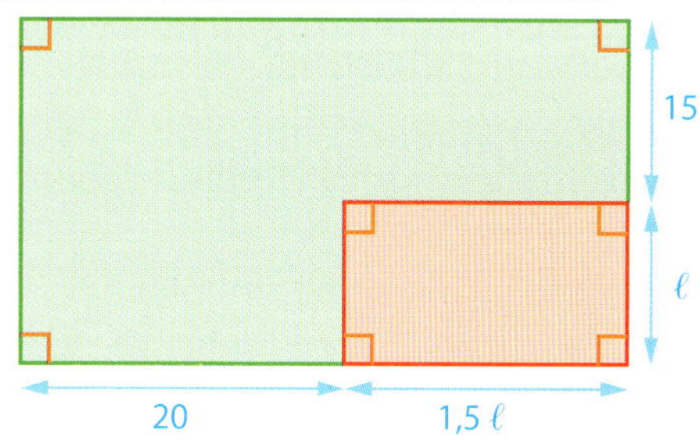

Son architecte lui affirme que son jardin aura une superficie de 600 m^2 environ.

1. Exprimer l'aire du jardin d'Antoine à l'aide d'une expression littérale réduite utilisant ℓ.
2. En utilisant un tableur, déterminer une valeur approchée au mètre près de la largeur de sa maison.
3. Quelle est la superficie totale de son terrain ?

56 Addition de fractions de même dénominateur

Le but de l'exercice est de démontrer la règle :
« Pour additionner deux fractions de même dénominateur, il suffit d'additionner les numérateurs. »

chapitre 2 p. 35

1. **Dans un cas particulier :**
   a. Calculer, en développant, $3\left(\frac{2}{3} + \frac{5}{3}\right)$.
   b. En déduire la valeur de $\frac{2}{3} + \frac{5}{3}$.
2. **Dans le cas général :**
   a, b et c désignent trois nombres ($c \neq 0$).
   a. Développer et réduire l'expression $c\left(\frac{a}{c} + \frac{b}{c}\right)$.
   b. Conclure.

Problèmes

57 Pavements cosmatesques

Prise d'initiative

PEAC

Laurent Cosmati, marbrier italien du XIIe siècle, est à l'origine d'un style particulier de pavement ornemental auquel il a donné son nom : le pavement cosmatesque, que l'on trouve dans de nombreuses basiliques de Rome et de ses environs.

Église des Ottimatti à Reggio de Calabre

Basilique Sainte-Marie-Majeure à Rome

Sur l'agrandissement ci-contre, on remarque que chaque motif hexagonal est délimité par de petits losanges verts ou rouges.

1. Sur une rangée de *n* motifs hexagonaux, exprimer le nombre de losanges en fonction de *n*. Écrire l'expression littérale sous forme développée et réduite.
2. Combien de losanges sont nécessaires pour réaliser une frise de 13 motifs ?
3. Avec 100 losanges, combien de motifs hexagonaux pourront être délimités au maximum ?

58 Nombres avec les mêmes chiffres

- Choisir un nombre entier de deux chiffres.
- Retourner ce nombre (inverser ses chiffres).
- Calculer la différence entre le plus grand et le plus petit de ces deux nombres.
- Dans la grille suivante, repérer le symbole associé au résultat.

0 #	1)	2 S	3 {	4 £	5 [	6 P	7 F	8 ¶	9 #
10 ®	11 X	12 §	13 R	14 T	15 ®	16 ^	17 _	18 #	19 }
20 #	21 S	22 K	23 [	24 }	25 T	26 _	27 #	28 _	29 #
30 T	31 {	32 X	33 H	34 R	35 €	36 #	37 {	38 ¶	39 [
40 C	41 G	42 M	43 G	44 [	45 #	46 K	47 H	48 ^	49 D
50 G	51 H	52 €	53 G	54 #	55 §	56 β	57 ®	58]	59 ¥
60 D	61 ¥	62 K	63 #	64 M	65 ®	66 _	67 #	68 C	69 H
70 _	71 ¥	72 #	73 G	74 X	75 €	76 R	77 }	78 ¥	79 ¥
80 P	81 #	82 }	83 ^	84]	85 β	86 æ	87 W	88 K	89 F
90 D	91 F	92 Z	93 _	94 #	95 F	96 Ø	97 [	98 W	99 æ

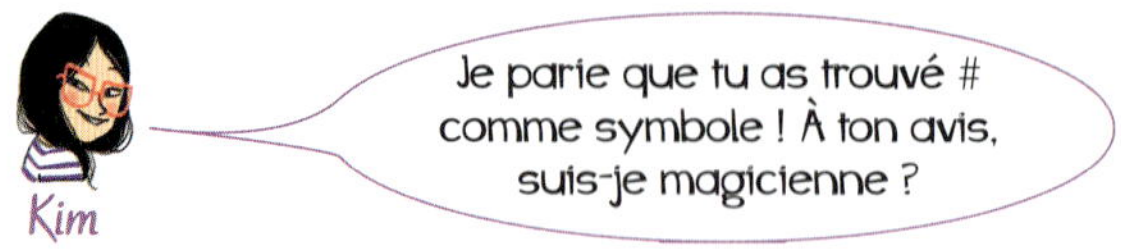

1. Recommencer plusieurs fois avec d'autres nombres. Que peut-on conjecturer sur les différences obtenues ?
2. Si a et b désignent les deux chiffres de départ, avec $a < b$, écrire les expressions littérales représentant le nombre formé des chiffres a et b, ainsi que le nombre « retourné » correspondant.

Par exemple, le nombre 64 peut s'écrire $6 \times 10 + 4$.

3. Calculer la différence entre les deux nombres et montrer qu'elle est divisible par 9.

59 Le tour de magie

Un magicien entre en scène et s'adresse à un spectateur :

« Vous allez effectuer les calculs suivants, puis vous annoncerez votre résultat :

- Multipliez votre jour de naissance par 25.
- Ajoutez 30 au résultat.
- Multipliez par 80.
- Retranchez le double de votre mois de naissance.
- Retranchez 2 400. »

Le spectateur interrogé annonce 9 994. Après quelques secondes d'intense concentration, le magicien devine le jour et le mois de naissance du spectateur.

1. Faire fonctionner le tour de magie avec ses jour et mois de naissance.
2. Écrire une expression littérale simplifiée qui traduit le tour de magie.
3. À l'aide du résultat obtenu en 1. et en observant la forme de l'expression littérale, expliquer la démarche du magicien.
4. Retrouver le jour et le mois de naissance du spectateur interrogé.

60 Des nombres carrés

Prise d'initiative

1. Le diagramme ci-contre permet de calculer rapidement $1 + 3 + 5 + 7$.
Expliquer comment et donner le résultat.
2. De la même manière, déterminer la somme des 30 premiers nombres impairs.
3. Exprimer la somme des n premiers entiers impairs. (n est un entier supérieur à 1.)
4. Peut-on obtenir 3 364 en ajoutant des entiers impairs de la même manière ?

61 Les margelles de la piscine

Prise d'initiative

Monsieur Rousseau vend un modèle de piscines rectangulaires dont la longueur mesure 3 m de plus que la largeur.
Des margelles carrées de 1 m de côté recouvrent les bords du bassin.
Plusieurs clients ont passé commande auprès de M. Rousseau. Celui-ci doit maintenant acheter les margelles à son fournisseur.

Doc. 1 Bon de commande

	A	B	C
1		Largeur de la piscine (en m)	Nombre de dalles à commander
2	Client 1	6	26
3	Client 2	8	
4	Client 3	12	
5	Client 4	4	
6	Client 5	5	
7	Client 6	8	
8	Client 7	7	
9	Client 8	18	
10	Client 9	3	
11	Client 10	9	
12	Client 11	10	
13	Client 12	8	
14	Client 13	5	
15	Client 14	12	
16	Client 15	6	
17	Client 16	16	
18	Client 17	14	
19		Total :	

Doc. 2 Prix des margelles chez le fournisseur

Margelles **19,90 €/pièce**

Dimensions
100 cm × 100 cm × 4 cm

Conditionnement
Palette de 15 m^2

1. Quel est le montant de la commande de M. Rousseau auprès de son fournisseur ?
2. Un client a dans son garage 54 margelles de ce type. Quelle est la largeur maximale que peut avoir sa piscine ?

62 Taux d'alcoolémie

CIT

Prise d'initiative

Thomas, Lucia, Emmanuelle et Jérôme ont organisé un diner entre amis. Thomas a bu deux canettes de bière de 33 cL ; Lucia, deux verres de 10 cL de vin et Emmanuelle, deux verres de 5 cL de whisky.

Doc. 1

	Thomas	Lucia	Emmanuelle	Jérôme
Âge	36	43	45	31
Masse (en kg)	74	59	56	71
Taille (en cm)	175	168	165	182

Doc. 2 Article R234-1 du code de la route

Même en l'absence de tout signe d'ivresse manifeste, est puni de l'amende prévue pour les contraventions de la quatrième classe le fait de conduire un véhicule sous l'empire d'un état alcoolique caractérisé par [...] une concentration d'alcool dans le sang égale ou supérieure à 0,50 gramme par litre [...].

Doc. 3 Formules et taux d'alcoolémie

Lorsqu'une personne boit de l'alcool, celui-ci passe rapidement dans le sang. Voici les formules permettant de calculer le taux d'alcool dans le sang (en g/L) :

Pour un homme : Taux : $\dfrac{0{,}8\,dv}{0{,}7\,m}$	*v* est le volume de liquide bu, exprimé en mL. *d* est le pourcentage de volume d'alcool. *m* est la masse de la personne en kg.
Pour une femme : Taux : $\dfrac{0{,}8\,dv}{0{,}6\,m}$	

Doc. 4

Nom de l'alcool	Whisky	Rhum	Porto	Vin	Bière	Cidre
Pourcentage de volume d'alcool	37 %	30 %	20 %	11 %	6 %	3 %

1. Emmanuelle, Thomas et Lucia rentrent ensemble en voiture.
Qui aura le droit de conduire à la fin de la soirée ?
2. Jérôme a bu un verre contenant 5 cL de whisky. Peut-il boire un verre de 10 cL de vin à table, sachant qu'il doit conduire après le repas ?

Travailler autrement

Utilisable en AP

Deux énoncés pour un exercice

Exercice 1

Qui de Kim ou Lucas a raison ? Justifier la réponse.

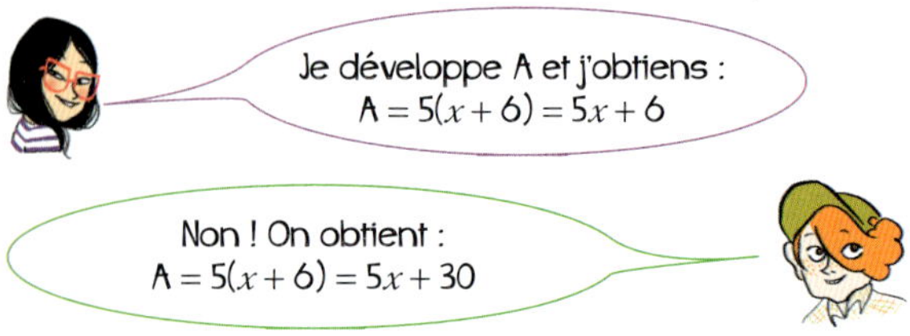

Exercice 2

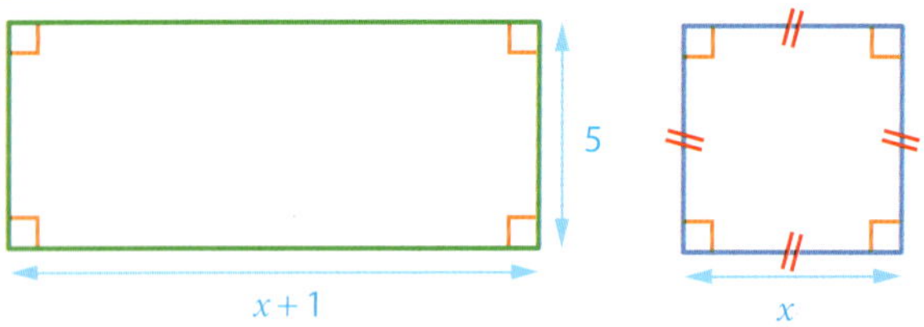

1. Exprimer en fonction de x le périmètre du rectangle. Écrire l'expression littérale sous forme développée réduite.
2. Écrire l'égalité que l'on obtient lorsque les périmètres des deux figures sont égaux.
3. Par essais successifs, trouver une valeur de x pour laquelle l'égalité sera vraie.

Exercice 3

Pour la Saint-Valentin, un fleuriste décide de vendre ses roses par lots de 6.
Chaque rose coute initialement 2,90 €. Mais, vendues dans un lot de 6, le fleuriste applique une réduction au prix unitaire d'une rose.

1. En notant x la réduction appliquée au prix d'une rose, exprimer le prix P d'un lot de 6 roses. Écrire l'expression littérale sous forme développée et réduite.
2. Calculer P pour une réduction de 0,25 €.

Exercice 1

Qui de Léila ou Ousmane a raison ? Justifier la réponse.

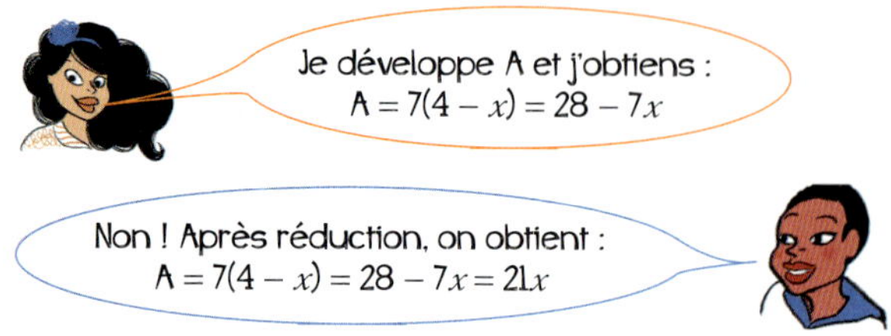

Exercice 2

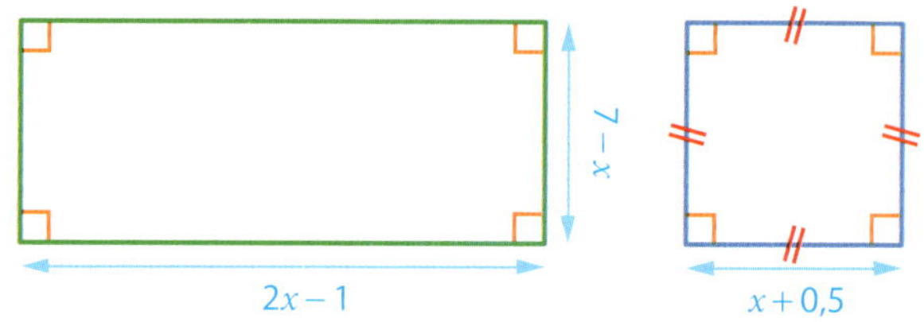

1. Exprimer en fonction de x le périmètre du rectangle. Écrire l'expression littérale sous forme développée réduite.
2. Écrire l'égalité que l'on obtient lorsque les périmètres des deux figures sont égaux.
3. Trouver une valeur de x pour laquelle l'égalité sera vraie.

Exercice 3

Pour la Saint-Valentin, un fleuriste décide de faire des bouquets contenant 5 roses et 2 orchidées. Chaque rose coute initialement 2,90 € et chaque orchidée 1,50 €. Mais vendues par bouquet, le fleuriste applique la même réduction au prix unitaire des roses et des orchidées.

1. En notant x la réduction appliquée au prix d'une rose et d'une orchidée, exprimer le prix P du bouquet. Écrire l'expression littérale sous forme développée et réduite.
2. Calculer P pour une réduction de 35 cents.

Écriture d'un énoncé

1. En utilisant les nombres 2 et 6, la lettre x, une somme et un produit, inventer une expression littérale.
2. Produire un énoncé de problème dont la solution est donnée par l'expression littérale inventée.
3. Échanger l'énoncé ainsi créé avec celui de son voisin et résoudre le problème reçu.
4. Comparer les réponses avec les expressions littérales inventées.

Analyse d'une production

Voici les copies de Victor, Léa et Manon.

- Analyser les réponses des élèves en expliquant les erreurs commises, s'il y en a.

CHAPITRE 6

Ta mission
Apprendre à modéliser des situations et résoudre des problèmes.

Équations et inéquations

Jeux

Tétris
« La ligne explose si l'égalité écrite est vraie pour $x = 3$ ».
Combien de lignes vont exploser ?

Juriste et mathématicien français, **François Viète** (1540-1603) est le premier, en 1591, à avoir représenté les inconnues d'une équation par des lettres.

Mais c'est le mathématicien, physicien et philosophe **René Descartes** (1596-1650) qui a eu l'idée, vers 1628, de les désigner avec les dernières lettres de l'alphabet, c'est-à-dire : x, y et z.

Activités

Questions flash

1. Compléter les égalités suivantes.

a. $8 \times \ldots = 4$

b. $12 - \ldots = -3$

c. $14 - \ldots = 5{,}6$

d. $2{,}5 + \ldots = 7$

e. $7 \times \ldots + 5 = 47$

2. Vrai ou faux ?

L'égalité $7x - 1 = 3x$ est vraie pour :

a. $x = 0$ b. $x = 0{,}25$ c. $x = 1$

3. Dans la feuille de calcul ci-contre, pour calculer $12x - 7$, quelle formule doit-on écrire dans la cellule B2 avant de la recopier vers le bas ?

	A	B
1	x	12x-7
2	1	
3	2	
4	3	
5	4	

4. L'aire du rectangle ci-contre est 15 cm^2.
Quelle est la mesure de sa longueur ?

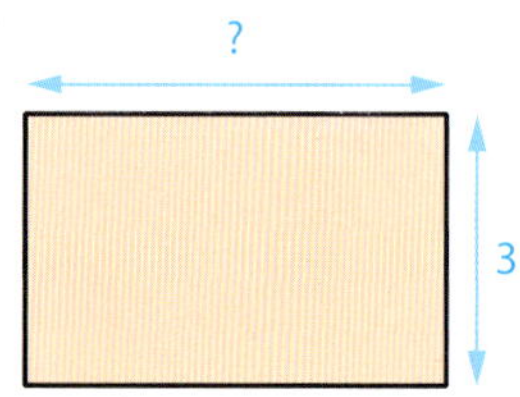

Pas si évident… — Activité 1

Un smartphone avec sa coque coute 60 €.
Le smartphone coute 50 € de plus que la coque.

- Combien coute la coque ?

Deux programmes de calcul — Activité 2

Voici deux programmes de calcul :

Programme A
- Choisir un nombre.
- Multiplier ce nombre par 5.
- Soustraire 6 au résultat.

Programme B
- Choisir un nombre.
- Multiplier ce nombre par –3.
- Ajouter 7 au résultat.

1. Quel nombre faut-il choisir pour que le résultat du programme B soit –8 ?

2. Esteban cherche le nombre à choisir pour que le résultat du programme A soit 10.
Pour cette question, il a réalisé la feuille de calcul ci-contre.

a. Quelle formule doit-on écrire dans la cellule B2, puis recopier vers le bas ?

b. Expliquer la remarque d'Esteban.

	A	B
1	Nombre de départ	Programme A
2	0	
3	1	
4	2	
5	3	
6	4	
7	5	
8	6	

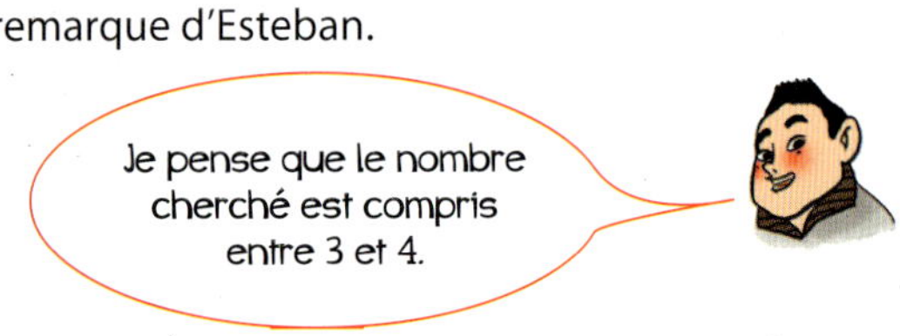

c. Réaliser la feuille de calcul en entrant, dans la colonne des nombres de départ, les nombres entre 3 et 4 avec un pas d'un dixième. Trouver le nombre cherché.

3. Quel nombre faut-il choisir pour obtenir le même résultat avec les deux programmes ?

Les balances

Activité 3

1. La balance 1 est en équilibre.

Balance 1

Est-ce le cas pour les balances 2 et 3 ? Expliquer pourquoi.

Balance 2

Balance 3

2. Les deux balances ci-dessous sont en équilibre.

Combien faut-il poser de triangles sur le plateau de droite pour que la balance ci-contre soit en équilibre ?

3. La balance ci-contre est en équilibre.
Quelle est la masse d'une boule orange ?

Nombre mystère

Activité 4

Dans le schéma ci-contre, les deux chemins mènent au même résultat.

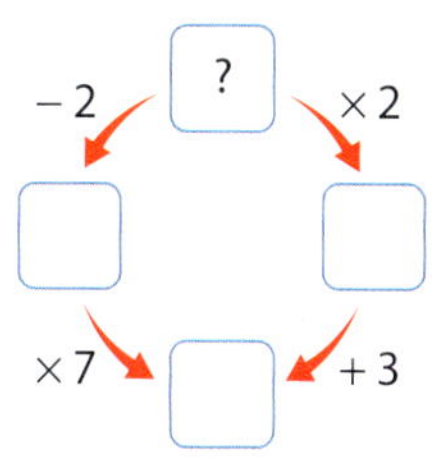

1. Peut-on choisir 1 comme nombre de départ ? Et 2,5 ? Et –3 ?
2. On note x le nombre de départ.
   a. Écrire le résultat en fonction de x en utilisant le chemin de gauche.
   b. Écrire le résultat en fonction de x en utilisant le chemin de droite.
   c. En déduire une égalité que x doit vérifier.

Cette égalité s'appelle une équation d'inconnue x.

   d. Pour quelle valeur de x cette égalité est-elle vraie ?
3. En suivant les mêmes étapes qu'à la question 2., trouver le nombre de départ du schéma ci-contre.

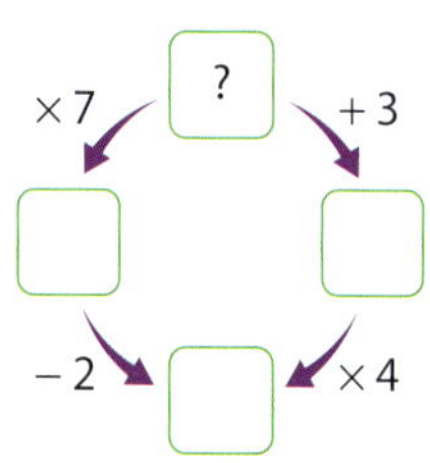

Vrai ou faux ?

Activité 5

Prise d'initiative

Quelle que soit la longueur des segments codés, le périmètre du rectangle FGHJ est inférieur à celui du carré ABCD.

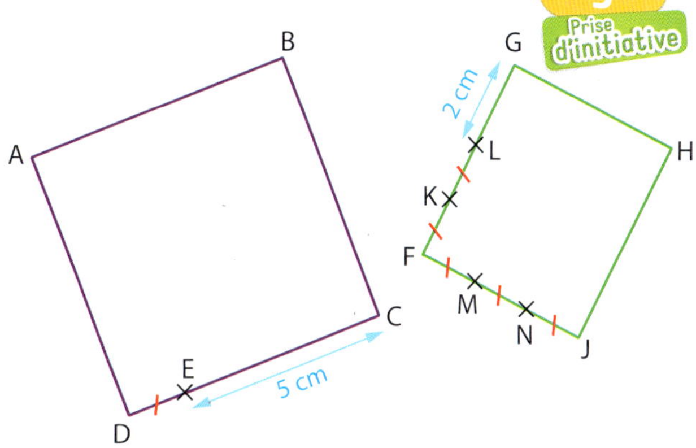

• Juliette a-t-elle raison ? Justifier la réponse.

Tu peux éventuellement t'aider d'un tableur.

1 Connaitre la notion d'équation

Vidéo

Définition

Une **équation** est une égalité qui comporte au moins un nombre de valeur inconnue, généralement désigné par une lettre.

Cette égalité peut être vraie pour certaines valeurs de l'inconnue et fausse pour d'autres.

Exemple

$3 + x = 11$ est une équation d'inconnue x.

Si $x = 8$, cette égalité est vraie : $3 + x = 3 + 8 = 11$.

Si $x = 4$, cette égalité est fausse : $3 + x = 3 + 4 = 7$ et $7 \neq 11$.

Les deux membres de l'égalité ont pour valeur 11.

Définition

Une **solution** d'une équation est une valeur de l'inconnue pour laquelle l'égalité est vraie.

Exemples

On considère l'équation $3 + x = 11$.

Si $x = 8$:

$3 + x = 3 + 8 = 11$

Les deux membres ont la même valeur, donc l'égalité est vraie.

On dit que 8 est une solution de l'équation $3 + x = 11$.

Si $x = 7$:

$3 + x = 3 + 7 = 10$

Les deux membres n'ont pas la même valeur, donc l'égalité est fausse.

On dit que 7 n'est pas une solution de l'équation $3 + x = 11$.

On considère l'équation $5x - 3 = 17$.

Si $x = 6$:

$5x - 3 = 5 \times 6 - 3 = 30 - 3 = 27$

Les deux membres n'ont pas la même valeur, donc l'égalité est fausse.

On dit que 6 n'est pas une solution de l'équation $5x - 3 = 17$.

Si $x = 4$:

$5x - 3 = 5 \times 4 - 3 = 20 - 3 = 17$

Les deux membres ont la même valeur, donc l'égalité est vraie.

On dit que 4 est une solution de l'équation $5x - 3 = 17$.

Méthode

Pour **tester si un nombre est une solution** d'une équation d'inconnue x :

- on calcule le membre de gauche en remplaçant x par cette valeur ;
- on calcule le membre de droite en remplaçant x par cette valeur ;
- on observe si les deux membres sont égaux ou non, et on conclut.

Exemples

On veut tester si 8 est une solution de l'équation $3x + 2 = 4x - 3$.

- $3x + 2 = 3 \times 8 + 2 = 24 + 2 = 26$
- $4x - 3 = 4 \times 8 - 3 = 32 - 3 = 29$
- Les deux membres n'ont pas la même valeur donc 8 n'est pas une solution de l'équation $3x + 2 = 4x - 3$.

On veut tester si 5 est une solution de l'équation $3x + 2 = 4x - 3$.

- $3x + 2 = 3 \times 5 + 2 = 15 + 2 = 17$
- $4x - 3 = 4 \times 5 - 3 = 20 - 3 = 17$
- Les deux membres ont la même valeur donc 5 est une solution de l'équation $3x + 2 = 4x - 3$.

Savoir-faire

Apprends à l'aide des exercices résolus puis entraine-toi !

1 Connaitre la notion d'équation

1 On considère l'équation $2t + 6 = 5t - 9$.

1. -5 est-il une solution de cette équation ?
2. 5 est-il une solution de cette équation ?

Solution

1. **On veut tester si -5 est une solution de $2t + 6 = 5t - 9$:**
On remplace t par (-5) dans le membre de gauche :
$2t + 6 = 2 \times (-5) + 6 = -10 + 6 = -4$
On remplace t par (-5) dans le membre de droite :
$5t - 9 = 5 \times (-5) - 9 = -25 - 9 = -34$
$-4 \neq -34$
Comme les deux membres n'ont pas la même valeur, l'égalité est fausse pour $t = -5$.
Ainsi, -5 n'est pas une solution de l'équation $2t + 6 = 5t - 9$.

2. **On veut tester si 5 est une solution de $2t + 6 = 5t - 9$:**
On remplace t par 5 dans le membre de gauche :
$2t + 6 = 2 \times 5 + 6 = 10 + 6 = 16$
On remplace t par 5 dans le membre de droite :
$5t - 9 = 5 \times 5 - 9 = 25 - 9 = 16$
Comme les deux membres ont la même valeur, l'égalité est vraie pour $t = 5$.
Ainsi, 5 est une solution de l'équation $2t + 6 = 5t - 9$.

2 On considère le rectangle et le carré ci-contre.
L'aire du rectangle est donnée par l'expression littérale $L \times 4$.
L'aire du carré est donnée par l'expression littérale $L \times L$.

1. Que signifie l'égalité $L \times 4 = L \times L$?
2. Cette égalité est-elle vraie pour $L = 6$? Et pour $L = 4$?

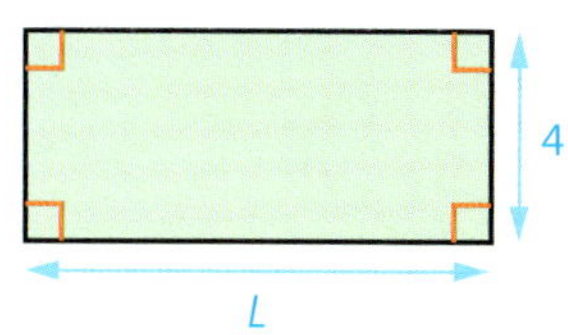

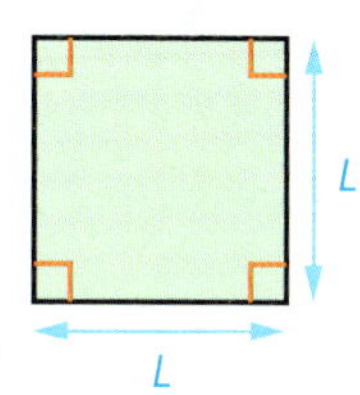

Solution

1. L'équation $L \times 4 = L \times L$ signifie que l'aire du rectangle est égale à celle du carré.
2. **On veut tester si 6 est une solution de cette équation :**
On remplace L par 6 dans le membre de gauche : $L \times 4 = 6 \times 4 = 24$
On remplace L par 6 dans le membre de droite : $L \times L = 6 \times 6 = 36$
Comme $24 \neq 36$, les deux membres n'ont pas la même valeur, l'égalité est fausse pour $L = 6$.
Ainsi, 6 n'est pas une solution de l'équation $L \times 4 = L \times L$.
Les aires ne sont donc pas égales pour $L = 6$.

On veut tester si 4 est une solution de l'équation $L \times 4 = L \times L$:
On remplace L par 4 dans le membre de gauche :
$L \times 4 = 4 \times 4 = 16$
On remplace L par 6 dans le membre de droite :
$L \times L = 4 \times 4 = 16$
Les deux membres ont la même valeur 16, l'égalité est vraie pour $L = 4$.
Ainsi, 4 est une solution de l'équation $L \times 4 = L \times L$.
Les aires sont donc égales pour $L = 4$.

3 On considère l'équation $4y + 10 = 6y - 7$.
- 1 est-il une solution de cette équation ? Et 8,5 ?

4 Dans l'exercice **2**, l'aire du rectangle et l'aire du carré sont-elles égales pour $L = 7$?

2 Résoudre une équation

▶ Vidéo

Définition

Résoudre une équation, c'est trouver toutes les solutions de cette équation.

Il arrive aussi qu'une équation n'ait aucune solution.

Propriété

Une égalité reste vraie lorsque l'on ajoute (ou soustrait) un même nombre à chacun de ses membres.

a, b et k désignent des nombres.

Si $a = b$, alors : $a + k = b + k$ et $a - k = b - k$.

Exemples

On veut résoudre l'équation $x - 7 = 2$.
On ajoute **7** à chacun de ses membres :
$x - 7 + 7 = 2 + 7$
$x = 9$
Ainsi, 9 est la solution de cette équation.
On peut vérifier ce résultat en remplaçant x par 9 dans l'équation : $9 - 7 = 2$. Donc 9 est bien la solution de cette équation.

On veut résoudre l'équation $5 + x = 1$.
On soustrait **5** à chacun de ses membres :
$5 + x - 5 = 1 - 5$
$x = -4$
Ainsi, -4 est la solution de cette équation.
On peut vérifier ce résultat en remplaçant x par -4 dans l'équation : $5 + (-4) = 1$. Donc -4 est bien la solution de cette équation.

Après avoir résolu une équation, on peut vérifier les calculs en remplaçant l'inconnue par le résultat trouvé.

Propriété

Une égalité reste vraie lorsque l'on multiplie (ou divise) chacun de ses membres par un même nombre non nul.

a, b et k désignent des nombres ($k \neq 0$).

Si $a = b$, alors : $a \times k = b \times k$ et $\dfrac{a}{k} = \dfrac{b}{k}$.

Exemples

On veut résoudre l'équation $\dfrac{x}{2} = 5$.
On multiplie par **2** chacun de ses membres :
$\dfrac{x}{2} \times 2 = 5 \times 2$
$x = 10$
Ainsi, 10 est la solution de cette équation.

On peut vérifier ce résultat en remplaçant x par 10 dans l'équation :
$\dfrac{10}{2} = 5$ donc 10 est bien la solution de cette équation.

On veut résoudre l'équation $3x = -1$.
On divise par **3** chacun de ses membres :
$\dfrac{3x}{3} = \dfrac{-1}{3}$
$x = -\dfrac{1}{3}$
Ainsi, $-\dfrac{1}{3}$ est la solution de cette équation.

On peut vérifier ce résultat en remplaçant x par $-\dfrac{1}{3}$ dans l'équation :
$3 \times \left(-\dfrac{1}{3}\right) = -\dfrac{3}{3} = -1$ donc $-\dfrac{1}{3}$ est bien la solution de cette équation.

Savoir-faire

Apprends à l'aide des exercices résolus puis entraine-toi !

2 Résoudre une équation

5 Résoudre l'équation $x + 6 = 10$.

Solution

On veut résoudre l'équation $x + 6 = 10$:
On soustrait **6** à chacun de ses membres :

$$x + 6 - 6 = 10 - 6$$
$$x = 4$$

Ainsi, 4 est la solution de cette équation.

6 Résoudre l'équation $x - 7 = 2$.

Solution

On veut résoudre l'équation $x - 7 = 2$:
On ajoute **7** à chacun de ses membres :

$$x - 7 + 7 = 2 + 7$$
$$x = 9$$

Ainsi, 9 est la solution de cette équation.

7 Résoudre les équations suivantes.

$x + 11 = 9$ $\quad 8 + x = 10$ $\quad 2{,}5 + x = 4$ $\quad x - 11 = 3$ $\quad x - 5{,}9 = 7$ $\quad x - (-6) = 12$

8 Résoudre l'équation $7x = 21$.

Solution

On veut résoudre l'équation $7x = 21$:
On divise par **7** chacun de ses membres :

$$\frac{7x}{7} = \frac{21}{7}$$
$$x = 3$$

Ainsi, 3 est la solution de cette équation.

9 Résoudre l'équation $\frac{x}{3} = 2$.

Solution

On veut résoudre l'équation $\frac{x}{3} = 2$:
On multiplie par **3** chacun de ses membres :

$$\frac{x}{3} \times 3 = 2 \times 3$$
$$x = 6$$

Ainsi, 6 est la solution de cette équation.

10 Résoudre les équations suivantes.

$2x = 7$ $\quad -8x = 15$ $\quad 1{,}4x = 16$ $\quad \frac{x}{7} = 6$ $\quad \frac{x}{13} = -5$ $\quad \frac{x}{-4} = 3$

11 Résoudre l'équation $3x + 7 = 25$.

Solution

On veut résoudre l'équation $3x + 7 = 25$.
- On soustrait **7** à chacun de ses membres :

$$3x + 7 - 7 = 25 - 7$$
$$3x = 18$$

- On divise par **3** chacun de ses membres :

$$\frac{3x}{3} = \frac{18}{3}$$
$$x = 6$$

Ainsi, 6 est la solution de cette équation.

12 Résoudre l'équation $-8x - 1 = 27$.

Solution

On veut résoudre l'équation $-8x - 1 = 27$.
- On ajoute **1** à chacun de ses membres :

$$-8x - 1 + 1 = 27 + 1$$
$$-8x = 28$$

- On divise par **−8** chacun de ses membres :

$$\frac{-8x}{-8} = \frac{28}{-8}$$
$$x = -3{,}5$$

Ainsi, −3,5 est la solution de cette équation.

13 Résoudre les équations suivantes : $5x + 1 = 16$ $\quad 2x - 9 = 17$

Cours

3 Modéliser une situation ▶Vidéo

Méthode

Pour **modéliser une situation** à l'aide d'une équation :
- on choisit l'inconnue x en fonction de ce que l'on cherche ;
- on traduit les données de l'énoncé du problème par une équation ;
- on résout l'équation ;
- on interprète le résultat.

Exemple

Léa a acheté 19 bonbons de trois parfums différents : à la fraise, à la réglisse et à la menthe. Elle constate qu'elle a 4 bonbons à la menthe et deux fois plus de bonbons à la réglisse qu'à la fraise. Combien a-t-elle de bonbons à la fraise ?

- **On choisit l'inconnue :** on appelle x le nombre de bonbons à la fraise.
- **On traduit l'énoncé du problème par une équation :**
  Il y a deux fois plus de bonbons à la réglisse qu'à la fraise donc le nombre de bonbons à la réglisse est égal à $2x$.
  Le nombre total de bonbons est égal à 19 mais il est aussi égal à $x + 2x + 4$.
  On peut donc écrire l'équation $x + 2x + 4 = 19$.
- **On résout l'équation :**

$x + 2x + 4 = 19$ — On simplifie l'expression : $x + 2x = 3x$

$3x + 4 = 19$

$3x + 4 - 4 = 19 - 4$ — On retranche 4 aux deux membres de l'égalité.

$3x = 15$

$\frac{3x}{3} = \frac{15}{3}$ — On divise les deux membres par 3.

$x = 5$

- **On interprète le résultat :** Léa a donc acheté 5 bonbons à la fraise.

4 Connaitre la notion d'inéquation ▶Vidéo

Définition

Une **inéquation** est une inégalité qui comporte au moins un nombre de valeur inconnue, généralement désigné par une lettre.
Cette inégalité peut être vraie pour certaines valeurs de l'inconnue et fausse pour d'autres.
Une **solution** d'une inéquation est une valeur de l'inconnue pour laquelle l'inégalité est vraie.

Exemples

$x + 7 \leqslant 13$ est une inéquation d'inconnue x.
Si $x = 3$, alors $x + 7 = 3 + 7 = 10$.
Or $10 < 13$ donc l'inégalité est vraie pour $x = 3$.
On dit que 3 est une solution de l'inéquation $x + 7 \leqslant 13$.

$\leqslant$ se lit « inférieur ou égal ».
Cela signifie que l'inégalité est vraie si $x + 7 = 13$ ou si $x + 7 < 13$.

$2x - 5 > 14$ est une inéquation d'inconnue x.
Si $x = 1$, alors :
$2x - 5 = 2 \times 1 - 5 = 2 - 5 = -3$
Or $-3 < 14$ donc l'inégalité est fausse pour $x = 1$.
On dit que 1 n'est pas une solution de l'inéquation $2x - 5 > 14$.

Savoir-faire

Apprends à l'aide des exercices résolus puis entraine-toi !

3 Modéliser une situation

14 Trois bâtons mesurent ensemble 3,7 mètres. Le deuxième mesure 1,2 m de plus que le premier. Le troisième mesure 0,5 m de moins que le premier.

- Quelle est la longueur du premier bâton ?

Solution

- **On choisit l'inconnue :** on appelle x la longueur du premier bâton.
- **On traduit l'énoncé du problème par une équation :**
  Le deuxième bâton mesure 1,2 m de plus que le premier donc sa longueur est égale à $x + 1{,}2$.
  Le troisième bâton mesure 0,5 m de moins que le premier donc sa longueur est égale à $x - 0{,}5$.
  La longueur des trois bâtons est égale à 3,7 m, mais aussi à $x + x + 1{,}2 + x - 0{,}5$.
  On peut donc écrire l'équation $x + x + 1{,}2 + x - 0{,}5 = 3{,}7$.
- **On résout l'équation :**

$x + x + 1{,}2 + x - 0{,}5 = 3{,}7$

$x + x + x + 1{,}2 - 0{,}5 = 3{,}7$ — On réordonne les termes.

$3x + 0{,}7 = 3{,}7$ — On simplifie l'expression : $x + x + x = 3x$

$3x + 0{,}7 - 0{,}7 = 3{,}7 - 0{,}7$ — On retranche 0,7 aux deux membres de l'égalité.

$3x = 3$

$\frac{3x}{3} = \frac{3}{3}$ — On divise les deux membres par 3.

$x = 1$

- **On interprète le résultat :** le premier bâton mesure 1 m.

15 À la rentrée scolaire, Antoine regarde la composition de sa classe de 4e et constate qu'il y a deux fois moins de garçons que de filles.

- Sachant que sa classe compte 27 élèves, combien y a-t-il de garçons ?

4 Connaitre la notion d'inéquation

16 On considère l'inéquation $3y - 7 \geqslant 12$.

- (–2) est-il une solution de cette inéquation ?

Solution

On remplace y par -2 dans $3y - 7$:

$$3y - 7 = 3 \times (-2) - 7 = -6 - 7 = -13$$

Comme $-13 < 12$, l'inégalité est fausse pour $y = -2$.
Donc -2 n'est pas une solution de l'inéquation $3y - 7 \geqslant 12$.

17 On considère l'inéquation $7y + 1 < y - 3$.

- 9 est-il une solution de cette inéquation ?

Solution

On remplace y par 9 dans le membre de gauche :

$$7y + 1 = 7 \times 9 + 1 = 63 + 1 = 64$$

On remplace y par 9 dans le membre de droite :

$$y - 3 = 9 - 3 = 6$$

Comme $64 > 6$, l'inégalité est fausse pour $y = 9$.
Ainsi, 9 n'est pas une solution de l'inéquation $7y + 1 < y - 3$.

18 On considère l'inéquation $6z - 15 \leqslant 7$.

- 1 est-il une solution de cette inéquation ? Et 3 ?

19 On considère l'inéquation $2z + 6 > 5z - 8$.

- 6 est-il une solution de cette inéquation ? Et 2 ?

Exercices

2 pages d'exercices supplémentaires dans le manuel numérique

Connaitre la notion d'équation

Savoir-faire p. 105

Questions flash — diapo

20 Dans chacune des équations suivantes, identifier :
- l'inconnue ;
- les deux membres de l'équation ;
- le (ou les) terme(s) comportant l'inconnue ;
- le (ou les) terme(s) constant(s).

a. $3x + 2 = 5$ b. $5y - 7 = y + 13$ c. $z + 4 = z^2$

21 Dans chacun des cas suivants, dire si l'affirmation est vraie ou fausse. Justifier la réponse.

a. –2 est une solution de l'équation $-2x = -4$.
b. 5 est une solution de l'équation $x - 5 = 0$.
c. 100 est une solution de l'équation $\frac{x}{10} = 10$.
d. –4 est une solution de l'équation $x + 7 = -11$.

22 On considère l'équation $2x + 3 = 10 - 5x$.
- –1 est-il une solution de cette équation ? Et 0 ? Et 1 ? Justifier les réponses.

23 Dans chacun des cas suivants, dire si l'affirmation est vraie ou fausse. Justifier la réponse.

a. 2 est une solution de l'équation $5 + t = 3t + 1$.
b. 5 est une solution de l'équation $5(t - 2) = 4t$.
c. 3 est une solution de l'équation $2(t + 1) = t^2$.

24 Associer chaque équation de la colonne rouge à sa solution de la colonne bleue.

Colonne rouge	Colonne bleue
$2y - 3 = 5y$	$y = 8$
$y^2 = 8y$	$y = 2$
$3y = \frac{y}{2} + 5$	$y = -1$
$7(y + 1) = 9y - 1$	$y = 4$

25 On considère l'équation $3(x - 2) = x - 4$.
- Parmi les étiquettes suivantes, choisir celle qui contient une affirmation juste.

2 est une solution de l'équation, mais pas 1.

1 est une solution de l'équation mais pas 2.

Ni 1 ni 2 ne sont solution de l'équation.

Résoudre une équation

Savoir-faire p. 107

Questions flash — diapo

26 Dans chacun des cas suivants, dire si l'affirmation est vraie ou fausse.

a. Pour résoudre l'équation $x + 8 = 3$, on ajoute 8 à chacun de ses membres.
b. Pour résoudre l'équation $x - 3 = 5$, on ajoute 3 à chacun de ses membres.
c. Pour résoudre l'équation $4x = 5$, on soustrait 4 à chacun de ses membres.
d. Pour résoudre l'équation $7x = 2$, on divise par 7 chacun de ses membres.
e. Pour résoudre l'équation $\frac{x}{6} = 1$, on multiplie par 6 chacun de ses membres.

27 Compléter les phrases suivantes.

a. Pour résoudre l'équation $x - 4 = 9$, on …
b. Pour résoudre l'équation $2x = 17$, on …
c. Pour résoudre l'équation $\frac{x}{5} = 11$, on …
d. Pour résoudre l'équation $x + (-3) = 8$, on …

28 Résoudre chaque équation.

a. $-2 + x = 5$ b. $x + 9 = 16$
c. $6x = 15$ d. $-5x = 24$
e. $4x + 3x = 49$ f. $-2x + 7x = 36$

29 Dans chacun des cas suivants, choisir l'étiquette correspondant à la bonne réponse.

a. L'équation $5x + 6 = 10$ a les mêmes solutions que l'équation :

$5x = 4$ $x + 6 = 2$

b. L'équation $3x - 7 = x + 4$ a les mêmes solutions que l'équation :

$4x = 11$ $2x = 11$

30 Résoudre chaque équation.

a. $\frac{3}{4}x = 5$ b. $4x - 3 = 11$ c. $7 - 8x = 56$
d. $6x - 4 = 3x + 14$ e. $9 - 2x = 11 + 4x$

31 1. Développer et réduire l'expression :
$$5(x - 3) - 3x + 7$$
2. Résoudre l'équation $5(x - 3) - 3x + 7 = 9$.

32 **1.** Développer et réduire les expressions :

$2(x - 7)$ et $3(-x + 1)$

2. Résoudre l'équation $2(x - 7) = 3(-x + 1)$.

33 Résoudre l'équation $7(6 - 2x) - 3(4x + 1) = 0$.

Modéliser une situation

Savoir-faire p. 109

Questions flash

diapo

34 x désigne un nombre quelconque.
Exprimer à l'aide d'une expression littérale la plus simple possible :

a. 11 de plus que x ;

b. 7 de moins que x ;

c. 5 fois plus de x ;

d. 3 fois moins de x.

35 x désigne un nombre quelconque.
Exprimer à l'aide d'une expression littérale la plus simple possible :

a. le double de x ;

b. le tiers de x ;

c. x augmenté de 8 ;

d. x retranché de 13.

36 Voici un programme de calcul :

> Choisir un nombre.
> Multiplier par 5.
> Ajouter 9.

1. En notant x le nombre choisi au départ, exprimer le nombre obtenu avec ce programme à l'aide d'une expression littérale.

2. Quel nombre doit-on choisir au départ si l'on veut obtenir 18 comme résultat ?

3. Quel nombre doit-on choisir au départ si l'on veut obtenir son double comme résultat ?

37 Je suis un nombre.
Multiplié par 2, puis augmenté de 5, je vaux 14.
• Qui suis-je ?

38 Je suis un nombre.
Multiplié par 4, puis retranché de 7, je vaux mon triple.
• Qui suis-je ?

39 Je suis un nombre.
Multiplié par 3, puis retranché de 4, je vaux mon double augmenté de 1.
• Qui suis-je ?

40 Agnès a 3 ans de moins que Soukeyna. Xander a le double de l'âge d'Agnès. À eux trois, ils ont 107 ans.
• Quel âge a Agnès ?

41 En jouant à la loterie, Valentin, Enzo, Candice et Flore ont gagné en tout 1 647 €.
Valentin a gagné quatre fois plus qu'Enzo et Flore.
Candice a gagné le triple de Flore.
• Combien chacun a-t-il gagné ?

Connaitre la notion d'inéquation

Savoir-faire p. 109

Questions flash

diapo

42 Dans chacune des inéquations suivantes, identifier :
• l'inconnue ;
• les deux membres de l'inéquation ;
• le (ou les) terme(s) comportant l'inconnue ;
• le (ou les) terme(s) constant(s).

a. $2x + 8 > 11$ **b.** $4y - 6 \geqslant 3y + 7$

c. $3 - z < z^2$

43 Dans chacun des cas suivants, dire si l'affirmation est vraie ou fausse. Justifier la réponse.

a. 2 est une solution de l'inéquation $3x < 1$.

b. -4 est une solution de l'inéquation $x + 7 \geqslant 2$.

c. 5 est une solution de l'inéquation $\frac{x}{2} > 5$.

d. -7 est une solution de l'inéquation $3 - x \leqslant 7$.

44 On considère l'inéquation $x - 3 \geqslant 2x$.
• -1 est-il une solution de cette inéquation ? Et -2 ? Et -3 ? Justifier les réponses.

45 Associer chaque inéquation des pièces rouges à une ou plusieurs solutions des pièces bleues.

$3x - 7 \geqslant 5$	5
$-x + 3 \geqslant 8$	-12
$x - 6 < -11$	-5

46 Dans chacun des cas suivants, dire si l'affirmation est vraie ou fausse. Justifier la réponse.

a. 2 est une solution de l'inéquation $x + 7 < 4x + 2$.

b. -1 est une solution de l'inéquation $3(x + 1) \geqslant 10x$.

c. 5 est une solution de l'inéquation $8(x - 1) < x^2$.

47 On considère l'inéquation $2(x + 3) \leqslant 3x - 5$.
• Parmi les étiquettes suivantes, choisir celle qui contient une affirmation juste.

7 est une solution de l'inéquation mais pas 10.	10 est une solution de l'inéquation mais pas 7.
Ni 7 ni 10 ne sont solutions de l'inéquation.	7 et 10 sont des solutions de l'inéquation.

Faire le point

Vérifie tes connaissances.

QCM

Donner la seule réponse correcte parmi les trois proposées.

	Réponse A	Réponse B	Réponse C
1 Connaitre la notion d'équation			
1. 15 est solution de l'équation :	$2x + 1 = 31$	$x + 15 = 0$	$3x + 1 = 2x + 17$
2. L'équation $9x - 1 = 5$ a pour solution :	3	$\frac{2}{3}$	0,66
2 Résoudre une équation			
1. En retranchant 7 à chaque membre de l'égalité $3t + 7 = 12$, on obtient l'égalité :	$-4t = 5$	$3t = 12$	$3t = 5$
2. Une équation qui a la même solution que l'équation $5y - 2 = 3y + 1$ est :	$2y = 3$	$8y = 3$	$2y = -1$
3 Modéliser une situation			
« J'ai acheté un crayon à 1,70 € et trois cahiers. J'ai dépensé 9,20 € au total. Quel est le prix d'un cahier ? » Une équation qui modélise ce problème est :	$3x = 1{,}7 + 9{,}2$	$(1{,}7 + 3)x = 9{,}2$	$1{,}7 + 3x = 9{,}2$
4 Connaitre la notion d'inéquation			
1. L'inégalité $7y > y + 18$ est :	toujours vraie.	vraie si $y = 3$.	fausse si $y = 3$.
2. L'inégalité $19t - 13 < 25$ est vraie pour :	$t = 1$	$t = 2$	$t = 3$

Pour t'aider à retenir le cours.*

Carte mentale

Reproduire et compléter la carte mentale.

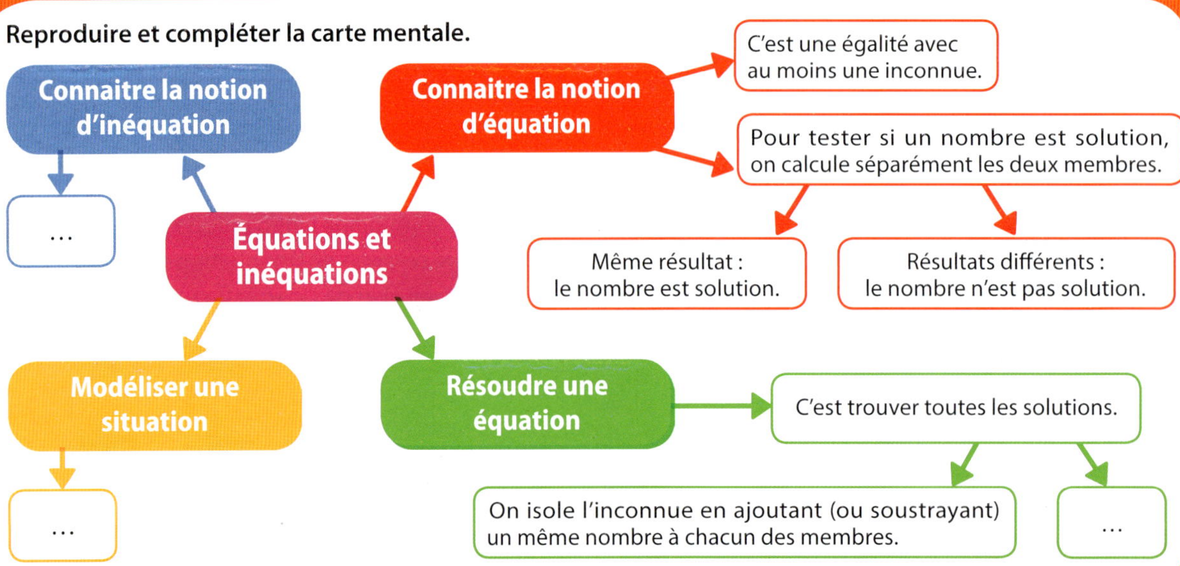

** Tu peux aussi construire ta propre carte mentale.*

Algorithmique et outils numériques

48 Être ou ne pas être

John a écrit le script suivant.

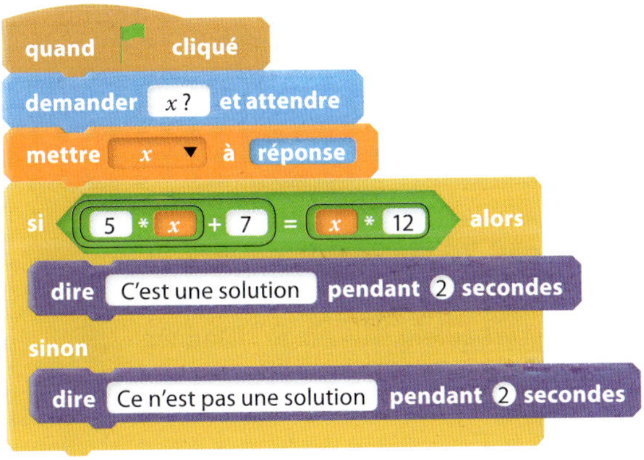

1. À quoi ce script sert-il ?
2. Quelle valeur faut-il entrer afin que le lutin affiche « C'est une solution » ?
3. Adapter ce script à l'inéquation suivante :
$$4x - 2 > 34 - 2x$$
4. Par essais successifs, donner plusieurs solutions de cette inéquation.
5. a. Reproduire la feuille de calcul suivante.

	A	B	C
1	x	4x-2	34-2x
2	0		
3	1		
4	2		
5	3		

b. Compléter les cellules B2 et C2, puis les recopier vers le bas. Quelles informations peut-on en déduire pour l'inéquation de la question 3. ?

c. Adapter cette feuille de calcul pour donner un grand nombre de solutions de cette inéquation.

d. Est-il possible de les donner toutes ?

49 Indice de masse corporelle (IMC)

SVT

L'Organisation mondiale de la santé (OMS) a défini, en 1997, l'indice de masse corporelle comme le standard pour évaluer les risques liés au surpoids chez l'adulte.

Doc. 1 Calcul de l'IMC

$$\text{IMC} = \frac{\text{masse}}{\text{taille}^2}$$

La masse est exprimée en kilogrammes et la taille en mètres.

Il faut néanmoins faire attention car cet indice de risque ne prend pas en compte la proportion de masse musculaire ni de masse osseuse.

Il est donc inadapté sur certaines populations, en particulier les sportifs, qui se retrouvent très souvent mesurés en surpoids, alors que leur forme physique est souvent meilleure que la moyenne des individus.

Doc. 2 Classification de l'OMS

IMC ($kg \cdot m^{-2}$)	Interprétation
Moins de 16,5	Dénutrition ou famine
16,5 à 18,5	Maigreur
18,5 à 25	Corpulence normale
25 à 30	Surpoids
30 à 35	Obésité modérée
35 à 40	Obésité sévère
Plus de 40	Obésité morbide ou massive

1. Écrire un script qui permet à l'utilisateur d'entrer la masse (en kilogrammes) et la taille (en mètres) d'une personne et qui affiche l'interprétation de l'IMC.
2. Elisabeth mesure 1,68 m et pèse 49 kg. Qu'affiche le script ?
3. Paul vient d'exécuter ce script qui a affiché « corpulence normale ». Paul mesure 1,74 m. Donner un encadrement de sa masse.

50 Un carré magique

Dans un carré magique, les nombres sont disposés de sorte que leurs sommes sur chaque ligne, sur chaque colonne et sur chaque diagonale soient égales.

On considère un carré de 3 lignes et 3 colonnes :

	A	B	C	D	E
1		6	9	21	
2		?			
3					
4					

1. Montrer qu'en mettant 12 à la place de ?, le carré ne peut pas être magique.
2. Avec un tableur, programmer les cellules en jaune de sorte que le carré se remplisse automatiquement lorsqu'une valeur est saisie dans la cellule B2.
3. Vérifier les sommes de chaque ligne, chaque colonne et chaque diagonale en programmant les cellules qui bordent le carré.
4. Tester plusieurs nombres à la place de ? Est-il possible de rendre le carré magique ?
5. En appelant x le nombre mis à la place de ?, compléter les autres cases du carré et écrire une équation pour trouver le nombre qui rend le carré magique.

Problèmes

Pour mieux cibler les compétences			
Chercher	57 71	Raisonner	58 68
Modéliser	54 72	Calculer	55 56
Représenter	63	Communiquer	63

51 Consécutifs

La somme de trois nombres entiers consécutifs est 129.

- Quels sont ces trois nombres ?

52 Dans un triangle

- Calculer la valeur des angles, en degrés, de ce triangle.

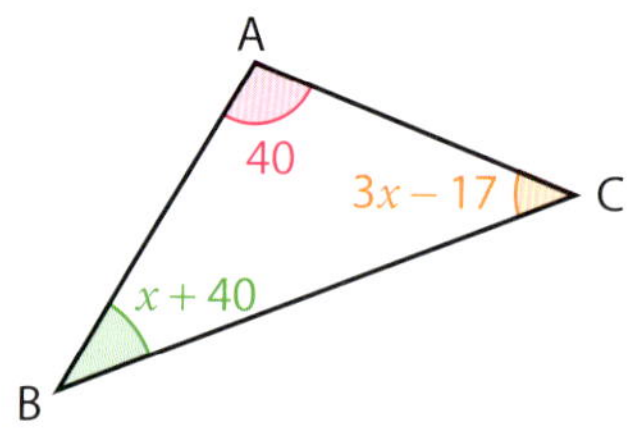

53 Avec un parallélogramme

L'unité est le centimètre.

- Trouver la valeur de x pour que ce quadrilatère soit un parallélogramme.

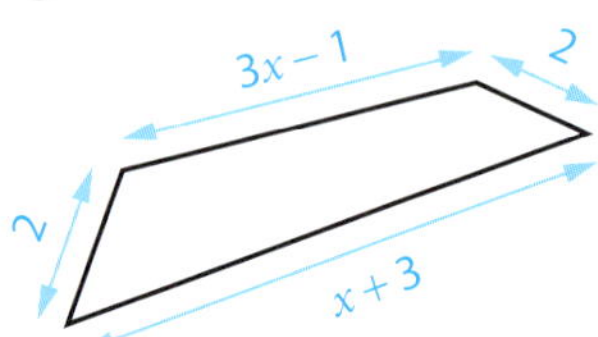

54 Un rectangle

La longueur d'un rectangle fait 14 m de plus que sa largeur. Le périmètre de ce rectangle mesure 378 m.

- Quelles sont les dimensions du rectangle ?

Tu peux faire un croquis pour t'aider.

55 C'est la rentrée !

Pour la rentrée scolaire, Ewan achète 7 cahiers, 5 classeurs et un livre.
Il paie au total 44,60 €.

- Sachant que le livre coute 11,25 €, et que le classeur est 1,5 fois plus cher que le cahier, quel est le prix d'un cahier ? En déduire le prix d'un classeur.

56 Au restaurant

Lilou invite son mari et ses 3 enfants au restaurant.
À la fin du repas, pour payer l'addition, Lilou donne un billet de 50 € au serveur. Le serveur lui rend la monnaie, soit 0,70 €.

- Sachant que le prix du menu adulte est le double de celui du menu enfant, et qu'un verre de vin à 3,80 € a été bu, déterminer le prix de chaque menu.

57 One World Trade Center

HG

Construit à New York, après le 11 septembre 2001, le One World Trade Center, surnommé Freedom Tower, est le gratte-ciel le plus haut de l'hémisphère Ouest, et le 4e plus haut du monde.
Il est composé de 108 étages, d'un toit dont la hauteur est 7,8 fois celle d'un étage et d'une flèche de 124,3 m. Il culmine à 541,3 m.

- Quelle est la hauteur d'un étage ? (Donner une valeur approchée au dixième de mètre près.)

58 Une histoire de périmètre

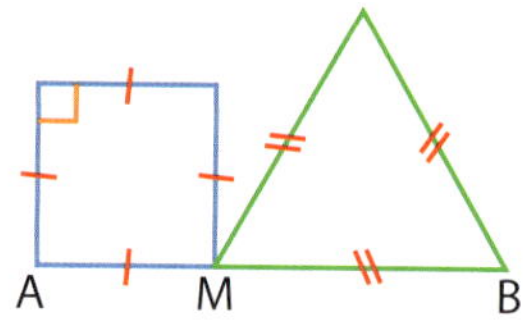

Dans chaque cas, où placer le point M sur le segment [AB] pour que le carré et le triangle équilatéral aient le même périmètre ?

a. Lorsque AB = 8,4 cm. **b.** Lorsque AB = 10 cm.

59 Des trèfles

SVT

Le trèfle à quatre folioles est une mutation du trèfle blanc (*Trifolium repens*). Il y aurait environ 10 000 trèfles à trois folioles pour un trèfle à quatre folioles.
Les experts conseillent de chercher les trèfles à quatre folioles plutôt au printemps, où ils poussent abondamment et avec des feuilles plus vertes.

Trifolium repens

Tetrafolium portbonheurensis

Plus rarement, on trouve aussi des trèfles à cinq ou six folioles, voire plus. En 2009, un Japonais a même cultivé un trèfle à 56 folioles !
Léila a cueilli 134 trèfles : certains ont trois folioles et d'autres, quatre. On compte en tout 408 folioles.

- Déterminer le nombre de trèfles à quatre folioles. Léila a-t-elle eu de la chance lors de sa cueillette ?

60 Une nouvelle opération

On définit une nouvelle opération de la façon suivante : $a \oplus b = ab + a + b$

1. Calculer :
   a. $7 \oplus 4$ b. $1{,}5 \oplus 8$ c. $-2 \oplus 9$
2. Trouver la valeur de x telle que $3 \oplus 5 = 2 \oplus x$.

61 Les stations de métro

PEAC

Hector Guimard (1867-1942) est un architecte français et un représentant majeur de l'Art nouveau en France. Il est connu pour ses entrées du « Métropolitain » parisien.

L'édicule de la station Porte Dauphine, créé en 1905.

Composés de fonte moulurée, les éléments sont modulables et permettent de réaliser des « édicules » (petites constructions dans l'espace public) de dimensions variables, destinés à couvrir les entrées des stations souterraines. Guimard crée 141 accès de ce type pour le métro parisien, entre 1900 et 1912.

$\frac{1}{11}$ de celles qui subsistent se trouvent sur la ligne 1, la moitié sur les lignes 2 et 3, le tiers sur les lignes 4 à 7. Cinq entrées sont situées sur d'autres lignes.

- Combien d'entrées Guimard existent encore aujourd'hui ?

62 Cinéma

Un cinéma propose deux tarifs :

Tarif 1
11,40 € la place

Tarif 2
7,80 € la place sur présentation d'une carte d'abonnement de 21,90 € valable un an

1. En notant x le nombre de places achetées, écrire une inéquation qui permet de déterminer le nombre de places à partir duquel l'abonnement est plus intéressant.
2. a. 6 est-il solution de cette inéquation ?
   b. 7 est-il solution de cette inéquation ?
   c. En déduire le nombre de places à partir duquel s'abonner est plus intéressant.

63 Salle de bains

Gustave souhaite décorer le mur de sa salle de bains au-dessus de la baignoire avec une frise en mosaïque. Le mur a pour longueur 1,90 m.

Gustave doit encore décider de la largeur, exprimée en mètres, de la frise.

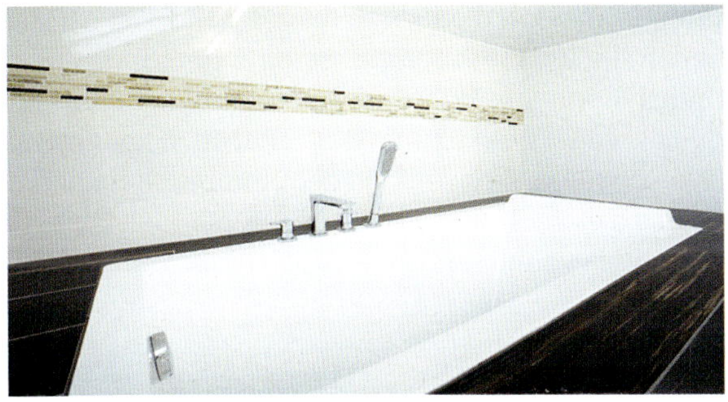

Pour des raisons de budget, il souhaite que l'aire de la frise soit inférieure à 0,60 m^2. Mais, en même temps, il voudrait que son périmètre soit supérieur à 4,2 m.

1. Traduire ces deux dernières informations par deux inéquations.
2. Gustave hésite entre quatre largeurs de frise :
   20 cm, 25 cm, 30 cm et 35 cm.
   Lesquelles de ces dimensions peuvent convenir ? Pourquoi ?
3. Trouver d'autres largeurs de frise qui peuvent convenir.

64 L'allée du jardin Pour aller plus loin

Dans un jardin rectangulaire de 30 m par 16 m, la municipalité d'une commune décide de faire deux allées de même largeur qui se croisent perpendiculairement, comme sur le schéma ci-dessous.

L'objectif du problème est de déterminer la largeur de la double allée pour que la surface végétalisée et l'allée aient la même aire.

On appelle x la largeur de l'allée.

1. Montrer que l'équation $(30 - x)(16 - x) = 46x - x^2$ modélise le problème.
2. Reproduire la feuille de calcul suivante sur un tableur, puis trouver les deux solutions de l'équation de la question 1.

	A	B	C
1	x	(30-x)(16-x)	46x-x²
2			
3			

3. Une seule de ces solutions convient. Laquelle ? Pourquoi ?

Problèmes

65 **Consommation d'eau**

La famille Vidal est composée de 4 personnes. Elle prend 4 douches par jour, sauf le dimanche, où les deux enfants prennent un bain chacun. Elle utilise le lave-vaisselle et le lave-linge deux fois par semaine. La chasse d'eau sert une dizaine de fois par jour. Tous les samedis la voiture est lavée au jet d'eau.

Répartition par usage

	5 à 9 litres par utilisation
	10 à 20 litres
	20 à 50 litres
	40 à 90 litres
	120 à 150 litres
	200 litres

Source : Centre d'information sur l'eau.

1. Estimer par un encadrement la consommation hebdomadaire en eau de la famille.
2. M. Vidal vient de laver sa voiture ce samedi matin et toute la famille va prendre une douche. Déterminer le volume d'eau d'une douche à ne pas dépasser pour limiter la consommation d'eau à 350 litres.

Tu peux t'aider d'un tableur.

66 **Un périmètre** *Prise d'initiative*

Les figures suivantes sont construites selon le même principe, en juxtaposant deux carrés.

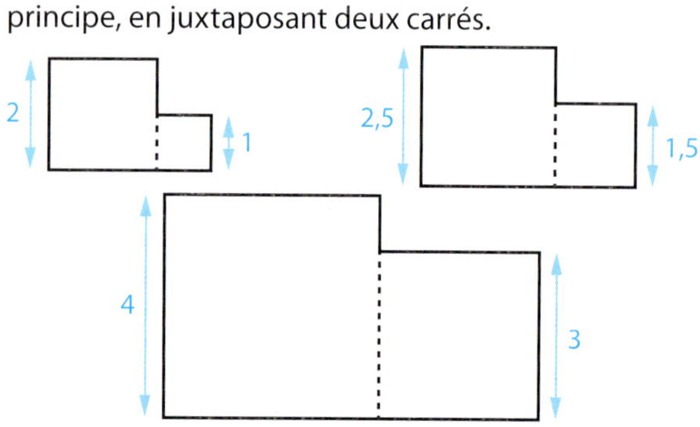

- Selon le même principe, tracer une figure ayant un périmètre de 55 cm.

67 **Les pyramides** D'après la revue *Petit x*. *Prise d'initiative*

Dans toutes les pyramides, on met dans chaque case la somme des deux nombres qui se trouvent en dessous.

1. Recopier et compléter la pyramide suivante.

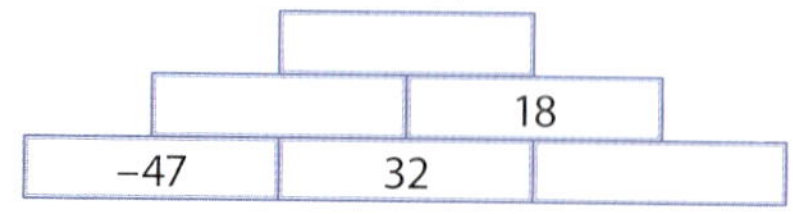

2. Trouver une méthode permettant de compléter la pyramide ci-dessous.

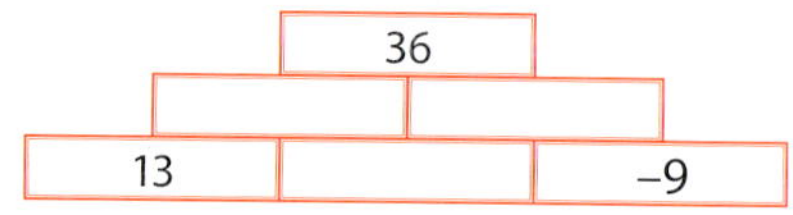

3. Faire de même avec :

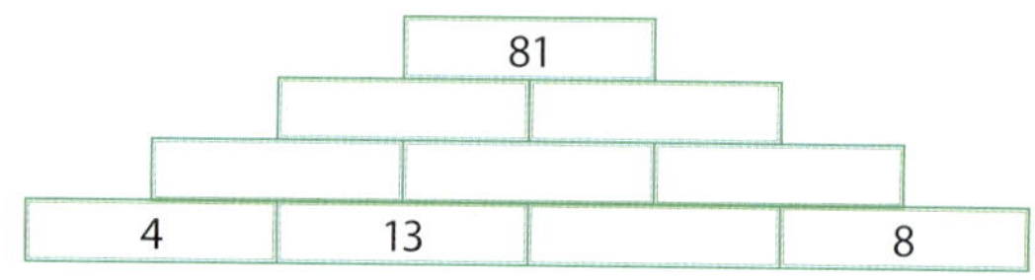

68 **La somme manquante** *Prise d'initiative*

Chaque symbole représente une valeur numérique. Les sommes sont inscrites à la fin de chaque ligne et de chaque colonne.

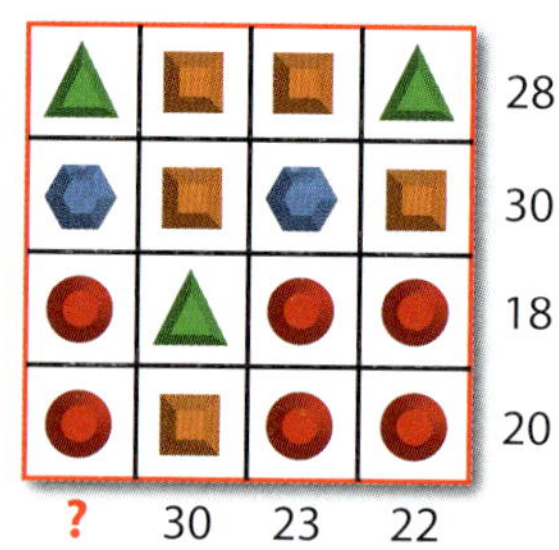

- Quelle est la somme manquante, repérée par le point d'interrogation ?

69 **Les nombres spéciaux** *Prise d'initiative*

Un nombre « spécial » est un nombre de deux chiffres qui vérifie la propriété suivante : « Lorsque l'on additionne la somme des chiffres du nombre avec le produit des chiffres, on obtient le nombre lui-même. »

Par exemple, 34 n'est pas un nombre « spécial » car la somme des chiffres est 7, le produit est 12 et $7 + 12 \neq 34$.

- Trouver tous les nombres « spéciaux ».

70 **Star sum** *Prise d'initiative*

LV

In the star shown here, the sum of the four numbers in any "line" is the same for each of the five "lines". The five missing numbers are 9; 10; 11; 12; 13.

- Which number is represented by R?

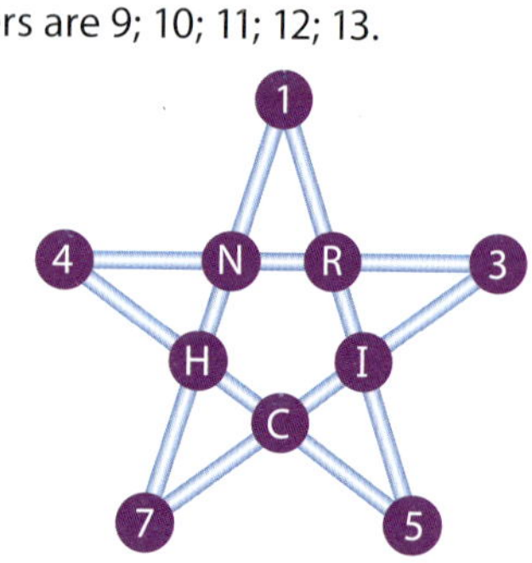

71 Peson à ressort

Prise d'initiative

Un peson à ressort est un appareil de mesure constitué d'un ressort muni d'un crochet à une extrémité et fixé par l'autre extrémité à un support. Lorsque l'on accroche des charges au crochet, le ressort s'allonge.

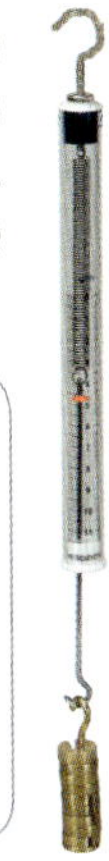

Doc. 1 La découverte de Robert Hooke

En 1678, en s'appuyant sur l'expérimentation, Robert Hooke (1635-1703), astronome et physicien anglais, découvre que beaucoup de solides (en particulier, les ressorts) se déforment proportionnellement à la force qui leur est appliquée.
L'allongement d'un ressort vertical est donc proportionnel au poids (et donc à la masse) de la charge suspendue.

Doc. 2 Exemples

Sur le schéma ci-dessous le même peson est représenté d'abord sans charge, de longueur ℓ, puis avec une charge où il s'est allongé de a, puis avec deux charges où il s'est allongé de b, qui est le double de a.

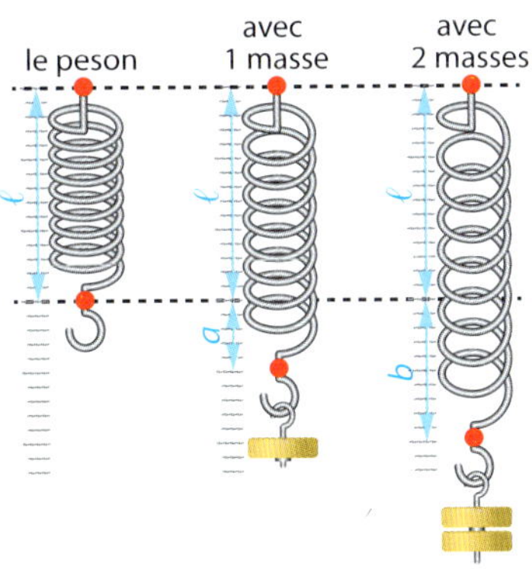

Le ressort d'un peson A, sans charge, a une longueur de 10 cm. Quand on lui suspend un objet de 3 kg, sa longueur devient 16 cm.
Le ressort d'un autre peson B, sans charge, a une longueur de 5 cm. Quand on lui suspend un objet de 2 kg, sa longueur devient 11 cm.

1. Trouver la masse d'un objet telle que la longueur des ressorts des deux pesons A et B soit la même, qu'il soit suspendu soit à l'un, soit à l'autre.
2. Quelle longueur les deux ressorts des pesons auront-ils avec la masse de cet objet ?

D'après le Rallye mathématique transalpin.

72 Aire de jeux

Prise d'initiative

Lors de son élection, le maire d'une commune annonce à ses électeurs le lancement des travaux de la nouvelle aire de jeux.

Doc. 1 Extrait du discours du maire du 24 janvier 2016

« Mes chers administré(e)s,
Comme promis lors de ma campagne électorale, nous allons très prochainement démarrer la construction de la nouvelle aire de jeux pour nos enfants.
Afin de limiter au maximum le cout des travaux entrepris, nous allons utiliser du matériel que nous avions acheté pour de précédents travaux d'aménagement : un portillon de 1 m, ainsi que 85 m de clôture. »

Doc. 2 Plan de l'aire de jeux

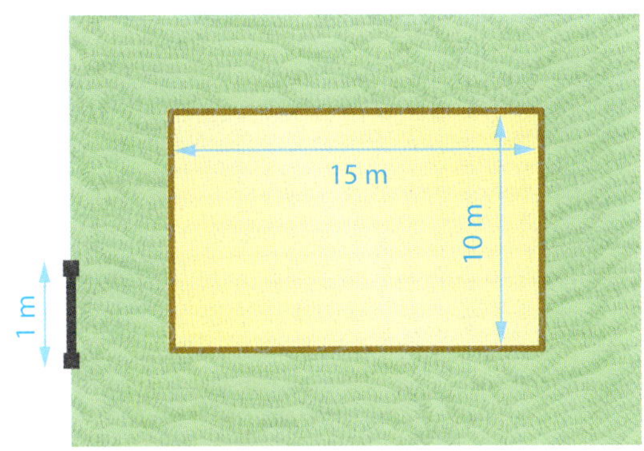

Doc. 3 Conditionnement du gazon

3 kg de gazon « sport et jeux »
Surface : 105 m^2
25,50 €/unité

5 kg de gazon « sport et jeux »
Surface : 165 m^2
30,90 €/unité

10 kg de gazon « sport et jeux »
Surface : 350 m^2
69,90 €/unité

1. Quelle doit être la largeur de la bande de gazon pour que la totalité de la clôture achetée soit utilisée ?
2. Combien coutera l'ensemencement du gazon ?

Travailler autrement

Utilisable en AP

À chacun sa méthode !

Deux énoncés pour un exercice

Exercice 1

- Donner une équation d'inconnue x faisant intervenir une somme et un produit, pour laquelle 4 est solution.

Exercice 2

Le périmètre d'un terrain de football rectangulaire est 330 mètres. Sa largeur mesure 55 mètres.

- Calculer la longueur de ce terrain.

Exercice 3

Pour son déménagement, M. Fournier souhaite louer un utilitaire. Il décide de comparer les tarifs que proposent les loueurs près de chez lui.

RAPIDAUTO	EXPRESSCAR
3,20 € le kilomètre	165 € + 2,10 € le kilomètre

1. Quel loueur M. Fournier doit-il choisir s'il parcourt 140 km ? 160 km ?
2. Déterminer le nombre de kilomètres pour lequel M. Fournier payera le même tarif.
3. Quel conseil lui donner ?

Exercice 1

- Donner une équation d'inconnue x faisant intervenir une différence et un produit, pour laquelle 3,5 est solution.

Exercice 2

Le périmètre d'un terrain de handball rectangulaire est 120 m.
Sa largeur mesure la moitié de sa longueur.

- Calculer les dimensions du terrain de handball.

Exercice 3

Pour son déménagement, M. Fournier souhaite louer un utilitaire. Il décide donc de comparer les tarifs que proposent les loueurs près de chez lui.

RAPIDAUTO	EXPRESSCAR
3,60 € le kilomètre	180 € + 2 € le kilomètre

- À l'aide d'une inéquation, déterminer le kilométrage à partir duquel EXPRESSCAR est le plus avantageux.

Tu peux t'aider d'un tableur.

Programme de calcul

Inventer un programme de calcul comportant trois étapes, qui suit le modèle ci-dessous.

> Choisir un nombre.
> …
> …

1. Échanger son programme de calcul avec celui de son voisin et lui demander de l'appliquer pour trois nombres de son choix.
2. Avec son binôme, déterminer le nombre qui donnera le même résultat en appliquant les deux programmes de calcul créés.

Analyse d'une production

Une classe a résolu l'équation : $5 - (x - 7) = 4x + 1$
Voici les copies de 3 élèves :

Marilyne

$5 - (x - 7) = 4x + 1$
$-3 = 4x + x$
$-3 = 5x$
$x = -\dfrac{3}{5}$

ANISSA

$5 - (x - 7) = 4x + 1$
$5 - x + 7 = 4x + 1$
$-5x = -11$
$x = -6$

Aurélien

$5 - (x - 7) = 4x + 1$
$5 - x + 7 = 4x + 1$
$-5x = -11$
$x = -\dfrac{11}{5}$

- Trouver et corriger les erreurs de chaque élève.

CHAPITRE 7

Ta mission

Reconnaitre et traiter des situations de proportionnalité.

Proportionnalité

Jeux

Où vais-je acheter mes boulons ?

Au XVIe siècle, on estimait la vitesse d'un navire à l'aide d'un loch à bateau : une planche en bois lestée accrochée à une corde comportant des nœuds régulièrement espacés. Un marin comptait les nœuds pendant le temps d'écoulement d'un sablier. Voilà pourquoi la vitesse d'un navire est exprimée en nœuds encore aujourd'hui.

Gravure de Léon Morel-Fatio (1810-1871).

Activités

Prêt ?

Questions flash

diapo

1. Un pull à 50 € est soldé à –10 %.
Quel est son nouveau prix ?
2. Luc mesurait 74 cm à 1 an. Il a maintenant 10 ans.
Quelle est sa taille ?
3. L'égalité 2 h 30 min = 2,3 h est-elle vraie ?
4. Je marche à la vitesse moyenne de 50 m/min.
Combien de minutes vais-je mettre pour aller au collège situé à 800 m de chez moi ?
5. Stéphane a fait une maquette de la Tour Eiffel à l'échelle 1/1 000. Sachant que la Tour Eiffel mesure 324 m de haut, quelle est la hauteur de sa maquette ?
6. Ce tableau de valeurs est-il un tableau de proportionnalité ?

5	7,5
6	10

Partez !

Promenade dans Paris

5e — Activité 1 — Prise d'initiative

1. Luc et Léa sont en visite à Paris et se promènent dans le jardin du Palais Royal. Luc dit : « C'est plus petit qu'un terrain de football de la coupe du monde ! » Léa lui répond qu'il a tort. Sachant qu'un terrain de football homologué pour la coupe du monde doit mesurer 68 m de large sur 105 m de long, qui a raison ?

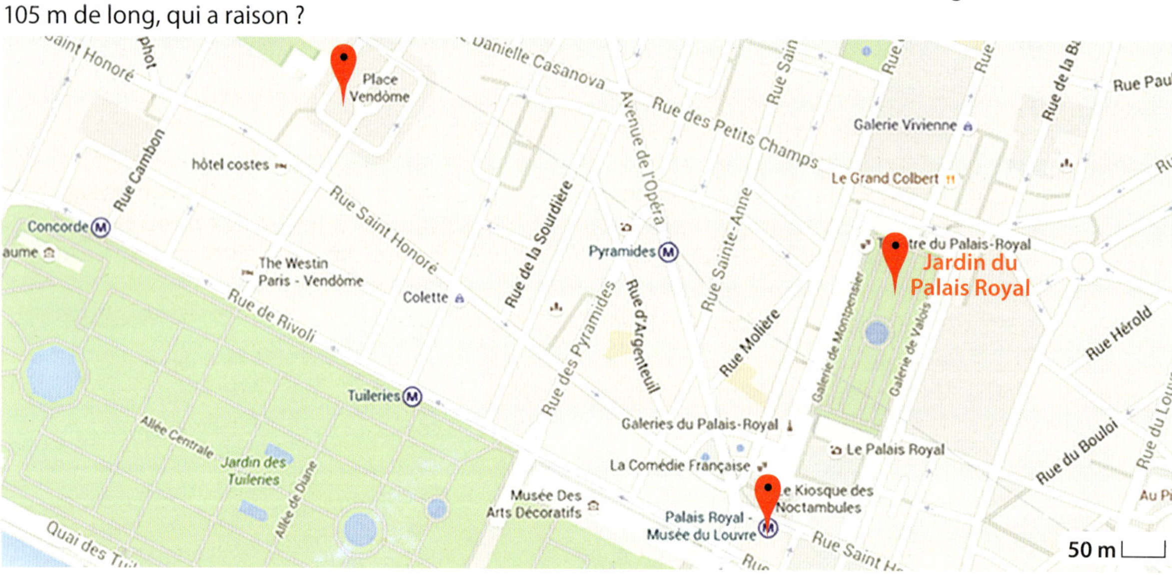

2. Ils sortent du jardin du Palais Royal à 15h, au niveau de la station de métro « Palais Royal-Musée du Louvre ». Ils ont rendez-vous avec un ami Place Vendôme à 15h15. Sachant qu'ils marchent à environ 80 m/min, seront-ils à l'heure au rendez-vous ?
3. Ils doivent choisir une chambre d'hôtel pour la nuit.
Voici les deux chambres encore disponibles :

Quelle chambre semble la plus intéressante ? Pourquoi ?

Les soldes chez M. Marchand et Mme Remise

Activité 2

La boutique de M. Marchand propose :

Tous les articles à –15 %

La boutique de Mme Remise propose :

Pour chaque article : 2 € de remise par tranche de 10 €

Théo souhaite comparer ces deux offres avec des prix fréquemment utilisés dans ces boutiques.

1. Reproduire les tableaux suivants, sur papier ou sur un tableur.

	A	B	C	D	E	F	G	H	I	J
1	**M. Marchand**									
2	Prix initial (en €)	4,99	12,90	14,80	19,80	22,50	29,80	34,50	39,80	44,50
3	Réduction (en €)									
4	Prix soldé (en €)									
5										
6	**Mme Remise**									
7	Prix initial (en €)	4,99	12,90	14,80	19,80	22,50	29,80	34,50	39,80	44,50
8	Réduction (en €)	0,00	2,00	2,00						
9	Prix avec remise (en €)									

2. **Chez M. Marchand :**
   a. Compléter la ligne « Réduction ».
   b. Quel est le coefficient de proportionnalité qui permet de passer du prix initial à la réduction ?
   c. Compléter la ligne « Prix soldé ».
   d. Montrer que le prix soldé est proportionnel au prix initial. Quel est le coefficient de proportionnalité qui permet de passer du prix initial au prix soldé ?
   e. Dans un repère orthogonal, avec comme unité 1 carreau pour 4 € (en abscisses et en ordonnées) :
   - tracer en rouge la représentation graphique de la réduction en fonction du prix initial ;
   - tracer en bleu la représentation graphique du prix soldé en fonction du prix initial.

   Quelles particularités ces deux représentations graphiques ont-elles ?

3. **Chez Mme Remise :**
   a. Compléter les lignes « Réduction » et « Prix avec remise » (lignes 8 et 9).
   b. Est-ce que la réduction est proportionnelle au prix initial ? Justifier.
   c. Est-ce que le prix avec remise est proportionnel au prix initial ? Justifier.
   d. Dans le même repère que celui qui a été tracé à la question 2., représenter graphiquement :
   - la remise en fonction du prix initial ;
   - le prix avec remise en fonction du prix initial.

4. a. Graphiquement, à quoi reconnait-on les situations de proportionnalité ?
   b. Quelle offre semble la plus intéressante et pour quels prix ?

Il est bon mon poulet !

Activité 3

Un volailler vend des poulets au poids. Un poulet de 1,350 kg est vendu 17,01 €. On voudrait connaitre les prix de différents poulets.

1. Recopier le tableau suivant et compléter les trois premières colonnes. Interpréter les résultats.

Masse du poulet (en kg)	3,600	0,900	2,700	1,350	1,750
Prix (en €)				17,01	x

2. a. Que représente la lettre x de la dernière colonne du tableau ?
   b. Justifier chacune des égalités suivantes.

$$\frac{x}{1{,}750} = \frac{17{,}01}{1{,}350}$$

$$x = \frac{17{,}01}{1{,}350} \times 1{,}750$$

$$x \times 1{,}350 = 17{,}01 \times 1{,}750$$

   c. Calculer la valeur de x. Interpréter ce résultat.

Cours

5e

1 Reconnaitre une situation de proportionnalité

Vidéo

Définition

Deux grandeurs sont **proportionnelles** si les valeurs de l'une s'obtiennent en multipliant les valeurs de l'autre par un même nombre appelé **coefficient de proportionnalité**.

Méthode

Pour déterminer si deux grandeurs représentées dans un tableau sont proportionnelles, on peut calculer les quotients des valeurs correspondantes de ces grandeurs et les comparer.

Exemples

1re grandeur	13	15	20
2e grandeur	67,6	78	104

$\frac{67,6}{13} = 5,2$ $\frac{78}{15} = 5,2$ $\frac{104}{20} = 5,2$

Tous les quotients sont égaux, donc ce tableau est un tableau de proportionnalité.
Les deux grandeurs sont proportionnelles.
Le coefficient de proportionnalité est 5,2.

1re grandeur	5	12
2e grandeur	8	21

$\frac{8}{5} = 1,6$ et $\frac{21}{12} = 1,75$

Les quotients ne sont pas égaux, donc ce tableau n'est pas un tableau de proportionnalité.
Les deux grandeurs ne sont pas proportionnelles.

2 Calculer une quatrième proportionnelle

Vidéo

Méthode

Dans une situation de proportionnalité, on peut utiliser **la règle de trois** ou **l'égalité des produits en croix.**
Les nombres a, b et c étant connus (a non nul), on a :

a	c
b	x

$\times \frac{b}{a}$

Règle de trois :

$x = c \times \frac{b}{a}$

Égalité des produits en croix :

$x \times a = c \times b$ donc $x = \frac{c \times b}{a}$

Exemple

Sur un plan, 4 cm représentent 45 m en réalité.
Combien 7 cm sur ce plan représentent-ils en réalité ?

Distance sur le plan (en cm)	4	7
Distance réelle (en m)	45	x

$\times \frac{45}{4}$

Règle de trois : $x = 7 \times \frac{45}{4} = 7 \times 11,25 = 78,75$

Égalité des produits en croix : $4 \times x = 7 \times 45$ donc $x = \frac{7 \times 45}{4} = 78,75$

7 cm sur le plan représentent 78,75 m en réalité.

Savoir-faire

Apprends à l'aide des exercices résolus puis entraine-toi !

1 Reconnaitre une situation de proportionnalité

1 Le prix est-il proportionnel au nombre de punaises ?

Solution

On représente cette situation dans un tableau :

Nombre de punaises	20	50
Prix (en €)	1,30	3,25

On calcule les quotients des valeurs de ces deux grandeurs :

$\frac{1,30}{20} = 0,065$ $\qquad$ $\frac{3,25}{50} = 0,065$

Les quotients sont égaux, donc le prix est proportionnel au nombre de punaises.

2 Un boulanger a affiché le panneau ci-contre.

1. Est-ce une situation de proportionnalité ?
2. Combien coutent 14 croissants ?

Solution

1. Si c'était une situation de proportionnalité, le prix de 5 croissants serait égal à $5 \times 1,30\ € = 6,50\ €$. Or 5 croissants coutent 5 €, donc ce n'est pas une situation de proportionnalité.
2. On ajoute le prix de 10 croissants et le prix de 4 croissants :
$2 \times 5\ € + 4 \times 1,30\ € = 10\ € + 5,20\ € = 15,20\ €$
Mais si on achète 15 croissants, on paye 15 €.
Il est donc plus intéressant d'acheter 15 croissants pour 15 €.

3 Dans le collège A, il y a 234 filles pour 216 garçons.
Dans le collège B, il y a 312 filles pour 288 garçons.
Dans le collège C, il y a 209 filles pour 171 garçons.

- Ces collèges ont-ils la même proportion de filles ?

4 Avant de lancer ce dé à 20 faces, Paul dit : « On a 1 chance sur 20 de tomber sur le chiffre 4 ».
Fatouma dit : « C'est 5 % de chance ! »

- A-t-elle raison ?

2 Calculer une quatrième proportionnelle

5 Un musée fait fabriquer une maquette d'une hauteur de 1,50 m du navire « L'Hermione ».

- Quelle sera sa longueur ?

Hauteur : 54 m
Largeur : 11,20 m
Longueur : 65 m

Solution

C'est une situation de proportionnalité.

Dimension sur la maquette (en m)	1,50	x
Dimension réelle (en m)	54	65

On peut utiliser l'égalité des produits en croix :

$54 \times x = 1,50 \times 65$ donc $x = \frac{1,50 \times 65}{54} \approx 1,8$.

La maquette aura pour longueur environ 1,8 m.

6
1. À quelle note sur 20, arrondie au demi-point près, équivaut la note 7/15 ?
2. Sur ma recette de confiture, il est noté 350 g de sucre pour 450 g de fruits.
Pour 4,7 kg de fruits, combien faut-il de sucre, au gramme près ?

3 Exploiter une représentation graphique

Vidéo

Propriétés

- Si deux grandeurs sont proportionnelles, alors elles sont représentées par des points alignés avec l'origine du repère.
- Si deux grandeurs sont représentées par des points alignés avec l'origine du repère, alors ces grandeurs sont proportionnelles.

Exemples

Lorsque l'eau coule d'un robinet, la quantité d'eau écoulée est proportionnelle au temps.

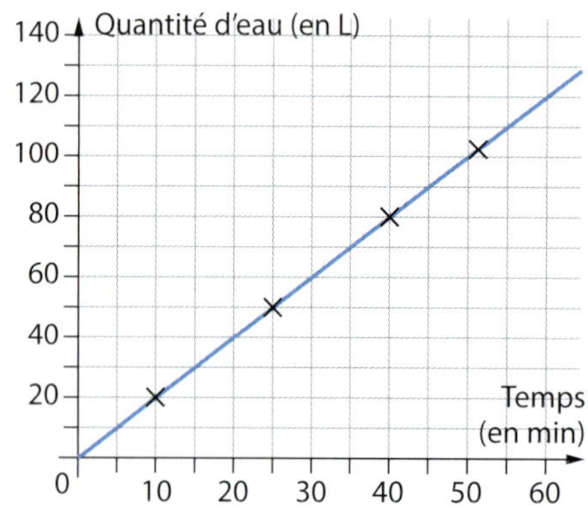

La puissance d'une éolienne n'est pas proportionnelle à la vitesse du vent.

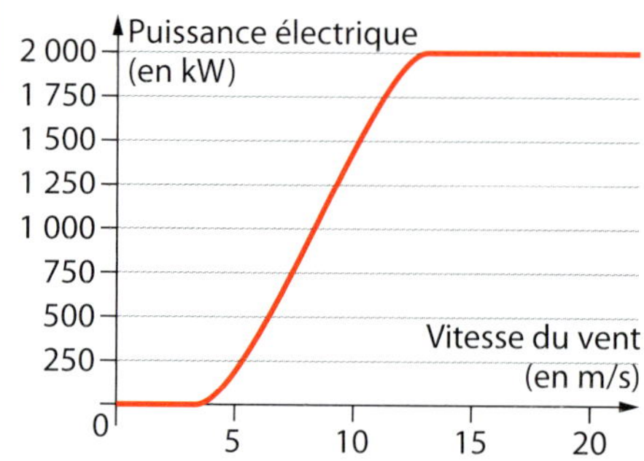

4 Utiliser des pourcentages

Vidéo

Méthode

Calculer *t* % d'une quantité revient à multiplier cette quantité par $\frac{t}{100}$.

Pour calculer un pourcentage, on peut exprimer une proportion de dénominateur 100 ou utiliser un tableau de proportionnalité.

Exemples

1. Dans un muffin aux amandes de 60 g, il y a 9 % de sucre.
• Quelle quantité de sucre cela représente-t-il ?

On cherche 9 % de 60 g. On doit multiplier 60 par $\frac{9}{100}$: $\frac{9}{100} \times 60 = 0{,}09 \times 60 = 5{,}4$

Il y a 5,4 g de sucre dans ce muffin.

2. La proportion de filles dans une classe de 3e est égale à $\frac{3}{5}$.
• À quel pourcentage cela correspond-il ?

$\frac{3}{5} = \frac{3 \times 20}{5 \times 20} = \frac{60}{100}$

La proportion de filles est égale à $\frac{60}{100}$ soit 60 %.

3. Sur 135 élèves de 3e, 114 ont obtenu le brevet.
• Quel pourcentage des élèves de 3e ont obtenu le brevet ?

Élèves reçus	114	x
Élèves de 3^e^	135	100

$135 \times x = 114 \times 100$ donc $x = \frac{114 \times 100}{135} \approx 84{,}4$.

Environ 84,4 % des élèves de 3e ont obtenu le brevet.

Savoir-faire

3 Exploiter une représentation graphique

7 Calculer le prix de 300 m^3 d'eau.

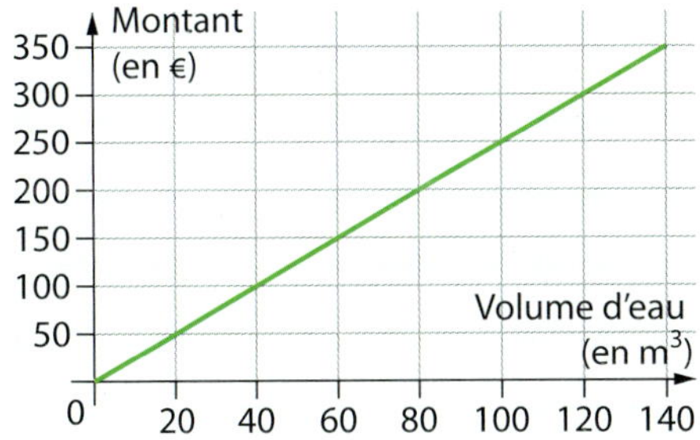

Solution

La représentation graphique est une droite passant par l'origine, donc elle représente une situation de proportionnalité.
Graphiquement, on lit, par exemple, que 100 m^3 coutent 250 €.
Donc 300 m^3 d'eau coutent : 3×250 € = 750 €

8 Une usine fabrique différentes assiettes en porcelaine blanche bordées d'un liseré bleu.
On a représenté la longueur du liseré bleu en cm (à gauche) et le volume de porcelaine en cm^3 (à droite) en fonction du diamètre de l'assiette, en cm.

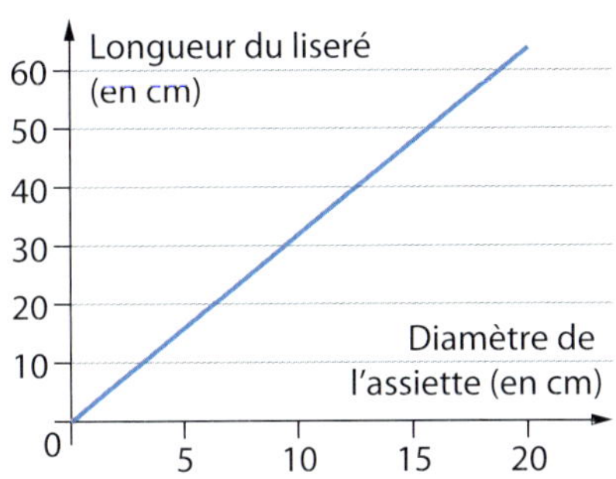

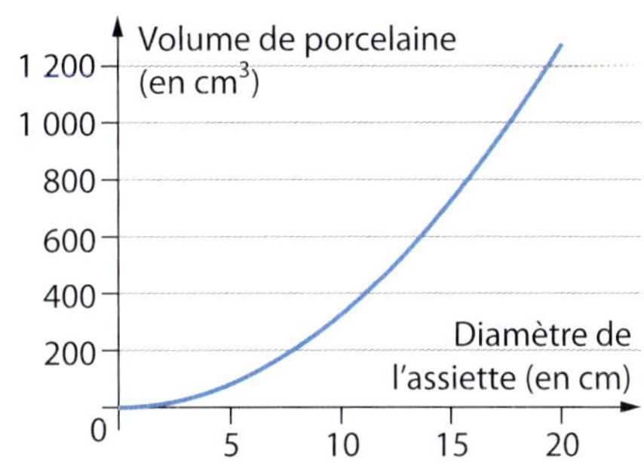

1. La longueur du liseré bleu est-elle proportionnelle au diamètre de l'assiette ?
2. Le volume de porcelaine est-il proportionnel au diamètre de l'assiette ?

4 Utiliser des pourcentages

9 On a fait geler un volume de 75 cL d'eau et on a obtenu 83 cL de glace.
- Quel est le pourcentage d'augmentation du volume ?

Solution

Le volume a augmenté de 8 cL.
On représente l'augmentation de volume et le volume initial dans le tableau de proportionnalité ci-contre.

Augmentation (en cL)	8	x
Volume initial (en cL)	75	100

On calcule x en utilisant l'égalité des produits en croix :

$$75 \times x = 8 \times 100 \quad \text{donc } x = \frac{8 \times 100}{75} \approx 10{,}7.$$

Le volume a augmenté d'environ 10,7 % lorsque l'eau a gelé.

10 La population française était de 62 251 milliers en 2004 et de 65 241 milliers en 2012.
- Exprimer, en pourcentage, l'augmentation de la population française entre 2004 et 2012.

11 Dans un collège, 75 % des 120 élèves de 4e et 70 % des 110 élèves de 3e étudient l'espagnol.
- Quel pourcentage des élèves de 4e et 3e représentent les élèves qui étudient l'espagnol ?

Exercices

2 pages d'exercices supplémentaires dans le manuel numérique

Reconnaitre une situation de proportionnalité

Savoir-faire p. 123

Questions flash

diapo

12 Dans chacun des cas suivants, les grandeurs sont-elles proportionnelles ?

a. La taille et la masse d'une personne.

b. L'aire et la masse d'une feuille de papier.

c. La quantité d'essence achetée et le prix à payer.

d. La longueur d'une clé USB et sa capacité de mémoire.

13 Pour chaque tableau, déterminer si c'est un tableau de proportionnalité.

a.

Côté du carré (en cm)	5	10	15
Aire du carré (en cm^2)	25	100	525

b.

Temps (en min)	1	2	5	8
Quantité d'eau (en L)	13	26	65	104

14 Chez mon marchand de fruits et légumes, je vois :

1. Recopier le tableau suivant et répartir ces six fruits et légumes.

Le prix est proportionnel à la masse.	Le prix est proportionnel à la quantité.	Il n'y a pas de proportionnalité.

2. J'achète 4 avocats, 2 concombres, 6 oignons jaunes, 1,5 kg de tomates en grappes et 1,4 kg d'aubergines. Combien dois-je payer ?

17,26 € 20,16 € 16,16 €

15 Dire si chacun des tableaux suivants est un tableau de proportionnalité.

1.

Nombre de paires de chaussettes	1	2	3	4	5
Prix (en €)	1,65	3,30	4,95	6,50	7,95

2.

Au cinéma...	Mercredi	Jeudi
Nombre de spectateurs	2 515	1 031
Recette (en €)	17 605	10 848

Calculer une quatrième proportionnelle

Savoir-faire p. 123

Questions flash

diapo

16 Lorsque c'est possible, répondre à la question posée.

1. Dimitri mesure 125 cm à 8 ans.
Combien mesurera-t-il à 16 ans ?

2. Un robinet de baignoire a un débit de 12 litres par minute.
   a. Quel volume d'eau s'en écoule en 30 min ?
   b. Combien de temps faut-il pour remplir la baignoire de 180 litres d'eau ?

3. À vélo, je roule à une vitesse constante et je parcours 5 km en 20 minutes.
Combien de temps me faut-il pour parcourir 7 km ?

17 Pour chacune des situations de proportionnalité ci-dessous, calculer le nombre x.

a.

Quantité (en kg)	0,675	1,580
Prix (en €)	12,15	x

b.

Temps de communication (en min)	5	x
Prix (en €)	1,70	18,70

18 Combien de temps faut-il pour remplir une piscine de 660 L avec un tuyau d'arrosage dont le débit est de 45 L toutes les 3 minutes ?

19 En septembre 2015, 4 $ valaient 3,50 €.

1. Combien d'euros avait-on avec 100 $?
2. Combien de dollars avait-on avec 100 € ?

Exploiter une représentation graphique

Savoir-faire p. 125

Questions flash diapo

20

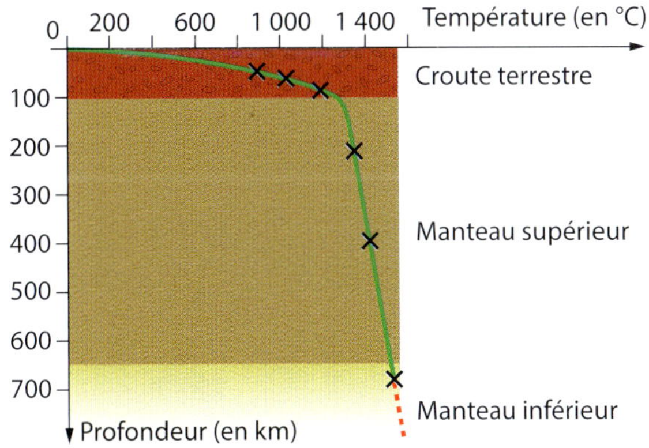

La température de la Terre est-elle proportionnelle à la profondeur ?

21 Une salle d'escalade propose 3 tarifs :

Entrées :
- **La séance*................. 11,50 €**
- **Le carnet de 11 séances...... 110 €**
- **Abonnement mensuel....... 55 €**

** Une séance est un accès journalier d'une durée illimitée.*

Voici la représentation graphique de ces trois tarifs sur un trimestre en fonction du nombre de séances :

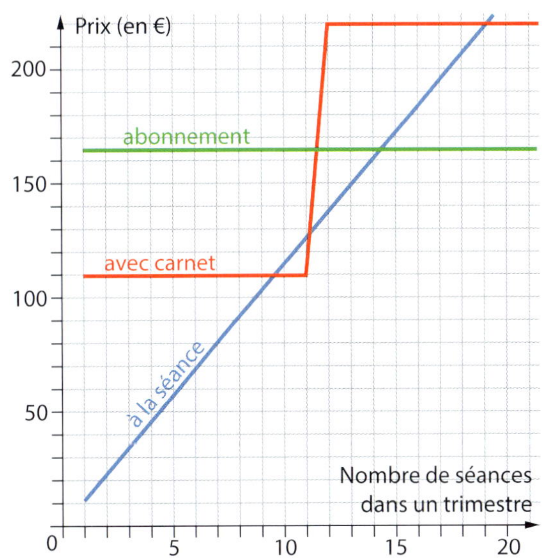

1. Lequel des trois tarifs est proportionnel au nombre de séances ?
2. Pour un trimestre, quel tarif choisir pour 6 séances ? 10 séances ? 16 séances ?

22 On a représenté la vitesse d'un parachutiste, au cours d'un saut, en fonction du temps :

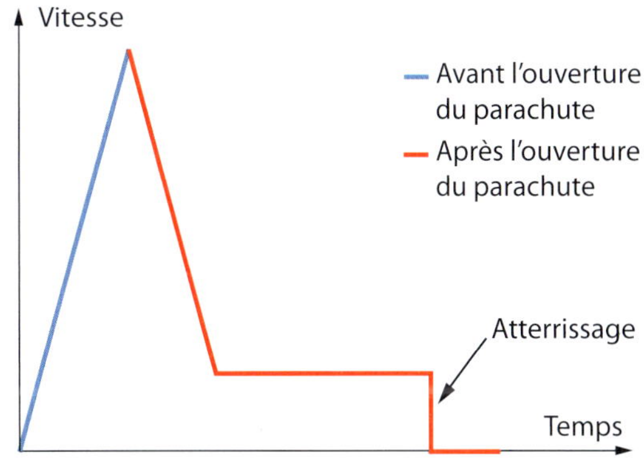

1. Avant l'ouverture du parachute, la vitesse du parachutiste est-elle proportionnelle au temps ? Justifier.
2. Après l'ouverture du parachute, la vitesse est-elle proportionnelle au temps ? Justifier.

Utiliser des pourcentages

Savoir-faire p. 125

Questions flash diapo

23 Ma voiture a perdu 10 % de sa valeur en 2013 et encore 10 % de sa valeur en 2014.
- A-t-elle perdu 20 % de sa valeur initiale en 2 ans ?

24 Dans un gâteau de 25 g, il y a 3,1 g de glucides.
- Quel pourcentage de glucides y a-t-il dans ce gâteau ?

25 37,5 % des 128 adhérents d'un club de tennis ont plus de 30 ans.
- Combien d'adhérents de ce club ont moins de 30 ans ?

26 Les bijoux en or sont en réalité faits avec de l'or « 18 carats », c'est-à-dire un alliage de métaux qui ne contient que 75 % d'or pur.

1. Quelle masse d'or pur y a-t-il dans une bague en or de 7 grammes ?
2. Pour fabriquer une alliance en or « 18 carats » de 4 grammes, de quelle masse d'or pur a-t-on besoin ?

27 51 % des capsules de café sont vendues par Internet. 5 % des capsules vendues par internet sont inutilisables à la réception du colis (colis abimé) et doivent être échangées.
- Quel pourcentage des capsules vendues sont à échanger parce qu'elles ont été abimées pendant le transport ?

46 % | 5 % | 2,6 % | 2,55 %

Faire le point

Vérifie tes connaissances.

QCM Donner la seule réponse correcte parmi les trois proposées.

1 Reconnaitre une situation de proportionnalité

	Réponse A	Réponse B	Réponse C
1. Au supermarché, si 1,2 kg de pêches coute 4,49 €, alors 2,4 kg de pêches coutent :	On ne sait pas.	8,99 €.	8,98 €.
2. Si 6 poules pondent 5 œufs, alors 24 poules pondent :	23 œufs.	20 œufs.	On ne sait pas.

2 Calculer une quatrième proportionnelle

	Réponse A	Réponse B	Réponse C
1. Si un plan est à l'échelle 1/200, 1 cm sur le plan représente :	200 km.	200 cm.	200 m.
2. 3,1 kg de pommes, vendues à 2,80 €/kg, coutent :	8,50 €.	8,40 €.	8,68 €.

3 Exploiter une représentation graphique

	Réponse A	Réponse B	Réponse C
Quelle est la représentation graphique qui correspond à une situation de proportionnalité ?	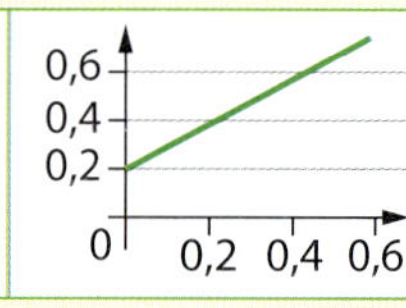	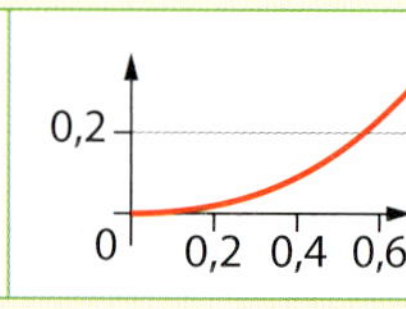	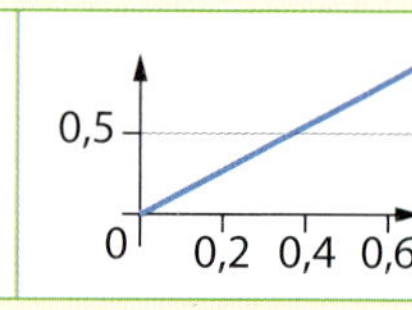

4 Utiliser des pourcentages

	Réponse A	Réponse B	Réponse C
1. 13 élèves sur 25 représentent :	13 % des élèves.	$\frac{25}{50}$ des élèves.	52 % des élèves.
2. Un article à 5 € soldé à –20 % a pour nouveau prix :	4,80 €.	4 €.	1 €.

Pour t'aider à retenir le cours.*

Carte mentale

Calcul d'une 4e proportionnelle

× 1,2	Longueur sur un plan (en cm)	25	0,75	4
	Longueur réelle (en m)	30	0,9	L

Égalité des produits en croix : $0,9 \times 4 = L \times 0,75$

Pourcentage : $t\,\% = \frac{t}{100}$

52 élèves sur 58 partent en voyage scolaire : $\frac{52}{58} = \frac{\dots}{100}$

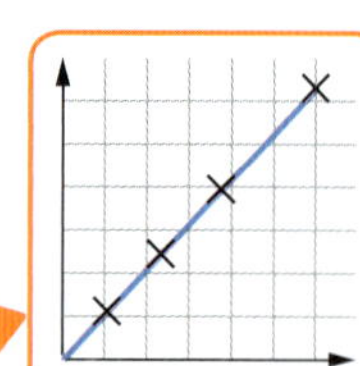

Est-ce que ce sont des situations de proportionnalité ?

Oui → Calcul d'une 4e proportionnelle ; Oui → Pourcentage ; Oui → graphique (droite passant par l'origine)

Non → Dans un tableau, les quotients ne sont pas égaux.

Non → Un produit acheté, le 2e à –50 %.

Non → graphique

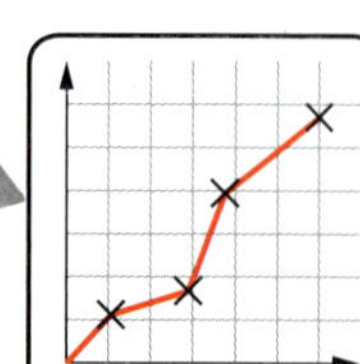

* Tu peux aussi construire ta propre carte mentale.

Algorithmique et outils numériques

28 **Variations successives**

Mathéo est gérant d'un magasin. Il envisage de tester plusieurs hausses des prix des produits qu'il propose. Pour cela, il a écrit le script suivant.

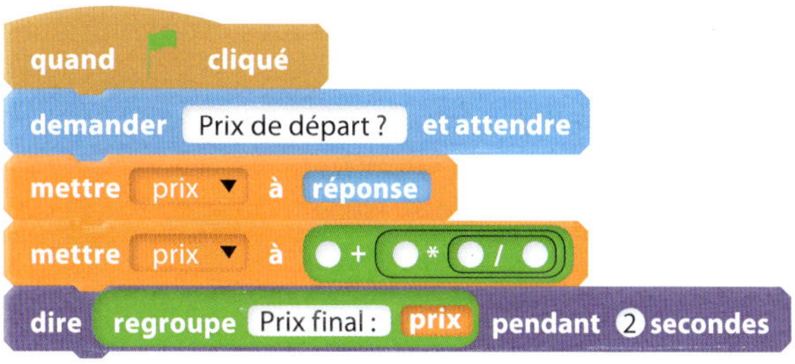

1. Que représente la variable prix ? A-t-elle la même valeur tout au long de l'exécution du script ?
2. a. Compléter le script pour qu'il corresponde à une augmentation de 10 %.
   b. Exécuter le script avec différents prix pour tester son bon fonctionnement.
3. a. Mathéo envisage à présent deux hausses de prix successives de 10 % chacune. Modifier le script pour qu'il affiche le bon résultat.
   b. Est-ce que ces deux hausses successives de 10 % correspondent à une hausse de 20 % ?
4. a. En utilisant l'instruction ci-contre, modifier le script pour qu'il affiche le prix final après 5 hausses successives de 10 %.

   b. Cela correspond-il à une hausse de 50 % ?
   c. Combien de fois faut-il augmenter un prix de 10 % pour qu'il double ?
5. a. Modifier le script pour qu'il affiche le prix final après trois baisses de 10 %.
   b. Cela correspond-il à une baisse de 30 % ?
   c. Combien de fois faut-il baisser un prix de 10 % pour qu'il diminue de moitié ?

29 **Écran 16/9**

Un téléviseur a un écran 16/9. Cela signifie que le quotient de sa largeur par sa hauteur est égal à $\frac{16}{9}$.

1. Dans un tableur, reproduire et compléter ce tableau de correspondance entre la largeur et la hauteur d'un écran 16/9.

	A	B	C	D	E	F	G
1	Largeur de l'écran (en cm)	16	48,7	70,8	86,3	101,8	121,8
2	Hauteur de l'écran (en cm)	9					
3							
4							

2. Pourquoi un écran de 16 cm sur 9 cm a-t-il une diagonale d'environ 18,4 cm ?
3. Utiliser la ligne 3 pour écrire la longueur de la diagonale correspondante, en centimètres.
4. Utiliser la ligne 4 pour écrire la longueur de la diagonale correspondante en pouces, arrondie à l'unité près.

1 pouce = 2,54 cm

30 **Au cinéma**

Pour son anniversaire, Karim a reçu de l'argent pour aller au cinéma. Il veut savoir si la carte d'abonnement est intéressante pour lui.

1. a. Reproduire les deux tableaux suivants dans un tableur.

Nombre de places	0	2	4	6	8	10
Montant total **sans** abonnement (en €)						

Nombre de places	0	2	4	6	8	10
Montant total **avec** abonnement (en €)						

   b. Compléter ces tableaux en utilisant les formules appropriées.
   c. Dans le tableur, construire les graphiques associés à ces deux tarifs.
   d. Le tarif plein est-il proportionnel au nombre de places ? Et le tarif abonnement ? Justifier.
2. Karim a reçu 150 €. Combien de fois au maximum peut-il aller au cinéma cette année ?
3. Karim préfère finalement garder 90 € pour d'autres loisirs. Combien de séances de cinéma pourra-t-il alors se payer dans l'année ?

Problèmes

Pour mieux cibler les compétences			
Chercher	32 34 44	Raisonner	35 44 46 47
Modéliser	45 46	Calculer	34 41
Représenter	33 37 39 46	Communiquer	43 44

31 Les glaçons

PC

En gelant, l'eau augmente de volume.

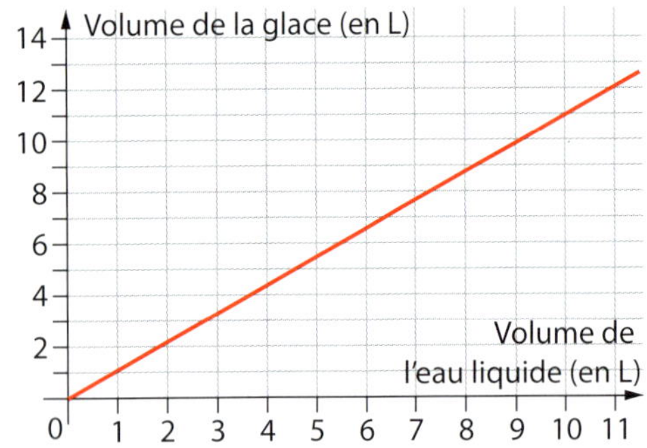

1. Le volume de glace est-il proportionnel au volume de l'eau liquide ? Pourquoi ?
2. Quel volume d'eau liquide faut-il pour obtenir 5 L de glace ? Arrondir au dixième de litre près.
3. Avec 20 L d'eau liquide, quel volume de glace (en L) peut-on obtenir ? Arrondir au litre près.

32 Diplôme national du brevet

Jusqu'en 2015	Actuellement
Le contrôle continu représente 200 points.	Le contrôle continu représente 400 points.
Le contrôle final représente 160 points. • Le français sur 40 points ; • Les mathématiques sur 40 points ; • L'histoire-géographie-éducation civique sur 40 points ; • L'histoire des arts sur 40 points.	Le contrôle final représente 300 points. • Le français, l'histoire-géographie et l'enseignement moral et civique sont évalués sur 100 points ; • Les mathématiques, les SVT, la physique-chimie et la technologie sont évaluées sur 100 points ; • L'épreuve orale est évaluée sur 100 points.
L'élève est reçu s'il cumule 180 points sur les 360 et s'il a obtenu la validation de la maitrise des compétences du socle commun. Il obtient la mention : • *Assez bien* avec plus de 216 points ; • *Bien* avec plus de 252 points ; • *Très bien* avec plus de 288 points.	L'élève est reçu s'il cumule 350 points sur les 700. Il obtient la mention : • *Assez bien* avec plus de 420 points ; • *Bien* avec plus de 490 points ; • *Très bien* avec plus de 560 points.

1. Actuellement, le contrôle continu représente-t-il une plus grande partie que jusqu'en 2015 ? Justifier.
2. a. Aujourd'hui, si on calculait la note du DNB sur 20, à partir de combien un élève obtiendrait-il la mention *Très bien* ?
   b. Était-ce le même résultat jusqu'en 2015 ?

33 Résistance de l'air

PC

Des étudiants ont voulu étudier l'effet du frottement de l'air sur la vitesse d'un objet en chute verticale. Pour cela, ils ont mené une expérience en suivant plusieurs étapes :

- Ils ont pesé un cône en papier.
- Ils ont chronométré la chute de ce cône sur une hauteur donnée et calculé sa vitesse.
- Ils ont répété plusieurs fois l'expérience en empilant de plus en plus de cônes, tous identiques.

Ils ont obtenu le tableau suivant.

Nombre de cônes	1	2	3	4	5	6	7	8
Vitesse (en cm/s)	131	202	231	258	282	283	325	322

- La vitesse est-elle proportionnelle au nombre de cônes empilés ? Justifier.

34 Pose d'un parquet

M. Niousol veut recouvrir le sol de son salon de 30 m^2 avec du parquet flottant. Il doit prévoir une marge de 10 % de surface en plus en raison des découpes. Voici la référence qu'il trouve sur Internet :

- Combien de paquets doit-il acheter et combien paiera-t-il ?

35 Enseigne de pharmacie

1. Combien y a-t-il de diodes électroluminescentes dans cette enseigne de pharmacie ?

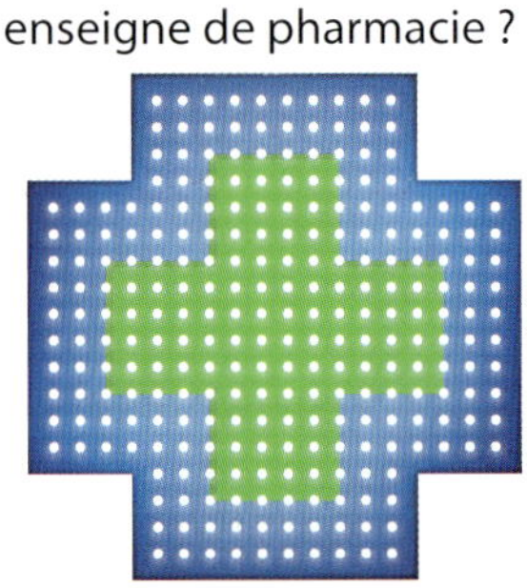

2. L'espacement entre deux diodes ou entre une diode et le bord de l'enseigne est de 2 cm (on mesure en partant du centre de chaque diode).
   Calculer la surface de cette enseigne, en cm^2.

36 **Big Ben**
En Grande-Bretagne, la tour Big Ben mesure 96 m.

- En utilisant cette photo, donner un encadrement du diamètre réel de l'horloge de Big Ben.

37 **Une table en bois massif**
Un menuisier doit fabriquer une table en chêne massif formée d'un plateau de 1,20 m sur 4 m et d'épaisseur 10 cm. Celle-ci est posée sur quatre pieds de section carrée, de côté 10 cm et de hauteur 0,85 m.

- Sachant que la masse volumique du chêne qu'il utilise est de 850 kg/m^3, combien pèsera cette table ?

38 **Running**
LV SVT
This graph shows the number of calories burned while running.

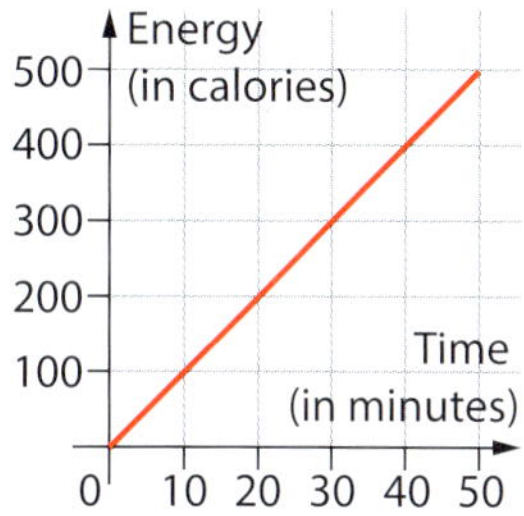

1. Does the graph show a proportional relation? Why?
2. What does the point (30 ; 300) represent? (Choose the right answer.)
   A : 300 calories burned in 30 minutes.
   B : 30 calories burned in 300 minutes.
   C : 300 calories burned in 1 minute.

39 **Route barrée**
Voici une annonce postée sur Internet pour l'achat d'un panneau de signalisation :

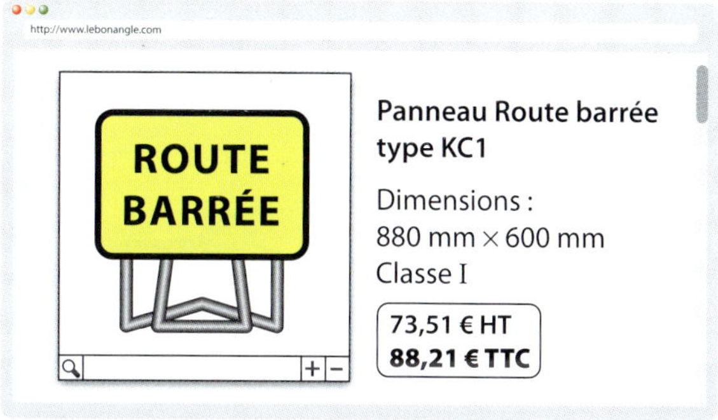

- Reproduire en vraie grandeur la lettre « E » de ce panneau, le plus précisément possible.

40 **L'Europe**
HG

Année	Population de l'Europe	Population mondiale
1960	605 619 000	3 018 344 000
2015	738 442 000	7 349 472 000

Source : ONU.

1. Quel est le pourcentage d'augmentation de la population mondiale entre 1960 et 2015 ?
   Même question pour la population de l'Europe.
2. Quelle part de la population mondiale représentait l'Europe en 1960 ? En 2015 ?
3. Comment a évolué la part de l'Europe dans la population mondiale pendant ces 55 années ?

41 **Boule en bois sculpté**
Une usine fabrique des boules en acajou massif.

Masse volumique de l'acajou : 700 kg/m^3
Volume d'une boule de rayon r : $\mathcal{V} = \frac{4}{3} \times \pi \times r^3$

1. Grâce aux informations ci-dessus, calculer le volume d'une boule de rayon 5 cm et le volume d'une boule de rayon 10 cm. Arrondir au dixième près.
2. La masse d'une boule en acajou est-elle proportionnelle à son rayon ? Justifier.
3. Un client a commandé une boule en acajou de 15 cm de rayon. Il souhaite ensuite sculpter cette boule sur toute sa surface. La sculpture fait perdre 6 % de sa masse à la boule.
   Calculer la masse finale de sa boule sculptée, au cm^3 près.

Problèmes

42 Voiture de collection

Une voiture de collection de 1929 a été adjugée et vendue 28 000 € aux enchères en 2010. Depuis, sa cote a augmenté en moyenne de 7 % chaque année.

Cote : estimation de la valeur

1. Quelle était la cote de cette voiture en 2011 ?
2. Quelle était la cote de cette voiture en 2015 ?

43 Fidéliser sa clientèle *Prise d'initiative*

Un commerçant propose l'offre ci-dessous à ses clients.

Exemple :
- Le lundi, pour l'achat d'un article à 10 €, on reçoit un bon d'achat de 2 €.
- Le mardi, pour l'achat d'un article à 67 €, on paye seulement 65 € et on reçoit 13 € en bon d'achat.

1. Louise a repéré trois articles, un à 15 €, un à 50 € et un à 110 €.
   Dans quel ordre Louise doit-elle les acheter pour dépenser le moins possible ?
   Quelle économie fera-t-elle ?
2. Pourquoi le commerçant fait-il cette offre ?

D'après Rallye mathématique (2004).

44 Des éoliennes dans la tour Eiffel *Prise d'initiative*

CIT PC

Doc. 1

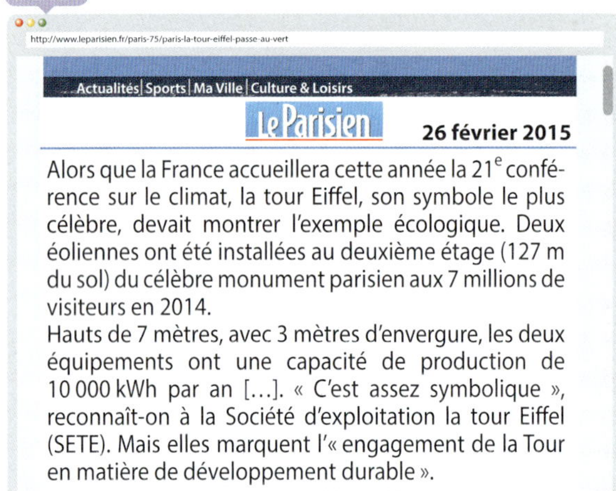

http://www.leparisien.fr/paris-75/paris-la-tour-eiffel-passe-au-vert

Actualités | Sports | Ma Ville | Culture & Loisirs

Le Parisien — 26 février 2015

Alors que la France accueillera cette année la 21e conférence sur le climat, la tour Eiffel, son symbole le plus célèbre, devait montrer l'exemple écologique. Deux éoliennes ont été installées au deuxième étage (127 m du sol) du célèbre monument parisien aux 7 millions de visiteurs en 2014.

Hauts de 7 mètres, avec 3 mètres d'envergure, les deux équipements ont une capacité de production de 10 000 kWh par an […]. « C'est assez symbolique », reconnaît-on à la Société d'exploitation la tour Eiffel (SETE). Mais elles marquent l'« engagement de la Tour en matière de développement durable ».

Doc. 2 Éoliennes bretonnes

En Bretagne, la plupart des éoliennes ont une puissance de 3 000 kW. C'est leur puissance à plein régime. Elles fonctionnent à plein régime en moyenne 6 heures par jour.

Rappel :
1 kWh = 1 kW × 1 h

Doc. 3 Puissance électrique d'une éolienne en fonction de la vitesse du vent

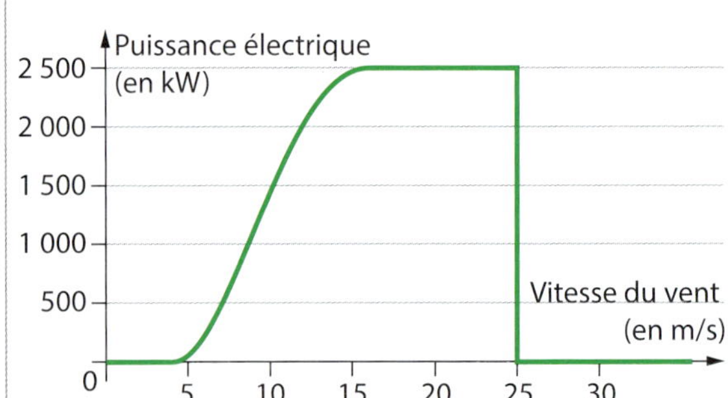

1. Le lundi 24 aout 2015, des vents violents atteignant 94 km/h ont été observés à Paris.
   Les éoliennes ont-elles fonctionné ce jour-là ? Pourquoi ?
2. Pourquoi est-il dit dans l'article que la production énergétique des éoliennes de la tour Eiffel est « symbolique » ? Justifier et argumenter.

45 Design

Prise d'initiative

AV

Un ferronnier fabrique des tables gigognes en acier plié.
Elles ont toutes la même profondeur : 40 cm.
La plus grande a pour hauteur et pour largeur 60 cm.
L'espacement doit être de 5 cm entre les tables lorsqu'elles sont emboitées (voir le croquis du ferronnier).

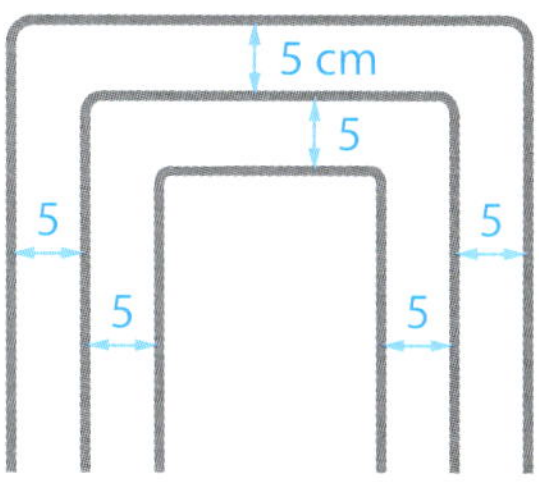

Pour réaliser chaque table, le ferronnier utilise une feuille d'acier rectangulaire qu'il plie pour obtenir la forme en U voulue.

1. Il achète l'acier brossé à 52 €/m² TTC.
Ensuite, il applique une couche protectrice sur ces trois tables. Ce produit coute 67 €/m² TTC.
Combien va-t-il devoir débourser pour l'achat et le traitement de l'acier nécessaire à la fabrication de ces tables ?

2. Compte tenu des charges qu'il doit payer (local commercial, matériel, taxes, etc.), ce ferronnier multiplie par 2,6 le prix de fabrication de ces tables pour calculer le prix de vente.
À quel prix ces tables seront-elles mises en vente ?

46 Chute libre d'une balle

Prise d'initiative

PC

Un groupe d'étudiants analyse la chute libre d'une balle de masse $m = 40$ g, lâchée sans vitesse initiale.
Pour cela, ces étudiants disposent verticalement une règle qui leur sert de repère. Le mouvement de la balle est enregistré par une webcam réglée pour prendre 50 images par seconde.

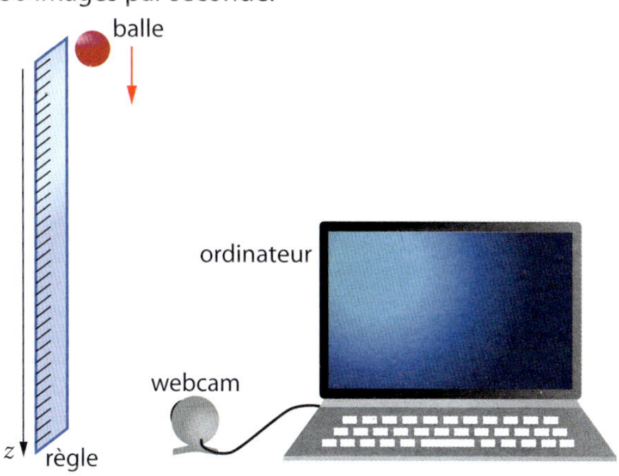

La webcam a capturé 11 images de la balle durant sa chute. Ces 11 images sont superposées par informatique et cela donne une chronophotographie.

Chronophotographie

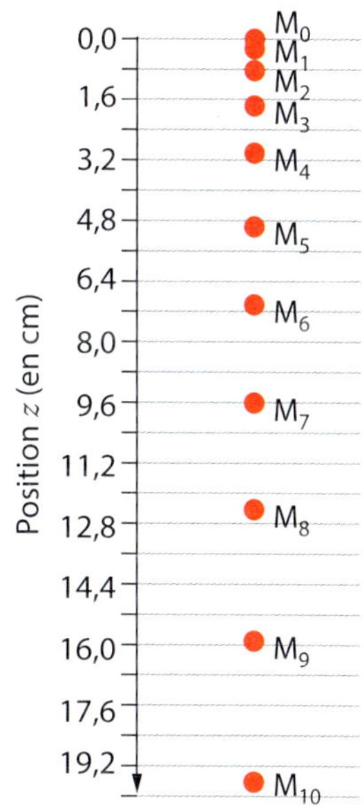

Relevé précis des distances

Point	Distance D (en cm)
M_0	0,0
M_1	0,2
M_2	0,8
M_3	1,8
M_4	3,1
M_5	4,9
M_6	7,1
M_7	9,6
M_8	12,6
M_9	15,9
M_{10}	19,6

1. La distance parcourue par la balle en chute libre est-elle proportionnelle au temps écoulé depuis le lâcher de cette balle ?

2. À partir de ces données, les étudiants ont pu calculer la vitesse de la balle à chacune des 11 positions.
Ils ont représenté graphiquement la vitesse de la balle (en cm/s) en fonction de la durée (en s).

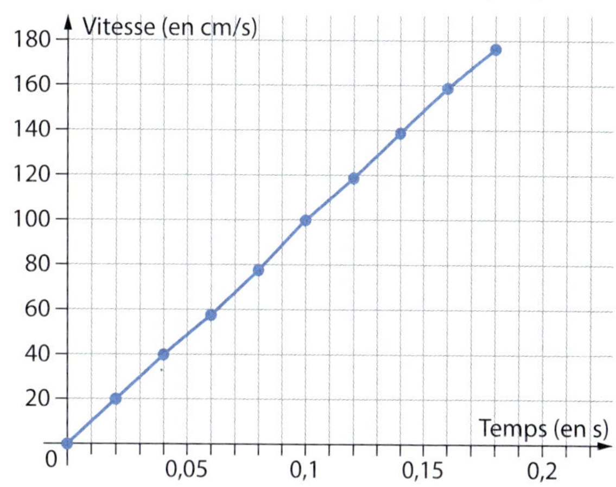

Sachant que la balle a touché le sol 0,3 seconde après avoir été lâchée, donner une estimation de sa vitesse au moment de l'impact. Justifier.

47 *Les Temps modernes* (1936)

Prise d'initiative

PEAC

Le film *Les Temps modernes*, de Charlie Chaplin, est sorti en 1936 au format cinématographique qui compte 24 images par seconde. Pour numériser ce film, afin qu'il passe à la télévision, on l'accélère légèrement pour arriver à 25 images par seconde. La différence de durée entre les deux versions du film est de 3 min 29 s.

- Quelles sont les durées de la version cinématographique et de la version numérique ?

Travailler autrement

Utilisable en AP

À chacun sa méthode !

Deux énoncés pour un exercice

Exercice 1

Pour emprunter des livres dans une bibliothèque, on a le choix entre deux formules :

- **Formule A :** 0,60 € par livre emprunté
- **Formule B :** Abonnement à l'année de 13 € et aucun frais supplémentaires pour l'emprunt des livres.

1. Reproduire et compléter le tableau suivant (avec ou sans tableur).

	A	B	C	D	E	F	G	H	I	J	K
1	Nombre de livres empruntés	5	10	15	20	25	30	35	40	45	50
2	Prix à payer avec la formule A										
3	Prix à payer avec la formule B										

2. Dans un même repère, pour chaque formule, construire le graphique représentant le prix à payer en fonction du nombre de livres empruntés.
Prendre comme unités :
• 1 cm pour 5 livres en abscisses ;
• 1 cm pour 1 € en ordonnées.

3. À partir de combien de livres empruntés par an, la formule B est-elle la plus intéressante ? Justifier.

Exercice 2

Une boutique en ligne spécialisée dans la matière première pour basse-cour vend son blé au prix de 6,60 € le sac de 20 kg.
Un éleveur a 30 poulets qui ont chacun besoin de 100 g de blé par jour.
Il veut acheter du blé pour 60 jours.

1. Quelle commande va-t-il passer auprès de la boutique en ligne ?
2. Comme il paye « comptant », il a droit à une réduction de 10 %. Combien devra-t-il payer ?

Exercice 1

Pour emprunter des livres dans une bibliothèque, on a le choix entre deux formules :

- **Formule A :** 0,60 € par livre emprunté
- **Formule C :** Abonnement à l'année de 9 € et 0,25 € par livre emprunté.

1. Reproduire et compléter le tableau suivant (avec ou sans tableur).

	A	B	C	D	E	F	G	H	I	J
1	Nombre de livres empruntés	5	10	15	20	25	30	35	40	45
2	Prix à payer avec la formule A									
3	Prix à payer avec la formule C									

2. Dans un même repère, pour chaque formule, construire le graphique représentant le prix à payer en fonction du nombre de livres empruntés.
Prendre comme unités :
• 1 cm pour 5 livres en abscisses ;
• 1 cm pour 1 € en ordonnées.

3. À partir de combien de livres empruntés par an, la formule C est-elle la plus intéressante ?

Exercice 2

Une boutique en ligne spécialisée dans la matière première pour basse-cour vend son blé au prix de 8,25 € le sac de 25 kg.
Un éleveur a 26 poulets qui ont besoin chacun de 120 g de blé par jour.
Il veut acheter du blé pour 30 jours.
Comme il paye « comptant », il a droit à une réduction de 6 %.

1. Combien devra-t-il payer ?
2. Combien le kilogramme de blé lui coute-t-il ?

Écriture d'un énoncé

1. Écrire un énoncé pour chacun des calculs suivants en utilisant le mot « pourcentage » ou le symbole %.

a. $\frac{13}{100} \times 24$ b. $0{,}7 \times 29{,}90$

c. $56{,}70 - \frac{40}{100} \times 56{,}70$

2. Donner ces énoncés de problèmes à son voisin et lui demander de les résoudre.

Analyse d'une production

Un professeur donne le problème suivant à ses élèves :
« La salle de classe mesure 4 m sur 5 m. La surface de la salle informatique est deux fois plus grande que celle de la salle de classe et sa longueur fait 3 m de plus que sa largeur.
Sachant que la longueur et la largeur en mètres de la salle informatique sont des nombres entiers, quelles sont les dimensions de la salle informatique ? »

Loïc

$4 \times 2 = 8$
$5 \times 2 = 10$
La salle informatique fait 8 m sur 10 m.

- Analyser la réponse de Loïc et corriger ses erreurs, s'il y en a.

CHAPITRE 8

Ta mission

Déterminer et représenter des grandeurs composées.

Calcul et représentation de grandeurs

Jeux

Aide le Schtroumpf Gourmand à rejoindre la Schtroumpfette en mangeant la plus grosse quantité de gâteau possible.

INFOS

Pour définir les unités de certaines grandeurs, on utilise parfois des étalons physiques. Par exemple, le kilogramme est défini à partir d'un cylindre en platine-iridium conçu en 1889 et conservé au Bureau international des poids et mesures à Sèvres, en France.

Cylindre de platine iridié faisant office de kilogramme-étalon.

Activités

Questions flash diapo

1. Le lundi, Anna prend le bus de 16h37 pour rentrer du collège et arrive chez elle à 17h05.
Quelle est la durée de son trajet ?

2. Sur la route des vacances, la famille Adams est partie à 5h30. À 7h30, elle a déjà parcouru 150 km. Au total, elle a 300 km à parcourir. À ce rythme, à quelle heure arrivera-t-elle sur son lieu de vacances ?

3. Au marché de Saint-Paul, sur l'ile de la Réunion, l'ananas « Victoria » est au prix de 2 € le kilogramme.

a. Combien paiera-t-on un ananas de 700 grammes ?
b. Combien de kilogrammes d'ananas au maximum peut-on acheter avec 15 euros ?

4. Une grande chaine de télévision privée a observé le nombre de personnes qui changent de chaine pendant la publicité en fonction de la durée de cette publicité. Ses résultats sont présentés ci-dessous.

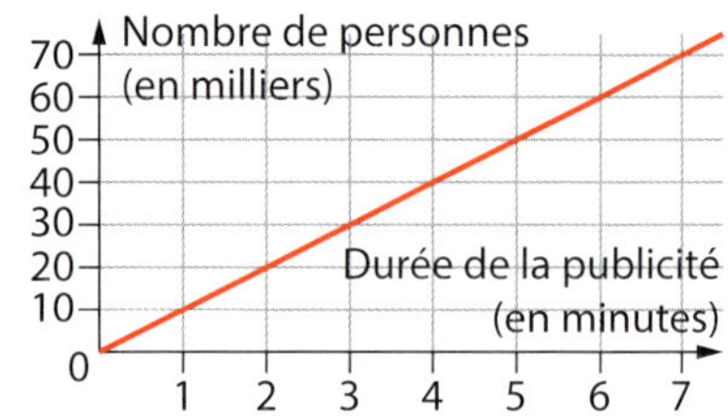

a. Compléter le tableau suivant.

Durée de la publicité (en minutes)	2		5	
Nombre de spectateurs qui changent de chaine (en milliers)		30		70

b. Ces deux grandeurs sont-elles proportionnelles ?

Aux frontières de la France — Activité 1

Les documents ci-contre présentent des informations sur les pays d'Europe frontaliers de la France.
Lorsque l'on connait la superficie en kilomètres carrés et la population d'un pays ou d'une région, on peut calculer sa densité grâce à la formule suivante :

$$\text{densité} = \frac{\text{nombre d'habitants}}{\text{superficie en km}^2}$$

1. Calculer la densité de la Belgique et celle de la France pour l'année 2015.
2. Quelle signification concrète peut-on donner à ces deux nombres ?
3. Peut-on dire de manière générale que « plus la population est importante, plus la densité est grande » ? Pourquoi ?
4. Géraldine a fait tomber son café sur la partie du tableau donnant la population de la Suisse. Elle se souvient d'avoir calculé sa densité et celle-ci valait 202 habitants/km^2.
Donner une estimation du nombre d'habitants en Suisse.
5. Si on devait refaire la carte des densités pour l'année 2015, quel(s) pays changerai(en)t de couleur par rapport à 2012 ?

Population et superficie en 2015

	Population (en millions)	Superficie (en milliers de km^2)
Europe	**738,4**	**23 049**
dont :		
Allemagne	80,7	357
Belgique	11,3	31
Espagne	46,1	506
France métropolitaine	**64,4**	**552**
Italie	59,8	301
Luxembourg	0,6	3
Suisse	[illegible]	41

Source : Insee.

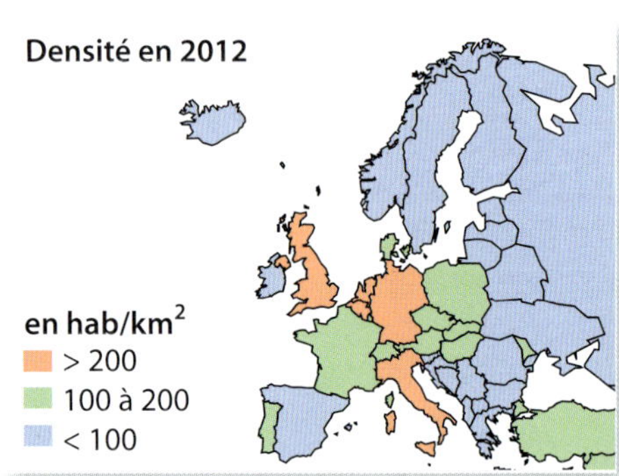

Ben et Sandy

Activité 2

Ben et Sandy parcourent le même trajet de 10 km pour aller au travail tous les jours. Un matin, ils partent à la même heure. Ben roule à une vitesse constante de 60 km/h. Sandy parcourt les 6 premiers kilomètres avec son régulateur réglé sur 90 km/h puis, par peur de manquer d'essence, termine son parcours à 40 km/h.

1. Comment peut-on interpréter, en termes de distance parcourue et de temps de parcours, le fait que Ben roule à une vitesse constante de 60 km/h ?
2. Combien de temps a mis Ben pour arriver au travail ce matin-là ?
3. Qui est arrivé le premier ?

Navette

Activité 3

Dans un grand aéroport, le trajet d'une navette entre l'aérogare et l'avion a été représenté ci-dessous.

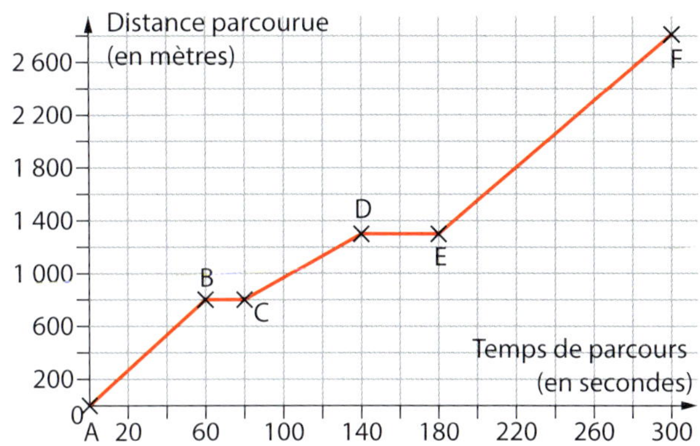

1. Quelle est la longueur de ce parcours, en kilomètres ?
2. Décrire les différentes étapes de ce parcours.
3. Entre A et B, que peut-on dire de la relation entre la distance et le temps ?
   Que peut-on en déduire concernant la vitesse ?
4. La navette a-t-elle respecté la vitesse maximale autorisée de 50 km/h dans chaque partie du parcours ?

Scooter et pluie...

Activité 4

Arrêter un véhicule en mouvement en freinant nécessite du temps et une certaine distance. Cette dernière s'appelle la distance de freinage. Elle dépend, entre autres, de la vitesse à laquelle roule le véhicule.
La distance de freinage d, en mètres, d'un modèle de scooter, sur une route mouillée, peut se calculer à l'aide de la formule :
$d = 0{,}008 \times v^2$, où v est la vitesse en km/h du véhicule.

1. Vérifier que, s'il roule à 40 km/h, la distance de freinage de ce scooter est égale à 12,8 m.
2. Recopier et compléter le tableau ci-contre.

Vitesse v (en km/h)	10	20	30	40	50
Distance de freinage (en m)				12,8	

3. On souhaite représenter graphiquement la distance de freinage de ce scooter en fonction de sa vitesse.
   Dans un repère ayant pour unités 1 cm pour 5 km/h en abscisses et 1 cm pour 4 mètres en ordonnées, placer les points correspondant au tableau précédent.
4. Comment peut-on compléter ce graphique ?
5. Gabrielle roule à 25 km/h sur un scooter. Placer le point correspondant à sa distance de freinage sur le graphique.
6. Si la distance de freinage d'un scooter est de 15 m, comment trouver sa vitesse ? Combien vaut-elle ?

Cours

1 Utiliser des grandeurs quotients et des grandeurs produits

Vidéo

Définition

La **vitesse moyenne** ***v*** d'un mobile parcourant une distance *d* pendant un temps *t* est donnée par la formule : $\text{vitesse} = \dfrac{\text{distance}}{\text{temps}}$ ou $v = \dfrac{d}{t}$

On a aussi : $\text{distance} = \text{vitesse} \times \text{temps}$ et $\text{temps} = \dfrac{\text{distance}}{\text{vitesse}}$

Exemple

Une voiture parcourt 130 km en 2,5 h.
La distance est donnée en kilomètres et le temps en heures.
La vitesse moyenne est donc obtenue en kilomètres par heure, qu'on note km/h ou $\text{km}\cdot\text{h}^{-1}$.
$\dfrac{130\text{ km}}{2{,}5\text{ h}} = 52$ km/h donc la vitesse moyenne est égale à 52 km/h.

Lorsqu'un mobile se déplace à vitesse constante, la distance parcourue est proportionnelle au temps de parcours. La vitesse représente le coefficient de proportionnalité.

Définitions

- Quand on effectue le quotient de deux grandeurs, on obtient une **grandeur quotient**.
- Quand on effectue le produit de deux grandeurs, on obtient une **grandeur produit**.

Exemples

Le débit d'un robinet est une grandeur quotient donnée par la formule :

$$\text{débit} = \frac{\text{volume}}{\text{temps}}$$

Si un robinet a un débit d'eau de 12 L/min, cela signifie que chaque minute, il s'écoule 12 litres d'eau et que le volume d'eau écoulé est proportionnel au temps.
Pour chercher combien de litres s'écoulent en 5 minutes, on effectue donc le calcul suivant :

$$\text{Volume} = 5\text{ min} \times 12\text{ L/min} = 60\text{ L}$$

En 5 minutes, il s'écoule donc 60 litres d'eau.

L'énergie consommée par un appareil électrique est une grandeur produit donnée par la formule :

$$\text{énergie} = \text{puissance} \times \text{temps}$$

Si la puissance de l'appareil est exprimée en W (watts) et le temps de fonctionnement en heures, alors l'énergie consommée s'exprime en Wh (watts-heures).
Par exemple, si un radiateur d'une puissance de 800 W fonctionne pendant 2 heures, il consomme :

$$E = 800\text{ W} \times 2\text{ h} = 1\,600\text{ Wh}$$

En 2 heures, le radiateur consomme donc 1 600 Wh (watts-heures), soit 1,6 kWh (kilowatts-heures).

Il existe de nombreuses grandeurs quotients et grandeurs produits.
En particulier, l'aire est une grandeur produit : c'est le produit de deux longueurs.
Par exemple, l'aire d'un rectangle est égale au produit de sa longueur par sa largeur.

Savoir-faire

1 Utiliser des grandeurs quotients et des grandeurs produits

Apprends à l'aide des exercices résolus puis entraine-toi !

1 Une hirondelle vole à une vitesse de 20 m/s.

- Quelle est sa vitesse en km/h ?

Solution

On convertit successivement les mètres en kilomètres et les secondes en heures :

20 m/s = 1 200 m/min = 72 000 m/h = 72 km/h

$\times 60$ car 1 min = 60 s ; $\times 60$ car 1 h = 60 min ; $\div 1\,000$ car 1 km = 1 000 m

2 Quelle est la vitesse moyenne d'un train ayant parcouru 510 km en 4 h 15 min ?

Solution

Pour utiliser la formule $v = \dfrac{d}{t}$, il faut utiliser la distance, qui est égale 510 km, et convertir le temps de parcours en heures (par exemple). On obtient ainsi la vitesse en km/h.

$$4\text{ h }15\text{ min} = 4\text{ h} + \frac{1}{4}\text{ h} = 4\text{ h} + 0{,}25\text{ h} = 4{,}25\text{ h}$$

$$v = \frac{510\text{ km}}{4{,}25\text{ h}} = 120\text{ km/h}$$

Fais attention aux unités !

3 La masse volumique d'un matériau est une grandeur quotient donnée par la formule :

$$\text{masse volumique} = \frac{\text{masse}}{\text{volume}}$$

On sait que la masse volumique du fer est égale à 7,88 kg/dm^3.

a. Quelle est la masse d'un cube de fer de 3,5 dm^3 ?

b. Quel est le volume d'un morceau de fer pesant 1 tonne ?

Solution

a. La masse volumique donne le volume d'1 dm^3 de fer :
1 dm^3 de fer pèse 7,88 kg.
Donc 3,5 dm^3 de fer pèsent :
$3{,}5 \times 7{,}88$ kg = 27,58 kg

b. Comme la masse est proportionnelle au volume, on peut utiliser un tableau de proportionnalité :

Volume (en dm^3)	1	x
Masse (en kg)	7,88	1 000

$$x = \frac{1 \times 1\,000}{7{,}88} \approx 127$$

Le volume d'une tonne de fer est environ égal à 127 dm^3.

4 Michel a parcouru 10 km en 2 h 30 min.

- Quelle est sa vitesse moyenne ?

5 Un téléviseur a une puissance de 10 watts.

- Quelle énergie, en watts-heures, est dépensée pour une utilisation de 3 h ?

6 Nathalie a fait le plein et a mis, dans son réservoir, 60 litres de gasoil à un tarif de 1,21 €/L.

- Combien a-t-elle payé ?

7 Marion a roulé à 130 km/h pendant 3 h 10 min.

- Quelle distance a-t-elle parcourue ?

8 Romain prend son pouls et compte 20 battements en 15 secondes.

- Quel est son pouls (en battements/minute) ?

9 Julie achète ses oranges à 2,40 €/kg. Hier, elle a acheté un cageot d'oranges et a payé 18,36 €.

- Quelle masse d'oranges contenait ce cageot ?

Cours

2 Exploiter la représentation graphique d'une grandeur

Vidéo

Méthode 5e

Lorque l'on dispose de la représentation d'une grandeur B en fonction d'une grandeur A, la grandeur A se lit sur l'axe des abscisses et la grandeur B sur l'axe des ordonnées.

Exemple

La courbe ci-contre représente la hauteur d'un plongeur qui saute d'une falaise en fonction du temps.
Cela signifie que le temps se lit sur l'axe des abscisses et la hauteur sur l'axe des ordonnées.

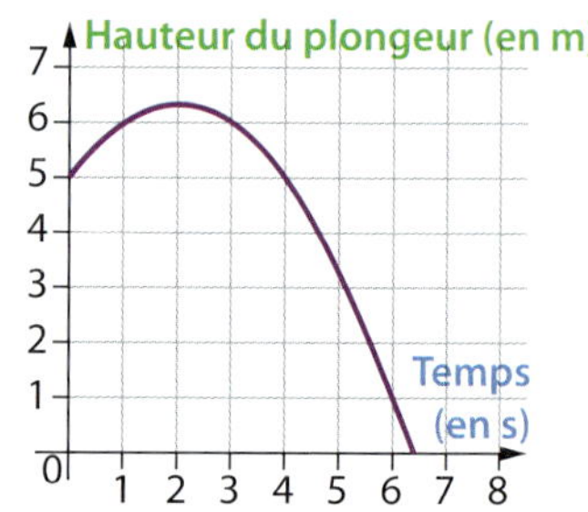

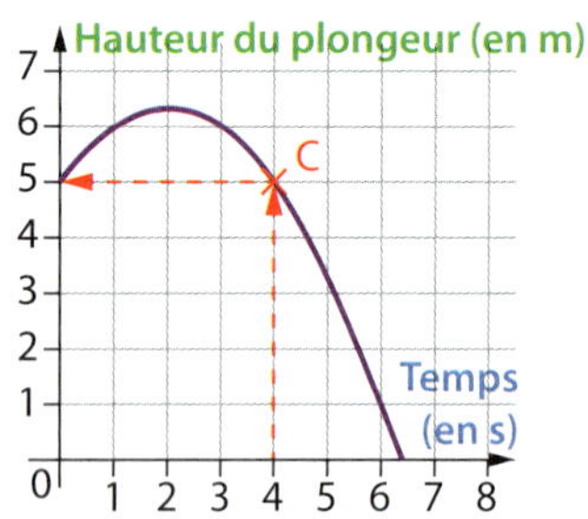

On souhaite connaitre la hauteur du plongeur au bout de 4 secondes : on place 4 sur l'axe des abscisses et on lit l'ordonnée du point correspondant C, c'est-à-dire 5.
Au bout de 4 secondes, le plongeur est à une hauteur de 5 m.

3 Représenter une grandeur en fonction d'une autre

Vidéo

Méthode

Pour représenter une grandeur en fonction d'une autre, on place les points correspondants sur un graphique.

Exemple

On veut représenter graphiquement l'aire d'un carré en fonction de la longueur c de son côté, donnée par la formule :

$$\text{Aire} = c^2$$

On calcule, à l'aide de cette formule, des aires pour différentes valeurs de c et on construit un tableau de valeurs :

c	0	0,5	1	1,5	2	2,5	3
Aire	0	0,25	1	2,25	4	6,25	9
Point	A	B	C	D	E	F	G

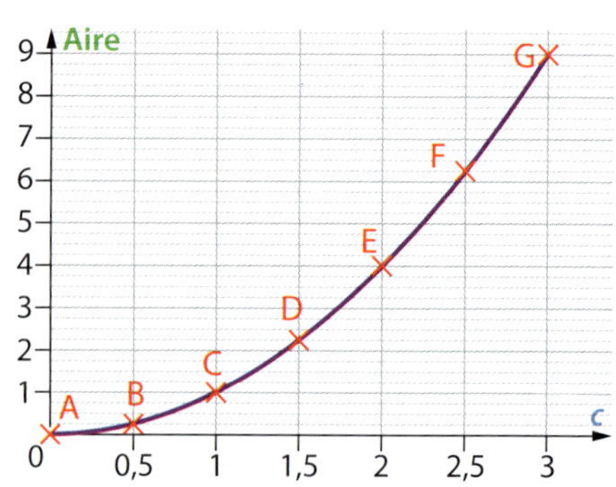

Puis on place les points correspondants sur un graphique, avec le côté c en abscisses et l'aire en ordonnées.
Par exemple, à une longueur de 1,5 correspond une aire de 2,25. On place donc le point D de coordonnées (1,5 ; 2,25).

Quand on a un doute sur la manière de relier deux points, on peut toujours placer des points intermédiaires !

On ne peut pas calculer les coordonnées de tous les points puisqu'il y en a une infinité.
On se contente donc de placer quelques points, puis on les relie entre eux.

Savoir-faire

Apprends à l'aide des exercices résolus puis entraine-toi !

2 Exploiter la représentation graphique d'une grandeur

10 La courbe suivante donne le taux d'HCG (hormone chorionique gonadotrope), en UI/L (unité internationale par litre), au début d'une grossesse, en fonction du nombre de semaines d'aménorrhée (absence de règles).

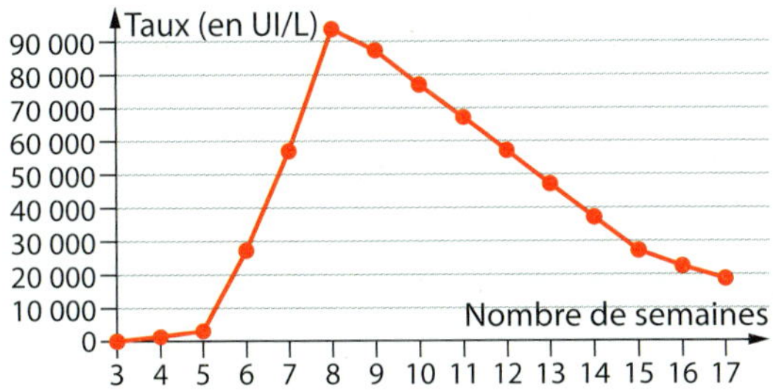

a. Quel est le taux de HCG après 14 semaines d'aménorrhée ?

b. À quel(s) moment(s) le taux de HCG est-il d'environ 58 000 UI/L ?

Solution

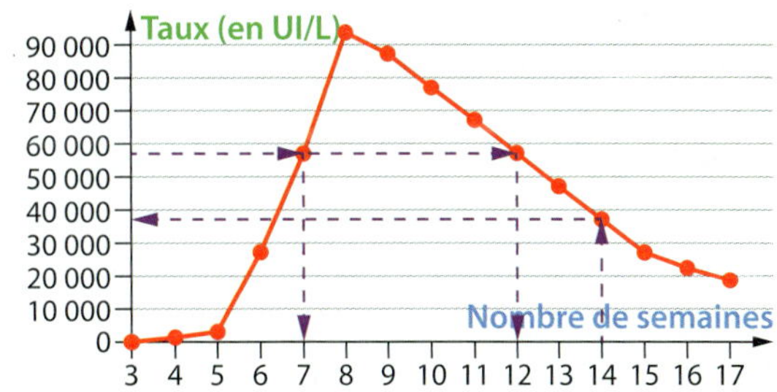

a. Le point de la courbe d'abscisse 14 a pour ordonnée environ 39 000. Donc, après 14 semaines d'aménorrhée, le taux de HCG est d'environ 39 000 UI/L.

b. Deux points de la courbe ont pour ordonnée 58 000 : l'un d'abscisse 7 et l'autre d'abscisse 12.
Ainsi, le taux de HCG est de 58 000 UI/L après 7 semaines d'aménorrhée et après 12 semaines d'aménorrhée.

11 En utilisant la courbe ci-dessus, répondre aux questions suivantes.

a. Quel est le taux de HCG après 8 semaines d'aménorrhée ?

b. À quel(s) moment(s) le taux de HCG vaut-il 29 000 UI/L ?

3 Représenter une grandeur en fonction d'une autre

12 On a mesuré tous les deux jours la taille d'une plante qui pousse :

Temps (en jours)	0	2	4	6	8	10	12	14	16	18	20	22
Taille (en mm)	0	0	0	2	5	10	20	30	40	60	80	100

- Représenter graphiquement la taille de la plante en fonction du temps.

Solution

Le temps sera sur l'axe des abscisses et la taille sur l'axe des ordonnées. Il faut choisir une échelle sur chaque axe.

En abscisses, les valeurs vont de 0 à 22, de 2 en 2.
En ordonnées, les valeurs vont de 0 à 100, de 10 en 10.
On place ensuite les points et on obtient cette courbe :

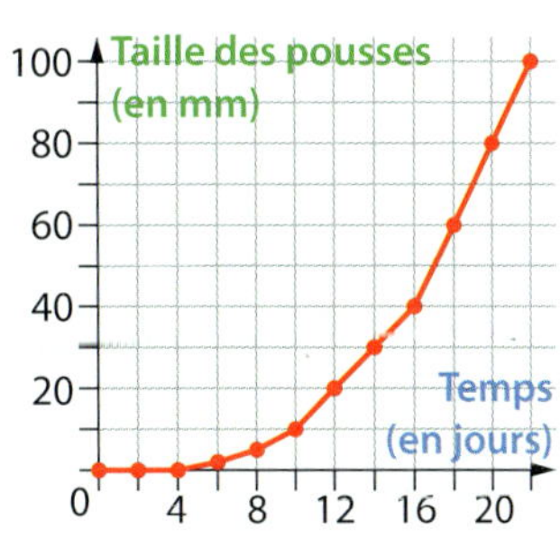

13 Le R407C est un gaz principalement utilisé comme fluide frigorifique. On donne, pour ce gaz, la table de correspondance ci-contre.

- Représenter graphiquement la pression en fonction de la température.

Température (en °C)	−20	−14	−10	−4	0	4	10	16	30
Pression (en bar)	1,79	2,5	3,05	3,98	4,68	5,46	6,77	8,27	9,38

Exercices

2 pages d'exercices supplémentaires dans le manuel numérique

Utiliser des grandeurs quotients et des grandeurs produits

Savoir-faire p. 139

Questions flash

diapo

14 Un parallélépipède rectangle a un volume de 200 m^3 et l'aire de sa base vaut 50 m^2.
- Quelle est sa hauteur ?

15 La masse volumique de l'eau est de 1 kg/L.
- Combien pèsent 500 mL d'eau ?

16 Convertir 3 570 Wh en kilowatts-heures.

17 Je cours le 100 mètres en 12,5 secondes.
- Quelle est ma vitesse moyenne, en km/h ?

18 Si je cours à 12 km/h, en combien de minutes est-ce que je parcours 1 km ?

19 L'Eurostar est le train qui permet de relier la France et l'Angleterre en passant dans le tunnel sous la Manche, long de 50,5 km.
Un Eurostar parcourt le tunnel en 30 min.
- Quelle est sa vitesse moyenne dans le tunnel ?

20 Stéphane a utilisé 300 kg de béton de masse volumique 2,5 tonnes par mètre cube pour monter un mur.
- Quel volume de béton a-t-il utilisé ?

21 Combien faut-il de temps pour parcourir 800 m à la vitesse moyenne de 40 km/h ?

22 Noémie a fait le plein et a mis 60 litres d'essence dans son réservoir. La masse volumique de l'essence est de 750 kg/m^3.
- De quelle masse son véhicule a-t-il augmenté ?

23 La vitesse de la lumière est 300 000 km/s.
1. La lumière met $\frac{1}{75}$ de seconde pour aller d'un satellite à la Terre.
   Calculer la distance séparant le satellite de la Terre.
2. La lumière met environ 8 minutes et 30 secondes pour nous parvenir du Soleil.
   Calculer la distance nous séparant du Soleil.

24 Le Canal du Midi s'étend sur 240 km, de Toulouse à l'étang de Thau, et la vitesse des embarcations y est limitée à 8 km/h.
- Combien de temps, au minimum, faut-il pour effectuer ce trajet en péniche sans faire de pause ?

25 Une mouette parcourt 4,2 kilomètres en 8 minutes.
- Quelle distance aurait-elle parcourue en une heure, si elle gardait la même vitesse ?

26 Recopier et compléter le tableau ci-dessous par OUI ou NON.

	Grandeur simple ?	Grandeur quotient ?	Grandeur produit ?
Aire			
Vitesse			
Masse			
Volume			
Longueur			
Temps			
Prix au kg			

Exploiter la représentation graphique d'une grandeur

Savoir-faire p. 141

Questions flash

diapo

27 L'an prochain, Johan veut s'abonner au ciné-club du collège. Le prix qu'il paiera en fin d'année est représenté ci-dessous selon le nombre de films qu'il aura vus.

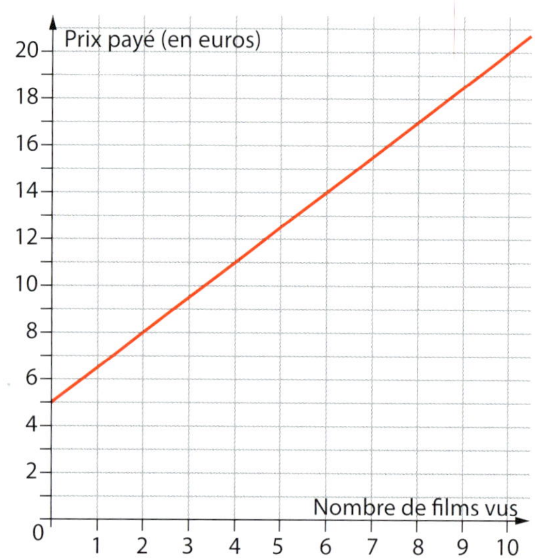

1. S'il voit 4 films dans l'année scolaire, combien paiera-t-il ?
2. Combien paiera-t-il s'il ne va voir aucun film ?
3. Il ne veut pas dépenser plus de 20 euros. Combien de films pourra-t-il voir ?

28 La courbe ci-dessous représente la température relevée entre minuit et 20 heures, le 9 février 2016, par la station météo du collège.

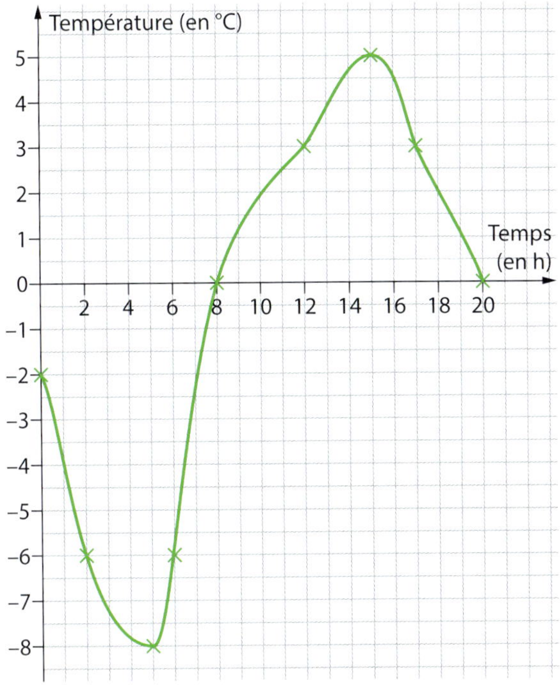

Vrai ou faux ?

a. La température était plus basse à 20 heures qu'à 7 heures.

b. Il gelait entre 4h et 6h du matin.

c. À 5 heures du matin, il faisait environ 15 °C.

d. Le thermomètre est passé 3 fois par zéro pendant cette période.

e. La température était maximale à midi.

29 On a représenté la valeur d'une voiture, en milliers d'euros, selon son âge, en années :

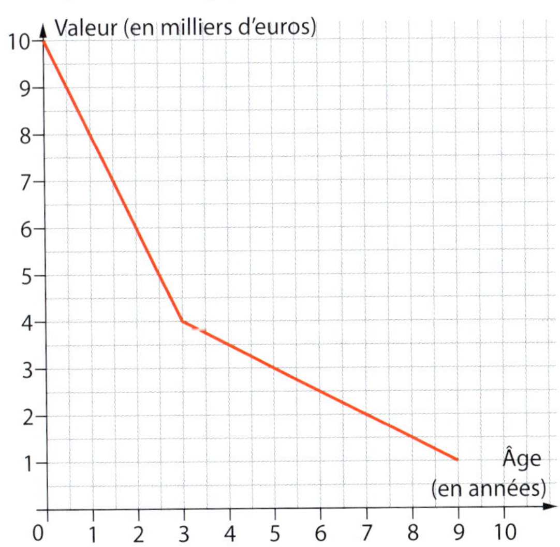

1. Quelle est la valeur du véhicule neuf ?

2. Quelle est sa valeur au bout de 2 ans ?

3. Au bout de combien de temps cette voiture vaut-elle 3 000 € ?

Représenter une grandeur en fonction d'une autre

Savoir-faire p. 141

Questions flash diapo

30 Associer à chaque situation sa représentation graphique de la vitesse en fonction du temps et justifier la réponse.

a. Un coureur pique un sprint vers la ligne d'arrivée.

b. Un coureur à l'arrêt se met à courir vite.

c. Un coureur fatigué ralentit sa course.

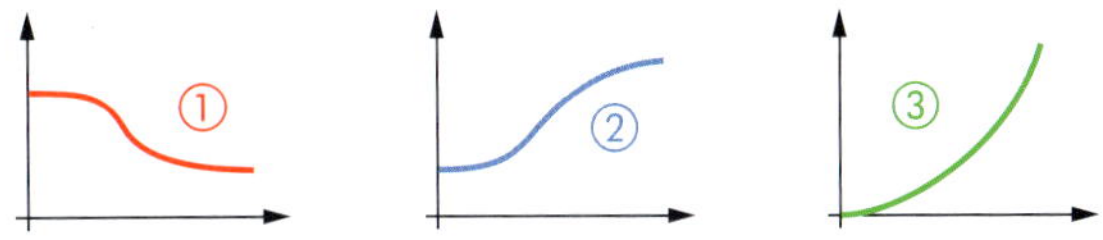

31 Lors d'une activité sportive, il est recommandé de surveiller son rythme cardiaque.
Des recherches ont montré que la fréquence cardiaque maximale recommandée f, exprimée en battements par minute, est $f = 208 - (0,75 \times a)$ où a représente l'âge de la personne et est exprimé en années.

1. Calculer la fréquence cardiaque maximale à 40 ans, recommandée aujourd'hui par les médecins.

2. Recopier et compléter le tableau suivant.

Âge (en années)	20	30	40	50	60	70	80
Fréquence cardiaque maximale (en battements par minute)							

3. Représenter graphiquement la fréquence cardiaque maximale en fonction de l'âge.

32 Relier chaque représentation graphique au tableau de valeurs qui lui correspond.

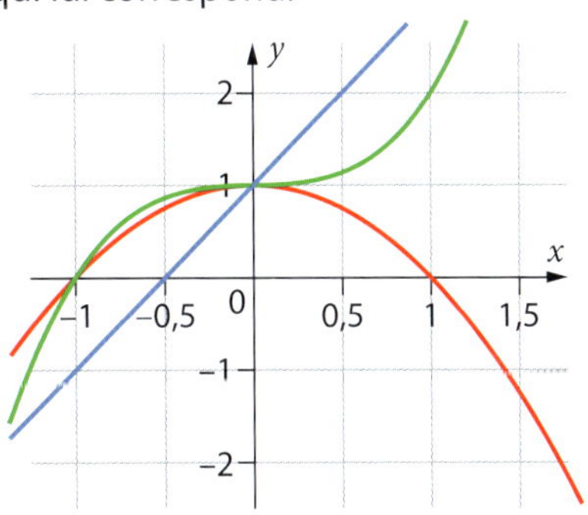

①

x	−1	0	1
y	0	1	2

②

x	−1	0	1
y	0	1	0

③

x	−1	0	1
y	−1	1	3

Faire le point

Vérifie tes connaissances.

QCM

Donner la seule réponse correcte parmi les trois proposées.

1 Utiliser des grandeurs quotients et des grandeurs produits

	Réponse A	Réponse B	Réponse C
1. À 120 km/h sur un trajet de 45 minutes, j'ai parcouru :	160 km.	54 km.	90 km.
2. Le four de Tante Jeanne a fonctionné pendant une demi-heure et a consommé 1 300 Wh. En 1 heure, il consommerait :	2 600 watts-heures.	1 300 watts-heures.	650 watts-heures.
3. La masse volumique du plomb est de 11,35 g/cm^3. Un morceau de 10 cm^3 de plomb pèse :	0,88 g.	11,35 g.	0,1135 kg.

2 Exploiter la représentation graphique d'une grandeur

	Réponse A	Réponse B	Réponse C
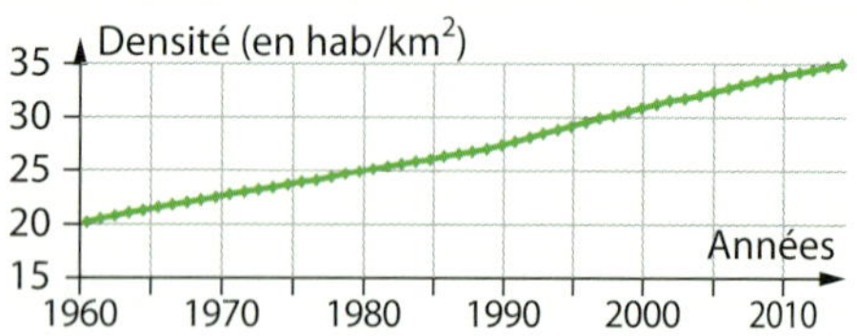 Ce graphique donne la densité de population aux États-Unis, en habitants/km^2 de 1961 à 2014. On peut dire qu'entre 1980 et 2014 :	la densité de population a augmenté d'environ 10 habitants par km^2.	la densité de population a augmenté d'environ 10 millions d'habitants par km^2.	la population a augmenté de 10 %.

3 Représenter une grandeur en fonction d'une autre

	Réponse A	Réponse B	Réponse C
Dans un certain circuit électrique, la puissance consommée P est donnée par la formule $P = 100\ I^2$, où I est l'intensité du courant. La courbe représentant la puissance selon l'intensité du courant est :	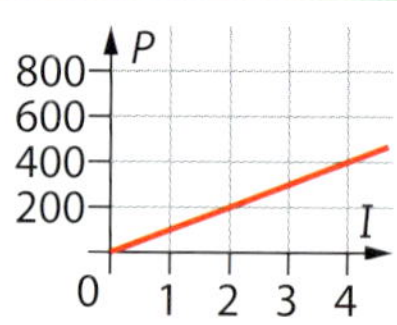	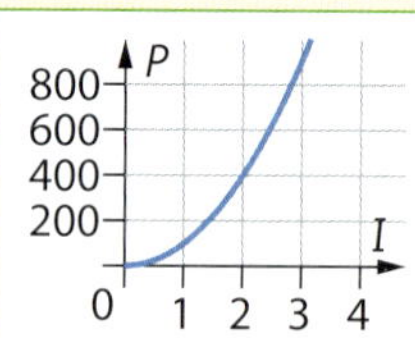	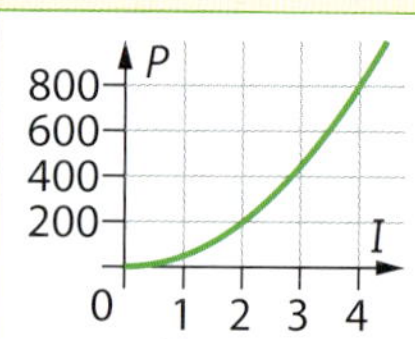

Pour t'aider à retenir le cours.*

Carte mentale

Grandeurs

Produit

Exemple :

$E = P \times t$ (E en Wh, P en W, t en h)

Quotient

Exemple :

$v = \frac{d}{t}$ (v en km/h, d en km, t en h)

Représentation

Grandeur A	x	…
Grandeur B	y	…

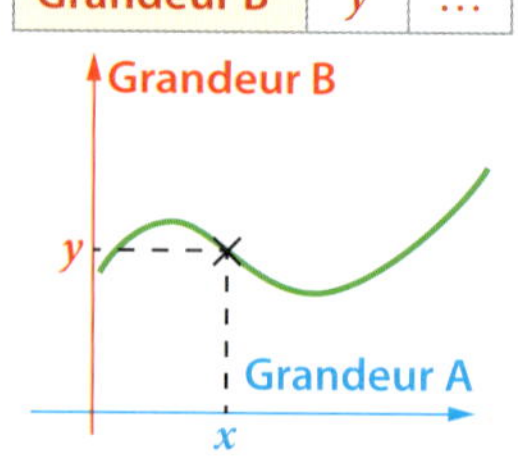

* Tu peux aussi construire ta propre carte mentale.

33 Compteur

Cet après-midi, Martin doit aller à vélo chez son copain Florian qui habite à 3 km de chez lui. Au moment de partir, Martin envoie un SMS à Florian pour l'avertir de son départ. Florian, impatient de voir son copain arriver, a préparé un script pour afficher en temps réel la distance que doit encore parcourir Martin pour arriver chez lui. Il lance l'exécution de son script au moment où il reçoit le SMS de Martin.

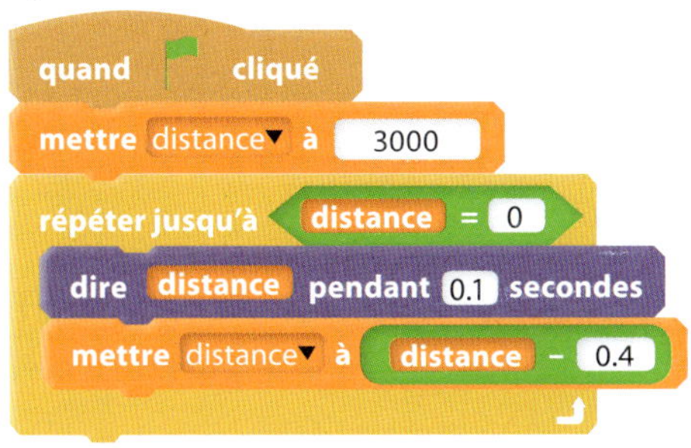

1. Que représente la variable qui intervient dans ce script ?
2. Si ce script affiche des données exactes, à quelle vitesse roule Martin ?
3. Au bout de combien de temps Martin arrive-t-il chez Florian ?
4. Modifier ce script pour que le lutin effectue, en temps réel et à l'échelle, le même déplacement que Martin.

34 Courbe de corpulence

SVT

1. Les parents de Tessa et de Tom ont relevé ces données dans le carnet de santé de leurs enfants :

Tessa

Âge	Poids (en kg)	Taille (en m)
0,5	7,2	0,64
1	8,7	0,71
1,5	9	0,74
2	10	0,78
2,5	11	0,82
3	12	0,86
3,5	13	0,91
4	13,5	0,94
5	14,5	1,02
6	15,5	1,08
7	17	1,14
8	20,5	1,23
9	23	1,28
10	26	1,36
11	28	1,4
12	31	1,45
13	34	1,51
14	39	1,6
15	40	1,61

Tom

Âge	Poids (en kg)	Taille (en m)
0,5	8,3	0,68
1	9,6	0,75
1,5	11	0,83
2	12,2	0,89
2,5	13	0,93
3	13,8	0,95
3,5	14,5	0,96
4	15,5	1,03
5	18	1,12
6	20	1,17
7	23	1,24
8	25,5	1,29
9	27,5	1,32
10	29,5	1,37
11	32	1,43
12	36	1,48
13	44	1,58
14	51,5	1,64
15	62	1,7

L'IMC (indice de masse corporelle) permet d'estimer la corpulence d'une personne.

Il se calcule par la formule : $\text{IMC} = \dfrac{\text{poids en kg}}{(\text{taille en m})^2}$

À l'aide d'un tableur, calculer les IMC de Tom et de Tessa pour chaque âge indiqué.

2. L'INPES (Institut national de prévention et d'éducation pour la santé) donne les recommandations suivantes concernant l'IMC en fonction de l'âge des enfants :

Filles

Âge	IMC minimum recommandé	IMC maximum recommandé
0	0	0
1	14,75	20
2	14,1	19
3	13,7	18,4
4	13,4	18
5	13,1	17,6
6	13	17,7
7	13	18
8	13,1	18,5
9	13,2	19,1
10	13,5	20
11	13,8	21
12	14,2	22
13	14,75	23,1
14	15,3	24,1
15	15,8	25
16	16,2	25,6
17	16,5	26

Garçons

Âge	IMC minimum recommandé	IMC maximum recommandé
0	0	0
1	15,1	20,4
2	14,5	19,1
3	14	18,4
4	13,7	18
5	13,5	17,9
6	13,4	18
7	13,4	18,2
8	13,5	18,7
9	13,6	19,4
10	13,8	20
11	14	20,6
12	14,3	21,4
13	14,75	22,2
14	15,3	23,2
15	15,9	24
16	16,3	24,9
17	16,7	25,5

À l'aide d'un tableur, tracer, sur un même graphique, les deux courbes correspondant aux IMC minimum et maximum recommandés en fonction de l'âge pour l'un des deux sexes.
Pour cela, sélectionner les données, puis choisir « Nuages de points avec courbes lissées » dans l'onglet « Insertion ».

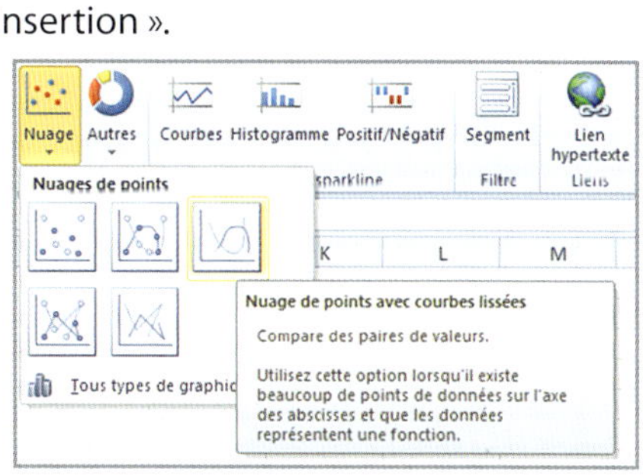

3. La courbe représentant l'IMC en fonction de l'âge est appelée « courbe de corpulence ». Sur le graphique de la question 2., ajouter la courbe de corpulence de Tom et Tessa, selon le cas étudié. Rédiger un texte court pour commenter le graphique obtenu.

Problèmes

Pour mieux cibler les compétences

Chercher	54 56	Raisonner	43 44
Modéliser	36 49	Calculer	38 39 50
Représenter	36 51 53	Communiquer	56 57

35 Course cycliste

EPS

Lors d'une étape cycliste, les distances parcourues par un cycliste ont été relevées chaque heure après le départ. Les données sont précisées dans ce graphique :

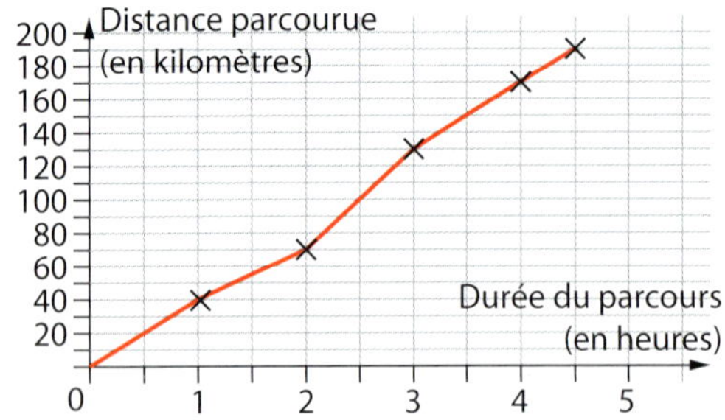

Par lecture graphique, répondre aux questions suivantes.

1. Quelle est la distance totale de cette étape ?
2. En combien de temps le cycliste a-t-il parcouru les cent premiers kilomètres ?
3. Quelle est la distance parcourue lors de la dernière demi-heure de course ?
4. Y a-t-il proportionnalité entre la distance parcourue et la durée de parcours de cette étape ?
   Justifier la réponse et proposer une explication.

36 Prix des appartements

AV

On s'intéresse à l'évolution du prix des appartements neufs en France métropolitaine.

Le tableau ci-dessous indique le prix moyen des appartements neufs en France métropolitaine, en euros par m^2, entre 2004 et 2012.

Année	2004	2005	2006	2007	2008
Prix (en euros par m^2)	2 563	2 852	3 071	3 276	3 344

Année	2009	2010	2011	2012
Prix (en euros par m^2)	3 368	3 571	3 773	3 861

Source : Insee, SOeS.

1. Représenter le prix d'un appartement en France métropolitaine en fonction de l'année.
2. Interpréter ce graphique.

37 A...tension !

PC

En physique, la tension U aux bornes d'une résistance est proportionnelle à l'intensité I du courant qui la traverse, c'est-à-dire : $U = R \times I$ où R (valeur de la résistance) est le coefficient de proportionnalité.

On rappelle que l'unité d'intensité est l'ampère et que l'unité de tension est le volt.

Intensité I (en ampères)	0,02	0,03	0,04	0,08
Tension U (en volts)	3	4,5	6	12

1. Vérifier que ce tableau est un tableau de proportionnalité.
2. Quel est le coefficient de proportionnalité ?
3. Calculer la tension U si l'intensité I vaut 0,07 ampère.

38 Poids et masse

PC

Le poids d'un corps à la surface d'un astre est proportionnel à la masse de ce corps.

Dans la relation $P = m \times g$:

- P est le poids (en newtons) du corps à la surface de l'astre (c'est-à-dire l'intensité de la force que l'astre exerce sur le corps) ;
- m est la masse (en kg) du corps ;
- g est l'intensité de la pesanteur (en N/kg) de l'astre.

1. Sur la Terre, l'intensité de la pesanteur g est environ 9,8 N/kg.
   a. Calculer le poids (en newtons) sur Terre d'un homme ayant une masse de 90 kg.
   b. Reproduire et compléter le tableau suivant.

Masse (en kg)	3	5		20	
Poids (en N)			98		490

2. Sur la Lune, la relation $P = m \times g$ est toujours valable. Ci-dessous, on donne le tableau de correspondance entre quelques poids et masses sur la Lune.

Masse (en kg)	3	5	10	20	50
Poids (en N)	5,1	8,5	17	34	85

   a. Quelle est l'intensité de la pesanteur sur la Lune ?
   b. Est-il vrai que l'on pèse environ 6 fois moins lourd sur la Lune que sur la Terre ?

39 Marche à pied

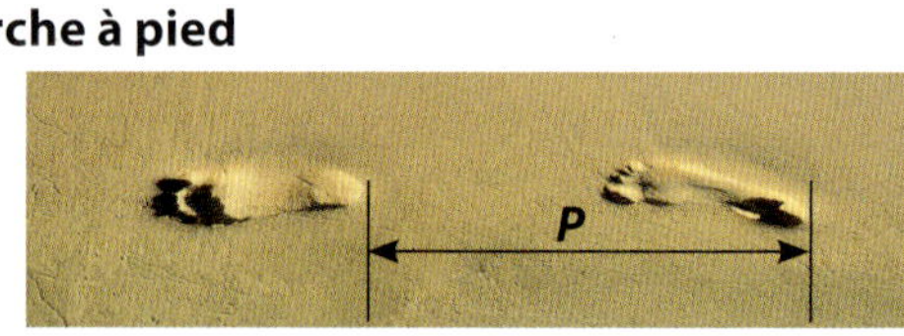

L'image ci-dessus montre les traces de pas d'un homme en train de marcher. La « longueur de pas » P est la distance entre l'arrière de deux traces de pas consécutives. Pour les hommes, la formule $\frac{n}{P} = 140$ donne un rapport approximatif entre n et P, où n est le nombre de pas par minute et P la longueur de pas, en mètres.

1. Si la formule s'applique à la façon de marcher d'Arthur et qu'Arthur fait 70 pas par minute, quelle est la longueur de pas d'Arthur ?
2. Rémi sait que la longueur de son pas est de 0,80 m. La formule s'applique à sa façon de marcher.
   Calculez la vitesse à laquelle marche Rémi, en mètres par minute et en kilomètres par heure.

D'après PISA.

40 Excès de vitesse ?

La famille Boyle arrive d'Angleterre pour un séjour en France. Ils sont venus avec leur voiture mais le compteur de vitesse est en miles/hour. Ils souhaitent convertir les différentes limitations de vitesse françaises afin de ne pas être en infraction lors de leur séjour.

- Rechercher les différentes limitations selon le type de route et apporter une réponse à cette famille.

41 Tremblement de terre

SVT HG

Le 27 janvier 2012, peu avant 16h, un séisme de magnitude 5,4 s'est produit dans la province de Parme, dans le nord de l'Italie. La secousse a été ressentie fortement à Gênes, Milan, Turin et également, dans une moindre mesure, à Cannes, dans les Alpes-Maritimes. Les ondes sismiques ont mis 59 secondes pour parvenir à Cannes, située à 320 km de l'épicentre.

- Calculer la vitesse de propagation des ondes sismiques, exprimée en kilomètres par seconde, arrondie au dixième près.

42 Sur la paille

Antonin est agriculteur et achète des bottes de paille au prix de gros de 40 euros la tonne. La masse d'un mètre cube de cette paille est égale à 120 kg. Ces bottes de paille sont des parallélépipèdes rectangles de dimensions 80 cm × 40 cm × 30 cm.

- Calculer le prix d'une de ces bottes de paille.

43 Histoire d'eau

Un aquarium a un volume de 4,071 L. On le remplit à ras bord, puis on verse la totalité de son contenu dans un autre aquarium parallélépipédique. La base du nouvel aquarium est un rectangle de 15 cm par 20 cm. Il est suffisamment haut pour que l'eau ne déborde pas.

- Déterminer la hauteur atteinte par l'eau. On arrondira au centimètre près.

44 Course automobile

Sur un circuit de 13,2 km, un pilote réalise des essais pour une nouvelle voiture de course. Un capteur placé à bord de la voiture enregistre la vitesse en km/h en fonction de la distance parcourue (en km). On a résumé ces données sous la forme du graphique ci-dessous.

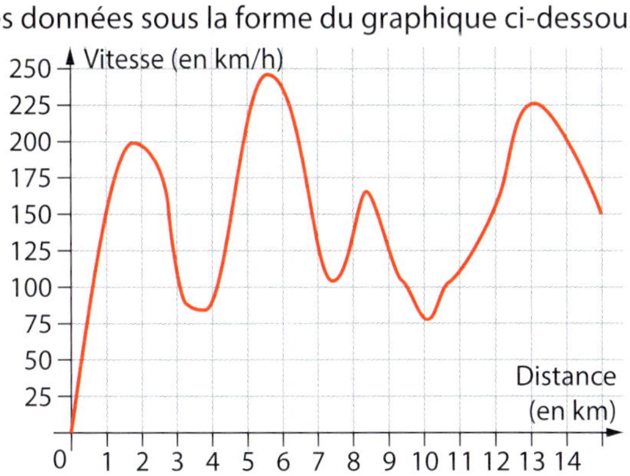

Répondre par « Vrai » ou « Faux » ou « On ne peut pas répondre ».

a. La vitesse maximale de la voiture est de 225 km/h au bout de 13 minutes environ.
b. La voiture est à l'arrêt au bout de 16 km.
c. Durant l'enregistrement, la voiture a atteint 7 fois la vitesse de 125 km/h.
d. La voiture a ralenti 4 fois durant l'enregistrement.
e. La voiture s'arrête au bout de 13,2 km.
f. Le circuit comporte 7 virages.

45 Amazone

CIT HG

Le fleuve Amazone est celui qui possède le débit moyen le plus important au monde. Il est d'environ 190 000 mètres cubes par seconde.
En France, un foyer de trois personnes consomme en moyenne 10 000 L d'eau par mois.

- Donner un ordre de grandeur du nombre de ces foyers qui pourraient être alimentés par ce fleuve.

46 Holidays

LV

Kalinda's family travels to their holiday destination. The amount of fuel in the family car is shown below.

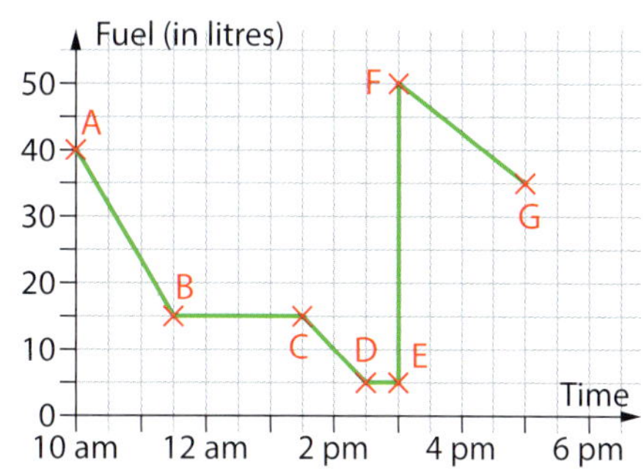

1. Copy and fill the chart:

Part of the graph	Event	Time
A	Leave home	10 am
A to B	Motorway	From 10:00 to …
B to C	Car breaks down	From … to …
C to D	On their way again	From … to …
D to E	Stop for lunch	From … to …
E to F	Fill tank with fuel	From … to …
F to G	Country roads	From … to …
G	Arrive, at last!	… pm

2. How much fuel was in the tank when they started their trip?
3. How long did the family stop for lunch?
4. How much fuel was put in the tank at the garage?
5. At what time did the trip end?

Problèmes

47 Radar

Un avion n'est plus très loin de l'aéroport où il doit atterrir. Le radar de la tour de contrôle émet un signal bref en direction de l'avion. Le signal atteint l'avion et revient au radar 0,0003 seconde après son émission.

- Sachant que le signal se transmet à la vitesse de 300 000 kilomètres par seconde, à quelle distance du radar de la tour de contrôle se trouve l'avion ?

48 Représentante médicale

Sonia est représentante médicale pour un laboratoire pharmaceutique. Cet après-midi, elle a rendu visite à un médecin pour lui présenter les nouveaux médicaments fabriqués par ce laboratoire.
Elle est partie de chez elle à 13h55 et a parcouru 26 km à la vitesse moyenne de 78 km/h pour arriver au cabinet médical. Elle a alors attendu 35 minutes, puis a été reçue durant 15 minutes par le médecin. Elle a repris la route vers chez elle par le même trajet qu'à l'aller, à la vitesse moyenne de 65 km/h.

1. À quelle heure est-elle rentrée chez elle ?
2. À quelle vitesse moyenne a-t-elle roulé sur l'ensemble des deux trajets ?

49 Cartes professionnelles en ligne

Sur un site internet, Émilie consulte les prix pour faire imprimer des cartes professionnelles correspondant à son activité d'esthéticienne à domicile. Elle trouve les tarifs suivants, qui comprennent l'envoi à domicile.

Nombre de cartes	10	50	100	200
Prix (en €)	4,50	6,50	9,00	14,00

1. Représenter sur un graphique le prix en fonction du nombre de cartes souhaité. Que remarque-t-on ?
2. Émilie souhaite acheter 140 cartes professionnelles. D'après ce graphique, combien paiera-t-elle ?

50 16/9

Pour choisir un écran de télévision, d'ordinateur ou une tablette tactile, on peut s'intéresser :

- à son format, qui est le rapport de la longueur de l'écran sur sa largeur ;
- à sa diagonale, qui se mesure en pouces. (Un pouce est égal à 2,54 cm.)

1. Un écran de télévision a une longueur de 80 cm et une largeur de 45 cm.
S'agit-il d'un écran de format $\frac{4}{3}$ ou $\frac{16}{9}$?
2. Un écran d'ordinateur est vendu avec la mention « 15 pouces ». On prend les mesures suivantes : la longueur est 30,5 cm et la largeur est 22,9 cm. La mention « 15 pouces » est-elle bien adaptée à cet écran ?

51 Balançoire

Mohammed est assis sur une balançoire. Il commence à se balancer et essaie de monter le plus haut possible.

- Quel graphique représente la hauteur de ses pieds au-dessus du sol pendant qu'il se balance ?
Justifier la réponse.

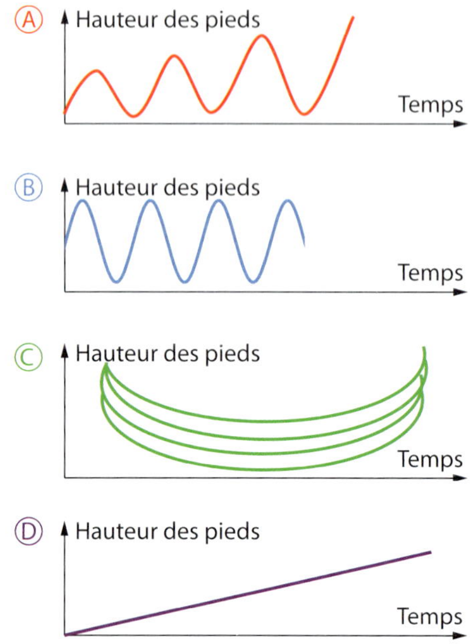

D'après PISA.

52 Sous pression

1. Le bar et le PSI (Pound per Square Inch ou livre par pouce carré) sont deux unités utilisées pour mesurer la pression. Le graphique ci-dessous donne la correspondance entre ces 2 unités.

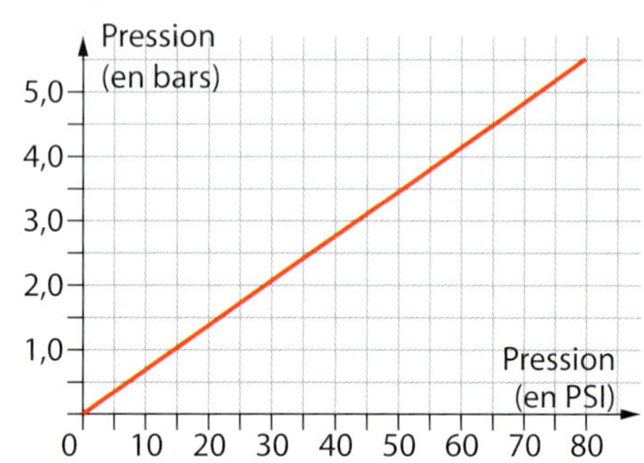

Avant de prendre la route, Léa vérifie la pression des pneus de sa voiture. La pression conseillée sur le manuel du véhicule est de 36 PSI.
Déterminer, à l'aide du graphique, la pression conseillée en bars.

2. Léa se rend à Brest en prenant la route N 12 qui passe par Morlaix. Elle voit ce panneau :

Dans combien de kilomètres la distance qui la sépare de Morlaix sera-t-elle la même que celle de Morlaix à Brest ?

53 Réservoir d'eau

Un réservoir d'eau a la forme et les dimensions indiquées sur le schéma ci-contre.

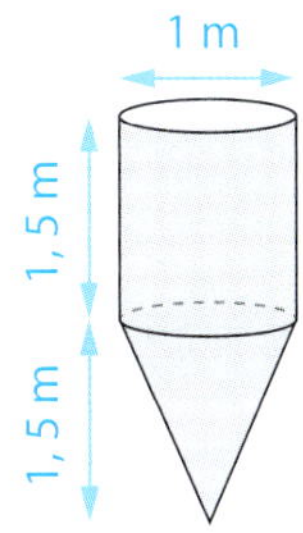

Au départ, le réservoir est vide. On le remplit d'eau à raison d'un litre par seconde.

- Lequel des graphiques suivants illustre la façon dont le niveau d'eau évolue dans le temps ?
  Justifier la réponse.

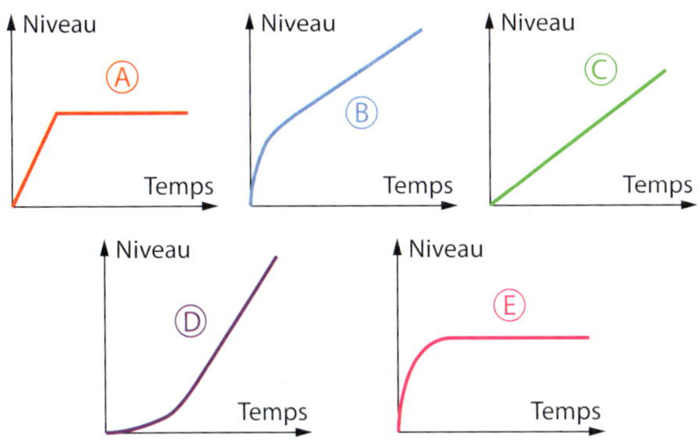

D'après PISA.

54 Allers-retours

Prise d'initiative

1. Paula rend visite à son ami Alexandre qui habite à 5 km de chez elle. À l'aller, elle s'y rend à vélo à une vitesse moyenne de 15 km/h. Mais, au moment de repartir, elle constate qu'un pneu de son vélo est crevé et décide de rentrer à pied. Sa vitesse moyenne sur le chemin du retour est de 6 km/h.
   Quelle est sa vitesse moyenne sur l'ensemble de son parcours ?
2. Si elle s'était rendue chez son amie Aline qui habite à 10 km de chez elle, dans les mêmes conditions, sa vitesse moyenne sur l'ensemble du parcours aurait-elle été différente ? Expliquer pourquoi.

55 Australie

HG

Prise d'initiative

1. Quelle est la distance, à vol d'oiseau, entre Darwin et Melbourne ?
2. Estimer la superficie de l'Australie.

56 Sortie scolaire

Prise d'initiative

Patrick est professeur de SVT dans un collège du Gers. Il souhaite emmener des élèves de 4e en sortie dans les Pyrénées pendant quelques jours.

Il a trois classes de 4e : les 4e 1 (14 élèves), les 4e 2 (28 élèves) et les 4e 5 (24 élèves).
L'hôtel le plus proche du lieu de la sortie affiche un tarif de 12 euros par nuitée. Il se renseigne alors sur Internet pour savoir ce que cela signifie :

> **Nuitée**
> Unité de mesure utilisée dans le monde de l'hôtellerie pour comptabiliser le nombre de chambres consommées par une clientèle dans un établissement.
> Le nombre de nuitées est égal au nombre de clients multiplié par le nombre de nuits passées par chacun.
> Trois personnes séjournant deux nuits comptent donc pour six nuitées.

1. S'il emmène sa classe de 4e 1, pour un séjour de 3 jours et 2 nuits, combien cela fait-il de nuitées ? Quel est alors le prix payé pour loger les participants à cette sortie ?
2. S'il emmène sa classe de 4e 2, avec le même budget qu'en 1., combien de temps peut durer le séjour ?
3. S'il emmène sa classe de 4e 5 pour un séjour de 3 jours et 2 nuits, combien cela fait-il de nuitées ? Quel est alors le prix payé pour le logement ?
4. Le principal du collège lui impose de ne pas dépasser 900 € de budget pour loger les participants à cette sortie et lui demande d'emmener les trois classes. Proposer une solution et rédiger un compte-rendu du projet pour le principal.

57 Distance de sécurité

Prise d'initiative

CIT

La distance de sécurité correspond à la distance à respecter entre deux véhicules qui se suivent pour éviter une collision en cas de freinage. Elle doit être au minimum égale à deux fois la distance parcourue pendant le « temps de réaction », soit environ deux secondes.
Pour déterminer l'ordre de grandeur d'une distance de sécurité, on peut convertir les kilomètres par heure en mètres par seconde. Voici une méthode rapide :
« Multipliez le nombre de dizaines de la vitesse par 3.
Exemple : Si vous roulez à 50 km/h, multipliez 5 par 3, soit 15. Vous roulez donc à environ 15 m/s. Donc en 2 s, vous parcourez 30 m.
Votre distance de sécurité doit être de deux fois cette distance, soit 60 m. »

- Cette méthode est-elle correcte ? Justifier la réponse.

Travailler autrement

Utilisable en AP

À chacun sa méthode !

Deux énoncés pour un exercice

Voici les résultats (en minutes, secondes, centièmes de seconde) de la course du 3 000 mètres steeple, aux Jeux olympiques de Londres 2012.

Médaillés - 3 000 m Steeple Hommes			
Édition des jeux	Or	Argent	Bronze
Londres 2012	Ezekiel KEMBOI KEN 8:18:56	Mahiedine MEKHISSI-BENABBAB FRA 8:19:08	Abel Kiprop MUTAI KEN 8:19:73

Exercice 1

1. Quelle différence de temps sépare le médaillé d'or du médaillé de bronze ?
2. Calculer, en secondes et centièmes de seconde, le temps du vainqueur.
3. Quelle est, en m/s, la vitesse moyenne du vainqueur de cette course ?

Exercice 1

1. Quelle est, en m/s, la vitesse moyenne du vainqueur de cette course ?
2. Quelle est, en km/h, la vitesse moyenne du vainqueur de cette course ?

Dans le collège d'Audrey, les statistiques des années précédentes ont montré que le magazine publié par les élèves se vendait plus ou moins bien selon son prix. Le graphique ci-dessous représente les ventes en fonction du prix.

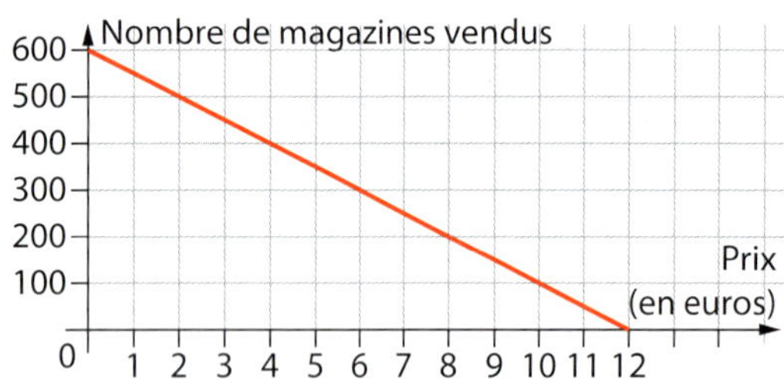

Exercice 2

1. En 2014, le magazine était vendu 4 euros. Combien d'exemplaires ont été vendus ?
2. En 2015, 450 exemplaires ont été vendus. Quel était le prix du magazine ?
3. En 2016, il est vendu 6 euros. Quelle est la recette des ventes ?

Exercice 2

1. En 2016, le magazine est vendu 6 euros. Quelle est la recette des ventes ?
2. Recopier et compléter le tableau ci-dessous.

Prix (en euros)	1	2	3	4	5	6	7	8	9	10	11
Ventes											
Recette (en euros)											

3. Représenter graphiquement la recette selon le prix du magazine.
Quel prix de vente est le plus intéressant ?

Analyse d'une production

Alexis a résolu le problème suivant :
« La voiture de Kilian consomme en moyenne 5 litres aux 100 km : il faut 5 litres de carburant pour parcourir 100 km.
Représenter la consommation de carburant en fonction de la distance parcourue, comprise entre 0 et 600 km.
Combien faut-il de carburant pour parcourir 525 km ? »

- Analyser la réponse d'Alexis et corriger ses erreurs, s'il y en a.

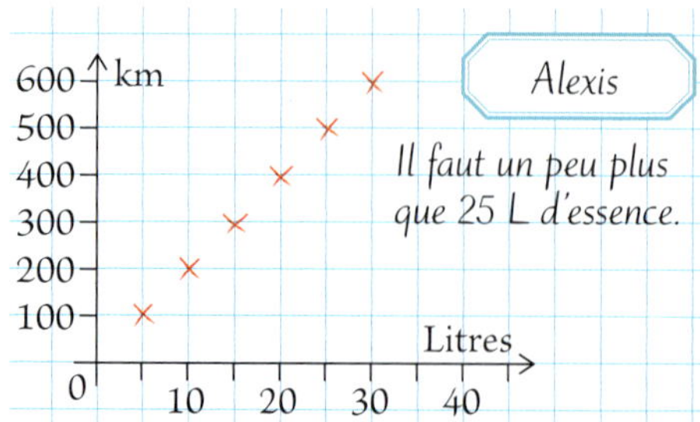

CHAPITRE 9

Ta mission
Étudier et comparer des séries de données.

Représentation et traitement de données

Jeux

Je suis une carte à jouer…
La fréquence de ma couleur (Cœur, Carreau, Trèfle, Pique) sur cette photo est de 0,4 et ma valeur est égale à la moyenne des valeurs de toutes ces cartes. Qui suis-je ?

L'humain « moyen », c'est lui !
Sexe : masculin. **Âge :** 28 ans. **Origine :** Chine.
Le magazine *National Geographic* s'est prêté à un exercice statistique pour le moins original en dressant un portrait-robot basé sur l'étude des caractéristiques (sexe, âge, revenus, habitudes quotidiennes…) les plus communes aux 7 milliards d'êtres humains qui peuplent la Terre.

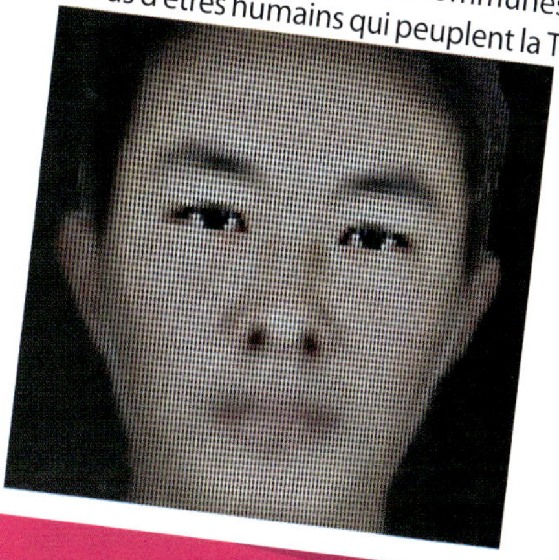

Activités

Questions flash

1. Voici le temps de sommeil de Mariami cette semaine :

Temps de sommeil par jour

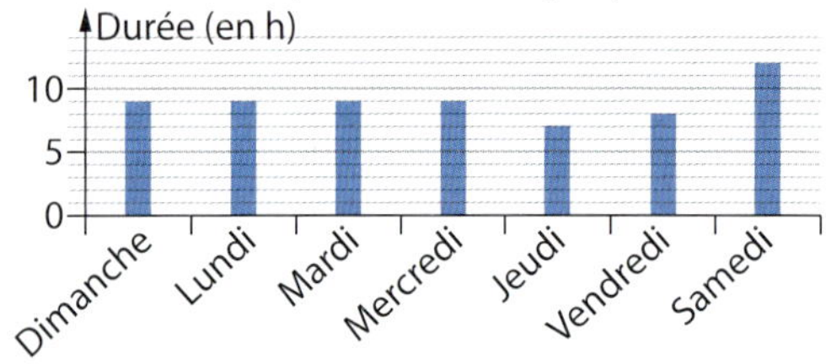

a. Mariami a-t-elle dormi au moins 8 heures chaque nuit ?
b. Donner un encadrement pertinent de son temps moyen de sommeil quotidien cette semaine.

2. Un commerçant s'est approvisionné en huitres en vue des fêtes de fin d'année. Il en a acheté 360 dont voici la répartition selon leur catégorie :

Catégories des huitres achetées

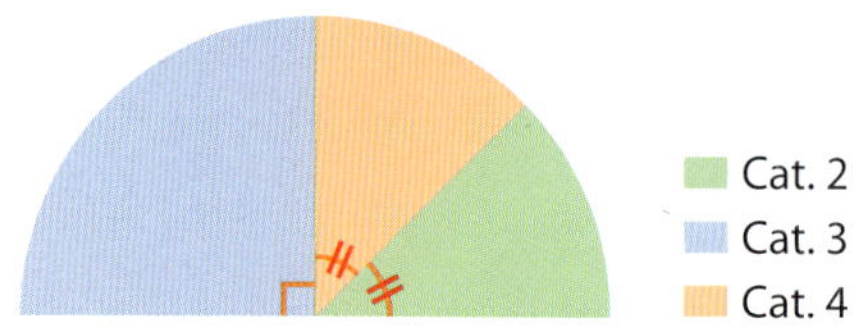

a. Quel est l'effectif de la catégorie 2 ?
b. Quel pourcentage représentent les catégories 3 et 4 réunies ?

Téléchargement d'applications — Activité 1

Lors d'un sondage réalisé auprès de 30 personnes, on a posé la question : « Combien d'applications avez-vous téléchargées sur votre smartphone le mois dernier ? » Les réponses sont données ci-dessous.

Nombre d'applications téléchargées	0	1	2	3	4	5	**Total**
Effectif	6	8	7	2	3	4	**30**

Mehdi affirme : « La moyenne d'applications téléchargées est de 2,5. »
Laureline lui répond : « C'est faux, car il y a plus de personnes qui ont téléchargé une application que de personnes qui en ont téléchargé trois par exemple, donc le « poids » du 1 dans la moyenne doit être plus important que celui du 3. »

- Qui a raison ? Écrire les calculs permettant de déterminer le nombre moyen d'applications téléchargées.

Esteban et Lucas — Activité 2

La fin du trimestre approche. Esteban et Lucas décident de comparer leurs résultats en mathématiques.

Esteban :	12	10,5	14	11,5	13
Lucas :	8	17	10,5	9	16,5

1. Chacun calcule sa moyenne et la compare avec celle de l'autre. Que se disent-ils ?
2. Le professeur propose de ranger les séries de notes par ordre croissant et donne deux autres indicateurs de comparaison :
   a. l'écart entre la plus haute note et la plus basse : cette « étendue » est-elle la même pour les deux élèves ?
   b. la note « du milieu » qui sépare la série en deux groupes de notes : cette note « médiane » est-elle identique pour les deux élèves ?
3. Proposer une appréciation que le professeur pourrait écrire sur chacun des bulletins trimestriels d'Esteban et de Lucas.

Le voyage au Futuroscope

Activité 3

Un concours a été organisé par le Futuroscope. Il s'agit de répondre à dix énigmes, chacune rapportant un nombre de points différents selon sa difficulté. Pour gagner un week-end au Futuroscope, il faut appartenir à la moitié des participants ayant obtenu le plus de points.

Les résultats du concours sont donnés dans le tableau ci-contre.

Nombre de points obtenus	10	12	15	16	17	18	22	25	26	27
Nombre de participants	2	3	6	10	9	10	15	11	8	6

1. Quel est le score minimum qu'il faut réaliser pour pouvoir profiter de ce voyage ?
2. Vérifier le résultat à l'aide de la calculatrice.

	Menu Statistiques	Valeurs du tableau avec leur effectif	Calculer	Choisir
CASIO fx-92 Spéciale Collège	MENU 2 puis **1 : 1 variable**	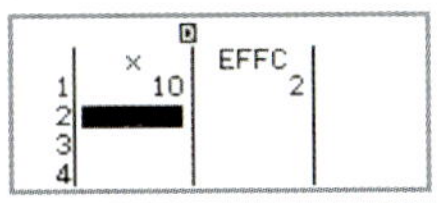	OPTN 3	Faire défiler jusqu'au résultat cherché.
TI-Collège Plus	stats	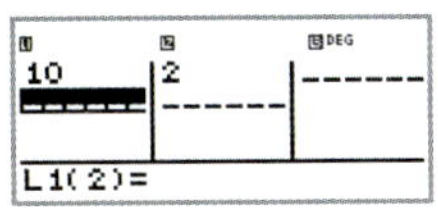	2nde stats (stats calc) 1 	Faire défiler jusqu'au résultat cherché.

Connexion en outre-mer

5e **Activité 4**

Une enquête a été réalisée par l'Arcep (Autorité de régulation des communications électroniques et des postes) pour recenser le nombre d'abonnements Internet dans les départements et collectivités d'outre-mer.
Les résultats de l'enquête pour 2013 et 2014 sont présentés dans les trois documents ci-dessous.

1. Quel document est le plus adapté pour :
   a. classer par ordre croissant le nombre d'abonnements Internet en 2013 ?
   b. voir l'évolution entre 2013 et 2014 ? Le permet-il pour tous les départements ? Pourquoi ?
   c. connaitre le nombre précis d'abonnements en Martinique pour l'année 2013 ?
   d. voir la répartition des abonnements Internet dans les départements et collectivités d'outre-mer ?
2. Donner le nom de ces graphiques.

Doc. 1 Nombre d'abonnements Internet en 2013

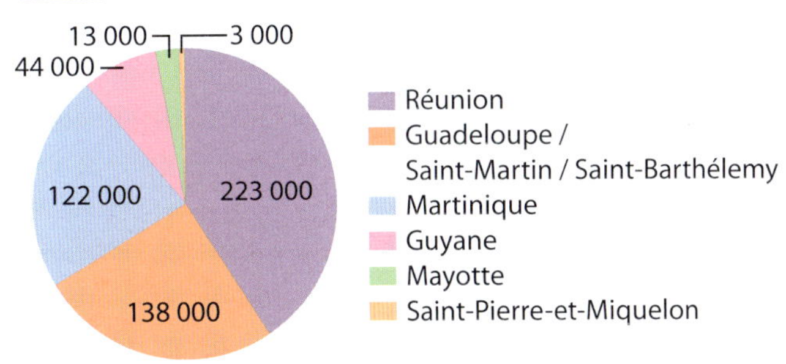

Doc. 2 Nombre d'abonnements Internet en 2013

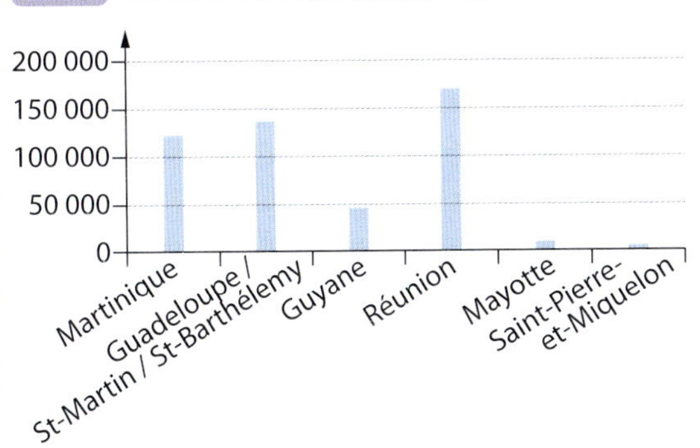

Doc. 3 Nombre d'abonnements Internet

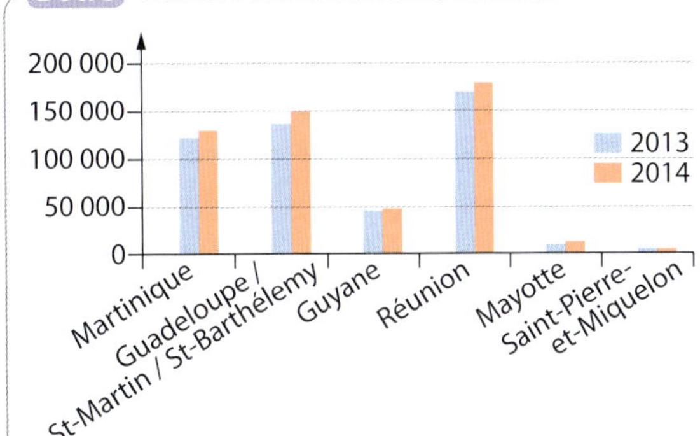

Cours

1 Calculer et interpréter une moyenne

Vidéo

Définition 5e

La **moyenne** d'une série de données est égale au quotient de la somme de ces données par l'effectif total.

$$\text{moyenne} = \frac{\text{somme des données}}{\text{effectif total}}$$

Exemple

Un athlète a effectué cinq sauts en longueur et a obtenu les résultats suivants (en mètres) :

7,65 7,72 7,99 7,85 7,88

Pour calculer sa moyenne, on calcule la somme de ses sauts que l'on divise par le nombre de sauts :

$$\frac{7{,}65 + 7{,}72 + 7{,}99 + 7{,}85 + 7{,}88}{5} = \frac{39{,}09}{5} = 7{,}818$$

La longueur moyenne de ses sauts est donc 7,818 m.

Définition

La **moyenne pondérée** d'une série de données est égale à la somme des produits de chaque valeur par son effectif, divisée par l'effectif total.

$$\text{moyenne pondérée} = \frac{\text{somme des produits des valeurs par leurs effectifs}}{\text{effectif total}}$$

Le mot « pondéré » vient de « poids » : les valeurs considérées n'ont pas toutes le même poids (ou coefficient).

Exemple

Un sondage a été réalisé auprès de 10 000 collégiens pour connaitre le nombre d'enfants présents dans leur foyer. Voici leurs réponses :

Nombre d'enfants	1	2	3	4	5	6
Nombre de familles	4 525	3 551	1 364	413	102	45

Pour calculer la moyenne d'enfants par famille, on effectue les produits du nombre d'enfants par le nombre de familles, on les additionne, puis on divise le résultat par le nombre total de familles.

$$\frac{1 \times 4\,525 + 2 \times 3\,551 + 3 \times 1364 + 4 \times 413 + 5 \times 102 + 6 \times 45}{4\,525 + 3\,551 + 1364 + 413 + 102 + 45} = \frac{18\,151}{10\,000} = 1{,}8151$$

Le nombre moyen d'enfants par famille est d'environ 1,8.

! Une moyenne n'est pas nécessairement égale à l'une des données.
Une moyenne est toujours comprise entre la plus petite et la plus grande valeur de la série.
Dans l'exemple ci-dessus : $1 < 1{,}8151 < 6$

valeur minimale (1) — moyenne (1,8151) — valeur maximale (6)

Savoir-faire

Apprends à l'aide des exercices résolus puis entraine-toi !

1 Calculer et interpréter une moyenne

1 Le tableau ci-dessous donne le nombre de visiteurs (en millions) de quelques sites touristiques français en 2014.

Tour Eiffel	7,1
Le Puy du Fou	1,7
Futuroscope	1,6
Beaubourg	3,5
Musée du Louvre	9,3

• Calculer le nombre moyen de visiteurs par site.

Solution

$$\frac{7{,}1+1{,}7+1{,}6+3{,}5+9{,}3}{5}=\frac{23{,}2}{5}=4{,}64$$

Le nombre moyen de visiteurs par site est 4,64 millions.

2 Le tableau ci-dessous donne le nombre d'accidents mortels de la route en France entre 2010 et 2013.

Année	Nombre d'accidents mortels
2010	3 706
2011	3 647
2012	3 386
2013	3 131

• Calculer le nombre moyen d'accidents mortels sur ces quatre années.

Solution

$$\frac{3\,706+3\,647+3\,386+3\,131}{4}=\frac{13\,870}{4}=3\,467{,}5$$

Durant ces quatre années, il y a eu en moyenne 3 467,5 accidents mortels par an.

3 Voici les altitudes (en m) des neuf sommets les plus hauts de l'Himalaya :

8 848 8 586 8 516 8 485 8 188 8 167 8 163 8 126 8 091

• Calculer l'altitude moyenne de ces sommets.

4 Mélanie et Julie lancent deux dés et notent le total des points obtenus : 10 12 5 2 3 8 7 11

• Calculer la moyenne des points obtenus.

5 Un groupe est composé de 5 personnes âgées de 14 ans, 8 personnes de 18 ans et 7 personnes de 20 ans.

• Quel est l'âge moyen de ce groupe ?

Solution

$$\frac{5\times 14+8\times 18+7\times 20}{5+8+7}=\frac{354}{20}=17{,}7$$

L'âge moyen de ce groupe est 17,7 ans.

6 À la pâtisserie, Paul achète 3 tartelettes aux pommes à 2,10 € pièce, 6 éclairs à 2,30 € pièce et 2 choux à 2,20 € pièce.

• Quel est le prix moyen d'un gâteau acheté par Paul ?

Solution

$$\frac{3\times 2{,}10+6\times 2{,}30+2\times 2{,}20}{3+6+2}=\frac{24{,}5}{11}\approx 2{,}23$$

Le prix moyen d'un gâteau acheté par Paul est d'environ 2,23 €.

7 Lors de son examen au conservatoire, Vincent a obtenu les notes suivantes :
15 en solfège (coefficient 2), 18 en piano (coefficient 4), 12 en histoire de la musique (coefficient 1).

• Quelle moyenne a-t-il obtenue à son examen ?

8 Lors d'une course automobile, on a relevé le nombre de tours effectués par les 20 premiers coureurs.

Nombre de tours	120	130	140	150	160	170
Effectif	3	5	6	3	2	1

• Calculer le nombre moyen de tours effectués par un coureur.

Cours

2 Calculer et interpréter une médiane, une étendue

Vidéo

Définition

Dans une série ordonnée, on appelle **médiane** un nombre qui partage cette série en deux séries de même effectif.

Méthode

Pour déterminer la **médiane** d'une série :
- on range les valeurs de la série par ordre croissant ;
- on cherche une valeur qui partage la série en deux séries de même effectif.

Exemples

L'effectif de la série est **impair**.

La médiane correspond à une valeur de la série.

8 11 12 (13) 15 17 19

3 données — médiane — **3 données**

La médiane de cette série est 13.
Cela signifie qu'il y a autant de données inférieures ou égales à 13 que de données supérieures ou égales à 13.

L'effectif de la série est **pair**.

La médiane se trouve entre deux valeurs de la série.

2 7 10 ↑ 11 14 19

3 données — médiane — **3 données**

Tout nombre compris entre 10 et 11 partage la série en deux séries de même effectif.
En pratique, on prend pour médiane la valeur centrale.
Dans cet exemple, on prend donc pour médiane 10,5. Cela signifie qu'il y a autant de valeurs inférieures à 10,5 que de valeurs supérieures à 10,5.

! La médiane ne dépend pas des valeurs extrêmes de la série :
dans ces deux exemples, si on remplace la valeur 19 par 100, la médiane reste la même.

Définition

L'**étendue** d'une série statistique est la différence entre la plus grande valeur et la plus petite valeur de la série.

Exemple

Voici les relevés de température dans la ville de Bordeaux au cours de la première semaine d'octobre :

18 °C 20 °C 17 °C 16 °C 17 °C 15 °C 19 °C

L'étendue de cette série est 5 car 20 – 15 = 5.
C'est l'écart entre la température maximale et la température minimale.

Savoir-faire

Apprends à l'aide des exercices résolus puis entraine-toi !

2 Calculer et interpréter une médiane, une étendue

9 On a relevé les tailles (en m) des joueurs de l'équipe de France de football qui ont joué un des matchs de l'année 2015 :

1,88   1,78   1,76   1,87   1,91   1,75   1,88   1,75   1,83   1,92   1,74

1. Calculer et interpréter la taille médiane de ces joueurs.
2. Déterminer l'étendue de cette série.

Solution

1. On commence par ordonner les valeurs de la série.

1,74   1,75   1,75   1,76   1,78   (1,83)   1,87   1,88   1,89   1,91   1,92

5 valeurs   **médiane**   **5 valeurs**

On repère ensuite la valeur centrale : 11 ÷ 2 = 5,5. La série est donc partagée en deux groupes de cinq valeurs et la médiane est la 6e valeur, c'est-à-dire 1,83. La taille médiane est donc 1,83 m.
Cela signifie qu'il y a autant de joueurs dont la taille est supérieure ou égale à 1,83 m que de joueurs dont la taille est inférieure ou égale à 1,83 m.

2. L'étendue de cette série est 1,92 – 1,74 = 0,18.

10 On a demandé à un groupe de 10 élèves le nombre de SMS qu'ils ont envoyés aujourd'hui.
Voici leurs réponses :   7   4   12   2   0   5   9   10   3   9

1. Calculer et interpréter la médiane de cette série.
2. Calculer l'étendue de cette série.

Solution

1. On commence par ordonner les valeurs de la série.

0   2   3   4   5   7   9   9   10   12

5 valeurs   **médiane**   **5 valeurs**

On prend comme médiane la valeur centrale, c'est-à-dire 6. Cela signifie qu'il y a autant d'élèves qui ont envoyé au moins 6 SMS que d'élèves qui ont envoyé au plus 6 SMS.

2. L'étendue de cette série est égale à 12 – 0 = 12.

11 1. Les âges de 11 joueurs de l'équipe de France de football sont :

28   22   32   25   22   29   28   22   27   29   24

a. Calculer et interpréter l'âge médian de ces joueurs.
b. Calculer l'étendue de cette série.

2. Ces 11 joueurs pèsent, en kg :

78   74   72   82   76   73   70   81   74   88   68

a. Calculer et interpréter la masse médiane de ces joueurs.
b. Calculer l'étendue de cette série.

Cours

5e 3 Représenter graphiquement des données

Vidéo

Règle

On peut représenter graphiquement des données **numériques** par :

- un **diagramme en bâtons**, dans lequel les hauteurs des bâtons sont proportionnelles aux effectifs de chaque catégorie ;
- un **histogramme**, dans lequel les hauteurs des rectangles sont proportionnelles aux effectifs de chaque classe, quand les classes ont la même amplitude.

Exemple

On a représenté la répartition des tailles de saumons pêchés dans l'Atlantique nord au cours d'une journée.

Taille (en cm)	50	52	54	56	58	60
Effectif	24	22	56	60	52	30

Taille (en cm)	62	64	66	68	70
Effectif	8	2	4	2	10

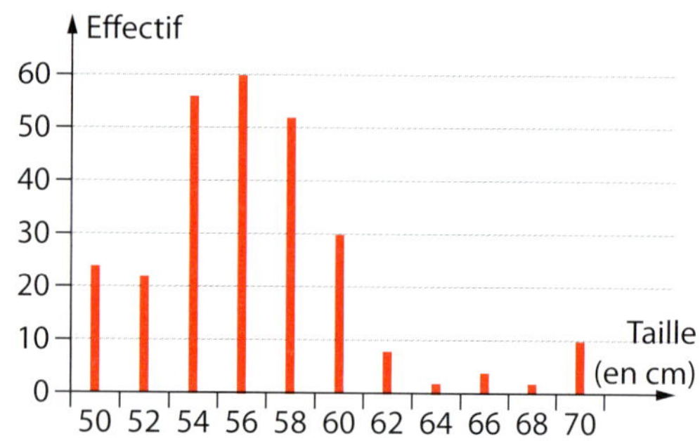

Quand les données sont nombreuses, on peut les regrouper en **classes** et les représenter par un **histogramme**.

Taille (en cm) comprise entre	50 et 54 exclu	54 et 58 exclu	58 et 62 exclu
Effectif	46	116	82

Taille (en cm) comprise entre	62 et 66 exclu	66 et 70 exclu	70 et 74 exclu
Effectif	10	6	10

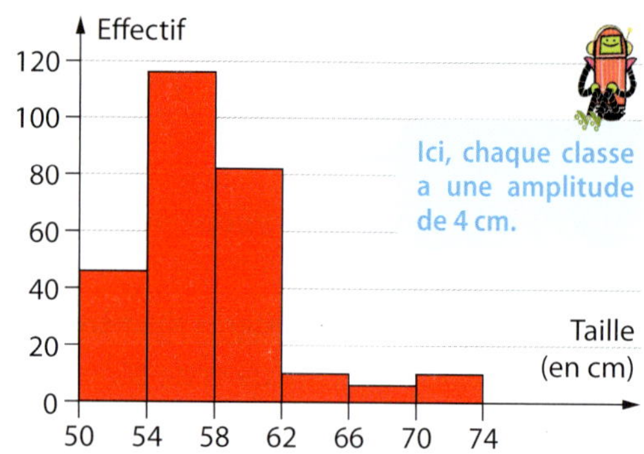

Ici, chaque classe a une amplitude de 4 cm.

Règle

On peut représenter graphiquement des données **non numériques** par :

- un **diagramme en barres**, dans lequel les hauteurs des barres sont proportionnelles aux effectifs de chaque catégorie ;
- un **diagramme circulaire**, dans lequel les mesures des angles sont proportionnelles aux effectifs de chaque catégorie.

Exemple

On a représenté ci-dessous une estimation de la répartition des espèces animales dans le monde.

Embranchement	Chordés	Arthropodes
Proportion (en %)	5	57

Embranchement	Mollusques	Autres
Proportion (en %)	6	32

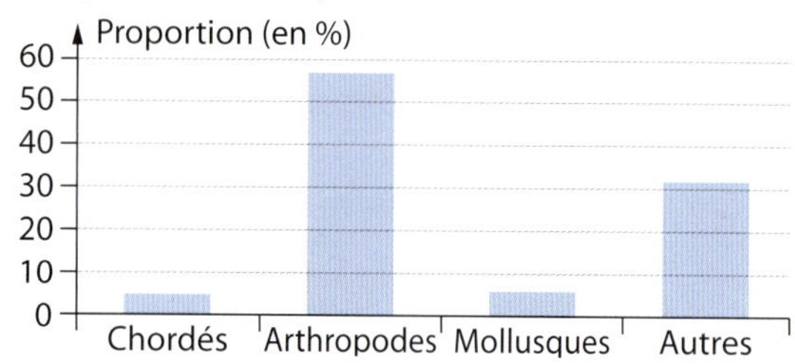

	C	A	M	Autres	Total
Effectif	5	57	6	32	100
Angle (en °)	18	205,2	21,6	115,2	360

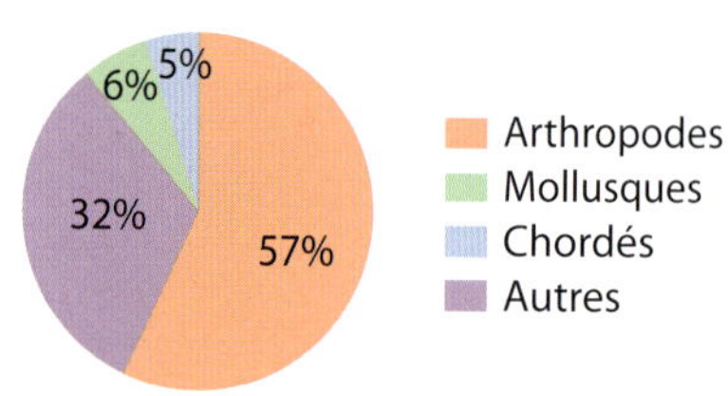

Savoir-faire

Apprends à l'aide des exercices résolus puis entraine-toi !

3 Représenter graphiquement des données

12 Aux Jeux olympiques de Londres en 2012, les six premiers athlètes avaient, chacun, réalisé plusieurs sauts en longueur. Voici rassemblés leurs trois meilleurs résultats (en m) :
8,21 - 8,14 - 8,31 - 7,97 - 8,13 - 8,16 - 7,98 - 8,07 - 8,12 - 8,07 - 8,11 - 8,07 - 7,96 - 8,10 - 7,98 - 8,07 - 7,87 - 8,06

- Représenter graphiquement ces résultats.

Solution

Le diagramme en bâtons n'est pas adapté, car beaucoup de valeurs ont un effectif de 1. On construit donc plutôt un histogramme : pour cela, on commence par définir des classes d'amplitudes égales dans lesquelles on range les résultats.

Longueur (en m)	7,8 à 7,9 exclu	7,9 à 8 exclu	8 à 8,1 exclu	8,1 à 8,2 exclu	8,2 à 8,3 exclu	8,3 à 8,4 exclu
Effectif	1	4	5	6	1	1

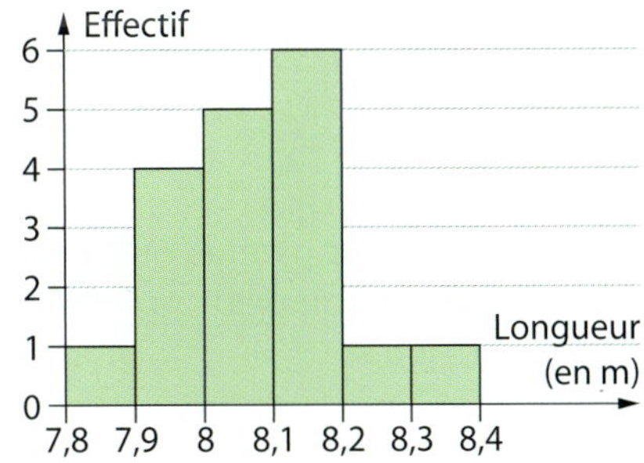

13 Construire un histogramme pour représenter la répartition des élèves d'un club de danse, selon leur âge.

Âge (en années)	4	5	6	7	8	9	10	11	12	13	14	15	16
Effectif	3	6	10	12	15	11	10	12	9	10	7	5	2

14 Voici le nombre de buts marqués par quelques joueurs pendant la saison 2014-2015 de Ligue 1 de football.

- Représenter ces résultats par un diagramme en barres, puis par un diagramme circulaire.

Club	Joueur	Nombre de buts
Bordeaux	Rolan	15
Lorient	Ayew	12
Lyon	Lacazette	27
Marseille	Gignac	21
Monaco	Carrasco	6
PSG	Ibrahimovic	19

Solution

Diagramme en barres : on choisit des graduations appropriées et on n'oublie pas les légendes.

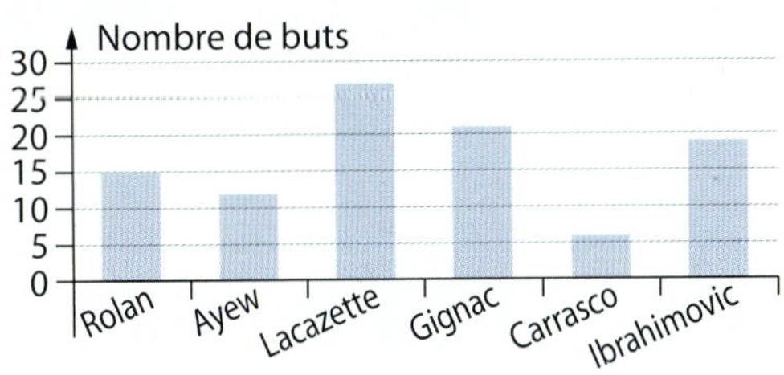

Diagramme circulaire : il faut calculer les mesures de chaque secteur à l'aide d'un tableau de proportionnalité, et on arrondit à l'unité près si nécessaire.

Joueur	R	A	L	G	C	I	**Total**
Nombre de buts	15	12	27	21	6	19	**100**
Mesure de l'angle (en °)	54	43	97	76	22	68	**360**

× 3,6

Nombre de buts marqués

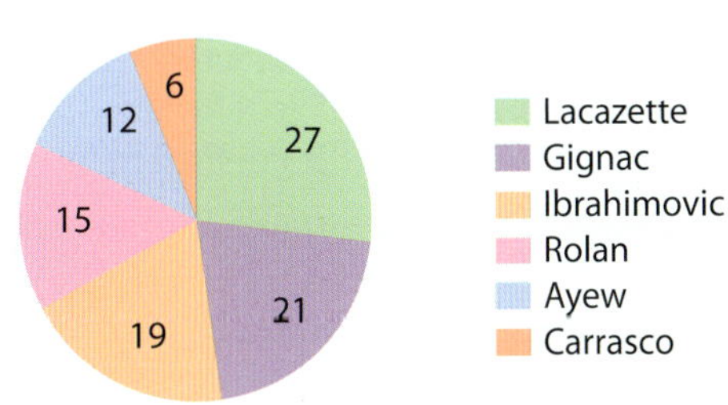

15 Une enquête, réalisée en 2010, a révélé que les Français possédaient 11,4 millions de chats, 7,4 millions de chiens et 35 millions de poissons.

- Représenter cette répartition par un diagramme en barres et par un diagramme circulaire.

Exercices

2 pages d'exercices supplémentaires dans le manuel numérique

Calculer et interpréter une moyenne

Savoir-faire p. 155

Questions flash

diapo

16 Calculer la moyenne des séries suivantes.

a. 5 9 8 9 4

b. 10 14 12 11 13

c. 1 –2 5 –3 4

17 Dans une famille, les parents ont passé 5 jours au bord de la mer, alors que les trois enfants ont préféré y séjourner 10 jours.

• Quel est le nombre moyen de jours passés au bord de la mer par les membres de cette famille ?

18 **Vrai ou faux ?**

Valeur	1	49
Effectif	2	1 048

a. La moyenne de cette série est 25.

b. L'effectif total de cette série est 50.

c. La moyenne de cette série est plus proche de 49 que de 1.

19 Voici des températures relevées dans la ville de Nice pendant la dernière semaine du mois de juin :

L	M	M	J	V	S	D
25°C	23°C	26°C	27°C	25°C	24°C	25°C

• Quelle est la moyenne de ces températures sur cette semaine ?

20 Voici les notes sur 20 obtenues par Laure ce trimestre :

12 (coefficient 2) 15 (coefficient 1)
9 (coefficient 2) 15 (coefficient 1)

• Quelle est sa moyenne trimestrielle ?

21 Quatre colis de pommes « calibrées au poids » sont confectionnés. Voici la répartition :

	Colis 1	Colis 2	Colis 3	Colis 4
Masse (en g) de chaque pomme	95	100	120	160
Nombre de pommes	198	163	140	113

1. Quel est l'effectif total de cette série ?
2. Quelle est la masse moyenne d'une pomme ? Arrondir à l'unité près.

22 Une piscine municipale pratique trois tarifs : 2 €, 4 € et 5 €. Voici la répartition des recettes d'une journée :

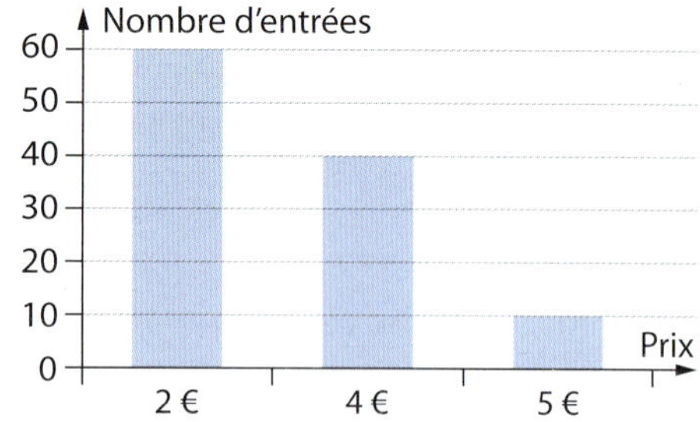

• Quelle est la recette moyenne par entrée ?

23 Voici une série de valeurs : 14 17 18 20 25

• Quel(s) nombre(s) de la liste ci-dessous peut-on ajouter à cette série pour que la moyenne soit égale à 20 ?

10 12 14 20 26 40

Calculer et interpréter une médiane, une étendue

Savoir-faire p. 157

Questions flash

diapo

24 Compléter les séries suivantes par une donnée pour que leur étendue soit égale à 25.

a. 45 47 51 63 ?

b. 15 7 10 20 18 23 ?

25 Donner l'étendue et la médiane des séries suivantes.

a. 7 8 11 13 15 b. 5 7 7 9

26 **Vrai ou faux ?**

a. La médiane d'une série est égale à l'une des données de cette série.

b. Dans une série de 7 valeurs, la médiane est la 4e valeur.

c. La médiane et la moyenne d'une série peuvent être égales.

27 Voici une série de données : 15 26 36 44 68 75

• Relier au bon résultat :

Moyenne Étendue Médiane

60 81 44 40

28 Dans un aéroport, voici le nombre de valises enregistrées en soute par chacune des douze familles interrogées :

3 2 2 1 2 3 1 2 4 3 0 5

• Calculer la médiane et l'étendue de cette série.

29 Voici les prix en euros de onze bracelets exposés dans la vitrine d'une bijouterie :

99 37 42 56 49 88 105 79 109 269 99

• Calculer la médiane et l'étendue de cette série. Interpréter ces résultats.

30 Voici les températures moyennes mensuelles de l'eau de mer à Majorque pour l'année 2015 :

Mois	J	F	M	A	M	J	J	A	S	O	N	D
T (en °C)	14	13	14	15	17	21	24	25	24	21	18	15

1. Calculer la moyenne de ces températures.
2. Calculer la température médiane et l'étendue de cette série.
   Interpréter ces résultats.

Représenter graphiquement des données

Savoir-faire p. 159

Questions flash

diapo

31 À partir du diagramme ci-dessous, donner quatre informations.

Nombre de centimètres de neige accumulés durant l'hiver 2000 à Maniwaki (Canada)

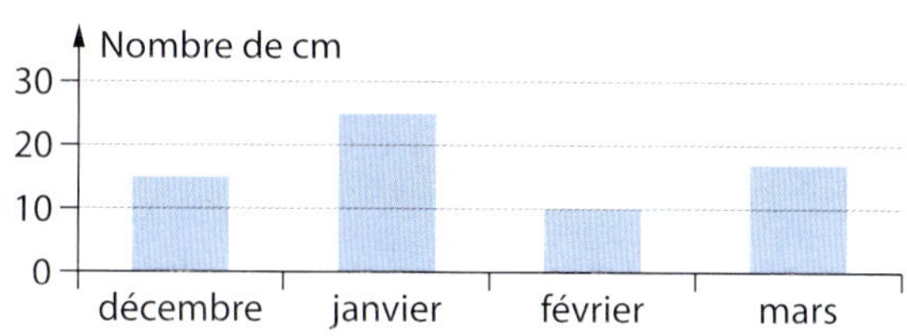

32

L'emploi au Canada

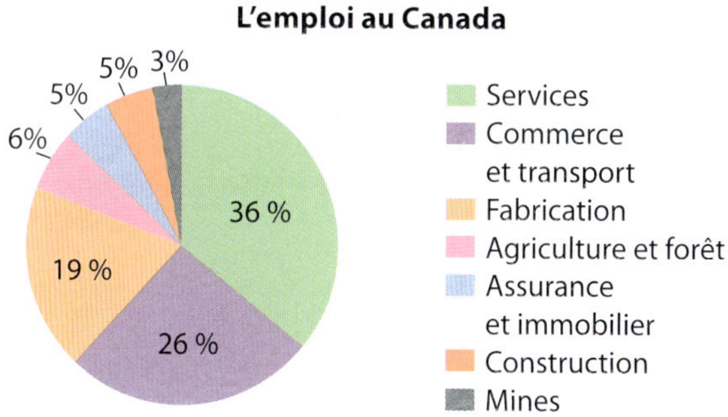

Compléter les phrases suivantes.

a. … % des Canadiens travaillent dans les mines.

b. Il y a autant de Canadiens qui travaillent dans le secteur de … que dans celui de … .

c. Le nombre de Canadiens travaillant dans … est le double de celui travaillant dans … .

d. Environ un quart des Canadiens travaillent dans le secteur de … .

33 Dans un diagramme semi-circulaire, à quelles mesures d'angles correspondent les pourcentages suivants :

50 % ? 10 % ? 30 % ?

34 Lors d'un trajet en voiture, quatre amis, Paulo, Lydie, Karim et Emma, se sont relayés au volant. Ils ont conduit respectivement pendant 2,5 h ; 3 h ; 3,5 h et 1 h avant d'atteindre leur destination.

• À l'aide d'un diagramme circulaire, représenter cette répartition du temps passé au volant par chacun des quatre amis.

35

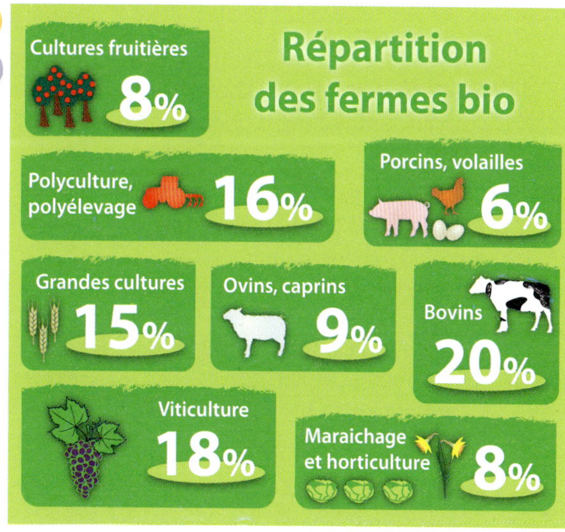

• Représenter cette répartition des fermes bio en France par un diagramme en barres.

36 Un institut de sondage étudie les âges des 1 250 personnes qui ont été sélectionnées pour répondre à une enquête sur des émissions de télévision.

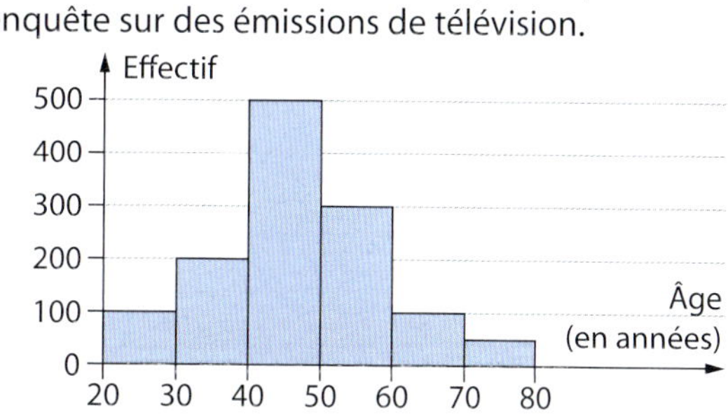

1. Comment nomme-t-on ce type de diagramme ?
2. Combien y a-t-il de personnes de moins de 40 ans ?
3. Quelles remarques peut-on faire sur les âges de ces 1 250 personnes ?

37 Voici un diagramme semi-circulaire représentant la répartition des lieux de vacances préférés d'un groupe d'élèves :

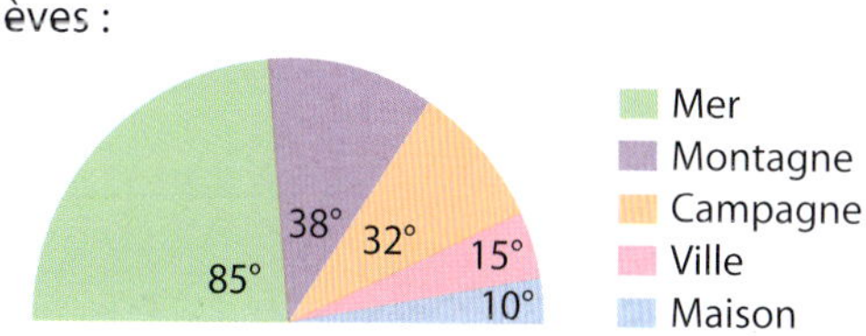

1. Quel est le pourcentage d'élèves qui préfèrent passer des vacances à la mer ? Arrondir à l'unité près.
2. Recopier et compléter la phrase suivante :
   « Ce pourcentage d'élèves correspond également à la proportion d'élèves préférant passer des vacances … ou … ou … . »

Faire le point

Vérifie tes connaissances.

QCM

Donner la seule réponse correcte parmi les trois proposées.

1 Calculer et interpréter une moyenne	Réponse A	Réponse B	Réponse C
1. Un élève a lancé un javelot 6 fois à 28 m, 3 fois à 30 m et 1 fois à 32 m. La distance moyenne d'un lancer est :	28 m.	29 m.	30 m.
2. Au 1er trimestre, Mélanie a eu 15 de moyenne en français, donc :	la moitié de ses notes est supérieure à 15.	elle a eu au moins 10 à tous ses devoirs.	on ne peut pas connaitre ses notes.
2 Calculer et interpréter une médiane, une étendue			
1. La médiane de la série 55 ; 53 ; 67 ; 48 ; 32 est :	51	53	67
2. La médiane de la série 35 ; 25 ; 28 ; 30 est :	26,5	29,5	29
3. Ma médiane est égale à 7 et mon étendue est égale 12. Qui suis-je ?	12 ; 5 ; 7 ; 7 ; 8	4 ; 7 ; 5 ; 16 ; 12	15 ; 3 ; 7 ; 5 ; 4
3 Représenter graphiquement des données			
Lequel de ces trois diagrammes circulaires est incohérent ?	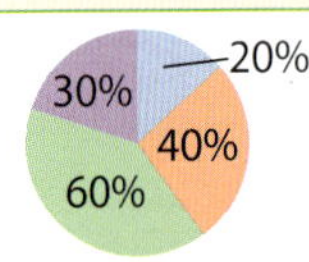	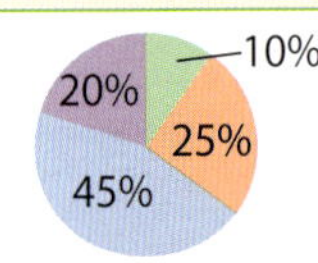	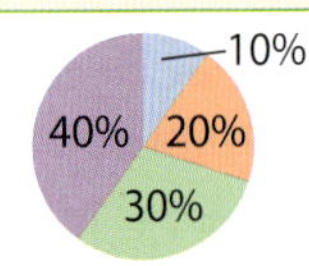

Pour t'aider à retenir le cours.*

Carte mentale

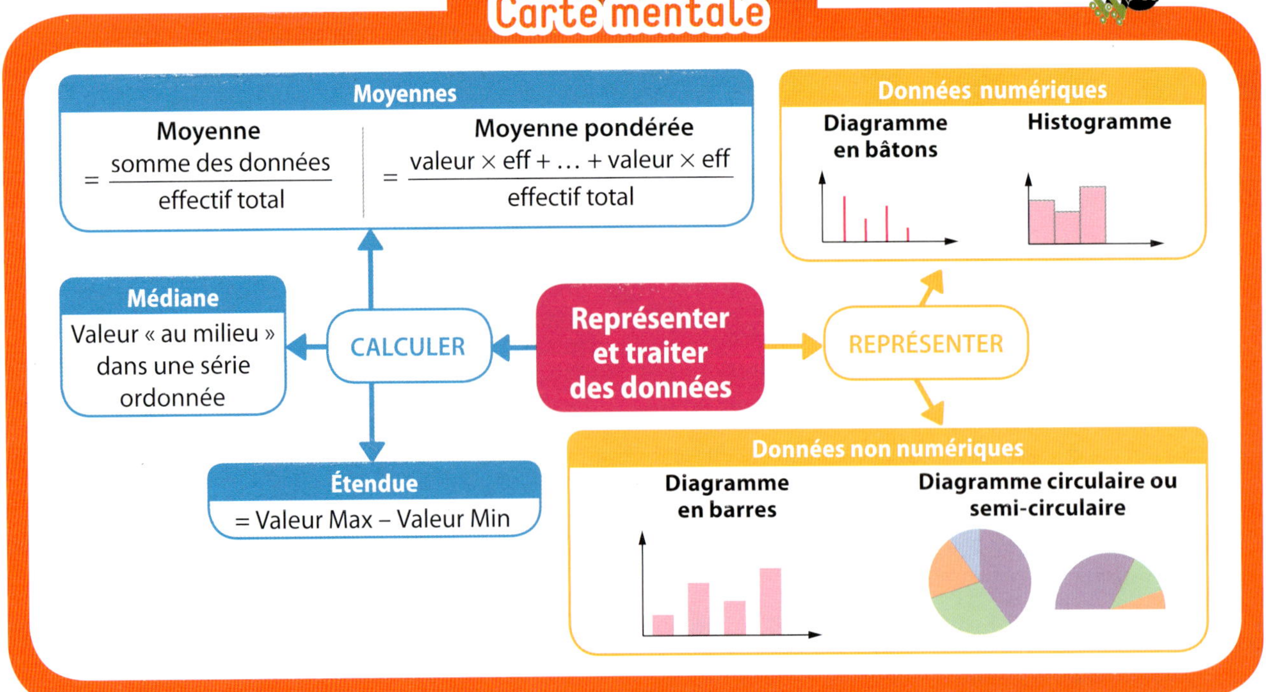

* *Tu peux aussi construire ta propre carte mentale.*

Algorithmique et outils numériques

38 Diagramme circulaire

Julie souhaite automatiser le calcul des mesures des angles des diagrammes circulaires qu'elle doit construire. Pour cela, elle a réalisé le script suivant.

```
quand [drapeau] cliqué
demander [Effectif total ?] et attendre
mettre [n] à (réponse)
répéter indéfiniment
    demander [Effectif ?] et attendre
    dire ((réponse) / (...)) * (...) pendant (2) secondes
```

1. Que représente la variable n ?
2. Compléter les pointillés, puis tester le script de Julie avec quelques valeurs de façon à en vérifier le bon fonctionnement.

39 Restaurant

Un restaurateur propose le midi, du lundi au vendredi, des formules différentes :

Plat : 9,90 €
Entrée + plat ou plat + dessert : 11,80 €
Entrée + plat + dessert : 13,50 €

1. Il veut calculer sa recette de midi pour cette semaine. Pour cela, il utilise un tableur.
Reproduire cette feuille de calcul dans un tableur :

	A	B	C	D	E	F
1	Formule	9,9	11,8	13,5		
2	Quantité	50	115	72		
3	Total (en €)					
4						
5	Recette de midi					
6	Prix moyen					

a. Dans la cellule F3, il entre « =SOMME(B2:D2) ». Quel nombre apparait ? Écrire en E3 ce qu'il représente.

b. Quelle formule doit-il entrer dans la cellule B3 ? Recopier cette formule en C3 et D3.

c. Comment faire pour obtenir, dans la cellule B5, la recette du midi ?

2. a. Le restaurateur voudrait également connaitre le prix moyen d'un repas dans son restaurant. Quelle formule doit-il entrer dans la cellule B6 ?

b. Il trouve que ce prix est un peu élevé. À quel tarif aurait-il dû proposer ses formules pour que ce prix moyen soit d'environ 11,50 € ?

Tu peux faire des essais successifs.

c. En appliquant ces nouveaux tarifs la semaine suivante, le restaurateur peut-il être certain que le prix moyen du repas sera de 11,50 € ?

40 Consommation électrique

Quentin voudrait connaitre la consommation des appareils électriques dans son appartement.

Appareil électrique	Puissance (en W)
Télévision	200
Ordinateur	100
Imprimante	800
Radio-réveil	15
Éclairage	60
Chargeur	5

1. a. Calculer la puissance moyenne de ces six appareils.

b. Déterminer la puissance médiane et en donner la signification.

2. Quentin se rappelle de la formule vue en cours de physique : $E = P \times \Delta t$ où E est l'énergie en Joules, P la puissance en Watts et Δt la durée en heures.
Il décide de calculer l'énergie consommée par tous ses appareils au cours d'une journée à l'aide d'un tableur.

	A	B	C	D	E
1	Appareil	Puissance (en W)	Durée (en h)	Énergie (en J)	Proportion énergies consommées (en %)
2	Télévision	200	3		
3	Ordinateur	100	2		
4	Imprimante	800	0,1		
5	Radio-réveil	15	0,2		
6	Éclairage	60	4		
7	Chargeur	5	0,5		

a. Recopier cette feuille de calcul.

b. Quelle formule doit-on entrer dans la cellule D2 ? Dans la cellule E2 ?

c. Recopier ces formules vers le bas.

3. a. À l'aide de l'assistant graphique du tableur, représenter par un diagramme circulaire la répartition des énergies consommées en faisant apparaitre les pourcentages.

b. Rédiger un commentaire de quelques lignes sur ce diagramme.

41 Le temps du déjeuner

Les réponses à la question « Combien de temps consacrez-vous à votre repas de midi ? » sont inscrites ci-dessous sur la feuille de calcul d'un tableur. Le temps moyen des personnes interrogées est 27,4 min.

	A	B	C	D	E	F	G	H
1	Temps (en min)	5	15	25	35		Effectif total	Temps moyen (en min)
2	Effectif	1	2	12				27,4

1. Combien de personnes prennent 35 minutes pour déjeuner ?
2. Représenter ces réponses par un diagramme en bâtons à l'aide de l'assistant graphique du tableur.
3. Rédiger un commentaire de quelques lignes sur ce graphique.

Problèmes

Pour mieux cibler les compétences			
Chercher	55 57	Raisonner	51 59
Modéliser	43 45	Calculer	42 52 54
Représenter	44 48	Communiquer	47 51 59

42 Déchets consommables

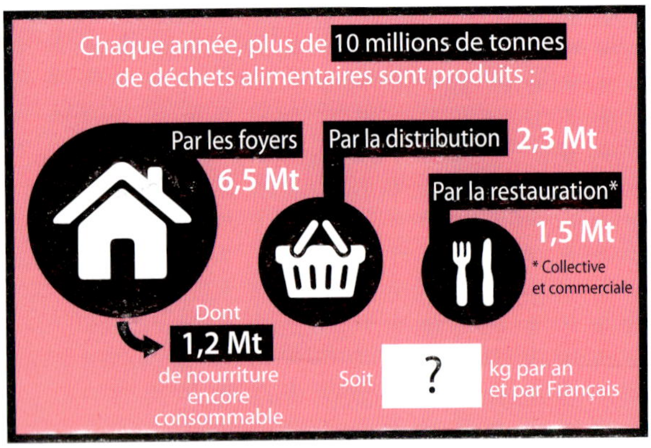

Source : Ministère de l'Agriculture.

- Calculer la moyenne par Français de déchets qui pourraient être consommés en une année.

La population française est d'environ 66 millions.

43 Consommation d'eau

En très grande majorité, nous nous servons de l'eau du robinet pour notre hygiène et le nettoyage de notre foyer. Chaque personne consomme ainsi, en moyenne, 137 litres par jour, répartis entre la douche (49 litres), la chasse d'eau (25 litres), la lessive (25 litres), la vaisselle (12 litres), le ménage (8 litres) et l'arrosage des plantes (8 litres). Les 10 litres restants sont utilisés pour la préparation des repas (9 litres) et pour la boisson (1 litre). À ce chiffre de consommation domestique, il faut ajouter une part de l'ensemble des consommations collectives auxquelles chacun participe au fil de ses activités de la journée : écoles, hôpitaux, lavage de la voierie, milieu professionnel, restaurant, etc. Cela correspond à 63 litres par personne et par jour.

1. Construire un diagramme circulaire montrant la répartition d'utilisation de l'eau du robinet par une personne au cours d'une journée.
2. Est-il exact que le volume d'eau utilisé pour la douche représente environ 25 % de notre consommation d'eau ?

44 Pièces en euros

Selon les dernières données de la BCE (Banque centrale européenne), à la fin du mois de septembre 2014, il y avait 109 687 379 500 pièces en circulation à travers la zone euro. La répartition est la suivante :

Pièce	Quantité
	28 991 383 600
	22 559 780 000
	17 722 315 400
	13 054 270 900
	10 010 406 000
	5 540 278 500
	6 603 307 800
	5 205 637 300

1. Quelle somme totale représentent toutes ces pièces ?
2. Construire un diagramme circulaire représentant cette répartition.

45 Chikungunya

Une épidémie de chikungunya a frappé les Antilles et la Guyane en 2014 et 2015.

Département	Nombre de cas en 2014	Nombre de cas en 2015
Guadeloupe	81 200	150
Guyane française	9 050	5 830
Martinique	72 200	320
Saint-Barthélemy	1 393	317
Saint-Martin (FR)	4 830	600

1. Construire deux diagrammes circulaires représentant la répartition pour chaque année.
2. Ces diagrammes permettent-ils de voir l'évolution de l'épidémie ? Expliquer.

46 Anniversaire

À une fête d'anniversaire, il y a douze enfants dont les âges sont 6, 7, 8, 9 et 10 ans. Quatre d'entre eux ont 6 ans. Les plus nombreux sont les enfants de 8 ans.

- Quelle est la moyenne d'âge de ces douze enfants ? Expliquer la démarche.

D'après le concours Kangourou (2012).

47 Renaud Lavillenie

EPS

L'athlète français Renaud Lavillenie a battu, en février 2014, le record du monde de saut à la perche : 6,16 m. Le tableau ci-dessous donne ses performances réalisées pendant les huit premiers mois de l'année 2015.

Date	Compétition	Hauteur (en m)
24/01	Meeting de Rouen	6
06/02	Meeting de Nevers	6,01
14/02	Meeting de Berlin (salle)	6,02
22/02	Championnats de France (salle)	6,01
07/03	Championnats d'Europe (salle)	6,04
25/04	Drake Relays	5,62
30/05	Meeting d'Eugene	6,05
04/06	Meeting de Rome	5,91
21/06	Championnats d'Europe/équipes	5,85
12/07	Championnats de France	5,85
17/07	Meeting de Monaco	5,92
24/07	Meeting de Londres	6,03
24/08	Championnats du Monde	5,70

1. Calculer la hauteur moyenne et la hauteur médiane de ses sauts. Les comparer. Expliquer ce résultat.
2. Quelle performance aurait-il dû réaliser à son saut suivant pour que la moyenne de ses sauts soit égale à 6 m ? Est-ce possible ?

48 Pour tout l'or du monde

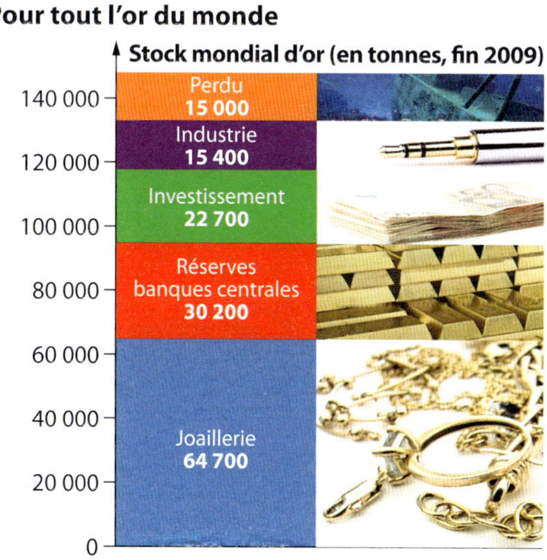

Source : World Gold Council.

1. En évaluant la population mondiale à 7 milliards d'individus, quelle est la masse d'or moyenne par habitant ?
2. Réaliser un diagramme circulaire représentant la répartition du stock mondial d'or en 2009.

Le stock total d'or extrait depuis la préhistoire représente 7 800 m^3, soit l'équivalent d'un cube d'or d'environ 19,8 m de côté.

49 Pluviométrie

HG

Voici les pluviométries moyennes de deux villes en mm/m^2 :

	La Roche-sur-Yon (France)	Ouagadougou (Burkina Faso)
Janvier	103,5	0
Février	66,0	3
Mars	70,5	12
Avril	67,9	14
Mai	64,5	83
Juin	44,5	121
Juillet	51,3	202
Aout	46,1	277
Septembre	73,0	144
Octobre	107,6	32
Novembre	103,5	0
Décembre	102,5	0

Source : Météo France.

1. Calculer la moyenne de chaque série. Que remarque-t-on ?
2. Calculer l'étendue et la médiane pour chaque série. Que peut-on en conclure ?
3. Quel est le pourcentage de mois au cours desquels la pluviométrie à La Roche-sur-Yon dépasse la moyenne sur l'année ?

50 Tea drinking

LV

According to a 2013 survey, British people, who are 64,1 million inhabitants, drink 60,2 billion cups of tea a year.

- Calculate the average number of cups drunk every day and then the average number of cups one person drinks every day.

51 Salaires

Voici les salaires mensuels nets (en euros) pour chacun des sept employés de deux PME :

PME A : 1 231 1 231 1 360 1 420 2 630 3 021 5 620
PME B : 1 859 1 950 2 050 2 359 2 668 2 768 2 859

1. Calculer la moyenne, la médiane et l'étendue des salaires pour chaque PME. Que peut-on conclure ?
2. En France, selon une étude de l'Insee, le salaire net mensuel médian s'élevait à 1 730 € en 2012. Quant au salaire net moyen, il atteignait 2 154 €. Comment expliquer cette différence ?

Problèmes

52 Lecteurs

On a demandé à un groupe de personnes :
« Combien de livres avez-vous lus lors de ces douze derniers mois ? »
Voici le diagramme circulaire qui illustre leurs réponses :

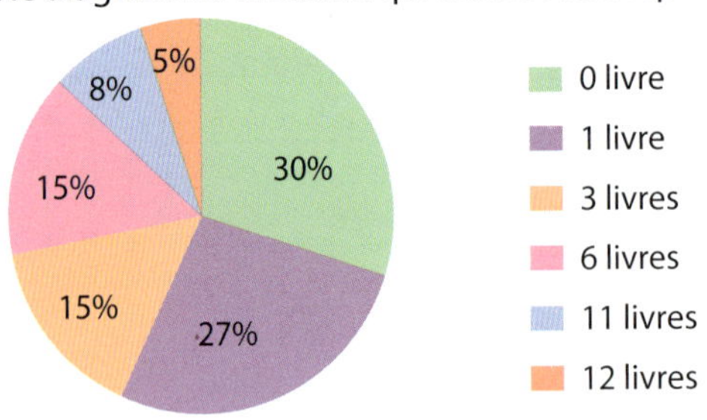

- Quel est le nombre moyen de livres lus par ce groupe de personnes ?

53 Séismes

SVT

La magnitude indique la quantité d'énergie libérée lors d'un tremblement de terre. Elle est mesurée sur l'échelle de Richter, inventée en 1935 par le sismologue américain Charles Francis Richter.
Voici les dix derniers séismes les plus puissants dans le monde :

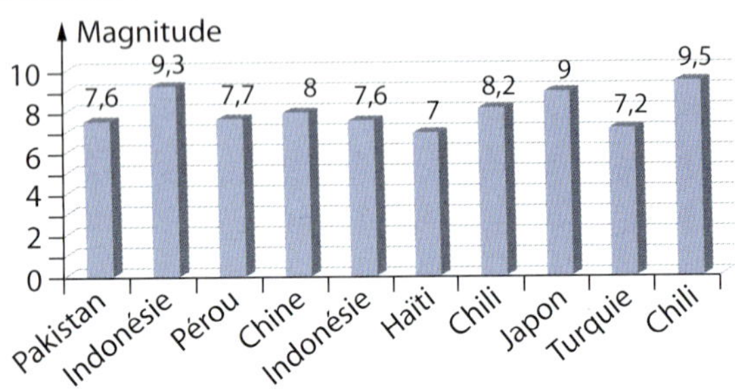

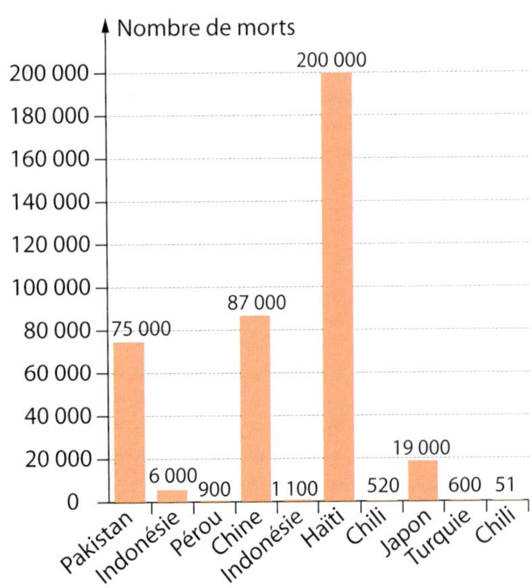

- Calculer la magnitude moyenne d'un séisme et le nombre moyen de morts par séisme.

54 Embarquement immédiat

Pour aller plus loin

Dans le tableau ci-dessous, on lit la répartition et les prix des billets vendus sur un vol de la compagnie Statistica. Une hôtesse procède à l'embarquement. Elle fait embarquer les voyageurs dans l'ordre décroissant des prix de leur billet. Pour vérifier le nombre de personnes à bord, elle utilise un compteur manuel qui augmente de 1 chaque fois qu'un passager est autorisé à embarquer.

Le compteur permet d'obtenir ce qu'on appelle des « effectifs cumulés ».

1. Recopier et compléter le tableau suivant.

	Business class	Enfants en UM	Classe éco Y	Classe éco Z	Groupe scolaire
Prix par pers. (en €)	1 200	538	452	398	371
Effectif	50	12	120	100	25
Effectif cumulé	50	62			

2. Quel est l'effectif total de cette série ?

3. Déterminer le prix moyen d'un billet.

4. En utilisant la dernière ligne du tableau, déterminer le prix médian d'un billet.
Interpréter ce résultat.

55 Consommation automobile

Prise d'initiative

Deux concessionnaires A et B exposent chacun neuf modèles de voitures.
Voici les véhicules visibles chez le concessionnaire A :

Marque	Modèle	Consommation (en L/100 km)
Citroën	C2	4,20
Fiat	PANDA	4,30
Smart	Cabriolet	3,40
Smart	Coupé	3,40
Smart	Forfour	4,40
Volkswagen	Touran	4,30
Volkswagen	LUPO	4,40
Alfa-Romeo	SPIDER	13,60
BMW	Z4	10,2

La moyenne des consommations est la même chez les deux concessionnaires.
Chez le concessionnaire B, la moyenne et la médiane des consommations sont égales et l'étendue est 3.

1. Quel garage propose le plus grand choix de voitures à faible, voire très faible, consommation ?

2. Proposer une série de neuf consommations qui pourraient correspondre aux véhicules exposés chez le concessionnaire B.

56 Hiti et Kalu

Prise d'initiative

AV

Hiti et Kalu sont deux entreprises de cent salariés chacune, qui ont fait paraitre les informations suivantes.

	Entreprise Hiti		Entreprise Kalu	
	Salaire net moyen (en francs pacifiques)	Effectif	Salaire net moyen (en francs pacifiques)	Effectif
Hommes	168 000	50	180 000	20
Femmes	120 000	50	132 000	80

Ayrton dit à sa sœur : « En moyenne, les salariés sont mieux payés chez Kalu. » Que peut-on en penser ?

D'après brevet Polynésie (2010).

57 Sous-alimentation

Prise d'initiative

HG

- À partir des documents ci-dessous et à l'aide de représentations graphiques, mettre en évidence les principaux changements concernant la sous-alimentation et sa répartition dans le monde, de 1975 à 2012.

Doc. 1 Sous-alimentation dans le monde

1975	
Zone géographique	Nombre de personnes sous-alimentées (en millions)
Afrique	140
Amérique latine	49
Asie	140
Chine	300
Inde	190
Pays développés	25

2012	
Zone géographique	Nombre de personnes sous-alimentées (en millions)
Afrique	240
Amérique latine	50
Asie	190
Chine	160
Inde	220
Pays développés	20

Source : FAO.

Doc. 2 Population mondiale

1975 : 4 milliards
2012 : 7 milliards

58 Énigme

Prise d'initiative

Compléter cette série ordonnée de 5 valeurs sachant que la médiane, la moyenne et l'étendue sont respectivement 8, 9 et 14 : 2 5 ? ? ?

59 Consommation d'énergie

Prise d'initiative

HG

À l'aide des documents suivants, décrire :

- la répartition de la consommation d'énergie dans le secteur résidentiel de 13 régions françaises en 2012 ;
- l'évolution de cette consommation entre 2002 et 2012.

Quelles peuvent en être les causes ? Les arguments devront s'appuyer sur des calculs détaillés.

Doc. 1 Température moyenne annuelle

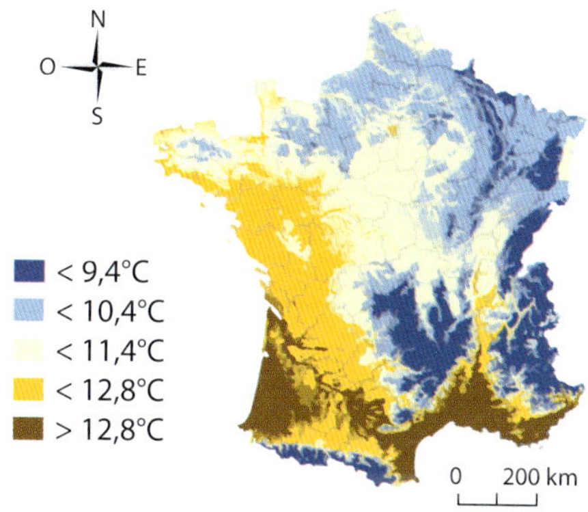

Doc. 2 Surface de l'isolation thermique de l'extérieur (ITE) des bâtiments

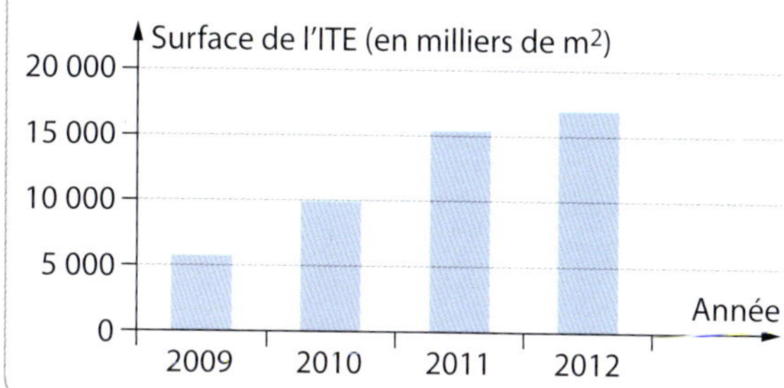

Doc. 3 Consommations énergétiques régionales

La consommation énergétique dans le secteur résidentiel est exprimée en tonnes-équivalent pétrole (tep).

Quelques régions françaises en 2012	Consommation énergétique par habitant (en tep)	Nombre d'habitants (en millions)
Ile-de-France	0,55	11
Provence-Alpes-Côte d'Azur	0,57	5
Midi-Pyrénées	0,57	3
Haute-Normandie	0,60	2
Bretagne	0,62	3,2
Picardie	0,65	2
Aquitaine	0,68	3,3
Bourgogne	0,71	1,6
Alsace	0,74	1,9
Limousin	0,77	0,7
Centre-Val de Loire	0,78	2,6
Auvergne	0,79	1,4
Lorraine	0,89	2,4

Source : Ministère de l'Écologie.

Doc. 4 Consommation énergétique par habitant

- En 2002, la consommation moyenne d'énergie par habitant dans le secteur résidentiel sur l'ensemble de ces régions était de 0,80 tep.
- L'étendue de la série des consommations était de 0,22.

Source : Ministère de l'Écologie.

Travailler autrement

Utilisable en AP

À chacun sa méthode !

Deux énoncés pour un exercice

Exercice 1

Dans le parc Saturnus, voici les temps d'attente (en minutes) des sept attractions :

1   7   10   11   12   12   13,5

1. Milo a attendu 10 min. Est-ce supérieur ou inférieur à l'attente moyenne des attractions ?
2. Quelle est la proportion de temps d'attente supérieurs à 11 ? Inférieurs à 11 ?
Comment nomme-t-on la valeur 11 ?
3. Quelle est l'étendue de cette série ? À quoi cela correspond-il ?

Exercice 2

Plusieurs campings sont situés à proximité de la plage Esmeralda. Leurs distances à la plage sont répertoriées ci-dessus.

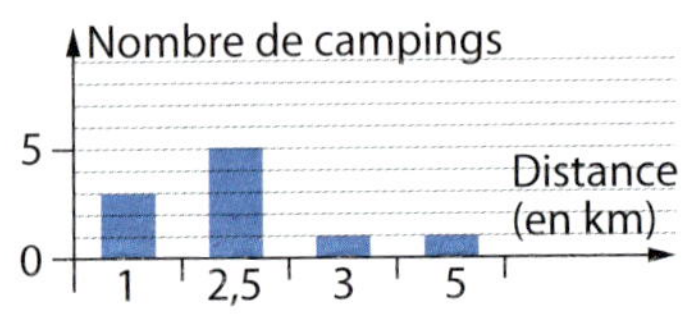

1. Quelle est la distance moyenne des campings à la plage ?
2. Quelle est la proportion de campings situés à une distance inférieure ou égale à 2,5 km de la plage ?

Exercice 3

Un appartement en location saisonnière a été évalué sur un site Internet par 12 personnes ayant séjourné dans ce logement. On donne ci-contre la répartition des notes sur 10 obtenues.

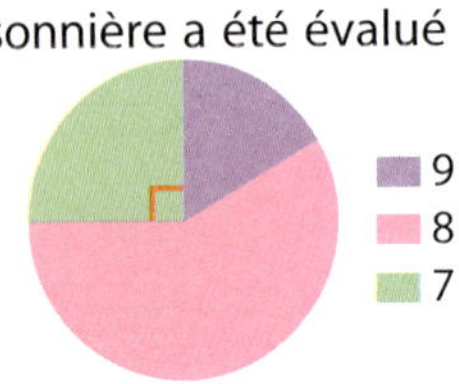

1. Quelle est la médiane de ces notes ?
2. Quel est le nombre de notes égales à 7 ?

Exercice 1

Dans le parc Galaximus, vingt-cinq attractions sont proposées. Les temps d'attente sont répartis ainsi :

Nombre d'attractions	7	3	2	1	11	1
Temps d'attente (en min)	2	5	10	23	30	53

1. Le temps moyen d'attente est affiché à l'entrée du parc. Quel est ce temps en minutes et secondes ? Cette information est-elle pertinente pour tous les visiteurs ?
2. Quelle information supplémentaire apporterait l'affichage du temps médian ? Et de l'étendue ?

Exercice 2

Quarante hôtels sont situés à proximité de la plage Malibu. Voici leur répartition suivant leur distance à cette plage.

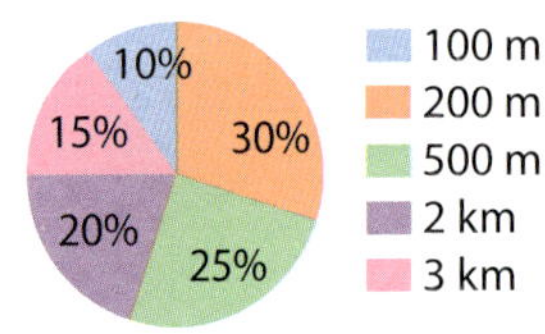

1. Quelle est la distance moyenne de la plage à ces hôtels ?
2. Parmi les hôtels qui sont situés à 500 m de la plage, $\frac{1}{5}$ n'ont pas de piscine. Quel est le pourcentage d'hôtels sans piscine situés à 500 m de la plage ?

Exercice 3

Un site de vente en ligne est évalué par les internautes à l'aide de notes sur 5.

La note 1 représente $\frac{5}{12}$ des notes, la note 3 représente $\frac{1}{4}$ des notes et $\frac{1}{3}$ des notes sont des 5.

- Calculer la note moyenne et la note médiane de ce site.

Écriture d'un énoncé

Une enquête de satisfaction concernant les nouveaux aménagements a été menée auprès des habitants des différentes tours d'une cité. Les résultats sont affichés ci-dessous.

Nom de la tour	Pourcentage de satisfaits
Tour A	40 %
Tour B	65 %
Tour C	50 %
Tour D	50 %

1. Peut-on en conclure qu'au moins la moitié des habitants de la cité sont satisfaits ? Pourquoi ?
2. À l'aide de ces données, inventer une situation dans laquelle plus de la moitié des habitants sont satisfaits, puis la proposer à son voisin pour qu'il vérifie cette proposition.

Présentation de ses recherches

Une enquête a été réalisée auprès de 204 508 personnes pour connaitre leur code PIN.

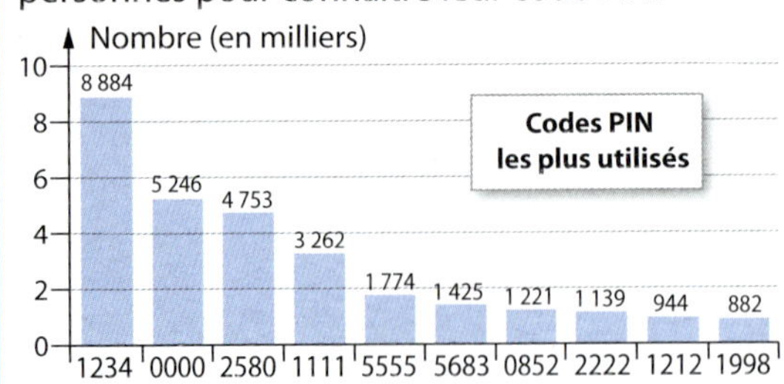

- Rechercher les raisons qui expliquent que certains codes sont plus utilisés que d'autres et les problèmes que cela peut poser.
Présenter le résultat à la classe.

CHAPITRE 10

Ta mission

Apprendre à calculer des probabilités.

Probabilités

Jeux

Le principe du jeu Puissance 4 est d'aligner 4 pions de la même couleur horizontalement, verticalement ou en diagonale. Pierre-Yves a les « rouge » et Caroline a les « jaune ». Ils se sont laissés déconcentrer et ne savent plus qui doit jouer au prochain tour. Pour éviter une dispute, leur maman attrape un pion et le met dans le jeu au hasard. Qui a le plus de chances de gagner ?

Les probabilités n'interviennent pas seulement dans les jeux de hasard. Par exemple, comprendre comment se propagent les épidémies peut être d'une importance capitale, qu'il s'agisse de maladies touchant des êtres vivants ou de virus informatiques. On peut, pour cela, réaliser des simulations qui reposent sur des calculs de probabilités.

Modélisation de la propagation mondiale d'une maladie infectieuse.

Activités

Questions flash

diapo

1. Dans cette famille, quelle est la proportion de garçons ?

2. Louis demande à sa petite-fille Camellia de choisir dans sa tête un nombre entre 1 et 10 au hasard. Quelles sont les chances, pour Louis, de deviner du premier coup le nombre choisi ?

3. Camellia a écrit chaque lettre de son prénom sur des cartons et demande maintenant à son grand-père de choisir au hasard un carton. Louis a-t-il plus de chances de tirer une consonne ou une voyelle ?

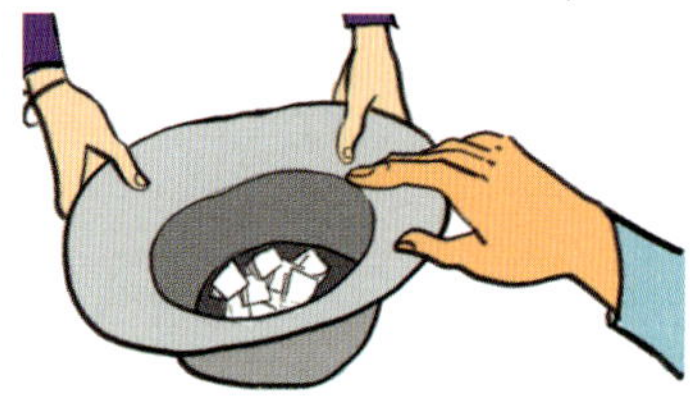

De la vie courante aux probabilités

5e Activité 1

1. Voici cinq évènements et cinq expressions :

Évènements	Expressions
A : Une grossesse aboutit à la naissance d'une fille. B : Une personne pèse plus de 1 000 kg. C : Des rollers ont des roues. D : À la plage, on se baigne. E : On trouve une perle dans une huitre.	1. Très fréquent 2. Une fois sur deux 3. Jamais 4. Toujours 5. Peu fréquent

Recopier le schéma ci-contre représentant des proportions de chances et placer au-dessus de chaque flèche le numéro de l'expression et la lettre d'un évènement pouvant lui être associé.

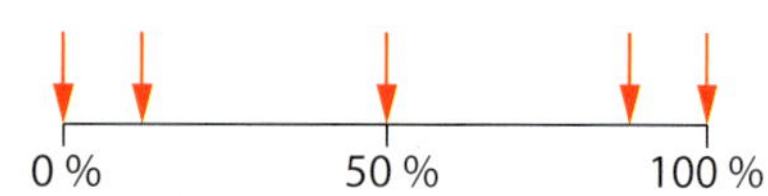

2. Voici cinq évènements et différentes façons d'exprimer la probabilité qu'ils ont de se réaliser :

Évènements	Expressions	Probabilité en langage courant	Valeur de la probabilité
A : On obtient 7 en lançant un dé cubique. B : On obtient « Face » en lançant une pièce. C : On obtient un as en tirant une carte dans un jeu de 32 cartes. D : On obtient une consonne en tirant au hasard une lettre de l'alphabet. E : Un gagnant au loto a joué au loto.	1. Impossible 2. Certain 3. Peu probable 4. Dans 50 % des cas 5. Très probable	I. Une chance sur deux II. Aucune chance III. Une chance sur huit IV. Toutes les chances V. 10 chances sur 13	• 1 • Environ 0,77 • 0 • 0,125 • 0,5

Recopier et compléter le tableau suivant.

Évènement (lettre)	Expression (numéro)	Probabilité en langage courant (chiffre romain)	Valeur de la probabilité
			0,5
		V	
C			
	2		
			0

Pas de mémoire, mais... — Activité 2

On tire plusieurs fois à « Pile ou Face » avec une pièce et on s'intéresse à la fréquence de « Pile » obtenus lors de ces lancers.

1. Faire cette expérience en lançant 50 fois la pièce et noter le nombre de « Pile » obtenus.
2. Rassembler les résultats de toute la classe dans un tableau de ce type.

	Dans les 50 premiers lancers (premier élève)	Dans les 100 premiers lancers (2 premiers élèves)	Dans les 150 premiers lancers (3 premiers élèves)	…
Nombre de « Pile »				
Fréquence de « Pile »				

3. Comment évolue la fréquence de « Pile » ?

Dés non truqués — Activité 3

1. On lance un dé équilibré à 6 faces et on regarde le numéro du dessus.
   a. Y a-t-il un numéro qui a plus de chances de sortir qu'un autre ?
   b. Donner la probabilité de chaque issue.
2. Quelle serait la probabilité de chaque issue avec un dé non truqué de :
   a. 10 faces ?
   b. 20 faces ?
   c. n faces (où n est un entier strictement positif quelconque) ?
3. Calculer la probabilité de chacun des évènements suivants avec un dé équilibré à 6 faces.
   A : « Obtenir un numéro inférieur ou égal à 2 »
   B : « Obtenir un numéro supérieur ou égal à 4 »
   C : « Obtenir un numéro strictement inférieur à 5 »
   D : « Obtenir un numéro pair »

À la carte — Activité 4

On dispose des cartes ci-contre. On les retourne, on mélange le jeu et on tire une carte au hasard.
On définit les évènements suivants.

A : « La carte tirée est noire. » B : « La carte tirée est un as. » C : « La carte tirée est rouge. »

1. Calculer les probabilités des évènements A, B et C.
2. a. Les évènements B et C peuvent-ils se réaliser en même temps ?
   b. On note « B ou C » l'évènement « La carte tirée est un as ou une carte rouge ».
   Calculer la probabilité de cet événement, notée P(B ou C), de deux façons différentes.
3. a. Les évènements A et B peuvent-ils se réaliser en même temps ?
   b. Calculer P(A ou B) et comparer le résultat avec $P(A) + P(B)$.
4. Quand deux évènements ne peuvent pas se réaliser en même temps, on dit qu'ils sont « incompatibles ».
   À l'aide des questions précédentes, formuler une propriété faisant intervenir les probabilités de deux évènements incompatibles.
5. a. On considère l'évènement D : « La carte tirée n'est pas un as ».
   Calculer sa probabilité de deux façons différentes.
   b. On dit que D est l'évènement contraire de l'évènement B et on le note $\overline{B}$.
   Décrire par une phrase les évènements $\overline{A}$ et $\overline{C}$, puis calculer leurs probabilités.
   c. À partir des exemples précédents, formuler une propriété faisant intervenir la probabilité d'un évènement et celle de son évènement contraire.

Cours

1 Modéliser une expérience aléatoire ▶ Vidéo

Définitions 5e

Une **expérience aléatoire** est une expérience dans laquelle intervient le hasard.
On ne peut pas en prévoir le résultat à l'avance mais on peut lister les différentes possibilités, que l'on appelle « **issues** ».

Exemple On lance un dé cubique et on observe le numéro inscrit sur la face du dessus.
Cette expérience aléatoire comporte 6 issues : 1, 2, 3, 4, 5 et 6.

Vocabulaire 5e

La **probabilité** d'une issue peut s'interpréter comme la « proportion de chances » d'obtenir cette issue lors d'une expérience aléatoire. C'est un nombre compris entre 0 et 1.

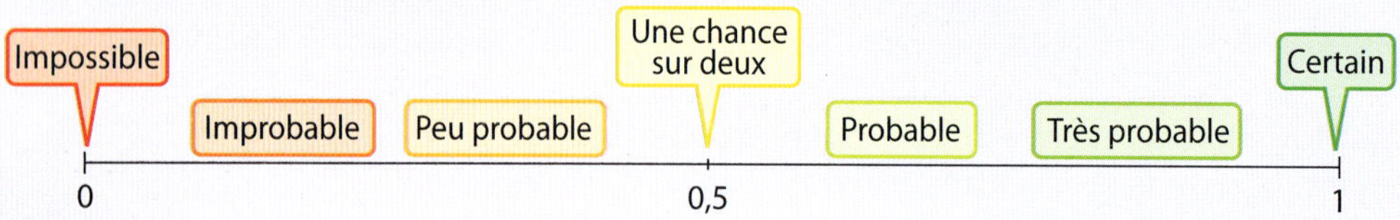

Exemple Lorsqu'on lance une pièce équilibrée, on a 1 chance sur 2 d'obtenir « Face ».
On peut dire que la probabilité d'obtenir « Face » vaut $\frac{1}{2}$ ou 0,5 ou encore 50 %.

On peut exprimer une probabilité sous plusieurs formes : un nombre décimal, une fraction, un pourcentage…

Propriété

La somme des probabilités de toutes les issues d'une expérience aléatoire est égale à 1.

Définition et propriété

- Lorsque toutes les issues d'une expérience aléatoire ont la même probabilité, on dit que les issues sont **équiprobables**.
- Si l'expérience comporte n issues équiprobables, la probabilité de chacune d'entre elles vaut $\frac{1}{n}$.

Exemple Lorsqu'on lance un dé cubique équilibré, chaque face a autant de chances d'être obtenue que les autres. Les 6 issues ont donc chacune une probabilité égale à $\frac{1}{6}$.

Propriété

Si on répète un très grand nombre de fois une expérience aléatoire, la fréquence d'apparition d'une issue devient proche d'un nombre qui est la probabilité de cette issue.

Exemple On a lancé un grand nombre de fois une pièce de monnaie équilibrée. On constate que la fréquence de « Face » se stabilise autour de 0,5, ce qui est bien la probabilité d'obtenir « Face ».

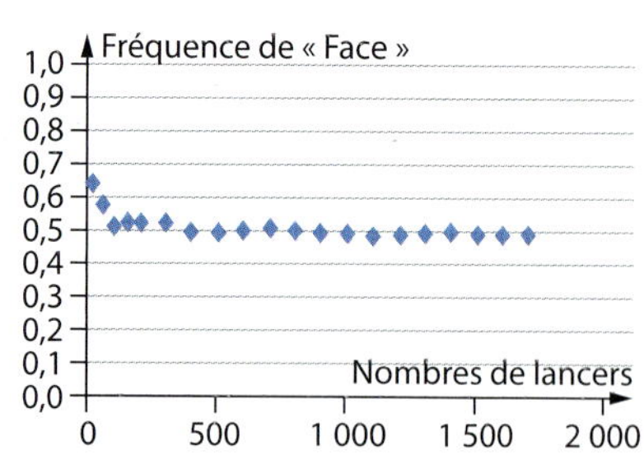

Savoir-faire

Apprends à l'aide des exercices résolus puis entraine-toi !

1 Modéliser une expérience aléatoire

1 Pour chaque expérience aléatoire, associer l'évènement cité à l'une de ces expressions :

impossible — peu probable — une chance sur deux — très probable — certain

a. **Expérience :** on lance un dé cubique et on regarde le numéro du dessus.
Évènement : « On obtient un nombre entre 2 et 6 inclus. »

b. **Expérience :** on reçoit un coup de téléphone.
Évènement : « Un notaire nous annonce qu'on hérite de 3 millions d'euros. »

c. **Expérience :** on choisit un chiffre au hasard.
Évènement : « Le chiffre est pair. »

d. **Expérience :** on choisit un jour de la semaine au hasard.
Évènement : « Son nom comporte un W. »

Solution

a. Les issues sont 1, 2, 3, 4, 5 et 6. On obtient donc très souvent un nombre entre 2 et 6.
Cet évènement est très probable.

b. Il est très rare d'hériter d'une aussi grosse somme, mais cela peut arriver. Ainsi, cet évènement est peu probable.

c. Les issues sont 0, 1, 2, 3, 4, 5, 6, 7, 8 et 9. La moitié de ces issues sont des chiffres pairs.
Il y a donc une chance sur deux d'obtenir un chiffre pair.

d. Aucun nom de jour de la semaine ne comporte la lettre W.
Cet évènement est impossible.

2 Décrire une expérience aléatoire liée à cette image et en donner les issues.

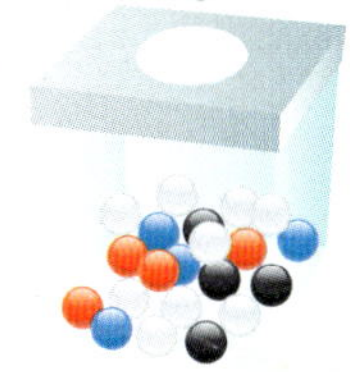

Solution

On met dans une urne 4 boules rouges, 4 boules bleues, 4 boules noires et 9 boules blanches. On tire, par exemple, une boule de cette urne et on regarde sa couleur.
Il y a 4 issues possibles : blanc, bleu, noir et rouge.

3 On lance un dé truqué à six faces pour lequel on a :

Issue	1	2	3	4	5	6
Probabilité	0,3	0,1		0,2	0,1	0,2

- Quelle est la probabilité d'obtenir le 3 ?

Solution

La somme des probabilités de toutes les issues est égale à 1. Or $0,3 + 0,1 + 0,2 + 0,1 + 0,2 = 0,9$.
Ainsi, la probabilité d'obtenir 3 vaut :

$$1 - 0,9 = 0,1 \quad \left(\text{ou } \frac{1}{10} \text{ ou } 10\ \%\right)$$

4 Parmi les voyelles de l'alphabet, on tire une lettre au hasard.

- Quelle est la probabilité d'obtenir la lettre Y ?

Solution

Il y a 6 voyelles en tout et il y a autant de chances de tirer chacune d'entre elles. Il y a donc 6 issues qui sont équiprobables. On a ainsi une probabilité de $\frac{1}{6}$ d'obtenir la lettre Y.

5 On lance un dé cubique équilibré. Classer ces évènements du plus probable au moins probable.

a. Obtenir un numéro impair.

b. Obtenir le 1.

c. Obtenir un résultat plus grand que 8.

d. Obtenir un nombre entier.

6 Dans un sac, on a des jetons noirs, rouges et verts. On tire un jeton, au hasard, de ce sac.
La probabilité de certaines issues est donnée dans le tableau suivant.

Issue	noir	rouge	vert
Probabilité	0,29	0,34	

- Quelle est la probabilité d'obtenir un jeton vert ?

7 On fait tourner cette roue équilibrée.

- Quelle est la probabilité que la flèche se trouve dans la zone bleue lorsque la roue s'arrête ?

Cours

2 Déterminer la probabilité d'un évènement

Vidéo

Vocabulaire 5e

Selon le résultat d'une expérience aléatoire, on dit qu'un **évènement** est réalisé ou non.

Exemple

On lance un dé cubique et on observe le numéro inscrit sur la face du dessus.
On considère l'évènement « Obtenir un multiple de 3 ». On note A cet évènement.
Cette expérience aléatoire comporte 6 issues possibles : 1, 2, 3, 4, 5 et 6.
Si on obtient l'issue 3 ou 6, on dit que **l'évènement A est réalisé**.
Si on obtient l'issue 1, 2, 4 ou 5, on dit que **l'évènement A n'est pas réalisé**.

Définition

La **probabilité d'un évènement** est égale à la somme des probabilités des issues qui le réalisent.

Exemple

On lance un dé cubique **truqué** pour lequel, on a :

Issue	1	2	3	4	5	6
Probabilité	0,3	0,1	0,4	0,1	0,05	0,05

Les issues qui réalisent l'évènement « Obtenir un nombre impair » sont 1, 3 et 5.
$0{,}3 + 0{,}4 + 0{,}05 = 0{,}75$
La probabilité de cet évènement est donc égale à 0,75.

Propriété 5e

La **probabilité d'un évènement** est un nombre compris entre 0 et 1.

Propriété

Dans une expérience aléatoire où toutes les issues sont équiprobables, la probabilité d'un évènement A vaut :

$$P(A) = \frac{\text{nombre d'issues qui réalisent l'évènement}}{\text{nombre total d'issues}}$$

Exemple

Lorsqu'on lance un dé cubique **équilibré**, les issues qui réalisent l'évènement « Obtenir un nombre strictement supérieur à 4 » sont 5 et 6.
Il y a donc 2 issues équiprobables qui réalisent cet évènement.
Sa probabilité vaut donc $\frac{2}{6}$ soit $\frac{1}{3}$.

Définitions et propriétés

- Un évènement **impossible** est un évènement qui ne peut jamais se réaliser.
  Sa probabilité est égale à 0.
- Un évènement **certain** est un évènement qui se réalise toujours, quel que soit le résultat de l'expérience aléatoire.
  Sa probabilité est égale à 1.

Exemple

Lorsqu'on lance un dé, « Obtenir 7 » est un évènement impossible et « Obtenir un numéro entre 1 et 6 » est un évènement certain.

Savoir-faire

Apprends à l'aide des exercices résolus puis entraine-toi !

2 Déterminer la probabilité d'un évènement

8 On choisit au hasard un élève d'une classe de 4e dans un collège, et on note son âge.
Les probabilités de chaque issue sont données dans le tableau suivant.

Âge	12 ans	13 ans	14 ans	15 ans
Probabilité	3 %	80 %	16 %	1 %

- Quelle est la probabilité de choisir un élève qui a 13 ans ou moins ?

Solution

Les issues qui réalisent l'évènement « Choisir un élève de 13 ans ou moins » sont : 12 ans et 13 ans.
3 % + 80 % = 83 %
La probabilité de cet évènement est donc égale à 83 % soit $\frac{83}{100}$ ou encore 0,83.

9 Un distributeur de bonbons contient 30 bonbons au citron et 70 bonbons à l'orange. En mettant une pièce de 1 €, on obtient un bonbon au hasard dans la boite.

- Quelle est la probabilité qu'il soit au citron ?

Solution

Il y a 100 bonbons dans ce distributeur (30 + 70). Cette expérience a deux issues possibles : citron (30 bonbons sur 100) et orange (70 bonbons sur 100). Si on s'imagine que les bonbons au citron sont numérotés 1, 2, …, 30 et les bonbons à l'orange 31, 32, …, 100, chaque numéro a alors autant de chances que les autres d'être tiré. L'évènement A : « Obtenir un bonbon au citron » est réalisé si on obtient un numéro de 1 à 30. Il y a donc 30 issues qui réalisent cet évènement et 100 issues en tout.
Ainsi, la probabilité que le bonbon soit au citron est égale à $P(\text{A}) = \frac{30}{100} = 0{,}3$.

10 Dans une urne, on place 15 boules numérotées de 1 à 15 et on tire une boule au hasard.

- Quelle est la probabilité que le numéro tiré soit un multiple de 5 ?

Solution

Il y a 15 issues équiprobables pour cette expérience, chacune de probabilité $\frac{1}{15}$. Il y a 3 issues qui réalisent l'évènement « Obtenir un numéro multiple de 5 » : 5, 10 et 15. La probabilité de l'évènement « Obtenir un numéro multiple de 5 » vaut donc $\frac{3}{15} = \frac{1}{5} = 0{,}2$.

11 On croise une personne dans la rue et on lui demande son âge.
1. Citer un évènement impossible.
2. Citer un évènement certain.

Solution

1. On peut citer par exemple l'évènement : « La personne a 2 000 ans ».
2. On peut citer par exemple : « La personne a entre 0 et 150 ans ».

12 Dans la classe de Dimitri, on choisit un élève au hasard et on s'intéresse au nombre de frères et sœurs qu'il a. Les probabilités de chaque issue sont données dans le tableau ci-contre.

Nombre de frères et sœurs	0	1	2	3
Probabilité	$\frac{2}{25}$	$\frac{13}{25}$	$\frac{8}{25}$	$\frac{2}{25}$

- Quelle est la probabilité de choisir un élève qui a au moins deux frères et sœurs ?

13 Dans un cellier, il y a 10 bouteilles de jus d'orange, 10 bouteilles d'eau pétillante et 10 bouteilles de soda. On prend une bouteille au hasard dans ce cellier.

- Quelle est la probabilité que ce soit une boisson gazeuse ?

14 Dans un placard, il y a 3 tee-shirts rouges, 2 bleus et 5 verts. On prend un tee-shirt au hasard dans ce placard.

- Quelle est la probabilité qu'il soit vert ?

15 On croise une personne dans la rue et on lui demande sa taille.
1. Citer un évènement impossible.
2. Citer un évènement certain.

3 Utiliser des évènements incompatibles ou contraires

Vidéo

Définition

On dit que deux évènements sont **incompatibles** s'ils ne peuvent pas se réaliser en même temps.

Exemples

Lorsqu'on lance un dé cubique, les évènements A : « Obtenir un numéro strictement inférieur à 2 » et B : « Obtenir un numéro strictement supérieur à 4 » ne peuvent pas se réaliser en même temps. A et B sont incompatibles.
En revanche, les évènements C : « Obtenir un multiple de 3 » et D : « Obtenir un nombre pair » ne sont pas incompatibles. En effet, si le résultat du dé est 6, les deux évènements C et D sont réalisés en même temps.

Propriété

Si deux évènements A et B sont incompatibles, la probabilité pour que l'un ou l'autre se réalise est égale à la somme des probabilités de ces deux évènements : $P(\text{A ou B}) = P(\text{A}) + P(\text{B})$

Exemple

Dans le cas précédent, la probabilité de l'évènement « Obtenir un numéro strictement inférieur à 2 ou strictement supérieur à 4 » se calcule de la manière suivante :

- La probabilité de l'évènement A : « Obtenir un numéro strictement inférieur à 2 » vaut $\frac{1}{6}$.
- La probabilité de l'évènement B : « Obtenir un numéro strictement supérieur à 4 » vaut $\frac{2}{6}$.

Les évènements A et B sont incompatibles. De plus, la réalisation de « Obtenir un numéro strictement inférieur à 2 ou strictement supérieur à 4 » correspond à la réalisation de A ou de B.
Donc $P(\text{A ou B}) = P(\text{A}) + P(\text{B}) = \frac{1}{6} + \frac{2}{6} = \frac{3}{6} = \frac{1}{2}$.

Définition

L'évènement **contraire** d'un évènement A est l'évènement qui se réalise lorsque A n'est pas réalisé. On le note $\overline{\text{A}}$.

Exemple

Au grenier se trouve un carton contenant des boules de Noël. Il y a 3 boules rouges, 2 vertes et 4 bleues. Marina monte au grenier sans lumière et prend une boule au hasard dans le carton pour décorer le sapin.
L'évènement contraire de l'évènement A : « Obtenir une boule bleue » est l'évènement $\overline{\text{A}}$: « Ne pas obtenir une boule bleue », c'est-à-dire « Obtenir une boule rouge ou une boule verte ».

Propriété

La somme des probabilités d'un évènement et de son contraire vaut 1 : $P(\text{A}) + P(\overline{\text{A}}) = 1$

! On peut en déduire que $P(\overline{\text{A}}) = 1 - P(\text{A})$.

Exemple

Avec l'exemple précédent, la probabilité que Marina prenne une boule bleue est :

$P(\text{A}) = \frac{4}{3+2+4} = \frac{4}{9}$ or $P(\overline{\text{A}}) = 1 - P(\text{A}) = 1 - \frac{4}{9} = \frac{9}{9} - \frac{4}{9} = \frac{5}{9}$

Donc la probabilité que Marina ne prenne pas une boule bleue est égale à $\frac{5}{9}$.

Savoir-faire

Apprends à l'aide des exercices résolus puis entraine-toi !

3 Utiliser des évènements incompatibles ou contraires

16 On tire une carte dans un jeu de 32 cartes et on note de quelle carte il s'agit.
On note les évènements suivants :
A : « La carte tirée est un trèfle. »
B : « La carte tirée est un 8. »
C : « La carte tirée est une carte rouge. »
D : « La carte tirée est une figure (roi, dame ou valet). »
Parmi ces évènements, citer :
a. deux évènements incompatibles ;
b. deux évènements qui ne sont pas incompatibles.

Solution

a. Un trèfle est une carte noire. On ne peut donc pas tirer une carte qui soit à la fois un trèfle et rouge. Ainsi, les évènements A et C sont incompatibles.

b. Si la carte est le roi de cœur, les évènements C et D sont réalisés en même temps : en effet, c'est une carte rouge et un roi. Les évènements C et D ne sont donc pas incompatibles.

18 Dans une urne, on place 20 boules numérotées de 1 à 20 et on tire une boule au hasard.
- Quelle est la probabilité que le numéro tiré soit un multiple de 10 ou un nombre strictement inférieur à 4 ?

Solution

Les issues qui réalisent l'évènement A : « Obtenir un multiple de 10 » sont 10 et 20.
Les issues qui réalisent l'évènement B : « Obtenir un numéro strictement inférieur à 4 » sont 1, 2 et 3.
Les évènements A et B ne peuvent donc pas se réaliser en même temps. Ils sont donc incompatibles.
Il y a 20 issues équiprobables pour cette expérience, chacune de probabilité $\frac{1}{20}$.
$P(A) = \frac{2}{20}$ car il y a 2 issues qui réalisent A.
$P(B) = \frac{3}{20}$ car il y a 3 issues qui réalisent B.
« Obtenir un numéro multiple de 10 ou strictement inférieur à 4 » correspond à l'évènement A ou B. Donc :

$$P(A \text{ ou } B) = P(A) + P(B) = \frac{2}{20} + \frac{3}{20} = \frac{5}{20} = \frac{1}{4}$$

La probabilité que le numéro tiré soit un multiple de 10 ou un nombre plus petit que 4 vaut donc $\frac{1}{4}$ (ou 0,25 ou 25 %).

17 On lance un dé truqué à six faces pour lequel on a :

Issue	1	2	3	4	5	6
Probabilité	0,1	0,3	0,05	0,25	0,1	0,2

On appelle A l'évènement « Obtenir un multiple de 3 ».
1. Quelles issues réalisent l'évènement $\overline{A}$?
2. Déterminer $P(\overline{A})$.

Solution

1. Les issues réalisant l'évènement A sont 3 et 6, donc les issues réalisant l'évènement $\overline{A}$ sont les autres issues : 1, 2, 4 et 5.

2. On peut déterminer $P(\overline{A})$ de deux manières :

- **1re méthode :**
On utilise les issues réalisant l'évènement $\overline{A}$:
$P(\overline{A}) = P(1) + P(2) + P(4) + P(5)$
$P(\overline{A}) = 0,1 + 0,3 + 0,25 + 0,1 = 0,75$

- **2e méthode :**
On commence par calculer la probabilité de l'évènement A :
$P(A) = P(3) + P(6) = 0,05 + 0,2 = 0,25$
Puis $P(\overline{A}) = 1 - P(A) = 1 - 0,25 = 0,75$

19 On lance un dé à 8 faces numérotées de 1 à 8.
- Parmi les évènements suivants, citer deux évènements incompatibles.

A : « Le résultat est impair. »
B : « Le résultat est 4. »
C : « Le résultat est un nombre plus grand que 2. »

20 Dans un jeu, on peut gagner soit 20 € avec une probabilité de 0,15, soit 100 € avec une probabilité 0,05, sinon on ne gagne rien.
- Quelle est la probabilité de remporter une somme d'argent à ce jeu ?

21 On choisit au hasard un mois de l'année.
On considère l'évènement A : « Le nom du mois contient la lettre J ».
- Quelle est la probabilité de l'évènement $\overline{A}$?

Exercices

2 pages d'exercices supplémentaires dans le manuel numérique

Modéliser une expérience aléatoire

Savoir-faire p. 173

Questions flash

diapo

22 Parmi les expériences suivantes, quelles sont celles qui sont aléatoires ?

a « On lance un dé et on regarde la face du dessus. »

b « On fait tomber un œuf et on regarde si la coquille se casse. »

23 On lance une pièce de monnaie équilibrée et on observe la face du dessus.

- Quelles sont les issues ?

24 On lance un dé équilibré à 12 faces.

- A-t-on plus de chances d'obtenir le 4 ou le 12 ?

25 Que signifie la phrase « Les chances de réussite à ce concours sont de 2 sur 5 » ?
Choisir la bonne réponse :

a Il faut avoir une note d'au moins 2 sur 5 pour réussir ce concours.

b En moyenne, sur 5 personnes se présentant à ce concours, 2 seront reçues.

c 5 personnes se présentant à ce concours ont chacune 2 chances de réussir.

d La probabilité de réussir ce concours est de 2,5.

26 Répondre par OUI ou NON.
La probabilité d'un évènement peut valoir :

a. 0,3 b. –0,1 c. 2,4 d. $\frac{53}{27}$

e. $\frac{45}{97}$ f. 0 g. 530 % h. 1

27 Que signifie la phrase « Les chances de gagner à ce jeu sont de 25 % » ?
Choisir la bonne réponse :

a Si 100 personnes jouent à ce jeu, alors 25 gagneront à coup sûr.

b En moyenne, 1 personne sur 4 gagne à ce jeu.

c Si la même personne joue 100 fois à ce jeu, elle gagnera exactement 25 fois.

d La probabilité de gagner à ce jeu est de 25.

28 Anastasia écrit son prénom sur une feuille de papier. Elle découpe chaque lettre et plie chaque morceau en quatre, de manière identique. Elle en prend un au hasard et regarde la lettre inscrite dessus.

- Donner les issues de cette expérience aléatoire.

29 Inventer une expérience aléatoire liée à l'image suivante et en donner les issues.

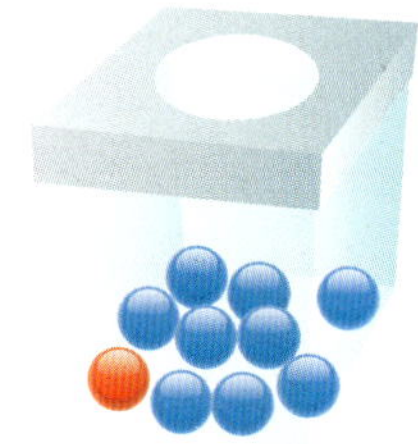

30 On lance un dé cubique. Voici trois situations et trois tableaux de probabilité.

- Relier chaque situation à un tableau.

Situation n°1 : « Le dé est plombé et tombe toujours sur le 6. »
Situation n°2 : « Le dé n'est pas truqué. »
Situation n°3 : « Le dé est truqué de telle sorte que la probabilité d'obtenir le 6 vaut deux fois la probabilité d'obtenir n'importe quel autre résultat. »

Tableau A

Issue	1	2	3	4	5	6
Probabilité	$\frac{1}{6}$	$\frac{1}{6}$	$\frac{1}{6}$	$\frac{1}{6}$	$\frac{1}{6}$	$\frac{1}{6}$

Tableau B

Issue	1	2	3	4	5	6
Probabilité	$\frac{1}{7}$	$\frac{1}{7}$	$\frac{1}{7}$	$\frac{1}{7}$	$\frac{1}{7}$	$\frac{2}{7}$

Tableau C

Issue	1	2	3	4	5	6
Probabilité	0	0	0	0	0	1

Déterminer la probabilité d'un évènement

Savoir-faire p. 175

Questions flash

diapo

31 Dans le cartable de Jérémy, il y a 15 billes de même taille dont 7 arc-en-ciel. Il sort de son sac une bille au hasard.

- Quelle est la probabilité que Jérémy sorte une bille arc-en-ciel ?

32 Reformuler la phrase « On a 2 chances sur 5 de tirer une boule rouge dans cette urne » en exprimant une probabilité sous forme d'une fraction, d'un nombre décimal, puis d'un pourcentage.

33 **1.** Inventer une expérience aléatoire liée à l'image ci-dessous et en donner les issues.

2. Donner un évènement qui pourrait être réalisé au cours de cette expérience et préciser sa probabilité.

34 On donne ci-dessous cinq évènements liés chacun à une expérience aléatoire, et cinq probabilités.
- Relier chaque évènement à sa probabilité.

Expérience / Évènement	Probabilité
On lance une pièce de monnaie équilibrée. On obtient « Pile ».	0,75
On lance un dé cubique équilibré. On obtient un numéro inférieur à 10.	0
Dans une classe, 3 élèves sur 5 sont des filles. On choisit un élève au hasard. C'est une fille.	0,5
Il y a chaque jour une chance sur quatre qu'il pleuve dans une certaine ville. On choisit un jour au hasard. Il ne pleut pas.	0,6
On choisit une femme au hasard dans la rue. Elle mesure 4 m.	1

35 Au casino, les roulettes comportent 37 cases : 18 rouges, 18 noires et 1 verte.
On lance une bille en faisant tourner la roue et on regarde la couleur de la case sur laquelle elle s'arrête.

- A-t-on 50 % de chances de tomber sur le rouge ?

36 La mère de Kevin lui permet de prendre un bonbon dans un sachet opaque. Kevin ne voit donc pas les bonbons. Le nombre de bonbons de chaque couleur contenus dans le sachet est illustré par le graphique suivant.

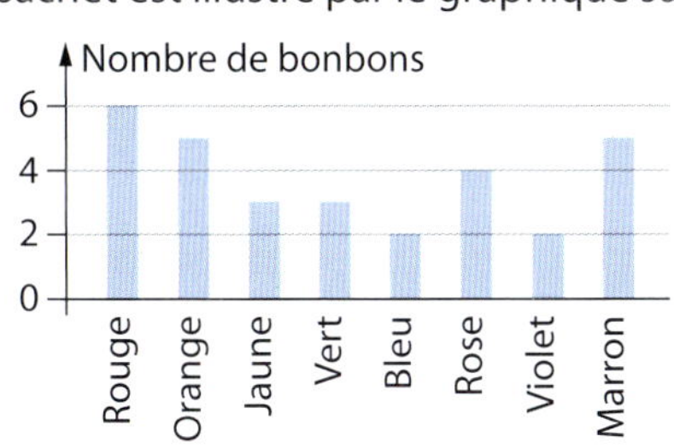

Quelle est la probabilité que Kevin prenne un bonbon rouge ?

a. 10 % **b.** 20 % **c.** 25 % **d.** 50 %

D'après PISA.

Utiliser des évènements incompatibles ou contraires

Savoir-faire p. 177

Questions flash

diapo

37 Dans la classe de Lucille, il y a 45 % de filles.
On choisit un élève au hasard dans cette classe.
- Quelle est la probabilité que ce soit un garçon ?

38 A et B sont deux évènements incompatibles.
- Si $P(A) = 0{,}37$ et $P(B) = 0{,}45$, que vaut $P(A \text{ ou } B)$?

39 Si $P(A) = 0{,}281$, que vaut $P(\overline{A})$?

40 On lance un dé cubique truqué et on regarde la face du dessus. Certaines probabilités sont indiquées dans le tableau suivant.

Obtenir un …	1	2	3	4	5	6
Probabilité	$\frac{1}{20}$	$\frac{4}{20}$		$\frac{1}{10}$	$\frac{3}{10}$	$\frac{4}{20}$

1. Quelle est la probabilité d'obtenir un 3 ?

2. Quelle est la probabilité d'obtenir un nombre pair ou un 5 ?

41 Dans un jeu de 32 cartes, il y a quatre catégories : cœur, carreau, pique et trèfle. Dans chaque catégorie, il y a 8 cartes : 7, 8, 9, 10, valet, dame, roi et as.
On tire une carte au hasard dans ce jeu.

1. Quelle est la probabilité d'obtenir un trèfle ?

2. Quelle est la probabilité d'obtenir un valet ?

3. Les évènements « Obtenir un cœur » et « Obtenir une dame » sont-ils incompatibles ? Justifier.

4. Quelle est la probabilité d'obtenir un as ou un 7 ?

42 Un commerçant propose des boissons sur une plage. Il en a 50, réparties dans des bouteilles de même forme : 11 thés glacés, 13 jus d'orange, 18 sodas et des bouteilles d'eau.
Il prend au hasard une bouteille.
- Quelle est la probabilité qu'il sorte une bouteille d'eau ?

43 Sur les faces d'un dé équilibré à 6 faces, on écrit chacune des lettres du mot « ANANAS ».
On lance le dé et on regarde la lettre inscrite sur la face supérieure.

1. Quelle est la probabilité d'obtenir la lettre N ?

2. Quelle est la probabilité d'obtenir un S ou un A ?

3. Quelle est la probabilité de ne pas obtenir un A ?

Faire le point

Vérifie tes connaissances.

QCM

Donner la seule réponse correcte parmi les trois proposées.

	Réponse A	Réponse B	Réponse C
1 Modéliser une expérience aléatoire			
Dans quelle expérience les issues sont-elles toutes équiprobables ? On lance un dé équilibré et on regarde si le résultat…	est un multiple de 3 ou non.	est pair ou non.	est strictement supérieur à 4 ou non.
2 Déterminer la probabilité d'un évènement			
1. Issue : 1 ; 2 ; 3 ; 4 — Probabilité : 0,4 ; 0,25 ; 0,15 ; 0,2. La probabilité de l'évènement « Le résultat est pair » vaut :	0,45	0,25	0,5
2. La probabilité de tirer une boule rouge dans une urne contenant 3 boules rouges et 2 vertes vaut :	$\frac{2}{3}$	$\frac{3}{5}$	$\frac{2}{5}$
3 Utiliser des évènements incompatibles ou contraires			
1. On lance un dé et on regarde le numéro obtenu. Parmi ces évènements, lesquels sont incompatibles ? A : « Le numéro est un multiple de 3. » B : « Le numéro est pair. » C : « Le numéro est le 3. »	A et B	A et C	B et C
2. Si $P(A) = 0,73$, alors $P(\overline{A})$ vaut :	On ne peut pas savoir.	$\frac{1}{73}$	0,27

Tableau de la question 2.1 :

Issue	1	2	3	4
Probabilité	0,4	0,25	0,15	0,2

Pour t'aider à retenir le cours.*

Carte mentale

Reproduire et compléter la carte mentale.

Expérience aléatoire

Issues
- La somme des probabilités de toutes les issues est égale à 1.
- Si toutes les issues sont équiprobables, la probabilité de chaque issue est égale à …

Probabilité d'un évènement
- Somme des probabilités des issues qui réalisent l'évènement
- En situation d'équiprobabilité, $P(A) = \ldots$

Évènements incompatibles
- A et B sont incompatibles si …
- Si A et B sont incompatibles, alors $P(A \text{ ou } B) = \ldots$

Évènements contraires
- L'évènement contraire de A est …
- $P(\overline{A}) = \ldots$

** Tu peux aussi construire ta propre carte mentale.*

Algorithmique et outils numériques

44 Simulation (1)

Yasmine a écrit le script suivant afin de simuler un grand nombre de lancers d'un dé équilibré à 6 faces.

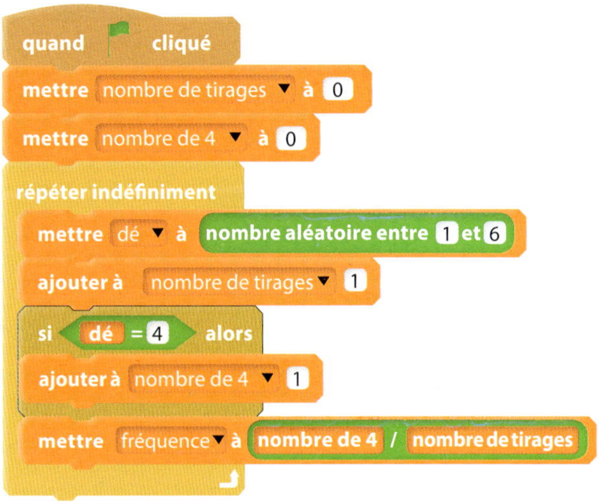

1. a. Expliquer le rôle joué par chacune des quatre variables de ce script.
   b. Dans quel but Yasmine a-t-elle écrit ce script ?
   c. Sans exécuter ce script, peut-on prévoir le comportement de la variable fréquence ?
2. On lance à présent deux dés équilibrés à 6 faces et on s'intéresse à la somme de ces deux dés.
   a. Modifier le script de Yasmine afin d'avoir une estimation de la probabilité d'obtenir une somme égale à 7.
   b. Modifier le script afin d'avoir une estimation de la probabilité d'obtenir une somme égale à 12.
   c. Comment peut-on expliquer la différence de ces deux résultats ?
   Peut-on trouver la valeur exacte de la probabilité d'obtenir une somme égale à 12 ?

45 Simulation (2)

Dans un tableur, la formule =ALEA.ENTRE.BORNES(1;6) donne un nombre entier choisi au hasard par l'ordinateur parmi les nombres 1, 2, 3, 4, 5, 6.
Chaque nombre a autant de chances d'être obtenu que les autres.
On utilise cette formule pour simuler le lancer d'un dé cubique, c'est-à-dire remplacer l'expérience de lancer réel d'un dé équilibré par une expérience de tirage d'un nombre au hasard.
On considère ici l'expérience suivante : on lance deux dés et on regarde la somme des points obtenus.
On souhaite savoir sur quelle somme il faut parier pour avoir le plus de chances de gagner.
À l'aide de la formule précédente, on a simulé sur tableur 200 parties.
On donne ci-après un extrait de la feuille de calcul réalisée.

	A	B	C	D	E	F	G
1	Dé 1	Dé 2		Somme		Valeur de la somme	Fréquences
2	2	1				1	
3	5	4				2	
4	6	6				3	
5	5	4				4	
6	5	5				5	
7	1	3				6	
8	6	2				7	
9	1	3				8	
10	1	3				9	
11	4	1				10	
12	1	1				11	
13	4	1				12	
14	5	3					
15	1	4					

1. Quelle formule faut-il entrer dans la cellule D2 pour qu'en la recopiant vers le bas, on puisse calculer les sommes obtenues ?
2. Dans un tableur, la fonction « NB.SI » permet de compter, dans une plage de cellules donnée, le nombre de cellules correspondant à une certaine condition. Par exemple, la formule =NB.SI(D2:D6;8) compte le nombre de 8 dans les cellules D2 à D6. Elle renverra donc la valeur « 2 » avec la simulation précédente.
   Que compte la formule =NB.SI(A4:A9;4) ? Que renverra-t-elle alors avec la simulation précédente ?
3. a. Reproduire la feuille de calcul ci-dessus dans un tableur.
   b. En colonne G, faire calculer les fréquences d'apparition de chaque somme.
   c. Répondre au problème posé.

46 Naissance

Dans un tableur, la fonction JOURSEM, avec le réglage « 2 », affiche un nombre entre 1 et 7 :
1 pour lundi, 2 pour mardi… et 7 pour dimanche.
Exemple : La formule =JOURSEM(DATE(2019;12;25);2) renvoie un 3 car Noël tombe un mercredi en 2019.

« ;2 » à la fin de la formule est le réglage choisi pour la formule JOURSEM.

1. L'instruction =JOURSEM(DATE(2016;5;20);2) affiche le résultat 5. Qu'est-ce que cela signifie ?
2. À l'aide d'un tableur, déterminer quel jour de la semaine était le 1er janvier 2000.
3. Lister les dates de naissance de tous les élèves de la classe.
4. À l'aide d'un tableur, déterminer le jour de naissance de chaque élève.
5. Regrouper ces résultats dans un tableau.
6. Si on prend un élève au hasard dans la classe, quelles sont les chances qu'il soit né un jeudi ?

Problèmes

Pour mieux cibler les compétences

Chercher	72 79	Raisonner	55 57
Modéliser	73 77	Calculer	50 68 70
Représenter	78 80	Communiquer	75 76 78

47 Bleu, blanc, rouge

Une roue est partagée en trois zones : une zone bleue, une zone blanche et une zone rouge. On fait tourner cette roue et on note la couleur de la zone obtenue.
La probabilité d'obtenir la zone rouge est 0,2 et celle de ne pas obtenir la zone blanche est 0,3.
• Quelle est la probabilité d'obtenir la zone bleue ?

48 Devinez !

On souhaite mettre des jetons bleus et rouges dans un sac de telle sorte qu'on ait 3 chances sur 5 de tirer un jeton bleu.
• Combien peut-on mettre de jetons de chaque sorte dans le sac ?

49 Que choisir ?

Dans un jeu de 52 cartes, il y a 4 catégories : cœur, carreau, pique et trèfle. Dans chaque catégorie, il y a 13 cartes : 2, 3, 4, 5, 6, 7, 8, 9, 10, valet, dame, roi et as.
On tire au hasard une carte dans un jeu de 53 cartes (52 normales et le joker).
• Est-il plus probable d'obtenir un cœur, un as, une figure ou le joker ?

50 Des dés

On a deux dés truqués, un bleu et un rouge.
Avec le dé bleu, on a les probabilités suivantes :

Obtenir un …	1	2	3	4	5	6
Probabilité	$\frac{1}{20}$	$\frac{1}{5}$	$\frac{3}{20}$	$\frac{1}{10}$	$\frac{3}{10}$	$\frac{1}{5}$

Avec le dé rouge, on a les probabilités suivantes :

Obtenir un …	1	2	3	4	5	6
Probabilité	$\frac{1}{5}$	$\frac{1}{10}$	$\frac{1}{10}$	$\frac{1}{10}$	$\frac{3}{10}$	$\frac{1}{5}$

• Avec quel dé vaut-il mieux jouer si on veut avoir le plus de chances d'obtenir un résultat pair ?

51 Roland Garros 2015 EPS AV

Il y a eu 1 852 actes de kinésithérapie effectués par des masseurs auprès des joueurs et joueuses pendant le tournoi de Roland Garros en 2015. Parmi ces actes figuraient 328 soins d'échauffement, 662 traitements de maladies et tous les autres étaient des séances de massage de récupération.
• On choisit au hasard un acte de kinésithérapie effectué lors de ce tournoi. Quel est l'acte le plus probable ? Quelle est sa probabilité ?

52 Le b.a.-ba

Angélique apprend l'alphabet et connait maintenant 19 lettres. Elle possède un seau contenant chaque lettre de l'alphabet une seule fois. Elle prend une lettre au hasard dans ce seau.
• Quelle est la probabilité qu'elle ne la connaisse pas ?

53 Rollers EPS

Le tableau ci-dessous donne la répartition des licenciés de la fédération française de Roller sports par catégorie d'âge en 2014.

Catégorie	Âge	Nombre total de licences
Super Mini	De 3 à 6 ans	2 969
Mini	De 7 à 8 ans	5 895
Poussin	De 9 à 10 ans	7 059
Benjamin	De 11 à 12 ans	6 216
Minime	De 13 à 14 ans	4 634
Cadet	De 15 à 16 ans	2 946
Junior	De 17 à 18 ans	1 849
Senior	19 ans et plus	25 692
	Total	**57 260**

Source : Fédération française de roller sports.

La fédération décide de faire gagner une paire de rollers à un licencié de cette année. Celui-ci sera tiré au sort parmi les licenciés.

1. Quelle est la probabilité que le gagnant soit un minime ?
2. Calculer de deux manières différentes la probabilité que le gagnant ait moins de 19 ans.

54 Spicy ?

Au fast-food, Cindy choisit au hasard un morceau de poulet dans un « bucket ».
La composition de ce « bucket » est la suivante :

	Épicé	Non épicé
Ailes	6	8
Cuisses	4	7

1. Quelle est la probabilité qu'elle ait pris un morceau épicé ?
2. Quelle est la probabilité qu'elle ait pris une aile ?
3. A-t-elle plus de chances de prendre une cuisse ou un morceau non épicé ?

55 Problème d'urne

Dans une urne, on a mis 50 boules : des noires et des blanches. On sait que la probabilité de tirer une boule blanche vaut $\frac{3}{10}$.
• Combien y a-t-il de boules de chaque sorte dans l'urne ?

56 Raffle

LV

500 raffle tickets are sold.

1. Charlie buys one ticket. What is the probability that he wins the first prize?
2. The probability that Kelly wins the first prize is $\frac{1}{100}$. How many tickets did she buy?

57 Qui a raison ?

Élodie a relevé les dates d'anniversaire des 150 élèves de 5e de son collège et a construit le tableau suivant.

Saison	Printemps	Été	Automne
Nombre	52	36	30

Marina lui dit qu'elle peut trouver la probabilité pour un élève de 5e de ce collège pris au hasard d'être né en hiver. Élodie lui répond que ce n'est pas possible car elle a perdu son fichier avant d'avoir fini de tout compter.

- Élodie a-t-elle raison ?

58 Tant pis !

PEAC

La salle Pi du Palais de la découverte (Paris, France) propose une frise circulaire affichant les 704 premières décimales du nombre π que le mathématicien anglais William Shanks (1812-1882) calcula « à la main » (sans calculatrice ni ordinateur) en 1873. Malheureusement, seules les 527 premières décimales étaient correctes. L'erreur de calcul de Shanks fut découverte par le mathématicien anglais Ferguson en 1945. Le musée corrigea immédiatement cette erreur. Contrairement à la rumeur, il n'y a donc plus, aujourd'hui, d'erreur dans les décimales affichées.
Voici le début de l'écriture du nombre π :

3,141 592 653 589 793 238 462 643 383 279

On écrit tous ces chiffres, y compris celui des unités, sur des papiers que l'on plie et on les met dans un chapeau. On tire un papier au hasard.

- Quelle est la probabilité d'obtenir le chiffre 2 ?

Les premières décimales de π au Palais de la découverte (Paris).

59 Le coup du lapin

Voici un extrait d'un cahier d'élève.

- Inventer une expérience aléatoire pouvant amener à cette production.

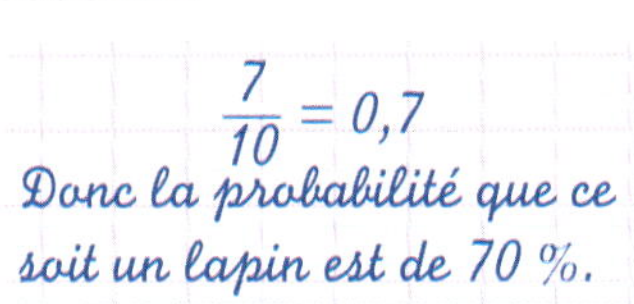

60 Y'a pas que l'école !

Voici un tableau donnant la répartition des loisirs préférés des élèves d'une classe de 4e :

Loisir préféré	Musique	Sport	Cinéma	Lecture	Jeux vidéo
Filles	2	4	3	4	1
Garçons	1	4	2	2	2
Total	3	8	5	6	3

1. Combien y a-t-il d'élèves dans cette classe de 4e ?
2. Quel est le pourcentage de filles dans cette classe ?
3. On tire au sort un élève de cette classe.
   a. Quelle est la probabilité que son loisir préféré soit le sport ?
   b. Quelle est la probabilité que ce soit un garçon dont le loisir préféré est de jouer aux jeux vidéo ?

61 Devinette ou calcul ?

Un sac contient 45 boules. Il y a des boules blanches, des boules noires et des boules rouges.

La probabilité de tirer une boule blanche vaut $\frac{2}{9}$.

À l'aide de ces informations, est-il possible de calculer :

a. le nombre de boules blanches ?
b. le nombre de boules noires ?
c. le nombre de boules rouges ?

62 T'as d'beaux yeux !

Dans la classe de Thomas, si on choisit un élève au hasard parmi les 25, la probabilité qu'il ait les yeux marron vaut 0,8.

- Combien d'élèves ont les yeux marron dans la classe de Thomas ?

63 Voyage scolaire

Au collège Jacques Brel, un élève, durant sa scolarité, a une chance sur dix de partir en voyage scolaire à l'étranger. Il a une chance sur cinq de partir en voyage scolaire en France. Chaque élève ne peut partir qu'une seule fois en voyage au cours de sa scolarité de collège. On croise un élève qui entre en 2de et qui a fait sa scolarité dans ce collège.

- Quelle est la probabilité qu'il soit parti en voyage scolaire ?

64 Fruits en vrac

Sur les faces d'un dé équilibré à 6 faces, on écrit chacune des lettres du mot « BANANE ». On lance le dé et on regarde la lettre inscrite sur la face supérieure.

1. Quelle est la probabilité d'obtenir la lettre N ?
2. Quelle est la probabilité d'obtenir une voyelle ?

65 Deux sur trois

Décrire une expérience aléatoire comportant trois résultats possibles dont deux d'entre eux exactement ont la même probabilité d'être obtenus.

Problèmes

66 **Touché, coulé !**

À la bataille navale, les bateaux d'Alexandre sont représentés par les cases grisées dans la grille ci-dessous.

Pauline désigne au hasard une des cases de la grille.

1. Quelle est la probabilité qu'un bateau soit touché ?
2. Quelle est la probabilité que Pauline « tire dans l'eau » ?
3. Un porte-avion est un bateau long de 4 carreaux. Quelle est la probabilité que Pauline touche le porte-avion d'Alexandre ?

67 **Pièce truquée**

Une pièce est truquée de telle manière que « Face » a deux fois plus de chances d'être obtenu que « Pile ».

- Quelle est la probabilité d'obtenir chacune des faces de la pièce ?

68 **Bien ciblé**

Un tireur tire parfaitement au hasard sur la cible ci-dessous sans jamais la rater. Celle-ci est composée de zones délimitées par des carrés dont les côtés mesurent respectivement 10 cm, 20 cm et 30 cm.

- Quelle est la probabilité qu'il gagne 1 point, 5 points, 10 points ?

69 **Parité**

Ce tableau donne la répartition des employés d'une petite entreprise :

	Ouvriers	Cadres	**Total**
Femmes	28	32	**60**
Hommes	22	18	**40**
Total	**50**	**50**	**100**

1. On choisit un employé de cette entreprise au hasard. Quelle est la probabilité que ce soit une femme ?
2. On choisit un employé de cette entreprise au hasard. Quelle est la probabilité que ce soit un ouvrier de sexe masculin ?
3. On choisit un cadre de cette entreprise au hasard. Quelle est la probabilité que ce soit une femme ?

70 **Ça tourne !**

On fait tourner cette roue et la flèche rouge indique l'un des 15 secteurs, tous identiques, dont on note le numéro et la couleur.

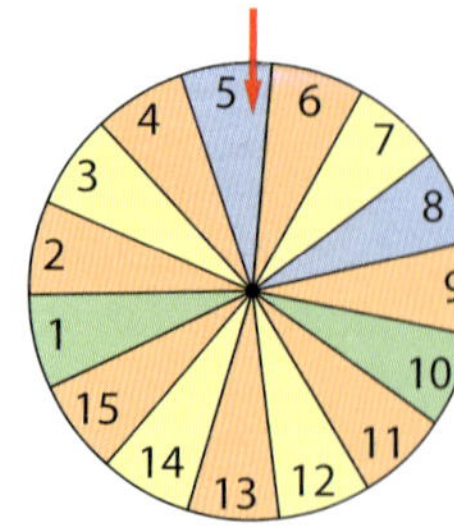

1. Calculer la probabilité que la couleur obtenue soit bleue ou verte.
2. Calculer la probabilité que le numéro obtenu soit plus grand que 11.
3. Calculer la probabilité que la flèche indique un numéro pair dans une case orange.

71 **L'orchestre symphonique**

PEAC

Les documents ci-dessous donnent la composition d'un orchestre symphonique.

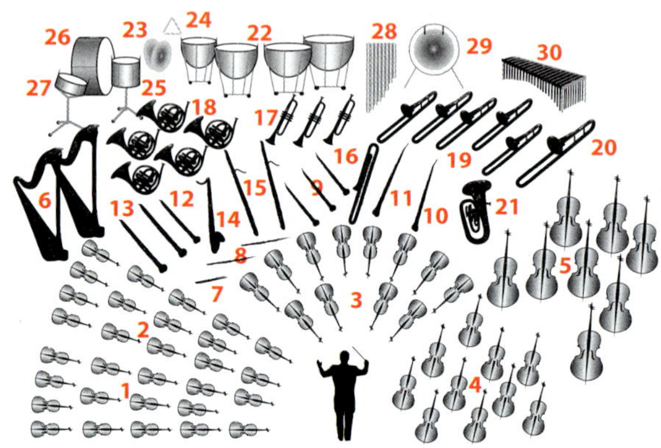

Les cordes	**Les cuivres**
1. Les premiers violons	17. Les trompettes
2. Les seconds violons	18. Les cors
3. Les altos	19. Les trombones
4. Les violoncelles	20. Le trombone basse
5. Les contrebasses	21. Le tuba
6. Les harpes	**Les percussions**
Les bois	22. Les timbales
7. La flute « piccolo »	23. Les cymbales
8. Les flutes traversières	24. Le triangle
9. Les hautbois	25. Le tambour
10. Le hautbois d'amour	26. La grosse caisse
11. Le cor anglais	27. La caisse claire
12. La clarinette	28. Les cloches tubulaires
13. Les clarinettes en *si* ou en *la*	29. Le gong
14. La clarinette basse	30. Le xylophone
15. Les bassons	
16. Le contrebasson	

On croise un musicien de cet orchestre.

- Quelle est la probabilité qu'il joue :

a. du xylophone ?

b. de la flute traversière ?

c. d'un instrument à cordes ?

72 **Histoire d'urnes**

On souhaite mettre dans une urne des boules rouges et noires de telle manière qu'on ait une chance sur trois de tirer une boule rouge.

- Proposer une urne qui pourrait convenir. Y a-t-il plusieurs possibilités ?

73 Action humanitaire

Des militaires larguent par avion des vivres et des médicaments sur des zones difficiles d'accès par la route. Voici, vue du ciel, la zone de largage rectangulaire, qui est composée d'une zone d'herbe (en vert) et de marécages (en bleu) :

- Si le largage est effectué au hasard sur la zone, quelle est la probabilité que le matériel largué ne tombe pas sur la zone marécageuse ?

74 Arnaque ? *Prise d'initiative*

Noukeo propose un jeu à Ibrahim : « Dans un sac, je mets un jeton avec le numéro 1, deux jetons avec le numéro 2 et ainsi de suite jusqu'à six jetons avec le numéro 6. Tu tires un jeton au hasard dans ce sac. Si le numéro est strictement supérieur à 4, tu gagnes, sinon, je gagne. Tu as plus de chances de gagner que moi ! »

- Que faut-il en penser ?

75 Météo *Prise d'initiative*

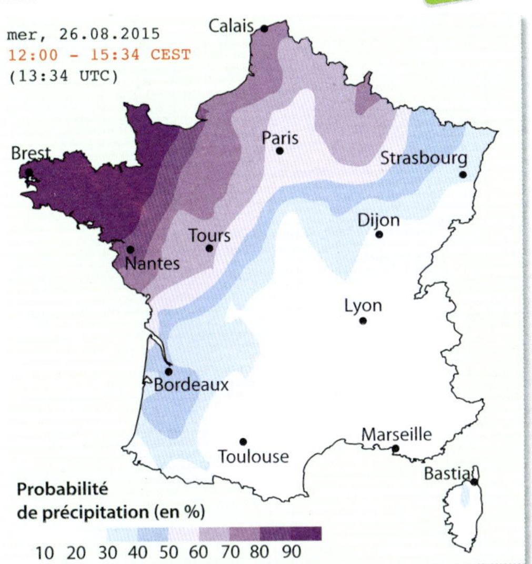

- Vous êtes présentateur de la météo sur une chaine nationale. À l'aide du document fourni, écrire un texte de quelques lignes au sujet des précipitations en France en cette journée du 26 aout 2015.

76 Réseaux sociaux *Prise d'initiative*

Age Demographics of Social Networking Users

	13-17	18-25	26-34	35-44	45-54	55+
facebook	11%	29%	23%	18%	12%	7%
twitter	4%	13%	30%	27%	17%	9%
Google+	9%	23%	35%	15%	11%	7%
LinkedIn	0%	18.1%	31.2%	24.8%	15%	10.5%
Pinterest	3%	6%	28%	28%	25%	11%

- À partir de ce document, rédiger un texte en utilisant le vocabulaire des probabilités.

77 Badminton *Prise d'initiative*

On souhaite connaitre la probabilité qu'un volant de badminton a de tomber « debout ».

1. Comment peut-on s'y prendre ?
2. Chercher une valeur approchée de cette probabilité.

78 Chasseur de tornades *Prise d'initiative*

HG

Le document suivant donne la répartition des tornades en France par département de 1680 à 1988.

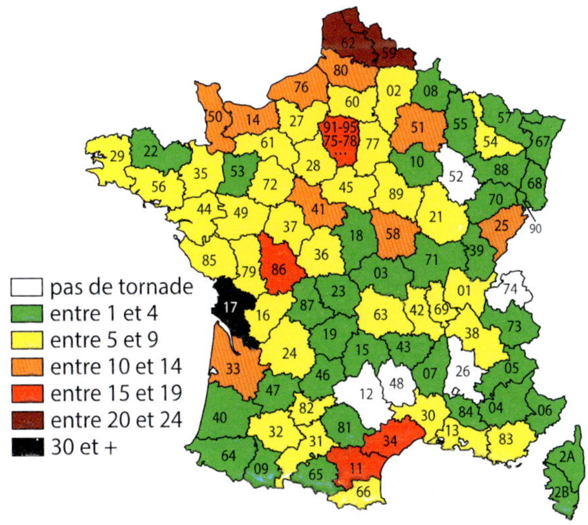

- À partir de ce document, rédiger un texte en utilisant un vocabulaire lié aux probabilités.

79 Stratégie de jeu *Prise d'initiative*

Léa et Joris jouent à un jeu. Ils lancent un dé chacun à leur tour et additionnent leurs scores au fur et à mesure. Le gagnant est celui qui s'approche le plus de 17 sans jamais le dépasser.

- Quelle stratégie peut-on adopter pour gagner à ce jeu le plus souvent possible ?

80 Feu tricolore *Prise d'initiative*

Maria passe au même feu tous les matins à des heures différentes. Elle trouve qu'elle arrive souvent au feu rouge. Par curiosité, elle note tous les matins la couleur du feu au moment où elle arrive.

Elle a obtenu les courbes suivantes, représentant la fréquence de chaque couleur selon le nombre de matins.

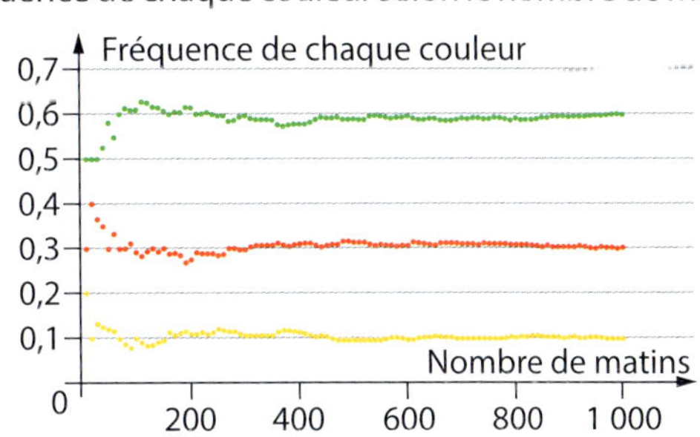

1. L'impression de Maria était-elle fondée ? Expliquer.
2. Sur un intervalle de temps de 1h, en moyenne, combien de temps le feu est-il au vert ?

Travailler autrement

Utilisable en AP

À chacun sa méthode !

Deux énoncés pour un exercice

Exercice 1

On tire une boule au hasard dans l'urne ci-dessous et on regarde sa couleur.

- Quelle est la probabilité qu'elle soit rouge ou verte ?

Exercice 2

Une entreprise fabrique des pièces pour imprimantes en grande série. Certaines de ces pièces présentent un défaut. Cette entreprise dispose d'un appareil qui contrôle la qualité des pièces produites, mais celui-ci commet des erreurs.
On considère un lot de 100 pièces.

1. Recopier et compléter le tableau suivant.

	Nombre de pièces avec défaut	Nombre de pièces sans défaut	**Total**
Nombre de pièces acceptées après contrôle	7		**88**
Nombre de pièces rejetées après contrôle		0	
Total			**100**

2. On prend une pièce au hasard dans ce lot. Quelle est la probabilité qu'elle ait un défaut ?

Exercice 1

Une urne contient des boules rouges, bleues, noires et vertes. La probabilité de tirer une boule rouge vaut 0,3. La probabilité de tirer une boule bleue vaut $\frac{1}{4}$ et on a 20 % de chances de tirer une boule noire.
On tire une boule au hasard dans cette urne.

1. Quelle est la probabilité qu'elle soit rouge ou verte ?
2. Proposer une composition d'urne correspondant à cette situation.

Exercice 2

Une entreprise fabrique des pièces pour imprimantes en grande série. 95 % de ces pièces ne présentent pas de défaut. Cette entreprise dispose d'un appareil qui contrôle la qualité des pièces produites. Cet appareil accepte toutes les pièces sans défaut mais ne rejette que 80 % des pièces qui ont un défaut.
On considère un lot de 10 000 pièces respectant ces pourcentages.

1. Recopier et compléter le tableau suivant.

	Nombre de pièces avec défaut	Nombre de pièces sans défaut	**Total**
Nombre de pièces acceptées après contrôle			
Nombre de pièces rejetées après contrôle			
Total			**10 000**

2. On prend une pièce au hasard dans ce lot. Quelle est la probabilité qu'elle ait été acceptée après contrôle ?

Écriture d'un énoncé

Voici un extrait du cahier d'un élève :

$\frac{18}{25} = 0,72$

$1 - 0,72 = 0,28$

Donc la probabilité de tirer un jeton jaune est de 28 %.

- Écrire un énoncé pouvant amener à cette production.

Analyse d'une production

Voici un énoncé et la réponse d'un élève :
« Dans un sac, il y a 25 bonbons à la fraise et 10 au chocolat. On prend un bonbon au hasard dans ce sac. Quelle est la probabilité que ce soit un bonbon à la fraise ? »

$\frac{25}{10} = 2,5$

Loïc

Donc la probabilité que ce soit un bonbon à la fraise est de 2,5.

- Analyser la réponse de Loïc et corriger ses erreurs, s'il y en a.

CHAPITRE 11

Ta mission

Découvrir deux nouvelles façons de transformer des figures.

Construction et transformation de figures

Jeux

Pierre et Manon descendent une piste de ski. Manon a laissé une trace dans la neige, elle est déjà en bas. Pierre part en suivant exactement la même trajectoire.
Où va-t-il arriver ?

Le **palais de l'Alhambra** est un chef-d'œuvre de l'art arabe qui se dresse sur une colline à l'est de Grenade en Espagne.
Sur les murs et les plafonds de l'édifice, on observe des régularités : des figures et des couleurs répétitives, obtenues à l'aide de transformations du plan (symétries, rotations, translations).

Activités

Questions flash

diapo

Prêt ?

1. Pour chacun de ces panneaux, indiquer s'il a des axes de symétrie et/ou un centre de symétrie.

2. Sur quelle figure les droites (d) et (k) ont-elles la même direction ?

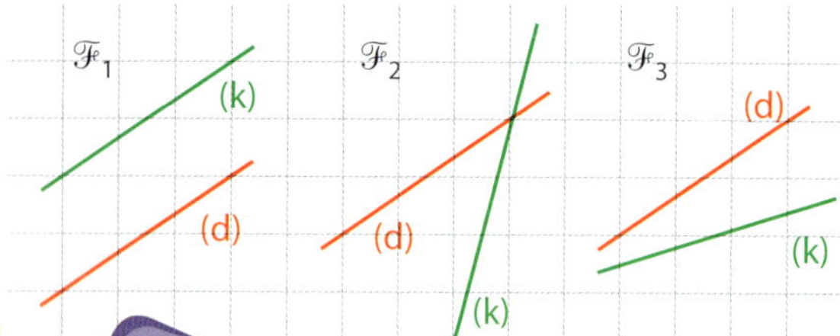

3. Lors d'un saut, un skateur fait un tour complet avec son skate. De quel angle a-t-il tourné ?

4. Léa et Tom se rendent compte qu'ils n'ont pas la même heure à leur montre. Pour corriger cela, Léa fait tourner la grande aiguille d'un quart de tour et Tom d'un demi-tour.
De quel angle la grande aiguille de Léa a-t-elle tourné ? Et celle de Tom ?

5. Cette roue de loterie est composée de 5 secteurs circulaires superposables.
Combien mesure l'angle de chacun de ces secteurs ?

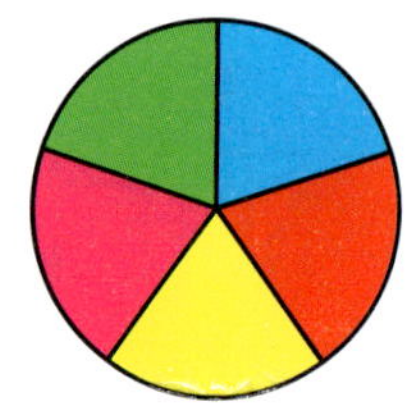

Partez !

C'est par là ! — Activité 1

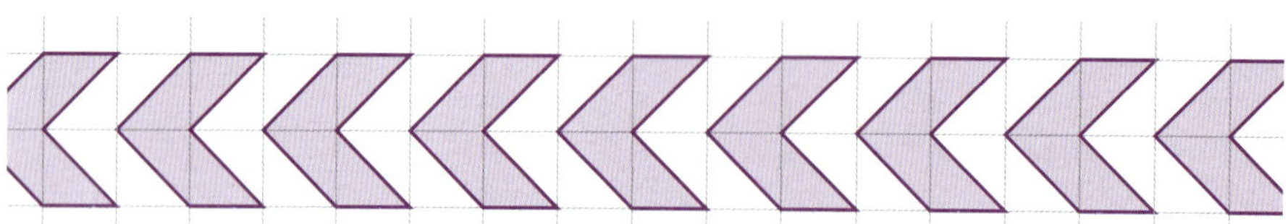

1. Cette frise a-t-elle un axe de symétrie ? Un centre de symétrie ?
2. Cette frise a été construite à partir d'un motif. Représenter ce motif à l'aide du quadrillage.
3. Décrire le procédé par lequel on peut construire cette frise à partir de ce motif.
4. Créer un autre motif et tracer à la main ou à l'aide d'un logiciel de géométrie une frise en suivant un procédé de construction semblable.

Le ciel et la mer — Activité 2

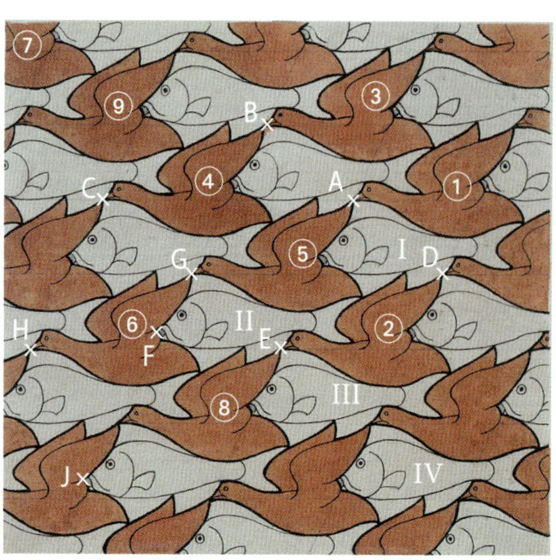

1. Ce pavage de l'artiste M. C. Escher a-t-il un axe de symétrie ? Un centre de symétrie ?
2. Sur une feuille de papier calque, reproduire le motif constitué de l'oiseau ① et du poisson I, ainsi que le point A.
Déplacer le plus simplement possible le calque de l'oiseau ① pour qu'il se superpose à l'oiseau ②.
Quelle position occupe alors le poisson I ?
3. Appliquer ce même déplacement aux oiseaux ③ et ④, ainsi qu'au poisson II en plaçant successivement le calque sur les oiseaux ③, ④ et le poisson II.
4. Décrire les caractéristiques de ce déplacement à l'aide des points de la figure. Comment pourrait-on le schématiser sur le dessin ?
5. Décrire un autre déplacement à l'aide des points de la figure permettant de poursuivre la construction de l'oiseau ⑦.

Création de logo

Activité 3

Tom est graphiste dans une entreprise. Il a créé le logo ci-contre à partir d'un seul motif. Il a commencé par faire un croquis sur papier et a utilisé du papier calque.

1. Décrire le plus précisément possible le procédé utilisé par Tom pour réaliser son logo.
2. Tom a ensuite dessiné son logo avec un logiciel de géométrie dynamique. Retrouver dans la liste ci-dessous l'outil qu'il a utilisé pour obtenir le logo en entier, après avoir dessiné le motif de base.

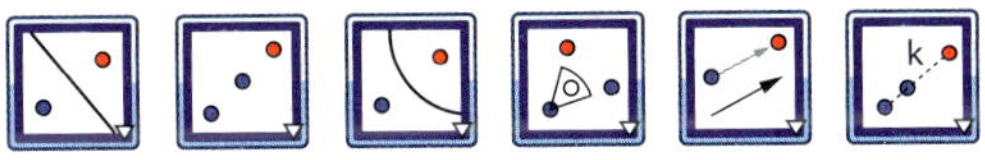

3. À l'aide du logiciel, reproduire le logo de Tom.

Le curseur

Activité 4

1. À l'aide d'un logiciel de géométrie dynamique, construire un trapèze ABCD rectangle en A et placer un point O à l'extérieur de ABCD. Afficher les longueurs AB, BC, CD, AD et les mesures des angles de ce trapèze.
2. On veut construire l'image du trapèze ABCD par des rotations successives de centre O et d'angles 10°, 20°, 30°…

- Avec l'outil 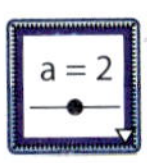

, choisir un emplacement dans le graphique et créer un curseur comme ci-contre, qui représentera l'angle de la rotation.
- Sélectionner l'outil rotation, le polygone ABCD, puis le centre O et noter a pour la mesure de l'angle.
- Cliquer sur le point marqué sur le curseur, le déplacer de gauche à droite et observer le déplacement du trapèze.
- Afficher les longueurs A′B′, B′C′, C′D′, A′D′ et les mesures des angles du trapèze A′B′C′D′.
- Afficher toutes les traces possibles des points C′ et D′, en faisant un clic droit sur chaque point et en cliquant sur « Afficher la trace ».

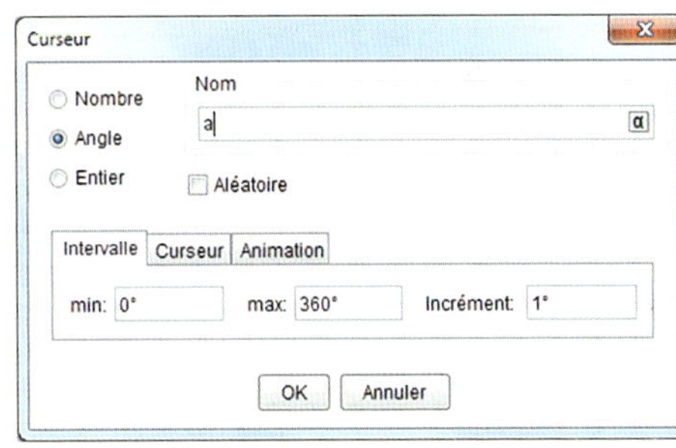

3. En modifiant le curseur de 10° en 10°, répondre aux questions suivantes :
   a. Sur quelles lignes se déplacent les points C′ et D′ ?
   b. Parmi ces différentes rotations, en reconnait-on une en particulier ?
   c. Quelles propriétés peut-on observer pour les rotations ?

Une belle exposition

Activité 5 — Prise d'initiative

Driehoek-systeem (1952), M. C. Escher.

Lors d'un voyage à Grenade, Lou se rend à l'exposition de M. C. Escher (1898-1972) et constate que les transformations géométriques sont très présentes dans les œuvres de cet artiste néerlandais.

- Après avoir bien observé l'œuvre *Driehoek-systeem* (photo ci-contre), aider Lou à retrouver toutes ces transformations, à en donner les éléments caractéristiques et leurs propriétés.

5e 1 Transformer une figure par symétrie ▶ Vidéo

Définitions

Transformer une figure par **symétrie axiale**, c'est la retourner en pliant le long d'une droite. Cette droite s'appelle l'**axe de symétrie**.

Exemple

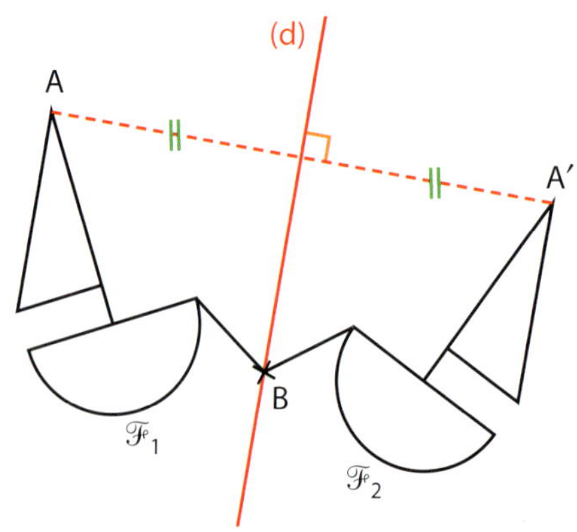

Définitions

Soit (d) une droite.

- Si un point A n'appartient pas à la droite (d), alors son symétrique par rapport à la droite (d) est le point A′ tel que (d) est la médiatrice du segment [AA′].
- Si un point A appartient à la droite (d), alors son symétrique par rapport à la droite (d) est lui-même.

Définitions

Transformer une figure par **symétrie centrale**, c'est la faire tourner d'un demi-tour autour d'un point. Ce point s'appelle le **centre de symétrie**.

Exemple

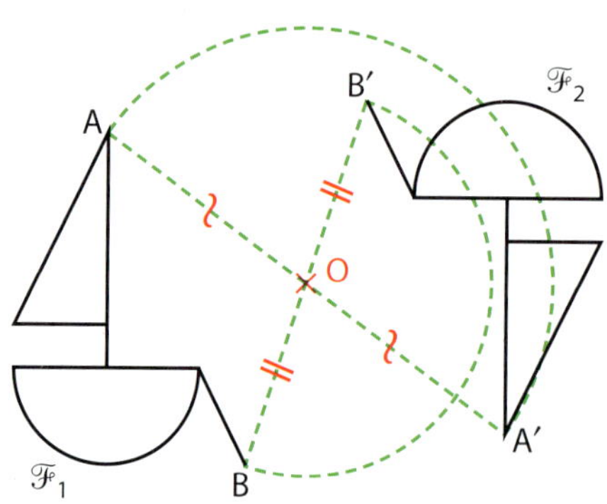

Définitions

Soit O un point. Par la symétrie de centre O :

- le symétrique d'un point A distinct de O est le point A′ tel que O est le milieu du segment [AA′] ;
- le symétrique du point O est lui-même.

Propriétés

Une figure et son image par une symétrie axiale ou centrale sont superposables.
Les symétries conservent les alignements, les angles, les longueurs et les aires.

Savoir-faire

Apprends à l'aide des exercices résolus puis entraine-toi !

1 Transformer une figure par symétrie

1 Construire le symétrique de la figure 1 par rapport à la droite (d).

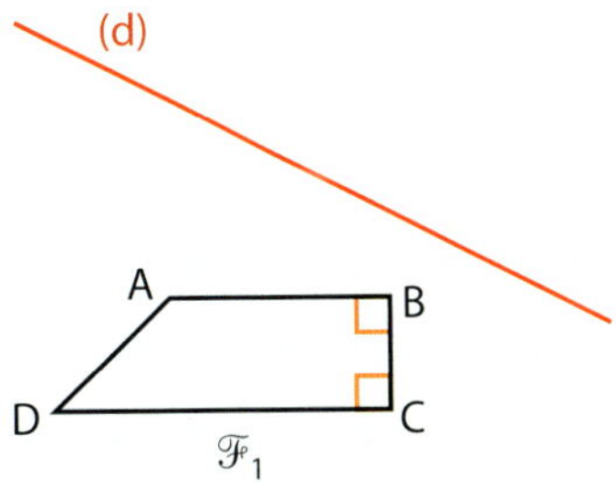

Solution

- On commence par tracer les symétriques des points A et B.
- On utilise ensuite les propriétés de la figure 1 et de la symétrie axiale : on construit les images C′ et D′ afin d'obtenir un trapèze A′B′C′D′ superposable au trapèze ABCD.

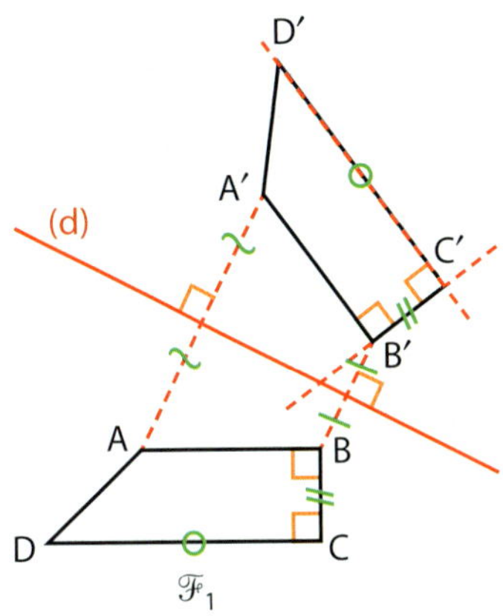

2 Construire le symétrique de la figure 2 par rapport au point D.

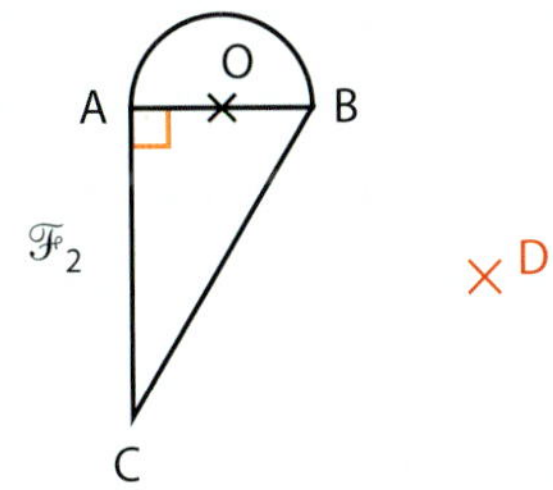

Solution

- On commence par tracer les symétriques des points A et B.
- On utilise ensuite les propriétés de la figure 2 et de la symétrie centrale : on construit l'image C′ afin d'obtenir un triangle rectangle A′B′C′ superposable au triangle rectangle ABC.
- On trace le demi-cercle de diamètre [A′B′].

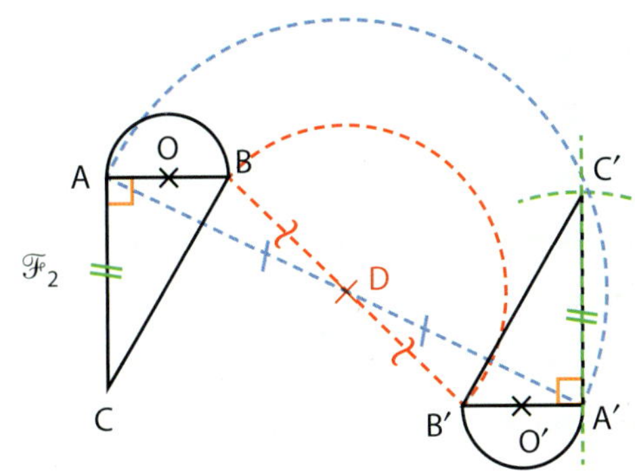

3 **1.** Reproduire le triangle vert à l'aide du quadrillage et construire son symétrique par rapport à la droite (d).

2. Reproduire le polygone VENUS et construire son image par la symétrie de centre O.

3. a. Sans utiliser le quadrillage, construire un rectangle LUNE et placer deux points S et I à l'extérieur de LUNE.

b. Construire le symétrique de LUNE par rapport à la droite (SI), puis par la symétrie de centre I.

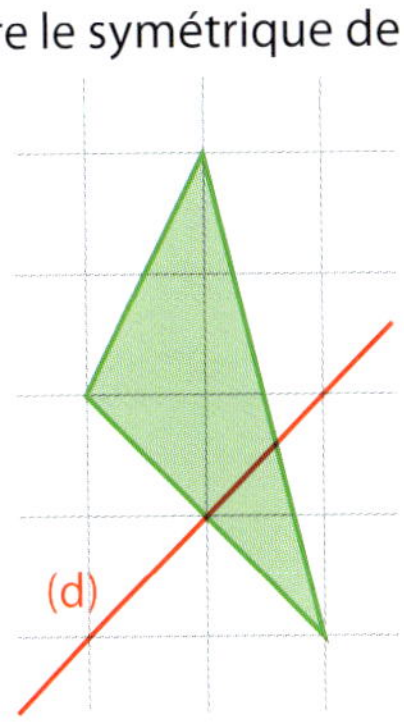

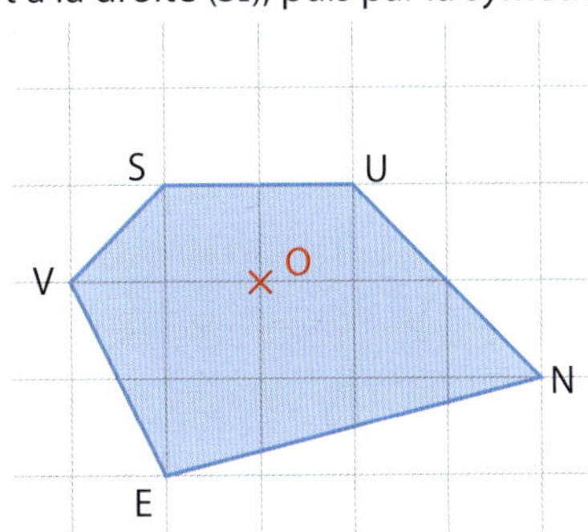

2 Transformer une figure par translation

Vidéo

Définition

Transformer une figure par **translation**, c'est la faire glisser sans la tourner.

Ce glissement est défini par :

- une direction ;
- un sens ;
- une longueur.

Sur une figure, on peut schématiser ce glissement par des **flèches**.

Exemple

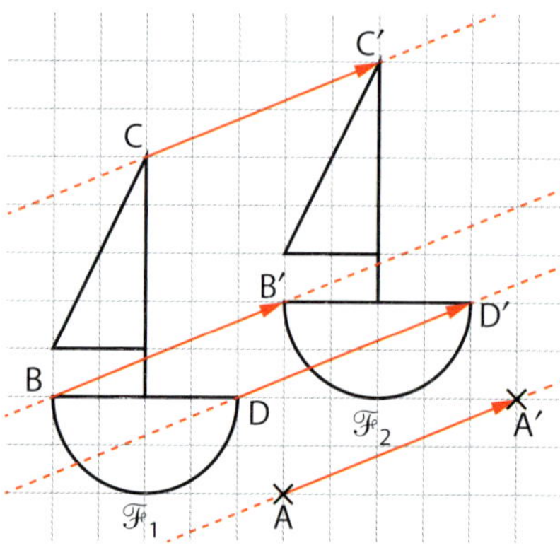

- La droite (AA′) donne **la direction** du glissement. Les droites (BB′), (CC′) et (DD′) sont parallèles à (AA′).
- La flèche qui part de A vers A′ donne **le sens** du glissement.
- La longueur AA′ donne **la longueur** du glissement. Les longueurs BB′, CC′ et DD′ sont égales à AA′.

Par la translation ainsi définie, **A a pour image A′**. La figure 1 a pour image la figure 2 qui lui est **superposable**.

Propriétés

- Une figure et son image par une translation sont superposables.
- La translation conserve les alignements, les angles, les longueurs et les aires.

3 Transformer une figure par rotation

Vidéo

Définition

Transformer une figure par **rotation**, c'est la faire tourner autour d'un point.

Une rotation est définie par :

- un centre ;
- un angle de rotation ;
- un sens de rotation (horaire ou anti-horaire).

Exemple

La figure 2 a été obtenue en faisant tourner la figure 1 autour du point O d'un angle de 110° dans le sens anti-horaire.
A′, B′, C′ et D′ sont les images respectives des points A, B, C et D par la rotation de centre O et d'angle 110° dans le sens anti-horaire.
La figure 1 a pour image la figure 2 qui lui est superposable.

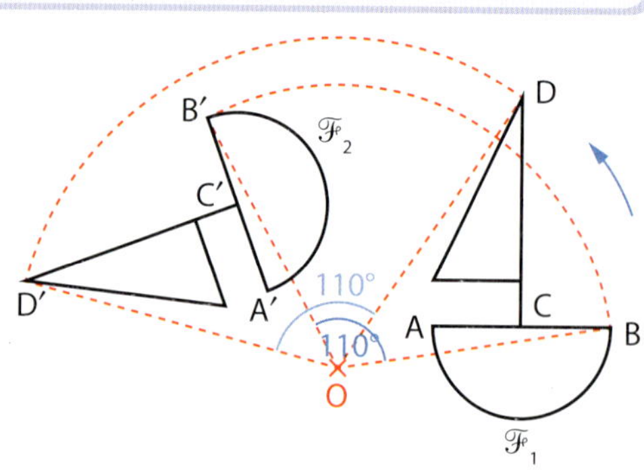

! La rotation de centre O et d'angle 180° est la symétrie centrale de centre O.

Propriétés

- Une figure et son image par une rotation sont superposables.
- La rotation conserve les alignements, les angles, les longueurs et les aires.

Savoir-faire

Apprends à l'aide des exercices résolus puis entraîne-toi !

2 Transformer une figure par translation

4 Construire l'image de la figure violette par la translation qui transforme G en H.

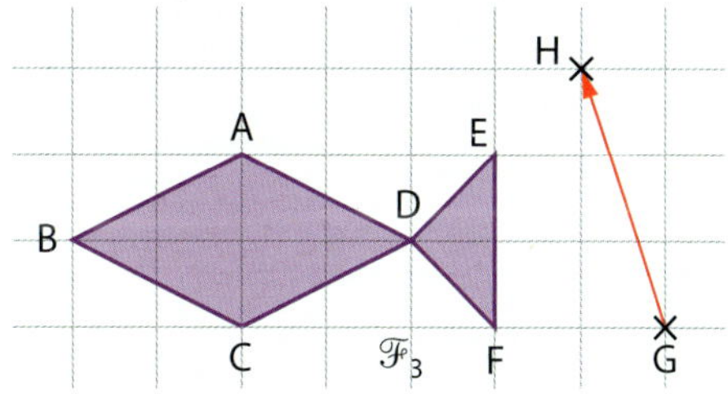

Solution

- On commence par étudier, à l'aide du quadrillage, le glissement permettant de passer du point G au point H.
- On reproduit ce glissement à partir des points B et C. On obtient leur image B′ et C′.
- On complète en construisant une figure superposable en vérifiant l'image de chaque point.

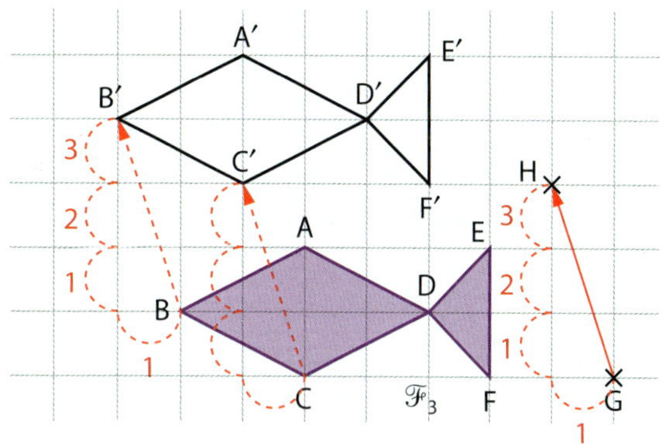

5 En utilisant un quadrillage, construire un trapèze ROME et son image par la translation qui transforme R en M.

3 Transformer une figure par rotation

6 Construire l'image de la figure 4 par la rotation de centre B et d'angle 90° dans le sens anti-horaire, en utilisant le quadrillage.

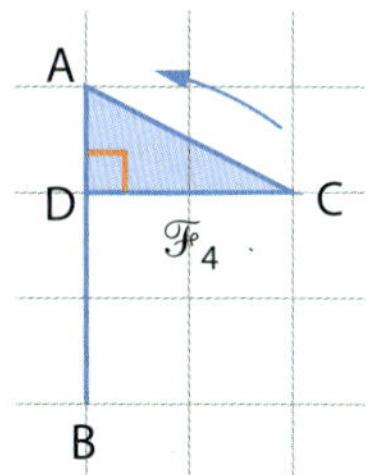

Solution

- On choisit par exemple le point A. On trace un quart de cercle de centre B et de rayon [BA], dans le sens de la flèche. On obtient A′, l'image de A.
- On complète en construisant une figure superposable en vérifiant l'image de chaque point.

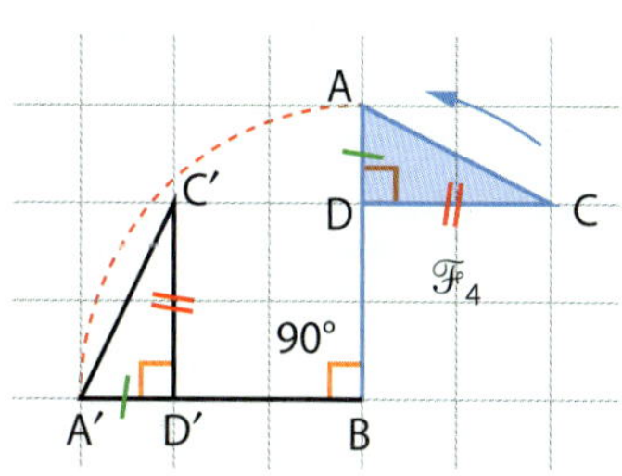

7 Reproduire la figure 5 ci-contre et construire son image par la rotation de centre B et d'angle 90° dans le sens anti-horaire.

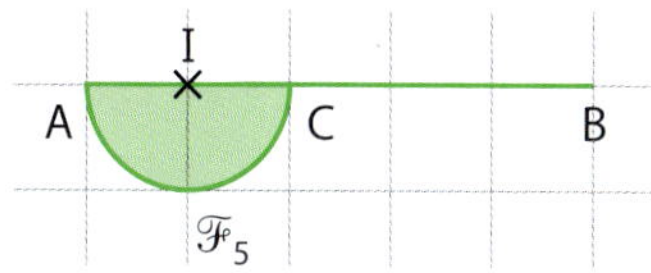

Cours

4 Analyser et construire des frises, des pavages et des rosaces

Vidéo

Définition

Une **frise** est constituée d'un motif qui est reproduit dans une seule direction par translation.

Exemple

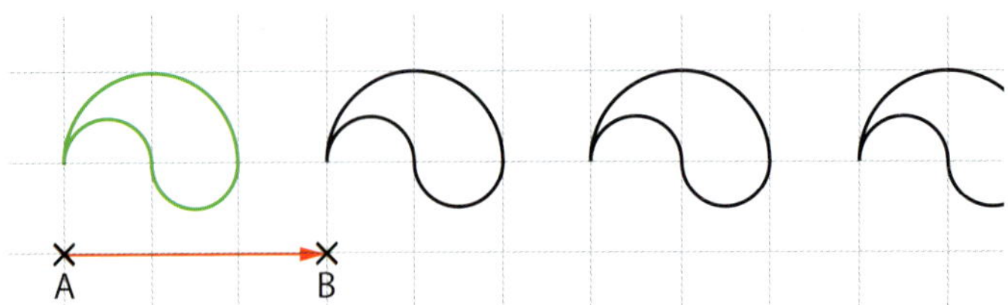

Motif :

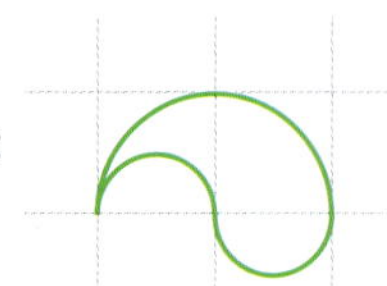

Définition

Un **pavage** est constitué d'un motif qui est reproduit dans deux directions par des translations et qui recouvre le plan sans trou, ni superposition.

Exemple

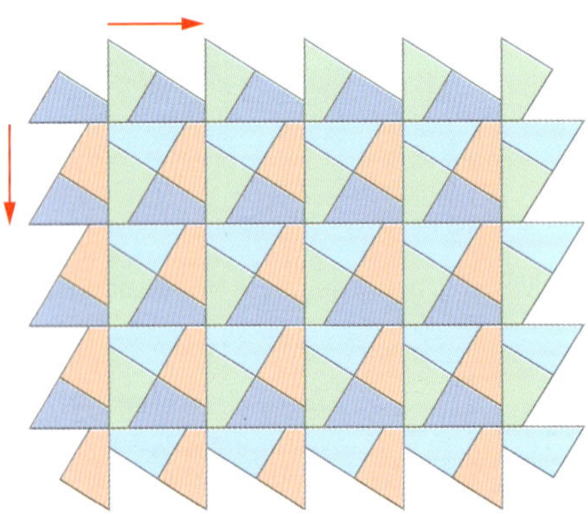

Motif :

Le motif de ce pavage est lui-même constitué du motif élémentaire 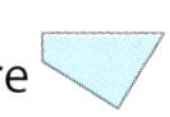 reproduit par rotation.

Définition

Une **rosace** est constituée d'un motif qui est reproduit plusieurs fois par rotation.

Exemple

Motif :

Le motif de cette rosace est lui-même constitué du motif élémentaire  reproduit par symétrie axiale.

Savoir-faire

4 Analyser et construire des frises, des pavages et des rosaces

Apprends à l'aide des exercices résolus puis entraine-toi !

8

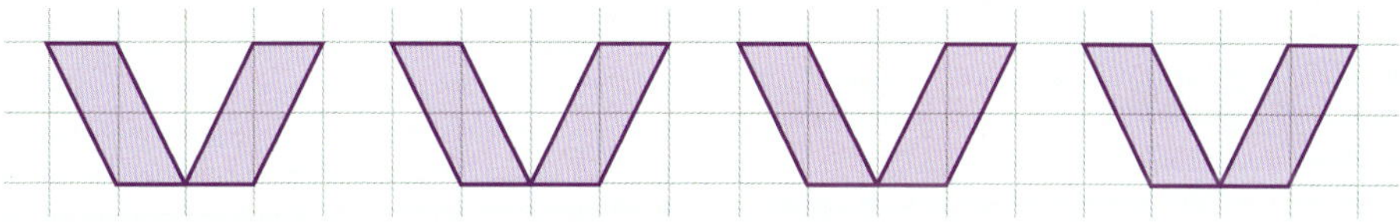

1. Dessiner un motif qui permet de construire cette frise par translation.
   Décrire cette translation en la schématisant par une flèche sur un quadrillage.
2. Dessiner un motif élémentaire qui permet de construire le motif de cette frise par une transformation que l'on précisera.

Solution

1. On repère le motif qui se répète :

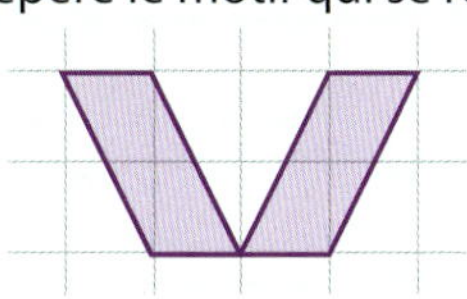

La translation représentée par la flèche ci-dessous, qui transforme A en B, permet d'obtenir la frise à partir de ce motif.

2. On peut obtenir le motif trouvé à la question précédente en traçant le symétrique du motif élémentaire ci-contre par rapport à la droite (d).

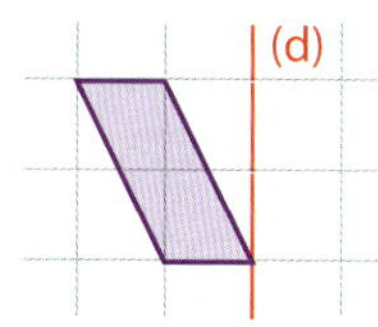

9

1. Dessiner un motif qui permet de construire ce pavage par translation. Décrire les translations qui permettent de réaliser ce pavage en les schématisant par des flèches.
2. Dessiner un motif élémentaire qui permet de constuire le motif de ce pavage par une transformation que l'on précisera.

Solution

1. On repère le motif qui se répète ci-contre. Les flèches schématisent les deux translations permettant de réaliser le pavage.

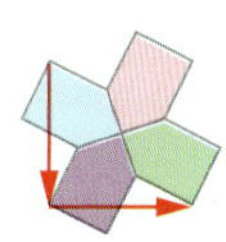

2. On obtient le motif trouvé à la question précédente en construisant les images successives du motif élémentaire  par la rotation de centre O et d'angle 90°, soit 360° ÷ 4.

10

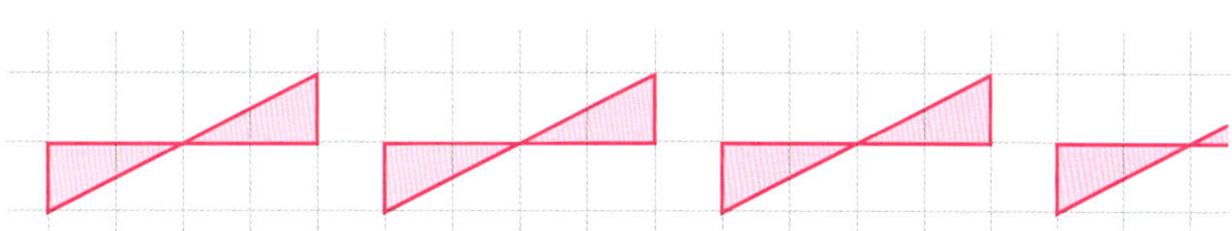

1. Dessiner un motif qui permet de construire cette frise par translation.
   Décrire cette translation en la schématisant par une flèche sur un quadrillage.
2. Dessiner un motif élémentaire qui permet de constuire le motif de la frise par une transformation que l'on précisera.

Exercices

2 pages d'exercices supplémentaires dans le manuel numérique

Transformer une figure par symétrie

Savoir-faire p. 191

Questions flash

diapo

11 **1.** Dans chacun des cas suivants, préciser pourquoi les figures ne sont pas symétriques par rapport à la droite.

a.

b.

c.

d.

2. Dans chacun des cas suivants, préciser pourquoi les figures ne sont pas symétriques par rapport au point O.

a.

b.

c.

12 Pour décorer son cahier, Nina a commencé à écrire son prénom en chinois.

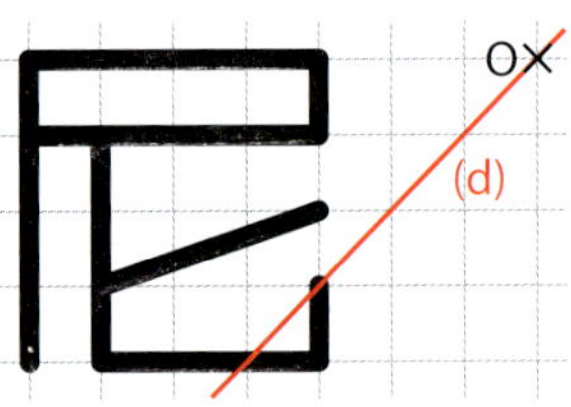

1. À l'aide du quadrillage, reproduire le début de son prénom, la droite (d) et le point O.

2. Construire en vert le symétrique de cette calligraphie par rapport à la droite (d), puis en rouge, le symétrique par rapport au point O.

13 **1.** Recopier et compléter la figure ci-contre avec un minimum de carrés pour qu'elle admette l'axe rouge pour axe de symétrie.

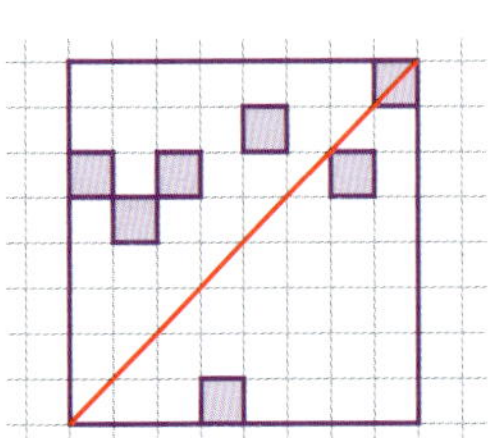

2. Recopier et compléter la figure ci-contre avec un minimum de carrés pour qu'elle admette le point O pour centre de symétrie.

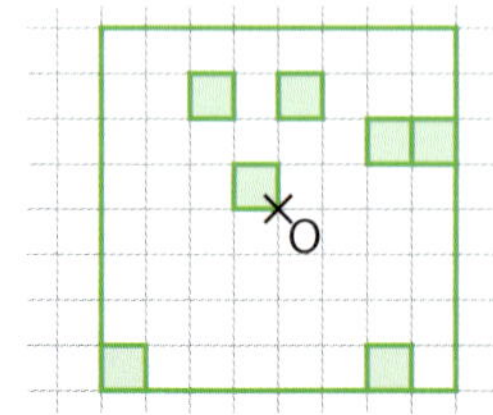

Transformer une figure par translation

Savoir-faire p. 193

Questions flash

diapo

14 Dans chacun des cas suivants, indiquer si la figure 2 est l'image de la figure 1 par la translation qui transforme A en B. Si ce n'est pas le cas, expliquer pourquoi.

a.

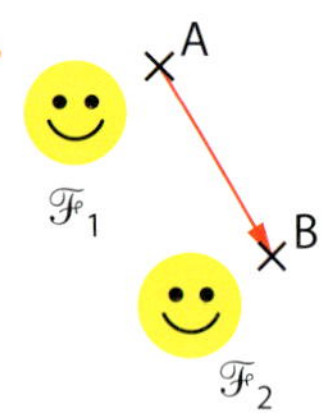

b.

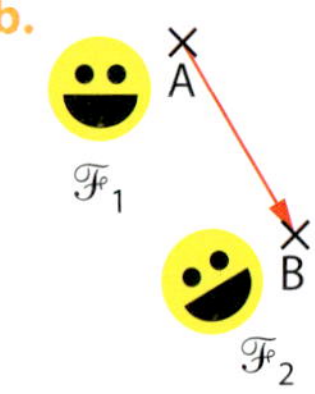

c.

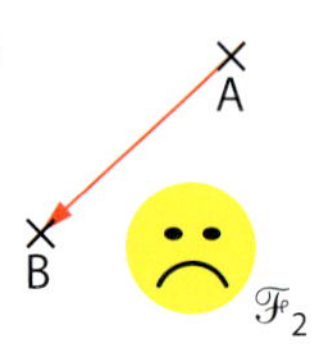

d.

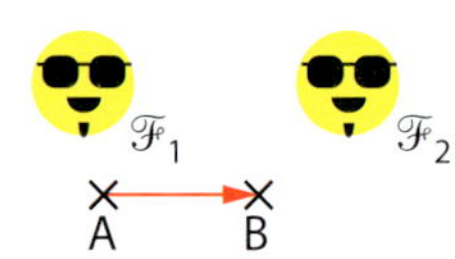

15 Dans chacun des cas suivants, reproduire la note de musique, puis construire son image à main levée par la translation qui transforme I en J.

a.

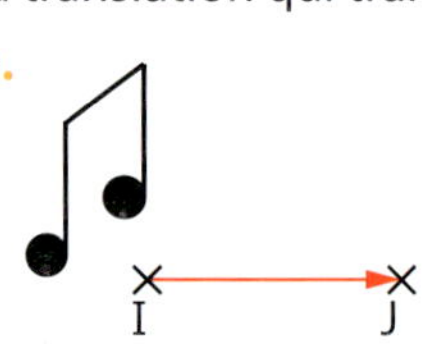

b.

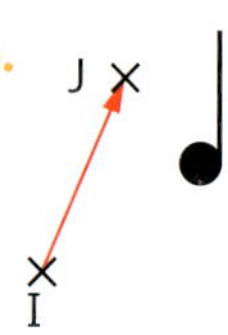

16 Reproduire la figure ci-contre puis, en utilisant le quadrillage, construire son image par la translation qui transforme A en B.

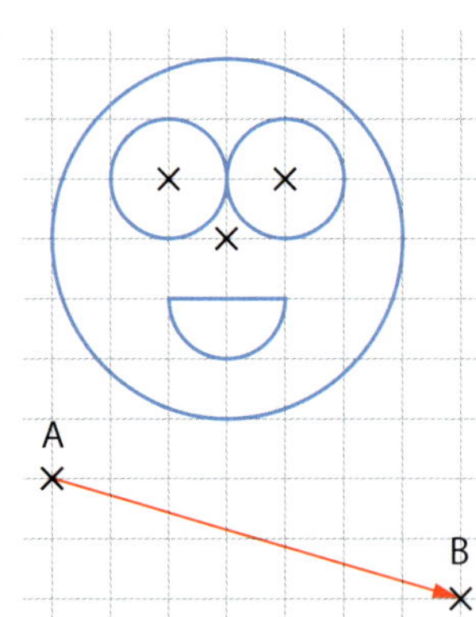

Transformer une figure par rotation

Savoir-faire p. 193

Dans les exercices suivants, sauf mention contraire, le sens de rotation est le **sens anti-horaire**.

Questions flash

diapo

17 Sarah a tracé les images de la figure violette par différentes rotations de centre I.

- Dans chacun des cas suivants, une construction n'est pas correcte. Laquelle ? Expliquer pourquoi.

a.

b.

c.

d.

18 Reproduire à main levée les figures ci-dessous, puis reproduire leur image par la rotation de centre O et d'angle 90°. Vérifier avec un papier calque.

a.

b.

19 **1.** Reproduire ce triangle rectangle et construire son image par la rotation de centre I et d'angle 180°.

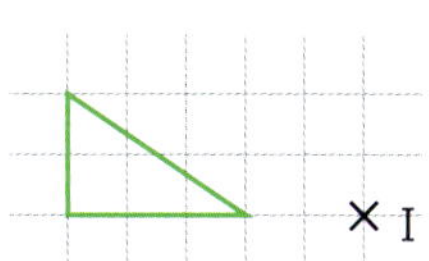

2. Que peut-on dire d'une telle rotation ?

20 ABCD est un carré de centre O. Roméo affirme que l'image du triangle AOD par la rotation de centre O et d'angle 90° est le triangle AOB. Eneko affirme que c'est le triangle DOC.

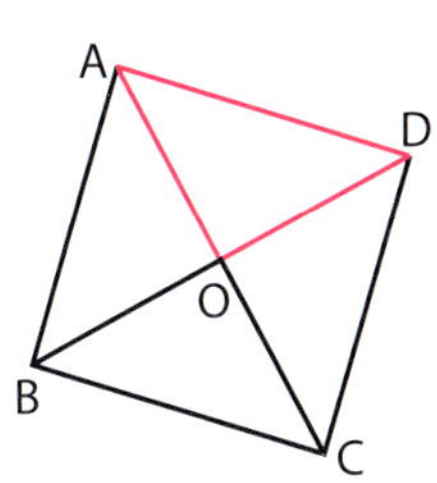

1. Qui a raison ?
Expliquer l'erreur de celui qui a tort.

2. Le professeur leur demande à présent de construire l'image du carré par cette même rotation. Ils sont ravis. Expliquer pourquoi.

21 Cette figure est constituée de 6 losanges superposables.

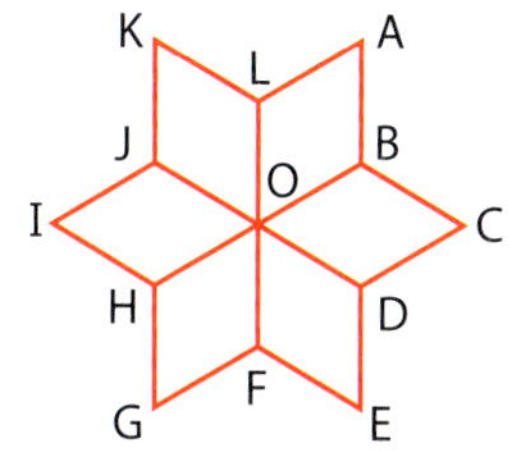

1. Par la rotation de centre O et d'angle 120°, quelle est l'image de ALOB ?

2. Quel est l'angle de la rotation de centre O qui transforme ALOB en EDOF ?

Analyser et construire des frises, des pavages et des rosaces

Savoir-faire p. 195

Questions flash

diapo

22 Parmi les bandes décoratives suivantes, dire lesquelles sont des frises et en donner un motif.

a.

b.

c.

23 Cette rosace est construite à partir d'un même motif qui est reproduit plusieurs fois par la rotation de centre A et d'angle 45°.

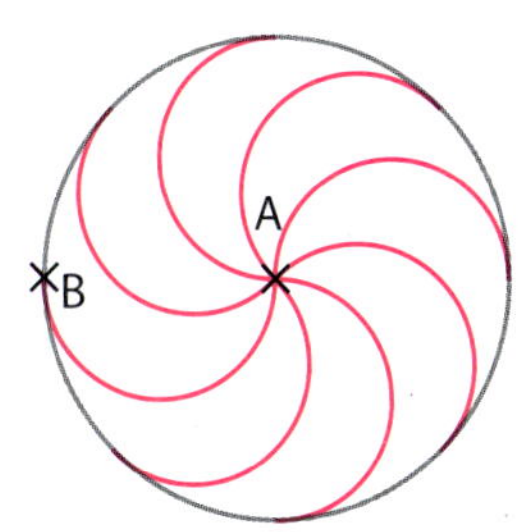

1. Décrire ce motif.

2. Représenter cette rosace sur papier ou à l'aide d'un logiciel de géométrie.

24 Le pavage ci-dessous est formé d'un motif qui est lui-même constitué d'un motif élémentaire hexagonal.

1. Donner un motif de ce pavage.

2. Décrire les transformations qui permettent de construire ce motif.

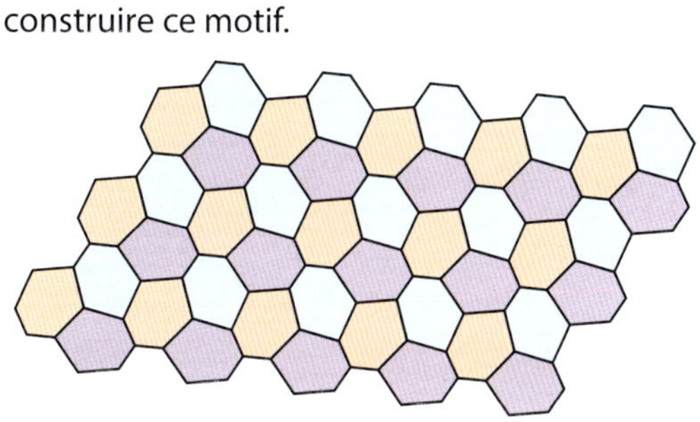

Faire le point

Vérifie tes connaissances.

QCM

Donner la seule réponse correcte parmi les trois proposées.

1 Transformer une figure par symétrie

	Réponse A	Réponse B	Réponse C
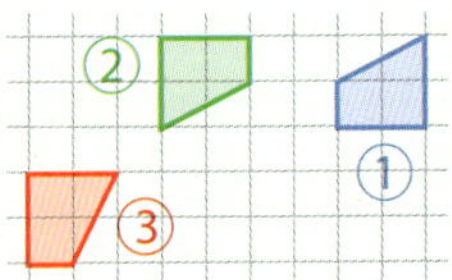 Pour passer de la figure 1 à la figure 2, puis à la figure 3, on a effectué successivement :	une symétrie axiale, puis une symétrie centrale.	une symétrie centrale, puis une symétrie centrale.	une symétrie centrale, puis une symétrie axiale.

2 Transformer une figure par translation

	Réponse A	Réponse B	Réponse C
Quelle figure rose est l'image de la figure bleue par la translation qui transforme A en B ? 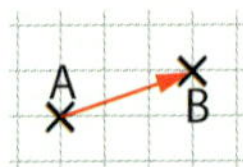	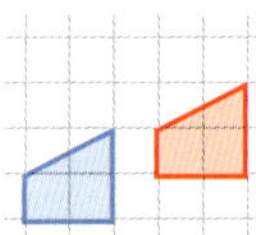	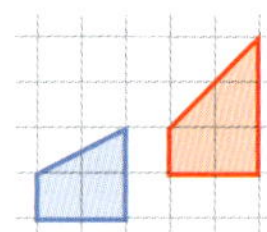	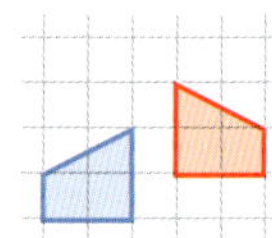

3 Transformer une figure par rotation

	Réponse A	Réponse B	Réponse C
Dans quel cas la figure violette est-elle l'image de la figure verte par la rotation de centre O et d'angle 45° dans le sens anti-horaire ?	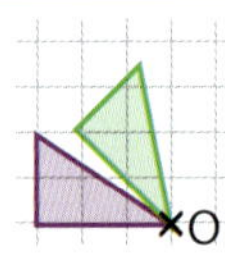	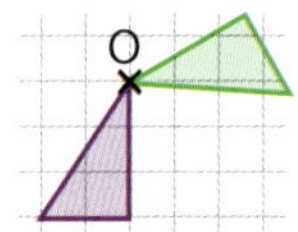	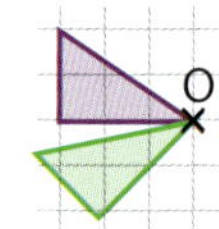

4 Analyser et construire des frises, des pavages et des rosaces

	Réponse A	Réponse B	Réponse C
 Un motif de la frise ci-dessus est :			

Pour t'aider à retenir le cours.*

Carte mentale

GLISSER
Translation : une direction / une longueur / un sens

TOURNER
Rotation : un centre / un angle / un sens
Symétrie centrale (rotation d'angle 180°) : un centre

RETOURNER
Symétrie axiale : un axe

FRISE
Translation dans une direction :

PAVAGE
Translations dans deux directions :

ROSACE
Rotations :

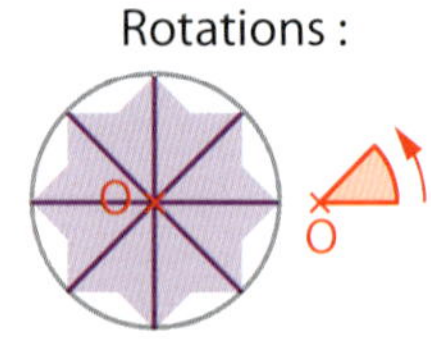

Une figure et son image par l'une de ces 4 transformations sont superposables.

** Tu peux aussi construire ta propre carte mentale.*

Algorithmique et outils numériques

25 **Ça tourne !**

Maéva a écrit le script ci-contre.

1. Parmi les figures suivantes, indiquer celle qui a été tracée avec le script de Maéva. Justifier.

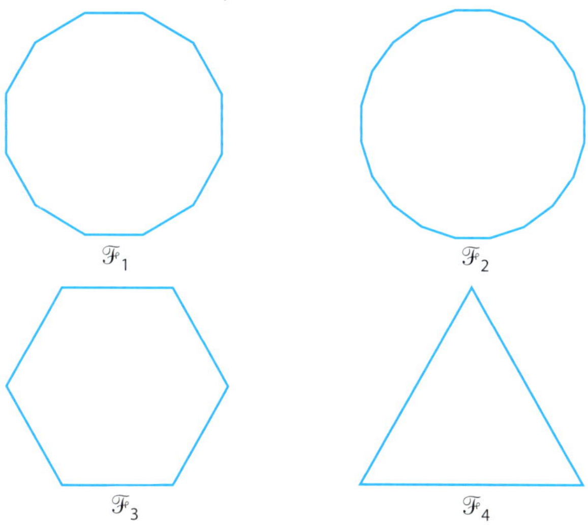

2. Comment faudrait-il modifier le script de Maéva pour obtenir chacune des trois autres figures ?
3. Comment faudrait-il modifier le script de Maéva pour construire une frise à partir de sa figure initialement réalisée ?

26 **Droite et translation**

1. Avec un logiciel de géométrie dynamique, créer une droite (RS).
2. Placer deux points I et J n'appartenant pas à cette droite, tels que (IJ) soit parallèle à (RS).
3. Construire la droite (R'S'), image de la droite (RS) par la translation qui transforme I en J.
4. Que peut-on dire de la droite (R'S') ?

27 **Rectangle et translation**

1. Avec un logiciel de géométrie dynamique, créer un rectangle TRUC.
2. Placer un point I à l'intérieur de ce rectangle.
3. Construire l'image du rectangle TRUC par la translation qui transforme T en I.

28 **Une propriété des translations**

1. Avec un logiciel de géométrie dynamique, créer une droite (LV).
2. Placer deux points A et B n'appartenant pas à cette droite, tels que (AB) ne soit pas parallèle à (LV).
3. Construire l'image de la droite (LV) par la translation qui transforme A en B.
4. En utilisant l'outil 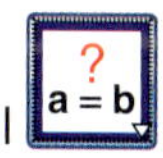, préciser la position de la droite (LV) et de son image.
5. Changer la direction du déplacement. Vérifier la position des deux droites.
6. Quelle propriété des translations peut-on observer ?

29 **Triangle et rotation**

1. Avec un logiciel de géométrie dynamique, tracer un triangle ABC, puis placer un point O à l'extérieur de ce triangle.
2. Construire l'image A'B'C' du triangle ABC par la rotation de centre O et d'angle 90° dans le sens anti-horaire.
3. Construire l'image A''B''C'' du triangle A'B'C' par cette même rotation. Que peut-on dire des triangles A''B''C'' et ABC ?

30 **Carré tournant**

Julia doit réaliser ce logo à l'aide d'un logiciel de géométrie dynamique.

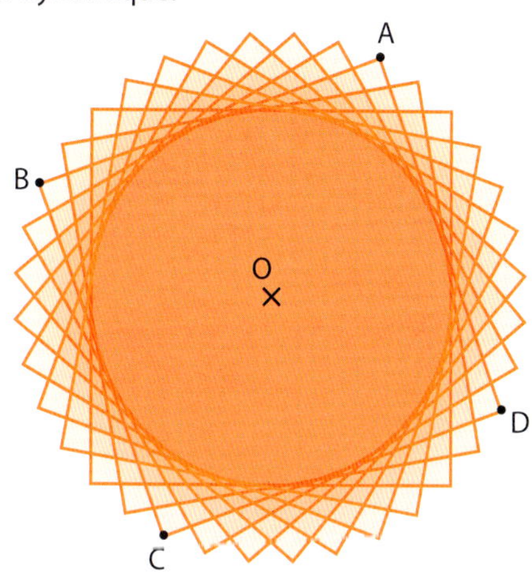

Cette figure est formée d'un carré qui est reproduit plusieurs fois par une rotation.

1. Décrire la rotation d'angle le plus petit possible qui permet, en l'appliquant plusieurs fois, d'obtenir cette figure.
2. Réaliser cette figure en effectuant le minimum de rotations.
3. Sur quelle ligne géométrique se trouvent les sommets des carrés ?

Problèmes

Pour mieux cibler les compétences

Chercher	46 47 48	Raisonner	44 45 46
Modéliser	35 43	Calculer	43
Représenter	39 44	Communiquer	41 42

31 Constructions

Dans chacun des cas suivants, Tom, Léa et Lucie ont tracé en orange l'image de la figure verte par la translation schématisée par la flèche rouge. Lequel a tracé la bonne figure ? Expliquer les erreurs des deux autres.

a.

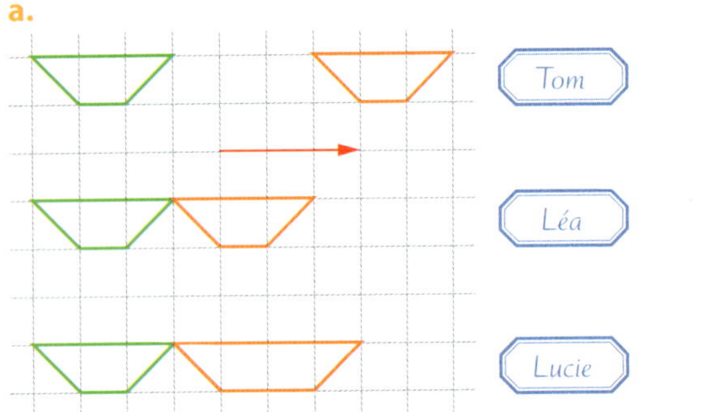

b.

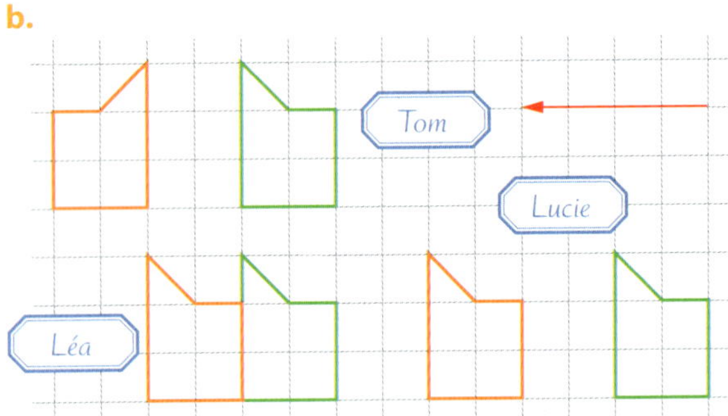

c.

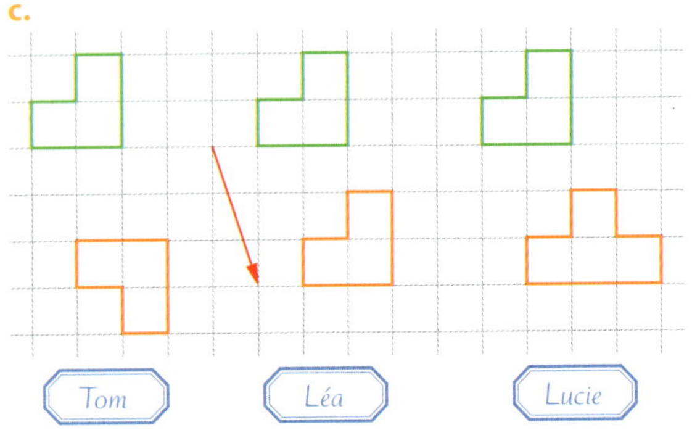

32 Un drôle de tour

Samuel est dessinateur de bandes dessinées. Il a malencontreusement effacé une partie de son travail.

- Quelle transformation devra-t-il utiliser sur son logiciel de géométrie pour réparer son erreur ?

33 Bataille navale

Sur son jeu de bataille navale, Valentin possède 2 porte-avions, 2 sous-marins, 2 torpilleurs et 2 frégates. Il organise son jeu de sorte que chaque bateau d'une famille soit l'image de l'autre par une même translation.

- Où doit-il placer les trois autres bateaux ?

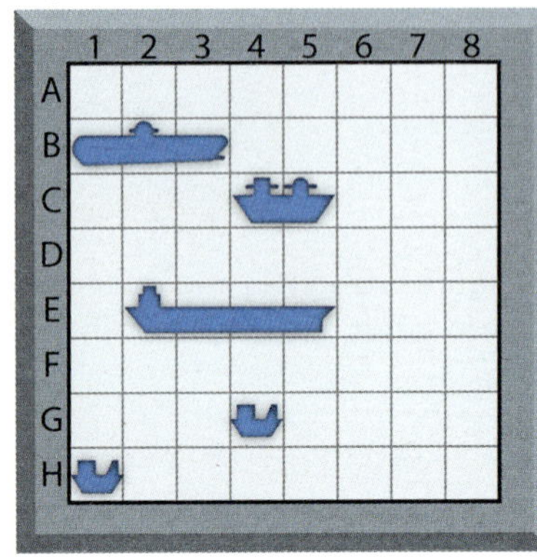

34 Le pharaon

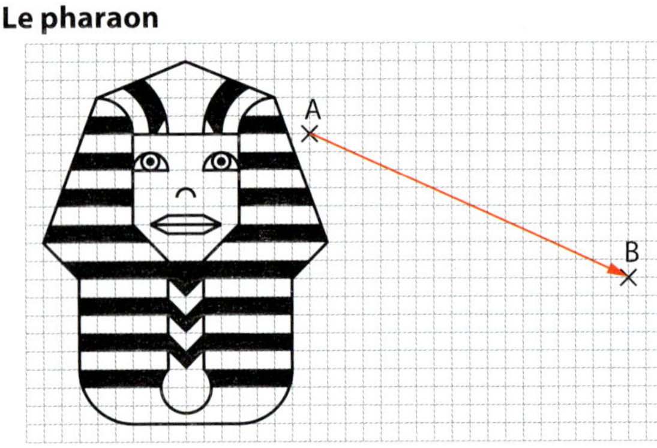

1. Reproduire la figure ci-dessus.

2. Construire son image par la translation qui transforme A en B.

35 L'ancêtre de la grande roue

Le dessin ci-dessous à gauche représente une attraction du XVIIe siècle, précurseur de la grande roue. À droite, on a réalisé un croquis de cette attraction.

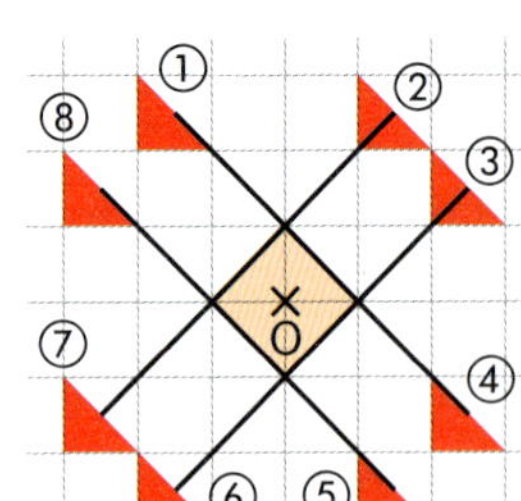

Décrire la transformation par laquelle, sur le croquis :

a. la nacelle ③ est l'image de la nacelle ①.

b. la nacelle ⑥ est l'image de la nacelle ⑧.

36 Un triangle dans tous ses états

Chacun des triangles ②, ③, ④, ⑤ est l'image du triangle ① par une transformation.

• Décrire chacune de ces transformations.

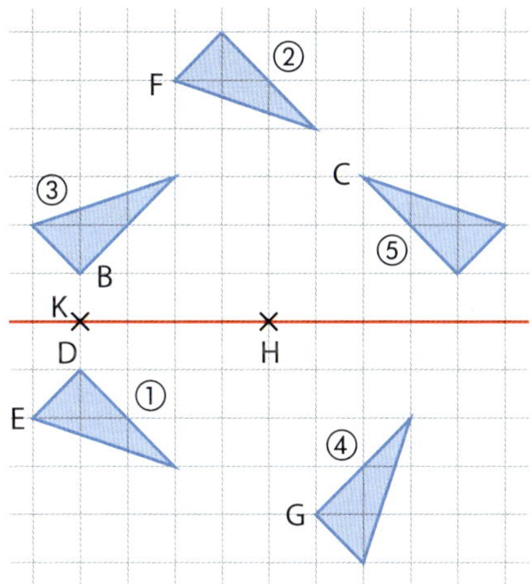

37 Cocktail de transformations

On a tracé sur un quadrillage un polygone ABCDEFG.

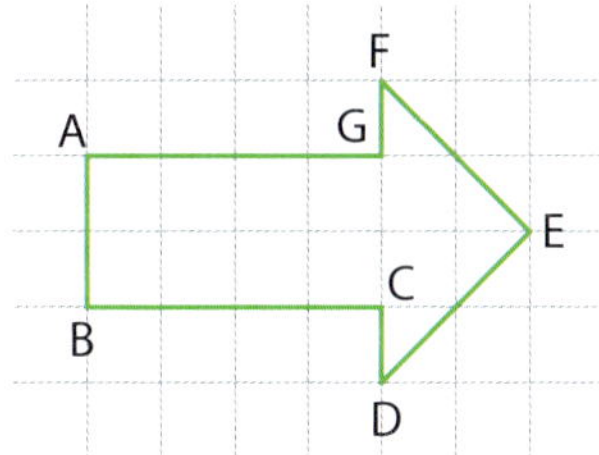

1. Reproduire cette figure en utilisant le quadrillage.
2. Sur ce quadrillage, construire l'image du polygone ABCDEFG :
   a. par la symétrie de centre B ;
   b. par la rotation de centre E et d'angle 90°, dans le sens horaire ;
   c. par la translation qui transforme A en E ;
   d. par la symétrie d'axe (DE).

38 Polygones réguliers

Pour aller plus loin

Un polygone est dit régulier si tous ses côtés sont de même longueur et si tous ses angles ont la même mesure.

On donne ci-contre quelques préfixes numériques grecs.

5	penta-
6	hexa-
7	hepta-
8	octo-
9	ennea-
10	deca-
11	hendeca-
12	dodeca-

1. Comment appelle-t-on un polygone régulier à 4 côtés ?
2. À l'aide d'un logiciel de géométrie dynamique, construire les polygones réguliers suivants dont les sommets sont sur un cercle de rayon 5 cm :
   • un pentagone régulier ;
   • un octogone régulier ;
   • un dodécagone régulier.

39 Création de papier cadeau

Baptiste est graphiste dans une entreprise qui fabrique du papier cadeau. Il a créé cette année des pavages géométriques.

1. Donner un motif de ce pavage.
2. Représenter le motif élémentaire qui a permis d'obtenir ce motif et décrire les deux transformations nécessaires à la construction de ce motif.
3. Représenter ce pavage à l'aide d'un logiciel de géométrie dynamique.

40 Les reptiles

PEAC

Voici une esquisse de l'artiste M. C. Escher :

• Donner un motif de cette œuvre et expliquer comment ce motif a été construit.

41 The stencil (Le pochoir)

LV

Lili found the frieze below in a magazine.

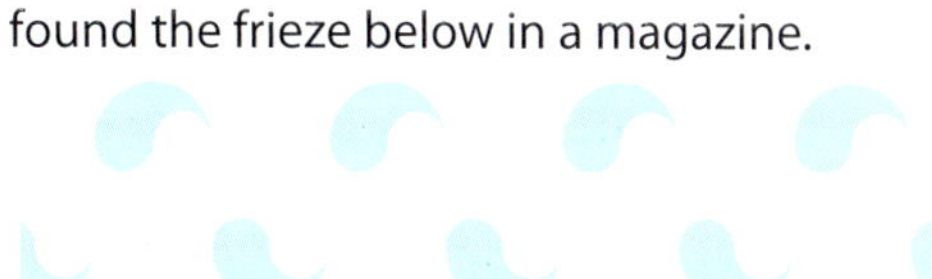

She wants to paint it horizontally on the wall of her room using the following stencil:

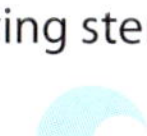

• Give her all the instructions she needs in order to reproduce the frieze using the stencil.

Problèmes

42 La croix basque

Ohian lance une nouvelle gamme de T-shirts sur lesquels il souhaite faire imprimer la croix basque, comme ci-dessous.

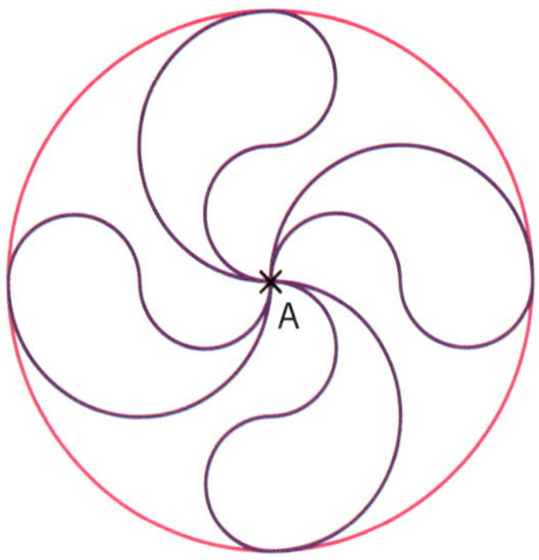

1. Écrire un programme de construction le plus simple possible permettant de réaliser cette figure.
2. Représenter cette croix basque sur papier ou à l'aide d'un logiciel de géométrie dynamique.

43 Une éolienne *Prise d'initiative*

CIT

Antoine et Marina ont construit une éolienne dans leur jardin. La vitesse de rotation de cette éolienne est de 12 tours par minute en moyenne.

Les trois pales ont la forme de triangles rectangles identiques et régulièrement espacés. Pour étudier leur position, ils ont réalisé le schéma suivant, dans lequel la flèche indique le sens de rotation.

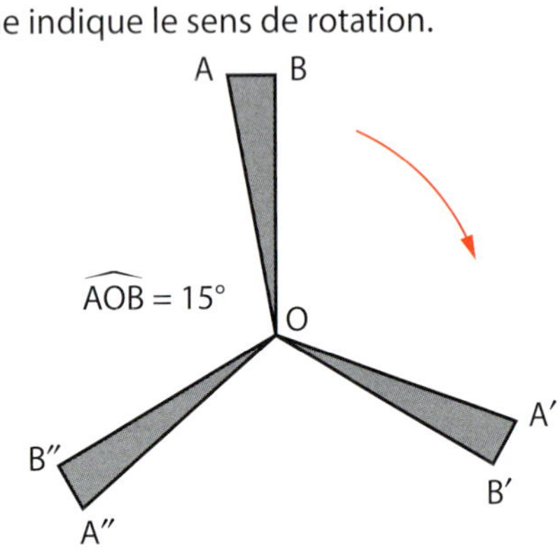

1. Reproduire ce schéma sur papier ou à l'aide d'un logiciel de géométrie dynamique.
2. Construire la position des trois pales au bout de 1 s de rotation.

44 Vitrail cassé *Prise d'initiative*

Nina est vitrailliste. Une commune lui a demandé de réparer un vitrail de son église qui a été cassé, comme le montre le dessin ci-dessous.

Le vitrail d'origine a la forme d'un polygone dont les sommets sont sur un cercle de 2 m de diamètre. La consultation de documents d'archives a permis de savoir que le vitrail initial représentait une rosace et que le rayon du petit cercle (en rouge) était égal à la moitié du rayon du grand cercle (en vert).

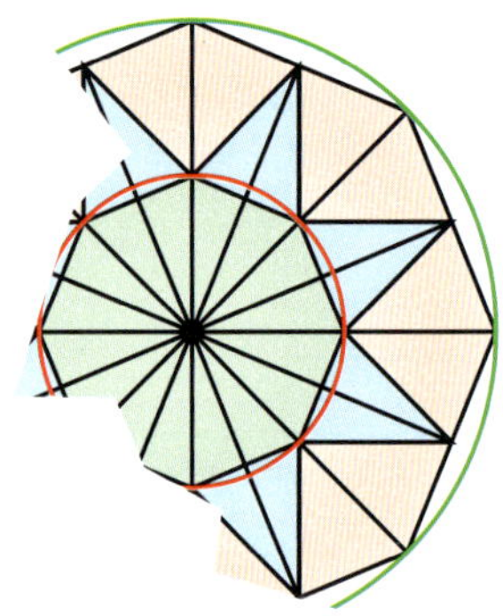

Nina doit d'abord réaliser un dessin du vitrail à l'intérieur d'un cercle de 20 cm de diamètre.

- Aider Nina dans son travail en réalisant le dessin du vitrail réparé à l'aide d'un logiciel de géométrie dynamique.

45 L'étoile de Pompéi *Prise d'initiative*

HG

La photo ci-dessous représente une décoration présente dans une rue de Pompéi.

Cette étoile est obtenue à partir d'un motif qui est reproduit plusieurs fois par une rotation.

1. Représenter ce motif et décrire la rotation d'angle le plus petit possible qui permet, en l'appliquant plusieurs fois, d'obtenir la rosace.
2. Représenter cette étoile à l'aide d'un logiciel de géométrie dynamique.

46 La rosace de Saint-Pierre

Prise d'initiative

PEAC

Pour son cours d'architecture, Thomas doit reproduire une rosace présente sur une façade de la cathédrale Saint-Pierre à Caen.

- À l'aide d'un logiciel de géométrie, aider Thomas à construire cette rosace, en reproduisant quatre cercles de même rayon, tangents deux à deux et inscrits dans un cercle de rayon 4 cm.

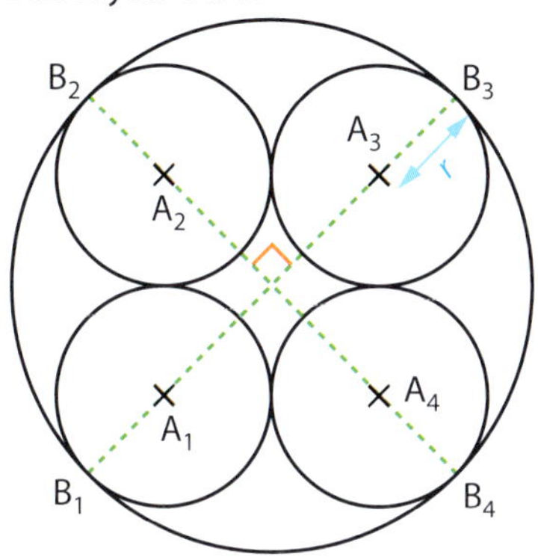

47 La Grande Ourse

Prise d'initiative

Dans l'hémisphère Nord, une étoile occupe une place particulière dans le ciel : l'Étoile polaire. Toutes les autres étoiles tournent autour d'elle pendant la nuit. Valentin étudie les positions de la Grande Ourse.

- Aider Valentin à construire deux positions de la Grande Ourse à une heure d'intervalle à l'aide des documents suivants.

Doc. 1 Croquis

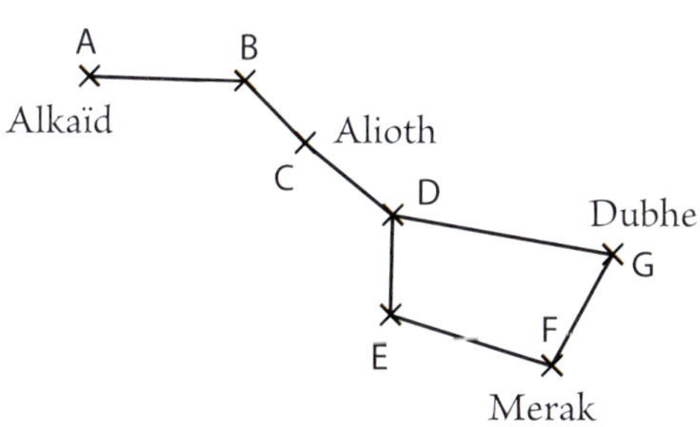

Doc. 2 Données

Angles : $\widehat{ABC} = 137°$ $\widehat{BCD} = 174°$ $\widehat{CDE} = 128°$
$\widehat{DEF} = 106°$ $\widehat{EFG} = 102°$

Distances sur le croquis : AB = 2,8 cm BC = 1,5 cm
CD = 2 cm DE = 1,7 cm
EF = 3 cm FG = 2,2 cm

Doc. 3 Notes

- L'Étoile polaire est alignée avec les étoiles Dubhe et Merak, appelées « pointeurs ».
- Dubhe est située entre l'Étoile polaire et Merak.
- La distance entre l'Étoile polaire et Dubhe est égale à 5 fois la distance entre Dubhe et Merak.
- La voute céleste fait un tour complet autour de l'Étoile polaire dans le sens inverse des aiguilles d'une montre en 24 heures.

48 Le pavage du Caire

Prise d'initiative

HG PEAC

Dans l'art musulman, les pavages sont très répandus. En marchant dans les rues du Caire, en Égypte, on peut rencontrer le pavage ci-dessous. Emma doit le reproduire à l'aide d'un logiciel de géométrie dynamique.
À l'aide des documents suivants et d'un logiciel de géométrie, aider Emma à réaliser un pavage du Caire.

Doc. 1 Exemple d'un pavage du Caire

Doc. 2 Motif du pavage

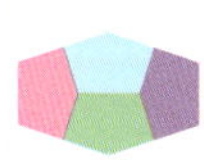

Ce motif est lui-même construit à partir d'un pentagone qui est reproduit par des transformations.

Doc. 3 Croquis du pentagone

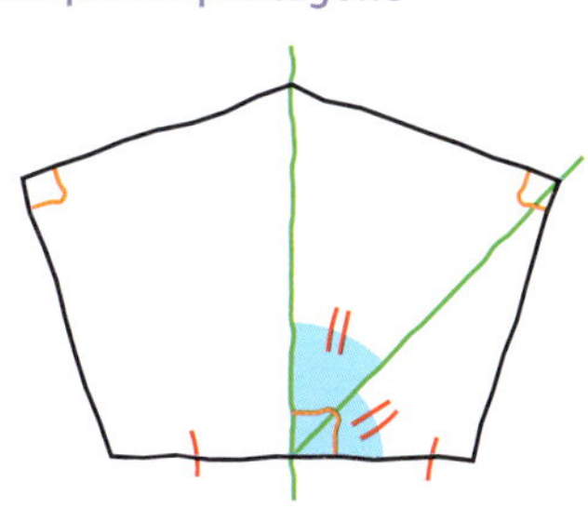

- Tous ses côtés sont de même longueur.
- Deux de ses angles opposés sont droits.
- Il possède un axe de symétrie.

Travailler autrement

Utilisable en AP

À chacun sa méthode !

Deux énoncés pour un exercice

Exercice 1

Éric a travaillé aujourd'hui sur deux transformations géométriques.
À partir de la figure ①, il a obtenu la figure ②.
Il a ensuite obtenu la figure ③ à partir de la figure ②.
Décrire les deux transformations qu'Éric a utilisées.

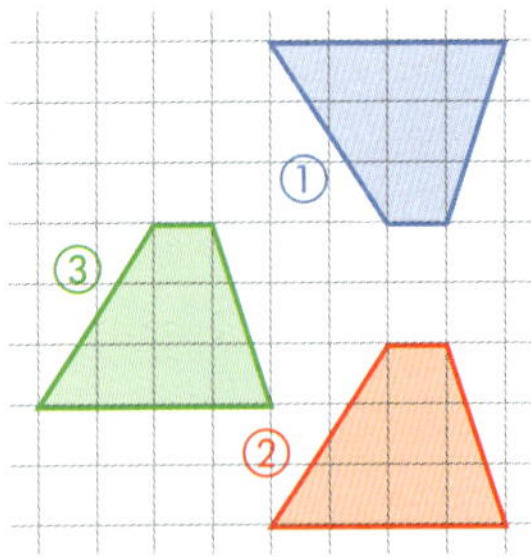

Exercice 1

Éric a travaillé aujourd'hui sur deux transformations géométriques.
À partir de la figure ①, il a obtenu la figure ②.
Il a ensuite obtenu la figure ③ à partir de la figure ②.
Décrire les deux transformations qu'Éric a utilisées.

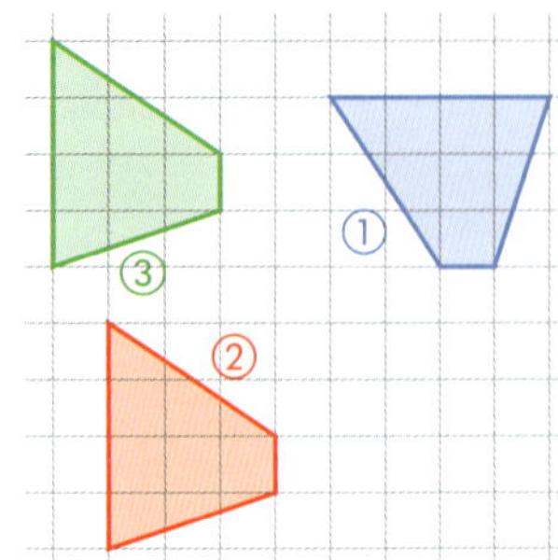

Lors de son séjour en Bosnie, Zoé a pris en photo le vitrail ornant une coupole plate, dans une bibliothèque de Sarajevo, reconstruite en 2014.
Ce vitrail est constitué de plusieurs rosaces.
Chaque rosace est construite à partir d'un motif de base qui est reproduit plusieurs fois par une rotation.

Exercice 2

À son retour, elle décide de reproduire la rosace en vitrail vert.

1. Représenter le motif de cette rosace et décrire la rotation d'angle le plus petit possible qui permet, en la faisant agir plusieurs fois, d'obtenir la rosace.

2. Représenter cette rosace à l'aide d'un logiciel de géométrie dynamique.

Exercice 2

À son retour, elle décide de reproduire la rosace en vitrail bleu.

1. Représenter le motif de cette rosace et décrire la rotation d'angle le plus petit possible qui permet, en la faisant agir plusieurs fois, d'obtenir la rosace.

2. Représenter cette rosace à l'aide d'un logiciel de géométrie dynamique.

Écriture d'un énoncé

Voici un tapis recouvert de motifs identiques. Il mesure 80 cm sur 50 cm. Sans l'avoir vu, un autre élève devra construire une réduction de ce tapis de rapport 10. Il faudra donc décrire le plus simplement possible ce tapis.

Figure 1

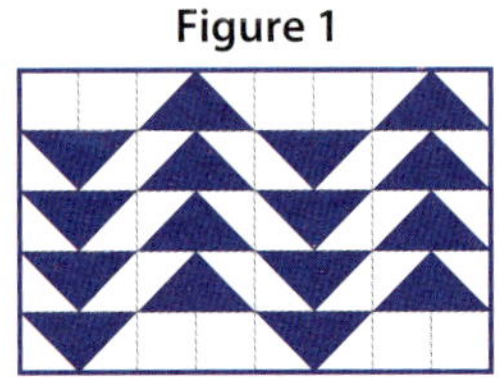

Figure 2

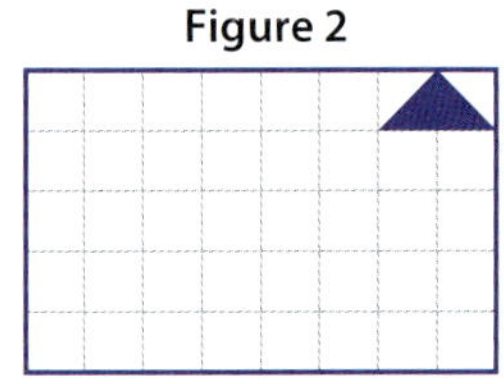

1. Dans un logiciel de géométrie dynamique, créer un fichier avec le tapis incomplet comme sur la figure 2, accompagné d'un texte permettant de le compléter.
2. Sauvegarder ce fichier.
3. Choisir un camarade, lui envoyer le fichier et lui demander de compléter le tapis.

CHAPITRE 12

Ta mission

Découvrir les triangles égaux et les triangles semblables.

Triangles égaux, triangles semblables

Jeux

Associer par paire les pièces qui ont la même forme.

Pendant plusieurs siècles, les marins ont utilisé un sextant pour se repérer en mer. Cet appareil permettait de mesurer, indépendamment des mouvements du navire et avec une grande précision, l'angle d'élévation d'un astre. On pouvait ainsi déterminer la latitude du navire. Il est aujourd'hui largement supplanté par le GPS.

Activités

Questions flash (diapo)

1. Dans chaque cas, dire si le triangle ABC est constructible avec les longueurs proposées.

AB	AC	BC
3	4	2
11	5	4
6	3	9
7	8	10
12	3	8
13	4	9

2. Le point O appartient aux médiatrices des segments [AB], [CB] et [AC].

   Citer trois longueurs égales.

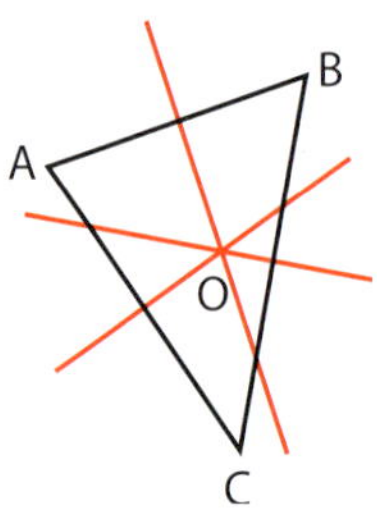

3. ABC est un triangle tel que :
   - AB = 7 cm ;
   - AC = 3 cm ;
   - BC est un nombre entier de centimètres supérieur ou égal à 8.

   Quelles sont les valeurs possibles pour BC ?

4. a. Que représentent les droites vertes tracées dans la figure ci-dessous ?

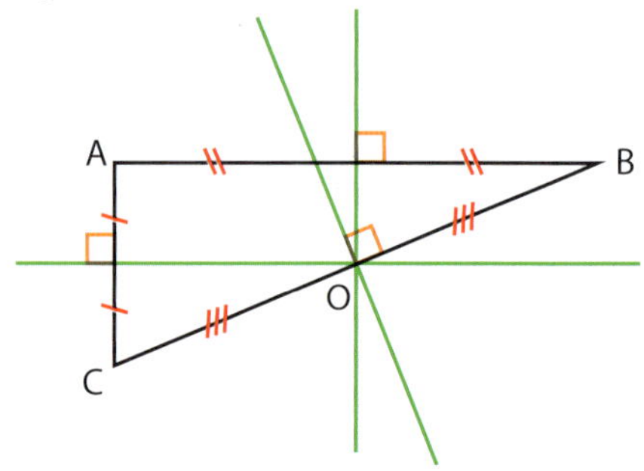

   b. Citer deux longueurs égales à OB.

Un nouveau jeu — 5e — Activité 1

Hanaé, Diego, Meïli et Victor sont au parc. Ils inventent un nouveau jeu avec un ballon.
Voici leurs positions au début du jeu :
- Meïli et Victor sont séparés de 50 m.
- Hanaé se place à 30 m de Meïli et à 40 m de Victor.
- Diego se place à 30 m de Victor et à 40 m de Meïli.

Amandine et Waël les rejoignent pour jouer et ils se placent ainsi :
- Amandine se place à 30 m de Meïli et à 40 m de Victor.
- Waël se place à 30 m de Victor et à 40 m de Meïli.

Deux joueurs ne peuvent pas être à la même position.

1. Modéliser les positions de chacun sur un terrain rectangulaire de 8 cm par 10 cm à l'échelle $\frac{1}{1000}$.
   On notera la position de chaque joueur avec la première lettre de son prénom.
2. Tracer les triangles MVH, MVD, MVA et MVW. Que peut-on dire de ces quatre triangles ?
3. Existe-t-il une ou plusieurs symétries qui permettent de passer de l'un de ces triangles à l'autre ? Si oui, lesquelles ?
4. Les six joueurs souhaitent placer un ballon de telle sorte qu'il soit à la même distance de chacun d'entre eux. Puis au top départ, celui qui récupère le ballon en premier a gagné.
   Placer le ballon B sur le terrain.
5. Waël trouve qu'ils forment tous une belle ronde. A-t-il raison ? Justifier.

Raisonnements — 5e — Activité 2

- Construire un triangle et justifier que la somme des mesures de ses trois angles est égale à 180°.

Conditions nécessaires et suffisantes — Activité 3

Il est possible de faire six mesures sur un triangle :
celles de ses trois côtés et celles de ses trois angles.

1. a. Construire chacun des triangles décrits ci-dessous, pour lesquels on donne deux mesures :
- un triangle ABC avec AC = 2,7 cm et AB = 4,5 cm.
- un triangle A′B′C′ avec $\widehat{A'C'B'} = 80°$ et $\widehat{C'B'A'} = 37°$.
- un triangle A″B″C″ avec A″C″ = 2,7 cm et $\widehat{A''C''B''} = 80°$.

b. Comparer les triangles obtenus dans la classe.
Les longueurs des côtés de ces triangles sont-elles égales deux à deux ?

2. a. On donne ci-contre six figures réalisées à main levée, comportant à chaque fois trois mesures.
Construire une figure vérifiant les conditions pour chaque cas.

b. Dans quels cas les longueurs des côtés des triangles sont-elles égales deux à deux ?

c. À quelles conditions obtient-on des triangles dont les longueurs des côtés sont égales deux à deux ?

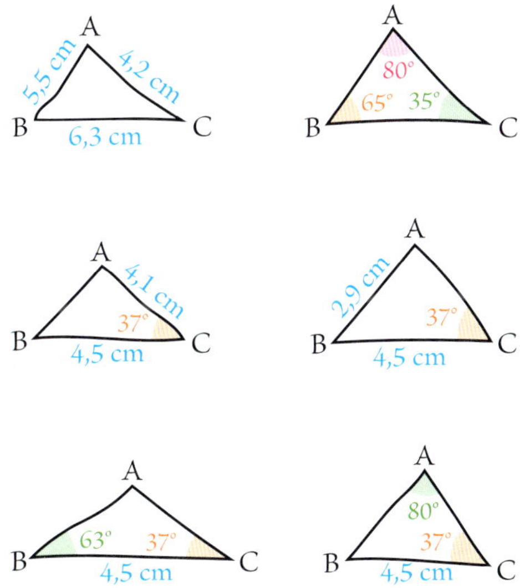

À la manière de Sierpinski — Activité 4

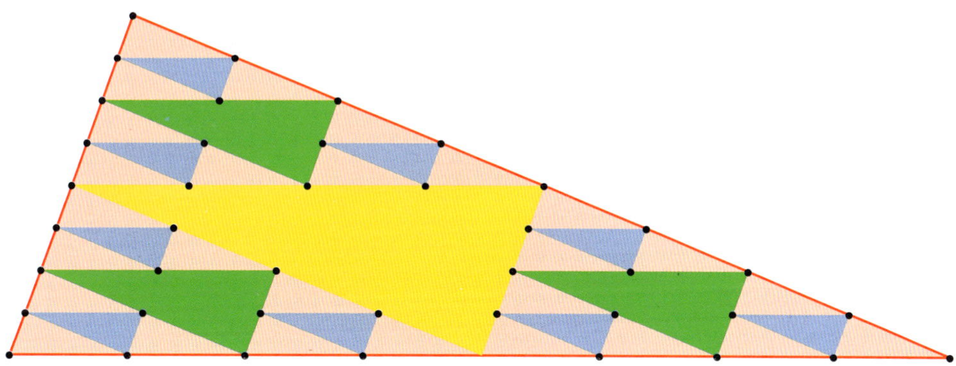

Pour obtenir la figure ci-dessus, on commence par construire un triangle.
Puis on place les milieux des côtés, que l'on relie pour obtenir un nouveau triangle (Figure 1). On obtient ainsi quatre triangles.
On place à nouveau les milieux de leurs côtés, que l'on relie entre eux pour former la figure suivante (Figure 2) et ainsi de suite.

Figure 1

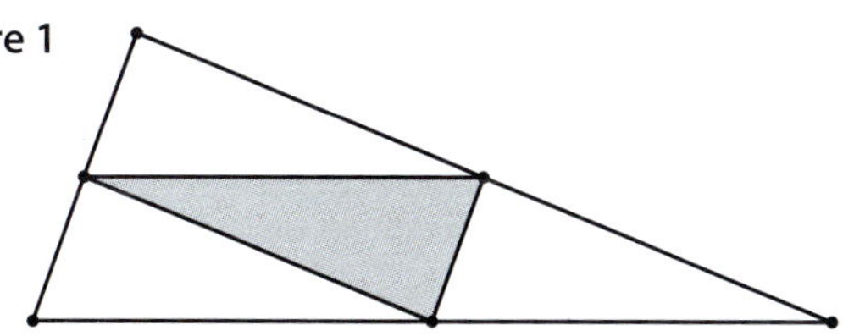

Figure 2

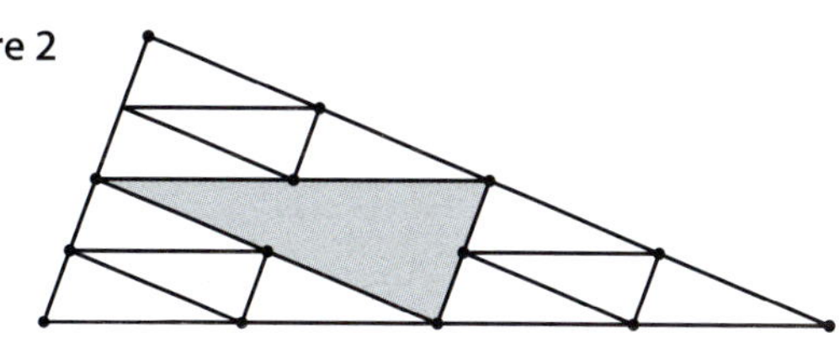

1. Citer des triangles égaux.

2. Mesurer puis comparer les longueurs des côtés du triangle rouge et celles des côtés du triangle jaune.

3. Mesurer puis comparer les longueurs des côtés du triangle jaune et celles des côtés d'un triangle vert.

4. Mesurer puis comparer les longueurs des côtés d'un triangle vert et celles des côtés d'un triangle bleu.

5. Comparer les longueurs des côtés du triangle jaune et celles des côtés d'un triangle bleu.

6. On dit que tous ces triangles sont **semblables**. Proposer une définition de deux triangles semblables.

5e 1 Utiliser les propriétés des angles et des triangles

Vidéo

Propriétés

Dans un triangle :

- la somme des mesures des angles est égale à 180° ;
- la longueur de chaque côté est inférieure à la somme des longueurs des deux autres côtés : pour vérifier qu'un triangle est constructible, on vérifie que la plus grande longueur est inférieure à la somme des deux autres.

Exemple

Dans un triangle ABC non aplati, on a :

- AB < AC + CB   AC < AB + CB   et   CB < AC + AB
- $\widehat{BAC} + \widehat{ABC} + \widehat{ACB} = 180°$

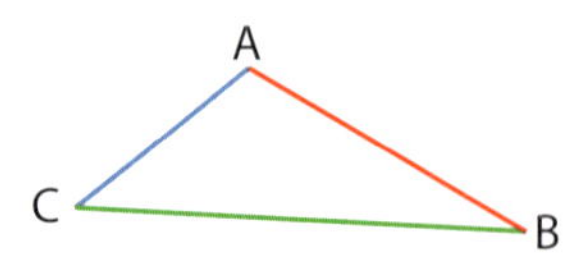

Définition et propriété

Un triangle **isocèle** est un triangle qui a deux côtés de même longueur.
On appelle **sommet principal** le point commun aux deux côtés de même longueur et **base** le côté opposé au sommet principal.

- Si un triangle ABC est isocèle en A, alors les angles $\widehat{ABC}$ et $\widehat{ACB}$ ont même mesure.
- Si $\widehat{ABC}$ et $\widehat{ACB}$ ont même mesure, alors le triangle ABC est isocèle en A.

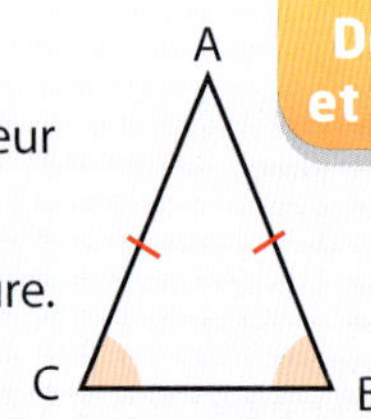

Définition et propriété

Un triangle **équilatéral** est un triangle qui a trois côtés de même longueur.

- Si un triangle est équilatéral, alors ses trois angles ont pour mesure 60°.
- Si les trois angles d'un triangle ont la même mesure, alors il est équilatéral.

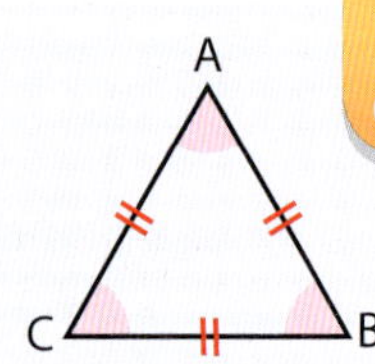

Définition

Soient deux droites (d) et (d') et une sécante (s) qui coupe (d) et (d') en deux points A et B.

Deux angles sont **alternes-internes** lorsque :

- ils ont pour sommet A et B ;
- ils sont situés de part et d'autre de la droite (s) ;
- ils sont entre les droites (d) et (d').

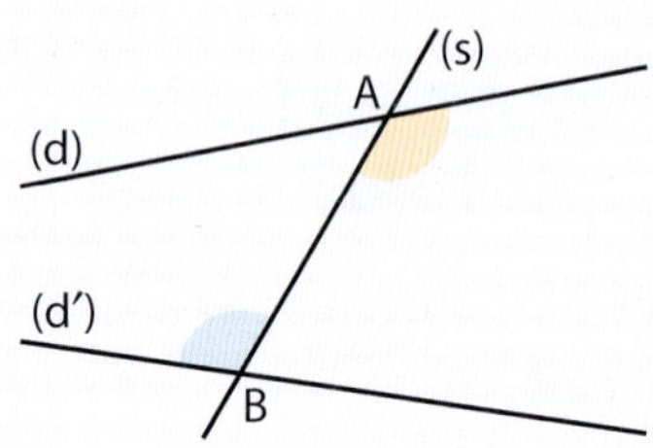

Propriétés

- Si deux droites parallèles sont coupées par une sécante, alors les angles alternes-internes formés par ces droites ont la même mesure.
- Si les angles alternes-internes formés par deux droites coupées par une sécante ont la même mesure, alors ces deux droites sont parallèles.

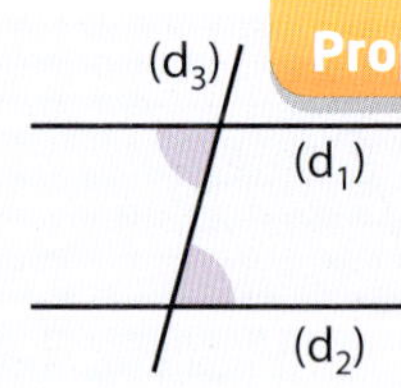

!

Dans la figure ci-contre, les angles ① et ② ont la même mesure.
Les angles ② et ③ sont symétriques par rapport au point A.
Ils ont donc aussi la même mesure.
Ainsi, les angles ①, ② et ③ ont la même mesure.

Les angles ② et ③ sont appelés : « angles opposés par le sommet ».
Les angles ① et ③ sont appelés : « angles correspondants ».

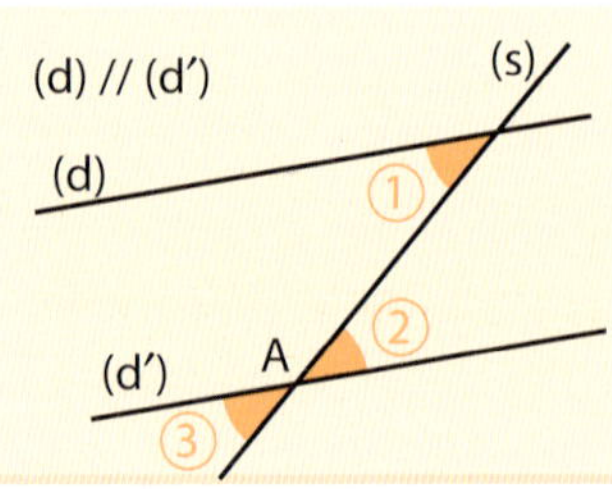

Savoir-faire

1 Utiliser les propriétés des angles et des triangles

1 Les trois côtés d'un triangle ABC ont pour longueur un nombre entier. De plus, AB = 6 cm et AC = 6 cm.

- Déterminer la plus grande valeur possible pour BC telle que le triangle ABC soit constructible.

Solution

Si BC > 6, alors BC est la plus grande longueur du triangle ABC.
Pour que ABC soit constructible, il suffit que BC < AB + AC donc que BC < 12.
Comme on cherche un nombre entier, la plus grande valeur possible pour BC est donc 11 cm.

2 Les droites (DE) et (AB) sont parallèles, et ABC est un triangle avec $\widehat{ABC} = 42°$ et $\widehat{CAB} = 38°$.

- Déterminer l'angle $\widehat{BCD}$.

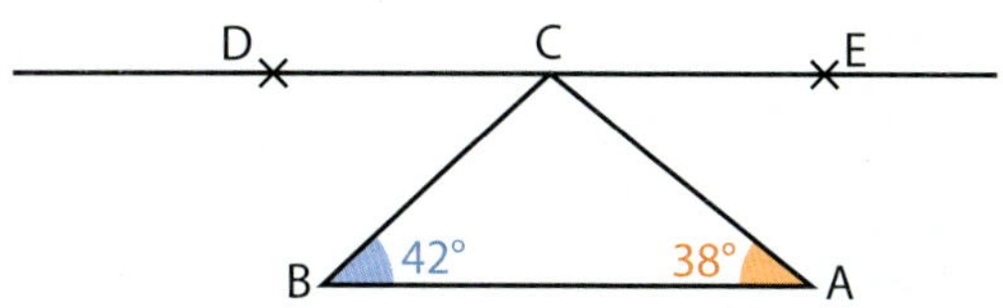

Solution

Les droites (DE), (AB) et la sécante (CB) définissent des angles alternes-internes $\widehat{BCD}$ et $\widehat{ABC}$.
Or les droites (DE) et (AB) sont parallèles, donc les angles $\widehat{BCD}$ et $\widehat{ABC}$ ont même mesure. Donc $\widehat{BCD} = \widehat{ABC} = 42°$.

3 Construire en vraie grandeur le triangle représenté ci-contre.

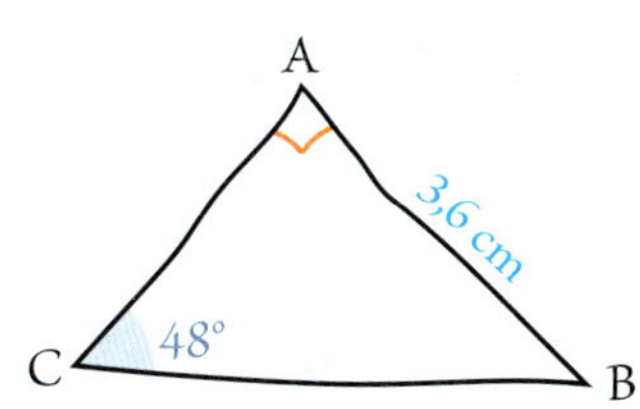

Solution

ABC est un triangle rectangle car l'angle $\widehat{A}$ est un angle droit.

- On commence la construction par le segment de longueur donnée, soit [AB].
- On construit ensuite la demi-droite [AC) qui fait un angle droit avec (AB).
- Comme on ne connait pas les deux autres longueurs du triangle, on cherche le troisième angle du triangle, sachant que la somme des mesures de ses trois angles est égale à 180°. Donc $\widehat{ABC} = 180° - 48° - 90° = 42°$.
  On peut donc tracer la demi-droite [BC) qui fait un angle de 42° avec (AB).
- Le point C se trouve à l'intersection des demi-droites [AC) et [BC).
- On peut vérifier que $\widehat{ACB} = 48°$.

4 Les trois côtés d'un triangle ABC ont pour longueur un nombre entier avec AB = 4 cm et AC = 7 cm.

- Indiquer la valeur maximale possible pour BC afin que le triangle ABC soit constructible.

5 Soit un triangle ABC tel que : $\widehat{ABC} = 73°$ et $\widehat{BAC} = 28°$.

- Calculer la mesure de l'angle $\widehat{ACB}$.

6 Les droites (DE) et (AB) sont parallèles.

- Calculer les mesures des angles $\widehat{BCD}$, $\widehat{BCA}$ et $\widehat{ACE}$.

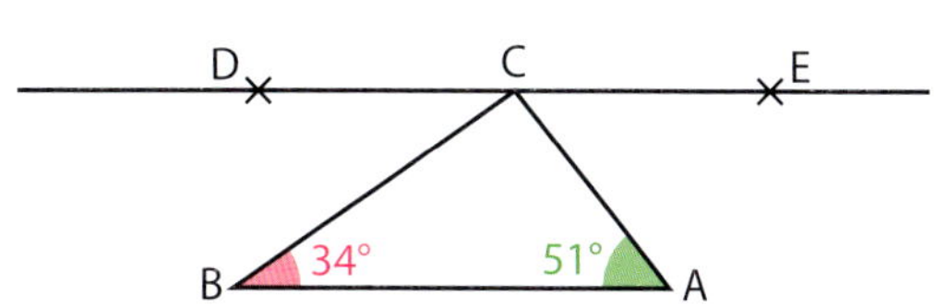

Cours

2 Reconnaitre des triangles égaux

Vidéo

Définition

Deux triangles sont **égaux** lorsque leurs côtés sont deux à deux de même longueur.

Exemple

Les triangles ABC et EFG sont égaux car :

- AB = EF
- AC = EG
- CB = FG

On peut aussi dire que ces deux triangles sont « isométriques ».

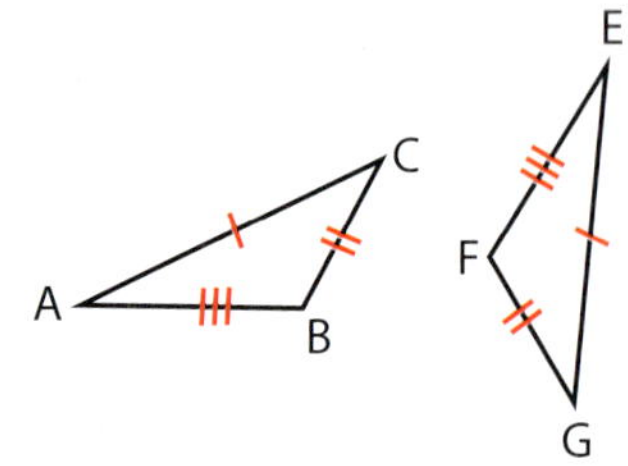

Propriété

Si deux triangles sont égaux, alors leurs angles sont deux à deux de même mesure.

Exemple

Les triangles ABC et EDF sont des triangles égaux, donc :

- $\widehat{A} = \widehat{F}$
- $\widehat{B} = \widehat{D}$
- $\widehat{C} = \widehat{E}$

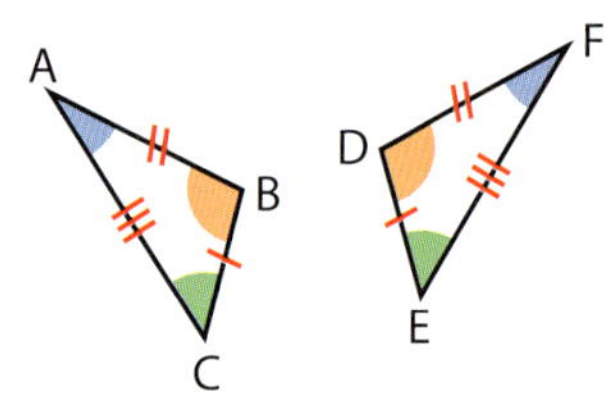

! Deux triangles égaux sont superposables.

Propriété

Si deux triangles ont, deux à deux, un angle de même mesure compris entre deux côtés de même longueur, alors ils sont égaux.

Exemple

- AB = A′B′
- BC = B′C′
- $\widehat{ABC} = \widehat{A'B'C'}$

Donc les triangles ABC et A′B′C′ sont égaux.

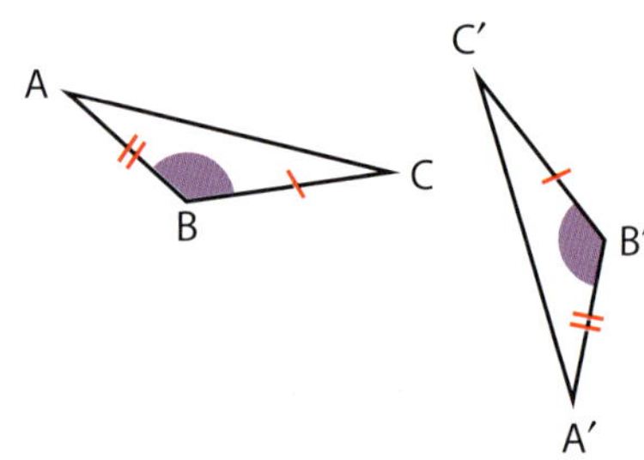

Propriété

Si deux triangles ont, deux à deux, un côté de même longueur compris entre deux angles de même mesure, alors ils sont égaux.

Exemple

- BC = B′C′
- $\widehat{ABC} = \widehat{A'B'C'}$
- $\widehat{ACB} = \widehat{A'C'B'}$

Donc les triangles ABC et A′B′C′ sont égaux.

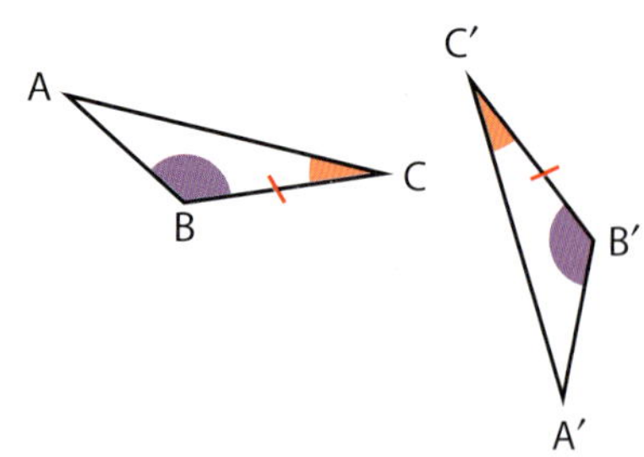

Savoir-faire

2 Reconnaitre des triangles égaux

7 ABC est un triangle et ABD est son symétrique par rapport à la droite (AB).

- Justifier que les triangles ABC et ABD sont égaux.

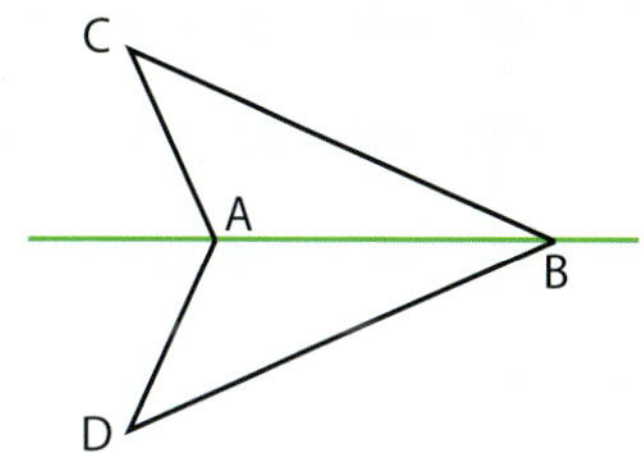

Solution

On cherche des côtés de même longueur et des angles de même mesure dans les deux triangles.
La symétrie conserve les longueurs donc les triangles ABC et ABD ont leurs côtés deux à deux de même longueur.
Donc ABC et ABD sont des triangles égaux.

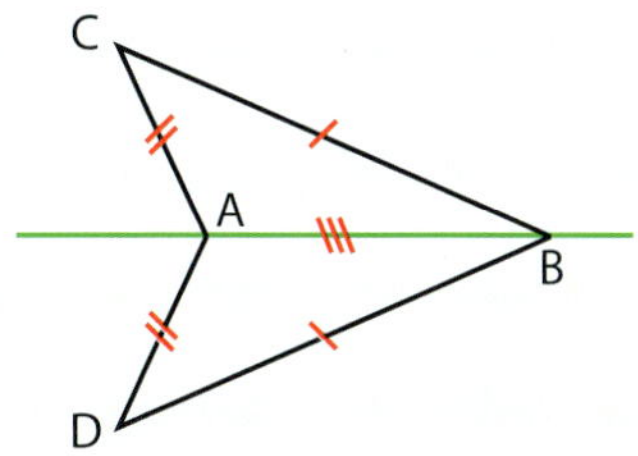

8 Justifier que les triangles ADB et ACB construits ci-contre sont des triangles égaux.

Solution

On cherche des côtés de même longueur et des angles de même mesure dans les deux triangles.
Les deux triangles ADB et ABC ont un côté commun : [AB].
De plus, ces deux triangles ont deux angles de mesures respectives 30° et 50°.
Le côté commun est bien compris entre deux angles de même mesure.
Donc les triangles ADB et ABC sont des triangles égaux.

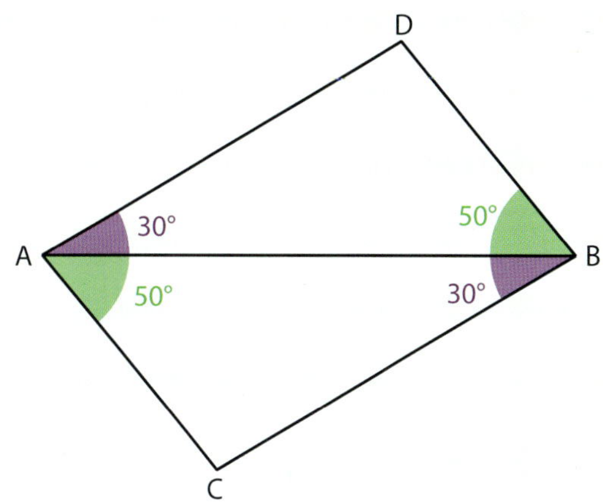

9 ABCD est un losange.

- Justifier que les triangles AOB, AOD, BOC et COD sont des triangles égaux.

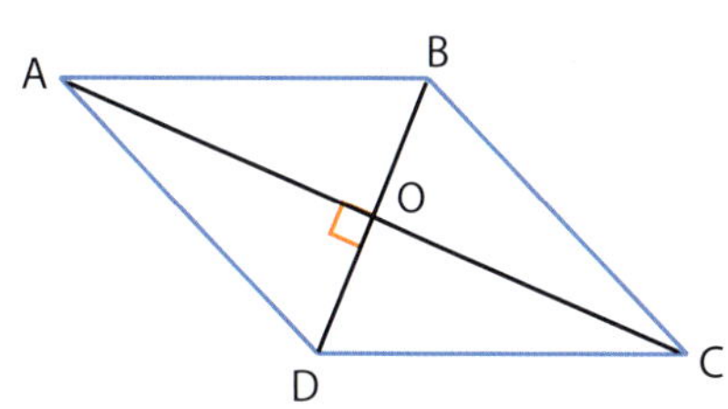

10 Soit ABC un triangle isocèle en A.
Soit (d) la médiatrice du segment [BC]. Elle coupe [BC] en H.

- Justifier que les triangles ABH et ACH sont des triangles égaux.

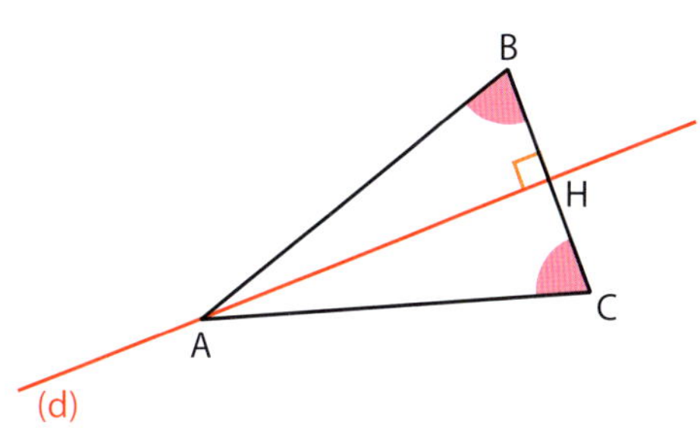

3 Reconnaitre des triangles semblables

Vidéo

Définition

Deux triangles sont **semblables** lorsque leurs angles sont deux à deux de même mesure.

Exemple

$\widehat{A} = \widehat{A'}$, $\widehat{B} = \widehat{B'}$ et $\widehat{C} = \widehat{C'}$.
Donc les triangles ABC et A′B′C′ sont semblables.

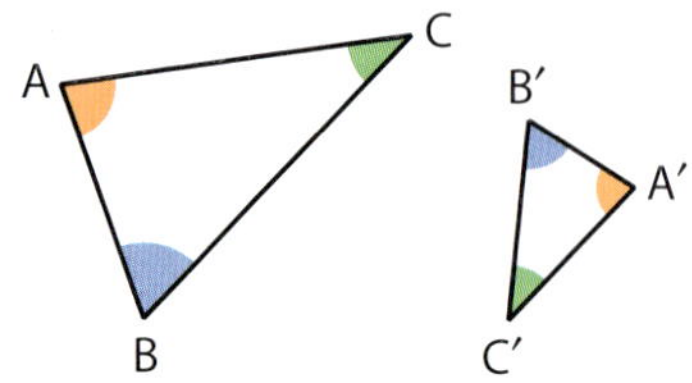

Si deux triangles sont égaux, alors ils sont semblables.
Par contre, deux triangles semblables ne sont pas forcément égaux.

Méthode

Pour démontrer que deux triangles sont semblables, il suffit de montrer qu'ils ont deux paires d'angles deux à deux de même mesure.

Exemple

Soient ABC et A′B′C′ deux triangles tels que :
$\widehat{A} = \widehat{A'}$ et $\widehat{B} = \widehat{B'}$.
Comme $\widehat{C} = 180° - \widehat{A} - \widehat{B}$ et $\widehat{C'} = 180° - \widehat{A'} - \widehat{B'}$,
alors $\widehat{C} = \widehat{C'}$.
Tous les angles sont deux à deux de même mesure, donc les triangles sont semblables.

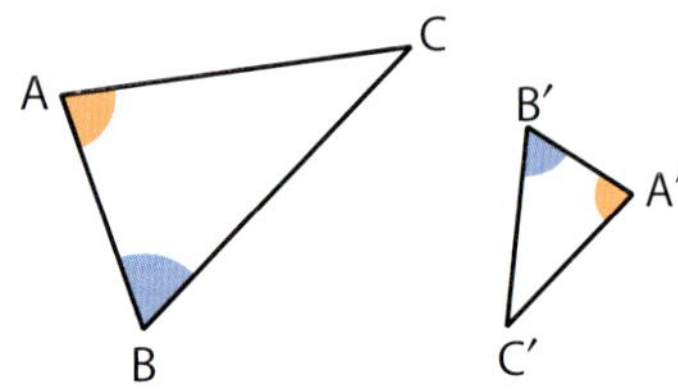

Propriété

Si deux triangles ABC et A′B′C′ sont semblables, alors les longueurs des côtés opposés aux angles égaux sont proportionnelles : $\frac{A'B'}{AB} = \frac{A'C'}{AC} = \frac{B'C'}{BC} = k$

- Si $k < 1$, alors A′B′C′ est une réduction de ABC de rapport k.
- Si $k > 1$, alors A′B′C′ est un agrandissement de ABC de rapport k.

Exemple

Les deux triangles ABC et A′B′C′ sont semblables car :
$\widehat{A} = \widehat{A'}$, $\widehat{B} = \widehat{B'}$ et $\widehat{C} = \widehat{C'}$.
Donc les longueurs des côtés du triangle ABC sont proportionnelles aux longueurs des côtés du triangle A′B′C′.

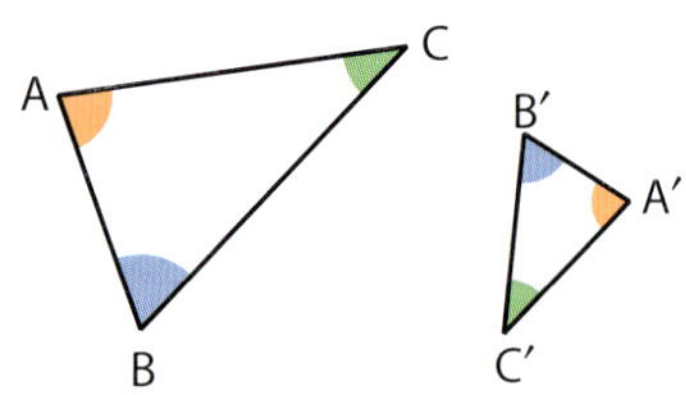

Longueurs du triangle ABC	AB	AC	BC
Longueurs du triangle A′B′C′	A′B′	A′C′	B′C′

$\times k$

Ce tableau est un tableau de proportionnalité et k est le coefficient de proportionnalité.

Propriété

Si les longueurs des côtés de deux triangles sont proportionnelles, alors ces triangles sont semblables.

Savoir-faire

Apprends à l'aide des exercices résolus puis entraine-toi !

3 Reconnaitre des triangles semblables

11 Les triangles ABC et ABH sont respectivement rectangles en A et en H.

- Justifier que les triangles ABC et ABH sont des triangles semblables.

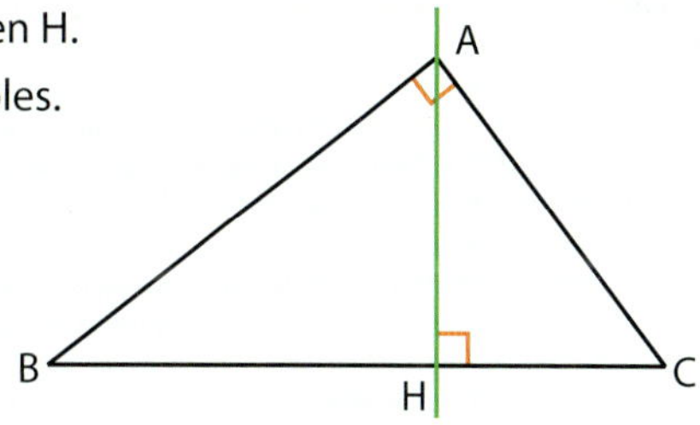

Solution

On cherche des angles de même mesure dans les deux triangles.
On remarque que les deux triangles ABC et ABH sont des triangles rectangles. Donc $\widehat{BAC} = \widehat{AHB} = 90°$.
De plus, $\widehat{ABC} = \widehat{ABH}$ car cet angle est commun aux deux triangles.
Comme les triangles ont deux paires d'angles deux à deux de même mesure, alors on peut conclure que ce sont deux triangles semblables.

12 ABC est un triangle tel que : AB = 5,1 cm, AC = 6,6 cm et BC = 7,8 cm.
A'B'C' est un triangle tel que : A'B' = 1,7 cm, A'C' = 2,2 cm et B'C' = 2,6 cm.

1. Justifier que ABC et A'B'C' sont des triangles semblables.
2. Quel est le rapport d'agrandissement de A'B'C' à ABC ?

Solution

1. On cherche à savoir si les longueurs des côtés des triangles sont proportionnelles.
Pour cela, on réalise un tableau avec les longueurs des côtés de la plus petite à la plus grande.

Longueurs des côtés du triangle A'B'C' (en cm)	1,7	2,2	2,6
Longueurs des côtés du triangle ABC (en cm)	5,1	6,6	7,8

On calcule les rapports de longueurs pour voir si c'est un tableau de proportionnalité :

$$\frac{5,1}{1,7} = \frac{6,6}{2,2} = \frac{7,8}{2,6} = 3$$

Les rapports de longueurs sont égaux, donc c'est bien un tableau de proportionnalité.
Donc les triangles ABC et A'B'C' sont des triangles semblables.

2. On passe des côtés de A'B'C' aux côtés de ABC en multipliant par 3.
Le triangle ABC est donc un agrandissement du triangle A'B'C' de rapport 3.

13 ABC et ADE sont deux triangles tels que D est le milieu de [AB] et E est le milieu de [AC].
On a : AC = 5 cm, AB = 7 cm, BC = 6 cm et DE = 3 cm.

1. Justifier que les triangles ABC et ADE sont des triangles semblables.
2. Quel est le rapport de réduction de ABC à ADE ?

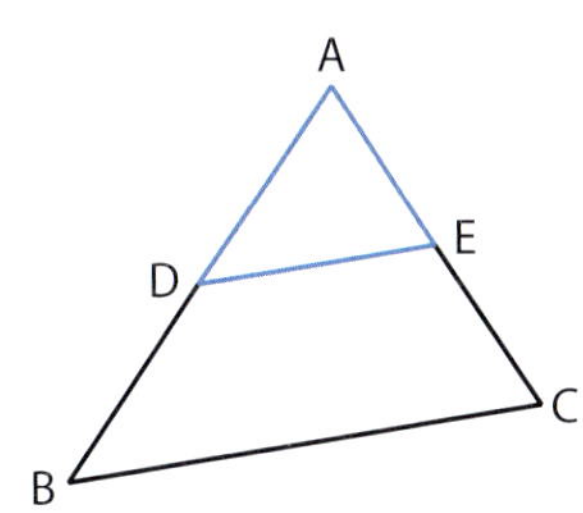

14 ABCD est un trapèze tel que (AB) et (CD) sont parallèles.
On appelle O l'intersection de ses diagonales.

- Justifier que les triangles OAB et OCD sont semblables.

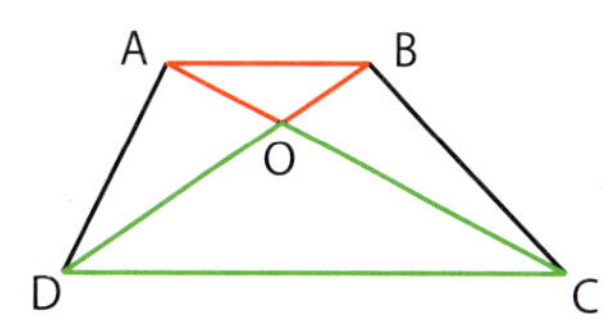

Exercices

2 pages d'exercices supplémentaires dans le manuel numérique

Utiliser les propriétés des angles et des triangles

Savoir-faire p. 209

Questions flash

diapo

15 Calculer la mesure de l'angle manquant.

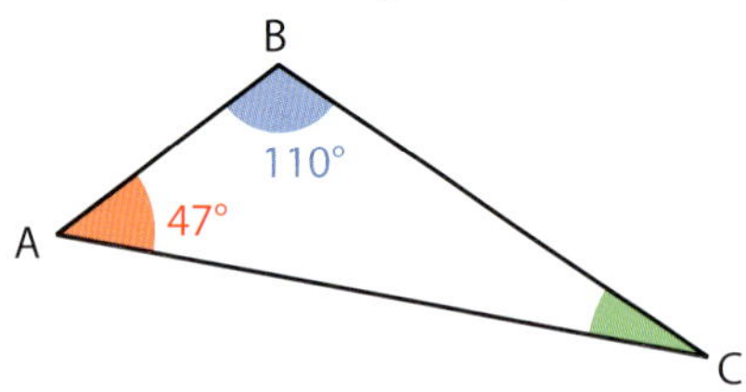

16 Les droites (d) et (d') sont parallèles.

• Quel angle a la même mesure que l'angle vert ?

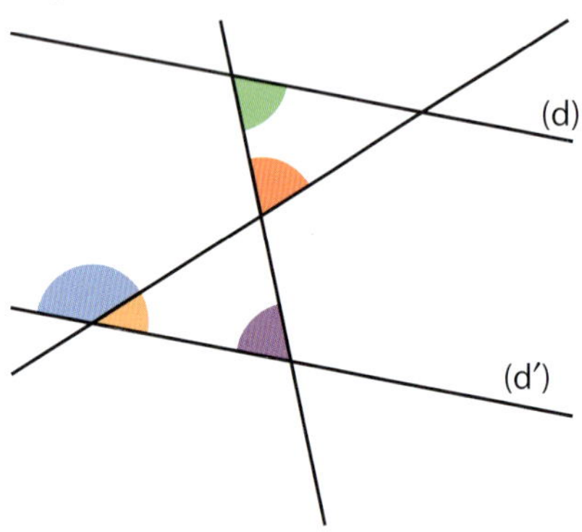

17 ABC est un triangle isocèle en A.

• Calculer la mesure de l'angle au sommet principal.

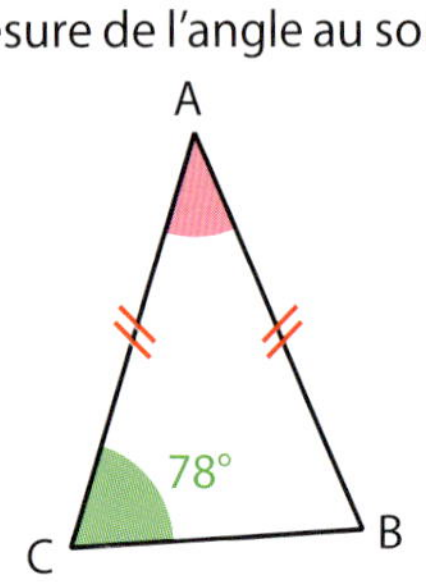

18 Démontrer que tout triangle isocèle dont un angle mesure 60° est un triangle équilatéral.
On distinguera deux cas :

• **1er cas :** l'angle de 60° se trouve au sommet principal.
• **2e cas :** l'angle de 60° est un angle à la base du triangle isocèle.

19 Démontrer qu'un triangle isocèle avec un angle à la base de 45° est un triangle rectangle.

20 Sur la figure suivante, les droites (EF) et (AB) sont parallèles et le point C appartient à la droite (EF).

1. Déterminer la mesure de l'angle $\widehat{ACE}$.
2. Déterminer la mesure de l'angle $\widehat{BCF}$.
3. Déterminer la mesure de l'angle $\widehat{ACB}$ de deux manières différentes.

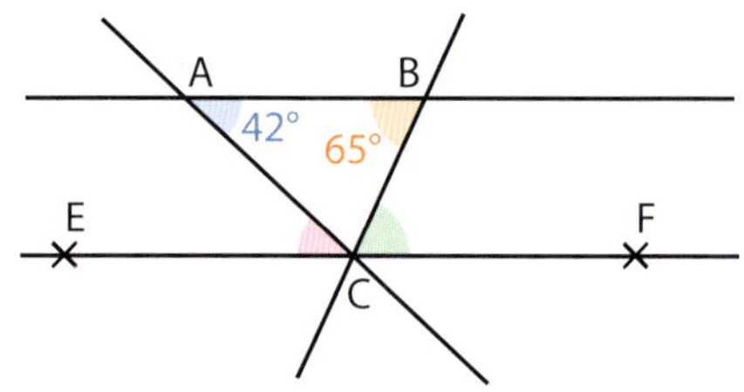

Reconnaitre des triangles égaux

Savoir-faire p. 211

Questions flash

diapo

21 Justifier que les triangles ABC et RST sont égaux.

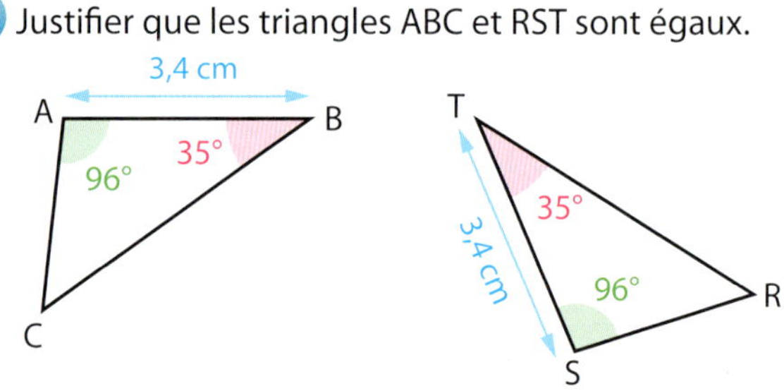

22 1. Expliquer pourquoi il est possible de construire un triangle dont les longueurs des côtés en centimètres sont 8, 6 et 10.

2. Construire sur la même figure quatre triangles dont les côtés ont pour longueurs 6 ; 8 et 10 cm.

3. Les triangles obtenus sont-ils égaux ? Justifier.

23 Sur un quadrillage, reproduire la figure suivante.
Réaliser, à partir du segment [DE], quatre triangles différents, égaux au triangle ABC.
Utiliser une couleur différente pour chaque triangle.

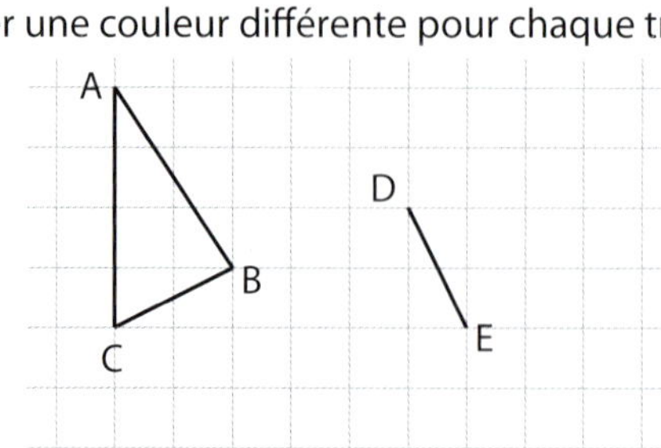

24 Dans la figure ci-contre, les points A, B et L sont alignés.

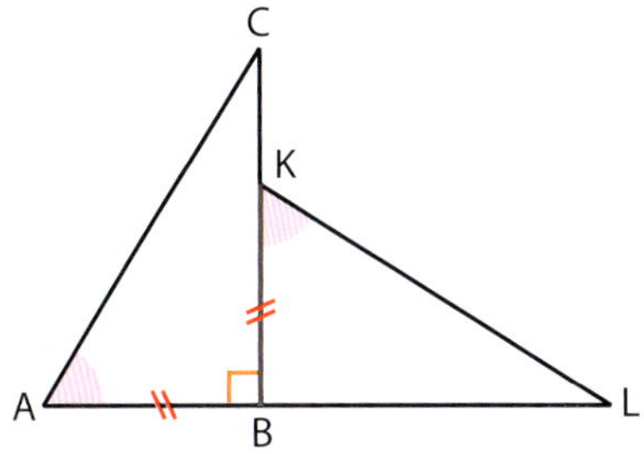

1. Les triangles ABC et BKL sont-ils égaux ?
2. Donner une longueur égale à AB.
3. Donner une longueur égale à AC.
4. Donner une longueur égale à BC.
5. Donner un angle de même mesure que $\widehat{C}$.

25 Dans la figure ci-contre, les droites (d_1) et (d_2) sont parallèles.

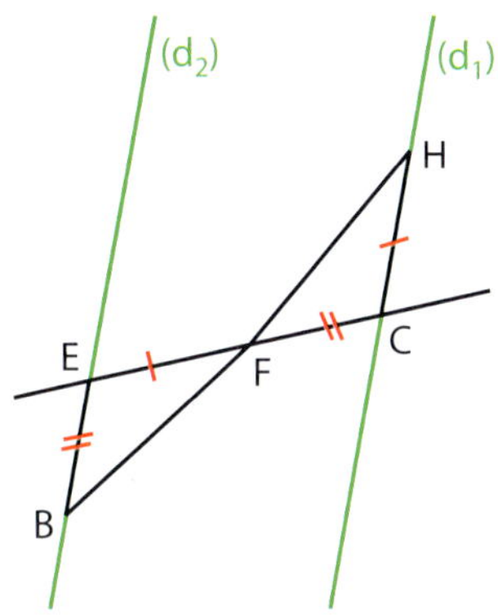

- Justifier que les longueurs BF et FH sont égales.

Reconnaitre des triangles semblables

Savoir-faire p. 213

Questions flash

diapo

26 Répondre par vrai ou faux aux affirmations suivantes et donner un contre-exemple lorsque c'est faux.

a. Si deux triangles sont semblables, alors ils ont leurs côtés deux à deux de même longueur.

b. Si deux triangles sont semblables, alors les longueurs de leurs côtés sont proportionnelles.

c. Si deux triangles sont semblables, alors leurs angles sont deux à deux de même mesure.

d. Si deux triangles sont semblables, alors ils sont égaux.

27 Justifier que les triangles ABC et EFG sont des triangles semblables.

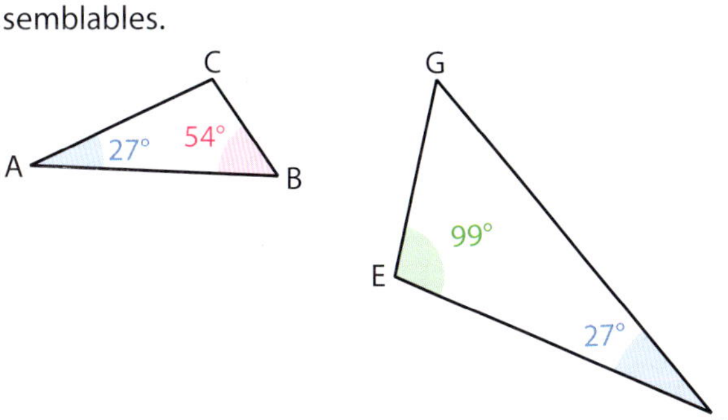

28 Justifier que les triangles ABC et MNP sont des triangles semblables.

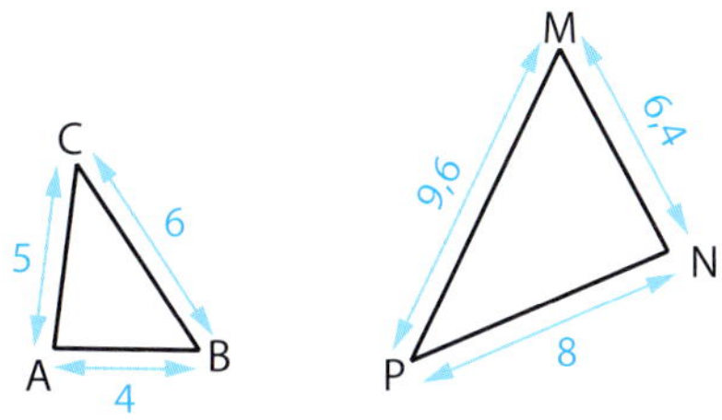

29 Reproduire la figure ci-dessous sur un quadrillage. Construire un triangle EFG semblable au triangle ABC tel que $\widehat{B} = \widehat{F}$ et $\widehat{E} = \widehat{C}$.

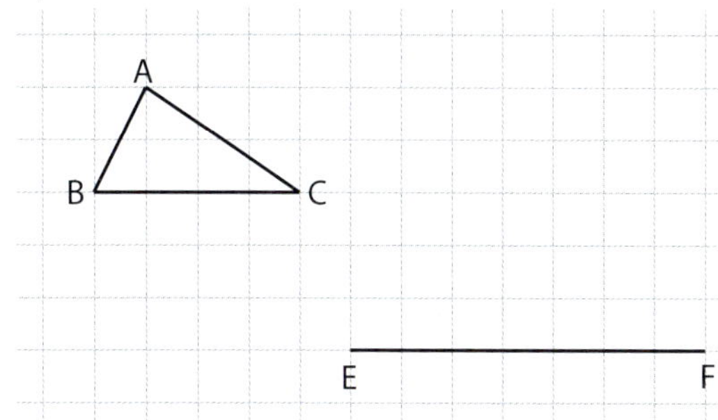

30 Soient deux triangles semblables MON et LES, avec $\widehat{M} = \widehat{L}$ et $\widehat{O} = \widehat{E}$. Le triangle MON est une réduction de rapport $\frac{1}{4}$ du triangle LES. De plus, LE = 8,4 cm, LS = 6,8 cm et ES = 7,6 cm.

1. Déterminer les longueurs des côtés du triangle MON.
2. Construire les deux triangles MON et LES.

31 Dans le triangle ABC, D est le milieu de [AC], E est le milieu de [BC] et AB = 2DE.

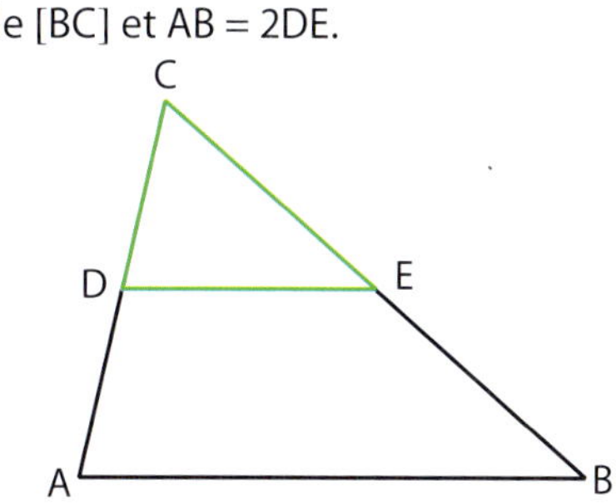

- Démontrer que les triangles ABC et CDE sont des triangles semblables.

32 Dans la figure ci-dessous, les triangles ABC et ADE sont semblables. De plus, on a :
AB = 3 cm, AD = 4 cm et AE = 7 cm.

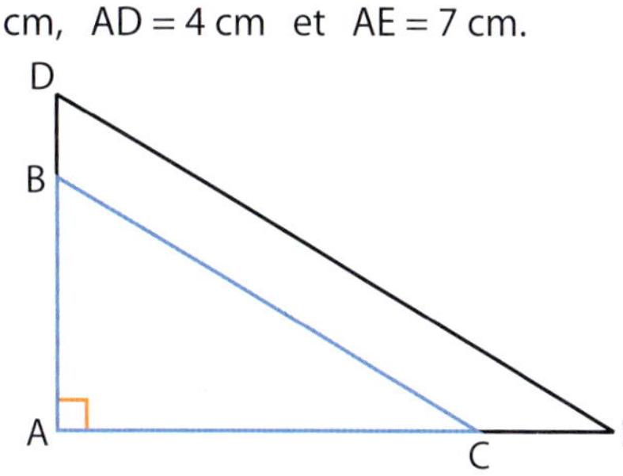

- Déterminer la longueur AC.

Faire le point

Vérifie tes connaissances.

QCM

Donner la seule réponse correcte parmi les trois proposées.

	Réponse A	Réponse B	Réponse C
1 Utiliser les propriétés des angles et des triangles			
1. Si AB = 28 et AC = 13, pour quelle valeur de BC le triangle ABC n'existe-t-il pas ?	16	40	7
2. Dans un triangle dont deux angles mesurent 24° et 45°, combien mesure le 3e angle ?	69°	135°	111°
2 Reconnaitre des triangles égaux			
1. Le triangle ABC est un triangle équilatéral avec OA = OB = OC. Combien y a-t-il de triangles égaux ? 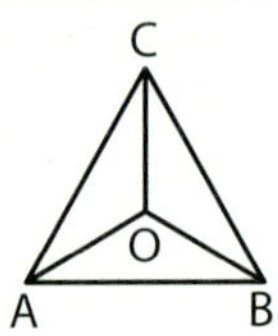	2	3	4
2. Deux triangles sont égaux si :	ils ont un côté en commun.	leurs côtés sont deux à deux de même longueur.	leurs angles sont deux à deux de même mesure.
3 Reconnaitre des triangles semblables			
1. Deux triangles semblables ont :	des angles deux à deux de même mesure.	des côtés deux à deux de même longueur.	des angles et des côtés deux à deux de même mesure.
2. D'après la figure ci-contre, on a : 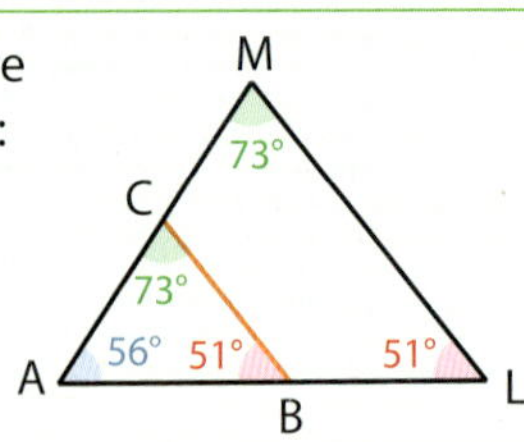	$\frac{AC}{AM} = \frac{AL}{LM}$	$\frac{AB}{AL} = \frac{AC}{AM}$	$\frac{CB}{AC} = \frac{LB}{ML}$

Pour t'aider à retenir le cours.*

Carte mentale

Reproduire et compléter cette carte mentale.

On utilise l'inégalité triangulaire pour justifier qu'un triangle est …

La somme des mesures des angles d'un triangle est toujours égale à …

Triangles particuliers

- …
- …
- …

Triangles égaux

Pour montrer que deux triangles sont égaux, il est nécessaire d'avoir :

- 3 longueurs égales
- 1 longueur égale entre 2 angles de même mesure
- …

Triangles …

Pour montrer que deux triangles sont … :

- …
- Les côtés sont proportionnels.

* *Tu peux aussi construire ta propre carte mentale.*

Algorithmique et outils numériques

33 Triangles semblables

Voici un script écrit par Séraphin et la figure qu'il a obtenue :

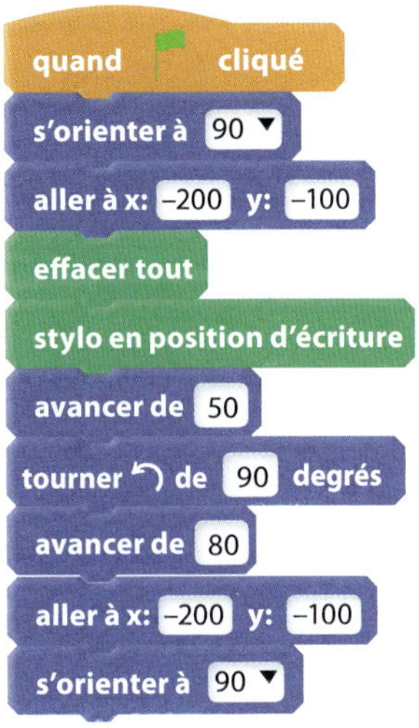

1. Expliquer le rôle de chaque commande de ce script.
2. Compléter ce script afin d'obtenir la figure 1, comportant deux triangles semblables.
3. Compléter ce script afin d'obtenir la figure 2, comportant trois triangles semblables.

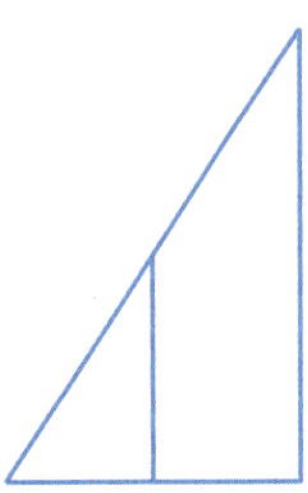

Figure 1

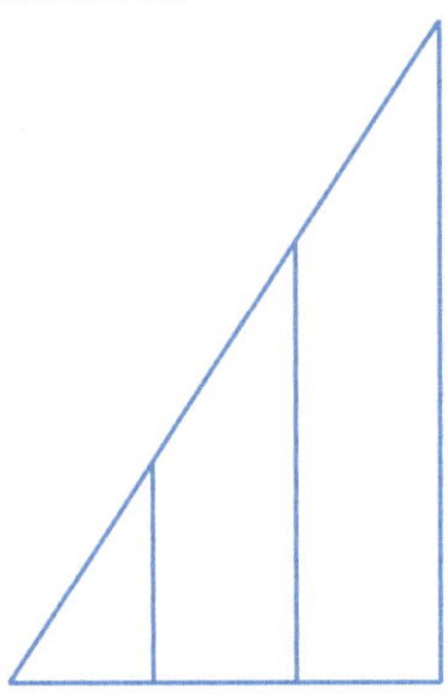

Figure 2

34 Des triangles de même aire

1. Avec un logiciel de géométrie dynamique, construire un carré ABCD de centre O avec l'outil « Polygone régulier » : 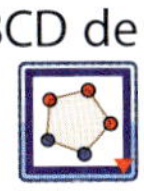
   Placer un point M à l'intérieur du carré.
   Tracer en orange le triangle AMD et en violet le triangle AMB avec l'outil « Polygone » : 
   Faire apparaitre les aires des deux triangles avec l'outil « Aire » : 

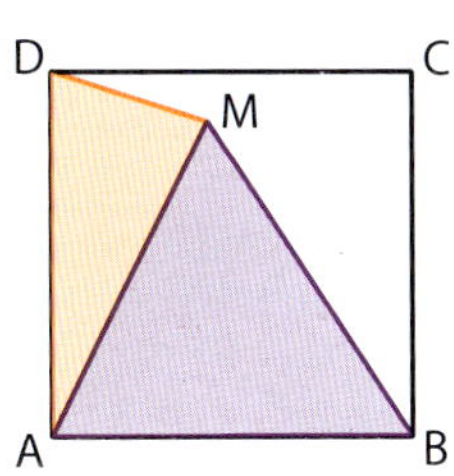

2. Déplacer le point M à l'intérieur du carré jusqu'à ce que les triangles AMD et AMB aient la même aire.
3. Trouver d'autres positions du point M pour lesquelles les triangles AMD et AMB ont la même aire.
   Où ces points semblent-ils se situer ?
4. Justifier que si M appartient au segment [AC], les triangles AMD et AMB sont des triangles égaux.

35 Optimisation

Camille et Philippe viennent de faire construire une maison de surface carrée dont l'aire vaut 144 m^2.
Sur l'un des côtés de la maison, leur architecte leur propose d'aménager une terrasse triangulaire et deux parterres de fleurs dans un demi-cercle de diamètre la longueur du côté de la maison.
Voici le plan de la maison, où ABCD représente l'intérieur de la maison, EDC la terrasse avec E sur le demi-cercle de diamètre le côté de la maison. La surface verte représente les parterres de fleurs.

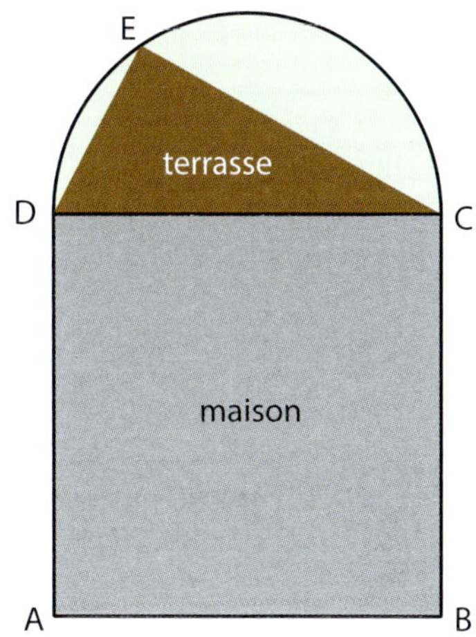

1. Faire un plan de la maison à l'échelle $\frac{1}{100}$ avec les outils  et .
2. Philippe aime l'idée d'avoir une terrasse triangulaire aménagée dans une zone circulaire, mais il veut la plus grande terrasse possible.
   Déplacer le point E afin d'avoir une surface maximale pour la terrasse en utilisant l'outil .
3. Quelle semble être alors la nature du triangle DEC ?
   Le vérifier avec les outils  et 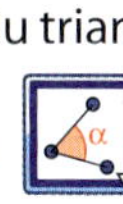.
4. Placer le point O, milieu du segment [DC].
   Tracer le segment [EO].
   Que peut-on dire des triangles EOD et EOC ?
5. Quelle est la nature du triangle EDC ?
   Calculer son aire.

Problèmes

Pour mieux cibler les compétences

Chercher	38 49	Raisonner	36 41
Modéliser	37 40	Calculer	38 43 47
Représenter	39 46	Communiquer	36 48 49

36 Tour de Pise

PEAC

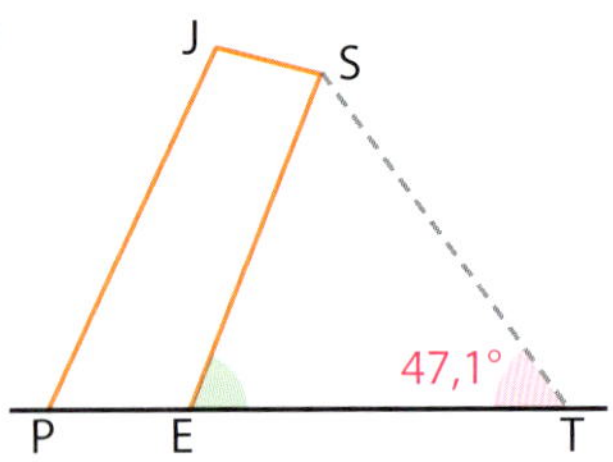

On a schématisé ci-dessus la tour de Pise dont un côté est représenté par le segment [SE], qui mesure 56 m. Tiphanie, qui est en vacances en Italie, trouve que la tour est moins penchée que ce qu'affirme son guide touristique, qui indique près de 6° d'inclinaison avec la verticale. Elle est géomètre et elle possède une application théodolite sur son téléphone.

Un théodolite est un instrument qui sert à mesurer des angles.

Elle vise le sommet S à partir du point T et elle trouve :

$\widehat{ETS} = 47{,}1°$ avec TE = 56 m.

1. Combien mesure l'angle d'inclinaison de la tour avec le sol, soit $\widehat{SET}$? Justifier.
2. Modéliser par un schéma l'angle d'inclinaison de la tour avec la verticale, puis déterminer cet angle.
3. Tiphanie a-t-elle raison de penser que la tour est moins penchée que ce qui est écrit sur son guide ?

37 So high

LV

The Taipei 101 Tower in Taiwan is 508 m high. Clark has to check the height of the tower.
If he stands 300 m from the tower, he can measure the angle between the ground and the top of the tower.

- Model the situation to scale 1/10 000 and measure this angle.

38 Éolienne

Pour s'intégrer le mieux possible au paysage, des éoliennes en mer ont été placées en arc de cercle. Pour des raisons de sécurité, la zone délimitée par des pointillés sur la figure ci-contre est interdite à la navigation.

- Quelle surface cela représente-t-il, en km^2 ?

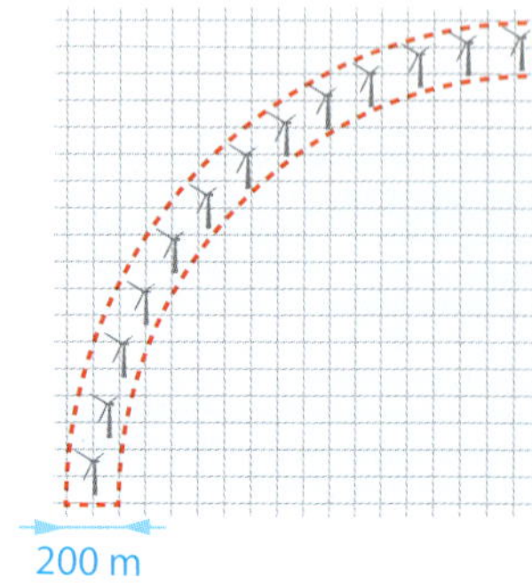

39 Manhattan

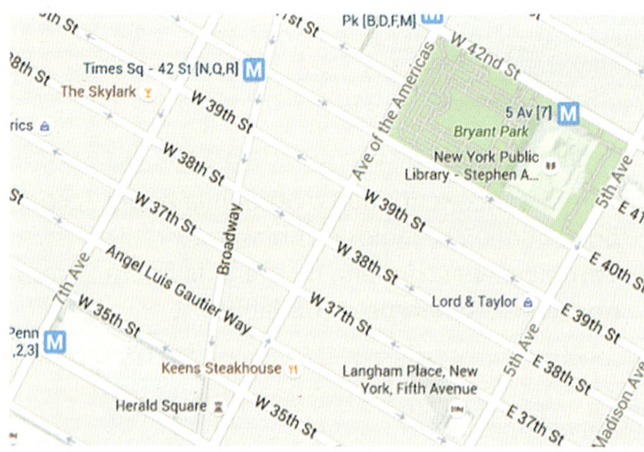

À New York, sur l'île de Manhattan, les quartiers sont quadrillés par des rues (notées « St », pour « Street ») numérotées, parallèles entre elles, et des avenues (« Ave ») également numérotées et parallèles entre elles. La 5th avenue est perpendiculaire à la W 37th street.

1. Démontrer que chaque rue est perpendiculaire à chaque avenue sur cette carte.
2. Broadway traverse le quartier de Times Square. À l'angle de la W 39th St avec Broadway, il y a un magasin dont les murs longent ces deux rues et forment un angle de 108°.
Reproduire à la règle une partie de la carte et indiquer d'autres intersections formant le même angle de 108°. Justifier.

Une vue aérienne de Manhattan.

40 Taille d'un bois

Monsieur Roumegou est propriétaire d'une forêt dont il ne connait pas la longueur. Le schéma ci-dessous représente la forêt, avec A et B deux points situés à deux extrémités du bois. Il souhaite connaitre la distance entre A et B mais il ne peut pas la mesurer directement à cause de la présence de nombreux arbres.

Il dispose d'instruments pour mesurer des angles et des longueurs. Il se place à un endroit M où il a une visibilité sur les points A et B en même temps.
Monsieur Roumegou a pu réaliser les mesures suivantes :

$AM = 34$ m, $\widehat{BMA} = 105°$ et $MB = 56$ m.

1. Les données sont-elles suffisantes pour déterminer la longueur de la forêt ?
2. Faire une figure sur papier ou avec un logiciel de géométrie dynamique, et donner une valeur approchée de la longueur AB.

41 Cercle circonscrit

Pour aller plus loin

1. Construire un triangle NRJ rectangle en R avec NR = 8 cm et NJ = 10 cm. Placer le milieu I du segment [NJ], puis tracer le segment [RI].
2. Construire la parallèle à (RN) passant par I. Elle coupe (RJ) en K. Construire le point L symétrique du point K par rapport à I.
3. Justifier que le quadrilatère LJKN est un parallélogramme.
4. Justifier que (JK) // (LN).
5. Justifier que le quadrilatère KLNR est un parallélogramme à l'aide de la question précédente.
6. Déduire des questions 3. et 5. que K est le milieu du segment [RJ].
7. Démontrer que les triangles KIJ et KIR sont des triangles égaux.
8. Justifier que RI = IJ = IN = 5 cm, puis construire le cercle de centre I et de rayon 5 cm.

Le cercle qui passe par les 3 sommets d'un triangle est appelé le **cercle circonscrit** au triangle.

42 Projet de pont

AV

Un topographe a en charge un projet de pont au niveau de la ville de Millau. Il doit procéder à un certain nombre de mesures parmi lesquelles la distance entre deux repères modélisés par les points A et M.
Il est situé sur une rive et il doit déterminer la distance AM, où M est inaccessible. À cause du dénivelé et de la végétation, il ne peut pas se rendre au bord de la rivière. Le point B est l'emplacement d'une bergerie.
On modélise la situation par le schéma suivant.

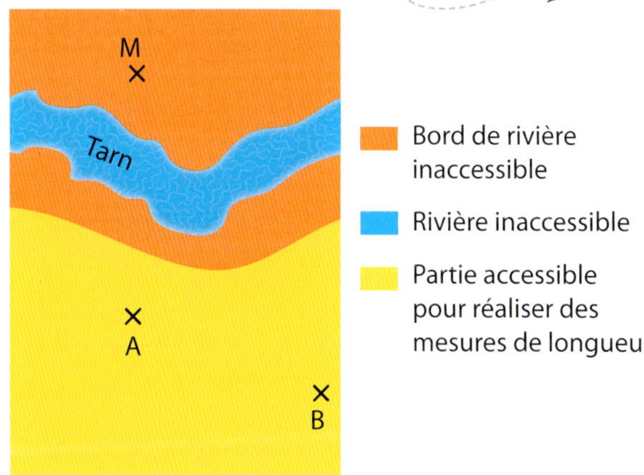

Le topographe a réalisé les mesures suivantes :
$AB = 50$ m, $\widehat{BAM} = 110°$ et $\widehat{ABM} = 40°$.

- Construire une réduction du triangle ABM et donner une valeur approchée de la distance AM.

43 Carré et triangles isocèles

La figure suivante est constituée d'un carré de 10 cm de côté partagé en 10 triangles isocèles.
La droite (d) est un axe de symétrie de la figure.

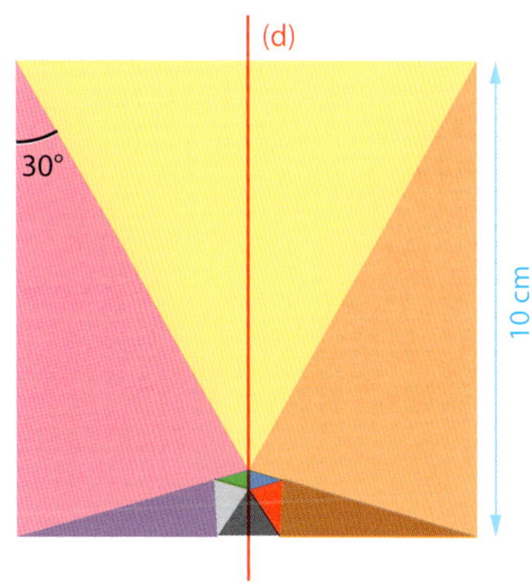

1. Citer quatre couples de triangles égaux.
2. Justifier que le triangle jaune est un triangle équilatéral.
3. Expliquer pourquoi les triangles rose et bleu sont des triangles semblables.
4. Déterminer les angles du triangle vert.
5. Reproduire cette figure avec un logiciel de géométrie dynamique.

Problèmes

44 *La Vierge aux rochers*

PEAC

La Vierge aux rochers est un tableau de Léonard de Vinci dont il existe deux versions.
Voici un détail de la seconde version, peinte entre 1507 et 1508 et exposée à la National Gallery, à Londres :

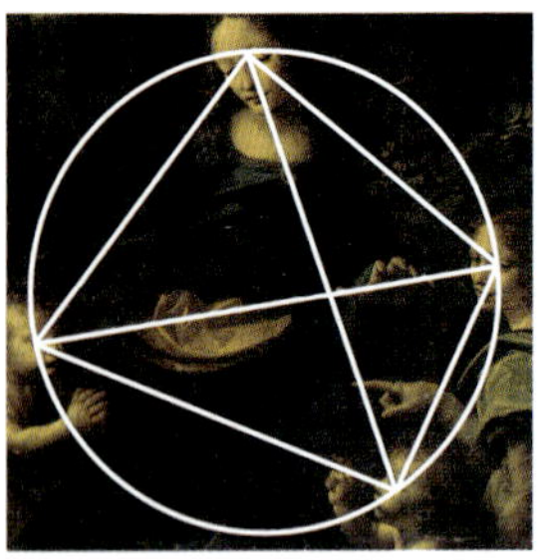

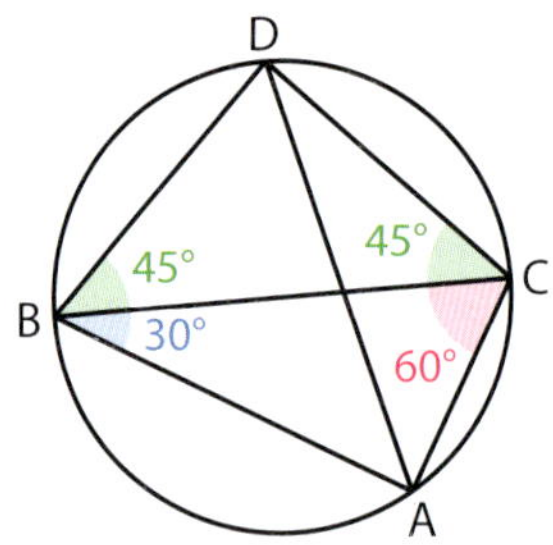

1. À l'aide d'un logiciel de géométrie dynamique, construire la même figure que ci-dessus où :
   - [BC] est un diamètre du cercle et BC = 8 cm ;
   - les points A, B, C et D sont sur le cercle.
2. Mesurer les angles $\widehat{BAC}$ et $\widehat{BDC}$. Quelle semble être la nature des triangles BAC et BDC ?
3. Démontrer que le triangle ABC est rectangle en A.
4. Démontrer que le triangle BCD est un triangle isocèle rectangle en D.
5. On sait que $\widehat{BDA} = 60°$ et $\widehat{DAB} = 45°$.
   Placer O, le point d'intersection des diagonales du quadrilatère ACDB.
   Démontrer que les triangles OCD et OBA sont des triangles semblables.
6. Démontrer de la même façon que les triangles ODB et OAC sont des triangles semblables.

45 Angles et triangles

Dans la figure ci-dessous, (FC) // (AB) et (FE) // (BC).

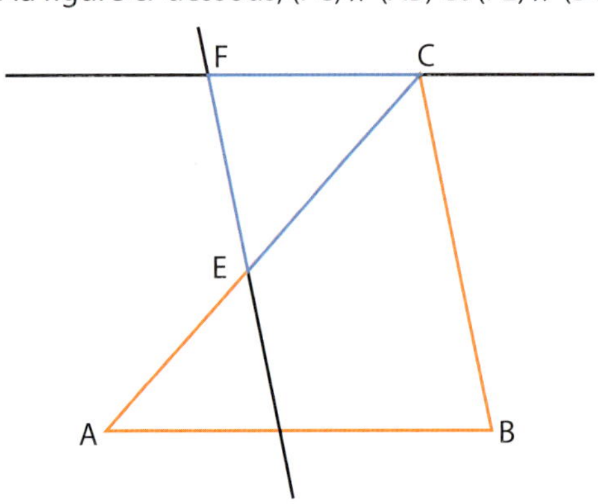

1. Démontrer que $\widehat{FCE} = \widehat{CAB}$.
2. Démontrer que $\widehat{FEC} = \widehat{ACB}$.
3. Démontrer que les triangles ABC et FEC sont des triangles semblables.

46 Compas à molette

Loriane a un compas à molette dont les branches mesurent 12 cm. Avec la molette, elle peut régler la longueur x de la tige.
Elle veut tracer un cercle de 12 cm de diamètre.

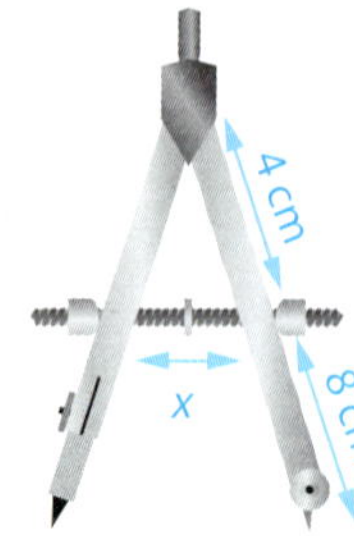

1. Représenter la situation par deux triangles semblables.
2. Quelle devra être la longueur de la tige x pour réaliser un cercle de 12 cm de diamètre ?

47 TP de physique

PC

La classe de 4e B est en travaux pratiques de physique. L'objectif de la séance est de mesurer une distance par triangulation.

Matériel à disposition pour chaque groupe
- 1 planchette de balsa A4
- 1 feuille de papier blanc A4
- 3 épingles à tête ronde
- 1 double mètre ruban

Protocole expérimental
- Placer la planchette à l'une des extrémités de la paillasse en s'alignant avec le bord.
- Placer une feuille de papier A4 sur la planchette et piquer deux épingles (1 et 2) en les alignant avec l'objet visé O.

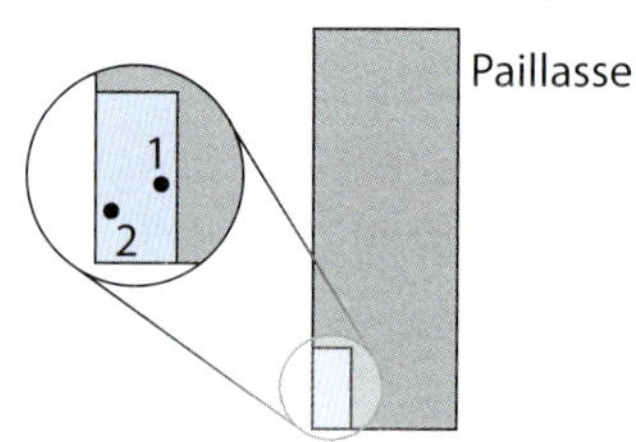

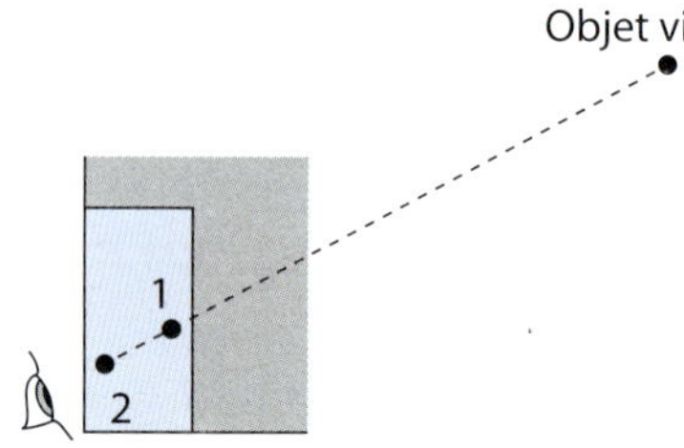

On appellera A et C les repères respectifs sur la table des épingles 2 et 1.
- Déplacer la planchette parallèlement au bord de la table jusqu'à l'autre extrémité de celle-ci.
- Piquer une troisième épingle sur la planchette en alignant celle-ci avec l'épingle 1 et l'objet visé O.

On appellera C', A' et B les repères respectifs sur la table des épingles 1, 2 et 3.

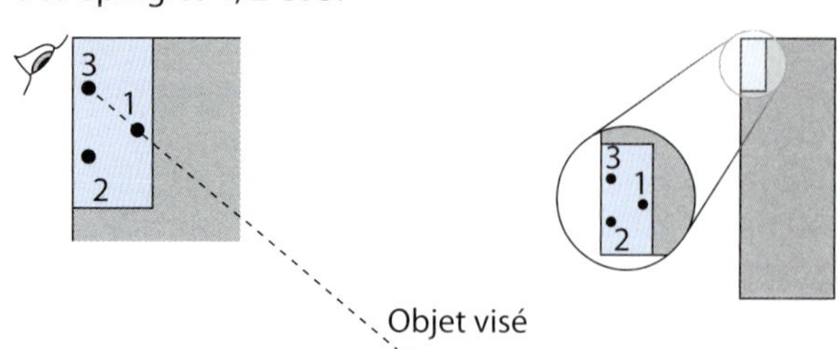

Voici la situation une fois la triangulation réalisée :

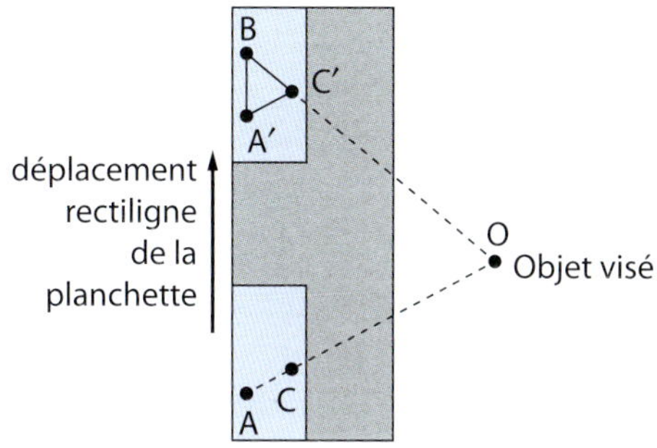

Mesures d'un groupe

AB = 2 m, A′B = 13,7 cm et BC′ = 19,1 cm.

Les droites (AC) et (A′C′) sont parallèles.

On suppose que les triangles A′BC′ et AOB sont des triangles semblables.

- Déterminer une valeur approchée de la longueur BO.

48 Viaduc de Millau Prise d'initiative

TECH

Le viaduc de Millau est un pont à haubans (câbles) inauguré en 2004. Il est constitué de 7 pylônes avec 11 paires de haubans chacun. Les haubans sont symétriques par rapport au pylône qui les supporte.

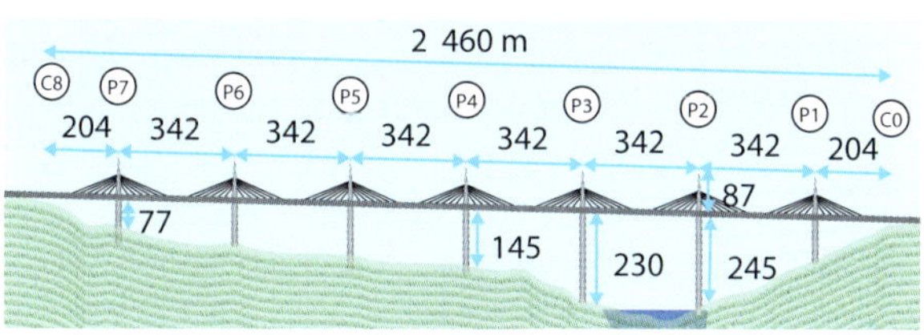

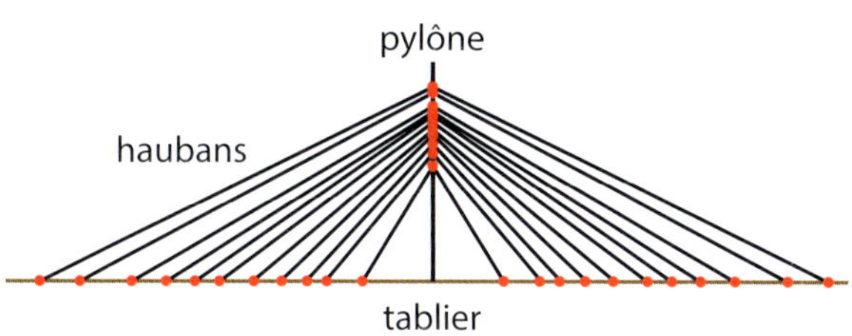

Ordre d'implantation du câble sur le pylône en partant du haut	Longueur des câbles	Distance d'implantation du câble sur le pylône par rapport au tablier	Angle d'inclinaison du câble avec le pylône
1	182 m	71,1 m	67°
2	165 m	69,9 m	65°
3	144 m	65,5 m	63°
4	130 m	63,1 m	61°
5	119 m	61,4 m	59°
6	108 m	59 m	57°
7	95 m	55,8 m	54°
8	84 m	54,2 m	50°
9	74 m	50,9 m	47°
10	66 m	47,7 m	44°
11	55 m	43,7 m	35°

1. À partir des documents, expliquer pourquoi chaque pylône est constitué de 11 paires de triangles égaux. Illustrer cette explication avec une figure pour deux triangles égaux.
2. Tous les 20 ans, il est nécessaire de changer les haubans du viaduc.
   Déterminer la longueur nécessaire de câbles pour le rénover intégralement.

Dans le chapitre 14 « Théorème de Pythagore » (exercice 67, p. 253), tu peux essayer de résoudre un autre problème sur la construction du viaduc de Millau !

49 Nature et mesure Prise d'initiative

Pendant un camp de vacances, Manon et ses camarades ont été en forêt et l'animateur leur a fait estimer la taille d'un arbre à l'aide de deux brindilles.

Voici ce qu'il leur a expliqué :

- Repérez un arbre un peu isolé (il faudra pouvoir s'éloigner de son tronc en ligne droite). La cime doit être bien visible quand vous vous trouvez à 30 m du pied de l'arbre.
- Procurez-vous deux petites tiges, droites et de même longueur, par exemple deux brindilles (pas trop fines) que vous trouverez par terre.
- Placez les deux tiges en angle droit. Celle qui est à l'horizontale sera placée au niveau des yeux et l'autre, à la verticale, à l'extrémité de la première tige.

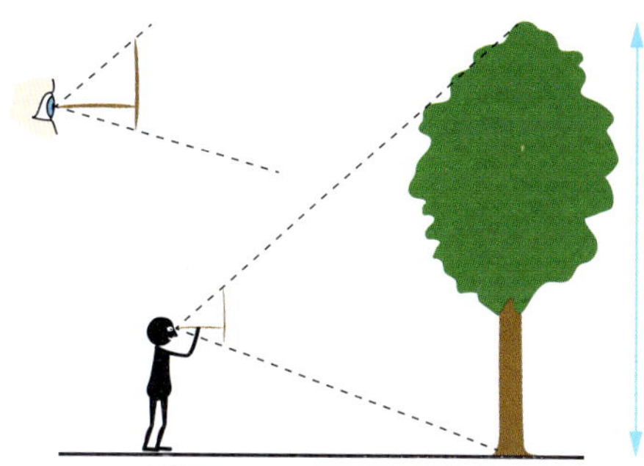

- Maintenant, il faut reculer jusqu'à ce que le haut de la tige verticale coïncide avec la cime de l'arbre et que le bas coïncide avec le pied de l'arbre. C'est fait ? La distance qui vous sépare de l'arbre est la même que sa hauteur.
- Il ne reste plus qu'à compter le nombre de pas qui correspond à cette distance.

On estime qu'une enjambée d'enfant est comprise entre 80 cm et 1 m.

Manon mesure 1,50 m. Pour être dans la situation représentée par le schéma ci-dessus, Manon a reculé de 30 pas.

- Déterminer un encadrement de la taille de l'arbre choisi par Manon.

Travailler autrement

Utilisable en AP

À chacun sa méthode !

Deux énoncés pour un exercice

Exercice 1

ABC est un triangle rectangle isocèle en B.
On souhaite agrandir la figure suivante de telle sorte que la longueur égale à 5 cm devienne égale à 7,5 cm.

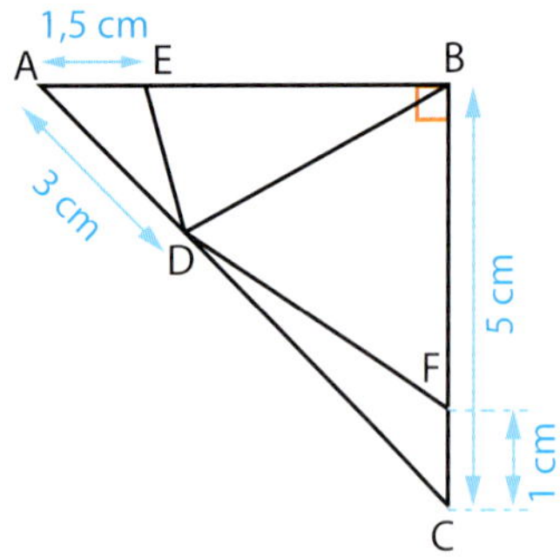

1. Réaliser la figure agrandie.
2. Citer des triangles semblables sur les deux figures et calculer leur rapport d'agrandissement.
3. Calculer les longueurs agrandies de FC et AE.

Exercice 2

Le triangle ABC est un triangle équilatéral de côté 4 cm et CD = 1 cm.

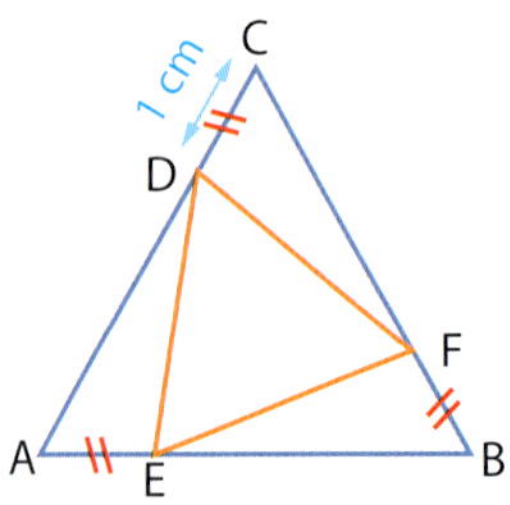

1. Montrer que les triangles DCF, AED et BEF sont des triangles égaux.
2. Démontrer que le triangle DEF est un triangle équilatéral.

Exercice 1

ABC est un triangle rectangle isocèle en B.
On souhaite agrandir la figure suivante de telle sorte que la longueur égale à 3 cm devienne égale à 5 cm.

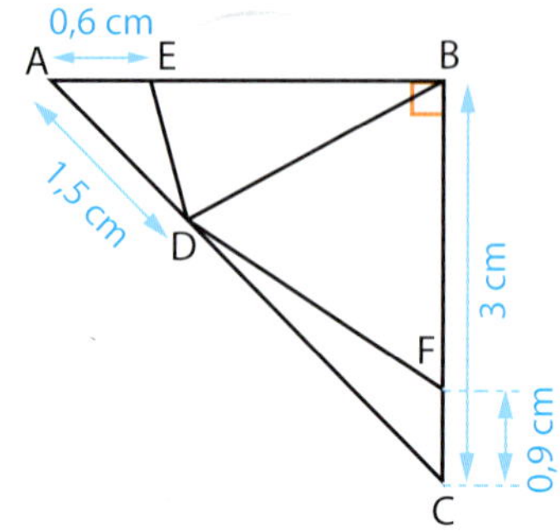

1. Déterminer les longueurs exactes agrandies de AB, AE, AD et FC.
2. Réaliser la figure agrandie.
3. Citer des triangles semblables sur les deux figures et calculer leur rapport d'agrandissement.

Exercice 2

Le triangle ABC est un triangle équilatéral de côté 4 cm.

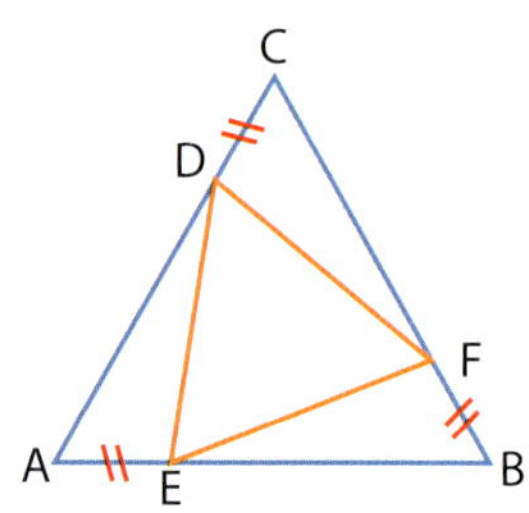

1. Montrer que les triangles DCF, AED et BEF sont des triangles égaux.
2. Démontrer que le triangle DEF est un triangle équilatéral.

Écriture d'un problème

1. Inventer l'énoncé d'un exercice utilisant la figure ci-dessous.
2. Échanger cet énoncé avec son binôme et résoudre l'exercice.

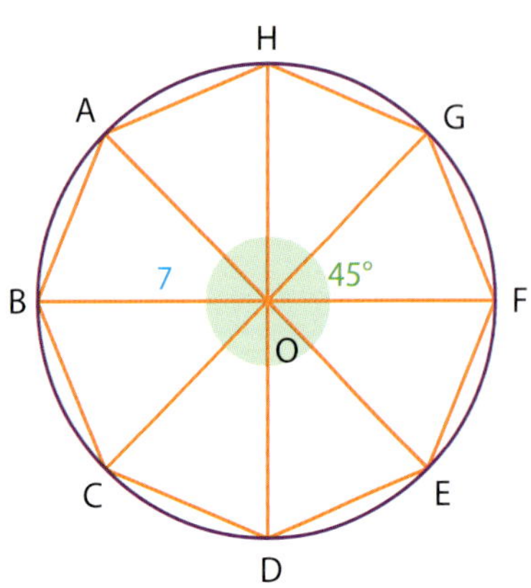

Analyse d'une production

On a posé à Loïc le problème suivant :
« Soit ABC un triangle isocèle en A, I milieu de [AC] et J milieu de [AB]. Démontrer que les triangles BIC et CJB sont des triangles égaux. »
Voici sa réponse :

LOÏC

ABC est un triangle isocèle en A donc $\widehat{ABC} = \widehat{ACB}$.
Les triangles BIC et CJB ont un côté en commun : [BC].
Si deux triangles ont un angle de même mesure entre 2 côtés de même longueur, alors ils sont égaux.
En conclusion, les triangles BIC et CJB sont des triangles égaux.

- Analyser la réponse de Loïc et corriger ses erreurs, s'il y en a.

CHAPITRE 13

Ta mission

Reconnaitre des parallélogrammes et des parallélogrammes particuliers.

Quadrilatères

Jeux

Sur cette figure, combien voit-on de carrés ? De rectangles ? De parallélogrammes ?

INFOS

Piet Mondrian (1872-1944), peintre néerlandais, a réalisé des œuvres abstraites utilisant un nombre limité de couleurs et des figures géométriques décomposées sur une trame orthogonale.

Composition **(1919), Piet Mondrian.**

Activités

Questions flash

diapo

Prêt ?

1. On a représenté ci-dessous un motif composé de six triangles isocèles rectangles.

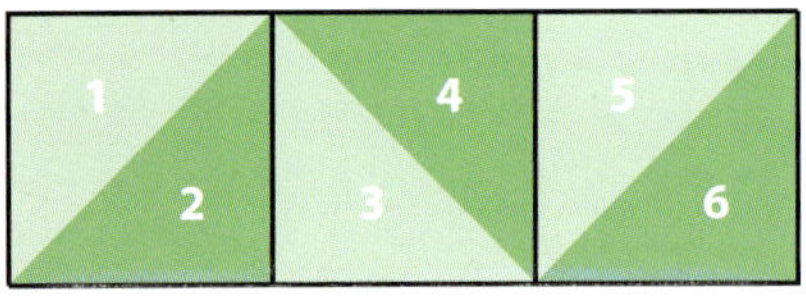

Quels sont les triangles qui forment :

a. un carré ?

b. un rectangle qui n'est pas un carré ?

c. un parallélogramme qui n'est pas un rectangle ?

2. a. Combien y a-t-il de losanges sur cette figure ?

b. Combien y a-t-il de parallélogrammes sur cette figure ?

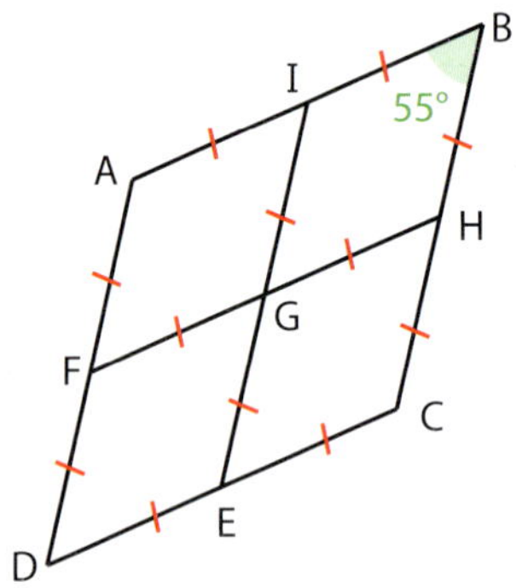

3. Voici des dessins à main levée de quadrilatères :

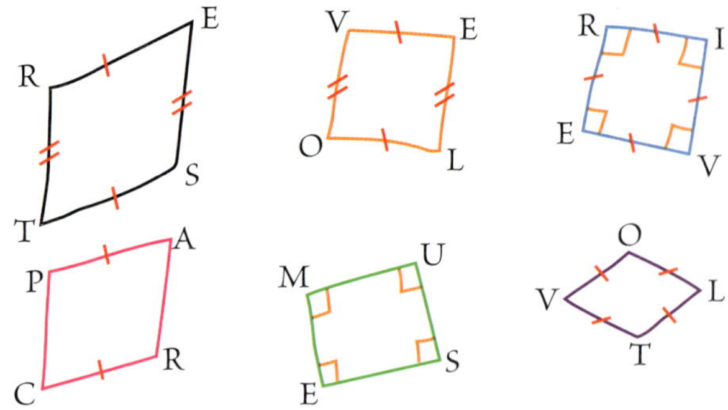

Lesquels sont des parallélogrammes ? Des rectangles ? Des losanges ?

4. Pour chaque parallélogramme, trouver la (ou les) mesure(s) demandée(s).

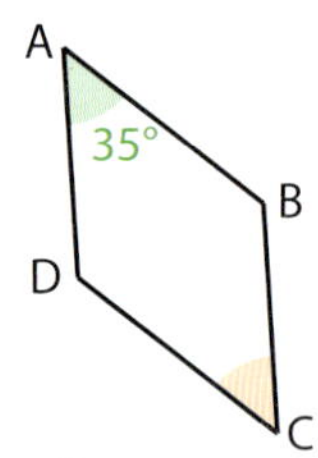

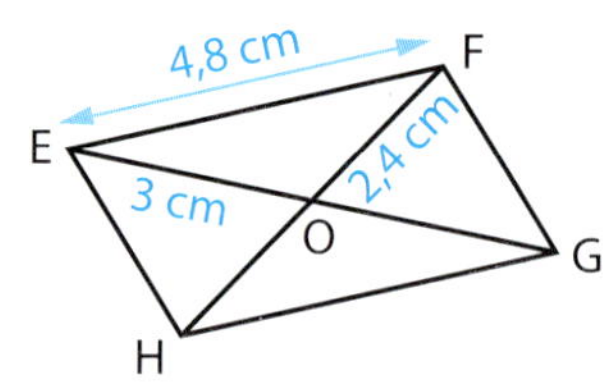

$\widehat{DCB} = \ldots$ HO = … HG = …

Partez !

Escalator

5e — Activité 1

Doc. 1 Représentation d'un escalator

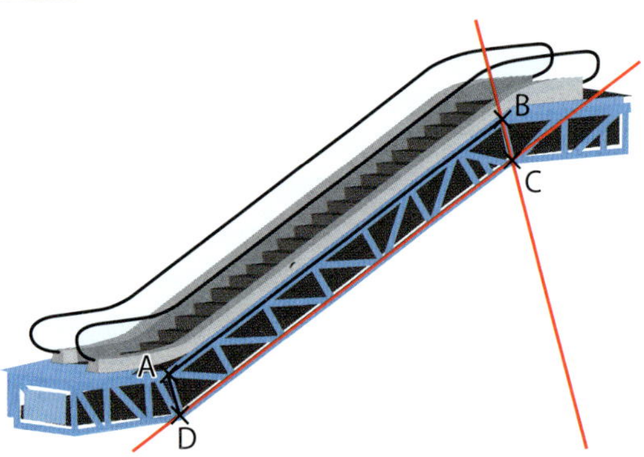

Doc. 2 Plan d'un escalator vu de côté

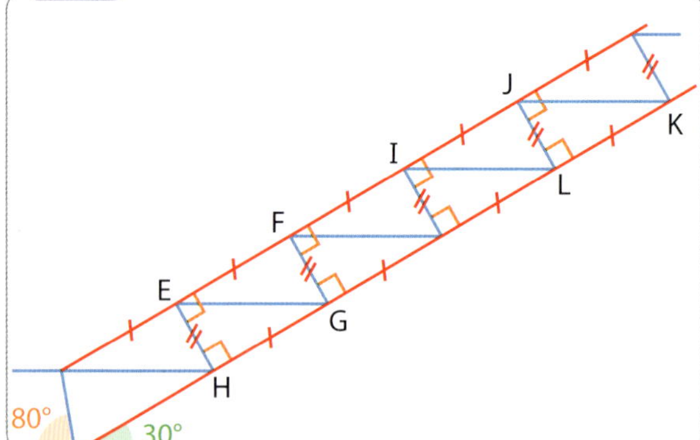

1. Le doc. 1 est une représentation d'un escalator qui a été insérée dans un logiciel de géométrie dynamique afin d'analyser les éléments de la structure métallique bleue. On a d'abord placé trois points A, B et D, et tracé en rouge les parallèles aux segments [AD] et [AB] passant respectivement par B et D.

Quelle est la nature du quadrilatère ABCD ? Justifier.

2. Le doc. 2 est une partie d'un plan d'escalator vu de côté. Les demi-droites rouges sont parallèles.

a. Quelle est la nature du quadrilatère EFGH ? Qu'est-ce qui permet de l'affirmer ?

b. Montrer que le quadrilatère IJKL est un parallélogramme.

c. Rappeler la définition du losange. Montrer que le quadrilatère IJKL n'est pas un losange.

Les structures métalliques

Activité 2

La « Croix de Saint-André » est un exemple de système triangulé (ou treillis), que l'on retrouve dans de nombreuses constructions métalliques.
En voici trois exemples :

1. Les pieds de la tour Eiffel

On sait que ABCD est un parallélogramme tel que :

DC = 14,1 m, AD = 11,6 m et $\widehat{ADC} = 116°$.

a. Reproduire le parallélogramme ABCD à l'échelle 1/200.
b. Mesurer les longueurs des diagonales [AC] et [BD], ainsi que l'angle qu'elles forment.
c. Que peut-on dire de ces diagonales ?

2. La structure d'un pont

Le quadrilatère CHEF est un rectangle.

a. Montrer que les triangles FCH et HEC sont égaux.
b. Que peut-on en déduire pour les segments [FH] et [CE] ?
c. Quelle propriété du rectangle a-t-on mise en évidence ?

3. La structure d'une tour

La structure de cette tour est constituée de tiges métalliques marron identiques, fixées au niveau des étages de l'immeuble.

a. Quelle est la nature du quadrilatère IJKL ? Justifier.
b. Montrer que les triangles ISL et ISJ sont égaux.
c. Que peut-on en déduire pour les angles $\widehat{LSI}$ et $\widehat{JSI}$?
d. Quelle propriété du losange a-t-on mise en évidence ?

Dis-moi quelles sont tes diagonales et je te dirai qui tu es !

Activité 3

1. a. Avec un logiciel de géométrie dynamique, réaliser la construction d'un quadrilatère ABCD dont les diagonales se coupent en leur milieu.
   b. Quelle est la nature du quadrilatère ABCD ? Justifier la réponse et énoncer la propriété utilisée.

Tu peux utiliser l'outil de symétrie centrale : 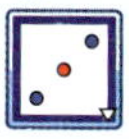

2. a. En s'inspirant de la question 1., effectuer la construction d'un parallélogramme EFGH dont les diagonales sont de même longueur.
   b. Mesurer les angles de EFGH à l'aide de l'outil , puis faire bouger les points de la figure. Qu'observe-t-on ?
   c. Quelle propriété cette observation permet-elle de conjecturer ?

Pour tracer des segments de même longueur, tu peux utiliser l'outil : 

3. a. Construire un parallélogramme IJKL dont les diagonales sont perpendiculaires.
   b. Mesurer les longueurs des côtés de IJKL à l'aide de l'outil , puis faire bouger les points de la figure. Qu'observe-t-on ?
   c. Quelle propriété cette observation permet-elle de conjecturer ?

Pour tracer des droites perpendiculaires, tu peux utiliser l'outil : 

Cours

5e 1 Construire un parallélogramme ▶Vidéo

Définition

Un **parallélogramme** est un quadrilatère dont les côtés opposés sont deux à deux parallèles.

Exemple

- Les droites (AB) et (DC) sont parallèles.
- Les droites (AD) et (BC) sont parallèles.

Donc le quadrilatère ABCD est un parallélogramme.

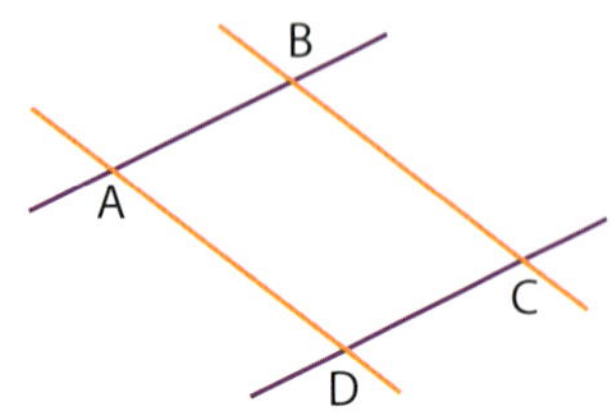

Propriétés

Si un quadrilatère est un parallélogramme, alors :

- ses diagonales se coupent en leur milieu.
- ses côtés opposés sont de même longueur.
- ses angles opposés ont même mesure.

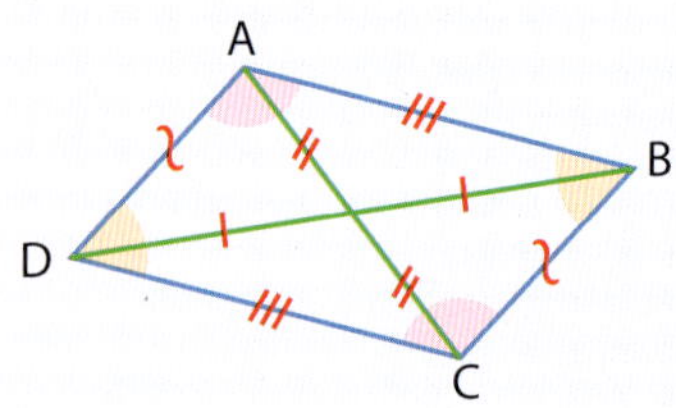

5e 2 Reconnaitre un parallélogramme ▶Vidéo

Propriété

Avec les diagonales

Si les diagonales d'un quadrilatère se coupent en leur milieu, alors c'est un parallélogramme.

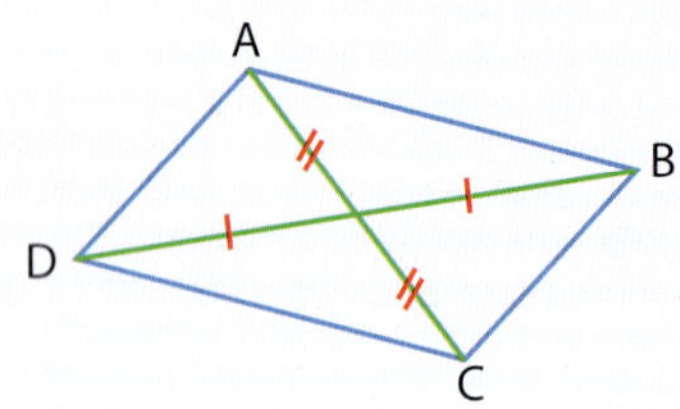

Propriété

Avec les quatre côtés

Si un quadrilatère non croisé a ses côtés opposés deux à deux de même longueur, alors c'est un parallélogramme.

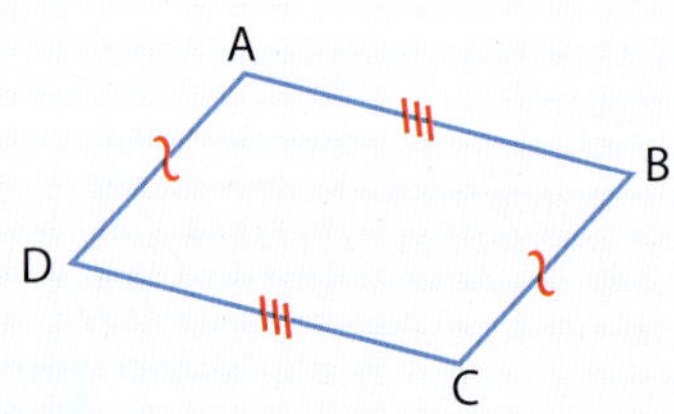

Si les côtés d'un quadrilatère sont deux à deux parallèles, on peut aussi conclure que c'est un parallélogramme. (C'est la définition d'un parallélogramme !)

Propriété

Avec deux côtés

Si un quadrilatère non croisé a deux côtés opposés parallèles et de même longueur, alors c'est un parallélogramme.

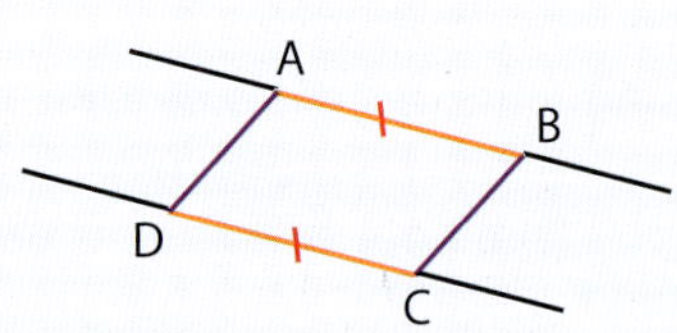

Savoir-faire

Apprends à l'aide des exercices résolus puis entraine-toi !

1 Construire un parallélogramme

1 VRAI est un parallélogramme de centre O tel que : VO = 1,8 cm, RV = 4,4 cm et IV = 2,1 cm.

1. Déterminer les longueurs AI, RA et VA.
2. Construire le parallélogramme VRAI en vraie grandeur.

Solution

1. On commence par faire une figure à main levée, puis on cite les propriétés du parallélogramme utilisées.

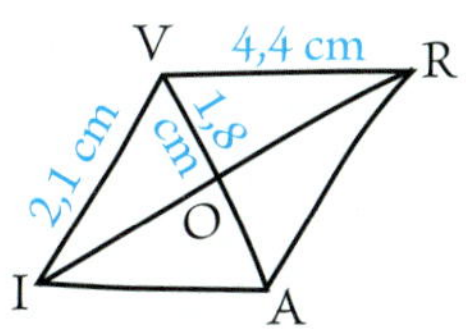

VRAI est un parallélogramme, donc ses côtés opposés sont de même longueur et ses diagonales se coupent en leur milieu.

AI = RV = 4,4 cm

RA = VI = 2,1 cm

VA = 2 × 1,8 cm = 3,6 cm

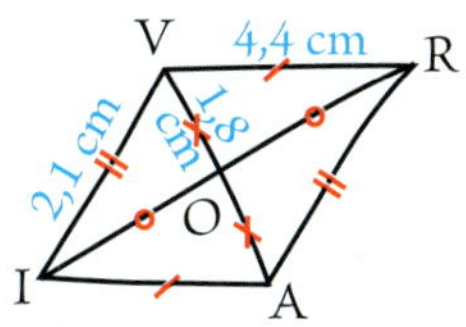

2. • On construit d'abord le triangle VAR.

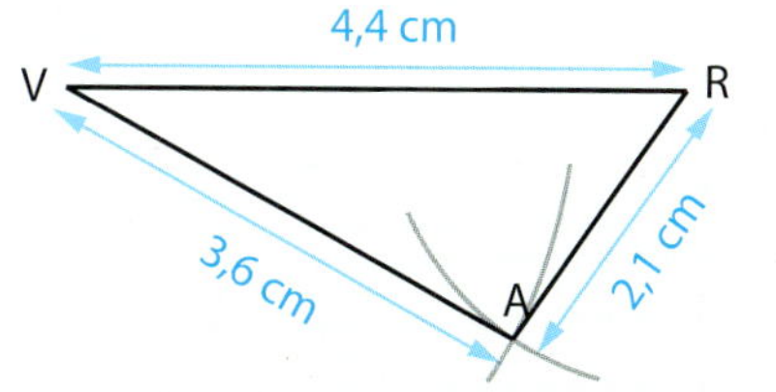

• On construit le point I avec le compas, puis on trace le parallélogramme VRAI.

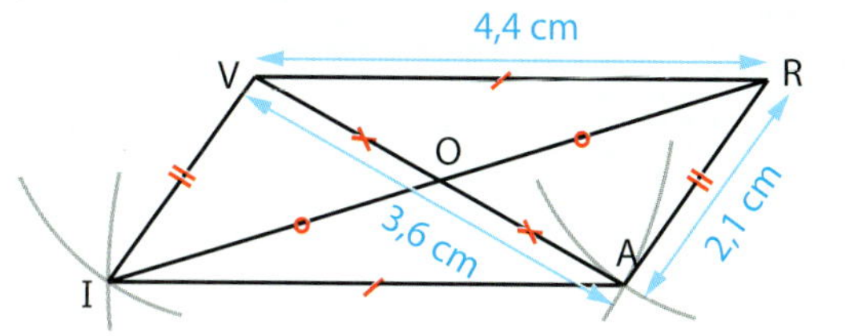

2 FAUX est un parallélogramme tel que :

FA = 7,4 cm, AU = 4,2 cm et $\widehat{FAU} = 54°$.

a. Faire un dessin à main levée.

b. Construire FAUX en vraie grandeur.

3 TRAC est un parallélogramme tel que :

CA = 6,6 cm, $\widehat{CTR} = 32°$ et $\widehat{CRT} = 60°$.

a. Faire un dessin à main levée.

b. Construire TRAC en vraie grandeur.

2 Reconnaitre un parallélogramme

4 Placer trois points non alignés A, B et M.

Les points A′ et B′ sont les symétriques respectifs des points A et B par rapport au point M.

- Quelle est la nature du quadrilatère AB′A′B ? Justifier.

Solution

- On se rappelle la définition de la symétrie tout en faisant un dessin à main levée, puis on cite la propriété caractéristique qui permet de conclure :
  Les points A′ et B′ sont les symétriques respectifs des points A et B par rapport à M.
  Donc M est le milieu des segments [AA′] et [BB′].

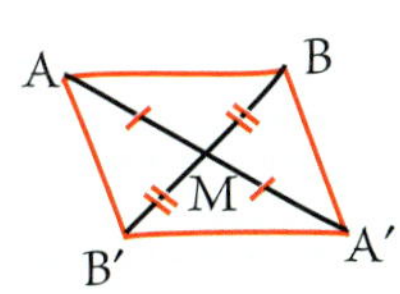

- Si les diagonales d'un quadrilatère se coupent en leur milieu, alors c'est un parallélogramme.
  Donc AB′A′B est un parallélogramme.

5 DRAP est un quadrilatère tel que :

DR = AP = 6,4 cm et (RD) // (PA).

- Quelle est la nature de DRAP ? Justifier.

6 PRIM est un quadrilatère tel que :

MI = PR = 5 cm et IR = PM = 7 cm.

- Quelle est la nature de PRIM ? Justifier.

Cours

3 Reconnaitre un parallélogramme particulier

Vidéo

Définition

Un **rectangle** est un quadrilatère qui a quatre angles droits.

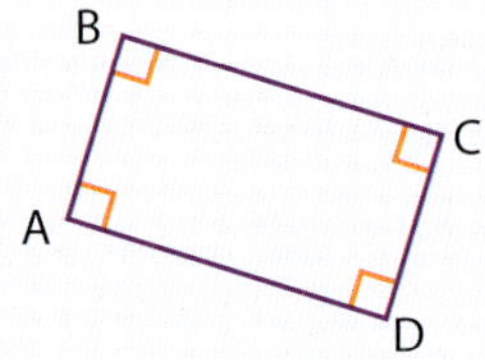

Propriétés

Si ABCD est un rectangle, alors :

- ABCD est un parallélogramme ;
- les diagonales [AC] et [BD] ont même longueur.

Si ABCD est un parallélogramme et que ses diagonales ont même longueur, alors c'est un rectangle.

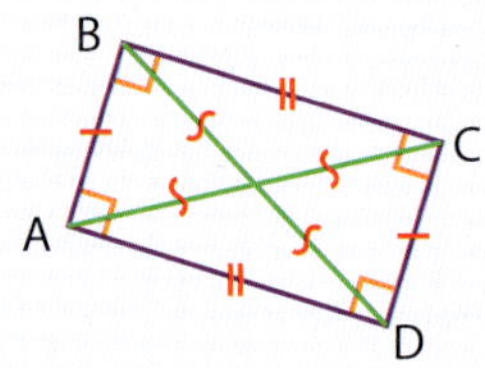

Définition

Un **losange** est un quadrilatère qui a quatre côtés de même longueur.

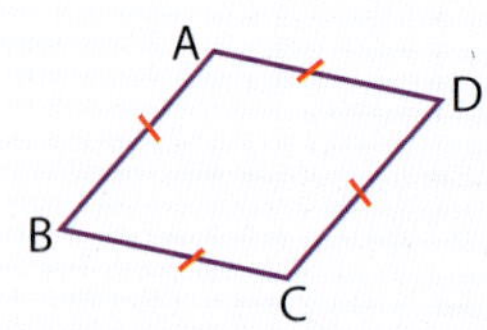

Propriétés

Si ABCD est un losange, alors :

- ABCD est un parallélogramme ;
- les diagonales [AC] et [BD] sont perpendiculaires.

Si ABCD est un parallélogramme et que ses diagonales sont perpendiculaires, alors c'est un losange.

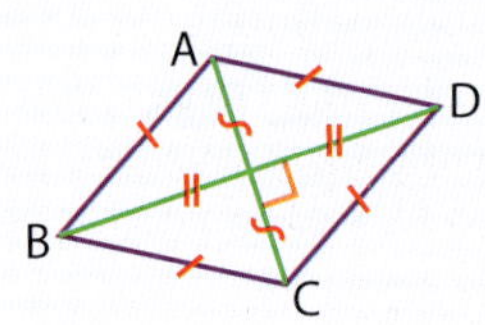

Définition

Un **carré** est un quadrilatère qui a quatre angles droits et quatre côtés de même longueur.

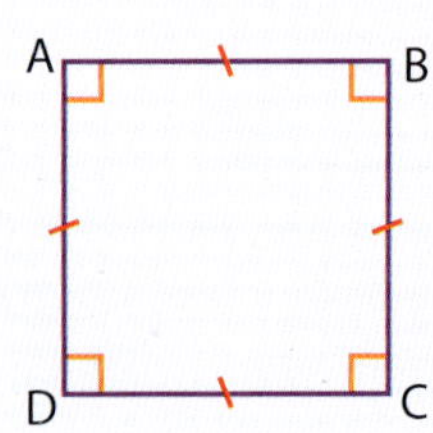

Propriétés

Si ABCD est un carré, alors :

- ABCD est un parallélogramme ;
- les diagonales [AC] et [BD] ont même longueur ;
- les diagonales [AC] et [BD] sont perpendiculaires.

Si ABCD est un parallélogramme et que ses diagonales ont même longueur et sont perpendiculaires, alors c'est un carré.

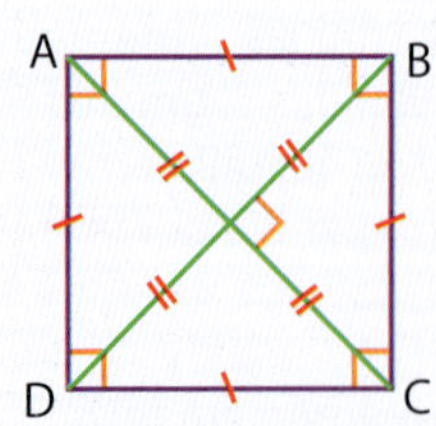

Un carré est à la fois un parallélogramme, un rectangle et un losange !

Savoir-faire

Apprends à l'aide des exercices résolus puis entraine-toi !

3 Reconnaitre un parallélogramme particulier

7 TRUC est un rectangle tel que : TU = 5 cm et RU = 4 cm.
- Déterminer les longueurs TC et RC. Justifier.

Solution

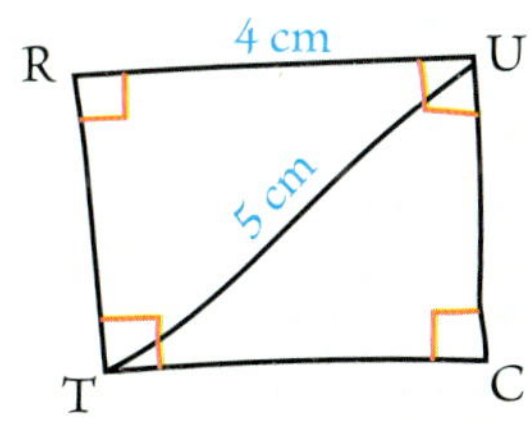

- On commence par faire une figure à main levée.
- Pour justifier, on cite la propriété utilisée :
  Comme TRUC est un rectangle, ses côtés opposés sont deux à deux de même longueur et ses diagonales ont même longueur.
  Donc TC = RU = 4 cm et RC = TU = 5 cm.

8 Dans la figure ci-contre, les segments [AC] et [DB] sont deux diamètres perpendiculaires d'un cercle de centre I.
- Quelle est la nature de ABCD ? Justifier.

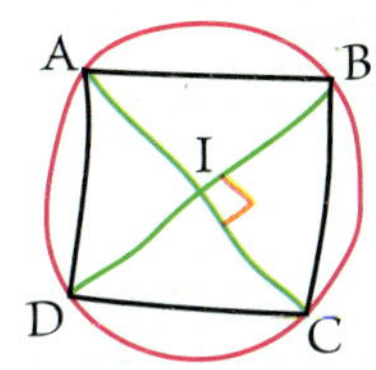

Solution

- On conjecture la réponse sur la figure : ABCD semble avoir 4 angles droits et 4 côtés de même longueur. Il semble que ABCD soit un carré.
- On cherche d'abord à montrer que ABCD est un parallélogramme.
  Pour cela, on utilise les diagonales : [AC] et [DB] sont deux diamètres d'un cercle de centre I, donc I est le milieu des segments [AC] et [BD].
  Si les diagonales d'un quadrilatère se coupent en leur milieu, alors c'est un parallélogramme.
  Donc ABCD est un parallélogramme.
- On montre ensuite que ABCD est un carré.
  Pour cela, on utilise aussi les diagonales : [AC] et [DB] sont deux diamètres d'un cercle de centre I donc AC = BD.
- De plus, on sait d'après l'énoncé que [AC] et [BD] sont perpendiculaires.
  Si un parallélogramme a ses diagonales de même longueur et perpendiculaires, alors c'est un carré.
  Donc ABCD est un carré.

9 MOIN est un losange.
- Que peut-on dire des droites (MI) et (ON) ? Justifier.

10 PLUS est un rectangle tel que :
PL = 5 cm et LS = 8 cm.
1. Quelle est la longueur US ? Justifier.
2. Quelle est la longueur UP ? Justifier.

11 ABCD est un quadrilatère tel que :
AB = CD, BC = DA et AC = BD.
1. Montrer que ABCD est un parallélogramme.
2. Montrer que ABCD est un rectangle.

12 [BA] et [CD] sont deux diamètres perpendiculaires d'un cercle de centre O.
F et E sont deux points distincts du segment [BA] tels que OF = OE.
1. Quelle est la nature du quadrilatère BDAC ? Justifier.
2. Quelle est la nature du quadrilatère DECF ? Justifier.

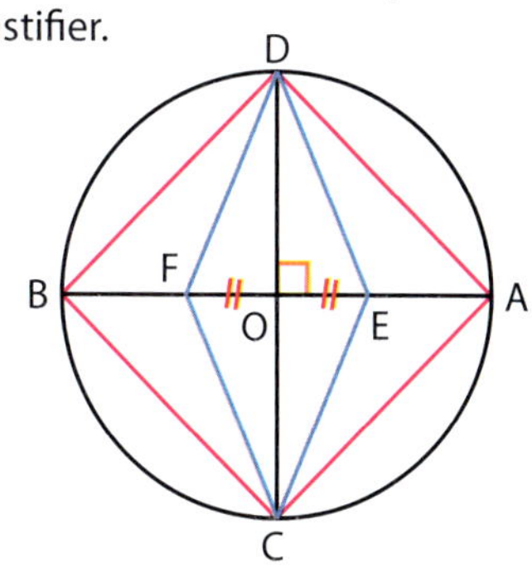

Exercices

2 pages d'exercices supplémentaires dans le manuel numérique

Construire un parallélogramme

Savoir-faire p. 227

Questions flash

diapo

13 Voici les dessins à main levée de trois parallélogrammes :

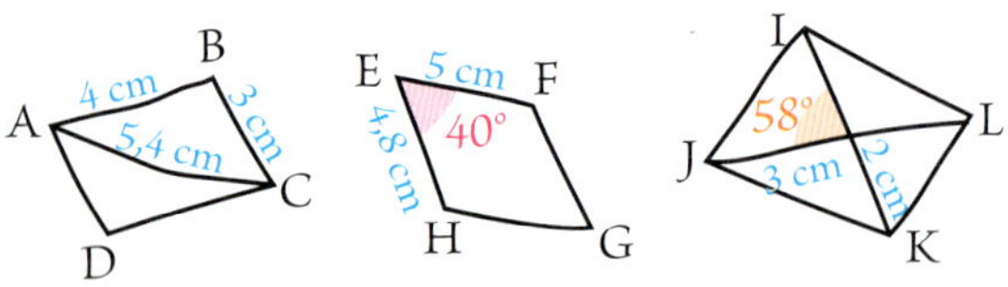

- Pour chacun d'eux, dire quels instruments de géométrie il faut utiliser pour le construire en vraie grandeur.

14 MNOP est un parallélogramme tel que :
MN = 4 cm et NO = 5,1 cm.

- Quelle propriété permet de connaitre les longueurs MP et OP ?

15 Pour chacun des trois parallélogrammes ci-dessous, déterminer la longueur ou l'angle demandé.

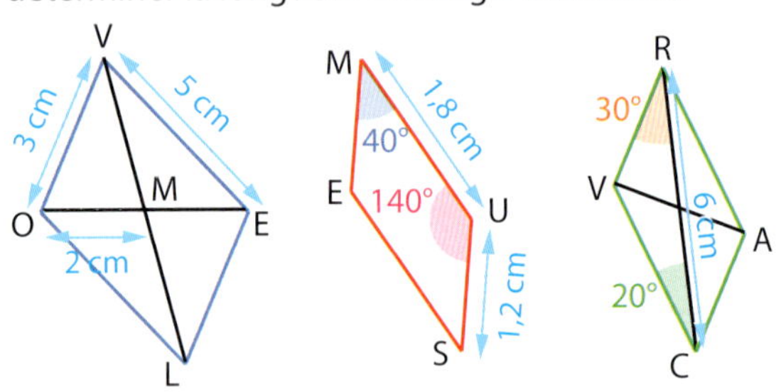

EO = … $\widehat{MES}$ = … $\widehat{RCA}$ = …

16 1. RIVE est un parallélogramme de centre S tel que :
ES = 4,5 cm, IV = 8 cm et RI = 3 cm.
GOAL est un parallélogramme tel que :
$\widehat{GOA}$ = 85°, $\widehat{OGA}$ = 20° et GO = 6 cm.

Relier chaque mesure à la propriété qui est utilisée pour la trouver.

- RE
- SI
- LA
- $\widehat{OAG}$
- $\widehat{GLA}$

- Les angles opposés d'un parallélogramme ont même mesure.
- Les diagonales d'un parallélogramme se coupent en leur milieu.
- La somme des mesures des angles d'un triangle est égale à 180°.
- Les côtés opposés d'un parallélogramme sont de même longueur.

2. Construire RIVE et GOAL en vraie grandeur.

17 1. Construire en vraie grandeur les trois parallélogrammes de l'exercice 15.
2. Tracer un triangle JOL tel que :
JO = 5,2 cm, LO = 4,6 cm et JL = 3,1 cm.
3. Placer le point I tel que JOLI soit un parallélogramme.

Reconnaitre un parallélogramme

Savoir-faire p. 227

Questions flash

diapo

18 Parmi ces dessins à main levée, lesquels permettent d'affirmer que WXYZ est un parallélogramme ?

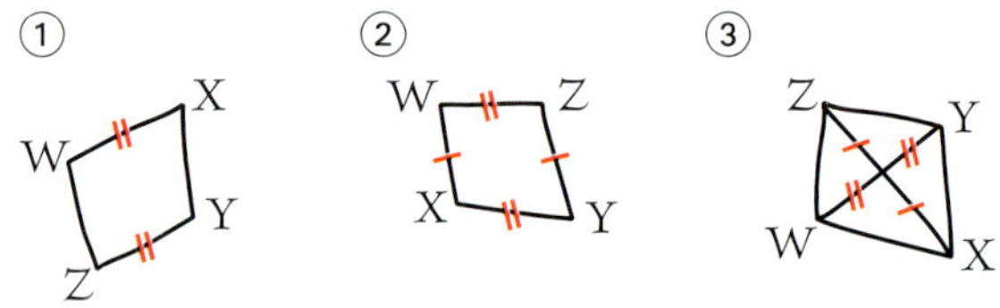

19 1. Pourquoi les segments [LO] et [PU] sont-ils parallèles ?
2. Quelle propriété permet de justifier que LOUP est un parallélogramme ?

L ∈ [AB]
O ∈ [AB]
P ∈ [DC]
U ∈ [DC]

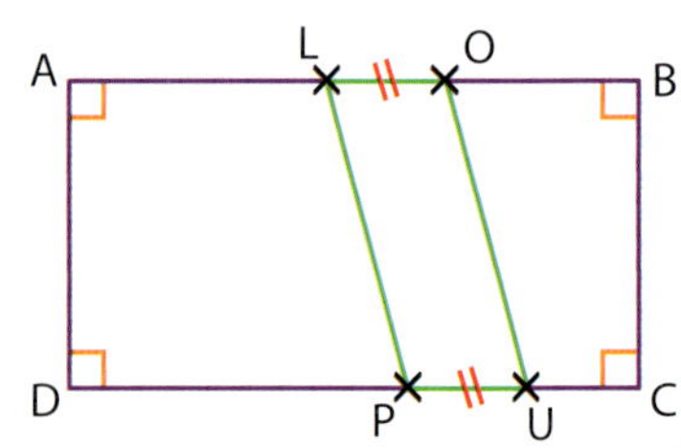

20 Pour chacun des quadrilatères ci-dessous, utiliser les codages pour répondre à la question :
« Peut-on affirmer que c'est un parallélogramme ? »

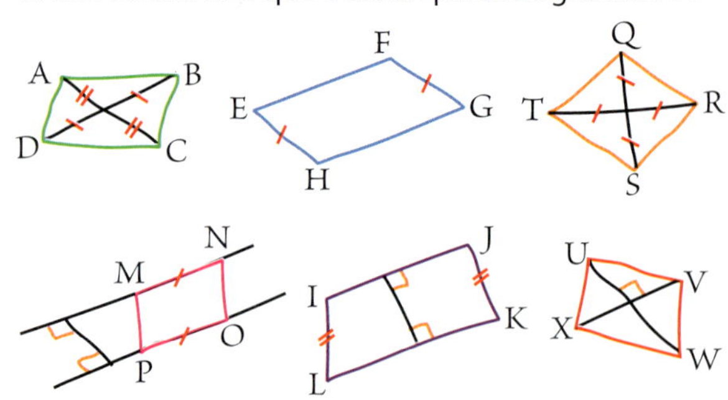

21 1. Tracer un segment [PL] et nommer M son milieu.
Tracer un segment [OI] dont M est aussi le milieu.
Tracer le quadrilatère POLI.
2. Montrer que le quadrilatère POLI est un parallélogramme.

22 1. Tracer un carré KARO de côté 5 cm.
Placer le point U, milieu du côté [KA].
Placer le point T, milieu du côté [OR].
Tracer le quadrilatère KURT.
2. Montrer que les segments [KU] et [RT] sont parallèles et de même longueur.
3. En déduire que KURT est un parallélogramme.

23 1. Tracer un quadrilatère JUST qui vérifie les conditions suivantes :
JU = ST = 6,2 cm et US = JT = 5 cm.
2. Montrer que JUST est un parallélogramme.

Reconnaitre un parallélogramme particulier

Savoir-faire p. 229

Questions flash

diapo

24 Dire si les affirmations suivantes sont vraies ou fausses. Justifier.

a. Le quadrilatère QUID ci-dessous est un rectangle.

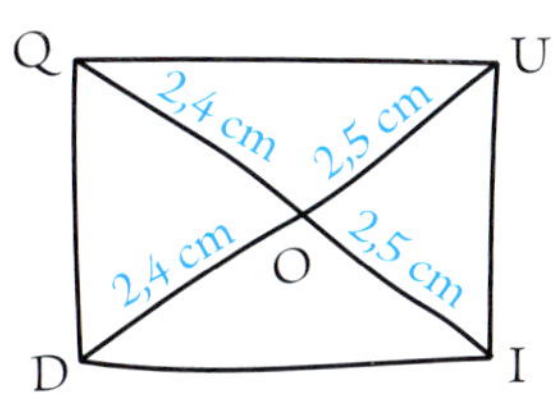

b. Si ABCD est un rectangle, alors ses diagonales ont la même longueur.

c. Si EFGH est un losange, alors ses diagonales sont perpendiculaires et ont la même longueur.

d. Si IJKL est un carré de centre O, alors les triangles OIJ, OJK, OKL et OLI sont isocèles rectangles en O.

25 Pour chacune des figures dessinées à main levée et codées ci-dessous, faire une construction en vraie grandeur.

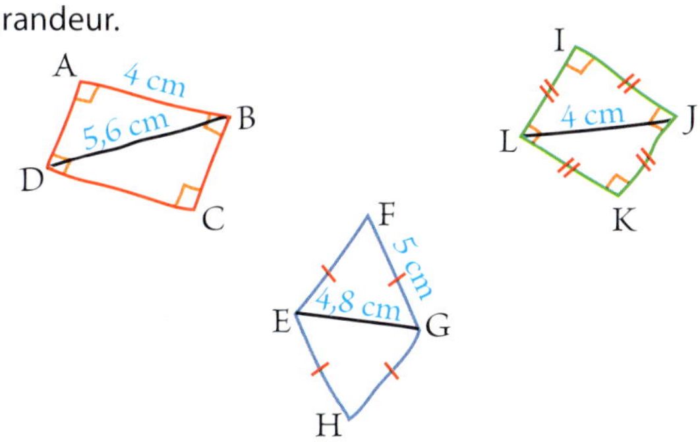

26 1. MARC est un parallélogramme tel que :
CA = 5,4 cm, $\widehat{MCA} = 67°$ et $\widehat{CAM} = 23°$.
Tracer en vraie grandeur ce parallélogramme.
2. Le parallélogramme MARC est-il particulier ? Justifier.

27 Recopier et compléter ce tableau avec les noms des quadrilatères, en s'aidant des codages des dessins à main levée ci-dessous.

Parallélogrammes	Rectangles	Losanges	Carrés

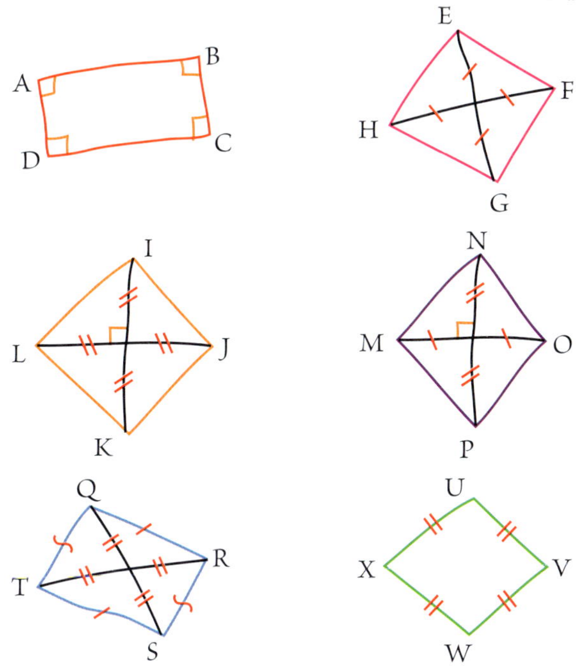

28 VRAI est un rectangle de centre O tel que IO = IV = 2 cm.
1. Faire un dessin à main levée de ce rectangle.
2. Quelle propriété permet d'affirmer que IR = 4 cm ?
3. Quelle propriété permet d'affirmer que VA = 4 cm ?
4. Construire en vraie grandeur le rectangle VRAI.

29 1. Construire un carré VELO de centre M et de côté 3,6 cm. Tracer les droites (VL) et (EO) en rouge.
Tracer le cercle de centre M et de rayon 4 cm. Il coupe la droite (OE) en deux points : nommer ces points I et A.
2. Montrer que les droites (VL) et (EO) sont perpendiculaires.
3. Montrer que VILA est un parallélogramme.
4. Montrer que VILA est un losange.

30 PAGE est un parallélogramme de centre O tel que :
PA = 5 cm, AG = 7 cm et PG = 6 cm.
1. Faire un dessin à main levée de PAGE, puis faire une construction en vraie grandeur.
Tracer en bleu la droite (PG).
Tracer le cercle de centre O et de diamètre [AE]. Ce cercle coupe la droite (PG) en deux points : nommer ces points R et M.
Tracer le quadrilatère RAME.
2. Montrer que RAME est un parallélogramme.
3. Montrer que RAME est un rectangle.

Faire le point

Vérifie tes connaissances.

QCM

Donner la seule réponse correcte parmi les trois proposées.

	Réponse A	Réponse B	Réponse C
1 Construire un parallélogramme			
1. Pour construire un parallélogramme, il suffit de connaitre :	les longueurs de ses côtés.	les longueurs de deux côtés consécutifs.	les longueurs de deux côtés consécutifs et d'une diagonale.
2. Pour un parallélogramme TRAC :	RC = TA	$\widehat{TRC} = \widehat{RCT}$	$\widehat{TCA} = \widehat{ART}$
2 Reconnaitre un parallélogramme			
1. Si un quadrilatère possède un centre de symétrie, alors :	on ne peut rien dire sur sa nature.	c'est un parallélogramme.	c'est un carré.
2. Un rectangle est-il un parallélogramme ?	Oui, toujours.	Non, jamais.	Parfois.
3. Un parallélogramme est-il un losange ?	Oui, toujours.	Non, jamais.	Parfois.
3 Reconnaitre un parallélogramme particulier			
1. Si un parallélogramme a des diagonales perpendiculaires, alors :	c'est un rectangle.	c'est un losange.	on ne peut rien dire sur sa nature.
2. Si un quadrilatère a des diagonales de même longueur, alors :	c'est un rectangle.	c'est un losange.	on ne peut rien dire sur sa nature.

Pour t'aider à retenir le cours.*

Carte mentale

Reproduire et compléter cette carte mentale.

Parallélogrammes particuliers

Rectangle
Diagonales de même longueur

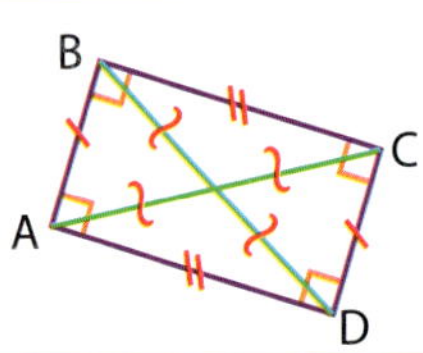

Losange
Diagonales perpendiculaires

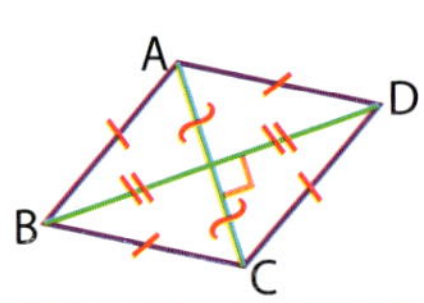

Carré
Diagonales perpendiculaires et de même longueur

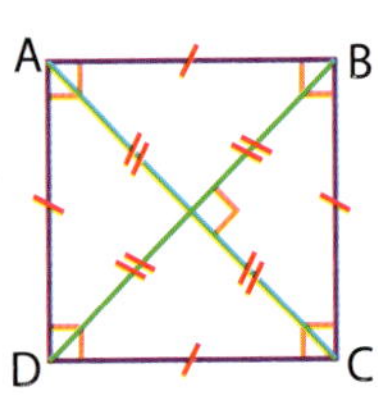

Parallélogrammes

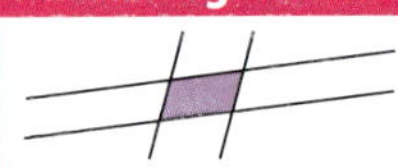

Prouver qu'un quadrilatère est un parallélogramme

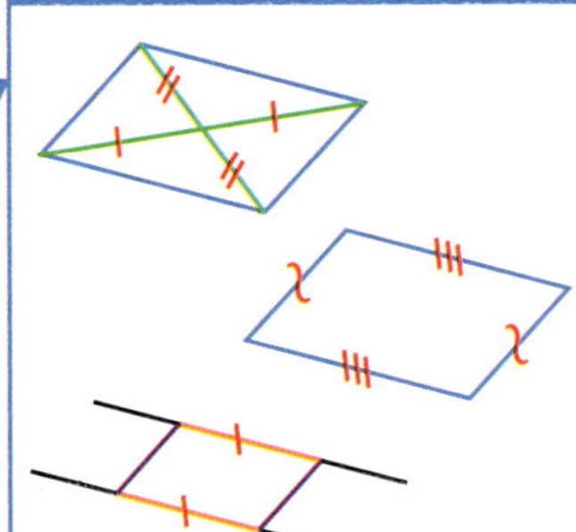

Propriétés des parallélogrammes

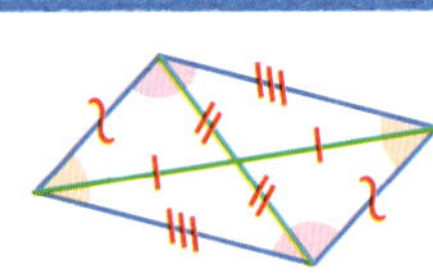

** Tu peux aussi construire ta propre carte mentale.*

Algorithmique et outils numériques

31 Frises

1. Compléter le script afin de tracer le parallélogramme présenté ci-dessous.

```
s'orienter à 90
aller à x: 0 y: 0
stylo en position d'écriture
effacer tout
avancer de ( )
tourner ↶ de ( ) degrés
avancer de ( )
tourner ↶ de ( ) degrés
avancer de ( )
tourner ↶ de ( ) degrés
avancer de ( )
tourner ↶ de ( ) degrés
```

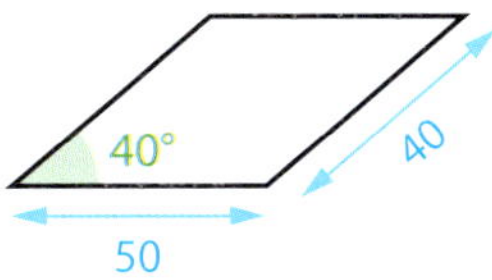

2. Modifier les valeurs afin de tracer un losange.
3. Modifier le script afin de tracer une frise composée de losanges comme ci-dessous.

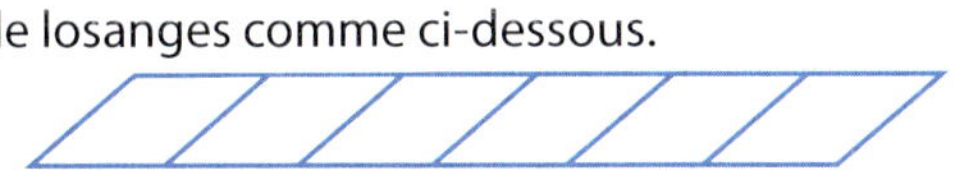

4. Modifier le script précédent afin de tracer une frise composée de carrés.

32 Déformation

Prise d'initiative

1. Avec un logiciel de géométrie dynamique :
- Créer un curseur r variant de 0 à 10 avec un incrément de 0,1 :

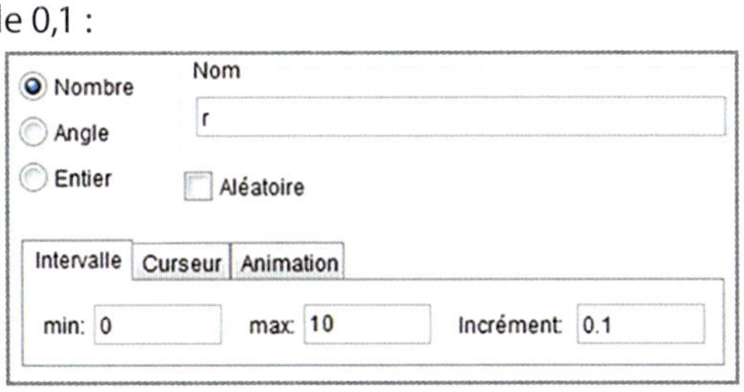

- Placer le curseur r à la valeur 4.
- Tracer le cercle $(\mathscr{C}_1)$ de centre O et de rayon r, puis le cercle $(\mathscr{C}_2)$ de centre O et de rayon 5.
- Placer un point D sur le cercle $(\mathscr{C}_1)$.
- Tracer le cercle $(\mathscr{C}_3)$ de centre D et de rayon 5 cm.
- Nommer E et A les deux points d'intersection des cercles $(\mathscr{C}_2)$ et $(\mathscr{C}_3)$, puis tracer le quadrilatère OADE.

2. Conjecturer la nature de OADE. Vérifier que cette conjecture reste vraie quand on déplace le point D.
3. Démontrer la conjecture faite à la question précédente.
4. Peut-on trouver une valeur de r, exacte ou approchée, telle que OADE soit un carré ?

33 Carré : oui ou non

Prise d'initiative

On souhaite réaliser la figure suivante.

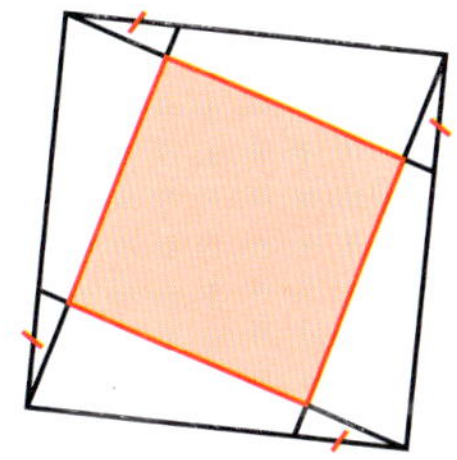

Pour cela, on va utiliser un logiciel de géométrie dynamique et construire la figure suivante.

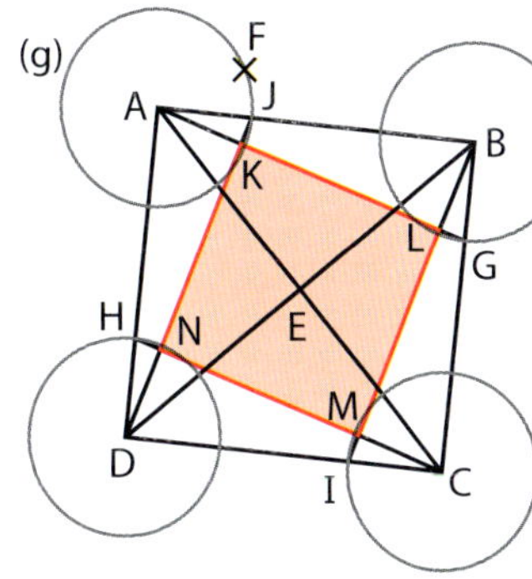

1. **Programme de la construction**
- Tracer un carré ABCD à l'aide de l'outil : [Polygone régulier]
- Tracer les diagonales et nommer E leur point d'intersection.
- Tracer un cercle (g) de centre A passant par un point F placé en dehors du carré.
Construire les trois cercles de centre B, C et D et de même rayon que le cercle (g) en utilisant l'outil [Symétrie axiale] ou [Rotation].
Placer les points J, G, I et H à l'intersection de ces cercles et des côtés du carré ABCD, à l'aide de l'outil [Intersection].
- Tracer les segments [GA], [IB], [HC] et [JD], et placer leurs quatre points d'intersection K, L, M et N à l'aide de l'outil [Segment].
- Tracer le polygone KLMN.

2. Mesurer les angles et les longueurs des côtés du quadrilatère KLMN, en utilisant les outils [Angle] et [Distance ou Longueur].
Déplacer les points de la figure. Qu'observe-t-on ?
3. Faire apparaitre la longueur AJ et l'aire de KLMN, à l'aide de l'outil [cm² Aire]. Déplacer le point F.
Existe-t-il une relation de proportionnalité entre la longueur AJ et l'aire de KLMN ?
Justifier.

Problèmes

Pour mieux cibler les compétences			
Chercher	35 49 52 53	Raisonner	34 35 39
Modéliser	35 36 48 51	Calculer	45 53 54
Représenter	36 39 47 48	Communiquer	38 42 43 50

35 Cerf-volant

- Comment doit-on placer les deux bâtons qui tiennent la toile pour obtenir un cerf-volant qui a la forme d'un losange ? Justifier.

36 En piste !

On a tracé en blanc deux diamètres d'une piste de cirque circulaire.

- Quelle est la nature de la figure tracée en rouge ? Justifier.

37 Pavage triangulaire

1. En s'inspirant de la figure ci-contre, réaliser sur une feuille A5 un pavage en utilisant comme motif un triangle équilatéral de côté 2,5 cm.

2. En utilisant exclusivement les sommets de ces triangles, construire les figures suivantes en utilisant différentes couleurs :
   a. un losange de côté 7,5 cm ;
   b. un rectangle dont les diagonales mesurent 5 cm ;
   c. un parallélogramme de périmètre 15 cm ;
   d. un hexagone régulier de périmètre 30 cm.

Un hexagone régulier est un polygone dont les 6 côtés et les 6 angles ont même mesure.

38 Triangle inscrit dans un demi-cercle

Pour aller plus loin

Tracer un cercle de diamètres [AB] et [CD].

1. Montrer que ACBD est un rectangle.
2. En déduire que ABC est un triangle rectangle en C.
3. Recopier et compléter la propriété suivante qui vient d'être démontrée :
   « Si les trois sommets d'un triangle sont situés sur un cercle et qu'un des côtés est un diamètre, alors .... »

39 Axes de symétrie

1. **Le losange**
   ABCD est un losange. On a tracé ci-contre les droites (AC) et (BD).
   a. Montrer que ces droites sont des axes de symétrie du losange.
   b. Énoncer la propriété démontrée à la question précédente.

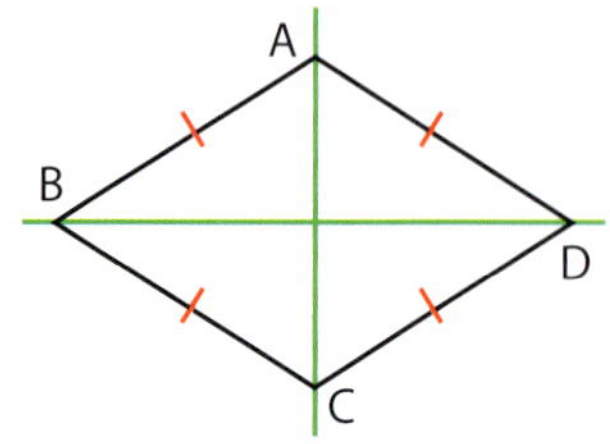

2. **Le rectangle**
   ABCD est un rectangle. La médiatrice de [AB] coupe [AB] en F et [CD] en H. La médiatrice de [AD] coupe [AD] en E et [BC] en G.
   a. Montrer que (FH) est aussi la médiatrice de [DC] et que (EG) est aussi la médiatrice de [BC].
   b. En déduire que les droites (FH) et (EG) sont deux axes de symétrie du rectangle ABCD.
   c. Énoncer la propriété ainsi démontrée.

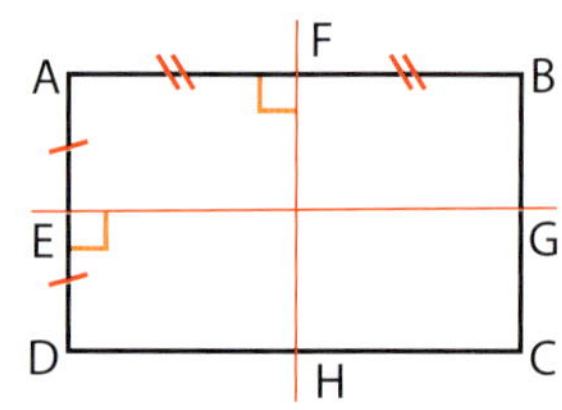

3. **Le carré**
   a. Énoncer une propriété portant sur les axes de symétrie d'un carré.
   b. Que suffit-il de rappeler pour la justifier ?

40 Architecture contemporaine

PEAC

La façade de cette architecture est constituée de losanges bleus et dorés. Chaque losange a pour angles 60° et 120° et pour côté 90 cm.

Le Contemporary Jewish Museum, à San Francisco.

1. Reproduire à l'échelle 1/50 un losange de cette façade.

2. Expliquer pourquoi on peut affirmer que la partie vitrée, à l'entrée de cet immeuble, est un parallélogramme.

3. Sans justifier, déterminer la longueur des côtés de cette partie vitrée, ainsi que la mesure de ses angles.
4. Reproduire ce parallélogramme à l'échelle 1/50.

41 Un petit peu droit

- Un parallélogramme qui a un angle droit est-il toujours un rectangle ? Justifier.

42 Tour de losanges

PEAC

La tour ci-dessous est exclusivement constituée de losanges, à l'exception du rez-de-chaussée où seulement des demi-losanges apparaissent.

On donne ci-dessous un plan de la vue de face de l'entrée. Les droites (PQ) et (ET), qui représentent respectivement le sol et le premier étage, sont parallèles.

1. Montrer que les droites (HJ) et (JI) sont perpendiculaires.
2. Prouver que les droites (GI) et (HJ) sont parallèles.
3. Montrer que le premier étage et le deuxième étage de cette tour ont la même hauteur.

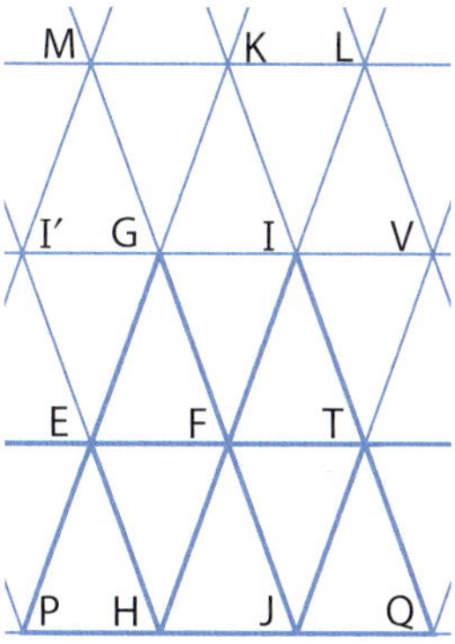

43 Ronds dans l'eau (1)

1. Tracer deux cercles ($\mathscr{C}_1$) et ($\mathscr{C}_2$) de même centre O et de rayons respectifs 2 cm et 5 cm.
Tracer un diamètre [AB] du cercle ($\mathscr{C}_1$).
Tracer deux diamètres [CD] et [EF] du cercle ($\mathscr{C}_2$).

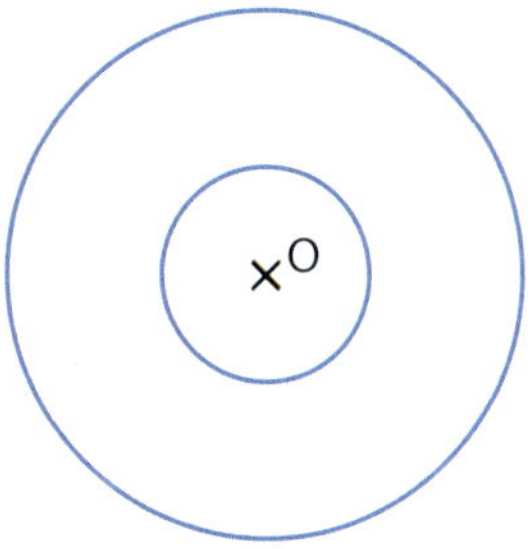

2. Quelle est la nature du quadrilatère ACBD ? Justifier.
3. Quelle est la nature du quadrilatère DFCE ? Justifier.
4. a. Placer quatre points B, R, U et T sur ces cercles tels que BRUT soit un losange.
   b. Expliquer la méthode de construction et justifier qu'on obtient bien un losange.

44 Ronds dans l'eau (2)

1. Placer deux points A et B distincts.
Tracer deux cercles ($\mathscr{C}_1$) et ($\mathscr{C}_2$) de centres A et B, de même rayon et sécants en deux points C et D.
Tracer les diamètres [DE] et [CF] du cercle ($\mathscr{C}_1$).
Tracer les diamètres [DG] et [CH] du cercle ($\mathscr{C}_2$).

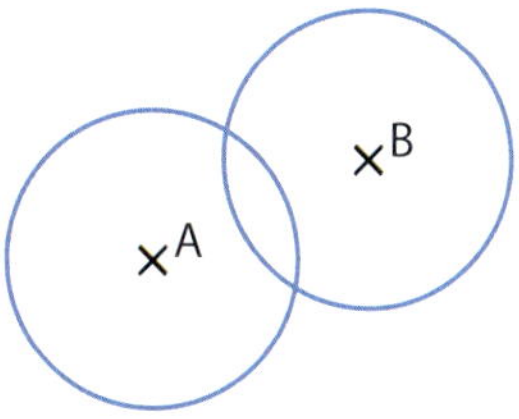

2. Montrer que ADBC est un losange.
3. Montrer que FDCE et DHGC sont deux rectangles symétriques par rapport à la droite (DC).
4. Montrer que FDGC est un parallélogramme.
5. Montrer que FG = EH.
6. Montrer que FDBA est un parallélogramme.
7. Montrer que les droites (EH), (CD), (GF) et (BA) sont concourantes.

On dit que des droites sont concourantes lorsqu'elles se coupent en un même point.

45 Parallelogram

LV

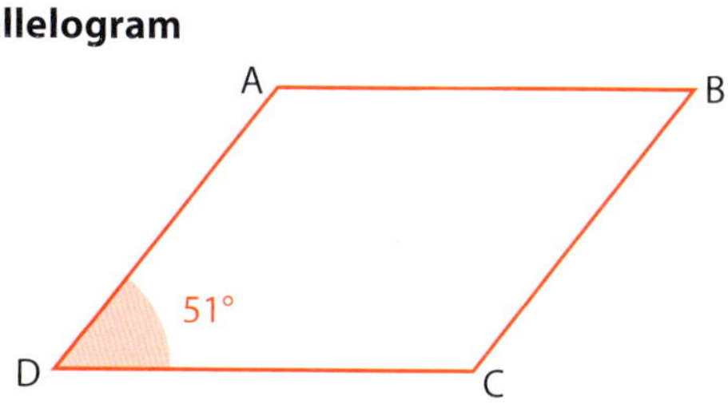

ABCD is a parallelogram.

- What is the measure of the angle $\widehat{B}$? Why?

Problèmes

46 **Cocotte en papier**

Tracer un carré GRAN de centre O. Placer les milieux respectifs P, E, T et I des côtés [GR], [RA], [AN] et [NG]. On admettra que les droites (TP) et (EI) se coupent en O et qu'elles sont deux axes de symétrie du carré GRAN.

1. Quelle est la nature du quadrilatère PREO ? Justifier.
2. Tracer le quadrilatère PETI.
   Montrer que c'est un carré.
3. Ces carrés emboités sont à l'origine de la construction des cocottes en papier.

À partir des plis, combien peut-on compter de carrés visibles sur la feuille jaune entièrement dépliée ?

47 **Changer une roue**

TECH

Un cric est un appareil qui permet de surélever une voiture au niveau d'une roue afin de changer un pneu crevé. Le cric se place sous le châssis de la voiture.

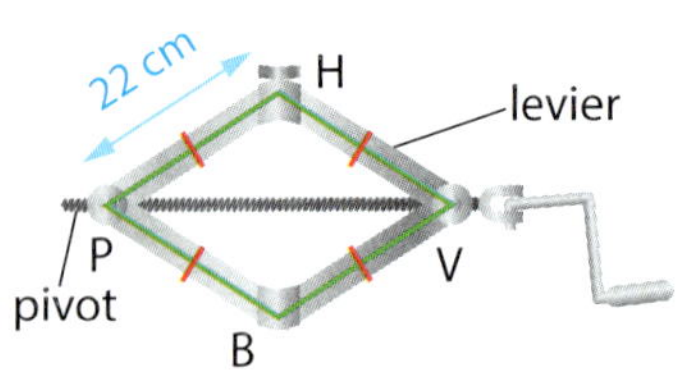

Le cric qu'on voit sur cette photo est un cric à manivelle. La manivelle fait tourner le pivot qui permet d'écarter ou de rapprocher les deux bras articulés du cric (appelés leviers).

Ces bras articulés liés par le pivot peuvent être modélisés par un quadrilatère PHVB dont la diagonale [PV] est le pivot. On a alors : PH = HV = VB = BP = 22 cm.

Lucie a un pneu crevé. Elle va utiliser son cric pour changer la roue. Avant de commencer, le châssis de sa voiture est 15 cm au-dessus de la route, au niveau de la roue à changer. Pour pouvoir sortir la roue dont le pneu est crevé, le châssis de la voiture doit être 29 cm au-dessus de la route.

1. Le pivot est horizontal. Prouver que l'axe (BH) est vertical et qu'il est un axe de symétrie du cric.
2. a. Dessiner le cric à l'échelle 1/10 lorsque Lucie le place sous la voiture. On admettra que BH est la distance entre la route et le châssis.
   b. Donner une valeur approchée de la longueur du pas de vis PV dans cette position.
3. a. Dessiner le cric à l'échelle 1/10 dans la position finale, lorsque Lucie peut changer la roue.
   b. Donner une valeur approchée de la longueur du pas de vis PV dans cette position.

48 **Funiculaire de Pau (1908)** — Prise d'initiative

TECH — Pour aller plus loin

Un funiculaire est une remontée mécanique dont les véhicules roulent sur des rails et sont tractés par un câble. Le funiculaire de Pau suit une voie d'environ 100 mètres de longueur et dont la pente est de 17°.

1. D'après la photo ci-dessus, quelle est la forme de la face latérale de la cabine du funiculaire ?
2. On admet que cette cabine est un parallélépipède dont :
   - les faces latérales sont des parallélogrammes superposables ;
   - les faces de dessus et de dessous sont des rectangles superposables ;
   - les faces avant et arrière sont des rectangles superposables verticaux lorsque la cabine est sur la voie.

Un parallélépipède est un solide dont les six faces sont des parallélogrammes.

Les dimensions sont données sur le schéma ci-dessous.

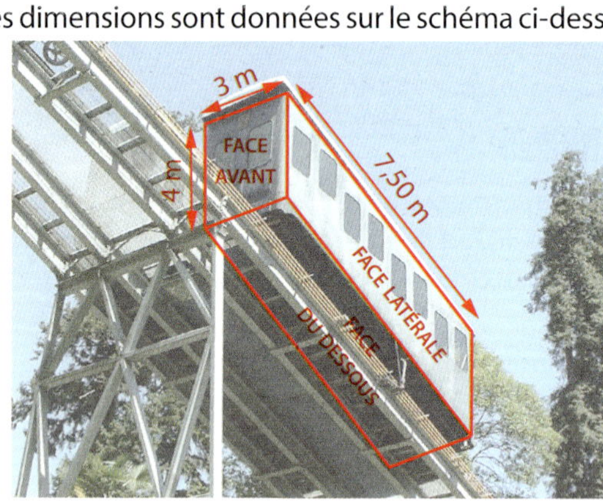

   a. Est-ce que cette cabine est un parallélépipède rectangle ? Justifier.
   b. Dessiner une face latérale de cette cabine à l'échelle 1/100.
   c. Dessiner un patron de la cabine à l'échelle 1/100.

49 **Construire un carré sans équerre** — Prise d'initiative

1. Construire un carré en utilisant uniquement le compas et la règle non graduée.
2. Justifier la construction en prouvant que la figure obtenue est bien un carré.

50 Construire un triangle rectangle sans équerre

Prise d'initiative

1. En utilisant uniquement le compas et une règle non graduée, construire un triangle rectangle dont un côté mesure la moitié de son hypoténuse.
2. Justifier la construction en prouvant que la figure obtenue est bien un triangle rectangle.

51 Qui suis-je ?

Prise d'initiative

- Construire un carré DOCK.
- Placer les milieux B, L, U et E des côtés [DO], [OC], [CK] et [KD].
- Tracer les segments [BK], [OU], [EC] et [DL].
- Nommer WHAT le quadrilatère formé par l'intersection de ces quatre segments.
- Justifier que WHAT est un carré et que son aire est inférieure au quart de l'aire de DOCK.

52 À table !

Prise d'initiative

AV

Un ébéniste veut réaliser une table dont le plateau est une belle marqueterie en bois.

Voici ce qu'il souhaite réaliser prochainement :

- Le plateau devra être un carré de côté 6 m.
- Il devra compter au moins huit losanges identiques et six carrés identiques.
- Il devra aussi posséder deux axes de symétrie, pour des raisons esthétiques.

Une marqueterie est un assemblage de pièces de bois permettant d'obtenir un dessin particulier.

- Proposer à cet ébéniste un dessin à l'échelle 1/100 d'une marqueterie qui remplit tous ces critères.

53 Les boucles d'oreilles

Prise d'initiative

TECH

Un bijoutier produit des boucles d'oreilles comme ci-contre.

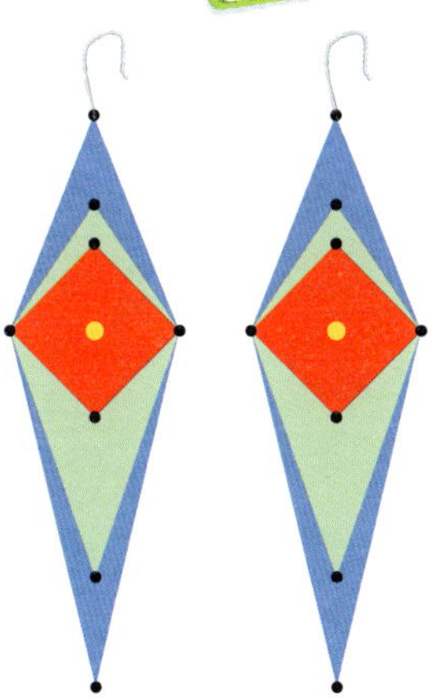

La forme rouge est un carré dont le rond jaune est le centre. Les points noirs sont alignés avec le point jaune horizontalement ou verticalement.

Chaque boucle mesure 1,5 cm de large.

Ce bijoutier veut utiliser exactement la même quantité de peinture rouge, verte et bleue (on considérera que la place occupée par le rond jaune est négligeable).

- Comment doit-on placer les points noirs pour que ce soit le cas ? Faire une figure des deux boucles obtenues et justifier la réponse.

54 Papyrus Rhind

HG

Dans le chapitre 4 « Puissances » (exercice 57 p. 80), tu peux essayer de résoudre une autre énigme mathématique contenue dans le papyrus Rhind !

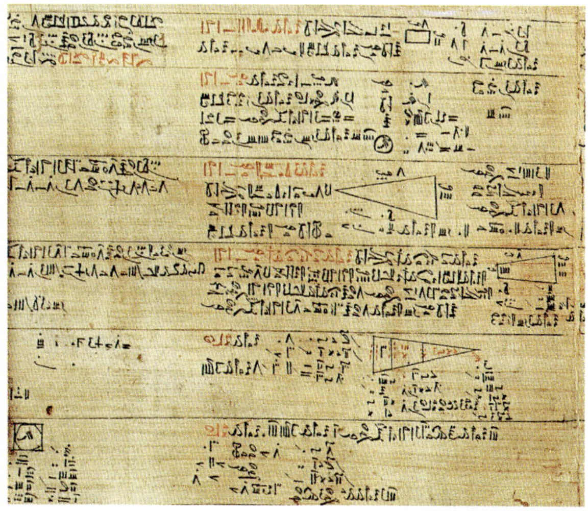

Le célèbre problème de la « quadrature du cercle » consiste à construire à la règle et au compas un carré de même aire qu'un disque donné. L'un des problèmes du Papyrus Rhind, datant de l'Égypte antique, en constituait une première approche :

Un cercle de rayon 9 a été superposé à un carré de côté 9 comme sur la figure ci-dessous.

La surface du disque a été approchée par 18 polygones nommés P1 à P18.

Puis avec ces 18 polygones, on reconstitue un carré de côté 8.

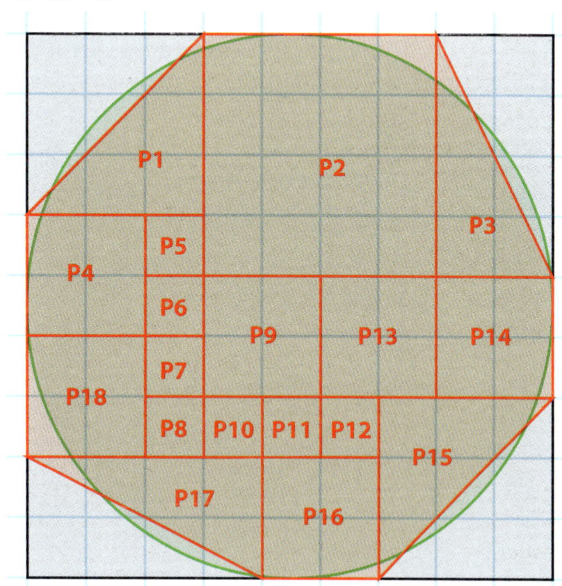

1. Reproduire cette figure, découper les 18 polygones et reconstituer un carré de côté 8 avec ces 18 morceaux.
2. L'aire du disque de rayon 9 est-elle égale à l'aire du carré de côté 8 ?

On a démontré au XIXe siècle que le problème de la quadrature du cercle n'avait pas de solution.

Travailler autrement

Utilisable en AP

À chacun sa méthode !

Deux énoncés pour un exercice

Exercice 1

1. a. Construire un quadrilatère ABCD tel que :
AB = CD = 4 cm, BC = DA = 5 cm et BD = 6 cm.
b. Construire un quadrilatère EFGH tel que :
EF = GH = 4 cm, FG = HE = 5 cm et FH = 2 cm.
c. Démontrer que ABCD et EFGH sont des parallélogrammes.

2. a. Dessiner à main levée un quadrilatère IJKL tel que :
IJ = KL = 4 cm, JK = LI = 5 cm et IK = JL.
b. Démontrer que IJKL est un parallélogramme.
c. Démontrer que IJKL est un rectangle.
d. Construire IJKL en vraie grandeur.

Exercice 2

1. a. Tracer un cercle de centre O et de rayon 3 cm.
Placer quatre points A, B, C et D sur ce cercle tels que ABCD soit un quadrilatère non croisé.
Tracer le quadrilatère ABCD. On dit que le quadrilatère ABCD est **inscrit dans un cercle**.
b. L'affirmation suivante est-elle vraie ? Justifier.
« Un quadrilatère inscrit dans un cercle est un rectangle. »

2. a. Tracer un rectangle IJKL.
b. Peut-on inscrire ce rectangle dans un cercle ?
Si oui, préciser son centre.

3. L'affirmation suivante est-elle vraie ? Justifier.
« Un rectangle peut toujours s'inscrire dans un cercle. »

Exercice 1

1. a. Tracer trois quadrilatères ABCD, EFGH et MNOP de formes différentes, qui respectent les conditions suivantes :
- Deux côtés opposés mesurent 4 cm.
- Les deux autres côtés opposés mesurent 5 cm.

b. Démontrer que ces trois quadrilatères sont des parallélogrammes.

2. a. Construire un quadrilatère IJKL tel que :
IJ = KL = 4 cm, JK = LI = 5 cm et IK = JL.
b. Quelle est la nature de IJKL ? Justifier.

Exercice 2

1. Lorsque les quatre sommets d'un quadrilatère non croisé sont situés sur un même cercle, on dit que ce quadrilatère est **inscrit dans un cercle**.
L'affirmation suivante est-elle vraie ?
« Un quadrilatère inscrit dans un cercle est un rectangle. »
Si oui, le démontrer.
Sinon, proposer un contre-exemple.

2. L'affirmation suivante est-elle vraie ?
« Un rectangle peut toujours s'inscrire dans un cercle. »
Si oui, le démontrer.
Sinon, proposer un contre-exemple.

Écriture d'un problème

1. Écrire l'énoncé d'un exercice, en deux étapes :
1re étape : Détailler les consignes de construction de la figure suivante.

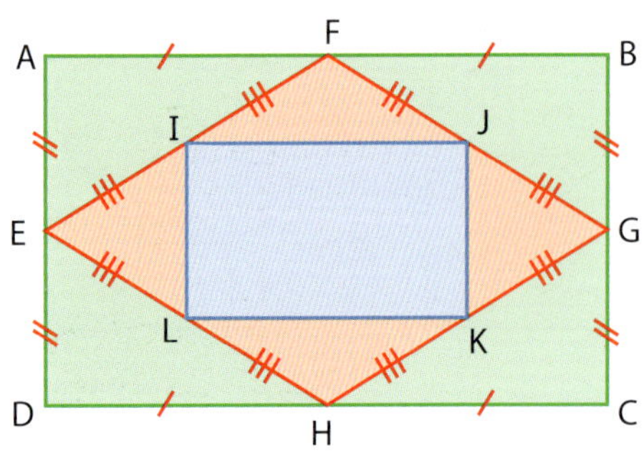

2e étape : Poser une question au sujet du quadrilatère EFGH et préciser que la réponse doit être démontrée.

2. Donner ce problème à son binôme et lui demander de le résoudre.

Analyse d'une production

Un professeur a donné à sa classe l'exercice suivant :
« VOLT est un quadrilatère avec VO = LT = 12,8 cm, OL = TV = 9,6 cm et VL = OT = 16 cm.
Quelle est la nature du quadrilatère VOLT ? Justifier. »

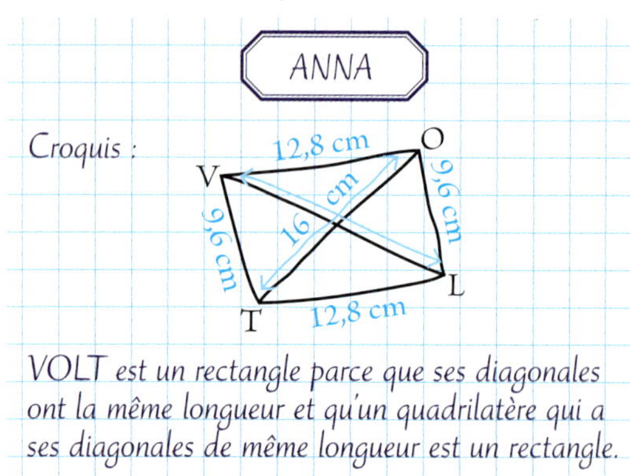

- Analyser la réponse d'Anna et corriger les erreurs, s'il y en a.

CHAPITRE 14

Ta mission

Calculer des longueurs dans un triangle rectangle et reconnaitre si un triangle est rectangle ou non.

Théorème de Pythagore

Jeux

Combien peut-on tracer de triangles rectangles différents dont les sommets sont situés sur des nœuds de la figure ci-dessous constituée de deux carrés juxtaposés ?

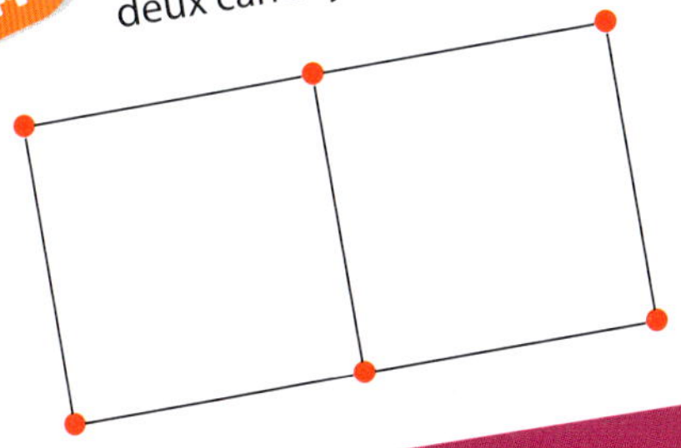

Pythagore est né en Grèce au VIe siècle avant J.-C. Le théorème formalisé par Pythagore, tel que nous le connaissons aujourd'hui, était pourtant utilisé bien plus tôt, par les Babyloniens et les Égyptiens. Plusieurs centaines de démonstrations différentes du théorème de Pythagore ont été répertoriées, dont une d'Abraham Garfield, le vingtième président des États-Unis.

Pythagore

Abraham Garfield

Activités

Questions flash

1. Dans le triangle ABC rectangle en A, comment appelle-t-on le côté [BC] ?

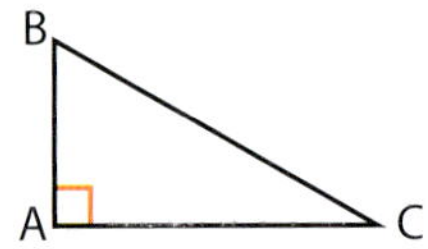

2. Marie a tracé un triangle EFG rectangle en G.
   Elle mesure les longueurs des trois côtés et trouve :
   EG = 7 cm EF = 6 cm FG = 3 cm
   Louis affirme qu'elle s'est trompée.
   Comment le sait-il ?
3. **Vrai ou faux ?**
   a. $5^2 = 10$ b. $6{,}1^2 = 6{,}1 \times 2$ c. $6 \times 6 = 36$
   d. $2^2 + 8^2 = 10^2$ e. $7^2 = 7 + 7$ f. $10^2 - 8^2 = 36$
4. Le nombre manquant dans l'égalité $8 + \ldots = 24$ est :
   a. $24 + 8$ b. 24×8 c. $24 - 8$ d. $24 \div 8$
5. Calculer l'aire totale de cette figure constituée de deux carrés.

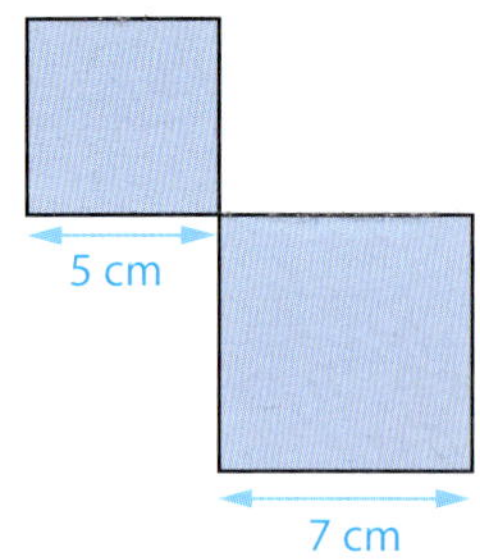

Des carrés — Activité 1

On a tracé un triangle rectangle en orange et, sur chacun de ses côtés, on a tracé des carrés comme dans la figure ci-contre où chaque petit carré a pour côté 1 cm.

1. Comparer l'aire du grand carré à la somme des aires des deux autres carrés.
2. Que peut-on en déduire concernant les côtés du triangle rectangle orange ?
3. Tester cette conjecture avec d'autres triangles rectangles.

Longueur de poutres — Activité 2

Une entreprise de menuiserie a été sollicitée pour la construction de la charpente ci-contre.

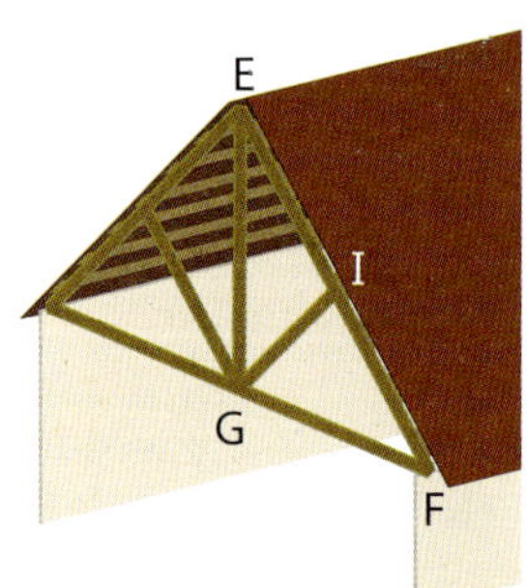

[EG] est perpendiculaire à [GF].
[IG] est perpendiculaire à [EF].
GF = 8 m EG = 6 m IF = 6,4 m

- Quelle doit être la longueur des poutres [EF] et [IG] ?

Une touche spéciale… — Activité 3

1. Un carré a pour côté 8 cm. Quelle est son aire ?
2. Un carré a pour côté 3,2 cm. Quelle est son aire ?
3. Un carré a une aire de 25 cm^2. Quelle est la longueur de son côté ?
4. Un carré a une aire de 81 cm^2. Quelle est la longueur de son côté ?
5. Un carré a une aire de 31,36 cm^2. Une touche particulière de la calculatrice permet de trouver la longueur du côté de ce carré.
   Partir à sa recherche et trouver la longueur du côté.
6. Un carré a une aire de 65 cm^2. Quelle est la longueur de son côté ?

Four à micro-ondes

Activité 4 — Prise d'initiative

M. Fernandez désire acheter un nouveau à four micro-ondes avec un plateau tournant.
Voici la fiche descriptive :

Caractéristiques	
Diamètre du plateau	32,5 cm
Capacité	30 L
Puissance micro-ondes	950 W
Programmes automatiques	fonction Vapeur, fonction Jet Menu, fonction Al Dente, fonction Jet Start, fonction Minuteur, gril
Équipement	plateau tournant
Alimentation	230 Volts
Ampérage	10 A
Hauteur intérieure	22,5 cm
Largeur intérieure	35,3 cm
Profondeur intérieure	34 cm
Hauteur	33,3 cm
Largeur	54,8 cm
Profondeur	42 cm

- Pourra-t-il y faire cuire son gâteau au chocolat qu'il place dans un plat rectangulaire de longueur 30 cm et de largeur 25 cm ?

Avec un logiciel de géométrie dynamique

Activité 5

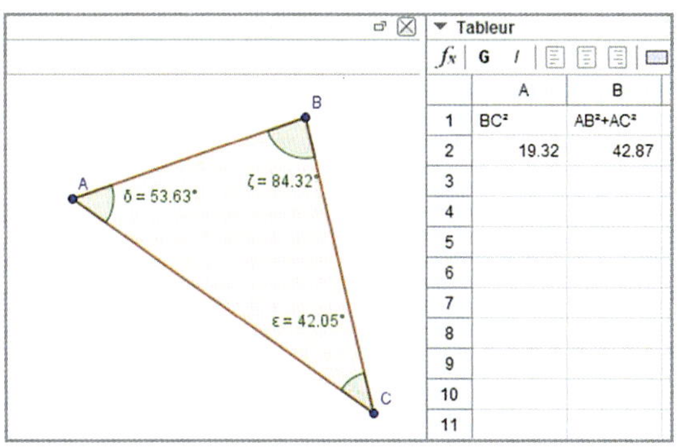

1. Tracer un triangle ABC et afficher la mesure des trois angles du triangle.
2. Dans le tableur, afficher la valeur de « BC^2 » dans la cellule A2 et la valeur de « $AB^2 + AC^2$ » dans la cellule B2.
3. À l'aide de la souris, déplacer le point C de façon à trouver un triangle ABC tel que $BC^2 = AB^2 + AC^2$.
   Quelle est alors la nature du triangle ABC ?

Un bon bricoleur ?

Activité 6

Lucas vient d'installer un bureau dans sa chambre.

- Est-il vraiment horizontal ?

Cours

1 Calculer la longueur d'un côté d'un triangle rectangle

Vidéo

Définition et propriété

Dans un triangle rectangle, le côté opposé à l'angle droit est le plus grand des trois côtés.
On l'appelle l'**hypoténuse** du triangle.

Exemple

ABC est un triangle rectangle en A.
Le plus grand côté du triangle ABC est le côté [BC].
On dit que [BC] est l'hypoténuse du triangle ABC.

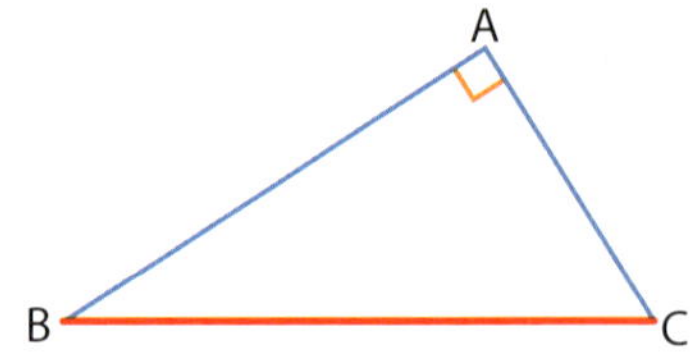

Le mot « hypoténuse » vient du grec *hypo* (sous) et *teinô* (tendre) : c'est le côté qui « sous-tend » l'angle droit.

Théorème

Théorème de Pythagore

Si un triangle est rectangle, alors le carré de la longueur de l'hypoténuse est égal à la somme des carrés des longueurs des deux autres côtés.

Autrement dit, si un triangle ABC est rectangle en A, alors $\mathbf{BC^2 = AB^2 + AC^2}$.

Cette égalité est appelée « **égalité de Pythagore** ».

Exemples

- Le triangle ABC ci-contre est rectangle en A.
On peut donc écrire l'égalité de Pythagore :

$$BC^2 = AB^2 + AC^2$$

hypoténuse

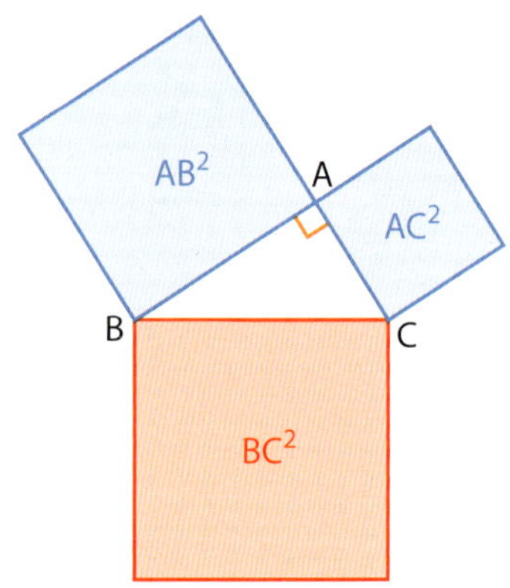

- IJK est un triangle rectangle en I tel que
IJ = 3 cm et IK = 4 cm.
D'après le théorème de Pythagore :
$JK^2 = IJ^2 + IK^2$
$JK^2 = 3^2 + 4^2$
$JK^2 = 9 + 16$
$JK^2 = 25$
$JK = 5$ cm

$5^2 = 5 \times 5 = 25$

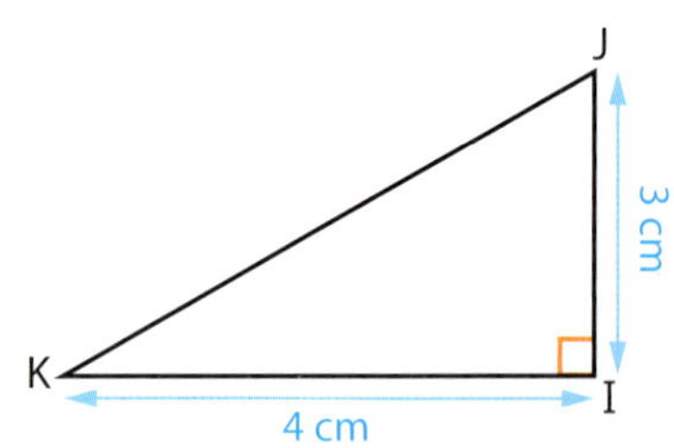

! Dans un triangle rectangle, quand on connait les longueurs de deux côtés, l'égalité de Pythagore permet de calculer la longueur du troisième côté.

Savoir-faire

1 Calculer la longueur d'un côté d'un triangle rectangle

1 ABC est un triangle rectangle en B tel que AB = 12 cm et BC = 9 cm.

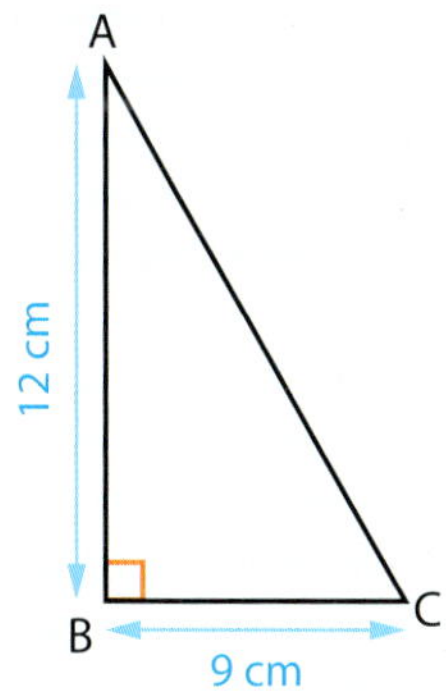

• Calculer la longueur AC.

Solution

On indique le triangle rectangle dans lequel on se place, ainsi que le théorème utilisé :
• ABC est un triangle rectangle en B.
• D'après le théorème de Pythagore :

$AC^2 = AB^2 + BC^2$

$AC^2 = 12^2 + 9^2$

$AC^2 = 144 + 81$

$AC^2 = 225$

On cherche le nombre positif dont le carré est égal à 225 : AC = 15 cm (car $15^2 = 225$).

Si on cherche la longueur de l'hypoténuse, on effectue une addition de deux carrés.

2 EFG est un triangle rectangle en E tel que EG = 40 cm et FG = 41 cm.

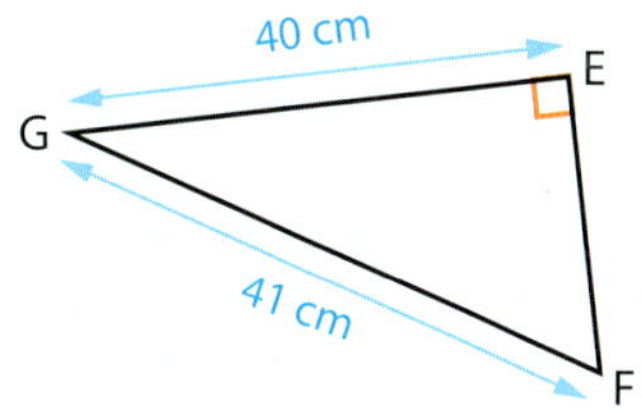

• Calculer la longueur EF.

Solution

On indique le triangle rectangle dans lequel on se place, ainsi que le théorème utilisé :
• EFG est un triangle rectangle en E.
• D'après le théorème de Pythagore :

$GF^2 = EG^2 + EF^2$

$41^2 = 40^2 + EF^2$

$1\,681 = 1\,600 + EF^2$

$EF^2 = 1\,681 - 1\,600$

$EF^2 = 81$

On cherche le nombre positif dont le carré est égal à 81 : EF = 9 cm (car $9^2 = 81$).

Si on cherche la longueur d'un côté de l'angle droit, on effectue une soustraction de deux carrés.

3
1. Écrire l'égalité de Pythagore dans un triangle UDH rectangle en H.
2. Écrire l'égalité de Pythagore dans un triangle VWX rectangle en W.
3. Écrire l'égalité de Pythagore dans tous les triangles rectangles tracés dans cette figure.

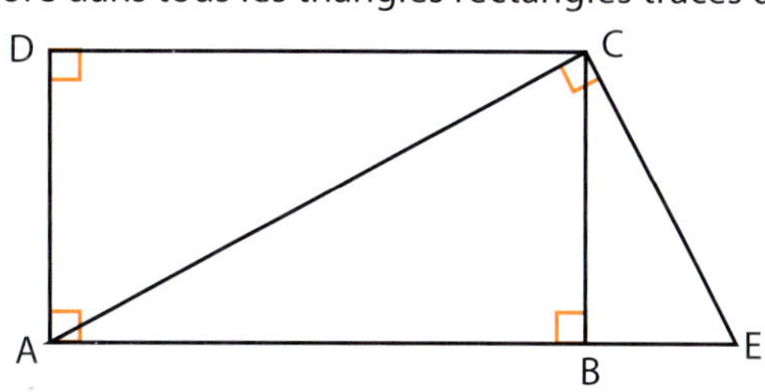

4. EFG est un triangle rectangle en F tel que EG = 25 cm et FG = 7 cm. Calculer EF.
5. KLM est un triangle rectangle en L tel que KL = 5 cm et ML = 12 cm. Calculer MK.

Cours

2 Calculer une racine carrée

Vidéo

Définition

La **racine carrée** d'un nombre positif a est le nombre positif dont le carré est égal à a.
Elle est notée $\sqrt{a}$ et se lit « racine carrée de a ».

Exemples

$\sqrt{25} = 5$ car $5^2 = 25$

$\sqrt{12} \approx 3{,}464$

! Beaucoup de racines carrées ne sont pas des nombres rationnels (on ne peut pas les écrire sous forme de fraction).
On peut en trouver une valeur approchée avec la calculatrice.

Définition

Un carré parfait est le carré d'un nombre entier.

Exemples

0	1	2	3	4	5	6	7	8	9	10	11	12
0	1	4	9	16	25	36	49	64	81	100	121	144

$\square^2$; $\sqrt{\square}$

! La racine carrée d'un carré parfait est donc un nombre entier.

Si tu retiens ces carrés parfaits, tu gagneras du temps dans les exercices.

3 Reconnaitre si un triangle est rectangle

Vidéo

Théorème

Théorème de Pythagore : réciproque

Dans un triangle, si le carré de la longueur d'un côté est égal à la somme des carrés des longueurs des deux autres côtés, alors ce triangle est rectangle.

! On dit que l'égalité de Pythagore est une propriété caractéristique du triangle rectangle : elle n'est vraie que dans un triangle rectangle.

Méthode

Soit ABC un triangle dont le plus grand côté est [BC].

- Si $BC^2 = AB^2 + AC^2$, alors le triangle ABC est rectangle en A.
- Si $BC^2 \neq AB^2 + AC^2$, alors le triangle ABC n'est pas rectangle.

Exemple

Le triangle SUT est-il rectangle ?
[ST] est le plus grand côté.

$ST^2 = 5^2$ $\qquad$ $SU^2 + UT^2 = 3^2 + 4^2$
$ST^2 = 25$ $\qquad$ $SU^2 + UT^2 = 9 + 16$
$\qquad$ $SU^2 + UT^2 = 25$

On a donc $ST^2 = SU^2 + UT^2$.
L'égalité de Pythagore est vérifiée
donc SUT est un triangle rectangle en U.

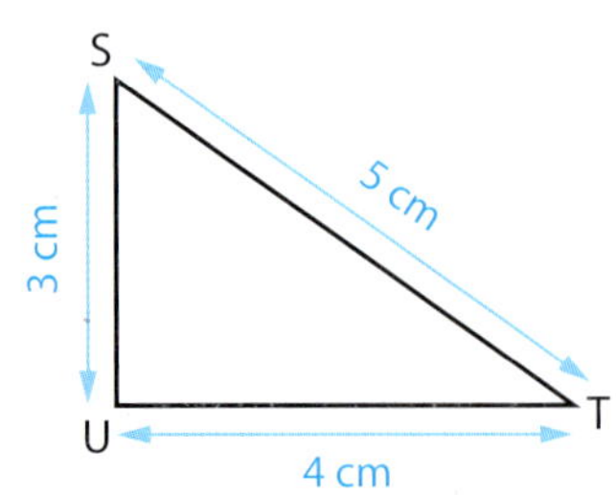

Savoir-faire

Apprends à l'aide des exercices résolus puis entraine-toi !

2 Calculer une racine carrée

4 EFG est un triangle rectangle en G tel que EG = 2,5 cm et EF = 4,8 cm.
Calculer une valeur approchée au millimètre près de GF.

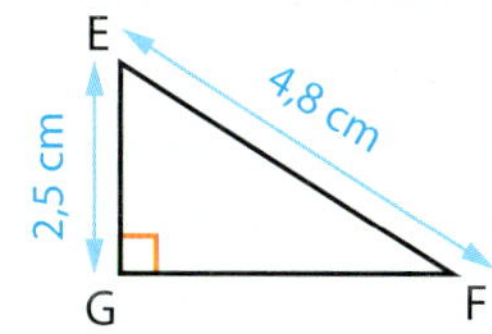

Solution

EFG est un triangle rectangle en G. D'après le théorème de Pythagore :

$EF^2 = EG^2 + GF^2$
$4{,}8^2 = 2{,}5^2 + GF^2$
$23{,}04 = 6{,}25 + GF^2$
$GF^2 = 23{,}04 - 6{,}25$
$GF^2 = 16{,}79$
$GF = \sqrt{16{,}79}$
$GF \approx 4{,}1$ cm

On cherche le nombre positif dont le carré est égal à 16,79.
On tape la séquence :

TI : [2nde] [√ / x^2] [1] [6] [,] [7] [9] [entrer]

Casio : [SECONDE] [√ / x^2] [1] [6] [,] [7] [9] [EXE]

La calculatrice affiche le résultat ci-contre. 4,1 est une valeur approchée au dixième de $\sqrt{16{,}79}$.

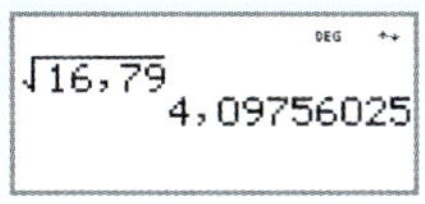

5 **1.** ABC est un triangle rectangle en B tel que AB = 5 cm et BC = 7 cm.
Calculer une valeur approchée au millimètre près de la longueur AC.
2. IJK est un triangle rectangle en J tel que JK = 2,7 cm et IK = 4,5 cm. Calculer IJ.

3 Reconnaitre si un triangle est rectangle

6 Le triangle ABC est-il rectangle ?

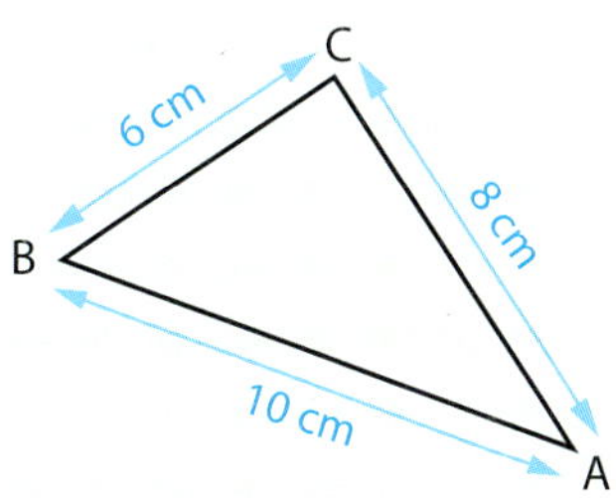

Solution

On cherche si l'égalité de Pythagore est vérifiée dans ce triangle. Pour cela, on repère le plus grand côté, puis on calcule séparément :
- le carré du plus grand côté ;
- la somme des carrés des deux autres côtés.

[AB] est le plus grand côté.

$AB^2 = 10^2$ | $BC^2 + AC^2 = 6^2 + 8^2$
$AB^2 = 100$ | $BC^2 + AC^2 = 36 + 64$
 | $BC^2 + AC^2 = 100$

Donc $AB^2 = BC^2 + AC^2$.
L'égalité de Pythagore est vérifiée donc ABC est un triangle rectangle en C.

7 Le triangle IJK est-il rectangle ?

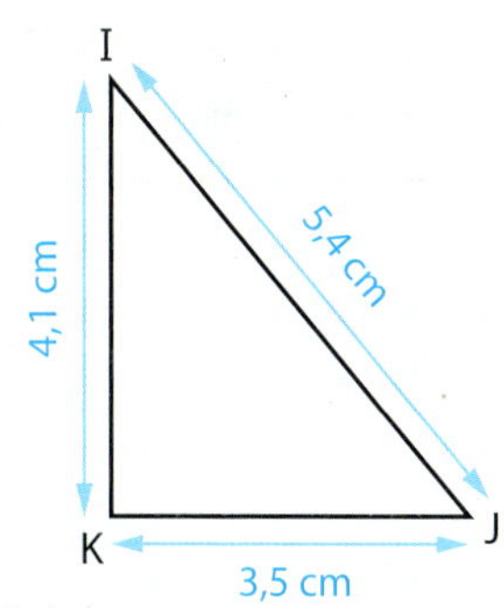

Solution

On cherche si l'égalité de Pythagore est vérifiée dans ce triangle. Pour cela, on repère le plus grand côté, puis on calcule séparément :
- le carré du plus grand côté ;
- la somme des carrés des deux autres côtés.

[IJ] est le plus grand côté.

$IJ^2 = 5{,}4^2$ | $IK^2 + KJ^2 = 4{,}1^2 + 3{,}5^2$
$IJ^2 = 29{,}16$ | $IK^2 + KJ^2 = 29{,}06$

Donc $IJ^2 \neq IK^2 + KJ^2$.
L'égalité de Pythagore n'est pas vérifiée donc IJK n'est pas un triangle rectangle.

8 **1.** Le triangle ABC tel que AB = 8 cm, BC = 15 cm et AC = 17 cm est-il rectangle ?
2. Le triangle KLM tel que KL = 5 cm, LM = 12 cm et KM = 11 cm est-il rectangle ?

Exercices

2 pages d'exercices supplémentaires dans le manuel numérique

Calculer la longueur d'un côté d'un triangle rectangle

Savoir-faire p. 243

Questions flash

diapo

9 Pour chacun des triangles suivants, indiquer s'il est possible d'écrire l'égalité de Pythagore. Si oui, l'écrire.

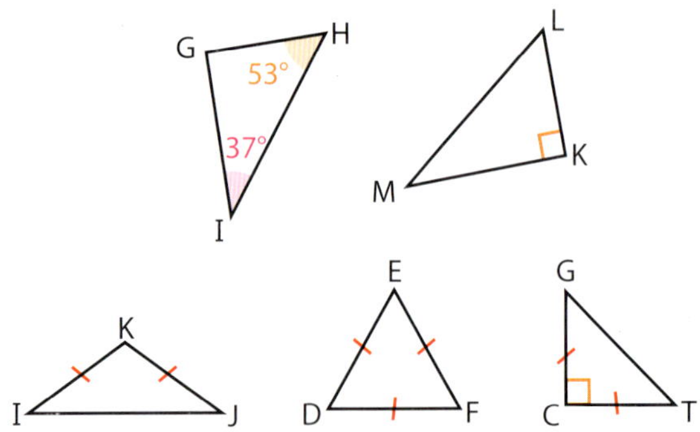

10 Trouver l'aire manquante.

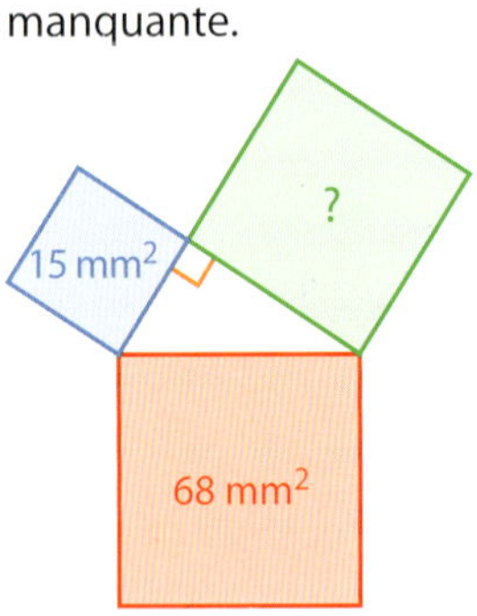

11 Nommer tous les triangles rectangles de cette figure et indiquer leur hypoténuse.

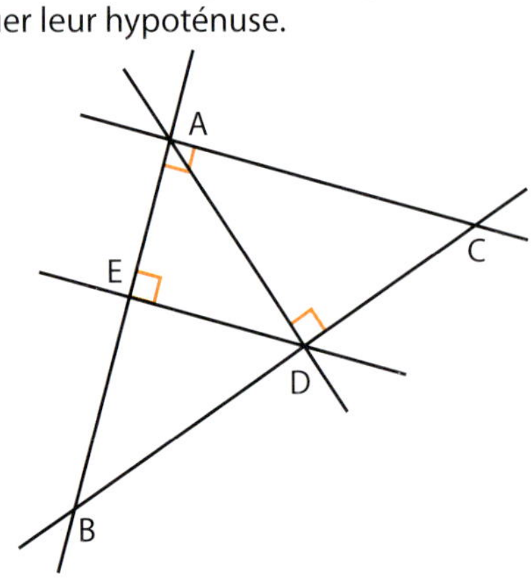

12 **1.** Écrire l'égalité de Pythagore dans un triangle LMN rectangle en N.

2. Écrire l'égalité de Pythagore dans un triangle rectangle PRS dont l'hypoténuse est [RS].

13 Associer chaque triangle rectangle à l'égalité qui lui correspond.

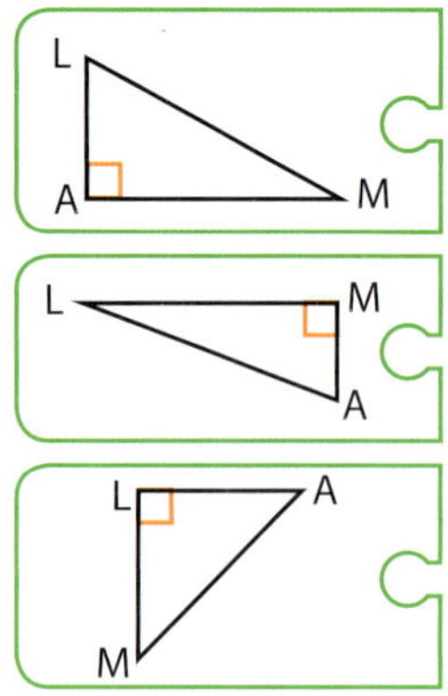

$AM^2 = AL^2 + LM^2$

$LA^2 = LM^2 + AM^2$

$LM^2 = LA^2 + AM^2$

14 Écrire toutes les égalités de Pythagore possibles dans les figures suivantes.

a.

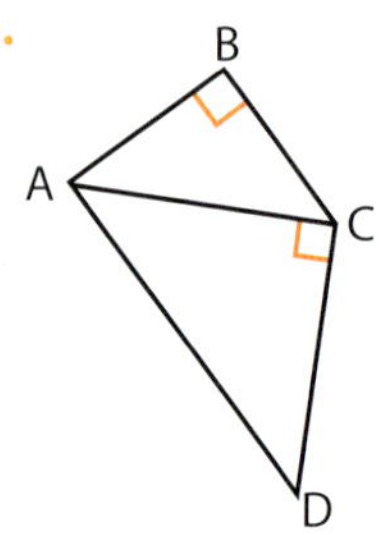

b.

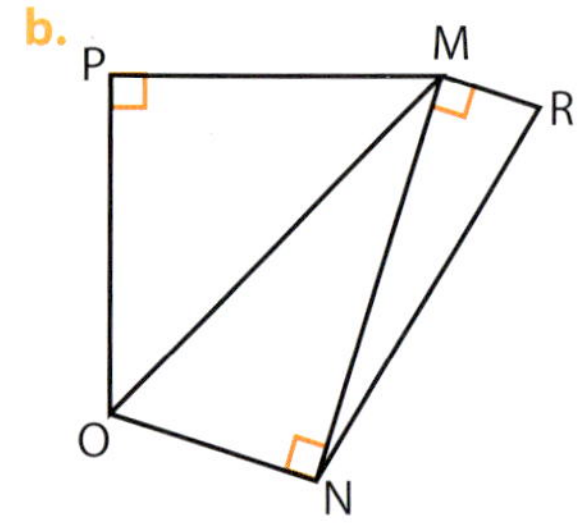

15 ABC est un triangle rectangle en A tel que AB = 3 cm et AC = 4 cm.
- Calculer la longueur BC.

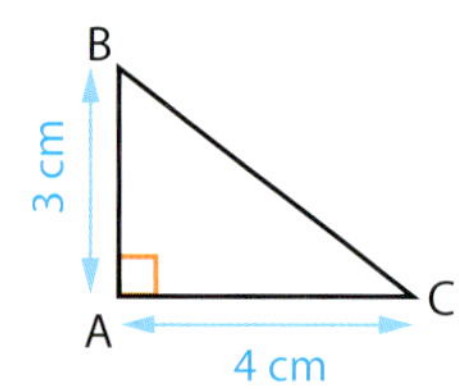

16 MNP est un triangle rectangle en M tel que :
MN = 6 dm et MP = 8 dm.
- Calculer la longueur NP.

17 DSL est un triangle rectangle en S tel que :
DS = 12 cm et DL = 13 cm.
- Calculer la longueur SL.

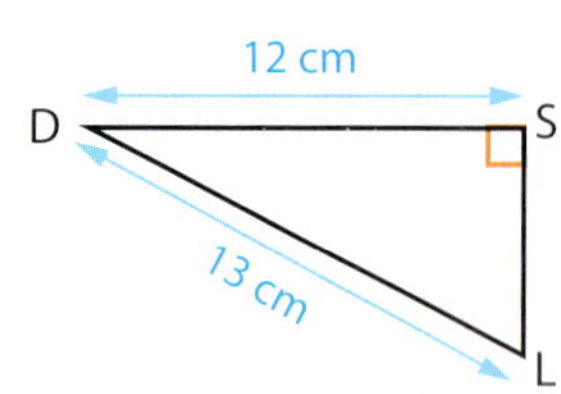

18 KFC est un triangle rectangle en F tel que KC = 20 cm et KF = 16 cm.
- Calculer la longueur CF.

19 On considère la figure ci-contre.

1. Calculer HB.

2. Calculer AC.

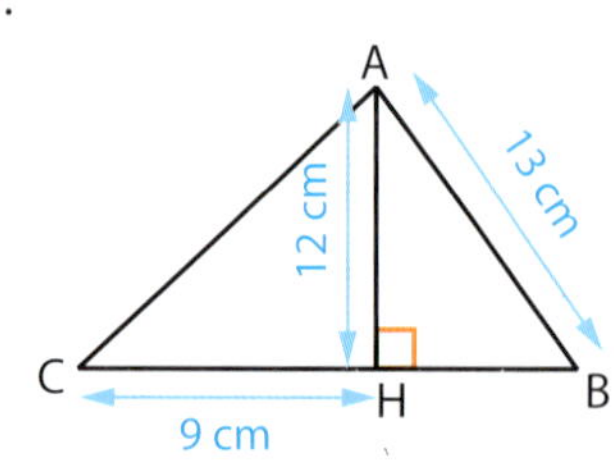

Calculer une racine carrée

Savoir-faire p. 245

Questions flash

20 Calculer :
$A = 5^2$ $B = 7^2$ $C = 8^2$ $D = \sqrt{36}$ $E = \sqrt{0,81}$

21 a. $AB^2 = 36$ donc $AB = ?$ b. $EF^2 = 49$ donc $EF = ?$

22 Un carré a une aire de 81 cm^2.
- Combien mesure son côté ?

23 Sans utiliser la calculatrice :
1. Calculer : $A = \sqrt{121}$ $B = \sqrt{100}$ $C = \sqrt{49}$
2. Donner un encadrement à l'unité près de :
$A = \sqrt{27}$ $B = \sqrt{41}$ $C = \sqrt{89}$ $D = \sqrt{122}$

24 Recopier et compléter ce tableau en donnant une valeur approchée au centième près si besoin.

a	3,3			5,8		50	
a^2		2,3	14		10		5,8

25 ABC est un triangle rectangle en A tel que AB = 3,6 cm et AC = 4,8 cm.
- Calculer la longueur BC.

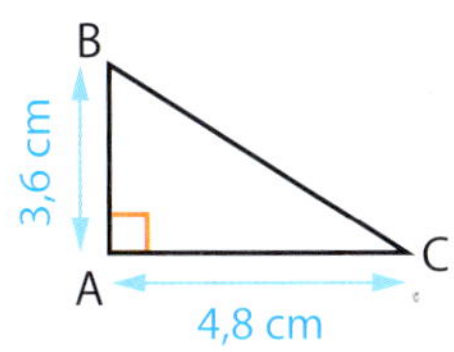

26 Donner une valeur approchée au millimètre près de la longueur du côté manquant.

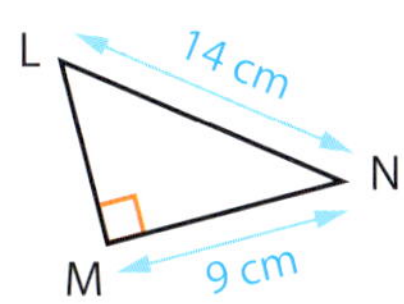

27 GHI est un triangle rectangle en H tel que HG = 6 cm et GI = 6,5 cm.
- Calculer la longueur HI.

28 GHK est un triangle rectangle en K tel que GK = 9 cm et HK = 8 cm.
- Calculer une valeur approchée au millimètre près de la longueur GH.

29 1. Construire un triangle MNP rectangle en P tel que MP = 6,9 cm et NP = 92 mm.
2. Calculer la longueur MN.

30 1. Construire un triangle KLM rectangle en K tel que KL = 51 mm et LM = 7 cm.
2. Calculer une valeur approchée au millimètre près de la longueur KM.

31 EFG est un triangle rectangle en F tel que EF = 6,75 m et EG = 9 m. Donner une valeur approchée au centimètre près de la longueur FG.

Reconnaitre si un triangle est rectangle

Savoir-faire p. 245

Questions flash

32 **Vrai ou faux ?**
On considère un triangle ABC dont le plus grand côté est [BC].
a. Si $BC^2 = AB^2 + AC^2$, alors ABC est rectangle en C.
b. Si $BC^2 \neq AB^2 + AC^2$, alors ABC n'est pas rectangle.
c. Si $BC^2 = AB^2 + AC^2$, alors ABC est rectangle en A.
d. Si $BC^2 = AB^2 + AC^2$, alors ABC est rectangle en B.
e. Si $BC^2 \neq AB^2 + AC^2$, alors ABC n'est pas rectangle en A.

33 Le triangle gris est-il rectangle ?

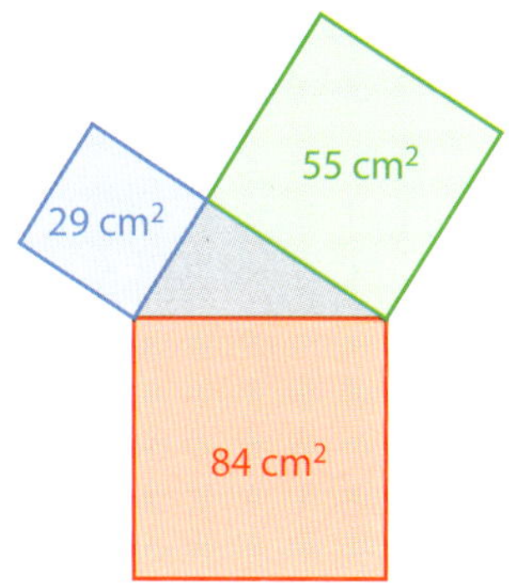

34 Soit AMP le triangle ci-contre.

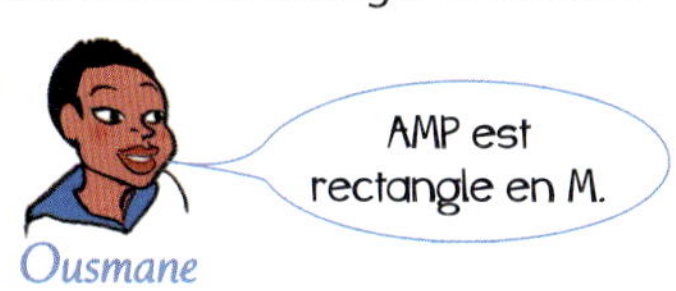

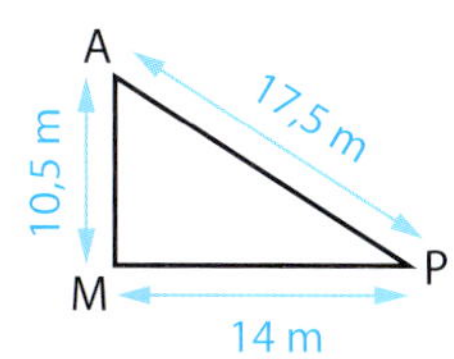

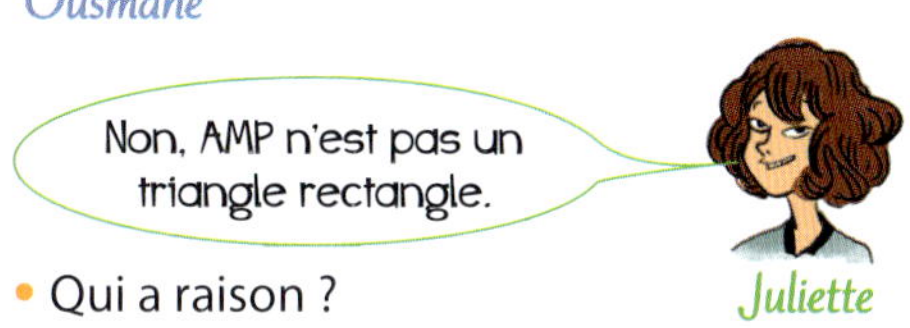

- Qui a raison ?

35 1. Construire le triangle UVW tel que UV = 5,4 cm, UW = 7,2 cm et VW = 9 cm.
2. Démontrer que le triangle est rectangle en U.

36 1. Construire le triangle XYZ tel que XY = 3,9 cm, XZ = 5,2 cm et YZ = 6,5 cm.
2. Démontrer que le triangle est rectangle.
Préciser le sommet de l'angle droit.

37 Soit PUF un triangle tel que PU = 3,6 dm, UF = 42 cm et PF = 5,5 dm.
- Démontrer que le triangle n'est pas rectangle.

38 LDF est un triangle tel que LD = 2,3 m, DF = 5,6 m et LF = 6 m.
- Ce triangle est-il rectangle ? Justifier la réponse.

Faire le point

Vérifie tes connaissances.

QCM

Donner la seule réponse correcte parmi les trois proposées.

1 Calculer la longueur d'un côté d'un triangle rectangle

	Réponse A	Réponse B	Réponse C
1. Dans un triangle IJK rectangle en I, l'hypoténuse est :	[IJ]	[IK]	[JK]
2. Dans le triangle rectangle ci-contre, quelle est la bonne égalité ? 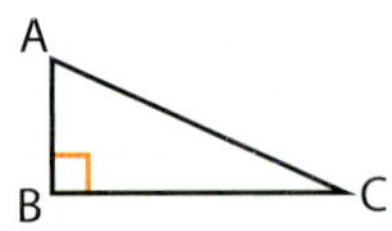	$AB^2 = BC^2 + AC^2$	$AC^2 = AB^2 + BC^2$	$BC^2 = AB^2 + AC^2$

2 Calculer une racine carrée

	Réponse A	Réponse B	Réponse C
1. $\sqrt{4}$ est égal à :	2	16	8
2. Dans le triangle ci-contre, une valeur approchée de DF est : 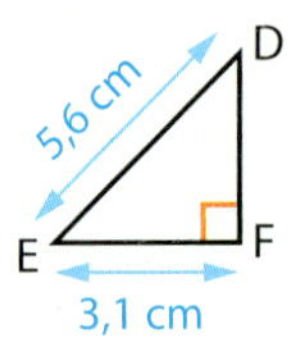	2,5 cm	6,4 cm	4,7 cm

3 Reconnaitre si un triangle est rectangle

	Réponse A	Réponse B	Réponse C
Le triangle RTU est-il rectangle ? 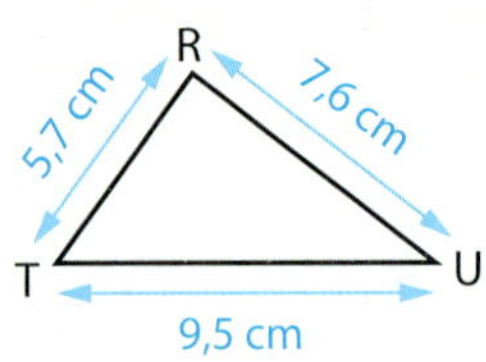	Oui, il est rectangle en T.	Oui, il est rectangle en R.	Non, il n'est pas rectangle.

Pour t'aider à retenir le cours.*

Carte mentale

Recopier et compléter la carte mentale suivante.

Égalité de Pythagore

Calculer une longueur

Avec … longueurs connues

ABC est rectangle en A

donc $\ldots^2 = \ldots^2 + \ldots^2$

$BC^2 = 26{,}89$

Touche $\sqrt{\ }$ de la calculatrice :

donc $BC \approx \ldots$

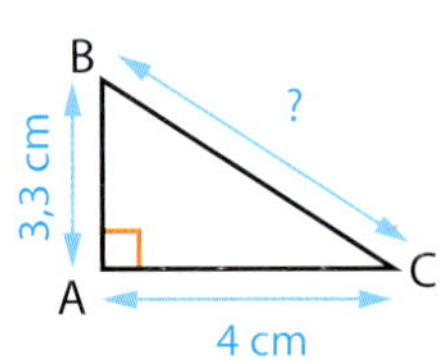

Vérifier si un triangle est rectangle ou non

Avec … longueurs connues

Pour vérifier que STU est rectangle en …,

il faut vérifier si l'égalité

$\ldots^2 = \ldots^2 + \ldots^2$ est vraie.

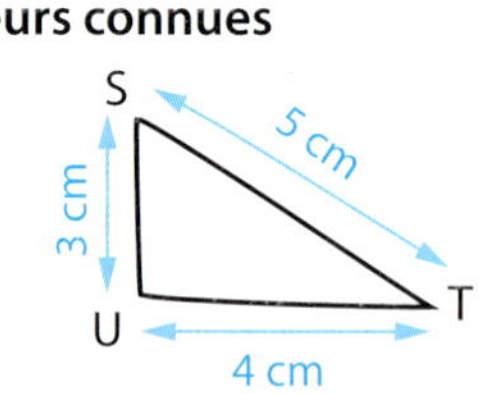

** Tu peux aussi construire ta propre carte mentale.*

Algorithmique et outils numériques

39 Algorithmique et calculs de longueurs

Nathanaël a commencé à réaliser un script lui permettant de calculer l'hypoténuse d'un triangle rectangle, connaissant les longueurs des côtés de l'angle droit.

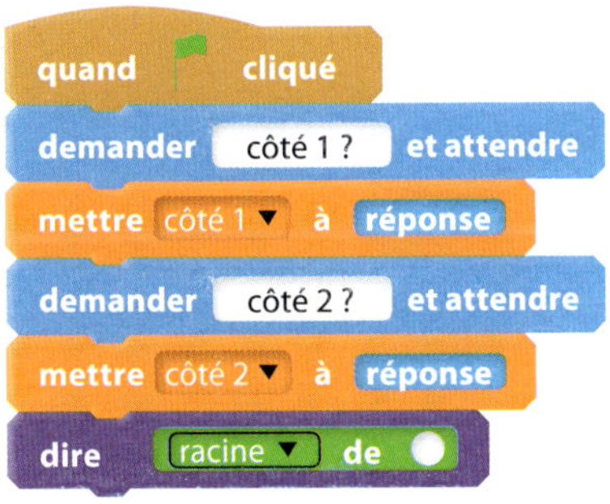

1. Quelles sont les variables qu'il a d'abord créées ? Que représentent-elles ?
2. À quel endroit faut-il compléter le script de Nathanaël ? Par quoi faut-il le compléter ?
3. Achever le script de Nathanaël, puis le faire fonctionner.
4. Sur le même modèle, réaliser un script permettant de calculer la longueur d'un côté de l'angle droit, connaissant les deux autres longueurs.

40 Triplets pythagoriciens

Axel cherche à répertorier des triangles rectangles tels que les longueurs des côtés sont toutes des nombres entiers.
Pour cela, il a réalisé dans un tableur la feuille de calcul ci-contre, qui donne la longueur de l'hypoténuse BC en fonction des longueurs des côtés AB et AC.

	A	B
1	AB :	3
2		
3	AC	BC
4	1	3,162
5	2	3,606
6	3	4,243
7	4	5
8	5	5,831
9	6	6,708
10	7	7,616
11	8	8,544
12	9	9,487
13	10	10,44
14	11	11,4
15	12	12,37
16	13	13,34
17	14	14,32
18	15	15,3

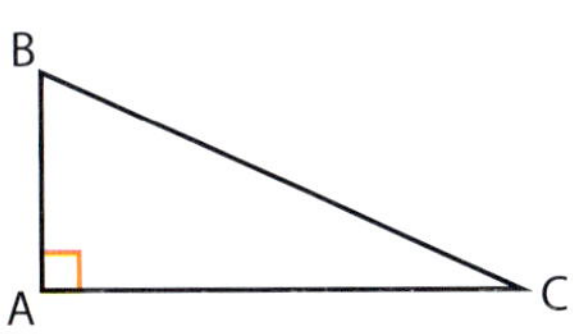

Il peut ainsi entrer la valeur qu'il souhaite pour AB et observer la valeur de BC en fonction de la longueur AC.

1. Pour AB = 3, Axel a-t-il déjà trouvé un triangle dont les longueurs des côtés sont des nombres entiers ?
2. Quelle formule Axel a-t-il entrée dans la cellule B4, puis recopiée jusqu'en B18 ?
3. Reproduire cette feuille de calcul et chercher trois autres triangles dont les longueurs des côtés sont des nombres entiers.

41 Algorithme et test

Jérémy a réalisé le script suivant.

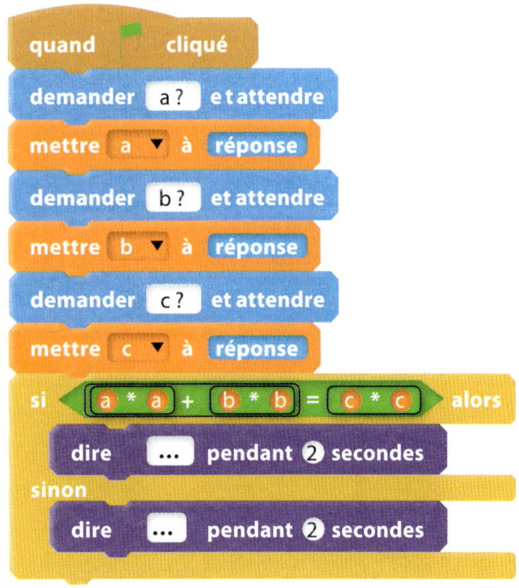

1. Dans quel but Jérémy a-t-il écrit ce script ? Compléter ce script.
2. Alicia exécute ce script en entrant les valeurs :
   a = 6 b = 8 c = 10
   Quel est le message affiché ?
3. Le message affiché est-il correct ? Pourquoi ?

42 Installation d'armoire

Prise d'initiative

Emma a acheté une armoire « à monter soi-même » qu'elle souhaite placer sous les combles de sa maison. Disposant d'une hauteur sous plafond de 260 cm, elle a choisi le modèle ci-dessous.

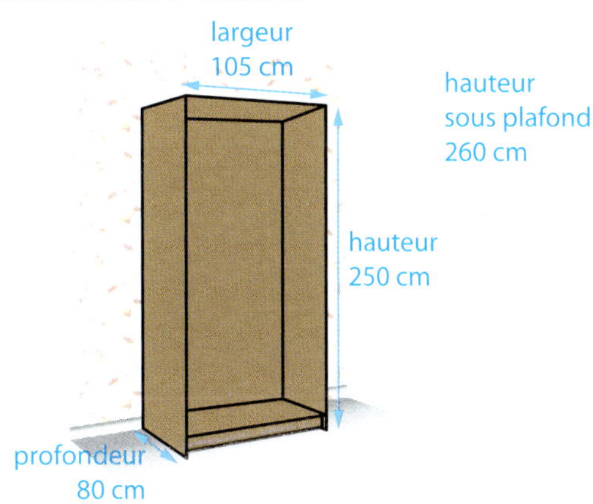

1. Après avoir monté l'armoire à plat, la face arrière reposant sur le sol, elle va la redresser à la verticale. L'armoire rentrera-t-elle ? Utiliser un logiciel de géométrie dynamique pour répondre à ce problème.
2. Quelle doit être la hauteur minimale du plafond pour installer cette armoire ? Conjecturer la réponse à l'aide du logiciel, puis rédiger une démonstration.

Problèmes

Pour mieux cibler les compétences

Chercher	58 64 68	Raisonner	60 63 65
Modéliser	43 56 61 68	Calculer	46 54
Représenter	56 66 68	Communiquer	58 68

43 L'échelle

Le drone de Juliette est coincé dans l'arbre, à une hauteur de 4 m. Elle part chercher l'échelle qui mesure 5 m. Elle place le pied de l'échelle à 1,50 m du pied de l'arbre.

- Juliette pourra-t-elle atteindre son drone ?

44 Une aire

Calculer l'aire de ce rectangle.

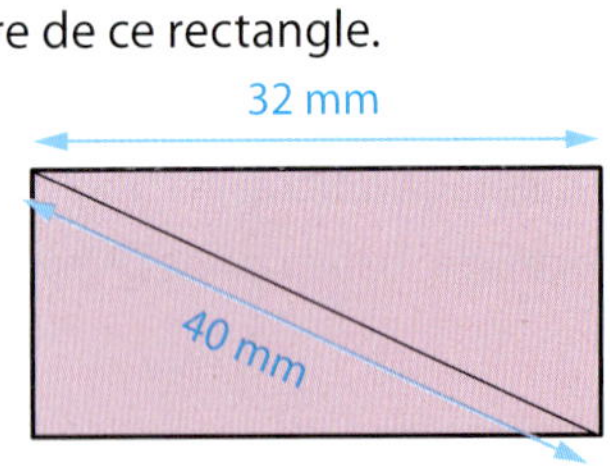

45 Trajet maison-collège

Pour aller de la maison au collège, Paul doit parcourir 800 m en contournant le stade de foot.

- De combien peut-il diminuer son trajet en passant par la diagonale du stade ?

46 Tempête

Après une tempête de neige, un arbre s'est brisé.

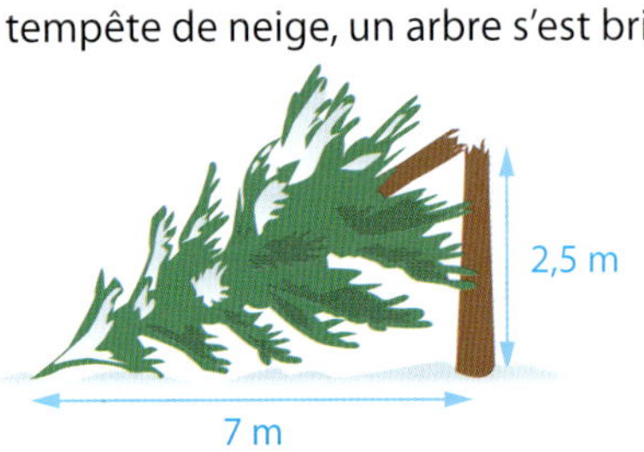

- Quelle était la hauteur de l'arbre avant la tempête ?

47 Au brevet

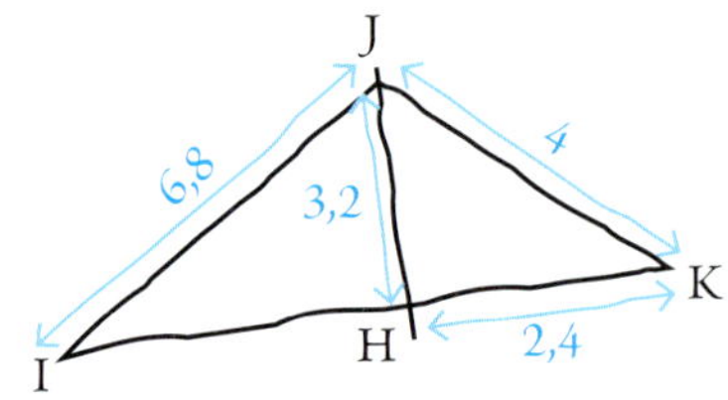

On considère la figure ci-dessus dessinée à main levée. L'unité utilisée est le centimètre.

Les points I, H et K sont alignés.

1. Construire la figure ci-dessus en vraie grandeur.
2. Démontrer que les droites (IK) et (JH) sont perpendiculaires.
3. Démontrer que IH = 6 cm.

Annales brevet Polynésie (juin 2015).

48 Maçonnerie

AV

Un maçon souhaite s'assurer de la perpendicularité de sa future construction. Pour cela, il tend des fils attachés à des piquets comme dans le schéma ci-dessous.

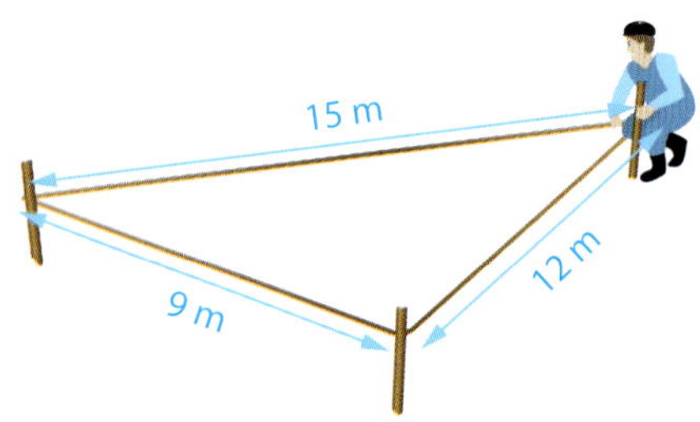

- Sa construction sera-t-elle correcte ?

49 Aménagement du jardin

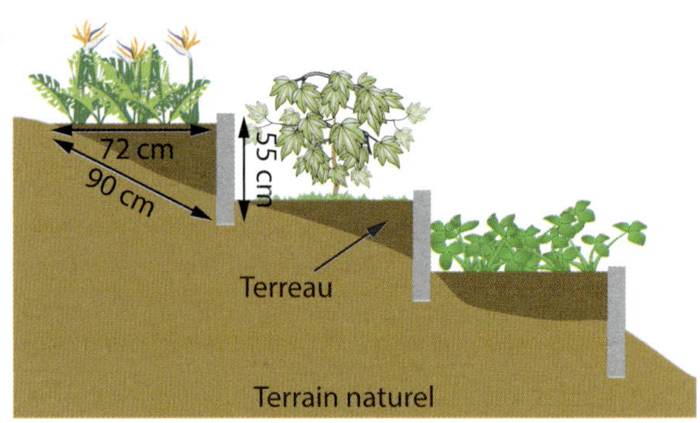

Djamila vient d'aménager son jardin dont le terrain naturel est en pente. Elle a souhaité créer des massifs en escaliers. Pour cela, elle a installé des bordures de 55 cm de hauteur pour maintenir le terreau qu'elle a apporté pour faire ses plantations.

- Mais elle a un doute : ses bordures sont-elles bien perpendiculaires au sol qu'elle a créé avec le terreau ?

50 L'arbre

Giulia veut connaitre la hauteur de l'arbre planté dans son jardin. Avec un mètre laser, elle a relevé que 10 m la séparaient de la cime de l'arbre. Par ailleurs, elle a mesuré qu'elle se trouvait à 7 m du pied de l'arbre.

- Quelle est la hauteur de cet arbre ?

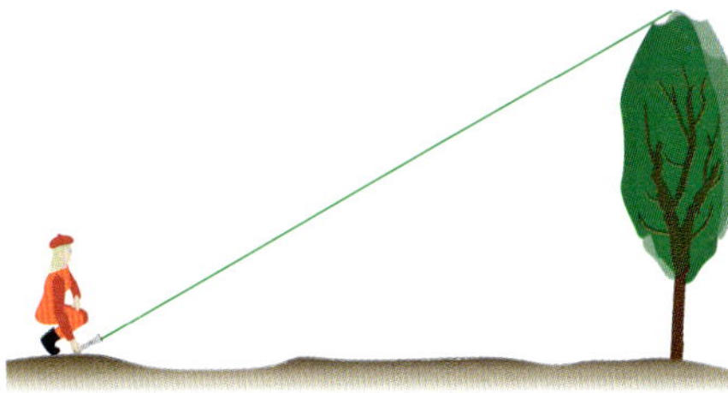

51 Prisme droit

Calculer le volume de ce prisme droit, sachant que le volume d'un prisme est donné par la formule :

$\mathscr{V}$ = Aire de la base × hauteur

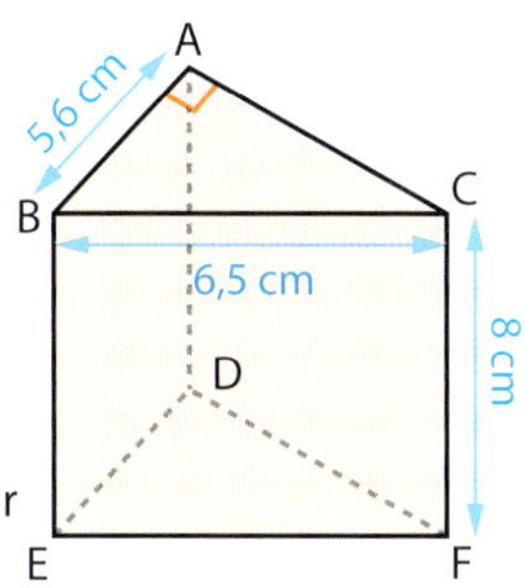

52 Plomberie

- Quelle est la longueur de tuyau nécessaire pour réaliser ce coude ?

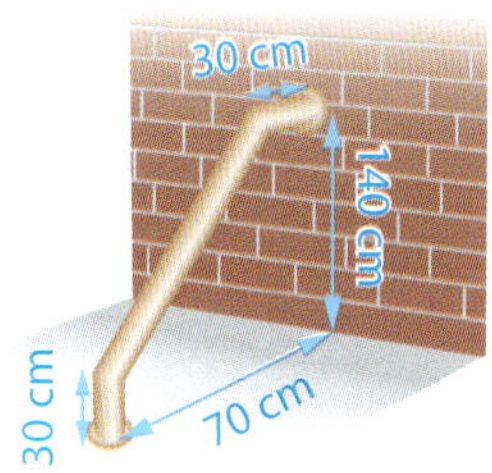

53 Big Ben

LV

John has just spent a few days in London. He is about to come back home. He bought a poster representing Big Ben. In order not to damage his purchase, he put it into a 50-cm-long cylindric tube; its diameter is 5 cm.

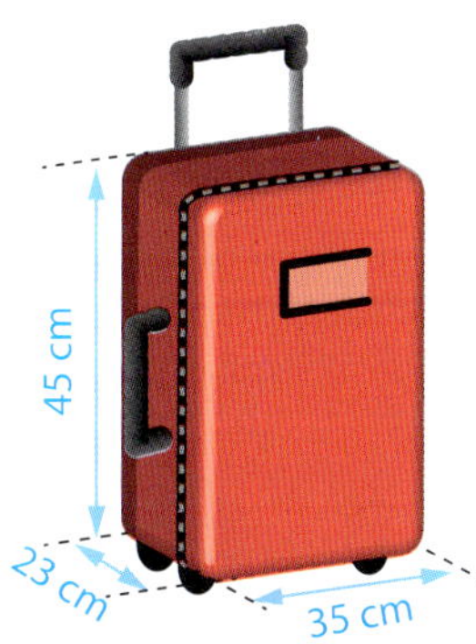

- Will he be able to put this tube in his suitcase?

54 Avec plusieurs triangles

ABG est rectangle en B et AFG est rectangle en F.

- Calculer FG à 1 mm près.

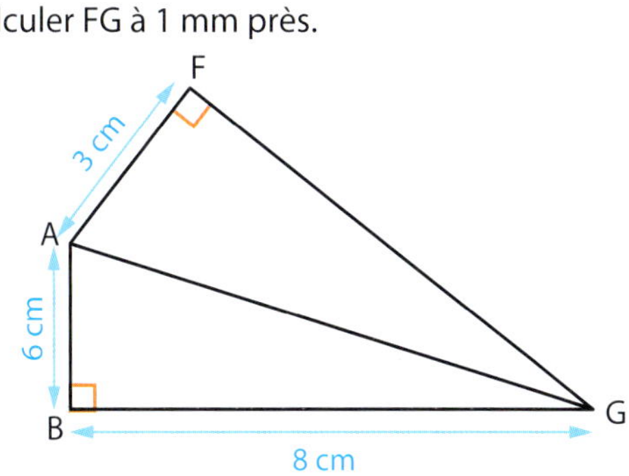

55 Quadrilatère

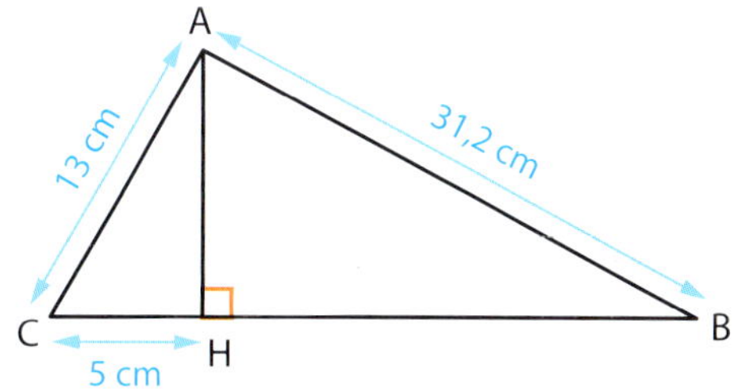

1. Calculer AH.
2. Calculer HB.
3. Le triangle ACB est-il rectangle ? Justifier.
4. Soient M le symétrique de B par rapport à A et N le symétrique de C par rapport à A.
   Quelle est la nature du quadrilatère MNBC ? Justifier.

56 L'appentis

Mme Dubois vient de faire construire un appentis dont voici la photographie sur laquelle elle a indiqué certaines dimensions. Elle souhaite maintenant recouvrir le toit de shingles (couvertures en bitume pour abri) vendus 9,30 € le m^2.

- Quelle somme Mme Dubois devra-t-elle dépenser pour recouvrir son appentis ?

57 Les cuisses cuisent

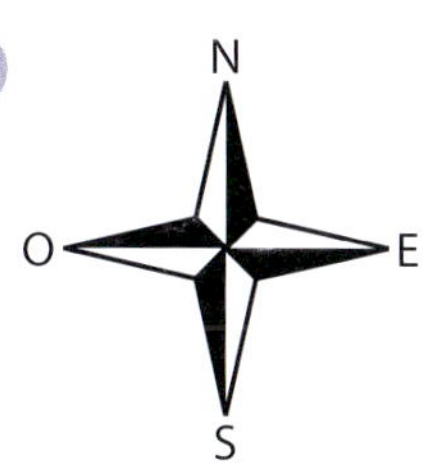

Pour échapper à la cuisson, Lucien le batracien part d'un bord de la casserole circulaire et il nage 18 cm en direction du sud avant de rencontrer un bord.

Il repart alors en direction de l'est pendant 24 cm où il trouve le manche de la casserole et parvient à se faire la belle…

- Quel est le diamètre de la casserole ?

Source : Rallye mathématique d'Aquitaine (2013).

Problèmes

58 Enquête policière

Temperance Brennan, l'héroïne du roman *Passage mortel* de l'auteure américaine Kathy Reichs, est anthropologue judiciaire au Canada. Elle vient de retrouver des ossements calcinés dans une cave et est accompagnée d'un policier nommé LaManche.

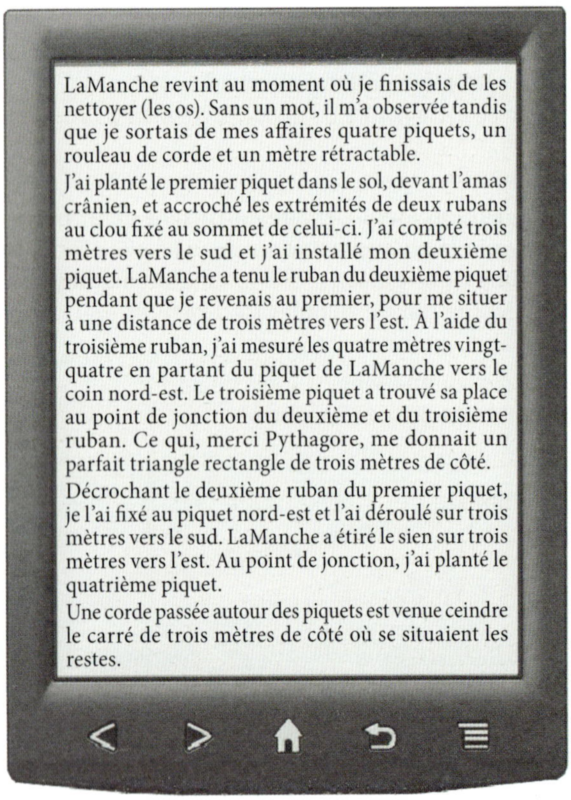

LaManche revint au moment où je finissais de les nettoyer (les os). Sans un mot, il m'a observée tandis que je sortais de mes affaires quatre piquets, un rouleau de corde et un mètre rétractable.

J'ai planté le premier piquet dans le sol, devant l'amas crânien, et accroché les extrémités de deux rubans au clou fixé au sommet de celui-ci. J'ai compté trois mètres vers le sud et j'ai installé mon deuxième piquet. LaManche a tenu le ruban du deuxième piquet pendant que je revenais au premier, pour me situer à une distance de trois mètres vers l'est. À l'aide du troisième ruban, j'ai mesuré les quatre mètres vingt-quatre en partant du piquet de LaManche vers le coin nord-est. Le troisième piquet a trouvé sa place au point de jonction du deuxième et du troisième ruban. Ce qui, merci Pythagore, me donnait un parfait triangle rectangle de trois mètres de côté.

Décrochant le deuxième ruban du premier piquet, je l'ai fixé au piquet nord-est et l'ai déroulé sur trois mètres vers le sud. LaManche a étiré le sien sur trois mètres vers l'est. Au point de jonction, j'ai planté le quatrième piquet.

Une corde passée autour des piquets est venue ceindre le carré de trois mètres de côté où se situaient les restes.

- Prouver que le quadrilatère obtenu est un carré.

59 L'arbre de Pythagore

1. Grâce à un logiciel de géométrie dynamique :
   - Tracer un carré de côté 5 cm, puis le colorier en vert.
   - À l'extérieur du carré, construire un triangle rectangle isocèle d'hypoténuse un côté du carré.
   - À l'extérieur du triangle, construire 2 carrés basés sur les 2 côtés de l'angle droit du triangle rectangle ; colorier ces 2 carrés en bleu.
   - Pour chacun des 2 carrés bleus, construire à l'extérieur un triangle rectangle isocèle d'hypoténuse le côté opposé à celui utilisé pour le premier triangle.
   - À l'extérieur de chacun des triangles, construire 2 carrés basés sur les 2 côtés de l'angle droit du triangle rectangle isocèle, puis colorier les 4 carrés obtenus en violet.
   - Répéter le procédé précédent pour obtenir 4 triangles rectangles isocèles, puis 8 carrés qui seront coloriés en noir.
2. Comparer l'aire du carré vert à l'aire d'un carré noir.

60 Une démonstration du théorème de Pythagore

Démontrer le théorème de Pythagore en s'aidant des deux figures ci-dessous.

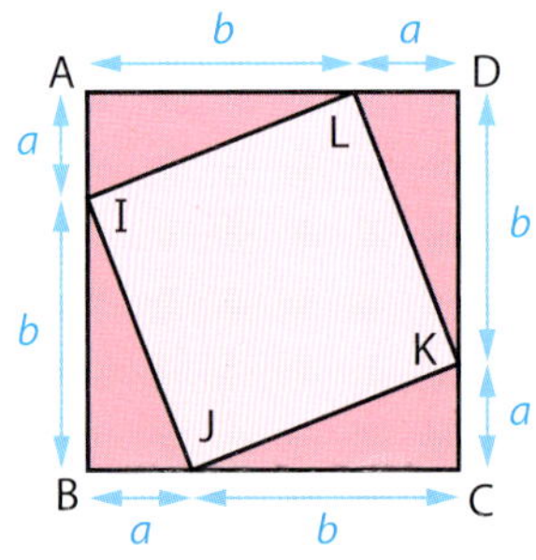

Figure 1

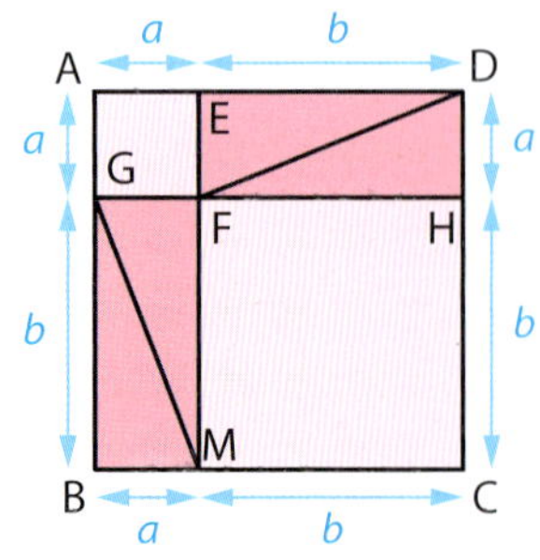

Figure 2

61 L'escalier

M. et Mme Thomas réalisent des travaux chez eux et entreprennent la réalisation de l'escalier suivant.

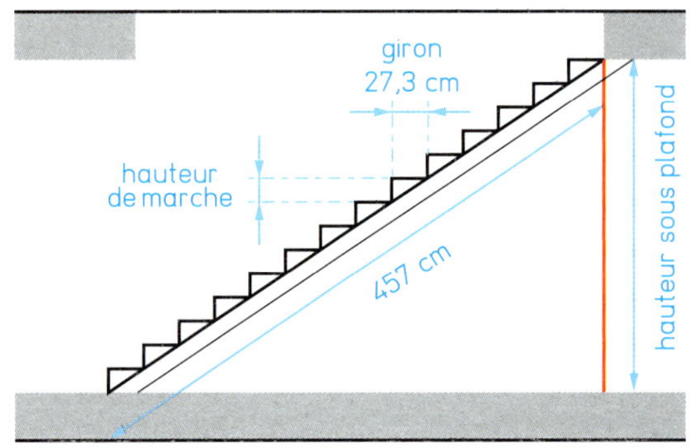

Pour assurer un confort lors de la montée et de la descente d'un escalier, la hauteur de marche doit être comprise entre 17 et 21 cm.

- Est-ce le cas de cet escalier ?

62 Rampe d'escalier

M. Dubreuil doit changer les six boules de sa rampe d'escalier. Chaque boule en bois est « coupée » comme sur le schéma ci-dessous.

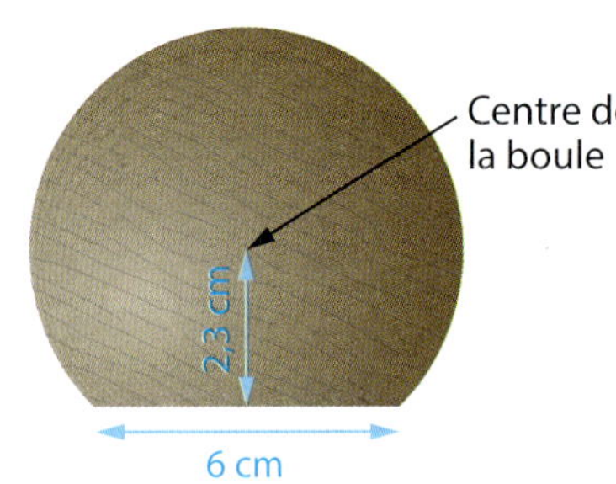

Diamètre de la boule	Prix unitaire
Entre 4 et 5 cm (5 cm non compris)	13,50 €
Entre 5 et 6 cm (6 cm non compris)	17,90 €
Entre 6 et 7 cm (7 cm non compris)	21,00 €
Entre 7 et 8 cm (8 cm non compris)	24,60 €
Entre 8 et 9 cm (9 cm non compris)	28,00 €

- Aider M. Dubreuil à trouver le prix qu'il devra payer pour cet achat.

63 Dans le tunnel

Voici la coupe de l'intérieur d'un tunnel dont la voute est un demi-cercle de diamètre 30 m.
Pour consolider la voute, des ouvriers doivent installer une poutre verticale.

- Quelle est la longueur de cette poutre ?

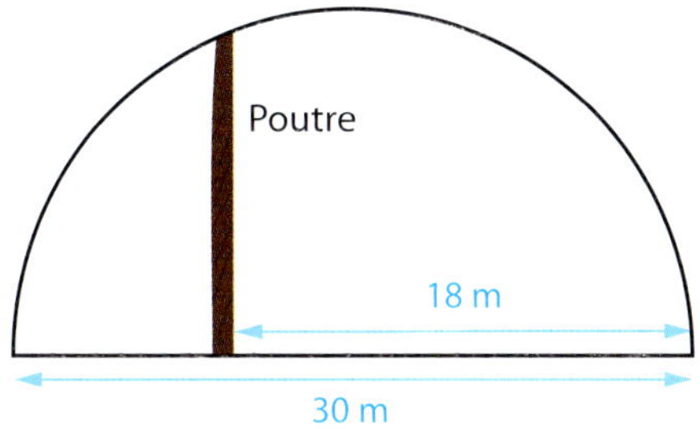

64 Corde à treize nœuds

Prise d'initiative

HG

En Égypte ancienne, en 2000 avant J.-C., les arpenteurs se servaient d'une corde à 13 nœuds équidistants pour s'assurer d'avoir des angles droits lors de l'établissement des limites des champs.

- Comment les Égyptiens se servaient-ils de cette corde pour s'assurer d'avoir des angles droits ?

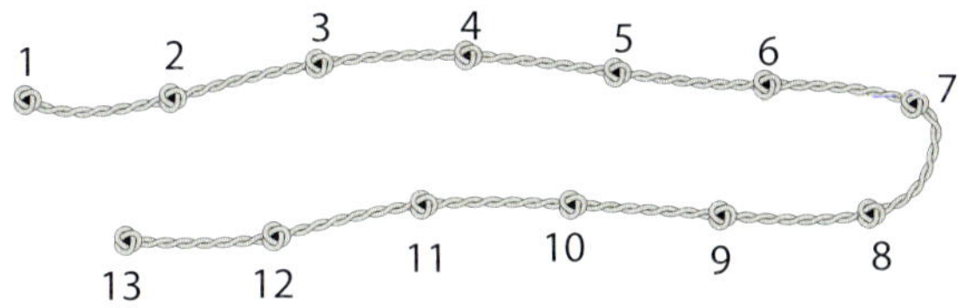

65 Que de carrés !

Prise d'initiative

Construire un carré d'aire 20 cm^2 à l'aide d'une équerre uniquement graduée en centimètres.

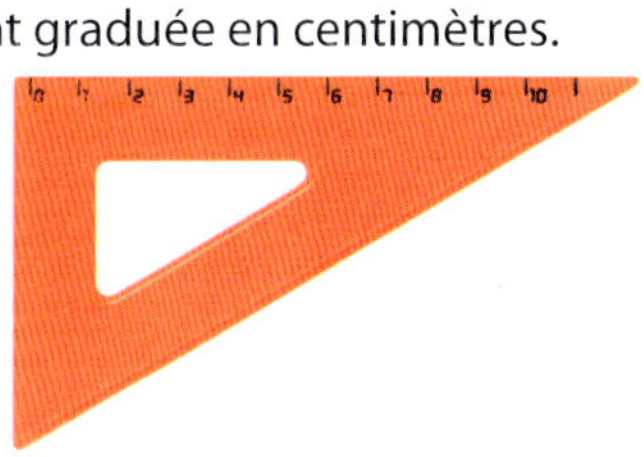

66 Patron

Prise d'initiative

On considère la pyramide ci-dessous de base rectangulaire telle que AB = 7 cm, BC = 5 cm et de hauteur SO = 4 cm.

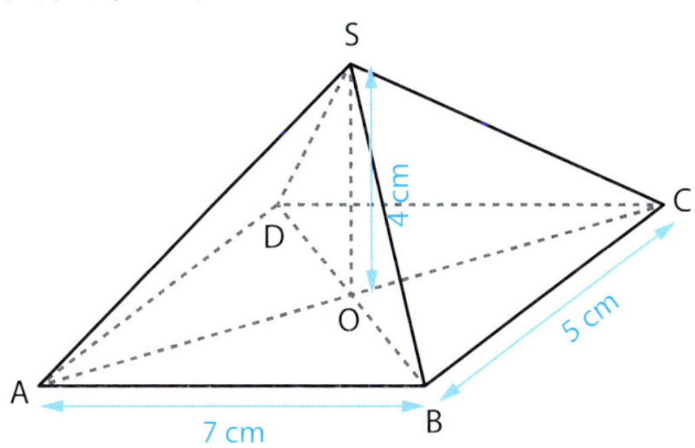

- Construire un patron de cette pyramide en détaillant tous les calculs.

67 Le viaduc de Millau

TECH

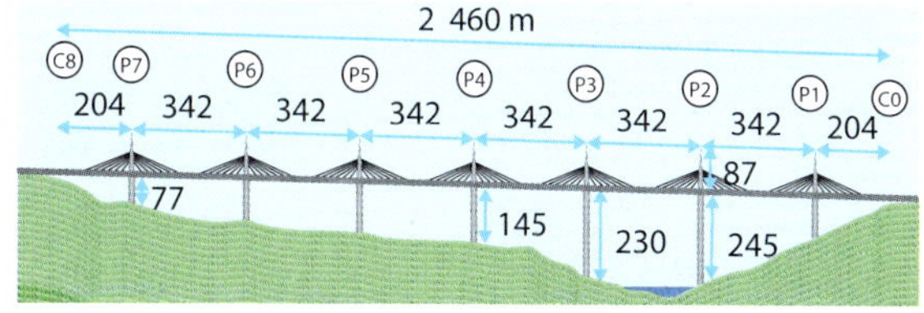

Le viaduc de Millau, dont un schéma est représenté ci-dessus, est maintenu par 7 piles prolongées chacune par un pylône auquel sont arrimées 11 paires de haubans.

Le hauban est un câble servant à assurer la rigidité d'une construction.

Le hauban le plus long est attaché au pylône à une hauteur de 71,1 m. L'autre extrémité de ce hauban se trouve à 167,5 m du pied du pylône.
La longueur d'un hauban diminue de 10 % par rapport à celui qui se situe au-dessus de lui, jusqu'au 7e hauban inclus. Entre le 7e et le 10e hauban, la longueur diminue à chaque hauban de 12 %, puis entre le 10e et le 11e de 15 %.

- Donner une longueur approchée de la totalité de ces câbles qui assurent la rigidité du pont.

68 La rampe

Prise d'initiative

AV

Un directeur de magasin doit faire construire une rampe d'accès pour personnes à mobilité réduite.

Doc. 1 Dimensions de la rampe

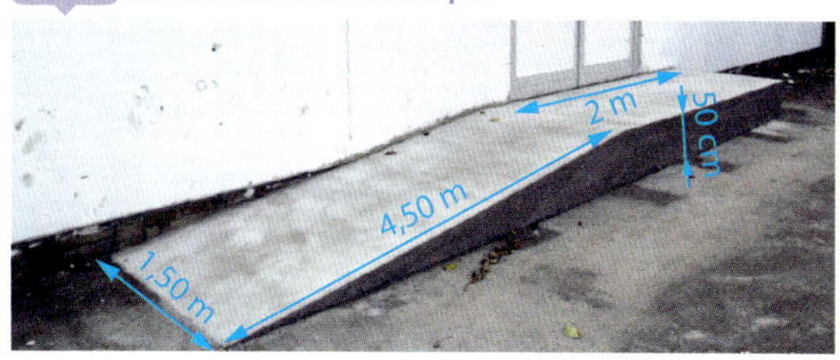

Doc. 2 Dosages pour une bétonnière d'une capacité de malaxage de 90 L

Type	Ciment	Sable	Graviers	Eau
Béton pour dalle et fondation	25 kg	45 kg	85 kg	12 litres
Mortier	25 kg	120 kg		12 litres

Doc. 3 Tarifs

Un sac de ciment de 25 kg coute 6 €.
Un sac de sable de 35 kg coute 7,25 €.
Un sac de graviers de 35 kg coute 7,31 €.
Le mètre cube d'eau coute 2,26 €.

- Quel va être le cout des matériaux permettant de réaliser la rampe en béton présentée dans le **doc. 1** ?

Travailler autrement

Utilisable en AP

À chacun sa méthode !

Deux énoncés pour un exercice

Un « rider » adepte du freestyle descend une rampe de lancement pour BMX.

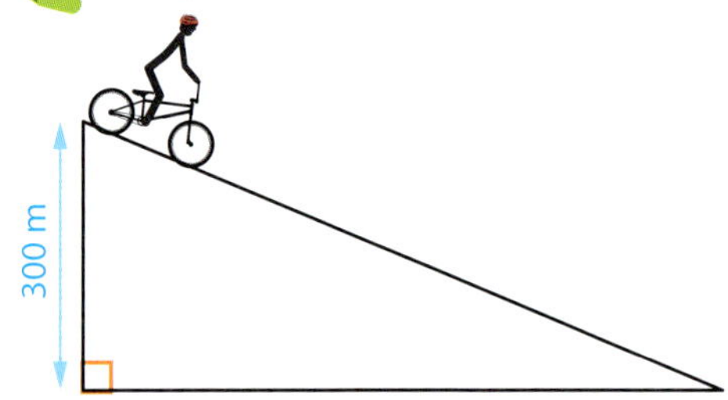

Exercice 1

1. Sachant que la distance horizontale qu'il va parcourir est 2 fois plus grande que l'altitude de laquelle il s'élance, calculer la distance parcourue par ce « rider ».
2. Combien de temps lui faut-il pour descendre cette piste sachant qu'il se déplace à une vitesse moyenne de 20 m/s ?

Exercice 1

- Sachant que la pente est à 75 %, calculer le temps mis par ce « rider » pour descendre cette pente à une vitesse moyenne de 70 km/h.
  Le pourcentage d'une pente se calcule en appliquant la formule suivante :

$$\frac{\text{dénivelé* } (m)}{\text{distance horizontale correspondante } (m)}$$

* dénivelé : différence d'altitude entre le point d'arrivée et le point de départ.

Exercice 2

- Calculer l'aire du triangle ABC.

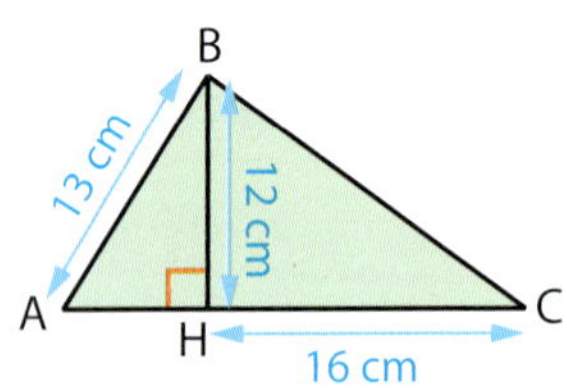

Exercice 2

- Calculer l'aire du triangle ABC, puis la longueur AH.

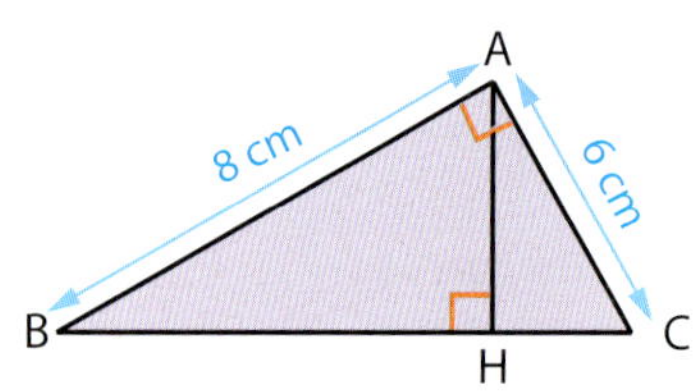

Analyse d'une production

Voici des réponses d'élèves à deux exercices. Corriger les éventuelles erreurs.

Exercice 3

Calculer ET.

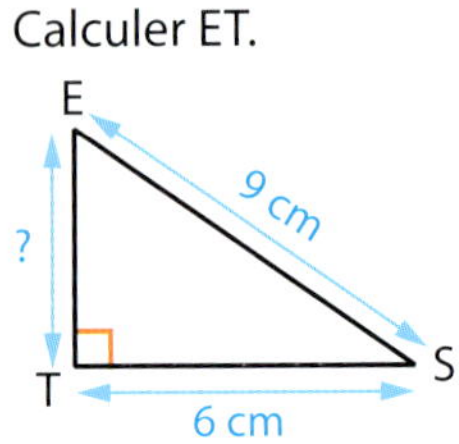

Pablo

ETS est rectangle en T.
D'après l'égalité de Pythagore
$ET^2 = 9^2 + 6^2$
$ET^2 = 117$
$ET \approx 10,8$ cm

Marie

ETS est rectangle.
Donc $ES^2 = ET^2 + TS^2$
$9^2 = ET^2 + 6^2$
$18 = ET^2 + 12$
$ET^2 = 18 - 12$
$ET^2 = 6$
$ET = 3$ cm

Exercice 4

OPR est-il rectangle ?

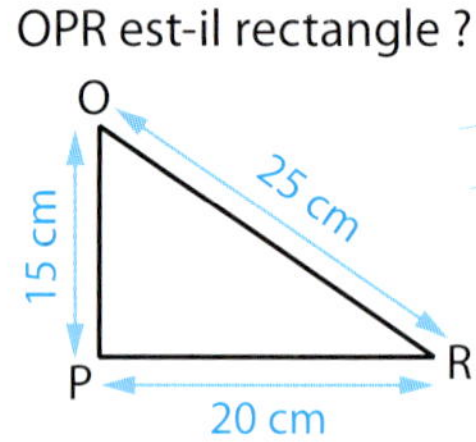

John

$OR^2 = 25^2 = 625$
$OP^2 + PR^2 = 15^2 + 20^2$
$= 625$
Donc OPR est rectangle.

Samira

$OR^2 = OP^2 + PR^2$
$25^2 = 15^2 + 20^2$
$625 = 225 + 400$
$625 = 625$
donc OPR est rectangle en P.

CHAPITRE 15

Ta mission

Reconnaitre de nouveaux solides et te repérer dans l'espace.

Solides de l'espace

Jeux

Un seul de ces assemblages de cubes n'est pas le même que les autres. Lequel ?

Le **musée Guggenheim de Bilbao** est l'œuvre de l'architecte nord-américain Frank Gehry. Il a été ouvert en 1997. Il constitue un magnifique exemple d'architecture utilisant des solides de formes et de tailles variées, assemblage singulier de pierre, de verre, d'eau et de titane.

Activités

Questions flash

diapo

Prêt ?

1. Donner le nom mathématique de chacun de ces solides.

2. Compléter :

$57 \text{ dm}^3 = \ldots \text{ L}$ $267 \text{ cm}^3 = \ldots \text{ dm}^3$

$68 \text{ m}^3 = \ldots \text{ L}$ $5 \text{ m}^3 = \ldots \text{ cm}^3$

3. Associer le bon patron à chaque nom de solides : pyramide, cylindre, parallélépipède rectangle.

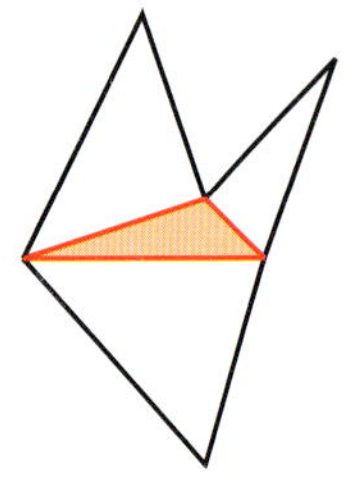
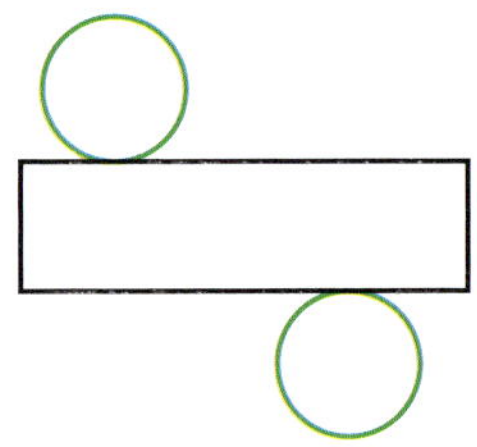

Partez !

Des objets « pointus » — 5e — Activité 1

1. a. Construire le patron de cette pyramide, puis avec deux autres camarades, reconstituer le cube initial.

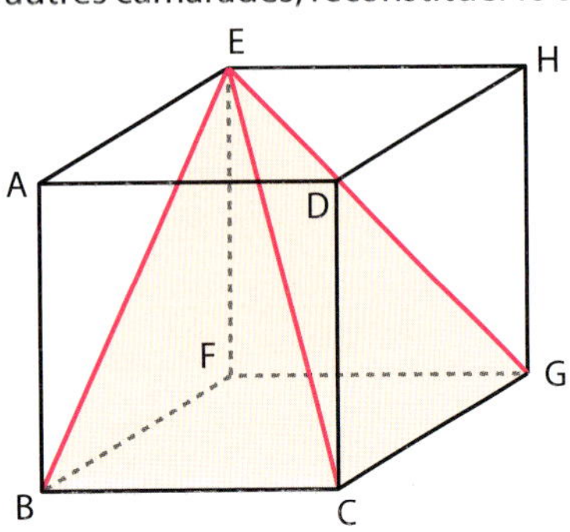

b. Retrouver la formule du volume d'une pyramide vue en 5e.

2. Kim veut fabriquer des chapeaux pour sa fête à partir de celui qu'elle a déjà. Aider Kim en réalisant un patron de ces chapeaux.

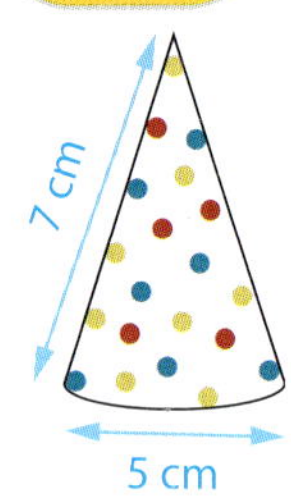

Une fourmi sur un pavé — Activité 2

1. Une fourmi se déplace sur la fenêtre de Sam.
Pour expliquer à son copain Valentin où elle s'est arrêtée, il lui dit qu'elle est en (–1 ; 2).
Qu'a-t-il voulu dire ?

2. La fourmi se déplace maintenant sur un pavé droit. Peut-on indiquer de la même manière où se trouve la fourmi ?

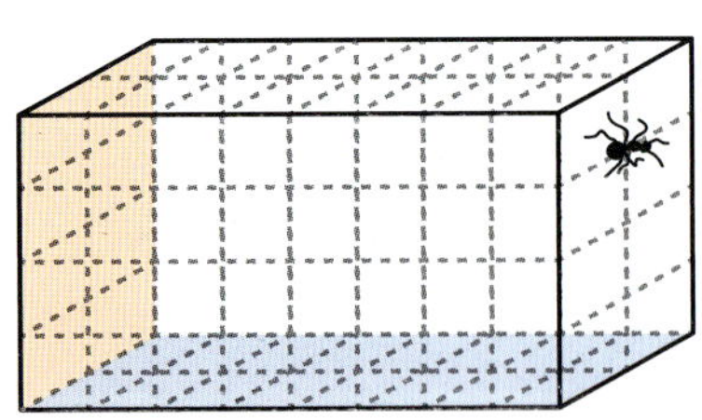

Un nouveau solide

Activité 3

1. Ousmane joue au ping-pong et Esteban, à la pétanque.

Quelle différence font Ousmane et Esteban entre une sphère et une boule ?

2. a. À l'aide d'un logiciel de géométrie dynamique, réaliser une sphère de centre O.
   b. Créer un point A sur la sphère et afficher la longueur OA.
   c. Créer un nouveau point M sur la sphère et afficher la longueur OM.
   Que peut-on constater lorsque l'on déplace le point M ?
   d. Créer un nouveau point N à l'intérieur de la sphère et afficher la longueur ON.
   Que peut-on constater ? Pour quelles positions du point N cette longueur est-elle maximale ?

Où sommes-nous ?

Activité 4 Prise d'initiative

La Terre est découpée suivant des parallèles et des méridiens.

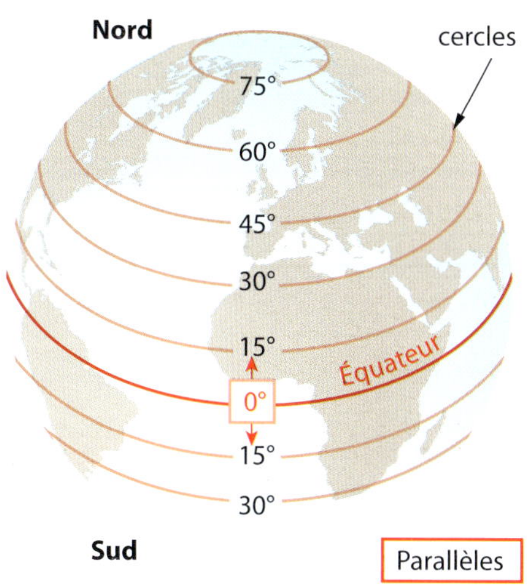

Parallèles

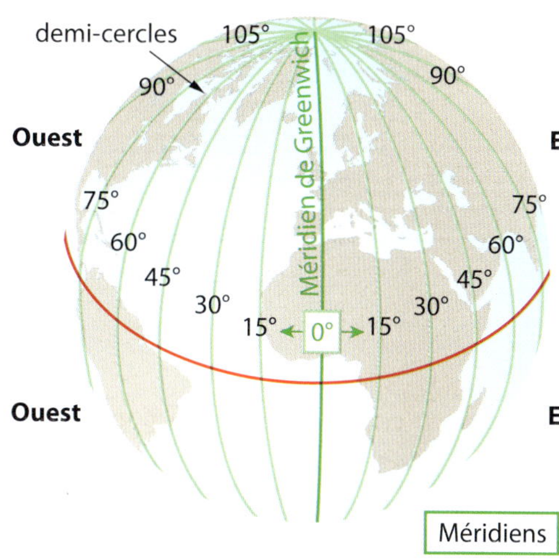

Méridiens

1. À quoi correspond le degré 0 pour les parallèles ? et pour les méridiens ?
2. Le GPS indique les coordonnées suivantes pour la Tour Pey Berland à Bordeaux : 44° 50′ N et 0° 34′ O.
   Que signifient ces coordonnées ?
3. Chercher les coordonnées GPS de l'opéra de Sydney, du Taj Mahal et du Machu Picchu.
   Ces quatre lieux se trouvent-ils dans le même hémisphère ?

Cours

5e

1 Représenter des solides et calculer des volumes

Définitions ▶ Vidéo

	Perspective cavalière	Patron	Volume
Parallélépipède rectangle (ou pavé droit)			
Solide composé de six faces rectangulaires. Cas particulier : le cube	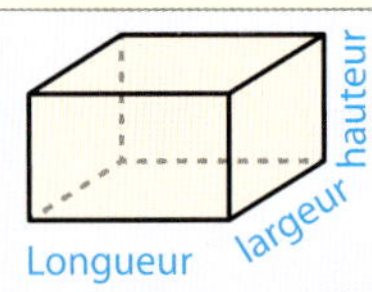	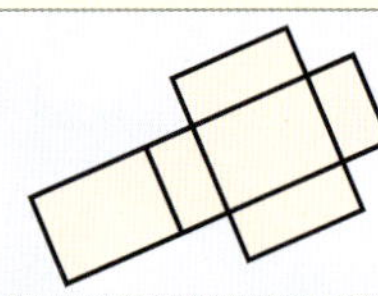	$\mathcal{V}$ = Longueur × largeur × hauteur $= L \times \ell \times h$
Cylindre de révolution			
Solide composé : • de deux faces parallèles et superposables en forme de disque : les bases ; • d'une surface latérale.	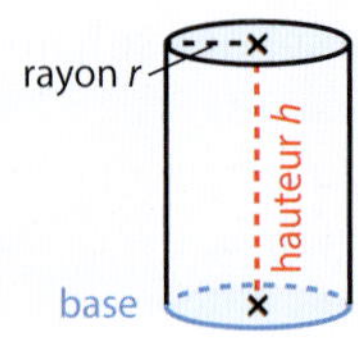	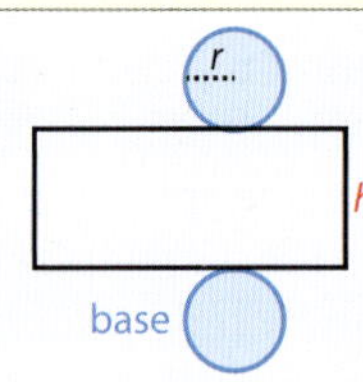	$\mathcal{V}$ = Aire de la base × hauteur $= \pi r^2 h$
Pyramide			
Solide composé : • d'un sommet S ; • d'une base polygonale ne contenant pas S ; • de faces latérales triangulaires de sommet S.	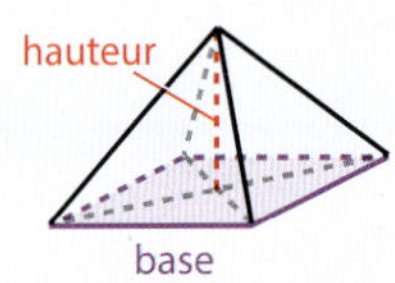	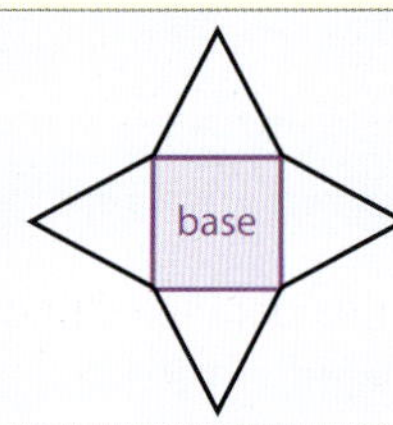	$\mathcal{V} = \frac{1}{3}$ Aire de la base × hauteur
Cône de révolution			
Solide composé : • d'une base en forme de disque ; • d'un sommet S situé sur la perpendiculaire à la base passant par son centre ; • d'une surface latérale.	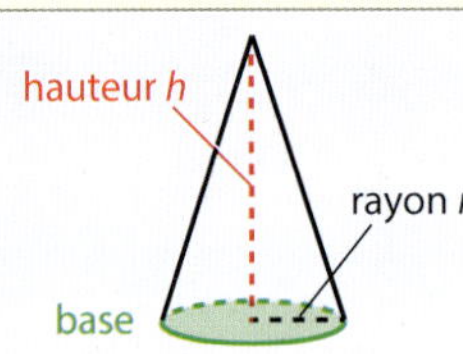		$\mathcal{V} = \frac{1}{3}$ Aire de la base × hauteur $= \frac{1}{3} \pi r^2 h$

2 Se repérer dans un parallélépipède rectangle ▶ Vidéo

Définition

Tout point M d'un parallélépipède rectangle peut être repéré à partir d'un sommet et des arêtes partant de ce sommet. Un point M est repéré par trois nombres, appelés les **coordonnées de M** : x_M est son **abscisse**, y_M est son **ordonnée** et z_M est sa **cote** (ou altitude). On note M(x_M ; y_M ; z_M).

Exemple

Dans le repère tracé ci-contre :
- D est l'origine du repère ;
- la droite (Dx) est l'axe des abscisses ;
- la droite (Dy) est l'axe des ordonnées ;
- la droite (Dz) est l'axe des cotes.
- Coordonnées de quelques points :

D(0 ; 0 ; 0) A(2 ; 0 ; 0) C(0 ; 3 ; 0)
H(0 ; 0 ; 3) B(2 ; 3 ; 0) F(2 ; 3 ; 3)

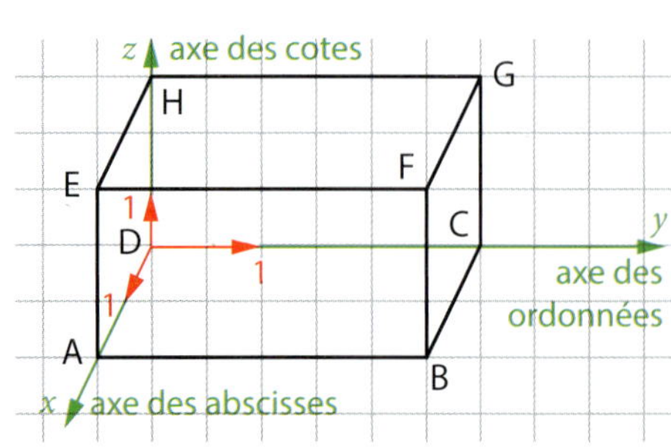

Savoir-faire

Apprends à l'aide des exercices résolus puis entraine-toi !

1 Représenter des solides et calculer des volumes

1 Terminer la représentation en perspective cavalière de ce pavé droit.

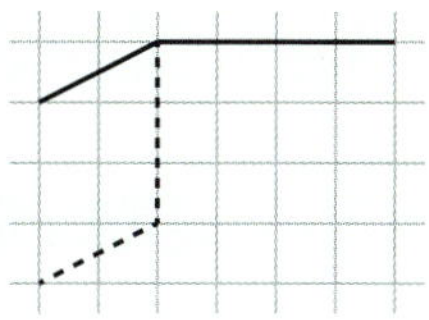

Solution

Les arêtes parallèles et de même longueur sont représentées par des segments parallèles et de même longueur.

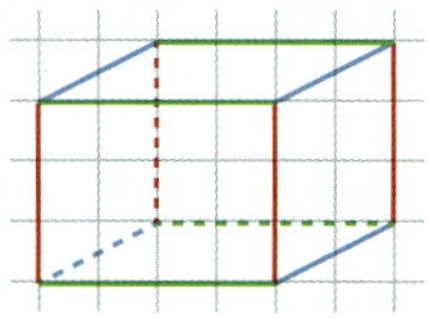

N'oublie pas que les arêtes cachées sont tracées en pointillés.

2 Calculer le volume d'une pyramide à base rectangulaire de longueur 3 dm, de largeur 6,3 dm et de hauteur 25 dm.

Solution

On utilise la formule du volume d'une pyramide :

$$\mathcal{V} = \frac{\text{Aire de la base} \times \text{hauteur}}{3}$$

Assure-toi que toutes les longueurs sont dans la même unité.

On calcule d'abord l'aire de la base (rectangle) :

$$\mathcal{A} = \text{Longueur} \times \text{largeur} = 3 \times 6{,}3 = 18{,}9\ \text{dm}^2$$

On calcule ensuite le volume sans oublier l'unité :

$$\mathcal{V} = \frac{18{,}9 \times 25}{3} = 157{,}5\ \text{dm}^3$$

3
1. Représenter en perspective cavalière une pyramide de hauteur 8 cm et dont la base est un carré de côté 4 cm.
2. Calculer le volume d'un cône de révolution de rayon 8 cm et de hauteur 89 mm.
3. Tracer un patron d'une pyramide régulière dont la base est un carré de 4,5 cm de côté et dont les arêtes latérales mesurent 6,2 cm.

2 Se repérer dans un parallélépipède rectangle

4 ABCDEFGH est un parallélépipède rectangle. Donner les coordonnées du point E dans le repère tracé ci-dessous.

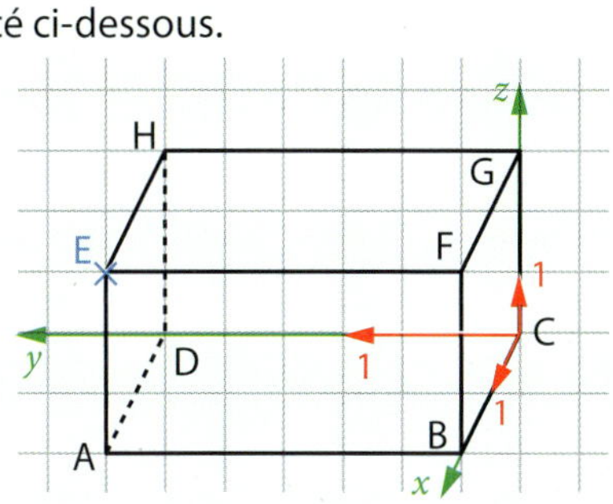

Fais attention à l'ordre des coordonnées !

Solution

On cherche comment aller de l'origine C du repère jusqu'au point E en suivant des chemins parallèles aux axes :

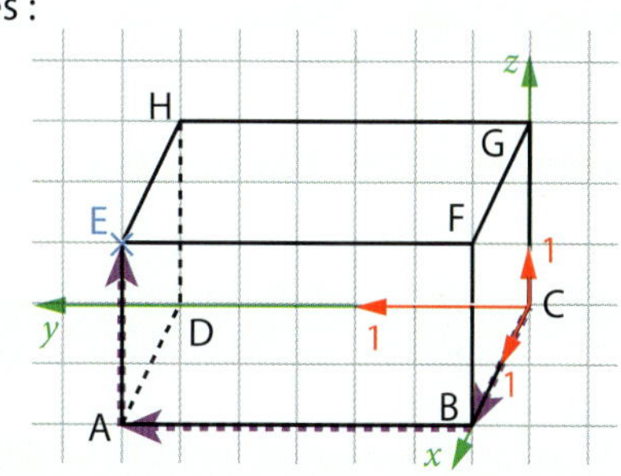

- On avance de 2 unités suivant l'axe des abscisses (Cx) ;
- on avance de 2 unités suivant l'axe des ordonnées (Cy) ;
- on avance de 3 unités suivant l'axe des cotes (Cz).

Les coordonnées de E dans ce repère sont donc (2 ; 2 ; 3).

5 Reproduire la figure de l'exercice précédent.
Donner les coordonnées de H, F et D et placer le point K(0 ; 1 ; 3).

Cours

3 Reconnaitre et représenter une sphère ▶ Vidéo

Définitions

Soit O un point de l'espace et r un nombre positif.

- La **sphère** de centre O et de rayon r est l'ensemble des points M de l'espace tels que $OM = r$.
- Un **grand cercle** de la sphère est un cercle de centre O et de rayon r.
- La **boule** de centre O et de rayon r est l'ensemble des points M de l'espace tels que $OM \leqslant r$.

Exemple

Cette sphère a pour centre O et pour rayon OM.
Le segment [BD] est un diamètre de la sphère. On dit que les points B et D sont diamétralement opposés.
Les points O, A et C n'appartiennent pas à cette sphère.
Les points M, B et D appartiennent à la sphère.
Les points M, C, O, B et D appartiennent à la boule.
Le point A n'appartient pas à la boule.

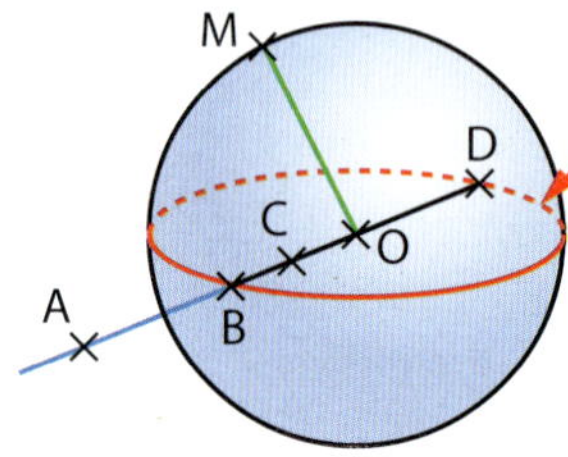

❗
- Une sphère est une surface : elle est « creuse ».
- Une boule est un solide : elle est « pleine ».
- Une sphère n'a pas de patron.

Propriétés

- L'aire $\mathscr{A}$ d'une sphère de rayon r est donnée par la formule : $\mathscr{A} = 4\pi r^2$
- Le volume d'une boule de rayon r est donné par la formule : $\mathscr{V} = \dfrac{4\pi r^3}{3}$

4 Se repérer sur une sphère ▶ Vidéo

Définitions

Si l'on assimile la Terre à une sphère, on peut repérer un point M à sa surface par deux coordonnées correspondant à des mesures d'angles : sa **latitude** et sa **longitude**.

Pour cela, on utilise :

- des **parallèles** qui sont des cercles dont les points ont la même **latitude**. Le parallèle de référence est l'équateur : ses points ont pour latitude 0° ;
- des **méridiens** qui sont des demi-cercles passant par les pôles dont les points ont la même **longitude**. Le méridien d'origine est le méridien de Greenwich : ses points ont pour longitude 0°.

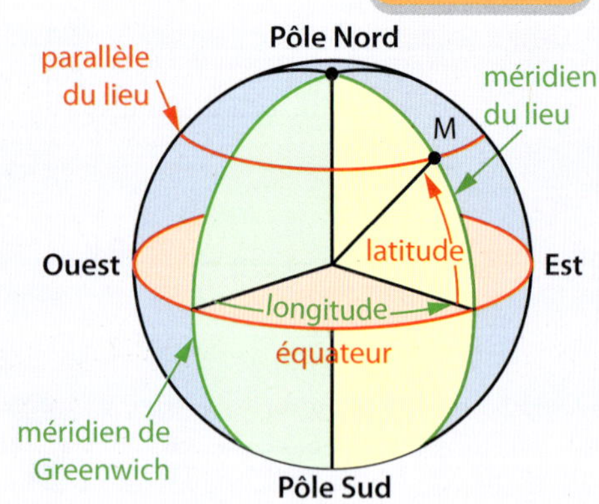

❗
- Les latitudes sont comprises entre 0° et 90° Nord ou Sud.
- Les longitudes sont comprises entre 0° et 180° Est ou Ouest.

Savoir-faire

Apprends à l'aide des exercices résolus puis entraine-toi !

3 Reconnaitre et représenter une sphère

6 Soit une sphère de centre O et de rayon 8 cm.
A, B et C sont trois points de l'espace tels que :
OA = 12 cm, OB = 6 cm et OC = 8 cm.
Les phrases suivantes sont-elles vraies ou fausses ?
a. Le point B appartient à la sphère.
b. Le point A est extérieur à la boule.
c. Le point B appartient à la boule.
d. Le point C appartient à la sphère.

Solution

a. Faux car OB n'est pas égal au rayon 8 cm.
b. Vrai car OA est supérieur au rayon 8 cm.
c. Vrai car OB est inférieur au rayon 8 cm.
d. Vrai car OC est égal au rayon 8 cm.

7 Calculer le volume d'une boule de rayon 4,5 cm.

Solution

On écrit la formule générale et on remplace le rayon par sa valeur.

$\mathcal{V} = \dfrac{4\pi r^3}{3}$

$\mathcal{V} = \dfrac{4}{3} \times \pi \times 4{,}5^3 = 121{,}5\,\pi$ cm^3 (valeur exacte)

$\mathcal{V} \approx 381{,}7$ cm^3 (valeur approchée à 0,1 cm^3 près)

Le volume de la boule est environ 381,7 cm^3.

Fais attention aux unités !

8 **1.** Calculer une valeur approchée au centimètre carré près de l'aire de la sphère de rayon 6,3 cm.
2. Calculer une valeur approchée à 0,1 cm^3 près du volume de la boule de diamètre 12 cm.

4 Se repérer sur une sphère

9 En utilisant la figure ci-dessous, donner la latitude et la longitude de New York.

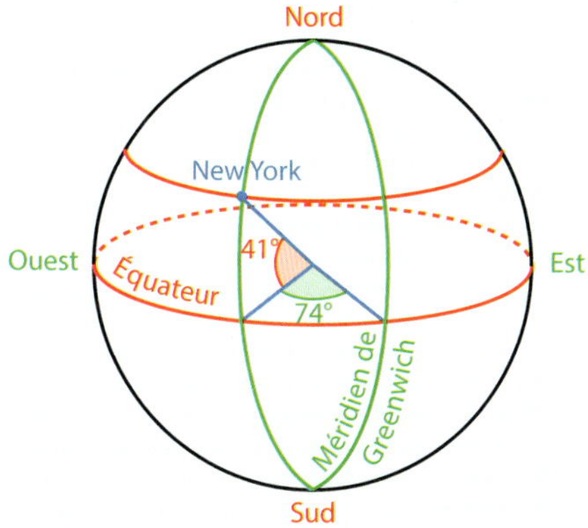

Solution

• La latitude est lue sur un parallèle. Elle correspond à l'angle rouge, qui mesure 41°. New York se trouve dans l'hémisphère Nord, sa latitude est donc 41° Nord.
• La longitude est lue sur un méridien. Elle correspond à l'angle vert qui mesure 74°. New York se trouve dans l'hémisphère Ouest, sa longitude est donc 74° Ouest.

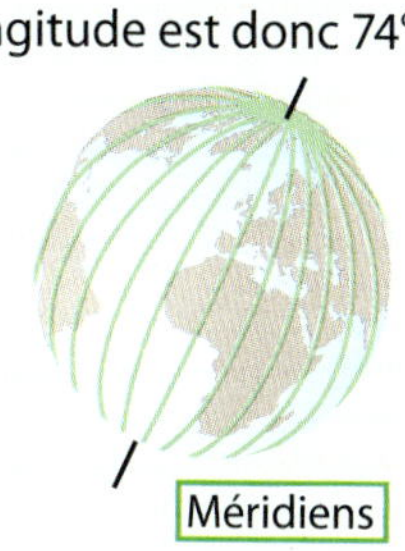

10 **1.** Donner les coordonnées des points A, B et C.
2. Placer le point D de latitude 30° Nord et de longitude 45° Est.

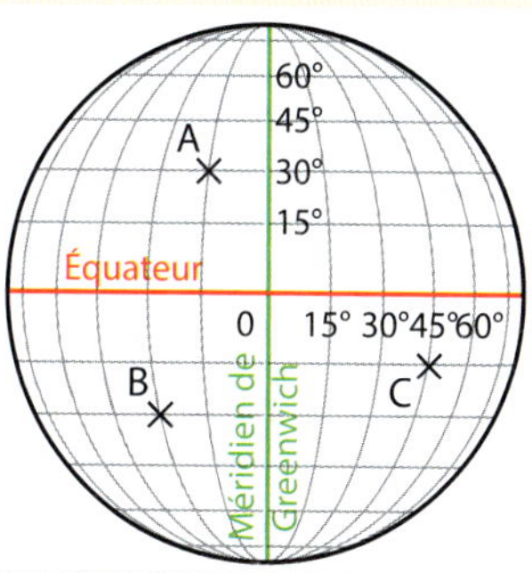

Exercices

2 pages d'exercices supplémentaires dans le manuel numérique

Représenter des solides et calculer des volumes

Savoir-faire p. 259

Questions flash

diapo

11 1. Retrouver les cylindres et les pyramides parmi ces solides.

2. Pour chaque pyramide, donner la forme de sa base, le nombre de sommets, de faces et d'arêtes.

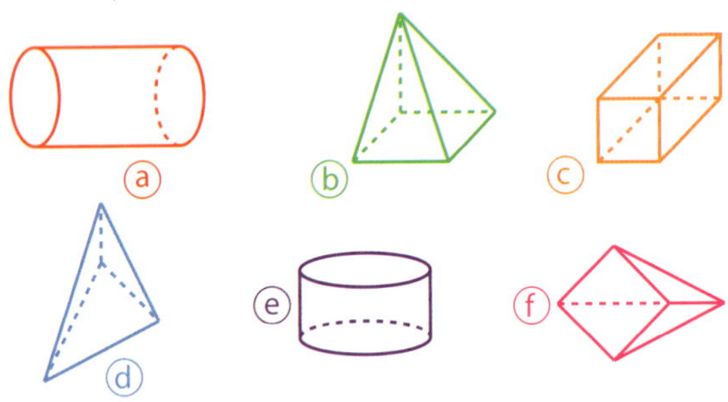

12 Compléter :

$4{,}5\ \text{cm}^2 = \ldots\ \text{dm}^2$ $\qquad 57{,}4\ \text{m}^2 = \ldots\ \text{dm}^2$

$257\ \text{dm}^2 = \ldots\ \text{m}^2$ $\qquad 25\ \text{dm}^2 = \ldots\ \text{cm}^2$

13 Compléter :

$358\ \text{dm}^3 = \ldots\ \text{cm}^3$ $\qquad 257\ \text{dm}^3 = \ldots\ \text{m}^3$

$58\ \text{dm}^3 = \ldots\ \text{L}$ $\qquad 524\ \text{cL} = \ldots\ \text{L}$

14 Reproduire et compléter les représentations en perspective cavalière des solides suivants.

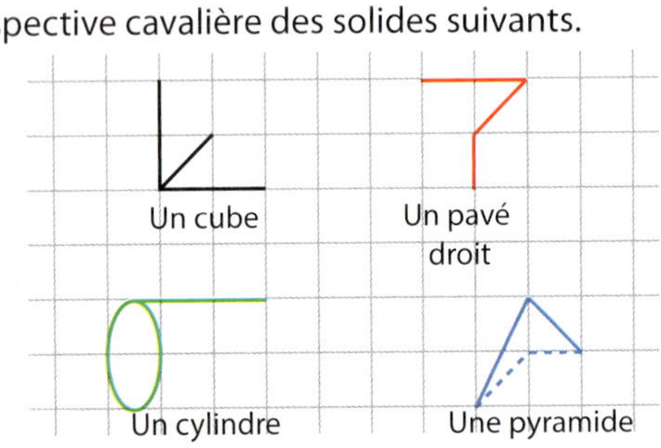

15 Construire un patron d'une pyramide régulière dont la base est un carré de côté 3 cm et dont les arêtes latérales mesurent 5 cm.

16 Construire un patron du cône de révolution représenté ci-contre.

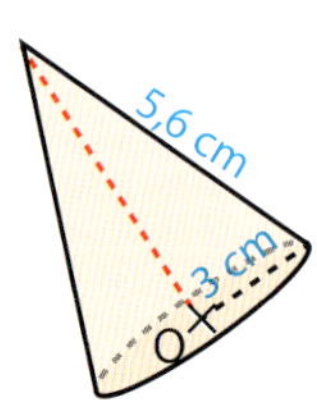

17 Calculer le volume, au cm^3 près, d'un cône de révolution de rayon 6,7 cm et de hauteur 5,7 cm.

18 Calculer l'aire latérale d'un parallélépipède rectangle de longueur 5,7 cm, de largeur 3,7 cm et de hauteur 4,3 cm.

19 Calculer l'aire latérale d'un cylindre de révolution de diamètre 6,8 cm et de hauteur 8,3 cm. En donner la valeur exacte, puis une valeur approchée au cm^2 près.

20 Recopier et compléter les représentations en perspective cavalière des parallélépipèdes rectangles suivants.

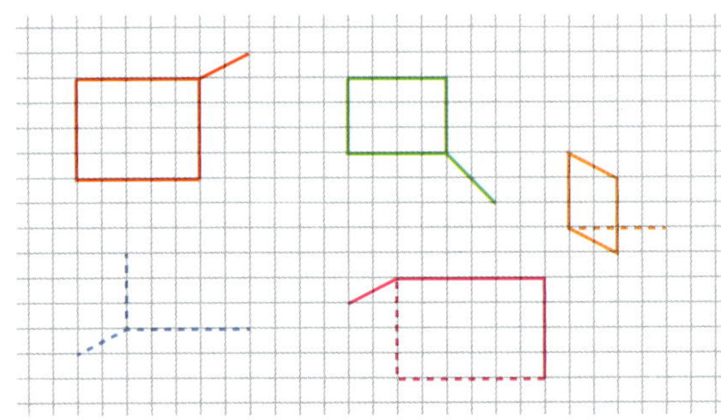

Se repérer dans un parallélépipède rectangle

Savoir-faire p. 259

Questions flash

diapo

21 Donner les coordonnées des points A, B, C et D.

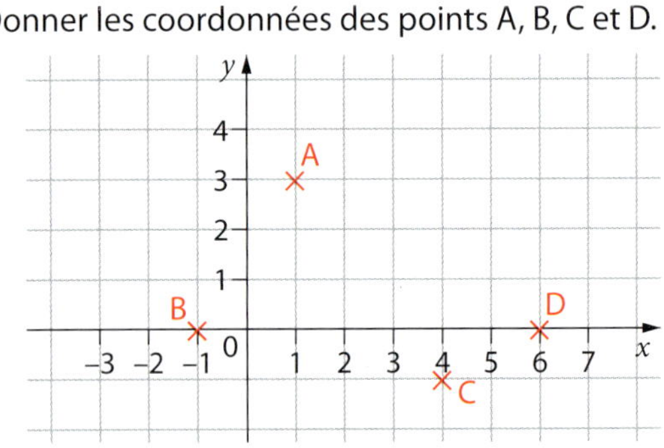

22 Donner les coordonnées des sommets de ce pavé droit représenté dans le repère d'origine O ci-dessous.

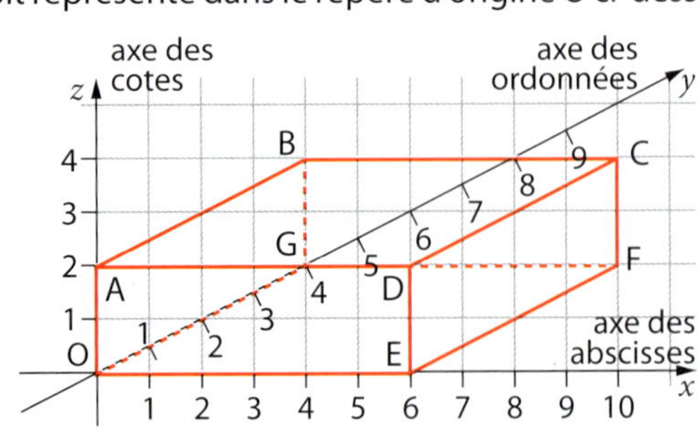

23 Donner les coordonnées des milieux de chaque arête de ce pavé droit tracé dans le repère d'origine H ci-dessous.

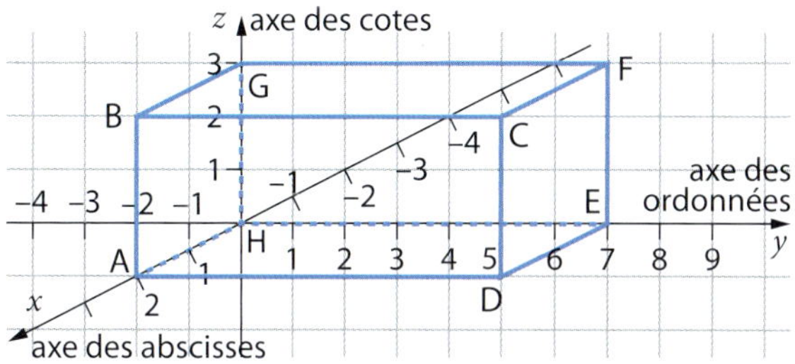

24 Reproduire ce repère et placer les points suivants :
A(2 ; 3 ; 1) B(−2 ; 1 ; 1) C(0 ; 2 ; 2)

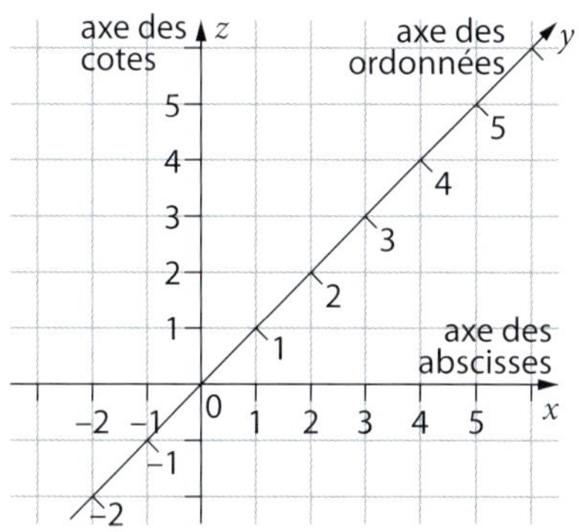

Reconnaitre et représenter une sphère

Savoir-faire p. 261

Questions flash

diapo

25 **Sphère ou boule ?**

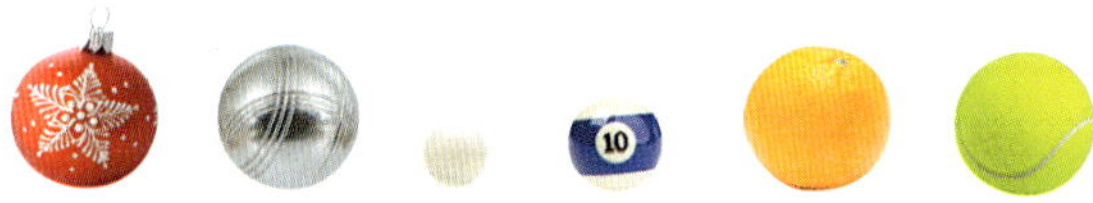

26 **Vrai ou faux ?**

a. Le volume d'une sphère de rayon 3 cm est 9π cm^3.

b. Le volume d'une sphère de rayon 3 cm est 36π cm^3.

c. L'aire d'une sphère de rayon 3 cm est 36π cm^2.

d. L'aire d'une sphère de rayon 2 cm est 8π cm^2.

27 Calculer le volume d'une boule de rayon 6 cm. Donner la valeur exacte, puis la valeur approchée au cm^3 près.

28 Calculer le volume de la boule ci-contre.
Donner la valeur exacte, puis une valeur approchée au cm^3 près.

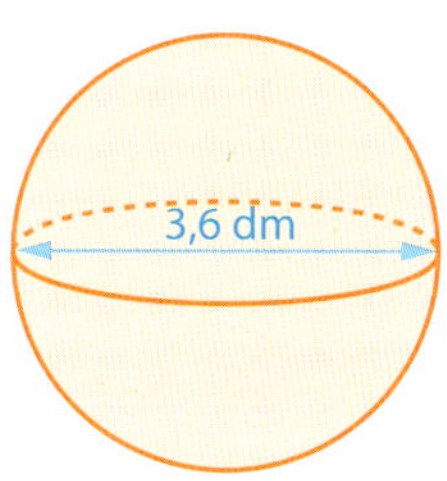

Se repérer sur une sphère

Savoir-faire p. 261

Questions flash

diapo

29 Que peut-on dire de la latitude et de la longitude :

a. d'un point situé sur l'équateur ?

b. d'un point situé sur le méridien de Greenwich ?

c. du pôle Nord ?

30 Dans le schéma ci-dessous, donner les mesures des angles $\widehat{BAC}$, $\widehat{FAB}$, $\widehat{DAF}$, $\widehat{EAB}$ et $\widehat{EAF}$.

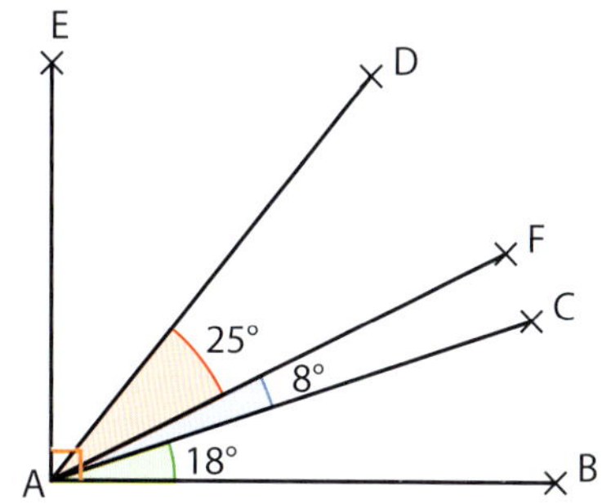

31 Un planisphère est une projection plane du globe terrestre.

- Donner la latitude et la longitude de Londres, de Shanghai, de São Paulo et de La Nouvelle-Orléans.

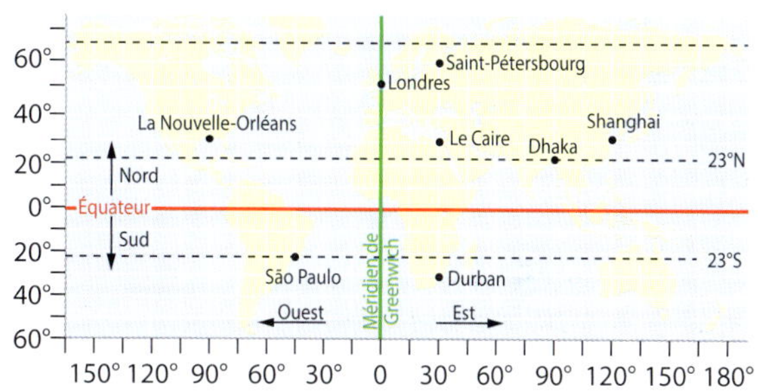

32 Donner la latitude et la longitude des quatre points A, B, C et D sur le globe terrestre suivant.

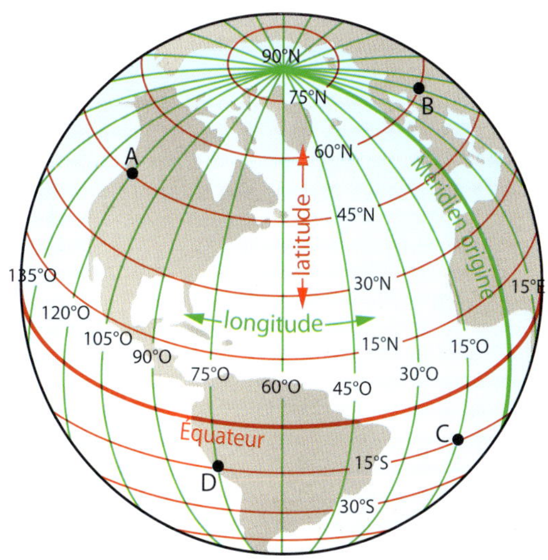

Faire le point

Vérifie tes connaissances.

QCM

Donner la seule réponse correcte parmi les trois proposées.

	Réponse A	Réponse B	Réponse C
1 Représenter des solides et calculer des volumes			
Le volume d'un cône de révolution de rayon 3 cm et de hauteur 6 cm est :	18π cm^3	54π cm^3	$13{,}5\pi$ cm^3
2 Se repérer dans un parallélépipède rectangle			
Dans ce repère, M a pour coordonnées : 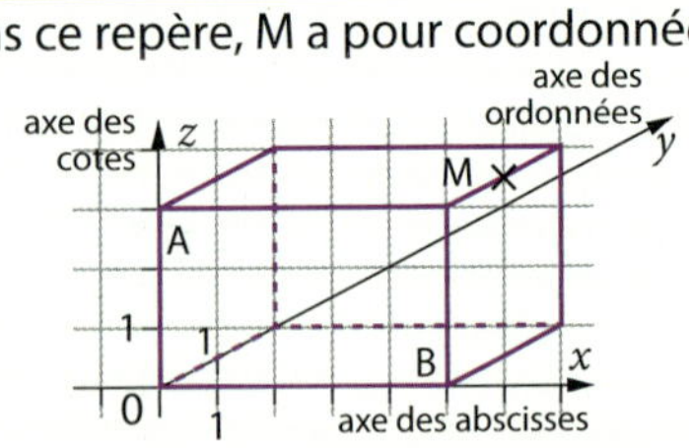	M(3 ; 5 ; 1)	M(6 ; 3,5 ; 1)	M(5 ; 1 ; 3)
3 Reconnaitre et représenter une sphère			
Le volume d'une boule de rayon 6 cm est :	864π cm^3	48π cm^3	288π cm^3
4 Se repérer sur une sphère			
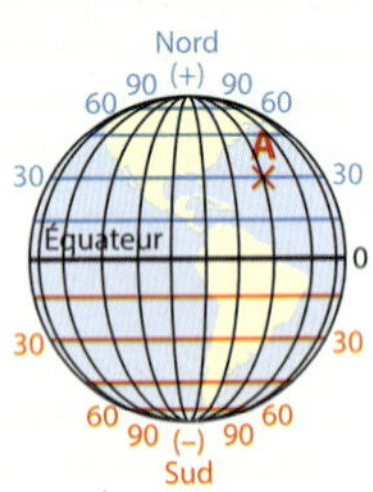 Le point A a pour latitude :	30° Sud.	30° Nord.	30° Ouest.

Pour t'aider à retenir le cours.*

Carte mentale

Voici une carte mentale à reproduire et à compléter :

Sphère / boule

- Une sphère de centre O de rayon *r* est l'ensemble des points M tels que ....
- Une boule est l'ensemble des points M tels que ....
- L'aire d'une sphère est $\mathcal{A} = 4 \times \ldots$
- Le volume d'une boule est $\mathcal{V} = \frac{4}{3} \ldots$

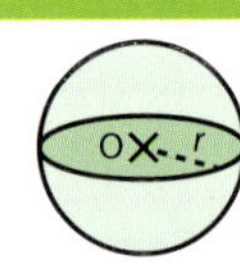

Les solides

Pour se repérer sur un parallélépipède rectangle

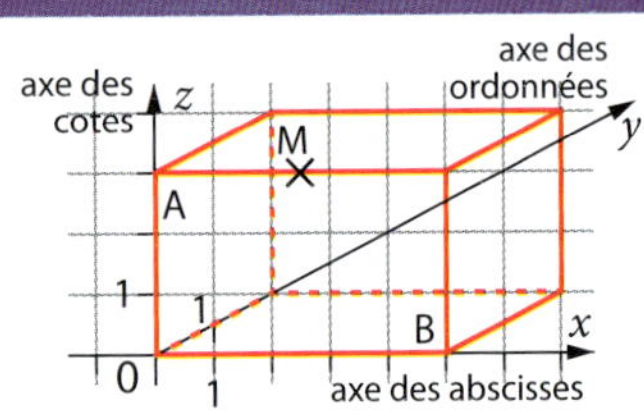

M(... ; ... ; ...)

Pour repérer un point sur la Terre

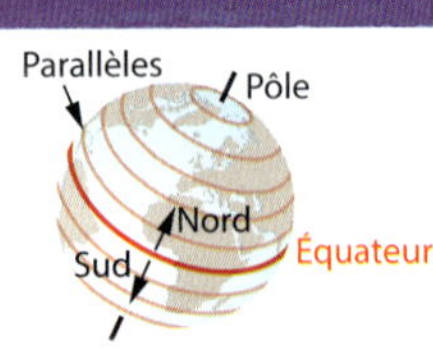

Les parallèles indiquent la ....

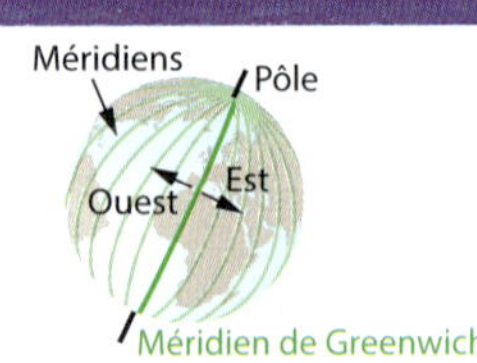

Les méridiens indiquent la ....

* *Tu peux aussi construire ta propre carte mentale.*

Algorithmique et outils numériques

33 Dans le désordre

1. Remettre dans l'ordre le script suivant.

```
mettre x à réponse
demander x = ? et attendre
demander h = ? et attendre
quand [drapeau] cliqué
mettre y à PI * (x * (x * h))
dire y pendant 2 secondes
mettre PI à 3.1416
mettre h à réponse
```

2. À quoi ce script peut-il servir ?
3. Combien y a-t-il de variables ?
   Que représentent-elles ?

34 Plouf !

Chloé a un aquarium en forme de pavé droit dont la hauteur d'eau est 20 cm.

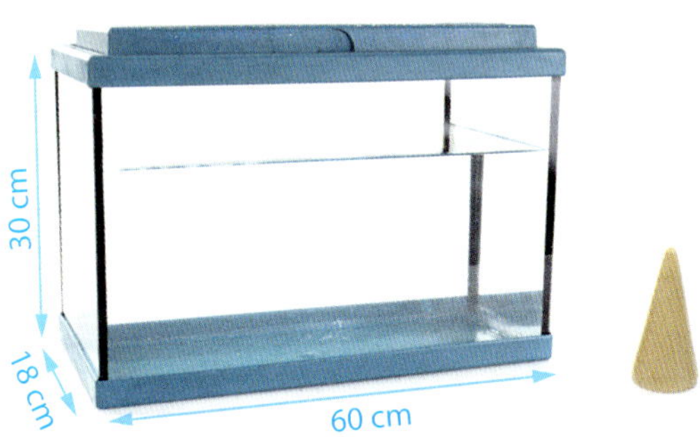

Elle y a malencontreusement fait tomber son jouet en forme de cône dont la base a un rayon de 5 cm. Elle a constaté que le jouet, entièrement immergé, avait fait monter la hauteur d'eau de l'aquarium de 2 mm.

- À l'aide d'un tableur, trouver une valeur approchée au millimètre près de la hauteur du jouet de Chloé, en complétant la feuille de calcul ci-dessous.

	A	B
1	Hauteur du cône (en cm)	Volume du cône (en cm^3)
2	0	
3	0,1	
4	0,2	
5	0,3	
6	0,4	
7	0,5	

35 Des volumes égaux

Timéo remplit deux récipients avec la même hauteur d'eau.
Le premier récipient a la forme d'une pyramide à base carrée renversée.
Le second a la forme d'un pavé droit à base carrée.
Les dimensions sont indiquées sur les dessins ci-dessous.

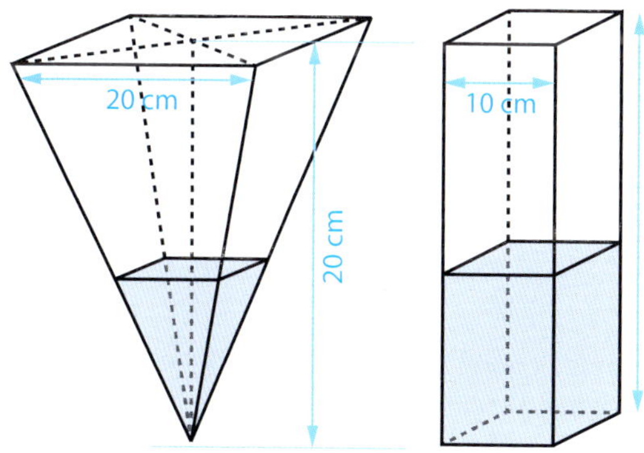

En terminant le travail qu'il a commencé sur une feuille de calcul, aider Timéo à répondre à la question suivante : « Pour quelle valeur de la hauteur d'eau, approchée au cm près, les volumes d'eau dans les deux récipients sont-ils les mêmes ? »

	A	B	C
1	Hauteur de l'eau (en cm)	Volume de l'eau dans la pyramide (en cm^3)	Volume de l'eau dans le pavé droit (en cm^3)
2	0		
3	1		
4	2		
5	3		
6	4		
7	5		
8	6		

1. a. Quelles formules doit-il saisir dans les cellules B2 et C2 ?
   b. Recopier ces formules vers le bas.
2. Donner une valeur approchée au cm près de la hauteur de l'eau pour que les volumes soient les mêmes dans les deux récipients.
3. a. Représenter graphiquement sur une même figure :
   - le volume de l'eau dans la pyramide en fonction de la hauteur de l'eau ;
   - le volume de l'eau dans le pavé droit en fonction de la hauteur de l'eau.

Voir « Construire une représentation graphique d'une série statistique » p. 303.

   b. Peut-on retrouver sur ce graphique le résultat de la question 2. ?
   c. Comment peut-on expliquer les différences d'allure de ces deux courbes ?

Problèmes

Pour mieux cibler les compétences			
Chercher	44 50 52	Raisonner	41 50 51
Modéliser	44 52 55	Calculer	48 50
Représenter	37 38 39	Communiquer	44 51

36 Tour du monde à la voile

HG FR

1. Voici l'itinéraire d'une course autour du monde à la voile. Les villes en rouge sont les ports d'escale.

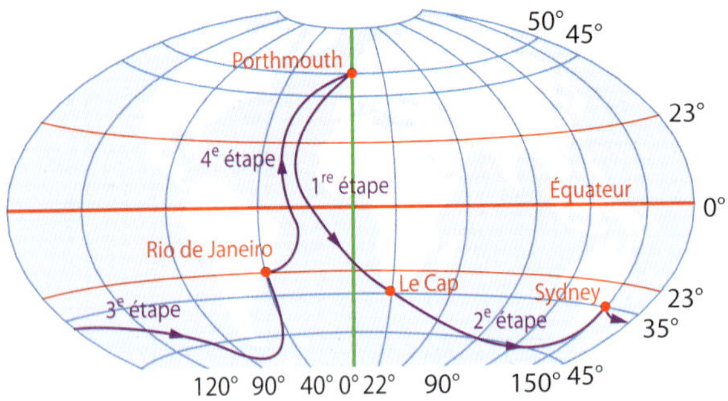

Donner les coordonnées géographiques de chacun de ces lieux d'escale.

2. Voici un extrait de *L'Île mystérieuse* de Jules Verne :

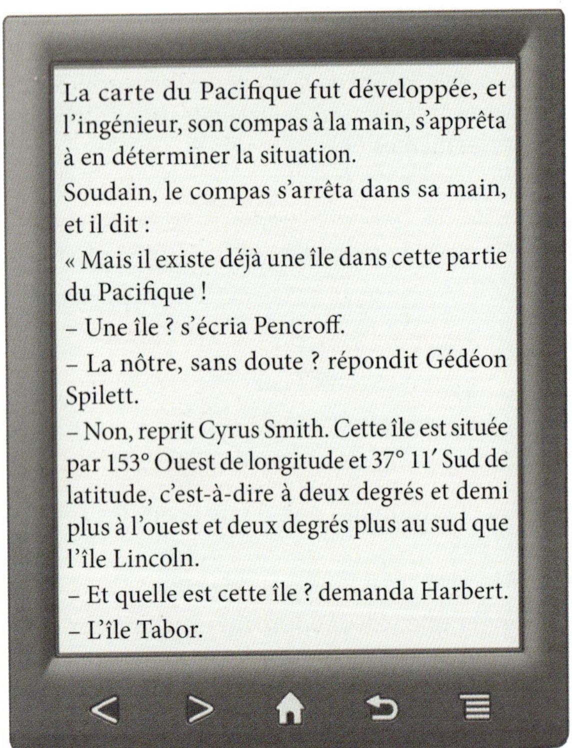
La carte du Pacifique fut développée, et l'ingénieur, son compas à la main, s'apprêta à en déterminer la situation.
Soudain, le compas s'arrêta dans sa main, et il dit :
« Mais il existe déjà une île dans cette partie du Pacifique !
– Une île ? s'écria Pencroff.
– La nôtre, sans doute ? répondit Gédéon Spilett.
– Non, reprit Cyrus Smith. Cette île est située par 153° Ouest de longitude et 37° 11′ Sud de latitude, c'est-à-dire à deux degrés et demi plus à l'ouest et deux degrés plus au sud que l'île Lincoln.
– Et quelle est cette île ? demanda Harbert.
– L'île Tabor.

Localiser approximativement cette ile sur la carte précédente et citer un pays proche de ce lieu.

37 Les vues

- Dessiner les vues de devant, derrière, gauche, droite, dessus et dessous du solide ci-contre.

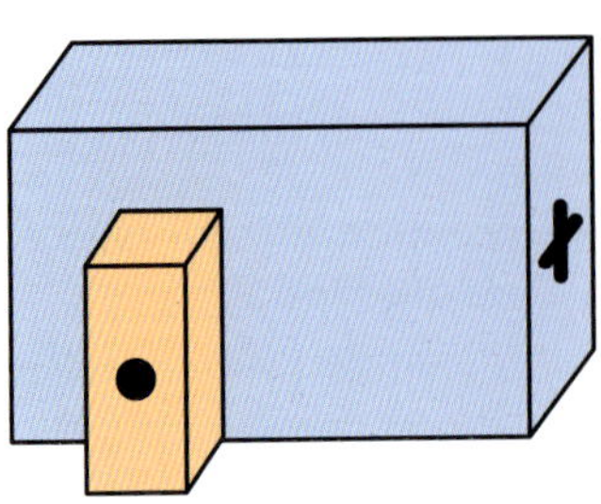

38 *Kroa Multicolor*

PEAC

Voici l'œuvre *Kroa Multicolor* de Victor Vasarely, peintre et plasticien français d'origine hongroise (1906-1997) :

***Kroa Multicolor* (1963), Victor Vasarely**
Fondation Vasarely, Aix-en-Provence.

Cette œuvre mesure 50,8 cm de haut. Elle est entièrement composée de cubes de même taille.

1. Combien y a-t-il de cubes dans cette œuvre ? Quel est son volume total ?
2. Dessiner une vue de face de cette œuvre à l'échelle 1/10.

39 *Usine à Horta de Ebro*

PEAC

L'œuvre suivante est une œuvre de Pablo Picasso. Elle fait partie du mouvement cubiste, inspiré par Paul Cézanne qui disait vouloir « traiter de la nature par le cylindre, la sphère et le cône ».

1. Expliquer ce qu'a voulu dire Paul Cézanne. Picasso y est-il parvenu dans ce tableau ?
2. Les règles de la représentation en perspective cavalière sont-elles ici respectées ?

***Usine à Horta de Ebro* (1909), Pablo Picasso**
Musée de l'Ermitage, Saint-Pétersbourg.

40 En immersion

- Calculer une valeur approchée au centimètre cube près du volume laissé libre par une boule de 9 cm de diamètre immergée dans une boite cylindrique de diamètre 9 cm et de hauteur 9 cm.

41 The pot

LV

- Is it possible to put 4 liters of water in a cylindrical pot of 20 cm in diameter and 11 cm high?

42 Le rouleau à pâtisserie

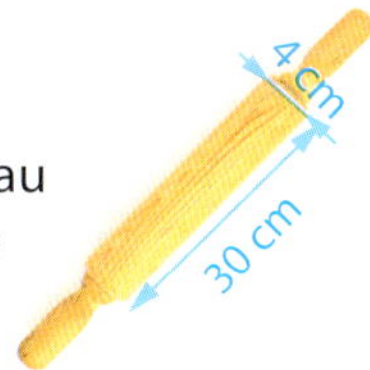

- Calculer une valeur approchée au centimètre carré près de la surface de pâte étalée lorsque l'on fait un tour de rouleau à pâtisserie.

43 Le ruban

Les vendeurs d'une parfumerie préparent des cadeaux qu'ils offriront aux mille premiers clients pendant la période des fêtes de Noël.
Les cadeaux seront entourés de ruban.

- Sachant qu'il faut 20 cm de ruban pour faire le nœud et que le ruban est vendu par rouleau de 50 m à 6,50 € le rouleau, calculer le montant de la commande de ruban effectuée par cette parfumerie.

44 Tente igloo

Une tente igloo a la forme d'une demi-sphère de 2,50 m de diamètre.

1. Calculer une valeur approchée à 0,1 m^2 près de la superficie du tissu qui a été nécessaire à sa réalisation (tapis de sol compris).
2. Calculer une valeur approchée à 0,1 m^3 près du volume d'air à l'intérieur de cette tente.

45 L'aquarium

Mathieu vient d'acheter cet aquarium :

Dimensions : P38 × L69 × H40cm
Contenance : 100 L
Couleur : gris
Éclairage : 24 W
Filtre : oui

1. Sur l'étiquette, il est affiché « 100 L ». L'étiquette dit-elle vrai ?
2. Mathieu y verse 75 litres d'eau. À quelle hauteur l'eau arrive-t-elle ?

46 Cuboctaèdre

Soit un cube de 10 cm de côté. On cherche le milieu de chaque côté, puis on découpe à chaque sommet une pyramide régulière comme sur le dessin ci-dessous. On obtient alors un nouveau solide appelé cuboctaèdre.

- Quel est son volume ?

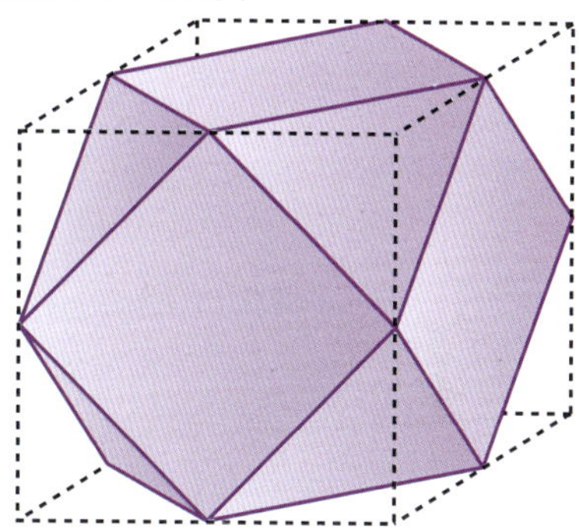

47 Boudin amortisseur

Pour amortir les chocs contre les autres embarcations ou le quai, les péniches sont équipées de « boudins » de protection.

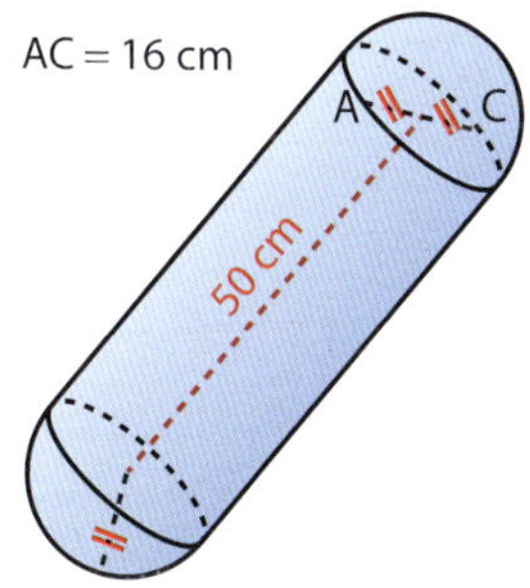

- Calculer le volume exact en cm^3 du « boudin » de protection ci-dessus, puis en donner une valeur approchée au centième près.

Extrait du brevet Amérique du Nord (2014).

Problèmes

48 Des conserves

Thibault a besoin de connaitre les dimensions de différentes boites de conserve pour faire des étiquettes adaptées. Il a trouvé un tableau mais il manque des valeurs.

1. Recopier et compléter le tableau ci-dessous.

Dimensions : Ø × h (en mm × mm) (Ø désignant le diamètre)	Volume (au cm³ près)	Contenance (en mL) correspondant à 93 % du volume
65 × 70	…	…
… × 85	…	425
73 × …	456	…
… × 118	908	…

2. Chacune des boites porte l'une des appellations suivantes :

Associer chaque boite à son appellation.

49 Parallélépipède rectangle

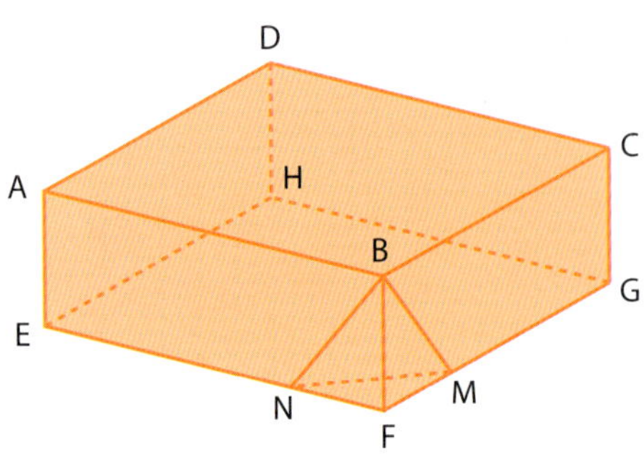

On considère le parallélépipède rectangle ABCDEFGH. M est un point de [FG] et N un point de [EF].

On donne, en centimètres :
FE = 15 ; FG = 10 ; FN = 4 ; FM = 3 ; BF = 5.

1. Démontrer que l'aire du triangle FNM est égale à 6 cm².
2. Calculer le volume de la pyramide de sommet B et de base le triangle FNM.
3. On considère le solide ABCDENMGH obtenu en enlevant la pyramide précédente au parallélépipède rectangle.
   a. Calculer son volume.
   b. On appelle « caractéristique d'Euler » d'un solide le nombre x tel que :
   x = nombre de faces − nombre d'arêtes + nombre de sommets
   Recopier et compléter le tableau suivant.

	Parallélépipède ABCDEFGH	Solide ABCDENMGH
Nombre de faces		
Nombre d'arêtes		
Nombre de sommets		
Caractéristique x		

Extrait du brevet Amérique du Sud (2014).

50 Café

M. Perret vient d'acheter la boite cylindrique de café ci-contre.

- Calculer le volume de café offert.

51 La pyramide de Khéops

HG

La plus grande pyramide d'Égypte, celle de Khéops sur le plateau de Gizeh près du Caire, est aussi la plus ancienne des « Sept merveilles du monde ». Elle a été édifiée il y a 4 500 ans environ.
Il s'agit d'une pyramide régulière à base carrée de 230,25 m de côté et de 137 m de hauteur.

- Construire à l'échelle 1/2 000 un patron de cette pyramide.

52 Départ de Rome

HG

Le rayon terrestre est d'environ 6 370 km.
Un avion part de Rome en Italie (41° Nord ; 12° Est) et vole à une vitesse de 800 km/h pendant 6 h 15 min.
Il se déplace vers le sud en suivant le méridien de Rome (on suppose l'altitude négligeable par rapport au rayon terrestre).

- Quelles sont les coordonnées du point d'arrivée ?

53 Pyramide en carton

TECH

Maël souhaite réaliser une pyramide en carton de 12 cm de haut, dont la base est un carré de 12 cm de côté. Pour cela, il veut superposer des pavés droits d'épaisseur 5 mm.

1. Le premier pavé droit en carton à construire a pour base un carré de 12 cm de côté et pour hauteur 5 mm. Calculer le volume de ce pavé droit.
2. Pour les pavés droits suivants qu'il va superposer, Maël diminue le côté de 5 mm à chaque fois et conserve la hauteur de 5 mm.
Pour connaitre le volume de chaque plaque, de la plus grande à la plus petite, Maël a réalisé la feuille de calcul suivante.

	A	B	C
1	Côté de la base du pavé droit (en cm)	Hauteur du pavé droit (en cm)	Volume du pavé droit en carton (en cm^3)
2	12	0,5	72
3	11,5	0,5	66,125
4	11	0,5	60,5
5	10,5	0,5	55,125
6	10	0,5	50
7	9,5	0,5	45,125
8	9	0,5	40,5
9	8,5	0,5	36,125
10	8	0,5	32
11	7,5	0,5	28,125
12	7	0,5	24,5
13	6,5	0,5	21,125
14	6	0,5	18

a. Quelles formules a-t-il saisies en A3 et C2, puis recopiées vers le bas ?
b. Réaliser la feuille de calcul précédente, puis la modifier de façon à trouver le volume total des morceaux de carton.
c. Ce volume total correspond-il au volume exact d'une pyramide de 12 cm de hauteur dont la base est un carré de 12 cm de côté ?
d. Proposer une façon d'améliorer la précision de cette méthode de calcul du volume de cette pyramide.

3. Dans un carton d'épaisseur donnée, construire cette pyramide en carton.

54 Achat de climatisation

Prise d'initiative

La famille Terrade envisage d'acheter une climatisation d'au moins 3 000 W de puissance pour le salon de la maison dont le plan est représenté ci-dessous. La hauteur sous plafond est de 3,50 m. Leur budget maximal est de 1 500 €.

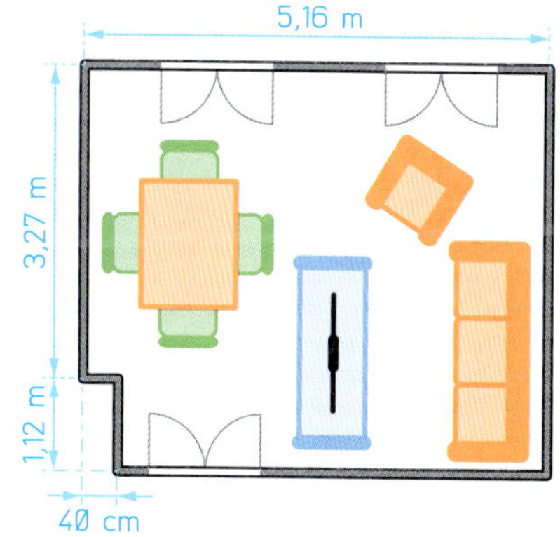

Mme Terrade se rend dans un magasin et compare les modèles suivants.

Modèle	Puissance	Volume maximal	Prix
S145	5 000 W	70 m^3	1 400 €
M701	4 000 W	80 m^3	1 800 €
G76	3 500 W	80 m^3	1 400 €
S156	2 500 W	60 m^3	1 450 €
S148	3 000 W	60 m^3	1 450 €

- Quel modèle est le plus adapté à cette famille ?

55 Sur l'équateur

Prise d'initiative

HG

On considère que le rayon de la sphère terrestre est d'environ 6 370 km.

- Calculer une valeur approchée à la dizaine de kilomètres près de la distance entre deux villes situées sur l'équateur, la première ayant pour longitude 50° Ouest et la seconde 80° Ouest.

56 Les cornets de glace

Prise d'initiative

AV

Pour réaliser un dessert, un pâtissier doit remplir des cônes avec de la chantilly. Les cônes seront réalisés à partir de gaufrettes en demi-disque de 10 cm de diamètre.
Le pâtissier envisage de réaliser 500 desserts identiques.

- Sachant que le taux de foisonnement de la crème est de 2,5, calculer le nombre de litres de crème nécessaires pour réaliser ces desserts.

Un taux de foisonnement de 2,5 signifie qu'avec 1 litre de crème, on peut réaliser 2,5 litres de chantilly.

Travailler autrement

Utilisable en AP

À chacun sa méthode !

Deux énoncés pour un exercice

La pyramide du Louvre est une pyramide constituée de verre et de métal, située au milieu de la cour Napoléon du musée du Louvre à Paris. La pyramide a été conçue par l'architecte Leoh Ming Pei.
La structure, qui a été entièrement construite en métal, est une pyramide régulière dont la base est un carré de côté 35,42 mètres et dont les quatre arêtes qui partent du sommet mesurent chacune 33,14 mètres.

Exercice 1

- Construire un patron de cette pyramide, à l'échelle 1/500.

Exercice 1

1. Quelle est la hauteur de cette pyramide au cm près ?
2. Calculer une valeur approchée au m^3 près de son volume.

Le fils d'Eva, âgé de 8 mois et pesant 9 kg, a de la fièvre.
Le médecin a prescrit un médicament contenu dans un récipient cylindrique de hauteur 8 cm et dont la base a pour diamètre 4 cm. Le produit doit être administré avec une pipette ayant la forme d'un cylindre dont la base a pour diamètre 1 cm.
La dose de médicament à administrer à un bébé de 9 kg correspond à une hauteur de 7,5 cm dans la pipette.

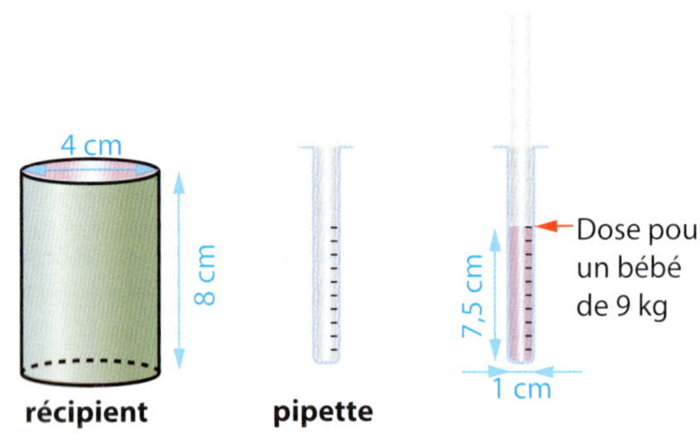

Exercice 2

Le médecin a indiqué que le médicament doit être donné trois fois par jour pendant 7 jours.
Eva a perdu la notice et ne connait donc pas le volume contenu dans le récipient plein.

- Un flacon de ce médicament suffira-t-il pour suivre ce traitement ?

Exercice 2

Eva utilise un flacon déjà entamé de ce médicament. Elle a déjà donné 3 doses à son fils. Il reste alors 5 cm de médicament dans le récipient.

- Quelle était la hauteur du liquide initialement contenu dans le récipient au début du traitement ?

Écriture d'un énoncé

Exercice 3

1. Écrire un énoncé de problème faisant intervenir une pyramide et un cylindre.
2. Donner cet énoncé à son voisin et lui demander de résoudre le problème.

Exercice 4

1. Représenter en perspective cavalière un assemblage utilisant un cylindre, un cube et un pavé droit.
2. Donner cette représentation à son voisin et lui demander de dessiner différentes vues de cet assemblage.

Analyse d'une production

Un professeur a donné à sa classe l'énoncé suivant :
« Calculer une valeur approchée au centimètre cube près du volume d'une boule de diamètre 6 cm. »
Voici les travaux de deux élèves.

Albert

$V_{boule} = \frac{4}{3} \times \pi \times r^3$

$V_{boule} = \frac{4}{3} \times \pi \times 6^3$

$V_{boule} = 228\pi$

$V_{boule} = 905\ cm^3$

Marina

$V_{boule} = 4\pi r^2$

$V_{boule} = 4 \times \pi \times 3^2$

$V_{boule} = 36\pi$

$V_{boule} = 113$

- Analyser leurs réponses et corriger leurs erreurs, s'il y en a.

CHAPITRE 16

Ta mission

Écrire, mettre au point et exécuter des programmes.

Algorithmique et programmation

Jeux

On tire un rayon laser depuis le point A. Le laser se reflète dans les miroirs qu'il rencontre. Comment faire pour que rayon laser arrive au point B en ajoutant un seul miroir ?

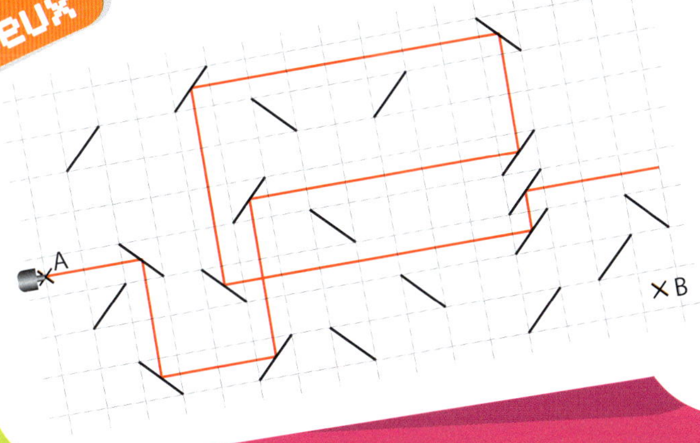

Ada Lovelace, comtesse anglaise du XIXe siècle, est une des premières au monde à avoir réalisé un programme informatique sur un ancêtre des ordinateurs : la machine analytique de Charles Babbage. Elle a donné son nom au langage de programmation « Ada ».

Activité 1 L'environnement de Scratch

Objectifs : Maitriser l'environnement de Scratch.
Écrire quelques scripts simples.

- Scratch est un logiciel qui permet de faire exécuter des **commandes** à un ou plusieurs **lutins**. Une succession de plusieurs commandes qu'on fait exécuter à un lutin est appelée un **script**. L'interface de Scratch est partagée en plusieurs zones :

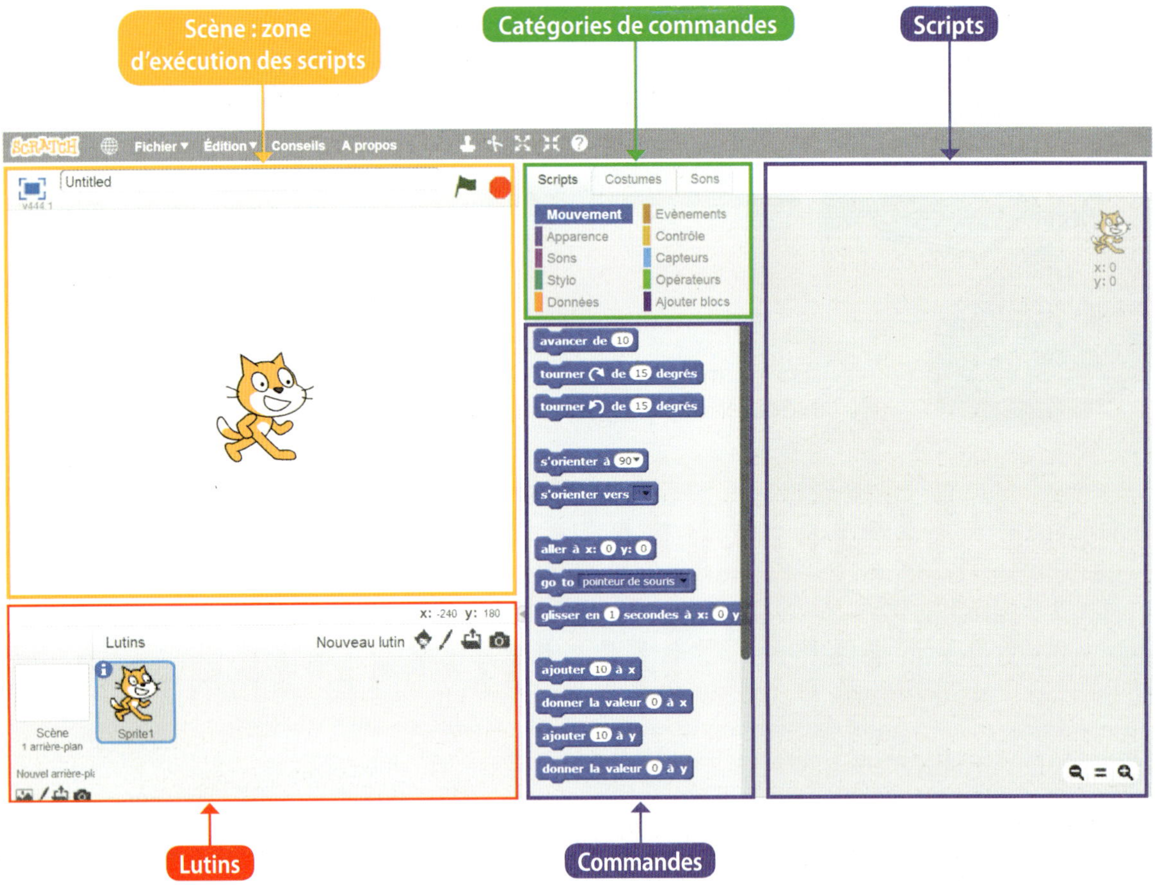

1 Quelques mouvements

Reproduire le script ci-contre en faisant glisser chaque commande, du centre vers la droite.

- La commande **quand [drapeau] cliqué** se trouve dans catégorie **Evènements**.
- La commande **stylo en position d'écriture** se trouve dans la catégorie **Stylo**.
- Les commandes **tourner ↶ de ◯ degrés** et **avancer de ◯** se trouvent dans la catégorie **Mouvement**.

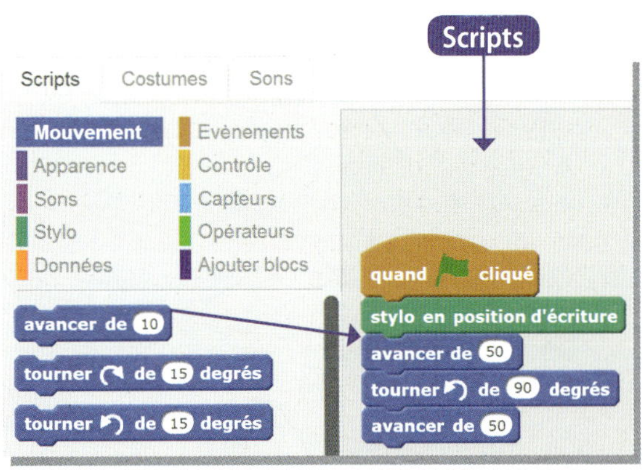

2 Exécution !

Exécuter plusieurs fois le script en cliquant sur le drapeau vert au-dessus de la scène :

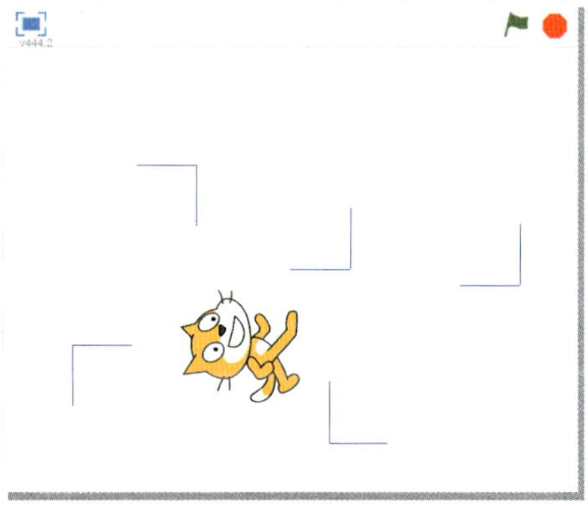

- On peut déplacer le lutin à la souris entre chaque exécution de script pour tracer la figure à différents endroits de la scène.
- On peut effacer la scène avec la commande **effacer tout** dans la catégorie **Stylo**.

3 Enchainer des commandes

Compléter le script de façon à tracer un carré.

On peut recopier une ou plusieurs instructions à l'aide d'un clic droit, puis « dupliquer ».

4 Répétition

Pour écrire plus facilement certains scripts, on peut utiliser la commande :

Elle se trouve dans la catégorie **Contrôle**.

a. Reproduire le script ci-contre et vérifier son bon fonctionnement.

b. Quelle est l'aire du carré tracé ?
Modifier le script pour tracer un carré d'aire 9 fois plus grande.

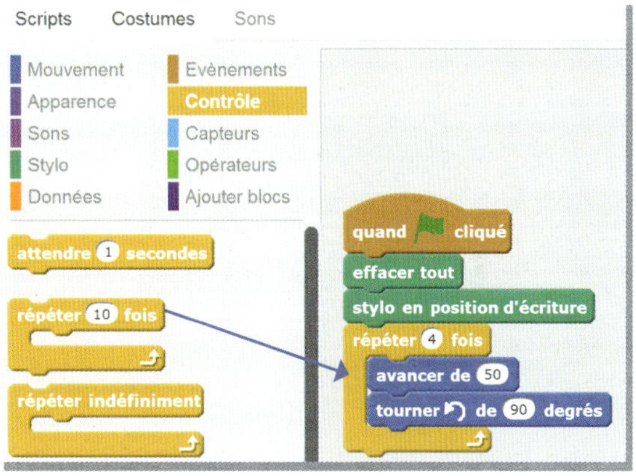

Pour aller plus loin

1. Modifier le script qui permet d'obtenir un carré, pour :
   a. tracer un triangle équilatéral ;
   b. tracer un hexagone régulier, c'est-à-dire un polygone dont les 6 côtés ont même longueur ;
   c. tracer un dodécagone régulier, c'est-à-dire un polygone dont les 12 côtés ont même longueur.
2. À partir du script de l'étape 2, réaliser une figure en escalier comme ci-contre en utilisant la commande :

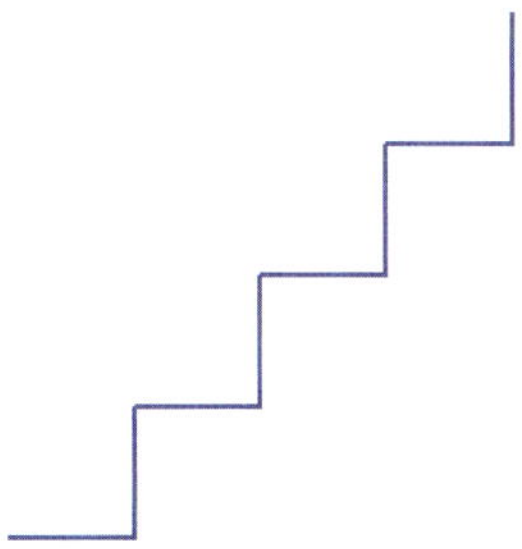

Activité 2

Des programmes de calcul

Objectifs : Comprendre et utiliser la notion de variable.

Dans un script, une variable a :
- un nom (une lettre ou un mot) ;
- une valeur (un nombre, par exemple) qui peut changer au cours de l'exécution du script.

On peut représenter une variable comme une étiquette collée sur une boite qui contient une valeur qui peut changer au fil du temps.

1 Un premier exemple

Dans la catégorie **Données**, on a créé une variable qu'on a appelée « score ».
On a ensuite écrit le script ci-contre.

a. Donner la valeur de la variable **score** à chaque étape de l'exécution du script.

b. Que va afficher le lutin à la fin du script ?

La valeur de la variable s'affiche en haut à gauche de la scène.

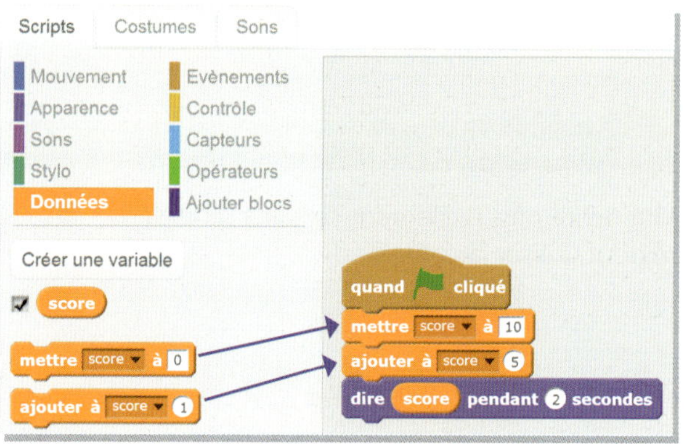

2 Un programme de calcul

On veut réaliser un script correspondant au programme de calcul ci-dessous.

> Choisir un nombre.
> Ajouter 3,5.
> Multiplier par 2.
> Retrancher 8,2.

Pour demander un nombre à l'utilisateur, il faut utiliser les commandes de la catégorie **Capteurs**. Pour effectuer des calculs, il faut utiliser les commandes de la catégorie **Opérateurs**.

a. Reproduire et compléter le script ci-contre avec les valeurs appropriées.

b. Vérifier le bon fonctionnement du script avec deux valeurs différentes pour le nombre de départ.

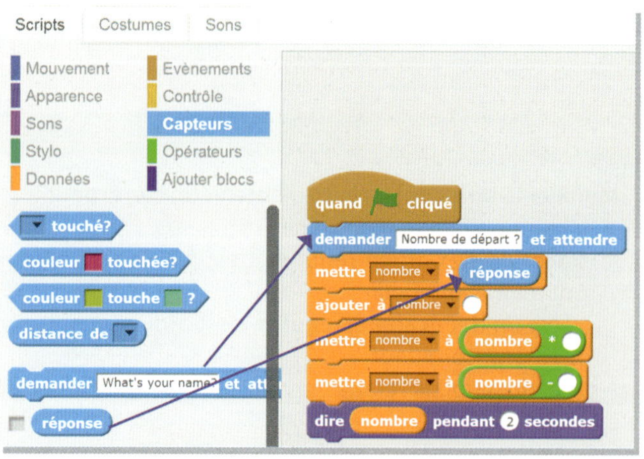

3 Avec deux variables

On veut écrire un script correspondant au programme de calcul ci-dessous.

> Choisir un nombre de départ.
> Diviser par 2.
> Ajouter 7.
> Multiplier par le nombre de départ.

a. Pourquoi n'est-il pas possible d'écrire le script correspondant avec une seule variable ?

b. On a renommé la variable « nombre » en « nombre de départ » et créé une deuxième variable « résultat ».
Compléter le script ci-contre pour qu'il affiche le résultat du programme de calcul.
Vérifier le bon fonctionnement du script avec quelques valeurs.

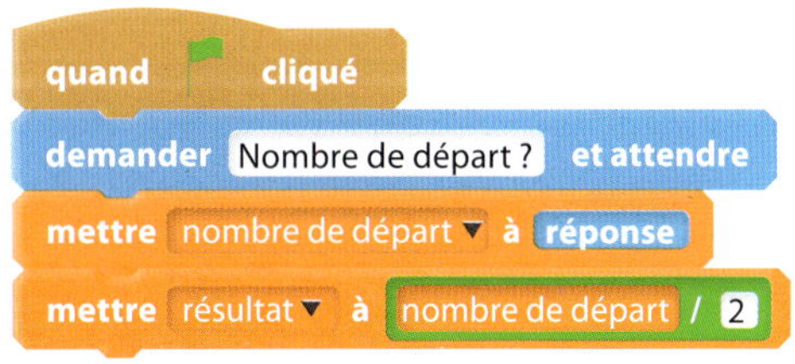

4 Des programmes en pagaille

a. Pour chacun des programmes de calcul ci-dessous, écrire le script permettant d'en calculer le résultat.

> **Programme 1**
> Choisir un nombre.
> Le multiplier par lui-même.
> Soustraire 1.

> **Programme 2**
> Choisir un nombre.
> Ajouter 1.
> Multiplier par le nombre de départ.
> Soustraire le nombre de départ.
> Soustraire 1.

> **Programme 3**
> Choisir un nombre.
> Ajouter 1.
> Multiplier ce résultat par lui-même.
> Soustraire le double du nombre de départ.
> Soustraire 2.

b. Tester ces programmes avec différentes valeurs. Que constate-t-on ?

Pour aller plus loin

1. Démontrer la conjecture faite à la question 4 b.
2. Pour chaque expression donnée ci-dessous, écrire un script qui permet de la calculer pour une valeur de x saisie par l'utilisateur.
   a. $2(x - 1) + 3$
   b. $x^2 + 7x - 2$
   c. $5(x - 1)(2x + 3)$
3. Écrire un script qui demande à l'utilisateur d'entrer les trois valeurs a, b et c de ce tableau de proportionnalité et qui calcule la quatrième valeur.

a	b
c	?

4. Écrire un script qui demande à l'utilisateur d'entrer deux nombres a et b et qui exprime la proportion $\frac{a}{b}$ sous forme de pourcentage arrondi à l'unité.

Activité 3 Construction de figures

Objectif : Utiliser les commandes de déplacement et d'écriture pour construire des figures.

On peut facilement construire des figures avec Scratch.

Pour cela, il suffit de faire écrire le lutin lors de ses déplacements.

- Les commandes de déplacement sont dans la catégorie **Mouvement**.
- Les commandes d'écriture sont dans la catégorie **Stylo**.

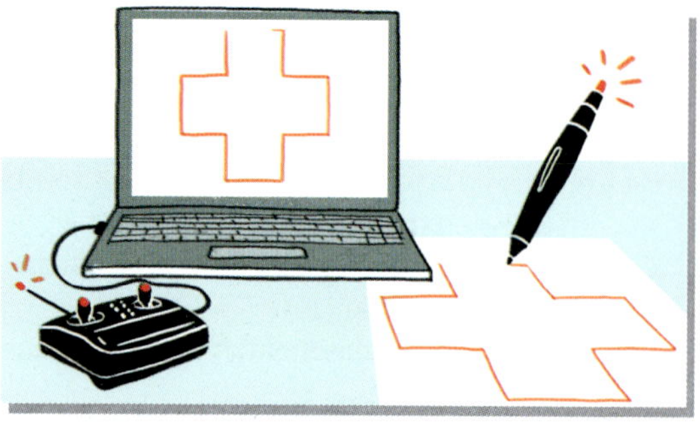

1 Avancer et tourner

À l'aide des instructions ci-contre, écrire un script qui permet de tracer la figure ci-dessous, où tous les segments ont la même longueur et tous les angles sont droits.

effacer tout

avancer de ( )

tourner ↶ de ( ) degrés

stylo en position d'écriture

2 Utiliser les coordonnées pour les déplacements

On peut se repérer dans la zone d'exécution des scripts grâce à des coordonnées, même si les axes n'apparaissent pas. On peut aussi utiliser l'arrière-plan « xy-grid » pour faire apparaitre les axes.

a. Déplacer la souris dans cette zone et observer les coordonnées du pointeur de la souris (x ; y) qui s'affichent en bas à droite de la zone.

Pour déplacer le lutin directement au point de coordonnées (200 ; –100), on peut utiliser la commande :

aller à x: (200) y: (-100)

b. Quelle commande peut-on utiliser pour positionner le lutin au centre du repère ?

3 Escalier

Écrire un script qui reproduit la figure ci-contre, où toutes les marches de l'escalier sont identiques.

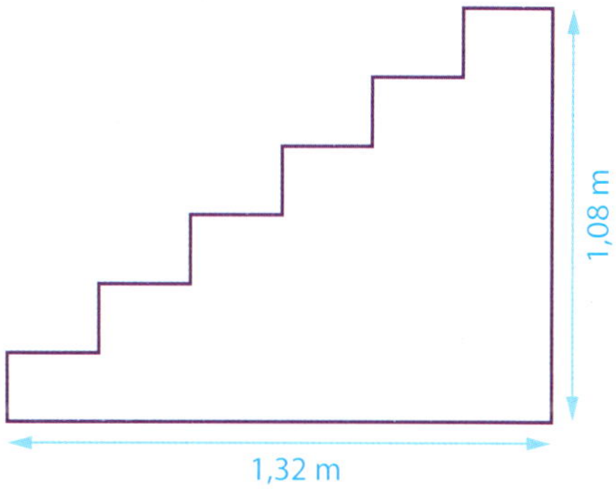

4 Poisson

Écrire un script qui reproduit la figure ci-contre.
(On ne demande pas de reproduire le quadrillage.)

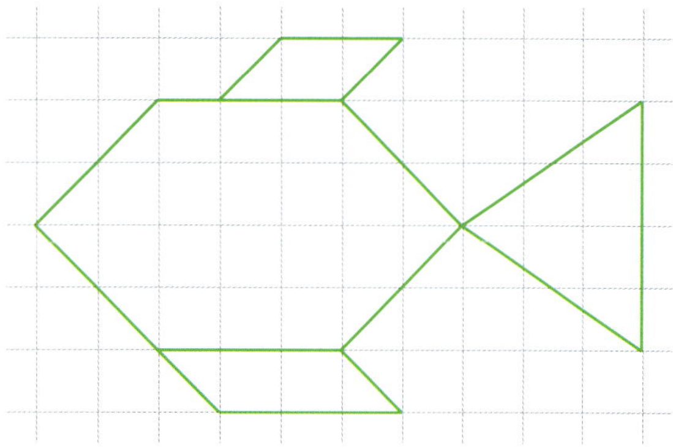

Pour aller plus loin

1. Écrire un script qui reproduit la figure ci-contre, composée uniquement de triangles équilatéraux.

Pour déplacer le lutin sans tracer de trait, tu peux utiliser la commande :

relever le stylo

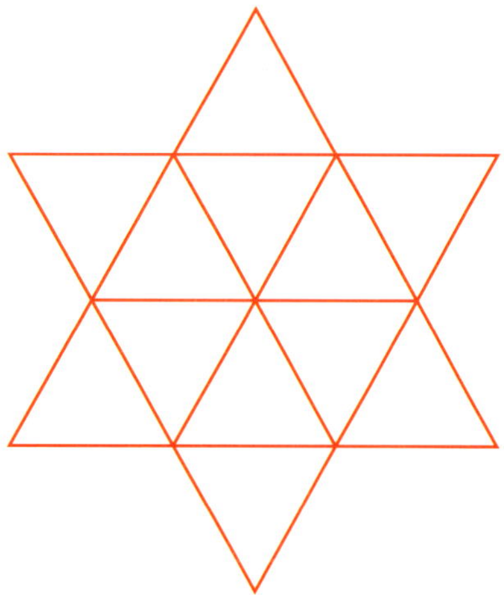

2. Écrire un script qui reproduit la figure ci-dessous.

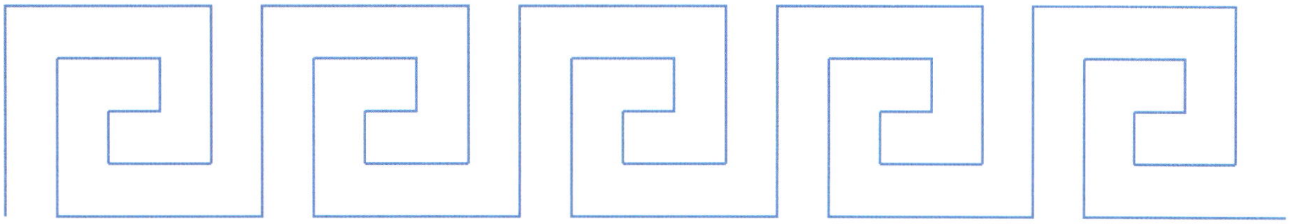

Activité 4

Répétition générale

Objectif : Utiliser des structures itératives et conditionnelles.

- Un des avantages des ordinateurs est qu'ils peuvent répéter un grand nombre de fois certaines opérations très rapidement.
Pour exécuter plusieurs fois des séquences d'instructions, on utilise des « boucles ».

- On peut également n'exécuter une instruction que si une condition est vérifiée.

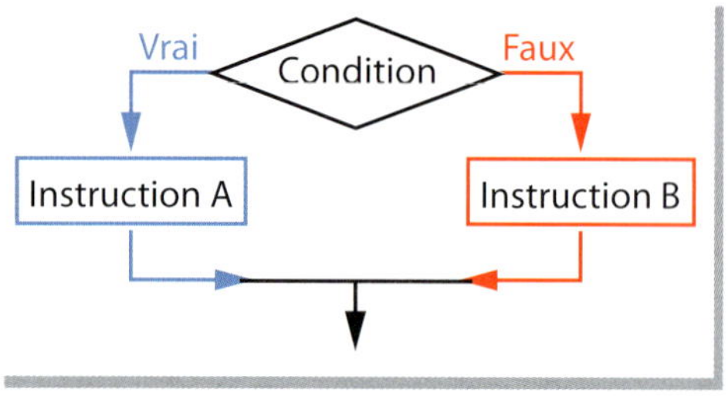

1 Avancer et tourner

a. Étudier le script ci-contre.
Quelle figure permet-il de construire ?

b. Quelle est la succession d'instructions qui est répétée plusieurs fois dans ce script ?
Combien de fois est-elle répétée ?

c. Écrire ce script plus simplement en utilisant la commande :

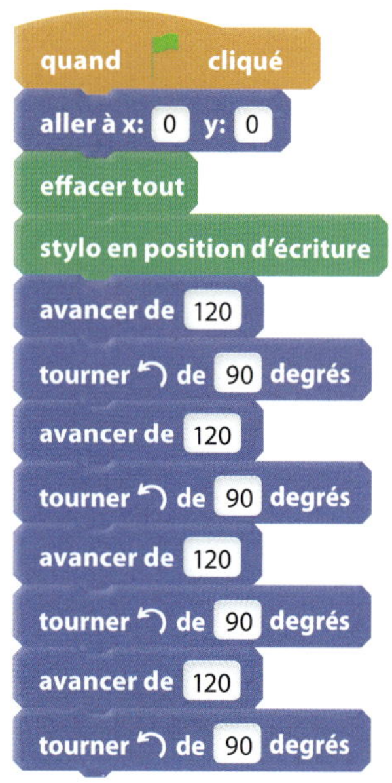

2 Si... alors...

Voici un programme de calcul :

> Choisir un nombre non nul.
> Si le nombre est positif, lui soustraire 2, sinon lui ajouter 2.
> Ajouter 5.
> Multiplier par 3.

a. Quel résultat ce programme donne-t-il si on choisit 3 au départ ?

b. Quel résultat donne-t-il si on choisit –2 ?

c. Écrire un script donnant le résultat de ce programme de calcul en utilisant les instructions ci-contre.

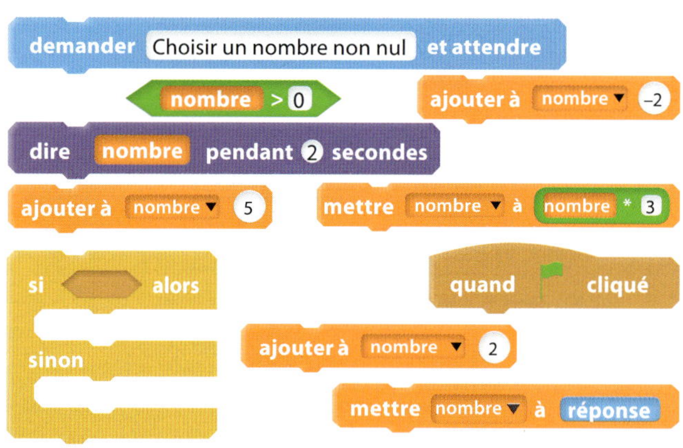

3 Un début de jeu

a. Analyser le script ci-contre et rédiger un texte de quelques lignes pour en décrire le fonctionnement.

b. Si un joueur joue à ce jeu, quelle est sa probabilité de gagner ?

c. Pourquoi a-t-on utilisé la commande **cacher la variable** Nombre choisi au début du script ?

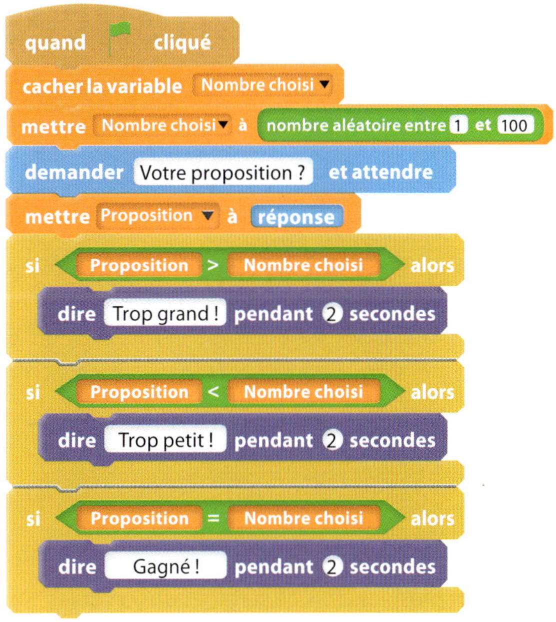

4 Un jeu plus intéressant

On souhaite que le joueur puisse faire différentes propositions de nombre, jusqu'à ce qu'il trouve la bonne.

a. Quelle est la Condition qui arrêtera le jeu ?

b. Modifier le script précédent à l'aide de la commande ci-contre.

La commande ci-dessus permet de répéter une ou plusieurs Instructions à répéter jusqu'à ce que la Condition soit vérifiée.

5 Compter les points

On souhaite à présent que le script compte le nombre d'essais du joueur et l'affiche à la fin du jeu.

a. Créer une variable Nombre d'essais.

b. Mettre cette variable à zéro au début du script et la faire augmenter de 1 à chaque nouvel essai.

c. Afficher la valeur de la variable quand le joueur a gagné.

Pour aller plus loin

a. Afficher un message de félicitations si le nombre d'essais est inférieur à 8 et un autre message, sinon.

b. Modifier le script pour que le jeu s'arrête si le joueur n'a pas donné la bonne réponse au bout de 8 essais.

c. Déterminer une stratégie pour jouer de façon efficace.
Rédiger un texte de quelques lignes pour décrire cette stratégie.

Activité 5

Expériences aléatoires

Objectifs : Simuler des expériences aléatoires.
Utiliser des variables, des boucles et des structures conditionnelles.

Dans un programme, on peut attribuer à une variable une valeur choisie aléatoirement par l'ordinateur.
Cela permet par exemple de simuler des expériences aléatoires.

1 Des nombres aléatoires

a. Créer une variable dé et reproduire le script ci-contre.

b. Exécuter plusieurs fois ce script et observer les valeurs de la variable dé.

c. Expliquer brièvement le rôle de ce script.

2 Une première expérience

On souhaite répéter 100 fois l'expérience aléatoire suivante :
On lance un dé et on regarde le résultat obtenu.

On souhaite compter le nombre de « 2 » obtenus et afficher la fréquence de « 2 » obtenus.

$$\text{fréquence de « 2 » obtenus} = \frac{\text{nombre de « 2 » obtenus}}{\text{nombre de tirages}}$$

• À l'aide des commandes ci-contre, réaliser un script approprié.

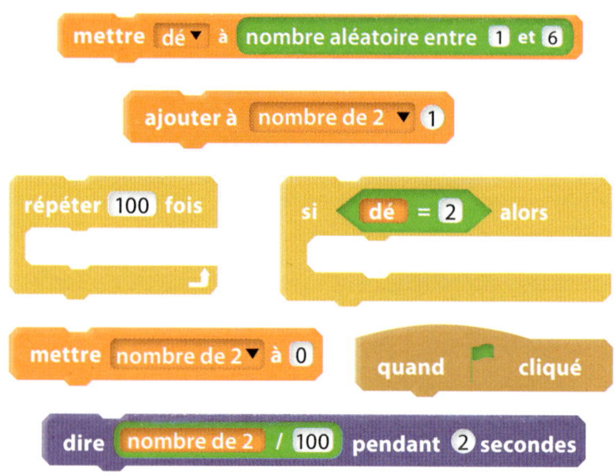

3 Interprétation

a. Exécuter plusieurs fois le script précédent.
Que peut-on dire des résultats obtenus ?

b. Modifier le script pour simuler 1 000 répétitions de cette expérience aléatoire et pour afficher la fréquence de « 2 » obtenus.

c. Exécuter plusieurs fois ce script en notant chaque résultat. Comparer les résultats avec ceux obtenus à la question a.

d. Recommencer avec 10 000 répétitions et comparer les résultats avec ceux obtenus aux questions précédentes.

4 Avec deux dés

On souhaite simuler à présent une nouvelle expérience aléatoire : On lance deux dés et on regarde la somme obtenue.

Variables à utiliser :

~~dé~~ → dé1 dé2 somme

a. Quelles sont les issues de cette expérience aléatoire ? Ces issues ont-elles la même probabilité ?

b. Adapter le script précédent pour qu'il simule 10 000 répétitions de cette expérience aléatoire et affiche la fréquence d'apparition de l'issue « La somme est égale à 2 » et noter le résultat obtenu.

5 Toutes les issues

a. Modifier le script précédent de façon à afficher la fréquence d'apparition de l'issue « La somme est égale à 3 ».

b. De la même façon, afficher la fréquence d'apparition de chaque issue de cette expérience aléatoire et reporter tous les résultats dans un tableau.

c. Que peut-on dire de ces résultats ? Comment peut-on l'expliquer ?

Issue	2	3	4	5	
Probabilité					

Pour aller plus loin Le problème du Chevalier de Méré

Le chevalier de Méré, un noble à la cour de Louis XIV, s'était posé le problème suivant : Quel est l'évènement le plus probable entre les deux évènements suivants ?

A : « Obtenir au moins un 6 en lançant quatre fois un dé. »

B : « Obtenir au moins un double 6 en lançant vingt-quatre fois deux dés. »

Il pensait que l'évènement A était plus fréquent que B mais croyait avoir démontré que les deux évènements étaient équiprobables. Il voyait donc là un paradoxe.

```
mettre nombre de 6 ▾ à 0
répéter 4 fois
    mettre dé ▾ à nombre aléatoire entre 1 et 6
    si dé = 6 alors
        ajouter à nombre de 6 ▾ 1
si nombre de 6 > 0 alors
    dire Succès pendant 2 secondes
```

a. Qu'est-ce que le script ci-contre permet de simuler ?

b. Répéter 10 000 fois cette expérience et introduire une variable nombre de succès qui compte le nombre de fois que l'on obtient l'évènement A au cours des 10 000 répétitions.

c. Que peut-on dire de la fréquence d'apparition de cet évènement ?

d. Modifier le script pour afficher la fréquence d'apparition de l'évènement B et comparer avec le résultat précédent.

Projet 1

Utilisable en EPI TECH

Attrape-moi si tu peux !

Objectif : Créer un jeu d'adresse.

Les caractéristiques du jeu sont les suivantes :

- Une étoile de mer apparait à différents endroits et le joueur doit l'attraper avant qu'elle ne s'en aille.
- Pour attraper l'étoile de mer, le joueur doit cliquer sur elle avec la souris.
- Chaque fois qu'il attrape l'étoile de mer, le joueur marque un point.
- Le joueur a droit à 10 tentatives.

Étape 1 Planter le décor

a. Supprimer le lutin existant et choisir un lutin plus approprié, par exemple « Starfish ».

b. Réduire la taille du lutin pour que le jeu ne soit pas trop facile.

c. Choisir un arrière-plan approprié.

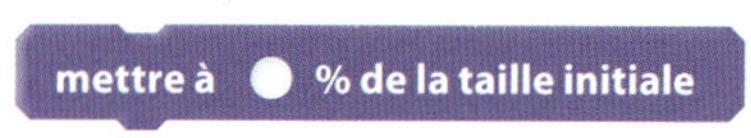

Étape 2 Déplacer l'étoile de mer

Programmer les apparitions de l'étoile de mer : celle-ci doit apparaitre successivement à différents endroits de la scène, choisis aléatoirement.

- On pourra utiliser le repère de Scratch, dont les abscisses varient entre –240 et 240 et les ordonnées entre –180 et 180, en évitant que l'étoile soit trop proche des bords.
- Pour que le joueur ait le temps de cliquer sur l'étoile, on pourra prévoir un petit délai d'attente entre deux apparitions.

Étape 3 Ajouter le score

Créer une variable score et écrire un deuxième script qui s'exécute quand le joueur clique sur l'étoile.
Le script devra :

- ajouter un point au score ;
- afficher brièvement le message « Touché ! ».

quand ce lutin est cliqué

Étape 4 Améliorations du jeu

a. Modifier le premier script pour que l'étoile disparaisse brièvement entre deux apparitions.

montrer

cacher

b. Programmer un changement d'apparence et de petits déplacements aléatoires lors des apparitions de l'étoile.

avancer de

tourner ↻ de degrés

répéter 10 fois

costume suivant

nombre aléatoire entre et

c. Afficher un message en fonction du score réalisé par le joueur.

si alors

sinon

d. Modifier le script pour que la taille de l'étoile change aléatoirement à chaque apparition, sans que le jeu ne devienne ni trop facile, ni trop difficile.

mettre à % de la taille initiale

nombre aléatoire entre et

Pour aller plus loin

a. Créer une deuxième étoile de mer dont les apparitions ne sont pas synchronisées avec la première étoile. Le joueur peut marquer des points en cliquant sur n'importe quelle étoile.
b. Faire en sorte que la deuxième étoile n'apparaisse qu'une fois que le score a atteint 5 points.
c. Diminuer le temps d'apparition des étoiles au fur et à mesure que le score augmente.
d. Modifier le script pour que le jeu continue jusqu'à ce que le joueur ait raté l'étoile trois fois.

Projet 2 Course de voiture

Objectif : Créer un jeu de course de voiture.

Les caractéristiques du jeu sont les suivantes :

- La voiture peut accélérer, freiner, tourner à droite ou à gauche.
- Le joueur dirige la voiture avec les flèches du clavier.
- Lorsque la voiture quitte la piste, elle ralentit fortement.
- Le joueur doit effectuer un ou plusieurs tours, le plus rapidement possible.

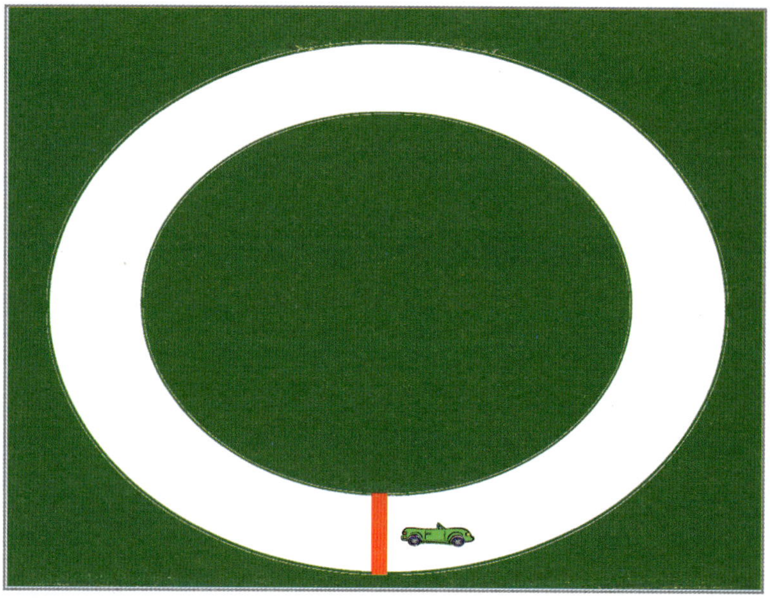

Étape 1 Planter le décor

a. Dessiner un nouvel arrière-plan et construire le circuit à l'aide des outils ci-contre.

Nouvel arrière-plan : 

Ellipse :  Rectangle : 

Remplir avec la couleur : 

b. Supprimer le lutin existant et choisir un lutin plus approprié, par exemple « Convertible 3 ». Adapter sa taille au circuit.

mettre à ● % de la taille initiale

Étape 2 Faire avancer la voiture

Écrire un script qui positionne correctement la voiture pour le départ et qui la fait avancer à vitesse constante.

aller à x: ● y: ●

s'orienter à [ ]

répéter indéfiniment

avancer de 2

Étape 3 Faire tourner la voiture

Écrire un nouveau script qui fait tourner la voiture :

- dans le sens horaire quand le joueur appuie sur la flèche gauche du clavier ;
- dans le sens anti-horaire quand le joueur appuie sur la flèche droite du clavier.

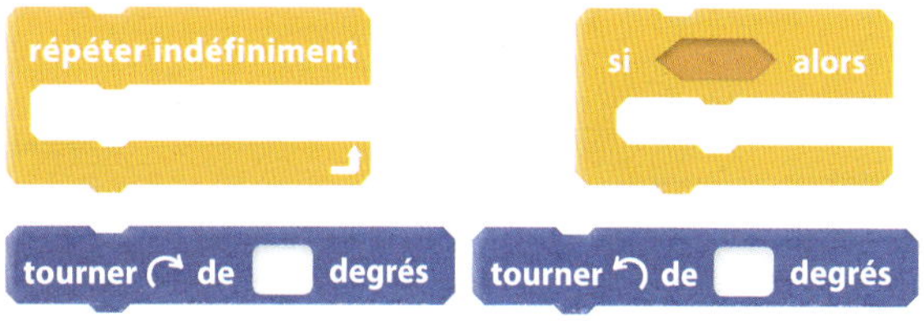

Étape 4 Faire varier la vitesse de la voiture

Pour faire avancer la voiture avec une vitesse variable, créer une variable vitesse. Au lieu d'avancer de 2, la voiture devra avancer de la valeur contenue dans cette variable.

a. Modifier le ou les scripts existants pour prendre en compte cette nouvelle variable.

b. Écrire un nouveau script (ou compléter un script déjà écrit) qui :
   - fait accélérer la voiture quand le joueur appuie sur la flèche « haut » ;
   - fait ralentir la voiture quand le joueur appuie sur la flèche « bas ».

Étape 5 Prendre en compte le circuit

Écrire un nouveau script (ou compléter un script déjà écrit) qui fait fortement ralentir la voiture quand elle quitte le circuit.

Étape 6 Programmer la fin du jeu

Écrire un nouveau script (ou compléter un script déjà écrit) qui :

- arrête tous les scripts quand la voiture passe la ligne d'arrivée ;
- affiche le temps de parcours du joueur. Pour cela, on pourra utiliser une nouvelle variable chrono et utiliser le chronomètre intégré à Scratch.

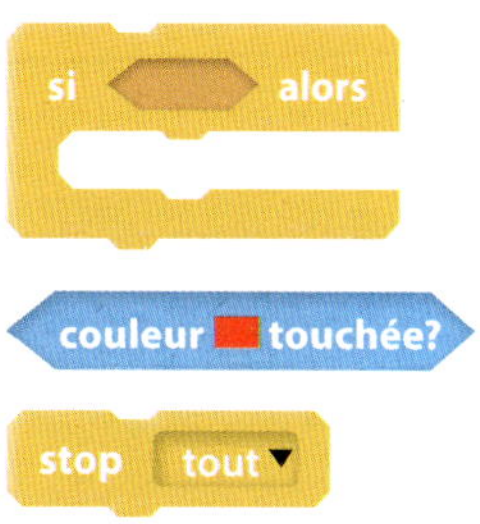

Pour aller plus loin

a. Trouver un moyen pour empêcher la voiture de reculer vers la ligne d'arrivée dès le départ ou de couper dans l'herbe pour aller plus vite qu'en restant sur le circuit.

b. Faire une course qui dure trois tours.

c. Ajouter des obstacles sur le circuit qui ralentissent la voiture.

d. Créer une deuxième voiture qui sera contrôlée par l'ordinateur. Le joueur devra compléter ses trois tours avant la voiture contrôlée par l'ordinateur.

e. Créer plusieurs niveaux et un circuit différent pour chaque niveau.

EPI 1

Les planètes

Production attendue : Imaginer une exoplanète encore inconnue sur laquelle la vie serait possible.
Donner ses caractéristiques, ses propriétés et décrire le système extrasolaire auquel elle appartient.

Thématique	Sciences, technologie et société	**Disciplines**	Mathématiques, physique-chimie
Domaines du socle	**1.** Les langages pour penser et communiquer / **4.** Les systèmes naturels et les systèmes techniques		
	5. Les représentations du monde et de l'activité humaine		

Document 1 Le système solaire, une connaissance qui s'est construite au fil du temps

Thalès de Milet, savant de la Grèce antique, pensait que la Terre était plate et reposait sur une grande étendue d'eau. Vers 560 av. J.-C., c'est Pythagore qui évoque le premier l'idée que la Terre est ronde, comme une sphère. Aristote le prouve environ 200 ans plus tard, mais reste persuadé que la Terre est au centre de l'Univers. Vers 290 av. J.-C., Aristarque de Samos place le Soleil au centre de l'Univers et prévoit la rotation de la Terre sur elle-même et sa révolution autour du Soleil. Puis Ératosthène parvient à calculer la circonférence de la Terre.

Il a fallu attendre le début du XVIe siècle pour que Copernic, en repartant des textes des savants de l'Antiquité, remette de nouveau en cause la vision géocentrique, c'est-à-dire la Terre au centre de l'Univers, et commence à imposer son système héliocentrique (le Soleil au centre). Puis Galilée met au point sa lunette astronomique et montre que les planètes sont toutes soumises au même principe : elles tournent autour du Soleil. Enfin, vers 1687, en s'appuyant sur les travaux de Kepler effectués vers 1600, Newton établit la loi de gravitation universelle qui permet d'interpréter le mouvement elliptique des planètes.

Sur un axe chronologique, indiquer les dates et les noms des savants qui ont participé à la construction des connaissances sur le système solaire.

Document 2 La composition du système solaire

Vidéo

Il est très difficile de se représenter l'immensité de notre système solaire. Pour mieux percevoir ses proportions, un groupe d'amis l'a reproduit à une échelle où la Terre était rapportée à une bille de 1,6 cm de diamètre. Pour réaliser la maquette dans les bonnes proportions, ils ont eu besoin d'un espace vide de 11 km de diamètre, qu'ils ont trouvé dans le désert du Nevada, aux États-Unis.

Les orbites des quatre premières planètes du système solaire dans *To scale: The Solar System*, un film réalisé par Wylie Overstreet et Alex Gorosh (2015).

1. Sur leur maquette, quels étaient les diamètres du Soleil et des autres planètes ?
2. Pourquoi ont-ils eu besoin d'un espace de 11 km de diamètre ?

Document 3 Les distances dans l'Univers

Pour exprimer une distance dans l'Univers, on choisit une unité de longueur adaptée :

- les distances entre les planètes et leurs satellites s'expriment en kilomètres (km) ;
- les distances entre les planètes et le Soleil s'expriment en unités astronomiques (ua) ;
- les distances entre les étoiles, dites « distances intersidérales », s'expriment en années-lumière (a.l.).

On estime aujourd'hui la taille de l'Univers à 45 milliards d'années-lumière.

1. Chercher les définitions d'une unité astronomique et d'une année-lumière.

2. Donner, en notation scientifique, la valeur d'une unité astronomique, en mètres.

3. Donner, en notation scientifique, la valeur d'une année-lumière en mètres.

4. Donner, en choisissant une unité de longueur adaptée, la distance :

a. entre la Terre et la Lune ;

b. entre le Soleil et la Terre ;

c. entre l'étoile Proxima du Centaure et la Terre.

Donner des ordres de grandeur de ces distances, en mètres.

5. Calculer le temps mis par la lumière pour parcourir les distances trouvées à la question **4.**

Document 4 La masse et le poids

En TP de physique, Antoine a accroché successivement des masses différentes à un dynamomètre. Cet appareil permet de mesurer le poids d'un objet, en newtons (N).

Les résultats de ses mesures sont rassemblés dans le tableau suivant.

Masse m (en kg)	0	0,05	0,10	0,20	0,30	0,35	0,50
Poids P (en N)	0	0,5	1	1,95	2,90	3,40	4,90

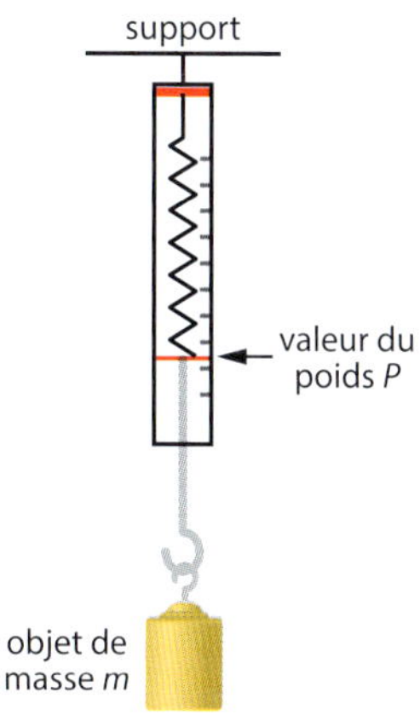

1. Sur une feuille de papier millimétrée, placer ces points dans un repère. On choisira comme unité 1 cm pour 0,1 kg sur l'axe des abscisses et 1 cm pour 1 N sur l'axe des ordonnées.

Que remarque-t-on ?

2. Pour chaque colonne du tableau, calculer le rapport $\frac{P}{m}$.

Que remarque-t-on ? À quoi correspond ce rapport ?

3. Expliquer pourquoi les astronautes semblent flotter quand ils sont sur la Lune.

EPI 2 Conséquences écologiques et humaines du tourisme

Production attendue : Rédiger un article de presse explicitant les conséquences écologiques et humaines du tourisme dans une zone géographique choisie.

Thématique	Transition écologique et développement durable
Disciplines	Mathématiques, histoire et géographie, français
Domaines du socle	**1.** Les langages pour penser et communiquer / **3.** La formation de la personne et du citoyen
	5. Les représentations du monde et de l'activité humaine

Document 1 Urbanisation des zones touristiques au Maroc

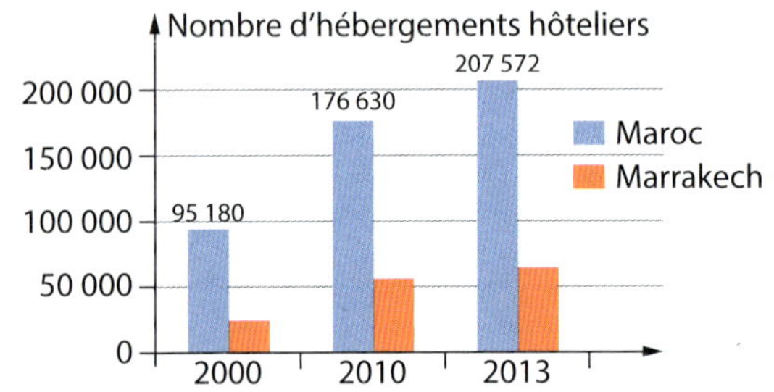

Source : Ministère du Tourisme, Maroc (2014).

Le phénomène des riads s'est développé à Marrakech, puis dans le reste du Maroc suite à de nombreux reportages à la télévision.

Temps à l'image

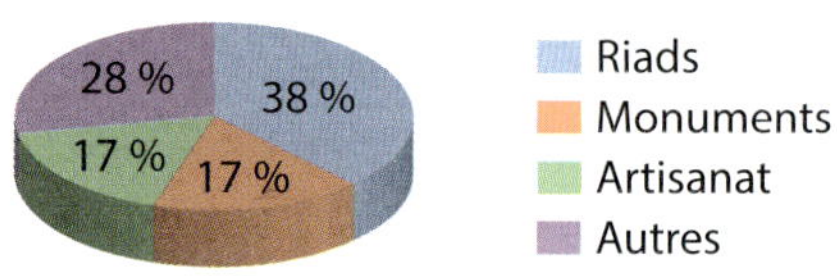

1. Nommer et interpréter ces deux documents.
2. Rechercher d'autres régions du monde dont le développement touristique a fortement influencé l'urbanisation.

Document 2 Consommation d'eau à Las Vegas, conséquences écologiques

Lake Mead Daily Water Levels (in feet): Last 150 Days

Min Elevation: 1068.75 on May 23, 2015 Max Elevation: 1089.27 on January 21 , 2015

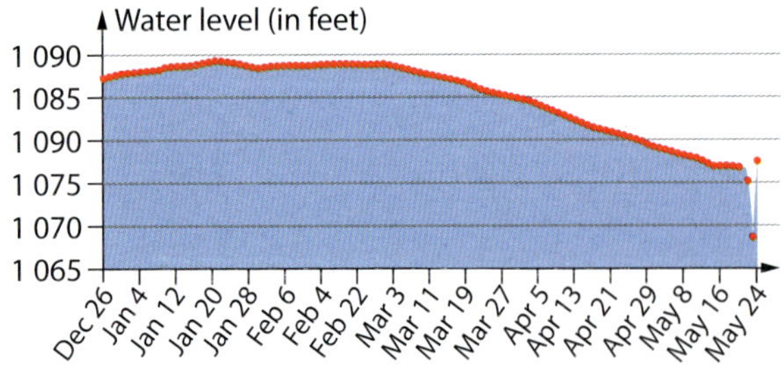

Source : graphs-water-data.com

Plusieurs fois par jour, le spectacle « Les fontaines du Bellagio » a lieu devant l'hôtel de luxe Le Bellagio.

1. Effectuer des recherches sur la problématique de l'eau à Las Vegas.
Les solutions proposées sont-elles un danger pour la biodiversité de la région ?
2. Rechercher, dans le monde, d'autres conséquences négatives du développement touristique sur l'écologie.

Document 3 Tourisme en Australie : de lourdes conséquences socio-culturelles pour les Aborigènes

Ce monolithe, en plein cœur de l'Australie, est devenu, une attraction touristique très importante dans la deuxième moitié du XXe siècle. Des centaines de milliers de touristes parcourent chaque année cette montagne sacrée pour les Aborigènes, qui voient cela comme une profanation.

◀ **Le rocher « Uluru », classé au Patrimoine mondial de l'Unesco en 1987.**

En 2003-2004, l'industrie du tourisme représente 3,9 % du PIB australien, soit environ 32 milliards de dollars dans l'économie nationale.

L'industrie du tourisme a employé 549 000 personnes en 2001-2002, soit 5,9 % du total de la population active du pays.

Cependant, selon un rapport de la Commission des droits de l'homme australienne, huit Aborigènes sur dix n'ont pas accès au marché du travail pour cause d'analphabétisme, alcoolisme ou traumatisme psychologique grave. Dans certaines zones rurales, 70 % des enfants ne vont pas à l'école.

En Europe, le seuil de pauvreté est déterminé par rapport à la distribution des niveaux de vie de l'ensemble de la population : on fixe ce seuil à 60 % du niveau de vie médian.

En 1986, vivant en dessous du seuil de pauvreté :	Aborigènes	Non Aborigènes
Couples avec enfants		
1 enfant	12,2 %	3,6 %
2 enfants	27,3 %	8 %
3 enfants	50 %	14,2 %
4 enfants ou plus	48,7 %	25,1 %
Familles monoparentales		
1 enfant	46,3 %	25,8 %
2 enfants	77,3 %	51 %
3 enfants ou plus	92,3 %	82,1 %
Familles avec enfants	43,2 %	15 %
Enfants	49,9 %	18 %

1. Quelles sont les conséquences sur les Aborigènes du développement touristique au centre de l'Australie ?
2. Définir le « niveau de vie médian ».
   Comment calcule-t-on le seuil de pauvreté en France ?
3. Construire une représentation graphique adaptée des données contenues dans le tableau ci-dessus.
   Analyser ces données.
4. En 1986, dans la communauté aborigène, 43,2 % des familles avec enfants vivaient en dessous du seuil de pauvreté. Peut-on obtenir ce nombre en calculant la moyenne des pourcentages des différentes catégories de familles monoparentales ou couples avec enfants indiqués dans le tableau ci-dessus ? Pourquoi ?
5. Rechercher des documents mettant en évidence l'impact du tourisme sur d'autres populations autochtones dans le monde.

Document 4 Le travail forcé

Le travail forcé : une atteinte grave aux droits de l'homme

L'organisation indépendante Info Birmanie dénonce le travail forcé pour la construction d'hôtels destinés aux touristes étrangers dans le cadre de la campagne d'ouverture du pays au tourisme lancée en 1994. C'est l'une des raisons pour lesquelles la leader de l'opposition et prix Nobel de la paix, Madame Aung San Suu Kyi, recommande le boycott de son propre pays aux touristes occidentaux.

Source : Bureau international du travail (BIT-Insee).

Profits annuels du travail forcé par région (en milliards de $)

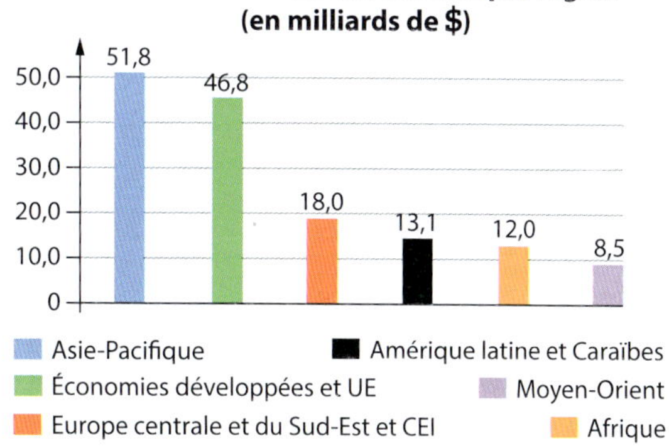

Analyser les profits du travail forcé selon les régions du monde, rechercher les différents types de populations touchées, ainsi que les différentes formes de cet esclavage moderne.

EPI 3 Mosaïques et pavages du plan

Production attendue : Chaque groupe doit produire un pavage du plan différent et le réaliser en mosaïque.

Thématique	Culture et création artistiques
Disciplines	Arts plastiques, mathématiques, histoire et géographie
Domaines du socle	**1.** Les langages pour penser et communiquer / **4.** Les systèmes naturels et les systèmes techniques
	5. Les représentations du monde et de l'activité humaine

Document 1 La mosaïque et les pavages du plan dans l'art

Mosaïques du Palais de l'Alhambra

Pavages de M. C. Escher

Effectuer des recherches et réaliser un exposé sur ces différentes œuvres d'art, en précisant notamment les transformations utilisées.

Document 2 Dans l'Antiquité, à Pompéi

Fresque dans la villa de Julia Felix.

Mosaïque : Cave Canem (« Attention au chien »).

Rechercher des images de mosaïques de Pompéi et relater le quotidien des familles romaines de cette époque. Mettre en évidence les grands progrès de l'époque.

Document 3 En géométrie - Avec des triangles équilatéraux

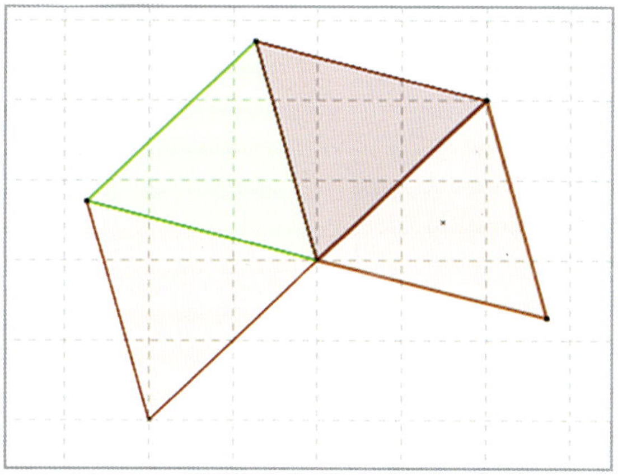

1. À l'aide d'un logiciel de géométrie dynamique, réaliser un pavage du plan à partir d'un autre triangle.
2. Expliquer sur une affiche les transformations du plan utilisées.

Document 4 Des pavages

Voici plusieurs exemples de pavage du plan :

Pavage carré

Pavage hexagonal

Pavage carré tronqué

Pavage pentagonal

1. Il existe dix-sept familles de pavages différentes. Chercher un maximum de familles différentes.
2. Choisir un pavage du plan et le réaliser en mosaïque.

Problèmes transversaux

Pour mieux cibler les compétences			
Chercher	4 8 9	Raisonner	9 10
Modéliser	5 6	Calculer	1 2 3
Représenter	4 6 11	Communiquer	7 12

1 Médor, rapporte !

Un chien court 100 m en ligne droite en 8,4 s puis, en un tiers de ce temps, il refait la moitié de son trajet en sens opposé.

- Calculer sa vitesse moyenne, en $km \cdot h^{-1}$.

2 QCM

Un QCM de 5 questions est proposé pour une évaluation en mathématiques. En voici le barème :
+1 point par bonne réponse, –0,5 point par réponse fausse, 0 point si aucune réponse n'est donnée.
Pour chaque question, il n'existe qu'une seule bonne réponse.

1. Quelle est la note maximale pour les 5 questions ?
2. Quelle est la note minimale ?
3. Peut-on obtenir un score nul ? Si oui, de quelle(s) manière(s) ?
4. Voici la copie d'Erwan :

	A	B	C
$\frac{5}{6} - \frac{2}{5}$ est égal à :	$\frac{3}{1}$	$\frac{13}{30}$	$\frac{37}{30}$
$3(x+7)$ est égal à :	$3x+7$	$3x+10$	$3x+21$
La probabilité de tirer une boule rouge dans une urne contenant 4 boules rouges et 3 vertes est égale à :	$\frac{3}{4}$	$\frac{3}{7}$	$\frac{4}{7}$
Dans le triangle suivant, une valeur approchée de DE est : 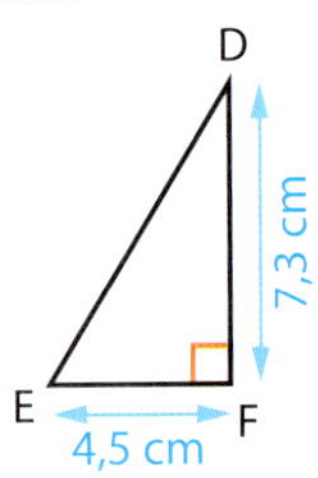	8,6 cm	5,7 cm	2,8 cm
Dans quel cas la figure violette est-elle l'image de la figure verte par la rotation de centre O, d'angle 45° et dans le sens anti-horaire ?	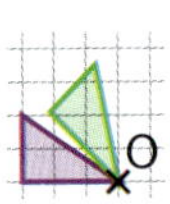	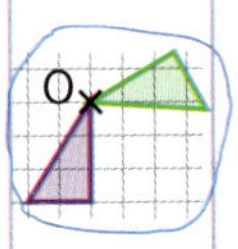	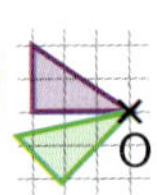

Il a entouré les réponses qu'il pensait correctes.
Quelle note va-t-il obtenir à son évaluation ?

3 L'âge de l'Univers

PC

Lola imagine être au 31 décembre à minuit et que l'Univers est né il y a juste un an, le 1er janvier dernier à 0h00. L'âge de l'Univers ne serait donc que d'une année, alors qu'il est de 13,8 milliards d'années en réalité.
Avec cette hypothèse, la Terre, apparue en réalité il y a 4,7 milliards d'années, serait apparue le 28 aout.

1. Quelle serait la date d'apparition des premiers êtres vivants, apparus en réalité il y a 3,5 milliards d'années ?
2. Quelle serait la date d'apparition des homos sapiens, apparus en réalité il y a 35 000 ans ?

4 Le lecteur MP4

Louise a téléchargé des chansons sur son lecteur MP4.

Titre	Interprète	Durée (en secondes)
Mamatéou	Timaté	232
La différence	Timaté	211
Amazing	Timaté	214
Tes racines	Timaté	175
YoungBoy	Hudad	336
La ficelle	Maen	191
Fou fou fou	Maen	184
Nina	Maen	217

1. Donner la durée totale de cette liste, en min et s.
2. Déterminer le pourcentage de chansons dont la durée est supérieure à 3 min 30 s.
3. Louise décide d'utiliser la fonction « aléatoire » de son lecteur MP4. Cette fonction choisit au hasard une chanson parmi celles qui sont présentes dans la liste de lecture. Chaque chanson a la même probabilité d'être écoutée. Déterminer la probabilité que Louise écoute une chanson de Maen.
4. Elle répète 25 fois l'utilisation de la fonction « aléatoire » de son MP4 et note à chaque fois le nom de l'interprète qu'elle a écouté. Les résultats qu'elle obtient sont notés dans le graphique ci-dessous. Déterminer la fréquence d'écoute de Hudad.

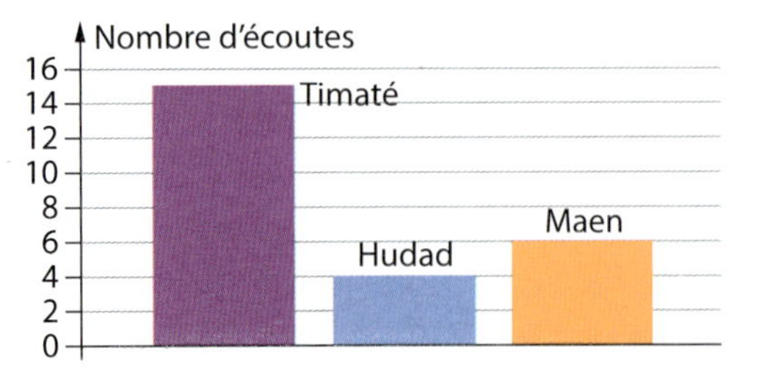

D'après brevet Métropole (septembre 2015).

Location d'un van aménagé

Florian souhaite louer un van aménagé pour partir en vacances une semaine avec sa famille.
Voici les tarifs proposés par une société de location :

	Forfait 2 000 km	Forfait illimité
1 semaine	1 090 € et 0,40 € par km supplémentaire	1 290 €

1. La famille hésite entre deux destinations.
   a. Pour la première, la distance à parcourir serait d'environ 2 200 km.
   Quel forfait est le plus avantageux ?
   b. Pour la deuxième destination, la distance à parcourir serait d'environ 2 900 km.
   Quel forfait est le plus avantageux ?
2. À partir de quelle distance le forfait illimité est-il plus avantageux ?

Autour du nombre d'or

Le nombre d'or est un terme apparu au début du XXe siècle. On désigne ce nombre par la lettre grecque phi (φ) en l'honneur du sculpteur grec Phidias (490 av. J.-C. ; 430 av. J.-C.) qui décora la façade du Parthénon à Athènes. On peut retrouver la présence du nombre d'or dans de nombreuses dimensions du Parthénon. Par exemple, sur la face avant, on peut voir apparaitre des « rectangles d'or » :

Un rectangle d'or est un rectangle tel que le rapport de sa longueur et de sa largeur soit le nombre d'or, c'est-à-dire que son format vérifie :

$$\frac{\text{longueur}}{\text{largeur}} = \varphi$$

Ce nombre, aussi appelé « divine proportion », a pour valeur exacte $\varphi = \dfrac{1+\sqrt{5}}{2}$.

1. Réaliser la construction dont les étapes sont décrites par le programme suivant.
   - Construire un carré ABCD de côté 1 dm.
   - Noter E le milieu de [AB].
   - Tracer le cercle de centre E et de rayon EC.
   - Noter F le point d'intersection de [AB] et du cercle.
   - Tracer le point H de sorte que le quadrilatère BFHC soit un rectangle.
2. Calculer la valeur exacte de la longueur EC et en déduire que le rectangle AFHD est bien un rectangle d'or.
3. On peut obtenir des approximations du nombre d'or à l'aide de fractions à étages.
   Calculer les fractions à étages suivantes.
   a. $1+\dfrac{1}{1}$
   b. $1+\dfrac{1}{1+\dfrac{1}{1}}$
   c. $1+\dfrac{1}{1+\dfrac{1}{1+\dfrac{1}{1}}}$
   d. $1+\dfrac{1}{1+\dfrac{1}{1+\dfrac{1}{1+\dfrac{1}{1}}}}$
4. On considère l'algorithme suivant.

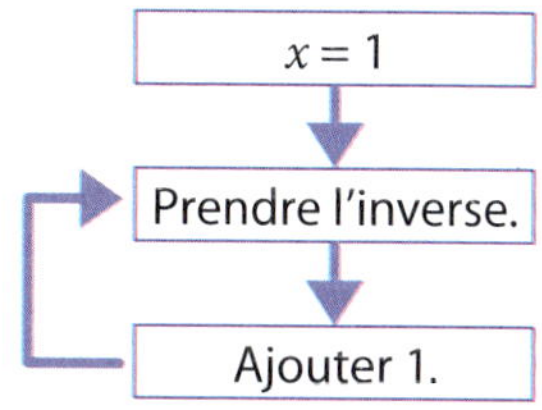

Compléter le script suivant, en renvoyant dans une liste notée « phi » les résultats de chaque étape.

Que remarque-t-on ? Expliquer la réponse.

7 La formule la plus avantageuse

Prise d'initiative

Sophie habite Toulouse et sa meilleure amie vient de déménager à Bordeaux. Elles décident de continuer à se voir. Sophie consulte les tarifs de train entre les deux villes :

- Un aller-retour coûte 40 €.
- Si elle achète un abonnement pour une année à 442 €, un aller-retour coûte alors moitié prix.
- Aider Sophie à choisir la formule la plus avantageuse en fonction du nombre de voyages.

Brevet Amérique du Sud (décembre 2015).

Problèmes transversaux

8 Centre de loisirs

Prise d'initiative

M. et Mme Dupont sont mariés depuis 10 ans et ont deux enfants : Cléo, 3 ans, et Maya, 5 ans.
Leur revenu net imposable annuel est de 40 500 €.
Pendant les vacances de Pâques, M. et Mme Dupont, qui travaillent, souhaitent inscrire leurs deux enfants au centre de loisirs :

- la 1re semaine, du lundi au vendredi, de 8h30 à 18h30 ;
- la 2e semaine, du mardi au vendredi, mais uniquement le matin, de 8h30 à 11h30.

À l'aide des documents suivants, établir le montant que les parents vont payer pour faire garder leurs enfants pendant ces vacances, à l'aide d'un seul enchainement de calculs.

Doc. 1 Calcul du quotient familial

Les tarifs sont établis en fonction du quotient familial :

Quotient familial = $(R \div 12) \div N$

R représente le revenu net imposable annuel du foyer.
N représente le nombre de parts.
On détermine le nombre de parts du foyer fiscal à l'aide du tableau suivant.

Votre situation familiale	Nombre d'enfants à charge				
	0	1	2	3	4
Vous êtes mariés ou pacsés	2	2,5	3	4	5
Vous êtes veuf	1	2,5	3	4	5
Vous êtes célibataire, divorcé ou séparé et vous vivez seul	1	2	2,5	3,5	4,5
Vous êtes célibataire, divorcé ou séparé et vous vivez en concubinage	1	1,5	2	3	4

***Remarque :** Pour chaque enfant supplémentaire, au-delà de 4 enfants, ajouter une part supplémentaire.*

Doc. 2 Grille tarifaire du centre de loisirs

Quotient familial	Journée entière et demi-journée avec repas	Journée entière pour 2 enfants	Journée entière pour 3 enfants	Demi-journée sans repas
0 € à 622 €	4 €	7 €	10 €	3 €
623 € à 1 000 €	5,50 €	10 €	14,50 €	4 €
1 001 € à 1 300 €	8 €	15 €	22 €	5 €
Plus de 1 301 €	12 €	23 €	34 €	6,50 €

9 Globule rouge

SVT

Prise d'initiative

Indispensable au fonctionnement du corps humain, le sang est un tissu vivant composé de cellules – les globules rouges, les globules blancs et les plaquettes – qui baignent dans un liquide, le plasma.

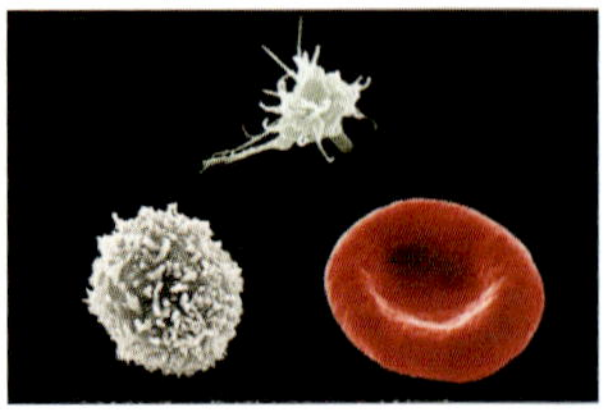

De gauche à droite : globule blanc, plaquette sanguine et globule rouge.

Le corps humain renferme environ 5 litres de sang pour un adulte.

Doc. 1 Les globules rouges

EFS
ÉTABLISSEMENT FRANÇAIS DU SA

Le rôle des globules rouges est de transporter l'oxygène des poumons vers les tissus et, en retour, de capter le gaz carbonique au niveau des tissus afin de l'éliminer par les voies respiratoires. Ces cellules sont les plus nombreuses dans le sang : leur concentration est de l'ordre de 5 millions par millimètre cube.

Doc. 2 Composition du sang

L'eau représente la moitié de la composition du sang et les globules rouges représentent près de la totalité de l'autre moitié.

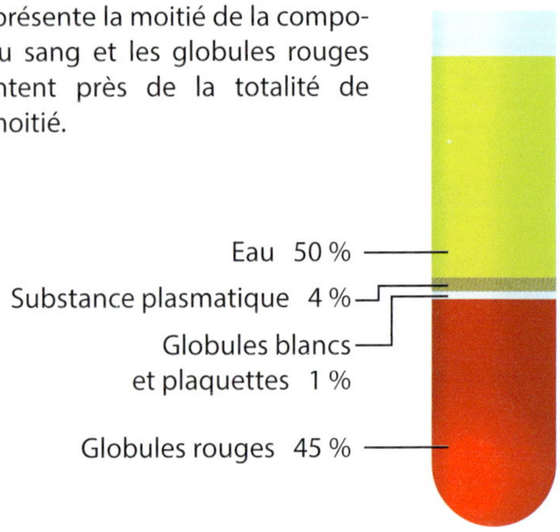

Doc. 3 Dimensions d'un globule rouge

La forme d'un globule rouge est assimilable à un cylindre dont le diamètre mesure 8 µm.

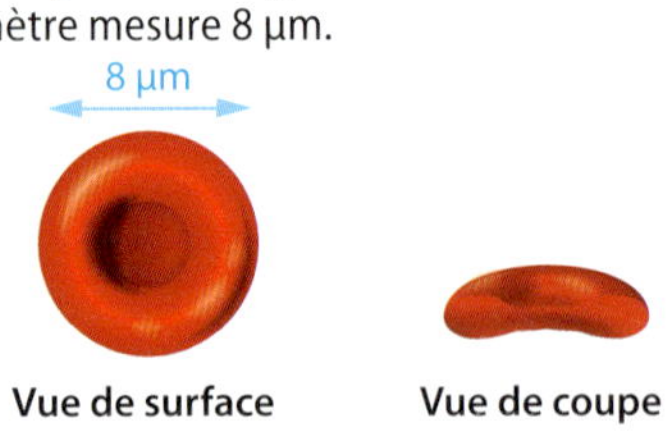

- Si l'on empilait les uns sur les autres tous les globules rouges contenus dans le sang d'un adulte, quelle serait la hauteur de la colonne obtenue ?
Comparer ce résultat à la circonférence de la Terre.

Les géants

Prise d'initiative

La compagnie de théâtre « Royal de Luxe », basée à Nantes depuis la fin des années 1980, a choisi de jouer ses spectacles dans la rue et les espaces publics. Elle y fait irruption en détournant les objets du quotidien et en ayant recours au gigantisme.
En juin 2009, elle a joué *La Géante du Titanic et le Scaphandrier* dans les rues de Nantes.

- Donner une valeur approchée de la taille du scaphandrier dont on peut voir seulement les pieds sur la photo.

Le téléphérique

Prise d'initiative

Le téléphérique de l'aiguille du Midi est le plus haut d'Europe. Il permet de relier en vingt minutes le cœur de la ville de Chamonix, à 1 035 m d'altitude, au sommet de l'aiguille du Midi, qui culmine à 3 842 m, en passant par le plan de l'Aiguille à 2 317 m d'altitude.

La montée est impressionnante car la cabine surplombe, à certains moments, un vide de 2 000 m : les personnes souffrant de vertige doivent alors se tenir au centre de la cabine et regarder vers le haut, en direction de la montagne la plus proche.

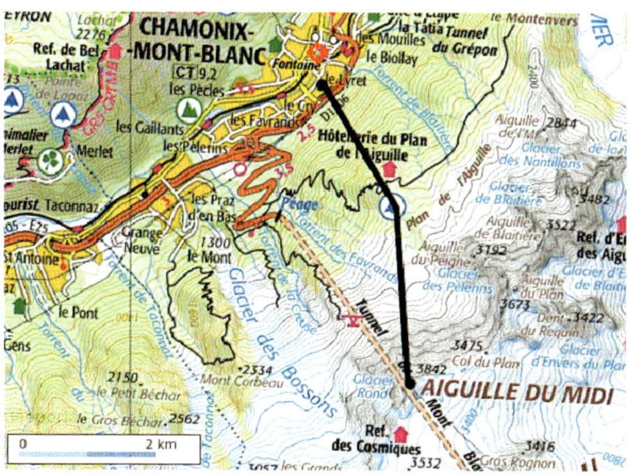

- Évaluer la vitesse moyenne de déplacement du téléphérique le long de son câble de soutien.

12 Ravalement d'un observatoire

Prise d'initiative

L'observatoire astronomique de Skinakas, en Crète, est situé au sommet du mont Ida, à une altitude de 1 750 m et à 60 km d'Héraklion.
L'observatoire a la forme d'un cylindre de révolution de rayon 3 m et de hauteur 5 m, surmonté d'une demi-sphère de même rayon. Il doit être repeint en blanc chaque année pour le plaisir des yeux des nombreux touristes qui le visitent.

Voici trois offres de peintures :

Offre 1 — 110 € l'unité ; 210 € le lot de 2 ; 300 € le lot de 3

Type de support	façades
Application	monocouche
Temps de séchage	6 h
Conditionnement	10 L
Rendement	6 m²/L

Offre 2 — 125 € l'unité

Couleur	pierre blanche
Application	monocouche
Rendement	8 m²/L
Volume	12 L
Sec au toucher	1h30
Nettoyage des outils	à l'eau
Entretien	lessivable

Offre 3 — 120,95 € (par 1) ; 114,93 € (par 3) ; 111,30 € (par 10)

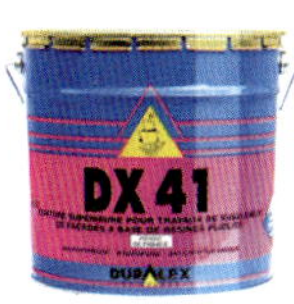

Conditionnement	15 L
Utilisation	peinture façade
Type	solvantée / résine Pliolite
Matériel application	rouleau laine longue, brosse / monocouche
Aspect	mat
Teinte	blanc
Rendement	7 m²/L

- Quelle est l'offre la moins chère qui permet de repeindre intégralement l'observatoire ?

Corrigés des exercices

1 Nombres relatifs : opérations

28 $A = -3 - 10{,}2$; $A = -3 + (-10{,}2)$; $A = -13{,}2$
$B = -7 - (-13)$; $B = -7 + 13$; $B = 6$
$C = 12 - 17$; $C = 12 + (-17)$; $C = -5$
$D = 0 - 26$; $D = -26$
$E = -14 - 14$; $E = -14 + (-14)$; $E = -28$
$F = 5{,}8 - (-4{,}2)$; $F = 5{,}8 + 4{,}2$; $F = 10$

41 a. $(-27) \times 34 = -918$ b. $(-27) \times (-34) = 918$
c. $27 \times (-340) = -9\,180$ d. $(-270) \times (-340) = 91\,800$
e. $27 \times (-0{,}34) = -9{,}18$ f. $-2{,}7 \times (-3{,}4) = 9{,}18$

51 a. Il faut multiplier (–5) par (–8) pour obtenir 40.
b. Il faut multiplier 7 par (–6) pour obtenir (–42).
c. Il faut multiplier (–3) par 13 pour obtenir (–39).
d. Il faut multiplier (–5) par $-\frac{23}{5}$ pour obtenir 23.

QCM

1 1. C 2. C 3. A **2** 1. A 2. C 3. B
3 1. A 2. B 3. C

63 **Scores :**
Lucas : $7 \times 4 - 3 \times 5 - 2 \times 10 = -7$ Juliette : $13 \times 4 - 7 \times 5 = 17$
Léila : $9 \times 4 - 11 \times 2 = 14$ Esteban : $-4 \times 5 - 16 \times 2 = -52$
$-52 < -7 < 14 < 17$
Classement : 1. Juliette ; 2. Léila ; 3. Lucas ; 4. Esteban.

65 1. a. Non, Estelle a obtenu 100, c'est l'opposé du nombre cherché.
b. $[(3 - 1) - (-4) \times 2] \times (-10)$
2. $[6 - (-4)] \times (-10)$ ou encore $[-4 + (-1)] \times (6 \times 3 + 2)$

2 Fractions : addition, soustraction et comparaison

22 $\frac{-5}{3} = \frac{-10}{6} = \frac{20}{-12} = \frac{60}{-36} = \frac{-45}{27}$

33 $\frac{7}{4} = \frac{21}{12}$ $-\frac{8}{6} = \frac{-16}{12}$ $\frac{-2}{3} = \frac{-8}{12}$
$\frac{-7}{12}$ $-2 = \frac{-24}{12}$ $\frac{9}{2} = \frac{54}{12}$
$\frac{54}{12} > \frac{21}{12} > \frac{-7}{12} > \frac{-8}{12} > \frac{-16}{12} > \frac{-24}{12}$
donc $\frac{9}{2} > \frac{7}{4} > \frac{-7}{12} > \frac{-2}{3} > \frac{-8}{6} > -2$

41 $A = \frac{5}{4} + \frac{1}{6} = \frac{15}{12} + \frac{2}{12} = \frac{17}{12}$ $B = \frac{7}{15} - \frac{3}{10} = \frac{14}{30} - \frac{9}{30} = \frac{5}{30}$
$C = -\frac{5}{8} + \frac{5}{12} = -\frac{15}{24} + \frac{10}{24} = \frac{-5}{24}$

QCM

1 1. C 2. B 3. B **2** 1. A 2. A
3 1. C 2. B 3. B

57 $1 - \left(\frac{4}{10} + \frac{1}{3}\right) = 1 - \left(\frac{12}{30} + \frac{10}{30}\right) = \frac{30}{30} - \frac{22}{30} = \frac{8}{30}$
donc $\frac{8}{30}$ $\left(\text{ou } \frac{4}{15}\right)$ des élèves ont choisi le fromage.

65 La longueur totale des cinq plus grands fleuves est de 31 047 km.
$6\,696 + 6\,450 + 6\,380 + 5\,971 + 5\,550 = 31\,047$
Le tour de la Terre représente $\pi \times d = \pi \times 2 \times 6\,371 \approx 40\,030$ km.
$\frac{31047}{40\,030} \approx \frac{3}{4}$ donc Mathis a tort : c'est possible.

3 Fractions : multiplication et division

25 1. $R = \frac{7}{5} \times \frac{-3}{10} + (-4) = \frac{-21}{50} + \frac{-200}{50} = \frac{-221}{50}$
2. $S = \frac{-21}{50} - \frac{-3}{10} \times (-4) = \frac{-21}{50} - \frac{12}{10} = \frac{-21}{50} - \frac{60}{50} = \frac{-81}{50}$
3. $T = \left(\frac{7}{5} + \frac{-3}{10}\right)\left(\frac{7}{5} + (-4)\right) = \left(\frac{14}{10} + \frac{-3}{10}\right)\left(\frac{7}{5} + \frac{-20}{5}\right) = \frac{11}{10} \times \frac{-13}{5} = \frac{-143}{50}$

33 Théo boit les $\frac{2}{15}$ de la bouteille ; il en reste les $\frac{13}{15}$. Morgane boit les $\frac{39}{150}$ $\left(\text{ou } \frac{13}{50}\right)$ de la bouteille car $\frac{3}{10} \times \frac{13}{15} = \frac{39}{150}$.

38 a. $\frac{7}{3}$ b. $\frac{1}{-8}$ c. $-\frac{18}{11}$
d. $\frac{9}{-14}$ e. $\frac{-35}{-16}$

47 a. $\frac{15}{8} \div \frac{3}{5} = \frac{15}{8} \times \frac{5}{3} = \frac{75}{24}$ b. $15 \div \frac{3}{4} = 15 \times \frac{4}{3} = \frac{60}{3} = 20$
c. $\frac{15}{4} \div 3 = \frac{15}{4} \times \frac{1}{3} = \frac{15}{12} = \frac{5}{4}$

QCM

1 1. C 2. B **2** 1. C 2. A
3 1. A 2. C **4** 1. B 2. B 3. A

61 $\frac{4}{5} \div \frac{1}{3} = \frac{4}{5} \times 3 = \frac{12}{5}$ heure = 2,4 heures
$= 2 \text{ h} + \frac{4}{10} \times 60 \text{ min} = 2 \text{ h } 24 \text{ min}$

74 $265\,000 \div \frac{53}{142} = 265\,000 \times \frac{142}{53} = 710\,000$
Il y avait 710 000 habitants dans le Limousin en 2005.

4 Puissances

21 $A = 4^8$ $B = (-7)^4$ $C = -0{,}8^7$ $D = 1^1$

34 a. $12^{-5} = \frac{1}{12^5}$ b. $\frac{1}{8 \times 8 \times 8 \times 8 \times 8 \times 8} = 8^{-6}$
c. $\frac{1}{5 \times 5 \times 5 \times 5} = 5^{-4}$ d. $\frac{1}{(-2) \times (-2) \times (-2)} = (-2)^{-3}$
e. $0{,}8^{-7} = \frac{1}{0{,}8^7}$ f. $1{,}3^{-3} = \frac{1}{1{,}3^3}$

43 a. $7{,}654 \times 10^3$ b. $1{,}7 \times 10^7$ c. $3{,}47 \times 10^1$
d. $7{,}6 \times 10^{-3}$ e. $8{,}72 \times 10^{-4}$ f. 9×10^0

QCM

1 1. C 2. B 3. A **2** 1. C 2. A 3. C
3 1. C 2. B 3. C

52 $80 \times 365 \times 24 \times 60 \times 75 = 3\,153\,600\,000 = 3{,}1536 \times 10^9$

60 1. $2^8 = 256$ Il y a donc 256 couleurs.
2. a. $2^{24} = 16\,777\,216 \approx 16$ millions
L'image est donc constituée de 24 bits.
b. $2^{42} \approx 4{,}4 \times 10^{12}$ 42 bits sont donc nécessaires.

5 Calcul littéral

19 a. Faux. b. Vrai. c. Faux. d. Vrai.

25 a. $5(12 - y) = 5 \times 12 - 5 \times y$ b. $-4(y + 3) = -4 \times y + (-4) \times 3$
c. $-2(y - 6) = -2 \times y - (-2) \times 6$ d. $-3(2y - 1) = -3 \times 2y + 3 \times 1$

35 a. $7 \times 11 - 7 \times y = 7(11 - y)$ b. $-5 \times y + (-5) \times 3 = -5(y + 3)$
c. $-3 \times y - (-3) \times 8 = -3(y - 8)$ d. $-4 \times 9y + 4 \times 1 = -4(9y - 1)$

QCM

1 1. B 2. A 3. B **2** 1. C 2. B 3. C
3 1. B 2. A 3. C

43 1. $D = 2 \times 23{,}90 + 2 \times e = 2 \times (23{,}90 + e)$
2. Pour $e = 16{,}10$ €, on obtient $D = 80$ €.

53 a. Vrai : $3n + 3n' = 3(n + n')$ b. Faux : $3n \times 3n' = 9nn'$
c. Vrai : $n + (n + 1) = 2n + 1$ e. Vrai : $(2n)^2 = 4n^2$
d. Vrai : $(2n + 1) + (2n + 3) = 4n + 4 = 4(n + 1)$

6 Équations et inéquations

23 a. Vrai : $5 + 2 = 7$ et $3 \times 2 + 1 = 7$.
b. Faux : $5(5 - 2) = 15$ et $4 \times 5 = 20$.
c. Faux : $2(3 + 1) = 8$ et $3^2 = 9$.

28 a. $x = 7$ b. $x = 7$ c. $x = 2{,}5$ d. $x = -4{,}8$ e. $x = 7$ f. $x = 7{,}2$

37 Le problème se modélise par $2n + 5 = 14$, où n est le nombre cherché.
Ainsi, $n = 4{,}5$.

44 • $-4 < -2$ donc -1 n'est pas solution de l'inéquation.
• $-5 < -4$ donc -2 n'est pas solution de l'inéquation.
• Chaque membre est égal à -6, donc -3 est solution de l'inéquation.

QCM

1 1. A 2. B **2** 1. C 2. A

3 C **4** 1. C 2. A

52 La somme des mesures des angles d'un triangle est égale à 180°, donc la situation se modélise par l'équation : $4x + 63 = 180$. Ainsi, $x = 29,25$. Les trois angles mesurent : 40°, 69,25° et 70,75°.

59 On note x le nombre de trèfles à 4 folioles. La situation se modélise par l'équation $3(134 - x) + 4x = 408$. Ainsi $x = 6$.
Léila a cueilli 6 trèfles à 4 folioles : elle a eu beaucoup de chance (6 pour 134 par rapport à 1 pour 10 000).

7 Proportionnalité

15 1. $4 \times 1,65 = 6,60 \neq 5,50$
Ce n'est pas une situation de proportionnalité.
2. $\dfrac{2\,515}{17\,605} \approx 0,14$ $\dfrac{1\,031}{10\,848} \approx 0,095$
Ce n'est pas une situation de proportionnalité.

19 1. $100\,\$ = 25 \times 4\,\$$
Donc on doit faire : $25 \times 3,50\,€ = 87,50\,€$
Avec 100 $, on avait 87,50 €.
2.

En \$	4	x
En €	3,50	100

$x = \dfrac{4 \times 100}{3,50} \approx 114,29$
Avec 100 €, on avait environ 114,29 $.

22 1. Avant l'ouverture du parachute, le graphique est une droite passant par l'origine, donc c'est une situation de proportionnalité.
2. Après l'ouverture, ce n'est plus le cas, donc ce n'est pas une situation de proportionnalité.

26 1.

Or « 8 carats »	100	7
Or pur	75	x

$x = \dfrac{75 \times 7}{100} = 5,25$
Dans une bague en or de 7 g, il y a 5,25 g d'or pur.
2. $\dfrac{75}{100} \times 4 = 3$
On a besoin de 3 g d'or pur pour faire une bague de 4 g d'or « 18 carats ».

QCM

1 1. C 2. C **2** 1. B 2. C

3 C **4** 1. C 2. B

34 Les 30 cm^2 doivent être augmentés de 10 % :
$30 + \dfrac{10}{100} \times 30 = 30 + 3 = 33$
$33 \div 2,48 \approx 13,3$ Il devra acheter 14 paquets.
$31,75 \times 14 = 444,50$ Il devra payer 444,50 €.

40 1. $7\,349\,472\,000 - 3\,018\,344\,000 = 4\,331\,128\,000$

Population mondiale		
1960	3 018 344 000	100
Augmentation	4 331 128 000	x

$x = \dfrac{4\,331\,128\,000 \times 100}{3\,018\,344\,000} \approx 143,5$
La population mondiale a augmenté de 143,5 % entre 1960 et 2015.
$738\,442\,000 - 605\,619\,000 = 132\,823\,000$

Population européenne		
1960	605 619 000	100
Augmentation	132 823 000	y

$y = \dfrac{132\,823\,000 \times 100}{605\,619\,000} \approx 21,9$
La population européenne a augmenté de 21,9 % entre 1960 et 2015.
2. $\dfrac{605\,619\,000}{3\,018\,344\,000} \approx 0,20 \approx 20\,\%$ $\dfrac{738\,442\,000}{7\,349\,472\,000} \approx 0,10 \approx 10\,\%$
En 1960, l'Europe représentait 20 % de la population mondiale ; en 2015 elle ne représente plus que 10 %.
3. La part de l'Europe a baissé.

8 Calcul et représentation de grandeurs

22 1 m^3 d'essence pèse 750 kg donc 1 L ou 0,001 m^3 pèse 0,75 kg (1 000 fois moins).
Donc 60 L pèsent $60 \times 0,75$ kg = 45 kg.
La voiture pèse 45 kg de plus.

28 a. Faux. b. Vrai. c. Faux. d. Faux. e. Faux.

31 1. $f = 208 - (0,75 \times 40) = 178$
À 40 ans, la fréquence cardiaque maximale recommandée est de 178 battements par minute.
2. Les résultats sont arrondis à l'unité près, car il s'agit d'un nombre de battements par minute (donc un nombre entier).

Âge (années)	20	30	40	50	60	70	80
Fréquence cardiaque maximale (batt. par minute)	193	186	178	171	163	156	148

3.
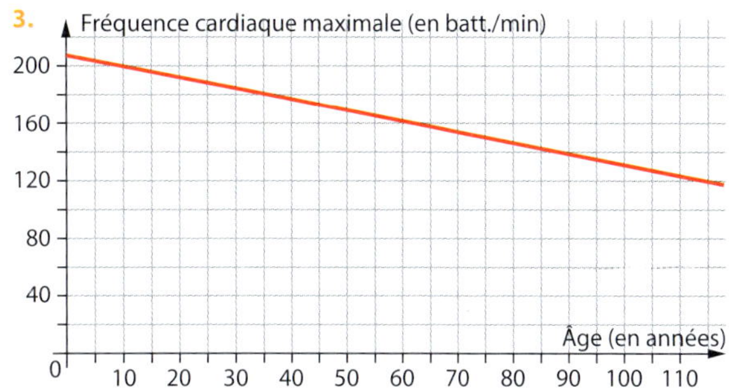

QCM

1 1. C 2. A 3. C **2** A **3** B

42 80 cm × 40 cm × 30 cm = 96 000 cm^3 = 0,096 m^3
Le volume d'une botte de paille est de 0,096 m^3.
0,096 m^3 × 120 kg/m^3 = 11,52 kg
La masse d'une botte de paille est de 11,52 kg.
40 €/tonne = 0,04 €/kg 11,52 kg × 0,04 €/kg = 0,4608 €
Le prix d'une botte de paille est d'environ 0,46 €.

49 1.
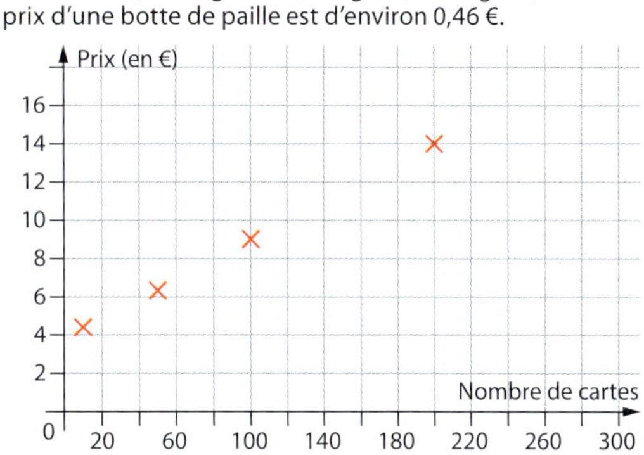

On remarque que les points sont alignés.
2. On peut supposer que la courbe est une droite.
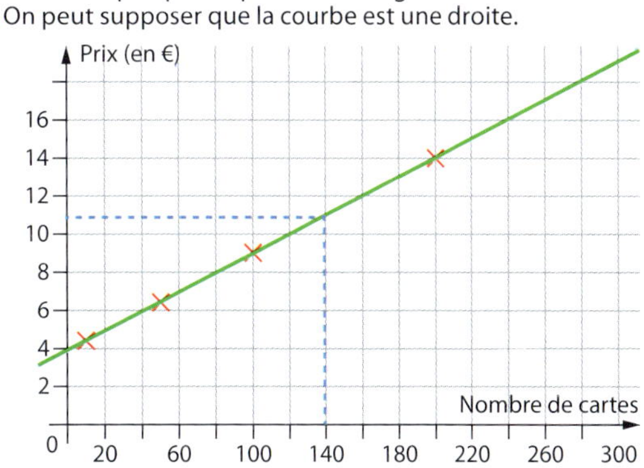

Par lecture graphique, pour 140 cartes, on devrait payer 11 €.

Corrigés des exercices

9 Représentation et traitement de données

21 1. $198 + 163 + 140 + 113 = 614$ L'effectif total est de 614 pommes.

2. $\dfrac{95 \times 198 + 100 \times 163 + 120 \times 140 + 160 \times 113}{198 + 163 + 140 + 113} = \dfrac{69\,990}{614} \approx 114$

La masse moyenne d'une pomme est d'environ 114 g.

30 1. La température médiane est située entre la 6e et la 7e valeur de la série ordonnée : c'est 17,5 °C. Cela signifie qu'il y a autant de températures supérieures ou égales à 17,5 °C que de températures inférieures ou égales à 17,5 °C.
L'étendue de la série est 12 car $25 - 13 = 12$. Cela signifie que l'écart entre la température maximale et la température minimale est de 12 °C.

2. On additionne toutes les températures et on divise par 12 : la température moyenne de l'année est d'environ 18,4 °C.

37 1.

	Secteur représentant la mer	Total
Angle (en °)	85	**180**
Pourcentage (en %)		**100**

÷ 1,8

$85 \div 1,8 \approx 47$ donc environ 47 % des élèves préfèrent passer les vacances à la mer.

2. Ce pourcentage d'élèves correspond également à la proportion d'élèves préférant passer des vacances **à la montagne** ou **à la campagne** ou **à la ville**.

QCM

1 1. B 2. C **2** 1. B 2. C 3. B **3** C

46 $\dfrac{6 \times 4 + 7 + 8 \times 5 + 9 + 10}{12} = 7,5$

Donc la moyenne d'âge de ces douze enfants est 7 ans et demi.

54 1.

	Business class	Enfants en UM	Classe éco Y	Classe éco Z	Groupe scolaire
Prix par pers. (en €)	1 200	538	452	398	371
Effectif	50	12	120	100	25
Effectif cumulé	50	62	182	282	307

2. L'effectif total de la série est 307.

3. Le prix moyen d'un billet est de 553 €.

$\dfrac{1\,200 \times 50 + 538 \times 12 + 452 \times 120 + 398 \times 100 + 371 \times 25}{307} = 553$

4. $307 \div 2 = 153,5$ donc le prix médian d'un billet est la 154e valeur de la série ordonnée : elle est située dans la colonne correspondant à la classe éco Y. Le prix médian est donc 452 €.
Cela signifie qu'il y a autant de billets vendus à un prix supérieur ou égal à 452 € qu'à un prix inférieur ou égal à 452 €.

10 Probabilités

29 On met dans une urne 1 boule rouge et 9 boules bleues. On tire une boule au hasard de cette urne et on regarde sa couleur.
Les issues de cette expérience aléatoire sont : rouge et bleu.

35 Il y a 18 cases rouges sur 37 cases en tout, or $\dfrac{18}{37} < \dfrac{1}{2}$ donc on n'a pas 50 % de chances de tomber sur le rouge.

40 1. $P(3) = 1 - \dfrac{1}{20} - \dfrac{4}{20} - \dfrac{1}{10} - \dfrac{3}{10} - \dfrac{4}{20} = \dfrac{3}{20}$

2. A : « Obtenir un nombre pair » et B : « Obtenir 5 » sont des évènements incompatibles.

Or $P(A) = P(2) + P(4) + P(6) = \dfrac{4}{20} + \dfrac{1}{10} + \dfrac{4}{20} = \dfrac{10}{20} = \dfrac{1}{2}$.

Donc $P(A \text{ ou } B) = P(A) + P(B) = \dfrac{1}{2} + \dfrac{3}{10} = \dfrac{5}{10} + \dfrac{3}{10} = \dfrac{8}{10} = \dfrac{4}{5}$.

QCM

1 B **2** 1. A 2. B **3** 1. C 2. C

50 Avec le dé bleu : $P(\text{pair}) = P(2) + P(4) + P(6) = \dfrac{1}{5} + \dfrac{1}{10} + \dfrac{1}{5} = \dfrac{5}{10}$

Avec le dé rouge : $P(\text{pair}) = P(2) + P(4) + P(6) = \dfrac{1}{10} + \dfrac{1}{10} + \dfrac{1}{5} = \dfrac{4}{10}$

Il vaut donc mieux jouer avec le dé bleu si on veut avoir le plus de chances d'obtenir un résultat pair.

66 1. Donc $P(\text{bateau touché}) = \dfrac{16}{100}$.

2. $P(\text{Pauline tire dans l'eau}) = 1 - P(\text{bateau touché}) = 1 - \dfrac{16}{100} = \dfrac{84}{100}$

3. $P(\text{Pauline touche le porte-avion d'Alexandre}) = \dfrac{4}{100}$

11 Construction et transformation de figures

12

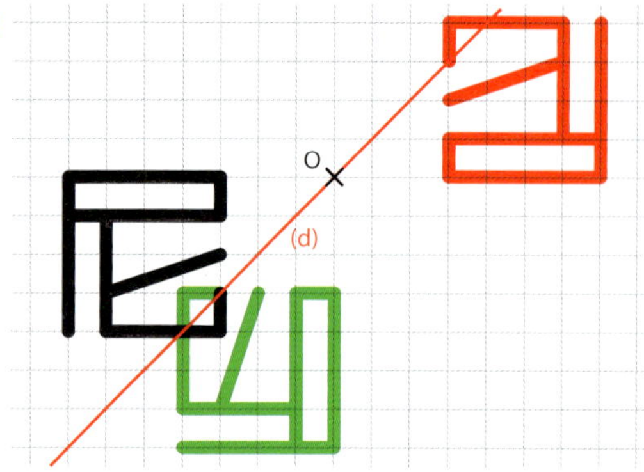

16

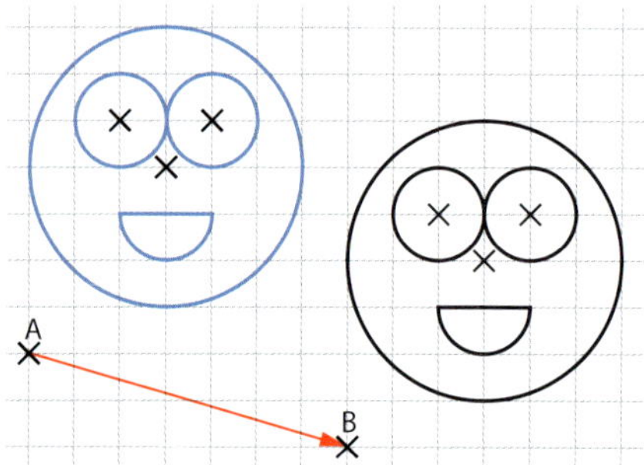

21 1. L'image de ALOB par la rotation de centre O et d'angle 120° est IHOJ.

2. C'est la rotation de centre O et d'angle 240° (60° × 4).

24 1. Motif ci-contre.

2. Motif obtenu par une rotation de centre O, d'angle 120° dans le sens anti-horaire.

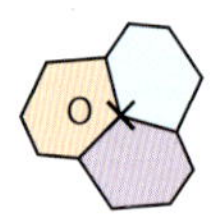

QCM

1 C **2** A **3** A **4** B

35 a. C'est la translation qui transforme A en B.

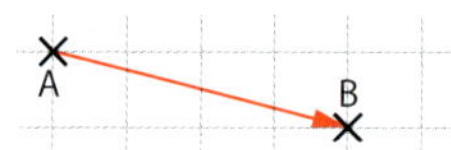

b. C'est la translation qui transforme C en D.

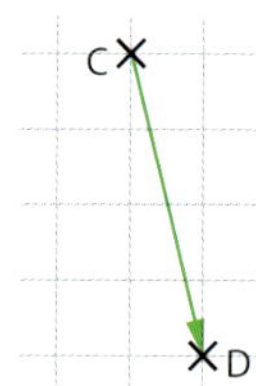

39 1. Motif :

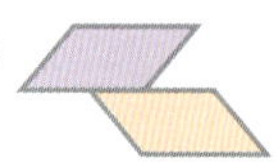

2. Motif élémentaire :

Le motif précédent a été obtenu en effectuant une symétrie axiale suivie d'une translation dans la même direction (ci-contre).

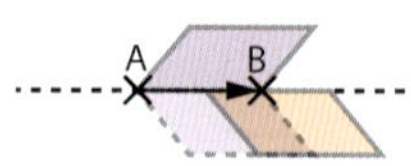

3. On obtient le pavage en effectuant, sur le motif du 1., 7 translations successives définies par la translation qui transforme D en C et 4 translations par la translation qui transforme C en E.

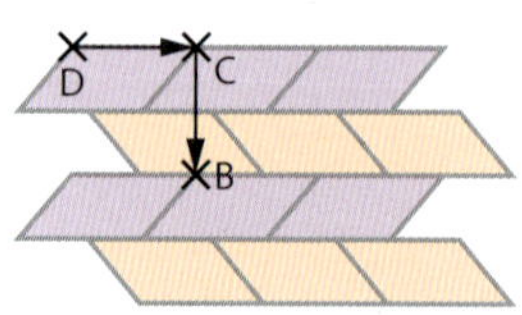

12 Triangles égaux, triangles semblables

25 EF = CH et BE = FC
$\widehat{BEF}$ et $\widehat{FCH}$ sont des angles alternes internes et $(d_1) // (d_2)$.
Donc $\widehat{BEF} = \widehat{FCH}$ et BEF et CFH sont des triangles égaux car ils ont un même angle compris entre deux côtés de même longueur.
D'où BF = FH.

28

Longueurs des côtés du triangle ABC	6	5	4
Longueurs des côtés du triangle MNP	9,6	8	6,4

$\frac{9,6}{6} = \frac{8}{5} = \frac{6,4}{4} = 1,6$

Les longueurs des côtés sont proportionnelles donc les triangles ABC et MNP sont des triangles semblables.

QCM

1 1. C 2. C **2** 1. B 2. B **3** 1. A 2. B

39 1. La 5th Ave est perpendiculaire à la W 37th St.
Toutes les « Avenues » sont parallèles entre elles.
Toute « Avenue » est perpendiculaire à la W37th St.
De plus, toutes les « Streets » sont parallèles entre elles.
Toutes les « Streets » sont perpendiculaires à la 5th Ave.
Toutes les « Avenues » sont perpendiculaires à toutes les « Streets ».
2. Broadway coupe toutes les « Streets » parallèles donc tous les angles alternes-internes formés par ces droites sont de même mesure.

47 Les triangles ABO et A'BC' sont des triangles semblables :
$\frac{AB}{A'B} = \frac{BO}{BC'} = \frac{AO}{A'C'}$ soit $\frac{200}{13,7} = \frac{BO}{19,1}$ donc BO ≈ 279 cm.

13 Quadrilatères

21 1.

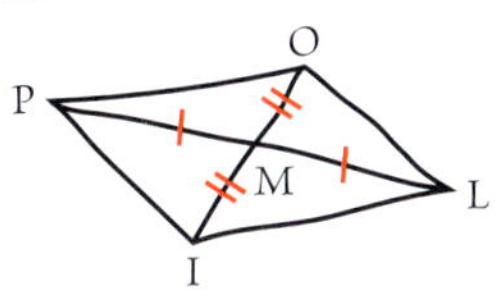

2. Les diagonales [PL] et [OI] ont le même milieu M, donc POLI est un parallélogramme.

26 1.

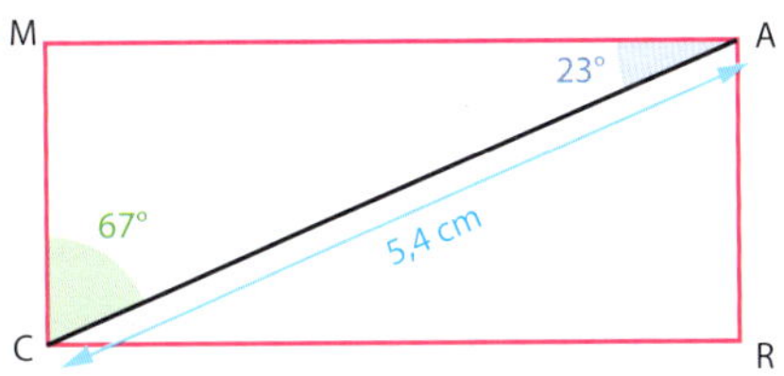

2. La somme des mesures des angles du triangle MCA est égale à 180°. Donc $\widehat{CMA} = 180° - (23° + 67°) = 90°$.
Les angles opposés du parallélogramme MARC sont de même mesure. Donc $\widehat{CRA} = \widehat{CMA} = 90°$.
Les angles alternes-internes compris entre deux droites parallèles sont de même mesure.
Donc $\widehat{ACR} = \widehat{CAM} = 23°$ et $\widehat{RAC} = \widehat{ACM} = 67°$.
Donc $\widehat{MCR} = 67° + 23° = 90°$ et $\widehat{MAR} = 23° + 67° = 90°$.
MARC a quatre angles droits donc c'est un rectangle.

QCM

1 1. C 2. C **2** 1. B 2. A 3. C **3** 1. B 2. C

36 La piste est un cercle. Les deux diamètres de la piste ont le même milieu et la même longueur.
Si les diagonales d'un quadrilatère se coupent en leur milieu, alors c'est un parallélogramme.
Si les diagonales d'un parallélogramme sont de même longueur, alors c'est un rectangle.
Donc la figure tracée est un rectangle.

42 1. La tour est pavée de losanges.
(HJ), confondue avec (PQ), est horizontale.
Chaque losange a les diagonales qui se coupent en leur milieu perpendiculairement.
Donc [JI], diagonale de FITJ, est verticale.
Donc (IJ) et (HJ) sont perpendiculaires.
2. Les losanges sont identiques, donc GI = HJ et GH = IJ.
Si un quadrilatère a ses côtés opposés deux à deux de même longueur, alors c'est un parallélogramme.
Donc GIJH est un parallélogramme.
Donc (GI) et (HJ) sont parallèles.
3. La hauteur d'un étage correspond à la moitié d'une diagonale verticale d'un des losanges identiques.
Donc chaque étage a la même hauteur.

14 Théorème de Pythagore

17 SL = 5 cm

28 GH ≈ 12 cm

36 1.

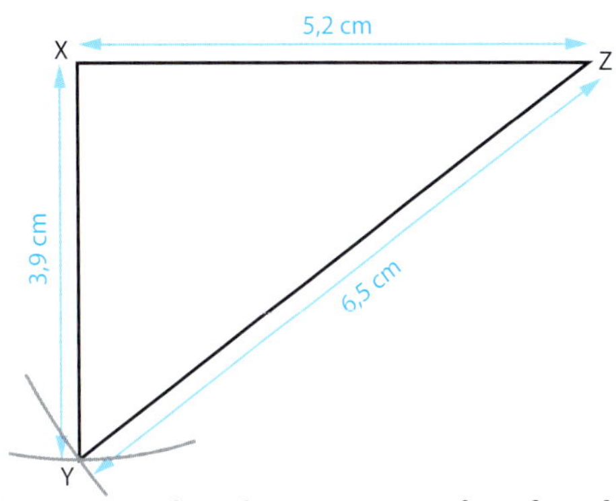

2. $YZ^2 = 42,25$ et $XY^2 + XZ^2 = 42,25$. $YZ^2 = XY^2 + XZ^2$
L'égalité de Pythagore est vérifiée donc XYZ est rectangle en X.

QCM

1 1. C 2. B **2** 1. A 2. C **3** B

48 Sa construction est correcte.

56 La largeur du toit mesure environ 5,4 m.
Le montant est d'environ 301,32 €.

15 Solides de l'espace

17 $\mathcal{V} = \frac{1}{3} \times \pi \times 6,7^2 \times 5,7 = 85,291\ \pi\ cm^3 \approx 268\ cm^3$

22 A (0 ; 0 ; 2) B (0 ; 4 ; 2) C (6 ; 4 ; 2) D (6 ; 0 ; 2)
E (6 ; 0 ; 0) F (6 ; 4 ; 0) G (0 ; 4 ; 0) O (0 ; 0 ; 0)

27 $\mathcal{V} = \frac{4}{3} \times \pi \times 6^3 = 288\ \pi\ cm^3 \approx 905\ cm^3$

31 Shanghai (30° N ; 120° E) São Paulo (23°S ; 45° O)
Londres (50°N ; 0°) Nouvelle-Orléans (30°N ; 90° O)

QCM

1 A **2** C **3** C **4** B

40 Volume du cylindre $= \pi \times 4,5^2 \times 9 = 182,25\ \pi\ cm^3$
Volume de la boule $= \frac{4}{3} \times \pi \times 4,5^3 = 121,5\ \pi\ cm^3$
Volume restant $= 182,25\ \pi - 121,5\ \pi = 60,75\ \pi\ cm^3 \approx 191\ cm^3$

55 $\frac{1}{2}$ circonférence de la Terre = 6 370 × π ≈ 20 012 km

Mesure de l'angle (en degrés)	180	30
Distance (en km)	20 012	*d*

$d = 20\ 012 \times 30 \div 180 \approx 3\ 340$ km à la dizaine de km près.

Crédits photographiques

Couverture © Traveller Martin* ; **17** © Shimizu Corporation ; **30** © tavizta* ; **31** ©Luisa Ricciarini/Leemage ; **32 g** © Phil McDonald* ; **32 d** © Phil McDonald* ; **33 bg** ©2003 Warner Bros. Ent. All Rights Reserved ; **33 hd** ©Luisa Ricciarini/Leemage ; **33 md** © Collection privée ; **35** © Adagp, Paris 2016 ; **36 h** © HTU* ; **36 b** © Cuson* ; **44 bg** © Castleski* ; **44 bm** © Castleski* ; **44 bd** © Castleski* ; **48 g** © Serjio74* ; **48 hd** © www.interieur.gouv.fr ; **48 bd** © Geraar* ; **49 g (camembert)** © kaband* ; **49 g (yaourt)** © Brad Pict* ; **49 g (céréales)** © Jiri Hera* ; **49 g (lait)** © maxim ibragimov* ; **49 d** © Dudarev Mikhail* ; **50 h** © Ivan Damanik/NurPhoto/Afp ; **50 m** © DR ; **51** © alexandre zveiger* ; **53** © Ken Schulze* ; **54** © nys* ; **55** © GoodMood Photo ; **63** © Collection particulière ; **64 g** © tommaso lizzul* ; **64 d** © Photo Josse/Leemage ; **65 h** © windu* ; **65 m** © Bio-photo Associates/ Bsip ; **65 b** © PHILIPIMAGE* ; **66 g** © F. Perri/ Rea ; **66 d** © svariophoto* ; **67** © First Step Studio* ; **68 h** © Jean Yves Lemoigne ; **68 b** © Editions Glenat ; **69** © Yury Dmitrienko* ; **71 h (Terre)** © calvindexter* ; **71 h (galaxie)** © PlanilAstro* ; **71 h (smartphone)** © manae media* ; **71 h (Burj Khalifa)** © Ilona Ignatova* ; **71 h (bactérie)** © Eric Erbe, Colorization by Christopher Pooley. USDA/ Microbe World ; **71 h (système solaire)** © Vadim Sadovski* ; **71 b** © Carolina K Smith MD* ; **80 hg** © Klagyivik Viktor* ; **80 bg** © Nasa ; **80 hd** © Guiness Book ; **80 bd** © Visioars/ Akg-image ; **81 b** © Vividrange* ; **81 h** © StudioSmart ; **82 hg** © Sebastian Kaulitzki* ; **82 hd** © Neveshkin Nikolay* ; **82 bd** © Nasa ; **83 hg** © Aisa/Leemage/ Salvador Dali,Fondation Gala Salvador Dali/ ADAGP Paris 2016 ; **83 bg** © Raymond Queneau, Cent mille milliards de poèmes, 1961, Gallimard ; **83 d** © Google Earth ; **84** © rui vale sousa* ; **85** © Royal Astronomical Society/Spl/Cosmos ; **95** © Delphotostock* ; **96** © Nui Rattapon* ; **98 (Ottimatti)** © Collection particulière ; **98 (Sainte-Marie-Majeure)** © Collection particulière ; **98 d** © Syda Productions* ; **99 g** © Leroy Merlin ; **99 d** © La Direction de la sécurité et de la circulation routières ; **101 g** © Sheila Terry/ Spl/Cosmos ; **101 d** © Luisa ricciarini/ leemage ; **102** © Svetlana Dikhtyareva* ; **114 mg** © www.BillionPhotos.com* ; **114 bg** © BlueOrange Studio* ; **114 hd** © IndustryAndTravel* ; **114 bd (Trifolium repense)** © DR ; **114 bd (Tetrafolium portbonheurensis)** © DR ; **115 hg** © Artedia/Leemage ; **115 bg** © NejronPhoto* ; **115 hd** © Photographee.eu* ; **116 (WC)** © 3drenderings* ; **116 (lave-vaisselle)** © photosvac* ; **116 (douche)** © ShuShuShu* ; **116 (lave-linge)** © Maksym Yemelyanov* ; **116 (baignoire)** © henvryfo* ; **116 (voiture)** © Konstantinos Moraiti* ; **117 hg** © Collection particulière ; **117 hd** © takke_mei* ; **117 bd** © Geolia ; **118 g** © Alfonso de Tomás* ; **118 d** © Frederic/ Sipa ; **119** © Collection particulière ; **120** © Google Maps ; **121** © Elena Dijour* ; **123 hg** © DR ; **123 hm** © DR ; **123 bg** © cedric33* ; **123 hd** © martincp* ; **123 md** © Joyce Mar* ; **126** © YanLev* ; **127 g** © Poprotskiy Alexey* ; **127 d** © Richard Peterson* ; **129** © gmstockstudio* ; **131 hg** © A Periam Photography* ; **131 md** © Denis Cristo* ; **131 bd** © freebreath* ; **132 hg** © rangizzz* ; **132 mg** © Rue des Archives/Tallandier ; **132 hd** © Jallal Seddiki/ Citizenside ; **133** © DR ; **134** © Mikael Damkier* ; **135 g** © Peyo 2016-Licensed through I.M.P.S.(Brussels) - www.smurf.com ; **135 m** © Peyo 2016-Licensed through I.M.P.S.(Brussels) - www.smurf.com ; **135 d** © DR ; **136** © Unclesam* ; **137** © Daddy Cool* ; **146** © Maksym Holovinov* ; **147 g** © cagi* ; **147 d** © Layne Kennedy/ Corbis ; **149** © oksmit* ; **151** © Bryan Christie Design ; **152** © Sergey Nivens* ; **164 (pièces)** © seen* ; **164 b** © Mushy* ; **165 hg** © Presse sports ; **165 bg (épave)** © Sergey Dubrov* ; **165 bg (jack)** © Humannet* ; **166 bg (billets)** © exopixel* ; **167 bg (lingots)** © erikdegraaf* ; **165 bg (bijoux)** © nono* ; **165 hd (Arc de Triomphe)** © RomanSlavik,com* ; **165 hd (cube)** © Andris Torms* ; **166** © Toonzzz* ; **169** © Canope-Universciences-MGEN-Inserm-Éducagri, 2014 ; **171 h** © NizArt* ; **171 m** © malekas* ; **179 g** © haak78* ; **179 d** © nono* ; **182** © Arochau* ; **183** © Collection particulière ; **185** © suradach* ; **187 g** © Brad Pict* ; **187 d** © Aisa/Leemage ; **188 h (sens interdit)** © Michel Bazin* ; **188 (sens unique)** © delmo07* ; **188 (danger)** © Ecelop* ; **188 (radioactif)** © Ecelop* ; **188 (électricité)** © Ecelop* ; **188 b** ©M.C.Escher's Bird Fish no22 © 2016 The M.C. EscherCompany-The Netherlands. All rights reserved ; **189** © M.C. Escher's Lizard and Fish no85 © 2016 The M.C. EscherCompany-The Netherlands. All rights reserved ; **201** © M.C. Escher's Lizard No25 © 2016 The M.C. EscherCompany-The Netherlands. All rights reserved ; **202 b** © Piotr Wawrzyniuk* ; **202 hd** © Philippe Huguen/ AFP ; **202 bd** © DR ; **203 g** © DR ; **203 d** © Nataliya Hora* ; **204** © DR ; **205** © Scorpp* ; **206** © prudkov* ; **218 hg** © Fedor Selivanov* ; **218 bg** © Jeffrey Liao* ; **218 md** © Google Maps ; **218 bd** © haveseen* ; **219** © Francis Leroy / Hemis.fr ; **220** ©Photo josse/Leemage ; **223** © Collection privée ; **225 h** © Distraction Arts* ; **225 m** © DR ; **225 b** © DR ; **234** © Bruce Damonte ; **235 hg** © Bruce Damonte ; **235 mg** © Swiss Re/ Foster and Partners ; **235 hd** © Irina Falkanfal* ; **235 md** © anyaivanova* ; **236 hg** Collection particulière ; **236 mg** © Viacheslav Nikolaenko* ; **236 hd** © Funiculaire de Pau ; **236 bd** © Funiculaire de Pau ; **237 g** © DR ; **237 d** © akg-images / Erich Lessing ; **239 g** © Akg images ; **239 d** © DR ; **241** © Reload Studio* ; **251 m** © Itjcharpente ; **251 b** © Petr Malyshev* ; **253 h** © David Ryznar* ; **253 m** © DR ; **254** © homydesign* ; **255** © Romain Cintract / Hemis.f ; **256 (chapeau)** © chrisbrignell* ; **256 (pyramide)** © Olga Vorontcova* ; **256 (boite)** © elgreko* ; **256 (colis)** © Cherries* ; **257** © Paul Souders/Corbis ; **263 (Noël)** © kuleczka* ; **263 (pétanque)** © michaklootwijk* ; **263 (ping pong)** © inxti* ; **263 (billard)** © tescha555* ; **263 (orange)** © jimbophotoart* ; **263 (tennis)** © Planner* ; **265 g** © cynoclub* ; **265 d** © hshii* ; **266 h** © Fondation Vasarely, Aix-en-Provence/ Adagp Paris, 2016 ; **266 b** © Luisa Ricciarini/ Leemage/ Sucession Picasso 2016 ; **267 g (marmite)** © uwimages* ; **267 g (rouleau)** © Aaron Amat* ; **267 g (cadeau)** © baibaz* ; **267 bg** © Jean-Luc Planche/ Treecamp ; **267 hd** © ET1972* ; **268 g** © DR ; **268 d** © noemosu* ; **269 g** © Janahorova | Dreamstime.com ; **269 hd** © myFotolia.com88* ; **269 b (cornet)** © Tiger Images ; **269 b (gaufrette)** © Igor Kovalchuk* ; **270** © Ljupco Smokovski* ; **271** © Heritage Images/Leemage ; **280 h** © Maria Vazquez* ; **280 b** © Steve Young* ; **281** © M. Schuppich* ; **286** © Wylie Overstreet ; **287** © ESO ; **288** © Andrew Zarivny* ; **289** © DR ; **290 hg** © DR ; **290 hd** © javarman* ; **290 mg** © M.C. Escher's Symmetry Drawing E78 © 2016 The M.C. EscherCompany-The Netherlands. All rights reserved ; **290 md** © M.C. Escher's Regular Division of the Plane with Birds © 2016 The M.C. EscherCompany-The Netherlands. All rights reserved ; **290 bg** © Raffael/Leemage ; **290 bd** © DeAgostini/Leemage ; **292** © Konstantin Yolshin* ; **293** © Sergio Bertino* ; **294 h** © Dr Stanley Fleger/ Bsip ; **294 m** © Etablissement Français du Sang ; **295 hg** © Ville de Nantes ; **295 mg** © Studio Mike* ; **295 bg** © IGN ; **295 hd** © DR ; **295 md** © Dulux Valentine ; **295 md** © 3V3 ; **295 bd** © Duralex

* Fotolia.com * Shutterstock

© Scratch : p. 29, 47, 63, 79, 95, 113, 129, 145, 163, 181, 199, 217, 233, 249, 265 et p. 272 à 285
Scratch est développé par le groupe Lifelong Kindergarten auprès du MIT Media Lab.
Voir http://scratch.mit.edu

Les auteurs remercient les enseignants qui ont bien voulu contribuer à cet ouvrage, en particulier Fabienne Bruneau, Michel Dezest, Valérie Goncalves, Véronique Maire et Katia Odiot.

Édition : Stéphanie Mathé
Relectures : Cécile Chavent
Fabrication : Miren Zapirain
Mise en page : Lasergraphie (Catherine Bonnevialle)
Schémas : Lasergraphie (Franck Gouvart)
Illustrations : Lucile Gomez
Recherches iconographiques : Booklage
Couverture : Anne-Danielle Naname
Maquette intérieure : Anne-Danielle Naname / Laurine Caucat

Index

A

Abscisse 140-258
Alternes-internes (angles) 208
Amplitude 158
Axe de symétrie 190

B

Base 208-258
Boucle 278
Boule 260

C

Carré 228
Carré parfait 244
Centre de symétrie 190
Classe 158
Coefficient de proportionnalité 122
Commande 272
Cône de révolution 258
Contraires (évènements) 176
Coordonnées 258
Correspondants (angles) 208
Cote 258
Cylindre de révolution 258

D

Dénominateur 38
Dénominateur commun 42
Développement 90
Diagramme en barres 158
Diagramme en bâtons 158
Diagramme circulaire 158
Distance à zéro 20-40
Dividende 38
Diviseur 38

E

Écriture décimale 72-74
Écriture scientifique 74
Effectif 154
Égaux (triangles) 210
Équation 104
Équilatéral (triangle) 208
Équiprobable 172
Étendue 156
Évènement 174
Expérience aléatoire 172
Exposant positif 72
Exposant négatif 74
Expression littérale 88

F

Factorisation 90
Fractions (addition, soustraction) 42
Fractions (comparaison de) 40
Fractions (division) 58
Fractions (égalité de) 38
Fractions (multiplication) 56
Fréquence 172
Frise 194

G

Grand cercle 260
Grandeur produit, grandeur quotient 138

H

Histogramme 158
Hypoténuse 242

I

Incompatibles (évènements) 176
Inconnue 104
Inéquation 108
Inverse 58
Isocèle (triangle) 208
Issue 172

L

Latitude 260
Longitude 260
Losange 228

M

Médiane 156
Membre d'une équation 104
Méridien 260
Modéliser une situation par une équation 108
Motif 194
Motif élémentaire 194
Moyenne 154
Moyenne pondérée 154

N

Nombres relatifs (addition, soustraction) 20
Nombres relatifs (division) 24
Nombres relatifs (multiplication) 22
Numérateur 38

O

Ordonnée 140-258
Opposé 20-22
Opposés par le sommet (angles) 208

P

Parallèle 260
Parallélépipède rectangle 258
Parallélogramme 226
Patron 258
Pavage 194
Perspective cavalière 258
Pourcentage 124
Probabilité 174
Produits en croix (égalité des) 122
Programme 274
Proportionnalité 122
Puissance 72
Pyramide 258
Pythagore (théorème de / égalité de) 242

Q

Quadrilatère 226
Quatrième proportionnelle 122
Quotient 24-38

R

Racine carrée 244
Rectangle 228
Règle de trois 122
Repère 258
Représentation graphique 124-140
Résolution d'une équation 106
Rosace 194
Rotation 192

S

Script 272
Semblables (triangles) 212
Série de données 154-156
Simplifier une fraction 38
Solution d'une équation 104
Sommet principal 208
Sphère 260
Superposables (figures) 190-192-210
Surface latérale 258
Symétrie axiale 190
Symétrie centrale 190

T

Tableau de proportionnalité 122
Translation 192
Triangle rectangle 242

V

Variable informatique 274
Vitesse moyenne 138

Tableur

Présentation d'un tableur

- Un tableur permet l'automatisation de calculs sur des données.
- Une « feuille de calcul » est composée de « cellules » repérées par une lettre et un nombre.

Exemple

Sur cet écran, la cellule sélectionnée est la cellule **D3**.

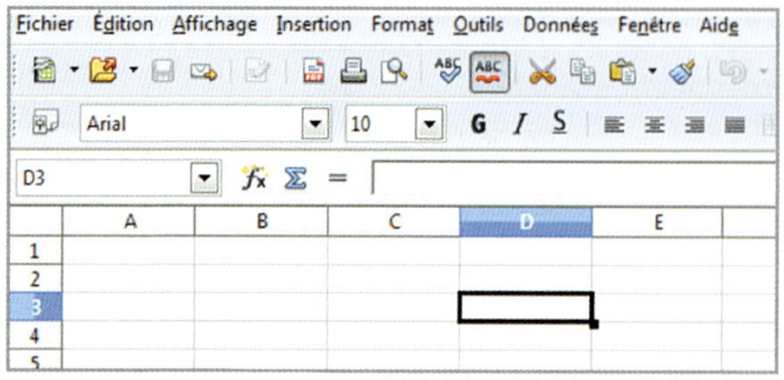

Entrer une formule de calcul dans une cellule

Pour indiquer au tableur qu'il doit effectuer un calcul, on commence par écrire « = » suivi du calcul à effectuer.

Exemple

- On entre le nombre **5** dans la cellule **A1**. Puis on écrit dans la cellule **B1** la formule **=A1*3+7** et on tape sur la touche « Entrée » du clavier.
- Dans la cellule B1 s'affichera le résultat du calcul, soit 22, qui correspond à :
  (nombre écrit dans A1) $\times 3 + 7$
- Si l'on entre dans la cellule A1 un autre nombre que 5, le calcul est refait automatiquement dans la cellule B1.

Ce que l'on écrit dans la cellule apparait aussi dans la barre de calcul au-dessus de la feuille de calcul.

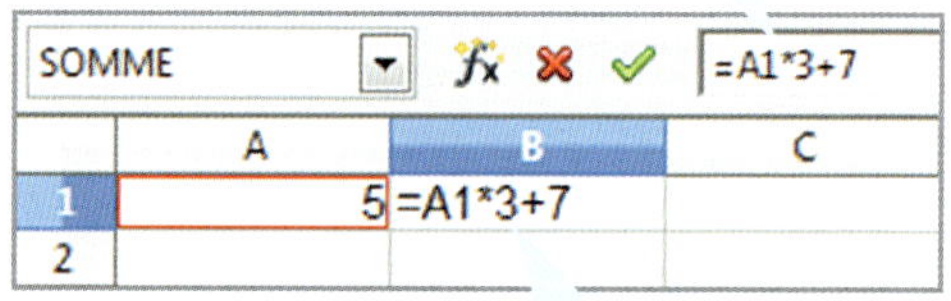

« * » remplace le signe × et « / » remplace ÷. Le symbole « ^ » permet de calculer des puissances : 4^3 s'écrit 4^3.

Recopier une formule vers le bas ou vers la droite

Pour reproduire les calculs effectués dans une cellule dans d'autres cellules, on peut utiliser la « poignée de recopie » :

- On clique sur la cellule qui contient la formule. On va utiliser la poignée de recopie : c'est le petit carré noir en bas à droite de la cellule sélectionnée.
- On clique sur la poignée de recopie et on tire vers le bas ou vers la droite en maintenant le bouton de la souris enfoncé.

Poignée de recopie

- On relâche la souris à la cellule souhaitée.

Exemples

Recopie vers le bas

- On remplit la colonne A.
- On saisit en B1 la formule **=A1*3+7**
- Lorsque l'on recopie la formule vers le bas, le numéro de la ligne dans la formule est augmenté de 1.

	A	B
1	1	10
2	2	=A2*3+7
3	3	16

Recopie vers la droite

- On remplit la ligne 1.
- On saisit en A2 la formule **=A1*3+7**
- Lorsque l'on recopie la formule vers la droite, la lettre de la colonne dans la formule est « augmentée » de 1.

	A	B	C
1	1	2	3
2	10	=B1*3+7	16

Afficher une liste de nombres de 1 en 1 ou de 0,5 en 0,5…

- On écrit les deux premiers nombres de la liste.
- On sélectionne les deux cellules.
- On tire la poignée de recopie.

	A
1	1
2	2
3	
4	
5	
6	
7	
8	
9	

Calculer une fréquence

On a relevé, dans la colonne A, le résultat de 10 lancers de dé. Pour calculer la fréquence de 1, il faut compter le nombre de fois que le nombre 1 apparait :

- On sélectionne la cellule dans laquelle le résultat apparaitra (C3 dans l'exemple ci-contre).
- On écrit la formule permettant de calculer l'effectif de 1 dans la plage de cellule allant de A1 jusqu'à A10 : **=NB.SI(A1:A10;1)**

Cette formule compte combien il y a de « 1 » dans les cellules entre A1 et A10.

- On appuie sur la touche « Entrée ».

C3 =NB.SI(A1:A10;1)

	A	B	C
1	5		
2	4		
3	1		3
4	5		
5	1		
6	2		
7	2		
8	1		
9	6		
10	3		

Pour compter le nombre de valeurs supérieures ou égales à 4, on utiliserait la formule : =NB.SI(A1:A10 ;">=4")

Construire une représentation graphique d'une série statistique

Pour représenter graphiquement des données :

Étape 1 : Sélection des données
On clique sur la cellule en haut à gauche et on va jusqu'à celle située en bas à droite du rectangle. Puis on relâche la souris.

Étape 2 : Choix du type de diagramme
Dans l'onglet « Insertion », on sélectionne « Diagramme », puis on choisit un type de diagramme.

	A	B	C
1		Collège Jacques Prévert	Collège Jean Rostand
2	Internes	68	76
3	Externes	184	125
4	Demi-pensionnaires	312	484
5		564	685

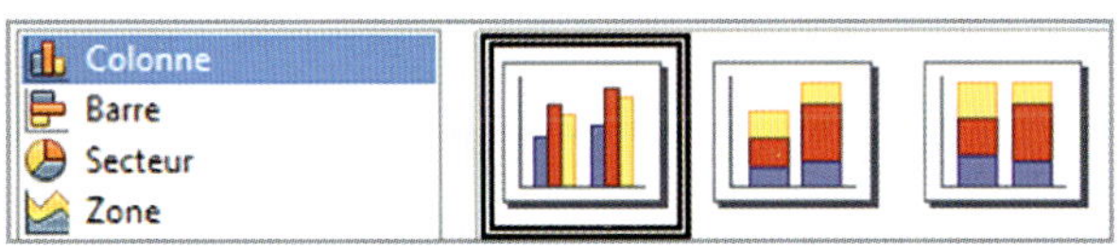

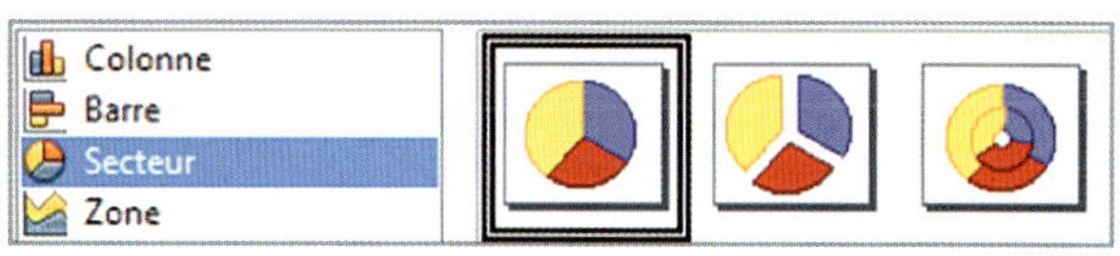

Afficher un nombre aléatoire compris entre 1 et *n*

- On sélectionne la cellule où le nombre doit apparaitre.
- On écrit, dans cette cellule, la formule : **=ALEA.ENTRE.BORNES(1;6)**
- On appuie sur la touche « Entrée ».

Si tu veux un nombre aléatoire entre 1 et 100, il suffit de remplacer 6 par 100 dans la formule.

Logiciel de géométrie dynamique

Présentation du logiciel

GeoGebra est un logiciel de géométrie dynamique : il permet de tracer des figures et de les animer en déplaçant des points.

On peut choisir de cacher ou non les axes, la grille et la fenêtre Algèbre. Pour cela, dans le menu Affichage, cliquer sur le nom correspondant pour le cacher ou l'afficher.

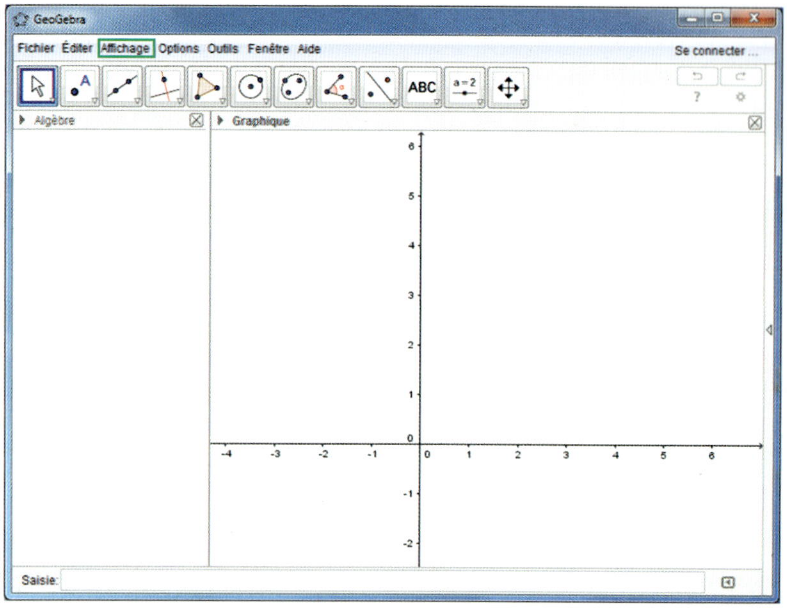

Les menus

- Lorsque l'on clique sur la petite flèche en bas à droite d'une icône, on accède à un sous-menu.

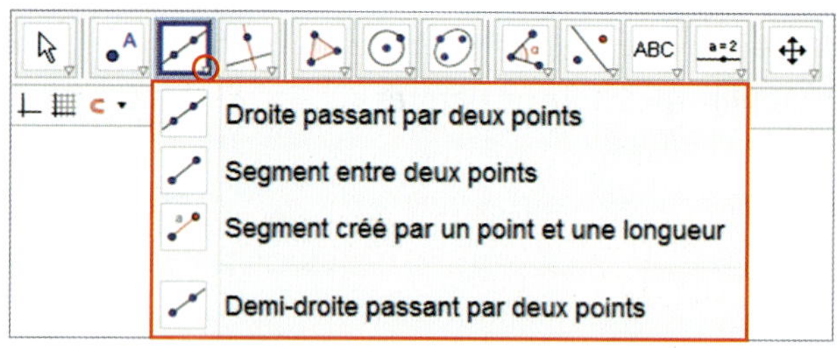

- En laissant le curseur sur une icône, on obtient l'aide pour utiliser la fonction sélectionnée.

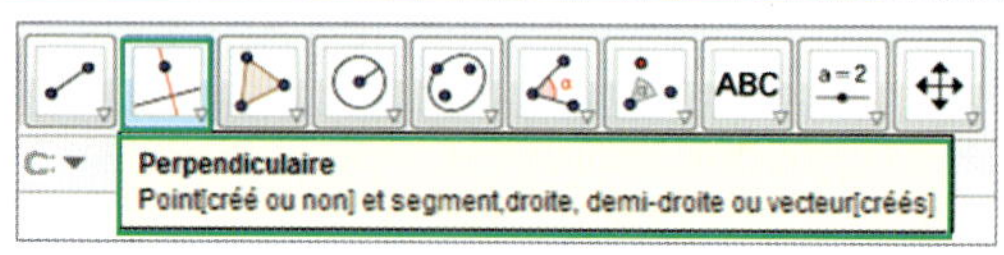

Tracer un point

- Pour créer un nouveau point libre, il faut cliquer sur l'icône .
- Pour définir un point d'intersection entre deux objets, il faut cliquer sur l'icône .
  Le(s) point(s) d'intersection de deux objets peuvent être obtenus de deux manières :
  – on sélectionne deux objets : tous les points d'intersection sont créés ;
  – on clique directement sur l'intersection de deux objets : seul cet unique point d'intersection est créé.

Tracer une droite, un segment, une demi-droite

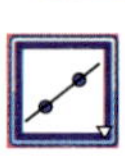 Pour tracer une droite passant par deux points.

 Pour tracer un segment entre deux points.

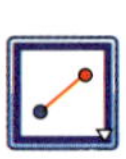 Pour tracer un segment dont on connaît une extrémité et la longueur.

 Pour tracer une demi-droite dont on connaît l'origine et un point.

Tracer une droite particulière

 Pour tracer la perpendiculaire à une droite passant par un point.

 Pour tracer la parallèle à une droite passant par un point.

 Pour tracer la médiatrice d'un segment.

Achevé d'imprimer en Espagne par Macrolibros
Dépôt légal : Avril 2022 - Édition 14
39/3293/5

Tracer un polygone

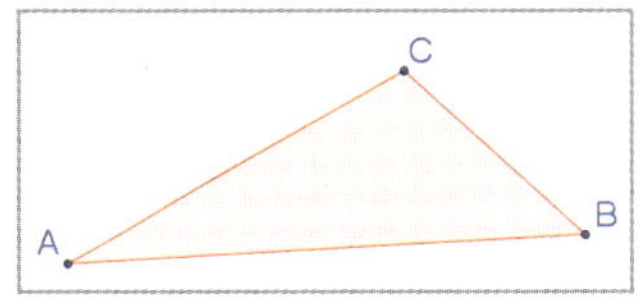

L'icône  permet de construire un polygone. Pour construire le triangle ABC :
– on clique sur A, sur B, sur C ;
– on clique à nouveau sur A pour fermer le triangle.

Tracer un cercle

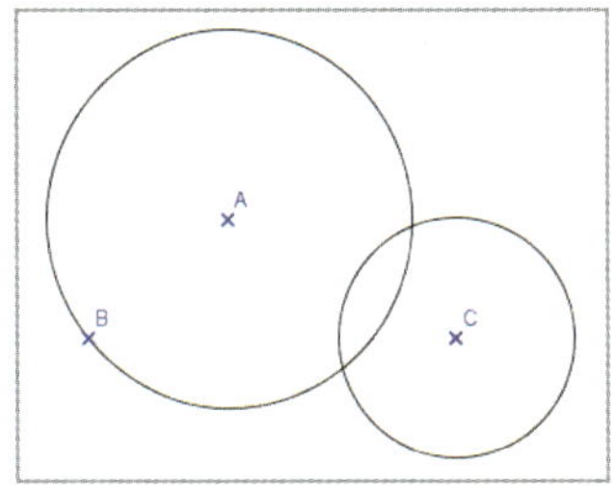

- Pour construire **le cercle de centre A passant par B** :

  – on sélectionne  dans le menu ;
  – on clique sur A puis sur B.

- Pour construire **le cercle de centre C et de rayon 1,3 cm** :

  – on sélectionne  dans le menu ;
  – on clique sur C, puis on entre la valeur 1,3.

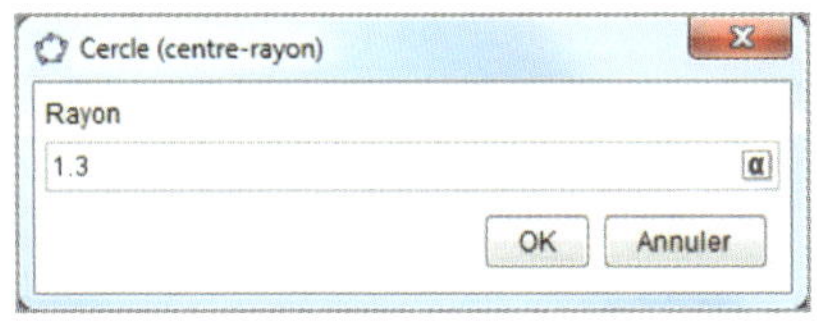

Construire l'image d'une figure par une translation

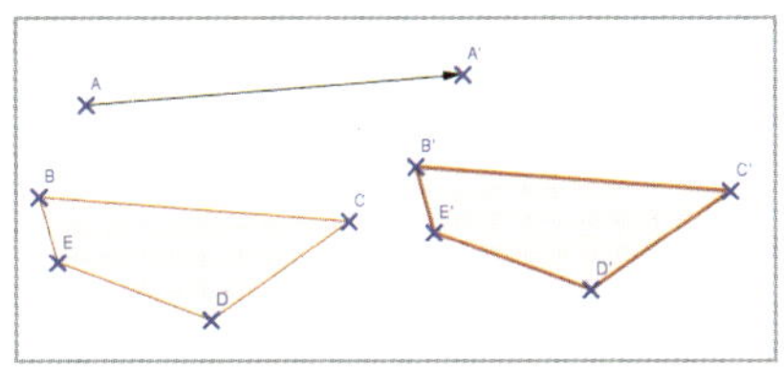

On considère la translation où A′ est l'image de A.
Pour tracer l'image du quadrilatère BCDE par cette translation :

– on sélectionne 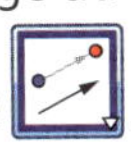 ;
– on clique sur le quadrilatère BCDE ;
– on clique sur A et enfin sur A′.

Construire l'image d'une figure par une rotation

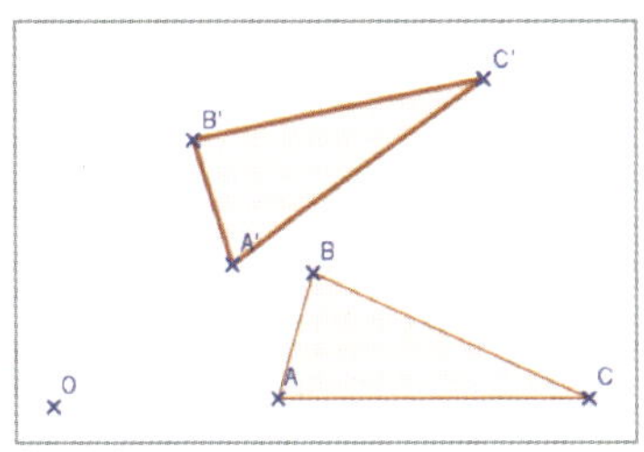

Pour tracer l'image du triangle ABC par la rotation de centre O d'angle 35° et de sens anti-horaire :

– on sélectionne  ;
– on clique sur le triangle ABC, puis sur le centre O ;
– on saisit 35°.

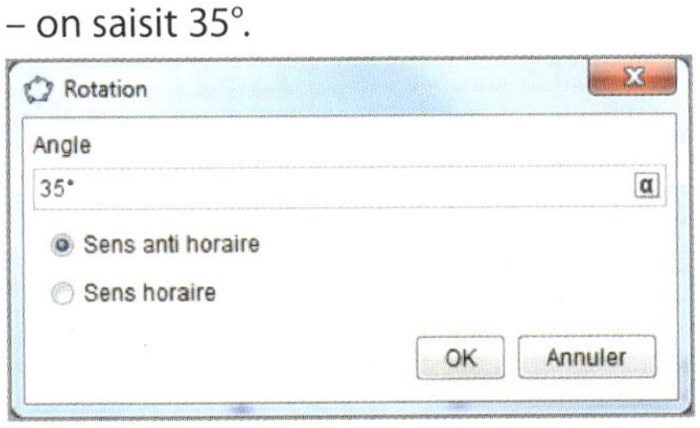

On peut aussi construire des images de figures :

• par symétrie axiale avec 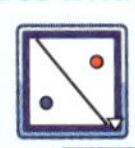

• par symétrie centrale avec 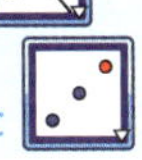.

Mesurer un angle

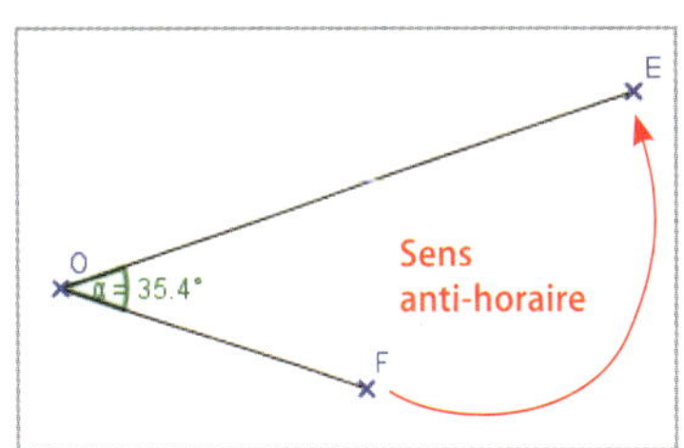

Pour mesurer un angle :

– on sélectionne  ;
– on clique sur les points en tournant dans le sens contraire des aiguilles d'une montre.
Dans l'exemple ci-contre, pour mesurer $\widehat{EOF}$, on clique sur F, puis sur O et enfin sur E.

Calculatrice TI

Pour naviguer dans les différents menus, utilise les flèches et valide avec la touche [entrer]

Choisir les modes adaptés [mode]

Pour calculer des angles	Pour afficher un résultat	Pour obtenir un arrondi	Pour simplifier une fraction	Pour afficher des calculs
DEG Les calculs avec des angles sont faits avec des angles exprimés en degrés.	**NORM** affiche le résultat sous forme décimale. **SCI** affiche le résultat en écriture scientifique.	**FLOTT** donne 9 chiffres après la virgule par défaut.	**SIMPMAN** permet de simplifier manuellement des fractions. **SIMPAUTO** simplifie automatiquement des fractions.	**AFFINATUREL** Les fractions, certains nombres et des expressions particulières sont écrits comme sur le papier.

Calculer une expression littérale pour une valeur donnée

Exemple Calculer $3x^2 + 8$ pour $x = 5$ puis pour $x = -3$.

1. Stocker l'expression littérale dans [op]	2. Stocker 5 dans x	3. Lancer le calcul	4. Pour $x = -3$

[2nde] [op] (déf op) [3] [x^{yzt}_{abc}] [x^2] [+] [8] [entrer]
`OP=3x²+8`
	[5] [sto▸] [x^{yzt}_{abc}] [entrer]
	`5→x` `5`
		[op]
		`5→x` `5`
		`3x²+8` `n=1` `83`
		Donc pour $x = 5$, A = 83.
			[(–)] [3] [sto▸] [x^{yzt}_{abc}] [entrer] [op]
			`-3→x` `-3`
			`3x²+8` `n=1` `35`

Calculer la moyenne et la médiane d'une série statistique

1. Accéder au menu Statistiques	2. Rentrer les valeurs du tableau avec leurs effectifs	3. Lancer le calcul	4. Faire défiler les valeurs jusqu'au résultat cherché

[stats]	`10` `2`
	`L1(2)=`
	Les valeurs de la série dans L1.
	Les effectifs dans L2.
		[2nde] [stats] (stats calc) [1] puis :
		`1-VAR STATS`
		`DONNEES: L1 L2 L3`
		`EFF: 1 L1 L2 L3`
		`CALC`
			1 : N = effectif total
			2 : $\bar{x}$ = moyenne
			3 : méd = médiane
			`1-Var:L1,L2`
			`1:N=8`
			`2:x̄=8,75`
			`3↓méd=10`